실전정리 형사소송법

홍형철 변호사

새로음

제4판 머리말

이번 개정판에서 수정·추가된 내용은 다음과 같습니다.

1. ① 2020. 2. 4. 개정된 형사소송법 및 검찰청법, ② 2020. 12. 8. 개정된 형사소송법, ③ 2022. 2. 3. 개정된 형사소송법, ④ 2022. 5. 9. 개정된 형사소송법 및 검찰청법 등 최신 개정법령 내용을 반영하여 전체 내용을 수정하였습니다.

2. 2023. 2. 1. 판례공보까지 고려하여 최신판례를 추가하였습니다.

3. 그 밖에 세부적인 오타나 비문 등을 수정하였습니다.

모쪼록 본서가 수험생들의 합격에 큰 도움이 되길 바랍니다.

2023년 3월

홍형철 변호사

머리말

이 책은 법무사시험, 법원승진시험, 변호사시험, 법원행시, 경찰간부시험 등에서 형사소송법을 위한 실전정리 교재입니다.

「기본강의 형사소송법」은 형사소송법 기본서로서 시험에 필요한 형사소송법의 모든 내용을 담고 있습니다. 그러나 기본서의 특성상 그 분량이 방대할 수밖에 없어 수험생들이 교재를 정리하는데 도움이 될 수 있도록 지엽적인 내용과 부가적인 설명을 생략하고 시험에 필요한 내용만 정리해 놓은 교재가 이 책입니다.

이 책의 특징 및 구성은 아래와 같습니다.

1. 기본서와 연계하여 정리할 수 있도록 기본서 목차를 그대로 사용하였습니다.

2. 기본서 없이도 공부할 수 있도록 객관식 및 주관식 시험에 필요한 중요 개념, 관련규정, 판례 및 사례쟁점까지 모든 내용을 거의 빠짐없이 수록하였습니다.

3. 주관식 시험을 위한 중요 쟁점의 경우 [쟁점의 정리-견해의 대립-판례의 태도-검토]의 순서대로 시험에 필요한 내용만 따로 박스 처리하여 수록하였습니다. 특히 복잡하고 장황한 쟁점 내용들을 실제 시험장에서 쓸 수 있는 분량으로 정리하였고, 어려운 표현들은 비교적 쓰기 쉬운 표현들로 변경하였습니다.

4. 시험을 위해 정리가 필요한 키워드와 중요 내용들에 대해 따로 강조하여 표시하였습니다. 다만 교재를 공부하는 과정에서 수험생들이 스스로 필요한 내용을 따로 체크할 수 있도록 밑줄 표시는 하지 않았습니다.

5. 객관식 시험과 주관식 시험을 함께 준비하는 법원승진시험이나 변호사시험 등을 준비하는 수험생들도 이 책 한 권만으로 시험에 필요한 내용을 모두 정리할 수 있습니다. 다만, 사례형 시험만을 준비하는 법무사시험 수험생들의 경우 시험에 필요한 부분만을 발췌해서 공부하시기 바랍니다.

아무쪼록 이 책이 수험생 분들의 무난한 합격에 도움이 되길 바랍니다.

감사합니다.

홍형철 변호사

Contents
차 례

PART 01 서론

CHAPTER 01 형사소송법 … 2
제1절 형사소송법의 의의와 성격 · 2
제2절 형사소송법의 법원과 적용범위 · 3

CHAPTER 02 형사소송의 이념과 구조, 기본원리 … 7
제1절 형사소송의 목적과 이념 · 7
제2절 형사소송의 기본구조 · 7

PART 02 소송주체와 소송행위

CHAPTER 01 소송의 주체 … 10
제1절 서설 · 10
제2절 법원 · 10
제3절 검사 · 26
제4절 피고인 · 27
제5절 변호인 · 36
제6절 보조인 · 48

CHAPTER 02 소송행위와 소송조건 … 49
제1절 소송행위의 의의와 종류 · 49
제2절 소송행위의 일반적 요소 · 49
제3절 소송행위의 가치판단 · 56
제4절 소송조건 · 60

PART 03 수사와 공소

CHAPTER 01 수사 … 62
제1절 수사의 의의와 구조 · 62
제2절 수사의 개시 · 77

제3절 임의수사 · 95

CHAPTER 02 강제처분과 강제수사 · · · 107
제1절 체포와 구속 · 107
제2절 압수 · 수색 · 검증 · 142
제3절 수사상의 증거보전 · 180

CHAPTER 03 수사의 종결 · · · 183
제1절 수사종결처분 · 183
제2절 공소제기 후의 수사 · 194

CHAPTER 04 공소의 제기 · · · 197
제1절 공소와 공소권이론 · 197
제2절 공소제기의 기본원칙 · 201
제3절 공소제기의 방식 · 202
제4절 공소제기의 효과 · 210
제5절 공소시효 · 213

PART 04 공판

CHAPTER 01 공판절차 · · · 220
제1절 공판절차의 기본원칙 · 220
제2절 공판심리의 범위 · 221
제3절 공판준비절차 · 238
제4절 공판정의 심리 · 245
제5절 공판기일의 절차 · 253
제6절 증인신문 · 감정과 검증 · 259
제7절 공판절차의 특칙 · 271

CHAPTER 02 증거 · · · 281
제1절 증거의 의의와 종류 · 281

제2절 증명의 기본원칙 · 282
제3절 위법수집증거배제법칙 · 294
제4절 자백배제법칙 · 304
제5절 전문법칙 · 308
제6절 당사자의 동의와 증거능력 · 349
제7절 탄핵증거 · 354
제8절 자백과 보강증거 · 357
제9절 공판조서의 증명력 · 364

CHAPTER 03 재판 ··· 365

제1절 재판의 기본개념 · 365
제2절 종국재판 · 367
제3절 재판의 효력 · 377

PART 05 상소·비상구제절차·재판의 집행·특별절차

CHAPTER 01 상소 ··· 386

제1절 상소통칙 · 386
제2절 항소 · 410
제3절 상고 · 422
제4절 항고 · 429

CHAPTER 02 비상구제절차 ··· 434

제1절 재심 · 434
제2절 비상상고 · 451

CHAPTER 03 특별절차 ··· 455

제1절 약식절차 · 455
제2절 즉결심판절차 · 459
제3절 배상명령절차 · 463
제4절 범죄피해자구조제도 · 465

CHAPTER 04 재판의 집행과 형사보상 … 466

제1절 재판의 집행 · 466
제2절 형사보상 · 467

판례색인 … 471

PART 01
서론

CHAPTER 01 | 형사소송법

제1절 | 형사소송법의 의의와 성격

Ⅰ. 형사소송법의 의의 및 형사절차법정주의

형사소송법이란 형사절차를 규정하는 국가적 법률체계, 즉 형법을 적용 및 실현하기 위한 절차를 규정하는 법률체계를 의미한다.

형사소송법에 의하여 국가형벌권을 실현하는 절차에서 개인의 자유침해를 억제하기 위하여는 형사절차를 법률에 의하여 규정할 것이 요구된다. 이를 형사절차법정주의라고 한다(헌법 제12조 제1항 참조).

Ⅱ. 형사소송법의 성격

형사소송법은 절차법이고, 공법 특히 사법법에 속하는 형사법이다. 형사소송은 동적·발전적 성격을 가지고 있어 절차의 발전단계에 따라 그 성격을 달리한다.

제2절 | 형사소송법의 법원과 적용범위

I. 형사소송법의 법원

헌법, 형사소송법, 대법원규칙이 형사소송법의 법원이 된다. 대법원은 법률에 저촉되지 아니하는 범위 안에서 소송에 관한 절차, 법원의 내부규율과 사무처리에 관한 규칙을 제정할 수 있다(헌법 제108조). 법무부령의 법원성에 대해서도 견해가 대립하나, 헌법재판소는 검찰사건사무규칙은 검찰청 내부의 사무처리지침에 불과한 것으로 형사소송법의 직접적인 법원이 되지는 못한다고 하였다(헌재결 1991.7.8. 91헌마42).

쟁점 소송기록 송부 전 원심법원의 구속권한 유무

1. 쟁점의 정리

상소 후 소송기록이 아직 원심법원에 있는 경우, 규칙 제57조 제1항은 법 제105조에서 규정하지 않는 '구속'과 '보석취소'를 원심법원의 권한으로 규정하고 있다. 형사절차법정주의와 관련하여 위와 같은 절차형성적 규칙의 적법여부가 문제된다.

2. 견해의 대립

① **적법설**은 법률에 없는 내용을 형성하는 절차형성적 규칙이 적법하다는 입장에서 소송기록이 상소법원에 도달하기까지는 원심법원에 소송계속이 존재하고, 법 제105조는 제70조(수소법원의 구속권한)의 예시라는 점을 근거로 원심법원이 규칙 제57조에 따라 피고인을 구속할 수 있다는 견해이고, ② **부적법설**은 형사절차법정주의와의 관계상 규칙에는 기술적인 사항만을 기재하여야 한다는 입장에서 피고인에게 가장 불이익한 조치인 '구속'이나 '보석취소'는 규칙이 아닌 법률에서 규정하여야 한다는 견해이다.

3. 판례의 태도

판례는 **적법설**의 입장에서 '상소기간 중 또는 상소 중의 사건에 관한 피고인의 구속을 소송기록이 상소법원에 도달하기까지는 원심법원이 하도록 규정한 **형사소송규칙 제57조 제1항의 규정이 형사소송법 제105조의 규정에 저촉된다고 보기는 어렵다.**'고 판시하였다(대결 2007.7.10. 2007모460).

4. 검토

소재불명 등으로 불구속재판을 받은 피고인이 유죄판결을 받는 경우와 같이 신속한 구속이 필요한 경우에는 소송기록이 상소법원에 도달하기 전까지는 원심법원에 구속영장을 발부할 수 있는 권한이 현실적으로 필요하므로 **적법설**이 타당하다. 다만 입법론으로서 형사절차법정주의에 따라 원심법원의 구속권한을 규칙이 아닌 법률에 규정할 필요가 있다.

Ⅱ. 형사소송법의 적용범위

1. 장소적 적용범위

형사소송법은 대한민국의 법원에서 심판되는 사건에 대하여만 적용된다. 피고인 또는 피의자의 국적은 묻지 않는다.

> ① 국제협정이나 관행에 의하여 대한민국 내에 있는 미국문화원이 치외법권지역이고 그 곳을 미국영토의 연장으로 본다 하더라도 그 곳에서 죄를 범한 대한민국 국민에 대하여 우리 법원에 먼저 공소가 제기되고 미국이 자국의 재판권을 주장하지 않고 있는 이상 속인주의를 함께 채택하고 있는 우리나라의 재판권은 동인들에게도 당연히 미친다 할 것이며 미국문화원측이 동인들에 대한 처벌을 바라지 않았다고 하여 그 재판권이 배제되는 것도 아니다(대판 1986.6.24. 86도403).
>
> ② 형법의 적용에 관하여 같은 법 제2조는 대한민국 영역 내에서 죄를 범한 내국인과 외국인에게 적용한다고 규정하고 있으며, 같은 법 제6조 본문은 대한민국 영역 외에서 대한민국 또는 대한민국 국민에 대하여 같은 법 제5조에 기재한 이외의 죄를 범한 외국인에게 적용한다고 규정하고 있는바, 중국 북경시에 소재한 대한민국 영사관 내부는 여전히 중국의 영토에 속할 뿐 이를 대한민국의 영토로서 그 영역에 해당한다고 볼 수 없을 뿐 아니라, 사문서위조죄가 형법 제6조의 대한민국 또는 대한민국 국민에 대하여 범한 죄에 해당하지 아니함은 명백하다(대판 2006.9.22. 2006도5010).
>
> ③ 캐나다 시민권자인 피고인이 캐나다에서 위조사문서를 행사하였다는 내용으로 기소된 사안에서, 형법 제234조의 위조사문서행사죄는 형법 제5조 제1호 내지 제7호에 열거된 죄에 해당하지 않고, 위조사문서행사를 형법 제6조의 대한민국 또는 대한민국 국민의 법익을 직접적으로 침해하는 행위라고 볼 수도 없으므로 피고인의 행위에 대하여는 우리나라에 재판권이 없는데도, 위 행위가 외국인의 국외범으로서 우리나라에 재판권이 있다고 보아 유죄를 인정한 원심판결에 재판권 인정에 관한 법리오해의 위법이 있다고 한 사례(대판 2011.8.25. 2011도6507).
>
> ④ 내국 법인의 대표자인 외국인이 내국 법인이 외국에 설립한 특수목적법인에 위탁해 둔 자금을 정해진 목적과 용도 외에 임의로 사용한 데 따른 횡령죄의 피해자는 당해 금전을 위탁한 내국 법인이다. 따라서 그 행위가 외국에서 이루어진 경우에도 행위지의 법률에 의하여 범죄를 구성하지 아니하거나 소추 또는 형의 집행을 면제할 경우가 아니라면 그 외국인에 대해서도 우리 형법이 적용되어(형법 제6조), 우리 법원에 재판권이 있다(대판 2017.3.22. 2016도17465).
>
> ⑤ 국민체육진흥법 제26조 제1항은 "서울올림픽기념국민체육진흥공단과 수탁사업자가 아닌 자는 체육진흥투표권 또는 이와 비슷한 것을 발행(정보통신망에 의한 발행을 포함한다)하여 결과를 적중시킨 자에게 재물이나 재산상의 이익을 제공하는 행위(이하 '유사행위'라고 한다)를 하여서는 아니 된다."라고 규정하면서 같은 법 제47조 제2호에서 이를 위반한 자를 7년 이하의 징역이나 7천만 원 이하의 벌금으로 처벌하도록 규정하는 한편, 같은 법 제48조 제3호는 "제26조 제1항의 금지행위를 이용하여 도박을 한 자"를 5년 이하의 징역이나 5천만 원 이하의 벌금으로 처벌하도록 규정하고 있다. (중략) 대한민국 영역 내에서 해외 스포츠 도박 사이트에 접속하여 베팅을 하는 방법으로 체육진흥투표권과 비슷한 것을

정보통신망을 이용하여 발행받은 다음 결과를 적중시킨 경우 재산상 이익을 얻는 내용의 도박을 하였다면, 그 스포츠 도박 사이트를 통한 도박 행위는 국민체육진흥법 제26조 제1항에서 금지하고 있는 유사행위를 이용한 도박 행위에 해당하므로, 제48조 제3호에 따라 처벌할 수 있다. 이는 그 스포츠 도박 사이트의 운영이 외국인에 의하여 대한민국 영역 외에서 이루어진 것이라고 하더라도 마찬가지이다(대판 2022.11.30. 2022도6462).

2. 인적 적용범위

형사소송법은 대한민국 영역 내에 있는 모든 사람에게 효력이 미친다.

1) 국내법상 예외

① 대통령은 내란 또는 외환의 죄를 범한 경우를 제외하고는 재직 중 형사상의 소추를 받지 아니한다(헌법 제84조, 대통령의 불소추특권). ② 국회의원은 국회에서 직무상 행한 발언과 표결에 관하여 국회 외에서 책임을 지지 아니하며(제45조, 면책특권), 현행범인 경우를 제외하고 회기 중 국회의 동의 없이 체포 또는 구금되지 아니한다(제44조, 불체포특권). 이러한 예외에 해당하는 사람들에 대하여는 공소를 제기할 수 없고, 공소제기가 있는 경우 법원은 제327조 제1호에 따라 공소기각판결을 선고하여야 한다. 다만 판례는 국회의원의 면책특권의 대상이 되는 행위에 대하여 공소가 제기된 경우, 제327조 제2호에 따른 공소기각판결을 선고하고 있다.

[1] 국회의원의 면책특권의 대상이 되는 행위는 직무상의 발언과 표결이라는 의사표현행위 자체에 국한되지 아니하고 이에 통상적으로 부수하여 행하여지는 행위까지 포함하고, 그와 같은 부수행위인지 여부는 결국 구체적인 행위의 목적, 장소, 태양 등을 종합하여 개별적으로 판단할 수밖에 없다. [2] 국회의원이 국회본회의에서 질문할 원고를 사전에 배포한 행위는 면책특권의 대상이 되는 직무부수행위에 해당한다. [3] 국회의원의 면책특권에 속하는 행위에 대하여는 공소를 제기할 수 없으며 이에 반하여 공소가 제기된 것은 결국 공소권이 없음에도 공소가 제기된 것이 되어 형사소송법 제327조 제2호의 '공소제기의 절차가 법률의 규정에 위반하여 무효인 때'에 해당되므로 공소를 기각하여야 한다(대판 1992.9.22. 91도3317).

2) 국제법상 예외

① 외국의 원수, 그 가족 및 대한민국 국민이 아닌 수행자, ② 신임 받은 외국의 사절과 그 직원·가족 및 ③ 승인받고 대한민국 영역 내에 주둔하는 외국의 군인에 대해서도 형사소송법은 적용되지 않는다.

미합중국 국적을 가진 미합중국 군대의 군속인 피고인이 범행 당시 10년 넘게 대한민국에 머물면서 한국인 아내와 결혼하여 가정을 마련하고 직장 생활을 하는 등 생활근거지를 대한민국에 두고 있었던 경우, 피고인은 '대한민국과 아메리카합중국 간의 상호방위조약 제4조에 의한 시설과 구역 및 대한민국에서의 합중국 군대의 지위에 관한 협정'에서 말하는 '통상적으로 대한민국에 거주하는 자'에 해당하므로, 피고인에게는 위 협정에서 정한 미합중국 군대의 군속에 관한 형사재판권 관련 조항이 적용될 수 없다(대판 2006.5.11. 2005도798).

3. 시간적 적용범위

형사소송법도 시행시부터 폐지시까지 효력을 가진다. 소급효금지의 원칙은 형사소송법에는 적용되지 않으므로, 신법의 적용여부는 입법정책의 문제에 불과하다.

① 형벌불소급의 원칙은 '행위의 가벌성', 즉 형사소추가 '언제부터 어떠한 조건하에서' 가능한가의 문제에 관한 것이고, '얼마 동안' 가능한가의 문제에 관한 것은 아니므로, 과거에 이미 행한 범죄에 대하여 공소시효를 정지시키는 법률이라 하더라도 형벌불소급의 원칙에 언제나 위배된다고 단정할 수는 없다. 공소시효가 아직 완성되지 않은 경우라도 공소시효를 연장하는 법률은 공소시효제도에 근거한 개인의 신뢰와 공소시효의 연장을 통하여 달성하려는 공익을 비교형량하여 공익이 신뢰보호이익에 우선하는 경우에만 헌법상 정당화될 수 있고 허용될 수 있는 것이다(헌재결 1996.2.16. 96헌가2).

② [1] 공소시효를 정지·연장·배제하는 특례조항을 신설하면서 소급적용에 관한 명시적인 경과규정을 두지 않은 경우 그 조항을 소급하여 적용할 수 있는지에 관해서는 보편타당한 일반원칙이 존재하지 않고, 적법절차원칙과 소급금지원칙을 천명한 헌법 제12조 제1항과 제13조 제1항의 정신을 바탕으로 하여 법적 안정성과 신뢰보호원칙을 포함한 법치주의 이념을 훼손하지 않는 범위에서 신중히 판단해야 한다. [2] 아동학대범죄의 처벌 등에 관한 특례법 제34조는 '공소시효의 정지와 효력' 이라는 제목으로 제1항에서 "아동학대범죄의 공소시효는 형사소송법 제252조에도 불구하고 해당 아동학대범죄의 피해아동이 성년에 달한 날부터 진행한다." 라고 정하고, 부칙은 "이 법은 공포 후 8개월이 경과한 날부터 시행한다." 라고 정하고 있다. (중략) 아동학대처벌법은 제34조 제1항의 소급적용에 관하여 명시적인 경과규정을 두고 있지는 않다. 그러나 이 규정의 문언과 취지, 아동학대처벌법의 입법 목적, 공소시효를 정지하는 특례조항의 신설·소급에 관한 법리에 비추어 보면, 이 규정은 완성되지 않은 공소시효의 진행을 일정한 요건에서 장래를 향하여 정지시키는 것으로서, 그 시행일인 2014. 9. 29. 당시 범죄행위가 종료되었으나 아직 공소시효가 완성되지 않은 아동학대범죄에 대해서도 적용된다고 봄이 타당하다(대판 2021.2.25. 2020도3694).

CHAPTER 02 | 형사소송의 이념과 구조, 기본원리

제1절 | 형사소송의 목적과 이념

실체진실주의와 적정절차 및 신속한 재판의 원칙은 형사소송의 목적원리로 작용한다.

제2절 | 형사소송의 기본구조

우리 형사소송법은 국가소추주의에 의한 탄핵주의 소송구조를 취하고 있으며, 구체적으로는 직권주의와 당사주의를 혼합·절충한 구조를 취하고 있다.

MEMO

PART 02
소송주체와 소송행위

CHAPTER **01** | 소송의 주체

제1절 | 서설

소송을 성립시키고 발전하게 하는 데 필요한 최소한의 주체를 소송의 주체라 한다. 소송의 주체에는 법원, 검사, 피고인이 있고, 이 중 재판을 받는 검사와 피고인을 당사자라고 한다.

제2절 | 법원

Ⅰ. 법원의 의의와 구성

법원이란 사법권을 행사하는 국가기관을 의미하고, 형사소송법상 법원은 소송법상 의미의 법원을 의미한다. 제1심 법원에는 단독제 원칙으로 합의제를 병용하고 있고, 상소법원은 합의제로 구성되어 있다. 법원의 합의체는 1인의 재판장과 2인의 합의부원으로 구성된다. 그 밖에 법관에는 ① 수명법관, ② 수탁판사, ③ 수임판사 등이 있다.

Ⅱ. 법원의 관할

1. 관할의 의의와 종류

관할이란 특정법원이 특정사건을 재판할 수 있는 권한을 의미한다.

≪관할의 종류≫

2. 법정관할

1) 고유관할

(1) 사물관할

사물관할이란 사건의 경중 또는 성질에 의한 제1심 관할의 분배를 말한다. 사물관할이란 사건의 경중 또는 성질에 의한 제1심 관할의 분배를 의미한다(법원조직법 제7조 제4항). 제1심의 사물관할은 원칙적으로 단독판사이고 예외적으로 합의부가 심판한다(제32조 제1항). 사물관할은 공소제기시부터 재판종결시까지 존재하여야 한다.

> **법원조직법 제32조(합의부의 심판권)** ① 지방법원과 그 지원의 합의부는 다음의 사건을 제1심으로 심판한다.
> 1. 합의부에서 심판할 것으로 합의부가 결정한 사건
> 2. 민사사건에 관하여는 대법원규칙으로 정하는 사건
> 3. 사형, 무기 또는 단기 1년 이상의 징역 또는 금고에 해당하는 사건. 다만, 다음 각 목의 사건은 제외한다.
>   가. 「형법」 제258조의2제1항, 제331조, 제332조(제331조의 상습범으로 한정한다)와 그 각 미수죄, 제350조의2와 그 미수죄, 제363조에 해당하는 사건
>   나. 「폭력행위 등 처벌에 관한 법률」 제2조제3항제2호·제3호, 제6조(제2조제3항제2호·제3호의 미수죄로 한정한다) 및 제9조에 해당하는 사건
>   다. 「병역법」 위반사건
>   라. 「특정범죄 가중처벌 등에 관한 법률」 제5조의3제1항, 제5조의4제5항제1호·제3호 및 제5조의11에 해당하는 사건
>   마. 「보건범죄 단속에 관한 특별조치법」 제5조에 해당하는 사건
>   바. 「부정수표 단속법」 제5조에 해당하는 사건
>   사. 「도로교통법」 제148조의2제1항·제2항, 같은 조 제3항제1호 및 제2호에 해당하는 사건
>   아. 「중대재해 처벌 등에 관한 법률」 제6조제1항·제3항 및 제10조제1항에 해당하는 사건
> 4. 제3호의 사건과 동시에 심판할 공범사건
> 5. 지방법원판사에 대한 제척·기피사건
> 6. 다른 법률에 따라 지방법원 합의부의 권한에 속하는 사건
>
> ② 지방법원 본원 합의부 및 춘천지방법원 강릉지원 합의부는 지방법원단독판사의 판결·결정·명령에 대한 항소 또는 항고사건 중 제28조제2호에 해당하지 아니하는 사건을 제2심으로 심판한다. 다만, 제28조의4제2호에 따라 특허법원의 권한에 속하는 사건은 제외한다.

> 상습특수절도를 목적으로 한 범죄단체조직 사건도 그 목적한 죄인 상습특수절도죄에 관한 사건에 준하여 단독판사가 심판하여야 하는 것으로 해석함이 타당하다고 할 것이다(대판 1980.8.19. 79도1345).

(2) 토지관할

토지관할이란 동등한 법원 사이에서 사건의 지역에 따른 관할의 분배를 말하며, 재판적이라고도 한다. 형사소송법은 토지관할은 범죄지, 피고인의 주소·거소 또는 현재지로 한다고 규

정하고 있다(제4조 제1항). 하나의 사건에 대하여 토지관할이 여러 개 있을 수 있으며, 검사는 토지관할이 인정되는 법원이면 어느 곳이든 공소를 제기할 수 있다.

범죄지란 범죄구성요건에 해당하는 사실의 전부 또는 일부가 발생한 장소를 말하고, 현재지란 공소제기 당시 피고인이 현재한 장소로서 임의에 의한 현재지뿐만 아니라 **적법한 강제에 의한 현재지도 포함**된다.

> ① 지방법원 본원과 지방법원 지원 사이의 관할의 분배도 본원과 지원 사이의 단순한 사무분배에 그치는 것이 아니라 소송법상 토지관할의 분배에 해당한다. 그러므로 **지방법원 지원에 제1심 토지관할이 인정된다는 사정만으로 당연히 지방법원 본원에도 제1심 토지관할이 인정된다고 볼 수는 없다**(대판 2015.10.15. 2015도1803).
>
> ② [1] 형사소송법 제4조 제1항의 '현재지'라고 함은 공소제기 당시 피고인이 현재한 장소로서 임의에 의한 현재지뿐만 아니라 적법한 강제에 의한 현재지도 이에 해당한다. [2] 소말리아 해적인 피고인들 등이 공해상에서 대한민국 해운회사가 운항 중인 선박을 납치하여 대한민국 국민인 선원 등에게 해상강도 등 범행을 저질렀다는 내용으로 국군 청해부대에 의해 체포·이송되어 국내 수사기관에 인도된 후 구속·기소된 사안에서, 피고인들은 적법한 체포, 즉시 인도 및 적법한 구속에 의하여 공소제기 당시 국내에 구금되어 있어 현재지인 국내법원에 토지관할이 있다고 본 원심판단을 수긍한 사례(대판 2011.12.22. 2011도12927)

(3) 심급관할

심급관할이란 상소관계에 있어서의 관할을 말한다. ① 지방법원 또는 지방법원 지원의 단독판사의 판결에 관한 항소사건은 **지방법원본원 합의부** 등에서 관할하고(법원조직법 제32조 제2항), ② 지방법원 합의부의 제1심판결에 대한 항소사건은 **고등법원**에서 관할한다(제28조 제1호). ③ 제2심 판결에 대한 상고사건과 제1심판결에 대한 비상상고사건은 **대법원**의 관할에 속한다(제14조, 형사소송법 제371조).

2) 관련사건의 관할

관련사건이란 수개의 사건이 서로 관련된 것을 말한다.

> **제11조(관련사건의 정의)** 관련사건은 다음과 같다.
> 1. 1인이 범한 수죄
> 2. 수인이 공동으로 범한 죄
> 3. 수인이 동시에 동일장소에서 범한 죄
> 4. 범인은닉죄, 증거인멸죄, 위증죄, 허위감정통역죄 또는 장물에 관한 죄와 그 본범의 죄

(1) 관련사건의 병합관할

① 토지관할과 병합관할 : 토지관할을 달리하는 수개의 사건이 관련된 때에는 1개의 사건에 관하여 관할권 있는 법원은 다른 사건까지 관할할 수 있다(제5조). 이러한 제5조는 제9조와의 관계상 사물관할이 동일한 경우에만 적용된다.

형사소송법 제5조에서 정하는 관련사건의 관할은 고유관할사건 및 그 관련사건이 반드시 병합 기소되거나 병합되어 심리될 것을 전제요건으로 하는 것은 아니다. 고유관할 사건 계속 중 고유관할 법원에 관련 사건이 계속된 이상 그 후 양 사건이 병합되어 심리되지 아니한 채 고유사건에 대한 심리가 먼저 종결되었다 하더라도 관련 사건에 대한 관할권은 여전히 유지된다(대판 2008.6.12. 2006도8568).

② 사물관할의 병합관할 : 사물관할을 달리하는 수개의 사건이 관련된 때에는 법원 합의부가 병합관할한다. 단, 결정으로 관할권 있는 법원 단독판사에게 이송할 수 있다(제9조). 이러한 제9조는 토지관할과 사물관할이 모두 다른 사건의 병합관할의 경우에도 적용된다.

(2) 관련사건의 병합심리

관련사건에 대하여 관할권을 가지는 법원이 심리의 편의를 위해 심리를 병합할 수 있다. 법원의 병합심리결정은 법원의 관할에 관한 결정이므로 이에 대하여 항고할 수 없다(제403조 제1항).

① 토지관할의 병합심리 : 토지관할을 달리하는 수개의 관련사건이 각각 다른 법원에 계속된 때에는 공통되는 직근상급법원은 검사 또는 피고인의 신청에 의하여 결정으로 1개 법원으로 하여금 병합심리하게 할 수 있다(제6조). 제6조의 '공통되는 직근상급법원'의 의미에 대해 견해가 대립하고, 판례는 「각급 법원의 설치와 관할구역에 관한 법률」을 기준으로 하는 입장이다.

> **쟁점** 형사소송법 제6조 '공통되는 직근상급법원'의 의미
>
> 제6조의 '공통되는 직근상급법원'의 의미와 관련하여 ① 심급상의 상급법원을 의미한다는 구별설과 ② 「각급 법원의 설치와 관할구역에 관한 법률」의 관할구역 구분을 기준으로 한다는 비구별설이 대립하고, 판례는 후자의 입장에서 판시하고 있다(대결 2006.12.5. 2006초기335 전원합의체). 생각건대, 신속한 재판의 이념 등을 고려할 때 비구별설이 타당하다. 따라서 토지관할을 달리하는 수개의 제1심법원들에 관련사건이 계속된 경우, 그 소속 고등법원이 같은 경우에는 그 고등법원이, 다른 경우에는 대법원이 위 제1심법원들의 공통되는 직근상급법원으로서 토지관할병합심리 신청사건의 관할법원이 된다.
>
> ----
>
> 사물관할은 같지만 토지관할을 달리하는 수개의 제1심법원(지원을 포함한다. 이하 같다)들에 관련 사건이 계속된 경우에 있어서, 형사소송법 제6조에서 말하는 '공통되는 직근상급법원'은 그 성질상 형사사건의 토지관할 구역을 정해 놓은 '각급 법원의 설치와 관할구역에 관한 법률' 제4조에 기한 [별표 3]의 관할구역 구분을 기준으로 정하여야 할 것인바, 토지관할을 달리하는 수개의 제1심법원들에 관련 사건이 계속된 경우에 그 소속 고등법원이 같은 경우에는 그 고등법원이, 그 소속 고등법원이 다른 경우에는 대법원이 위 제1심법원들의 공통되는 직근상급법원으로서 위 조항에 의한 토지관할 병합심리 신청사건의 관할법원이 된다(대결 2006.12.5. 2006초기335 전원합의체).

② 사물관할의 병합심리 : 사물관할을 달리하는 수개의 관련사건이 각각 법원 합의부와 단독판사에 계속된 때에는 합의부는 결정으로 단독판사에 속한 사건을 병합하여 심리할

수 있다(제10조). 위 병합심리 결정이 있는 경우 단독판사는 그 결정등본을 송부받은 날로부터 5일 이내에 소송기록과 증거물을 합의부에 송부하여야 한다(규칙 제4조).

③ **사물관할과 토지관할을 모두 달리하는 경우의 병합심리** : 사물관할과 토지관할을 모두 달리하는 수개의 관련사건이 각각 법원 합의부와 단독판사에 계속된 때에는 **합의부는 결정으로 단독판사에 속한 사건을 병합하여 심리할 수 있다**(규칙 제4조 제1항).

(3) 항소심에서의 관련사건 관할

① **사물관할은 같으나 토지관할을 달리하는 수개의 관련항소사건** : 사물관할은 같으나 토지관할을 달리하는 동종·동등의 법원의 항소심의 경우에는 제6조에 따라 **공통되는 직근상급법원의 결정에 따라 병합심리할 수 있다**.

> 제6조의 '각각 다른 법원'이란 사물관할은 같으나 토지관할을 달리하는 동종·동등의 법원을 말하는 것이므로 사건이 각각 계속된 마산지방법원 항소부와 부산고등법원은 심급은 같을지언정 사물관할을 같이 하지 아니하여 여기에 해당하지 아니한다(대결 1990.5.23. 90초56).

② **사물관할을 달리하는 수개의 관련항소사건** : 사물관할을 달리하는 수개의 관련항소사건이 각각 고등법원과 지방법원본원 합의부에 계속된 때에는 **고등법원은 결정으로 지방법원본원 합의부에 계속한 사건을 병합하여 심리할 수 있다**(규칙 제4조의2 제1항 제1문).

③ **사물관할과 토지관할을 달리하는 수개의 관련항소 사건** : 사물관할과 토지관할을 달리하는 수개의 관련 항소사건의 경우에도 **고등법원은 결정으로 병합하여 심리할 수 있다**(규칙 제4조의2 제1항 제2문).

<관련사건의 병합심리 적용조문>

	제1심 병합관할	제1심 병합심리	항소심 병합심리
토지관할 異/사물관할 同	제5조	제6조	제6조
토지관할 同/사물관할 異	제9조	제10조	규칙 제4조의2 제1항 제1문
토지관할 異/사물관할 異	제9조	규칙 제4조 제1항	규칙 제4조의2 제1항 제2문

(4) 심리의 분리

토지관할을 달리하는 수개의 관련사건이 동일법원에 계속된 경우에 병합심리의 필요가 없는 때에는 법원은 결정으로 이를 분리하여 관할권 있는 다른 법원에 이송할 수 있다(제7조).

3. 재정관할

재정관할이란 법원의 재판에 의하여 정하여지는 관할을 말한다. 재정관할에는 ① 관할법원이 없거나 관할법원이 명확하지 아니한 경우에 상급법원이 사건을 심판할 법원을 지정하는 관할의 지정(제14조)과 ② 관할법원이 재판권을 행사할 수 없거나 적당하지 않은 때에 법원의 관할권을 관할권 없는 법원으로 이전하는 관할의 이전(제15조)이 있다.

4. 관할의 경합

관할의 경합이란 동일사건에 관하여 2개 이상의 법원이 관할권을 가지는 경우를 말한다. 동일사건이 사물관할을 달리하는 수개의 법원에 계속된 때에는 법원 합의부가 심판하고(제12조, 합의부 우선의 원칙), 동일사건이 사물관할을 같이하는 수개의 법원에 계속된 때에는 먼저 공소를 받은 법원이 심판한다(제13조 본문, 선착수 우선의 원칙). 다만 각 법원에 공통되는 직근상급법원은 검사 또는 피고인의 신청에 의하여 결정으로 뒤에 공소를 받은 법원으로 하여금 심판하게 할 수 있다(같은 조 단서).

이러한 경우 심판을 하지 않게 된 법원은 결정으로 공소를 기각하여야 하고(제328조 제1항 제3호), 뒤에 공소제기된 사건이 먼저 확정된 경우에는 먼저 공소제기된 사건에 대하여 면소판결을 해야 한다(제326조 제1호).

5. 관할의 조사 및 부존재의 효과 등

1) 관할의 조사 및 관할위반의 판결

관할권의 존재는 소송조건이므로 법원은 직권으로 관할을 조사하여야 하고(제1조), 관할권이 없음이 명백한 때에는 관할위반의 판결을 선고하여야 한다(제319조). 사물관할은 공소제기시부터 재판종결시까지 심리의 전과정에 존재하여야 하나, 토지관할은 공소제기시를 표준으로 하고 후에 관할권이 생기면 그 하자는 치유된다. 관할을 위반하여 선고한 판결은 항소이유가 된다(제361조의5 제3호). 다만 소송행위는 관할위반인 경우에도 그 효력에 영향이 없다(제2조).

2) 예외

(1) 토지관할의 위반

토지관할에 관하여 피고인의 신청이 없으면 법원은 관할위반의 선고를 하지 못한다(제320조 제1항). 피고인의 관할위반 신청은 피고사건에 대한 진술 전(모두절차 전)에 하여야 한다(같은 조 제2항). 이러한 성질을 고려하여 토지관할을 상대적 소송조건이라 한다.

(2) 관할구역 외에서의 집무

법원 또는 법관은 원칙적으로 관할구역 안에서만 소송행위를 할 수 있으나, 사실발견을 위하여 필요하거나 긴급을 요하는 때에는 예외적으로 관할구역 외에서 직무를 행하거나 사실조사에 필요한 처분을 할 수 있다(제3조).

6. 사건의 이송

1) 사건의 직권이송

법원은 피고인이 관할구역 내에 현재하지 아니하는 경우 특별한 사정이 있으면 결정으로 사건을 피고인의 현재지를 관할하는 동급법원에 이송할 수 있다(제8조 제1항, 임의적 이송). 단독판사의 관할사건이 공소장변경에 의하여 합의부사건으로 변경된 경우에도 법원은 결정으로 관할권 있는 법원에 이송한다(제8조 제2항, 필요적 이송). 이송결정이 확정되면 이송받은 법원에 소송계속이 이전되고, 이송받은 법원은 사정변경이 없는 한 사건을 재이송할 수 없다.

제1심에서 사건이 합의부 관할에서 단독관할 사건으로 변경된 경우, 사건을 배당받은 합의부는 사건의 실체에 들어가 심판하였어야 하고 사건을 단독판사에게 재배당할 수 없다(대판 2013.4.25. 2013도1658).

> **쟁점** 항소심에서의 공소장변경과 사물관할

1. 쟁점의 정리

단독사건이 합의부사건으로 변경된 경우 제1심의 경우에는 제8조 제2항이 적용된다. 그러나 항소심의 경우에는 명문의 규정이 없어 위 규정이 항소심에도 유추적용되는지 여부와 적용되는 경우 이송할 법원이 어디인지가 각각 문제된다(항소심에서 단독사건이 합의부사건으로 변경된 경우 법원의 조치).

2. 견해의 대립

① **지방법원 항소부 제1심 관할설**은 공소장변경 후 합의부 관할사건에 대해서는 제1심 재판을 받을 기회가 없었으므로 제367조 단서에 따라 지방법원 항소부가 제1심으로 심판하여야 한다는 견해이고, ② **지방법원 항소부 항소심 관할설**은 합의부 관할사건으로 공소장이 변경되었더라도 제1심판결이 무효가 되는 것은 아니므로 단독판사의 판결에 대해 법원조직법 제32조 제2항에 의해 지방법원 항소부가 제2심으로서 판결해야 한다는 견해이고, ③ **관할위반설**은 제8조 제2항은 제1심에만 적용되는 것이므로 지방법원 항소부는 관할위반의 판결을 선고하고 검사는 이 판결이 확정되기 전 지방법원 합의부에 재기소하여 처리하여야 한다는 견해이며, ④ **고등법원 항소심 관할설**(이송설)은 제8조 제2항을 유추적용 하여 지방법원 항소부는 결정으로 관할권 있는 고등법원으로 사건을 이송하여야 한다는 견해이다.

3. 판례의 태도

판례는 **고등법원 항소심 관할설**(이송설)의 입장에서 '항소심에서 공소장변경에 의하여 단독판사의 관할사건이 합의부 관할사건으로 된 경우에도 법원은 사건을 관할권 있는 법원으로 이송하여야 하고, 항소심에서 변경된 위 합의부 관할사건에 대한 관할권이 있는 법원은 고등법원이라고 봄이 상당하다.'고 판시하였다(대판 1997.12.12. 97도2463).

4. 검토

신속한 재판을 받을 권리와 헌법과 법률이 정하는 재판을 받을 권리 사이의 조화로운 해석을 꾀할 수 있다는 점에서 **고등법원 항소심관할설**(이송설)이 타당하다.

5. 추가쟁점 - 피고인의 심급의 이익 침해 여부

항소심에서 공소장변경을 인정하는 경우 피고인의 1심 재판을 받을 심급의 이익을 침해하는 것은 아닌지 문제된다. **판례**는 변경된 공소사실이 당초의 공소사실과 기본적 사실관계 동일성이 인정되는 이상 속심으로서 성격을 가지는 항소심에서도 공소장변경은 가능하다고 하여 **심급의 이익 침해를 부정**하고 있다(대판 1995.2.17. 94도3297). 생각건대 공소장변경을 한 지방법원 항소부가 제8조 제2항에 따라 즉시 관할권 있는 법원으로 사건을 이송할 수 있다는 점에서 심급의 이익 침해를 부정함이 타당하다.

2) 사건의 군사법원이송

법원은 공소가 제기된 사건에 대하여 군사법원이 재판권을 가지게 되었거나 재판권을 가졌음이 판명된 때에는 결정으로 사건을 재판권이 있는 같은 심급의 군사법원으로 이송한다. 이 경우에 이송 전에 행한 소송행위는 이송 후에도 그 효력에 영향이 없다(제16조의2).

> 군사법원이 군사법원법 제2조 제1항 제1호에 의하여 특정 군사범죄를 범한 일반 국민에 대하여 신분적 재판권을 가지더라도 이는 어디까지나 해당 특정 군사범죄에 한하는 것이지 이전 또는 이후에 범한 다른 일반 범죄에 대해서까지 재판권을 가지는 것은 아니다. 따라서 일반 국민이 범한 수 개의 죄 가운데 특정 군사범죄와 그 밖의 일반 범죄가 형법 제37조 전단의 경합범 관계에 있다고 보아 하나의 사건으로 기소된 경우, 특정 군사범죄에 대하여는 군사법원이 전속적인 재판권을 가지므로 일반 법원은 이에 대하여 재판권을 행사할 수 없다. 반대로 그 밖의 일반 범죄에 대하여 군사법원이 재판권을 행사하는 것도 허용될 수 없다. 이 경우 어느 한 법원에서 기소된 모든 범죄에 대해 재판권을 행사한다면 재판권이 없는 법원이 아무런 법적 근거 없이 임의로 재판권을 창설하여 재판권이 없는 범죄에 대한 재판을 하는 것이 되므로, 결국 기소된 사건 전부에 대하여 재판권을 가지지 아니한 일반 법원이나 군사법원은 사건 전부를 심판할 수 없다(대결 2016.6.16. 2016초기318 전원합의체).

III. 제척·기피·회피

1. 제척

1) 제척의 의의

제척이란 구체적 사건에 있어 법관이 불공정한 재판을 할 우려가 현저한 것으로 법률에 열거된 사유에 해당하는 때 그 법관을 직무집행에서 당연히 배제시키는 제도를 말한다. 제척의 원인은 **제17조 각 호에 제한적으로 열거**되어 있다.

> **제17조(제척의 원인)** 법관은 다음 경우에는 직무집행에서 제척된다.
> 1. 법관이 피해자인 때
> 2. 법관이 피고인 또는 피해자의 친족 또는 친족관계가 있었던 자인 때
> 3. 법관이 피고인 또는 피해자의 법정대리인, 후견감독인인 때
> 4. 법관이 사건에 관하여 증인, 감정인, 피해자의 대리인으로 된 때
> 5. 법관이 사건에 관하여 피고인의 대리인, 변호인, 보조인으로 된 때
> 6. 법관이 사건에 관하여 검사 또는 사법경찰관의 직무를 행한 때
> 7. 법관이 사건에 관하여 전심재판 또는 그 기초되는 조사, 심리에 관여한 때
> 8. 법관이 사건에 관하여 피고인의 변호인이거나 피고인·피해자의 대리인인 법무법인, 법무법인(유한), 법무조합, 법률사무소, 「외국법자문사법」 제2조 제9호에 따른 합작법무법인에서 퇴직한 날부터 2년이 지나지 아니한 때
> 9. 법관이 피고인인 법인·기관·단체에서 임원 또는 직원으로 퇴직한 날부터 2년이 지나지 아니한 때

2) 제척의 원인

(1) 법관이 피해자인 때(제1호)

법관이 당해 사건의 피해자인 경우이다. 여기서 피해자란 직접피해자만을 의미하며, 간접피해자인 경우 기피사유가 될 수 있을 뿐이다.

(2) 법관이 피고인 또는 피해자와 개인적으로 밀접한 관련이 있는 때(제2호, 제3호, 제4호, 제5호)

친족 및 법정대리인, 후견감독인의 개념은 민법에 의하여 결정된다. 피고인의 대리인에는 피고인인 법인의 대표자(제27조)를 포함하며, 변호인에는 사선변호인뿐만 아니라 국선변호인도 포함한다. 특별변호인(제31조 단서)이 된 경우도 포함한다.

(3) 법관이 이미 해당 사건에 관여하였을 때

① 법관이 사건에 관하여 증인·감정인으로 된 때(제4호) : 당해 형사사건에 한정되며, 당해 사건인 이상 피고사건뿐만 아니라 피의사건도 포함된다. 증인·감정인으로 된 때에 해당하기 위해서는 실제 증언 또는 감정하여야 하고 단순히 증인으로 신청되거나 감정인으로 소환된 사실만으로는 해당하지 않는다.

② 법관이 사건에 관하여 검사 또는 사법경찰관의 직무를 행한 때(제6호) : 법관이 임관되기 전 검사 또는 사법경찰관으로 범죄를 수사하거나 공소를 제기·유지한 때를 말한다.

> 선거관리위원장으로서 공직선거및선거부정방지법위반혐의사실에 대하여 수사기관에 수사의뢰를 한 법관이 당해 형사피고사건의 재판을 하는 경우 그것이 적절하다고는 볼 수 없으나 형사소송법 제17조 제6호의 제척원인인 '법관이 사건에 관하여 사법경찰관의 직무를 행한 때'에 해당한다고 할 수 없다(대판 1999.4.13. 99도155).

③ 법관이 사건에 관하여 전심재판에 관여한 때(제7호) : ① '전심'이란 상소에 의하여 불복이 신청된 재판이고, 재판은 종국재판으로서 판결과 결정 모두를 포함한다. 따라서 파기환송 전의 원심에 관여한 법관이 환송 후의 재판에 관여한 경우나(대판 1979.2.27. 78도3204), 재심청구의 대상인 확정판결에 관여한 경우(대결 1982.11.15. 82모11)는 제척사유가 되지 아니한다. ② 전심재판에 '관여한 때'란 전심재판의 내부적 성립에 실질적으로 관여한 때를 말한다. 따라서 재판 선고에만 관여한 때, 사실심리나 증거조사를 하지 않고 공판기일을 연기하는 재판에만 관여한 때, 공판에 관여한 바 있어도 판결선고 전에 경질된 때는 이에 해당하지 않는다. 또한 당해 사건의 전심에 제한되므로 같은 피고인의 다른 사건은 물론 분리심리된 다른 공범자에 대한 사건에 관여한 것은 전심재판에 관여하였다고 할 수 없다.

> [쟁점] **제17조 제7호 사유 해당 여부 – 약식명령과 전심관여**

1. **쟁점의 정리**

   약식명령을 한 판사가 그 정식재판의 항소심에 관여한 경우 형사소송법 제17조 제7호의 제척사유에 해당함은 당연하다. 그러나 약식명령을 한 판사가 정식재판을 담당한 경우에는 그 해당 여부에 대해 견해가 대립한다.

2. **견해의 대립**

   ① **긍정설**은 약식명령의 경우에도 판사는 사건의 실체에 관하여 조사·심리에 관여하는 것이므로 예단과 편견의 가능성이 있다는 이유로 제척사유에 해당한다는 견해이고, ② **부정설**은 약식명령과 정식재판은 심급을 같이하는 재판에 해당한다는 이유로 제척사유에 해당하지 않는다는 견해이다.

3. **판례의 태도**

   판례는 '약식절차와 피고인 또는 검사의 정식재판청구에 의하여 개시된 제1심 공판절차는 **동일한 심급** 내에서 서로 절차만 달리할 뿐이므로, 약식명령이 제1심 공판절차의 전심재판에 해당하는 것은 아니다.'라고 하여 부정설의 입장에 있다(대판 2002.4.12. 2002도944).

4. **검토**

   서면심리에 의하는 약식절차의 특성과 판사가 1인뿐인 단독지원에서의 **현실적 필요성** 등을 고려할 때 부정설이 타당하다.

④ 전심재판의 기초되는 조사·심리에 관여한 때(제7호) : 전심재판의 기초되는 조사·심리란 전심재판의 내용형성에 영향을 미친 경우를 말하며, 공소제기 전후를 불문한다.

> [쟁점] **제17조 제7호 사유 해당 여부 – 증거보전절차와 전심관여**

1. **쟁점의 정리**

   형사소송법 제17조 제7호는 '법관이 사건에 관하여 전심재판 또는 그 기초되는 조사·심리에 관여한 때'를 제척사유로 규정하고 있는바, 증거보전절차를 행한 판사가 항소심 재판에 관여하는 경우 위 사유에 해당하는지 여부가 문제된다.

2. **견해의 대립**

   ① **부정설**은 증거보전절차는 사건 전체를 심리하는 것이 아니므로 제척사유에 해당하지 않는다는 견해이고, ② **긍정설**은 증거보전절차에 관여하는 수임판사는 법원 또는 재판장과 동일한 권한이 인정되고(제184조 제2항), 증거보전절차에서 작성된 조서는 절대적 증거능력이 인정된다는 점을 근거로 제척사유에 해당한다는 견해이며, ③ **절충설**은 수임판사가 증인신문이나 검증 등 **증거조사**를 한 경우에 한하여 제척사유에 해당한다는 견해이다.

3. **판례의 태도**

   판례는 부정설의 입장에서 '검사의 증거보전청구에 의하여 증인신문을 한 법관은 본조 제7호 소정의 전심재판 또는 기초되는 조사심리에 관여한 법관이라고 할 수 없다.'고 판시하였다(대판 1971.7.6. 71도974).

4. **검토**

증거보전절차는 실체형성과 밀접한 관련을 가지고 있는바, 긍정설이 타당하다.

① 법관이 선거관리위원장으로서 공직선거법위반혐의사실에 대해 수사기관에 수사의뢰를 하고, 그 후 당해 형사피고사건의 항소심 재판을 하는 경우에는 형사소송법 제17조 제7호에서 정하는 때에 해당한다고 볼 수 없다(대판 1999.4.13. 99도155).

② 제1심판결에서 피고인에 대한 유죄의 증거로 사용된 증거를 조사한 판사는 형사소송법 제17조 제7호 소정의 전심재판의 기초가 되는 조사, 심리에 관여하였다 할 것이고, 그와 같이 전심재판의 기초가 되는 조사, 심리에 관여한 판사는 직무집행에서 제척되어 항소심 재판에 관여할 수 없다(대판 1999.10.22. 99도3534).

⑤ 법관이 사건에 관하여 피고인의 변호인이거나 피고인·피해자의 대리인인 법무법인, 법무법인(유한), 법무조합, 법률사무소, 「외국법자문사법」 제2조 제9호에 따른 합작법무법인에서 퇴직한 날부터 2년이 지나지 아니한 때(제8호) 및 법관이 피고인인 법인·기관·단체에서 임원 또는 직원으로 퇴직한 날부터 2년이 지나지 아니한 때(제9호) : 법조일원화에 따라 로펌 등의 변호사 경력자가 법관으로 임용되면서 법관으로 임용되기 전에 소속되어 있던 로펌·기업과의 관계에서 공정한 재판을 할 수 있는지에 관한 '후관 예우' 논란이 제기되고 있는바, 2020. 12. 8. 개정 형사소송법에서 위와 같은 사유들을 제척사유에 추가하였다.

3) **제척의 효과**

제척사유에 해당하는 법관은 당해 사건의 직무집행에서 당연히 배제된다. 제척사유 있는 법관은 스스로 회피해야 하고(제24조 제1항), 당사자도 기피신청을 할 수 있다(제18조 제1항). 제척사유 있는 법관이 재판에 관여한 때에는 절대적 항소이유(제361조의5 제7호)와 상대적 상고이유(제383조 제1호)가 된다.

2. **기피**

1) **기피의 의의 및 원인**

기피란 법관이 제척사유가 있음에도 불구하고 재판에 관여하거나 기타 불공평한 재판을 할 염려가 있는 때에 당사자의 신청에 의하여 그 법관을 직무집행에서 탈퇴케 하는 제도이다(제18조 제1항).

기피의 원인은 법관이 ① 제17조 각 호에 해당하는 때와 ② 법관이 불공평한 재판을 할 염려가 있는 때이다(제18조 제1항). 후자는 보통인의 판단으로 법관과 사건과의 관계로 보아 편파 또는 불공평한 재판을 할 것 같다는 염려를 일으킬 만한 객관적 사정이 있는 때를 말한다(대결 1995.4.3. 95모10).

쟁점 증거신청기각결정과 기피사유 – 증거결정의 법적 성질

1. 쟁점의 정리

법원은 당사자 등의 증거신청에 대하여 결정을 하여야 하며 직권으로 증거조사를 할 수 있다(제295조). 이에 따라 법원이 피고인 측의 증거신청을 기각한 경우, 이를 기피사유로 볼 수 있는지 문제된다. 이는 법원의 증거결정의 법적 성질과 관련된 문제이다.

2. 견해의 대립 – 증거결정의 법적 성질

① 자유재량설은 법원의 증거결정은 소송지휘권에 근거하고 제295조에서 구체적인 기준을 정하고 있지 아니하고 있으므로 증거결정은 재량행위라는 견해이고, ② 기속재량설은 법원의 증거결정에는 증거평가에 대한 자유심증과 같은 정도의 제한(합리칙과 경험칙)이 존재하고, 제294조의2가 피해자의 진술신청에 대한 증거결정의 법률적 기준을 제시하고 있다는 점에서 증거결정을 기속재량으로 보는 견해이다.

3. 판례의 태도

판례는 자유재량설의 입장에서 '증거신청의 채택 여부는 법원의 재량으로서 법원이 필요하지 아니하다고 인정할 때에는 이를 조사하지 아니할 수 있는 것이므로, 변호인의 증거신청을 채택하지 아니한 원심의 조치가 반드시 위법하다고 할 수는 없다.'고 판시하였다(대판 1995.6.13. 95도826).

4. 검토

증거신청권은 당사자주의 소송구조에서 법원의 심증형성에 영향을 미칠 수 있는 기회를 보장하는 중요한 참여권으로서의 성격을 가지므로 법원이 정당한 이유 없이 침해해서는 아니 되는바, 기속재량설이 타당하다. 따라서 **법원의 증거기각결정에 재량권 남용이 인정된다면 기피사유를 인정할 수 있다**(실제 사례문제에서는 재량권 남용에 대한 구체적인 사안검토가 필요하다).

재판부가 당사자의 증거신청을 채택하지 아니하거나 이미 한 증거결정을 취소하였다 하더라도 그러한 사유만으로는 재판의 공평을 기대하기 어려운 객관적인 사정이 있다고 할 수 없고, 또한 재판장이 피고인의 증인에 대한 신문을 제지한 사실이 있다는 것만으로는 법관과 사건과의 관계상 불공평한 재판을 할 것이라는 의혹을 갖는 것이 합리적이라고 인정할 만한 객관적인 사정이 있는 경우에 해당한다고 볼 수 없다(대결 1995.4.3. 95모10).

① 검사의 공소장변경허가신청에 대해 불허가 결정을 한 사유만으로는 기피사유를 인정할 수 없다(대결 2001.3.21. 2001모2).

② 원심재판장 판사가 재심대상판결의 제1심에 관여했다 하더라도 이 사건 재심청구사건에서 제척 또는 기피의 원인이 되는 것이 아니다(대결 1982.11.15. 82모11).

③ 법관이 심리 중 피고인으로 하여금 유죄를 예단하는 취지로 미리 법률판단을 한 때에는 경우에 따라 불공평한 재판을 할 염려가 있는 경우에 해당될 수 있다(대결 1974.10.16. 74모68).

2) 기피신청의 절차

(1) 신청권자

신청권자는 검사와 피고인이다. 변호인도 피고인의 명시한 의사에 반하지 않는 한 기피신청을 할 수 있다. 변호인의 기피신청권은 대리권이므로, 피고인이 기피신청을 포기한 때에는 변호인의 그것도 소멸된다.

(2) 신청의 방법

기피신청은 서면 또는 공판정에서 **구두**로 할 수 있다. 합의부의 법관에 대한 기피는 그 법관의 소속 법원에 신청하고, 수명법관·수탁판사 또는 단독판사에 대한 기피는 당해 법관에게 신청해야 한다(제19조 제1항). 기피신청을 함에 있어서는 기피의 원인이 되는 사실을 구체적으로 명시하여야 하고(규칙 제9조 제1항), 기피사유는 3일 이내에 서면으로 소명해야 한다(법 제19조 제2항). 신청의 대상은 **법관**이며 법원, 즉 합의부 자체에 대한 기피신청은 허용되지 않는다.

쟁점 **기피신청의 시기**

1. 쟁점의 정리

형사소송법은 기피신청의 시기에 대해 특별히 규정하고 있지 않다. 이에 따라 기피신청이 가능한 시기를 언제로 볼 것인지가 문제된다. 기피신청이 가능한 시기를 언제로 볼 것인지에 따라 그 신청에 대한 간이기각결정 가부가 결정된다.

2. 견해의 대립

① **판결선고시설**은 기피신청에 대해 제한하는 규정이 없다는 점과 적정절차의 원리를 근거로 판결선고시까지 가능하다는 견해이고, ② **변론종결시설**은 소송의 신속과 제23조 제2항의 개정취지를 근거로 변론종결시까지 가능하다는 견해이다.

3. 판례의 태도

판례는 피고사건의 판결선고 절차가 시작되어 재판장이 이유의 요지 중 상당 부분을 설명하는 도중 기피신청을 한 것은 소송지연만을 목적으로 한 것으로 부적법하다고 결정한 바 있다(대결 1985.7.23. 85모19).

4. 검토

이미 실체심리가 종결되고 공판진행이 더 이상 정지되지 아니하는 판결선고 단계까지 기피신청을 무리하게 허용할 필요가 없다는 점에서 **변론종결시설**이 타당하다.

법관에 대한 기피신청이 있는 경우에 형사소송법 제22조에 의하여 정지될 소송진행에는 판결 선고는 포함되지 아니하는 것이고, 그와 같이 이미 **종국판결**이 선고되어 버리면 그 담당재판부를 사건 심리에서 배제하고자 하는 기피신청은 그 목적의 소멸로 재판을 할 이익이 상실되어 부적법하게 된다(대결 1995.1.9. 94모77).

어떠한 사유에 의했건 기피의 대상으로 하고 있는 법관이 이미 당해 구체적 사건의 직무집행으로부터 배제되어 있다면 그 법관에 대한 피고인의 기피신청은 부적법하다(대결 1986.9.24. 86모48).

3) 기피신청에 대한 재판

(1) 기피신청을 받은 법원의 처리

① 간이기각결정을 하는 경우 : 기피신청이 소송의 지연을 목적으로 함이 명백하거나 제19조의 규정에 위배된 때에는 신청을 받은 법원 또는 법관은 결정으로 이를 기각한다(제20조 제1항, 간이기각결정). ⓐ 소송의 지연을 목적으로 함이 명백한 경우는 일반적으로 시기에 늦은 기피신청, 이유 없음이 명백한 기피신청을 의미한다. ⓑ 제19조에 위배된 경우란 기피신청의 관할을 위반하였거나 신청 후 3일 이내에 기피사유를 서면으로 소명하지 않은 경우를 말한다.

> 기피신청이 소송의 지연을 목적으로 함이 명백한 경우에는 그 신청 자체가 부적법한 것이므로 신청을 받은 법원 또는 법관은 이를 결정으로 기각할 수 있는 것이고, 소송지연을 목적으로 함이 명백한 기피신청인지의 여부는 기피신청인이 제출한 소명방법만에 의하여 판단할 것은 아니고, 당해 법원에 현저한 사실이거나 당해 사건기록에 나타나 있는 제반 사정들을 종합하여 판단할 수 있다(대결 2001.3.21. 2001모2).

② 간이기각결정을 하지 않는 경우 : 기피당한 법관은 위와 같은 사유가 없는 이상 지체없이 기피신청에 대한 의견서를 제출하여야 하며(제20조 제2항), 기피당한 법관이 기피신청을 이유 있다 인정하는 때에는 그 결정이 있는 것으로 간주한다(같은 조 제3항). 기피신청이 있는 경우 간이기각결정의 경우를 제외하고는 소송진행을 정지하여야 한다. 다만 급속을 요하는 경우 예외로 한다(제22조). 따라서 구속기간의 만료가 임박하여 기피신청이 있는 경우에는 소송진행을 정지해야 할 필요가 없다.

[쟁점] 기피신청시 정지되는 소송절차의 범위

기피신청시 정지되는 소송절차의 범위에 대해 ① 급속을 요하는 경우 이외의 **모든 절차가 정지된다는 견해**와 ② **본안에 대한 소송진행만이 정지된다는 견해**가 대립하고, 판례는 법관에 대한 기피신청이 있는 경우 형사소송법 제22조에 따라 **정지되는 소송진행에 판결의 선고는 포함되지 아니한다**고 판시하였고(대판 2002.11.13. 2002도4893), 실체재판에의 도달을 직접 목적으로 하는 본안의 소송절차만 정지된다는 입장에서 **구속기간은 정지되지 않는다**고 판시한 바 있다(대결 1987.2.3. 86모57, 다만 개정된 형사소송법 제92조 제3항에 의해 정지된 기간은 구속기간에 산입되지 않게 되었다). 생각건대 형사소송법에서 급속을 요하는 경우로만 정지의 예외를 인정하고 있으므로 **모든 소송절차가 정지된다고 봄이 타당**하다.

> ① 기피신청을 받은 법관이 제22조에 위반하여 본안 소송절차를 정지하지 않고 그대로 소송을 진행하여 한 소송행위는 효력이 없고, 이는 그 후 그 기피신청에 대한 기각결정이 확정되었다고 하더라도 마찬가지이다(대판 2012.10.11. 2012도8544).

② 피고인들에 대한 구속기간이 만료되기 불과 24일 가량을 앞둔 제1심 제8회 공판기일에 피고인들과 변호인들이 법원에 대하여 기피신청을 하였음에도 법원이 소송진행을 정지하지 아니하고 그대로 진행한 조치는 정당하다(대판 1990.6.8. 90도646).
③ 법관에 대한 기피신청 때문에 소송의 진행이 정지되더라도 구속기간의 만료가 임박하였다는 사정도 소송진행 정지의 예외사유인 **급속을 요하는 경우**에 해당한다(대판 1994.3.8. 94도142).

③ **기피신청사건의 관할** : 기피신청사건에 대한 재판은 당해 법관의 소속법원 합의부에서 한다(제21조 제1항). **기피당한 법관은 여기에 관여하지 못한다**(같은 조 제2항). 기피당한 판사의 소속법원이 합의부를 구성하지 못할 때에는 **직근상급법원**이 결정한다(같은 조 제3항).

④ **기피신청에 대한 재판** : 기피신청에 대한 재판은 결정으로 한다. 기피신청이 이유 없는 경우 기피신청을 기각하고 이에 대해서는 즉시항고할 수 있다(제23조 제1항). 다만 제20조 제1항의 간이기각결정에 대한 즉시항고는 재판의 집행을 정지하는 **효력이 없다**(같은 조 제2항). 기피신청이 이유 있는 경우 이유 있다는 결정을 하고, 이에 대해서는 **항고할 수 없다**(제403조).

4) 기피의 효과

기피신청이 이유 있다는 결정이 있는 때에는 그 법관은 당해 사건의 직무집행으로부터 **탈퇴**한다. 탈퇴의 효력발생 시기는 제척의 원인을 이유로 하는 때에는 **원인발생시**이고, 불공평한 재판을 할 염려가 있는 때를 이유로 하는 경우에는 **결정시**이다. 기피당한 법관이 사건 심판에 관여한 때에는 **절대적 항소이유**(제361조의5 제7호) 또는 **상대적 상고이유**(제383조 제1호)가 된다.

3. 회피

회피란 법관이 스스로 기피의 원인이 있다고 판단한 때에 **자발적으로** 직무집행에서 탈퇴하는 제도이다(제24조 제1항). 회피신청은 소속법원에 서면으로 하여야 하고(제24조 제2항), 그 신청의 시기에는 제한이 없다. 회피신청에 대한 결정에는 기피에 관한 규정이 준용된다(같은 조 제3항). 다만 회피신청에 대한 법원의 결정에 대해 항고할 수 없고, 법관이 회피신청을 하지 아니하였더라도 상소이유가 되지 아니한다.

4. 법원사무관 등에 대한 제척·기피·회피

법관의 제척·기피·회피에 관한 규정은 원칙적으로 법원서기관·법원사무관·법원주사 또는 법원주사보와 통역인에게 준용된다(제25조 제1항). 다만 직무의 성격상 법원서기관 등은 재판에는 관여할 수 없으므로 '전심재판 또는 그 기초되는 조사·심리에 관여한 때'에 대한 제17조 제7호 사유는 적용되지 아니한다. 제척 및 기피에 관한 규정은 전문심리위원에게도 준용된다(제279조의5).

통역인이 사건에 관하여 증인으로 증언한 때에는 직무집행에서 제척되고, 제척사유가 있는 통역인이 통역한 증인의 증인신문조서는 유죄 인정의 증거로 사용할 수 없다. 다만 사실혼 관계에 있는 사람은 민법에서 정한 사람은 제17조 제2호에서 정하는 친족에 해당하지 않으므로, 통역인이 피해자의 사실혼 배우자라 하여도 통역인에게 제척사유가 있다고 할 수 없다(대판 2011.4.14. 2010도13583).

제3절 검사

Ⅰ. 검사의 의의 및 성격

검사란 검찰권을 처리하는 국가기관으로서 행정기관이면서 동시에 사법기관의 성격도 가지는 준사법기관이다. 검사는 단독제의 관청이므로 검찰사무는 모든 검사가 단독으로 처리한다.

Ⅱ. 검사동일체의 원칙

1. 의의 및 내용

모든 검사는 검찰총장을 정점으로 하는 피라미드형의 계층적 조직체를 형성하고 일체불가분의 유기적 통일체로서 활동한다. 검사는 검찰사무에 관하여 소속 상급자의 지휘·감독에 따른다(검찰청법 제7조 제1항). 검사는 구체적 사건과 관련한 상급자의 지휘·감독의 적법성 또는 정당성 여부에 관하여 이견이 있는 때에는 이의를 제기할 수 있다(검찰청법 제7조 제2항, 검사의 이의제기권).

검찰총장과 검사장 또는 지청장은 소속 검사의 직무를 자신이 처리하거나(검찰청법 제7조의2 제2항 전단, 직무승계권), 다른 검사로 하여금 처리하게 할 수 있고 그 권한에 속하는 직무의 일부를 소속 검사로 하여금 처리하게 할 수 있다(같은 항 후단, 직무이전권). 각급 검찰청의 차장검사는 소속장에 사고가 있을 때에는 특별한 수권 없이 그 직무를 대리하는 권한을 가진다(검찰청법 제18조 제2항, 제23조 제2항).

2. 효과

검사 교체를 이유로 수사절차나 공판절차를 갱신할 필요가 없다. 또한 검사에 대한 제척·기피는 불가능하다.

> 범죄의 피해자인 검사가 그 사건의 수사에 관여하거나, 압수·수색영장의 집행에 참여한 검사가 다시 수사에 관여하였다는 이유만으로 바로 그 수사가 위법하다거나 그에 따른 참고인이나 피의자의 진술에 임의성이 없다고 볼 수는 없다(대판 2013.9.12. 2011도12918).

3. 법무부장관의 지휘·감독권

법무부장관은 검찰사무의 최고감독자로서 일반적으로 검사를 지휘·감독하고, 구체적 사건에 대해서는 검찰총장만을 지휘·감독한다(검찰청법 제8조).

Ⅲ. 검사의 소송법상 지위

검사는 수사권과 수사종결권을 가지고 범죄를 수사하는 수사의 주체이고, 공소를 제기·수행하는 공소권의 주체이며(제246조), 재판의 집행기관이다(제460조). 검사는 피고인에 대립하는 당사자이면서도 공익의 대표자로서 피고인의 정당한 이익을 옹호해야 할 의무가 있다(이른바 '객관의무')(헌재결 1997.11.27. 94헌마60).

제4절 피고인

Ⅰ. 피고인의 의의

1. 피고인의 개념

피고인이란 검사에 의하여 공소제기된 자 또는 공소제기된 자로 취급되어 있는 자를 의미한다.

2. 피고인의 특정

1) 피고인 특정의 기준

공소장에는 피고인의 성명 기타 피고인을 특정할 수 있는 사항을 기재해야 한다(제254조 제3항 제1호). 따라서 통상의 경우에는 공소장에 기재되어 있는 자가 피고인이 된다.

> **쟁점** 피고인 특정의 기준
>
> **1. 쟁점의 정리**
>
> 일반적으로는 공소장에 기재되어 있는 자가 피고인이 된다. 그러나 성명모용소송이나 위장출석의 경우 등에 있어서는 누가 피고인이며, 공소제기의 효력이 누구에게 미치는지가 불명확하여, 피고인 특정의 기준이 문제된다.
>
> **2. 견해의 대립**
>
> ① 의사설은 검사의 의사를 기준으로 피고인을 특정하는 견해이고, ② 표시설은 공소장에 표시된 자를 피고인으로 특정하는 견해이고, ③ 행위설은 실제 피고인으로 행위하거나 취급된 자를 피고인으로 특정하는 견해이며, ④ 실질적 표시설은 표시설을 중심으로 하면서도 행위설과 의사설을 함께 고려하여 피고인을 특정하는 견해이다.
>
> **3. 판례의 태도**
>
> 판례는 실질적 표시설과 유사한 입장에서 '피의자가 다른 사람의 성명을 모용한 탓으로 공소장에 피모용자가 피고인으로 표시되었다 하더라도 이는 당사자의 표시상의 착오일 뿐이고 검사는 모용자에 대하여 공소를 제기한 것이므로 **모용자가 피고인이 되고 피모용자에게 공소의 효력이 미친다고 할 수 없다.**'고 판시하였다(대판 1993.1.19. 92도2554).
>
> **4. 검토**
>
> 표시설 및 의사설, 행위설 중 어느 하나만으로는 성명모용이나 위장출석 등의 사례에 있어 피고인이 누구인지 준별하기 어려우므로, 모든 관점을 종합적으로 고려하는 **실질적 표시설**이 타당하다.

2) 성명모용소송

> **쟁점** 성명모용소송

1. **쟁점의 정리**

    모용자가 피모용자의 성명을 모용하여 피모용자의 이름으로 공소가 제기된 경우, ① 피고인으로 특정되는 자는 누구인지, ② 공소장의 피고인을 정정하는 방법은 무엇인지, ③ 성명모용소송임이 밝혀졌을 경우 법원은 어떠한 조치를 취하여야 하는지. ④ 피모용자 명의의 유죄판결이 확정된 경우 피모용자의 구제방법은 무엇인지 각각 문제된다.

2. **피고인 특정**

    실질적 표시설에 따라 모용자가 피고인이 된다.

3. **공소장의 피고인을 정정하는 방법 - 검사의 조치**

    공소장에는 피고인의 성명 기타 피고인을 특정할 수 있는 사항을 기재하여야 하는바(제254조 제3항 제1호), 성명모용으로 인해 피모용인이 공소장에 피고인으로 표시된 경우는 당사자에 대한 표시상의 착오일 뿐이다. 따라서 검사는 공소장정정절차에 의하여 피고인 표시를 정정하여야 한다. 판례 역시 같은 입장에서 검사는 공소장의 인적 사항의 기재를 정정하면 족하고, 제298조에 따른 공소장변경의 절차를 밟을 필요가 없고 법원의 허가도 필요로 하지 아니한다고 판시하였다(대판 1993.1.19. 92도2554).

4. **성명모용에 대한 법원의 조치**

    검사가 위와 같이 공소장을 정정하는 경우 법원은 피고인인 모용자에 대해 심리하고 재판하여야 한다. 다만 성명모용소송임이 밝혀졌음에도 검사가 공소장정정을 하지 아니하는 경우, 법원이 어떠한 조치를 취하여야 하는지에 대해 ① 모용자가 피고인으로 특정되는 이상 모용자에 대한 심리를 진행하여야 한다는 심리진행설과 ② 피모용자에 대한 공소제기는 제254조 제3항을 위반하여 무효이므로 제327조 제2호에 의해 공소기각판결을 선고하여야 한다는 공소기각판결설이 대립한다. 판례는 공소기각판결설의 입장에서 검사가 모용관계를 바로잡지 아니하는 경우에는 외형상 피모용자 명의로 공소제기된 것으로 공소제기의 방식이 제254조에 위반하여 무효라고 할 것이므로 법원은 공소기각의 판결을 선고하여야 한다고 판시하였다(대판 1993.1.19. 92도2554). 생각건대 성명모용소송의 경우에는 공소장에 피고인을 특정할 수 있는 사항이 기재되었다고 할 수 없는바, 공소기각판결설이 타당하다.

5. **피모용자 명의의 유죄판결이 확정된 경우 피모용자 구제방법**

    소송 중 성명모용 사실이 밝혀지지 않아 피모용자 명의의 유죄판결이 확정된 경우, 피모용자를 구제하는 방법에 대해 ① 재심설, ② 비상상고설, ③ 전과말소설이 대립한다. 생각건대, 피모용자는 유죄판결의 효력이 미치는 피고인이라 할 수 없으므로, 피모용자가 검사에게 전과말소신청을 하여 검사의 결정으로 수형인명부의 전과기록을 말소하여야 한다는 전과말소설이 타당하다.

6. 추가쟁점 – 약식명령 송달 후 피모용자가 정식재판을 청구한 경우 법원의 조치

성명모용에 의해 피모용자에게 약식명령이 송달된 후 피모용자가 정식재판을 청구한 경우 판례는 역시 공소기각판결설의 입장에서 판시하고 있다. 즉 법원은 피모용자에 대해서는 제327조 제2호를 유추적용하여 공소기각의 판결을 함으로써 피모용자의 불안정한 지위를 명확히 해소해 주어야 하고, 모용자에게는 아직 약식명령의 송달이 없었다 할 것이어서 검사는 공소장에 기재된 피고인의 표시를 정정할 수 있으며, 법원은 이에 따라 약식명령의 피고인 표시를 경정할 수 있고, 본래의 약식명령정본과 함께 이 경정결정을 모용자에게 송달하면 이때에 약식명령의 적법한 송달이 있다고 볼 것이며, 이에 대하여 소정의 기간 내에 정식재판의 청구가 없으면 약식명령은 확정된다(대판 1993.1.19. 92도2554).

3) 위장출석

> **쟁점** 위장출석

1. 쟁점의 정리

위장출석이란 공소장에는 甲(실질적 피고인)이 피고인으로 기재되어 있음에도 불구하고 乙(형식적 피고인)이 출석하여 재판을 받는 경우를 의미하는바, 절차진행에 따라 乙을 배제시키는 방법이 문제된다.

2. 피고인의 특정

실질적 표시설에 따라 甲이 피고인이 된다.

3. 乙을 절차에서 배제시키는 방법

가. 인정신문 단계

인정신문(모두절차) 단계에서 위장출석임이 밝혀진 경우에는 乙을 퇴정시키고 甲을 소환하여 절차를 진행하면 족하다.

나. 사실심리 단계

사실심리 단계에서 위장출석임이 밝혀진 경우에는 乙에게도 형식적 소송계속을 인정하여야 하므로 乙에 대해 공소기각의 판결을 선고하고(제327조 제2호 유추적용), 甲에 대한 절차를 진행하여야 한다. 이 경우 甲에 대해서는 별도의 공소제기가 필요치 아니하다.

다. 판결선고 후 확정 전 단계

乙에게 판결이 선고된 때에는 상소이유가 된다. 따라서 위장출석임을 상소심에서 밝혀 乙에 대해서는 공소기각의 판결을 선고하고(제327조 제2호), 甲에 대해서는 본래의 공소제기에 의하여 1심 절차를 진행하여야 한다. 역시 甲에 대한 별도의 공소제기는 필요치 않다.

라. 판결확정 이후 단계

乙에 대한 판결이 선고되어 그 판결이 확정된 경우 乙의 구제방법에 대해 ① 재심설, ② 비상상고설, ③ 집행의의설(제488조)이 대립한다. 생각건대, 이는 사실을 오인하여 진범 아닌 자에 대하여 유죄판결이 확정된 경우라 할 것이므로 재심설이 타당하다.

4) 위장자수

> **쟁점** 위장자수
>
> **1. 쟁점의 정리**
>
> 위장자수란 범인 아닌 자가 범인을 가장하여 수사기관에 자수함으로써 범인 아닌 자에 대해 공소가 제기된 경우를 말한다. 이 경우 위장자수자를 절차에서 배제시키는 방법이 문제된다 (위장자수는 피고인 특정과는 무관한 쟁점이나, 성명모용소송 등 사안과 구조가 유사하여 함께 기재한 것이다. 이하 내용에서 등장하는 절차 또는 쟁점에 대해서는 해당 파트에서 자세히 정리하여야 한다).
>
> **2. 피고인의 특정**
>
> 피고인특정에 관한 어느 견해에 따르더라도 위장자수자가 피고인으로 특정된다.
>
> **3. 위장자수임이 밝혀진 경우 법원 또는 검사의 조치**
>
> **가. 심리 도중 위장자수임이 밝혀진 경우**
>
> 진범인으로의 공소장변경(제298조 제1항)이 가능한지 문제된다. 그러나 피고인이 달라지는 이상 공소사실의 동일성이 인정되지 아니하므로 공소장변경은 불가능하다. 따라서 검사는 위장자수자에 대한 공소를 취소하고(제255조 제1항), 진범인에 대한 공소를 다시 제기하여야 한다.
>
> **나. 판결이 확정된 경우**
>
> 위장자수자가 확정된 판결에 대해 재심을 청구할 수 있는지와 관련하여 제420조 제5호의 증거가 법원 외의 당사자에게도 새로운 증거일 것임을 요하는지가 문제된다. 이에 대해 ① 필요설, ② 불요설, ③ 절충설이 대립하고, 판례는 절충설의 입장이다(대결 2009.7.16. 2005모472 전원합의체). 생각건대, 실체진실주의와 피고인 구제라는 재심제도의 취지를 고려할 때 불요설이 타당하므로, 위장자수자는 확정된 판결에 대해 재심을 청구할 수 있다.

Ⅱ. 피고인의 소송법상 지위

피고인은 검사에 대립하는 당사자이고, 피고인의 진술은 증거가 될 수 있고 피고인의 신체는 검증의 대상이 될 수 있다는 점에서 **증거방법으로서 지위를 가지며**, 소환 및 구속·압수·수색 등의 강제처분의 객체가 된다.

Ⅲ. 무죄추정의 원칙

형사절차에서 피고인 또는 피의자는 유죄판결이 확정될 때까지는 무죄로 추정된다(헌법 제27조 제4항, 형사소송법 제275조의2). 다만 유죄판결이 확정된 이상 재심청구가 있다 하더라도 피고인에게는 무죄가 추정되지 아니한다.

Ⅳ. 피고인의 진술거부권

1. 의의

헌법은 제12조 제2항에서 진술거부권을 기본권으로 보장하고 있으며, 이에 따라 형사소송법은 피고인의 진술거부권(제283조의2)과 피의자의 진술거부권(제244조의3)을 각각 규정하고 있다.

> [1] 진술거부권이 보장되는 절차에서 진술거부권을 고지받을 권리가 헌법 제12조 제2항에 의하여 바로 도출된다고는 할 수 없고, 이를 인정하기 위해서는 입법적 뒷받침이 필요하다. [2] 구 공직선거법은 제272조의2에서 선거범죄 조사와 관련하여 선거관리위원회 위원·직원이 관계자에게 질문·조사를 할 수 있다고 규정하면서도 진술거부권의 고지에 관하여는 별도의 규정을 두지 않았고, 수사기관의 피의자에 대한 진술거부권 고지를 규정한 형사소송법 제244조의3 제1항이 구 공직선거법상 선거관리위원회 위원·직원의 조사절차에 당연히 유추적용된다고 볼 수도 없다. 결국 구 공직선거법 시행 당시 선거관리위원회 위원·직원이 선거범죄 조사와 관련하여 관계자에게 질문을 하면서 미리 진술거부권을 고지하지 않았다고 하여 단지 그러한 이유만으로 그 조사절차가 위법하다거나 그 과정에서 작성·수집된 선거관리위원회 문답서의 증거능력이 당연히 부정된다고 할 수는 없다(대판 2014.1.16. 2013도5441).

2. 진술거부권의 내용

1) 진술거부권의 주체 및 내용

진술거부권의 주체에는 제한이 없다. 피고인뿐만 아니라 피의자도 진술거부권을 가진다.

> 수사기관에 의한 진술거부권 고지 대상이 되는 피의자 지위는 수사기관이 조사대상자에 대한 범죄혐의를 인정하여 수사를 개시하는 행위를 한 때 인정되는 것으로 보아야 한다. 따라서 이러한 피의자 지위에 있지 아니한 자에 대하여는 진술거부권이 고지되지 아니하였더라도 진술의 증거능력을 부정할 것은 아니다(대판 2011.11.10. 2011도8125).

진술거부권은 형벌 기타의 제재에 의한 진술강요의 금지를 본질적 내용으로 한다. 다만 강요당하지 않는 것은 진술에 한한다. 따라서 지문과 족형의 채취, 신체의 측정, 사진촬영이나 신체검증에 대하여는 진술거부권이 미치지 아니한다. 따라서 **도로교통법에 의한 음주측정은 진술에 해당하지 아니한다.**

> ① 도로교통법에 따른 음주측정은 법관의 영장을 필요로 하는 강제처분이라 할 수 없다. 주취운전의 혐의자에게 호흡측정기에 의한 주취여부의 측정에 응할 것을 요구하고 이에 불응할 경우 처벌한다고 하여도 이는 형사상 불리한 "진술"을 강요하는 것에 해당한다고 할 수 없으므로 헌법 제12조 제2항의 진술거부권조항에 위배되지 아니한다(헌재결 1997.3.27. 96헌가11).
>
> ② 음주측정을 위하여 운전자를 강제로 연행하기 위해서는 수사상 강제처분에 관한 형사소송법상 절차에 따라야 하고, 이러한 절차를 무시한 채 이루어진 강제연행은 위법한 체포에 해당한다. 이와 같은 위법한 체포 상태에서 음주측정요구가 이루어진 경우, 음주측정요구를 위한 위법한

> 체포와 그에 이은 음주측정요구는 주취운전이라는 범죄행위에 대한 증거 수집을 위하여 연속하여 이루어진 것으로서 개별적으로 적법 여부를 평가하는 것은 적절하지 않으므로 일련의 과정을 전체적으로 보아 위법한 음주측정요구가 있었던 것으로 볼 수밖에 없고, 운전자가 주취운전을 하였다고 인정할 만한 상당한 이유가 있다 하더라도 운전자에게 경찰공무원의 이와 같은 위법한 음주측정요구까지 응할 의무가 있다고 보아 이를 강제하는 것은 부당하므로 그에 불응하였다고 하여 음주측정거부에 관한 도로교통법 위반죄로 처벌할 수 없다(대판 2012.12.13. 2012도11162).
>
> ③ 경찰공무원은 운전자의 음주 여부나 주취 정도를 확인하기 위하여 운전자에게 음주측정기를 면전에 제시하면서 호흡을 불어넣을 것을 요구하는 것 이외에도 그 사전절차로서 음주측정기에 의한 측정과 밀접한 관련이 있는 검사 방법인 음주감지기에 의한 시험도 요구할 수 있다. (중략) 경찰공무원이 운전자에게 음주 여부를 확인하기 위하여 음주측정기에 의한 측정의 전 단계에 실시되는 음주감지기에 의한 시험을 요구하는 경우 그 시험 결과에 따라 음주측정기에 의한 측정이 예정되어 있고, 운전자가 그러한 사정을 인식하였음에도 음주감지기에 의한 시험에 불응함으로써 음주측정을 거부하겠다는 의사를 표명한 것으로 볼 수 있다면, 음주감지기에 의한 시험을 거부한 행위도 음주측정기에 의한 측정에 응할 의사가 없음을 객관적으로 명백하게 나타낸 것으로 볼 수 있다(대판 2017.6.8. 2016도16121).

형사소송법은 헌법과 달리 진술의 내용을 불이익한 진술에 제한하지 않고 있어, 헌법상 진술거부권의 범위를 확장하고 있다. 진술거부권이 인정되는 진술의 범위에 관하여 인정신문에 있어 진술거부권이 인정되는지에 대해 견해가 대립하나, 인정신문에 대하여도 진술거부권을 인정함이 타당하다(규칙 제127조 참조).

2) 진술거부권과 진술거부권의 고지

진술거부권의 고지는 진술거부권의 실질적 행사를 위한 전제가 된다. 이에 따라 형사소송법 역시 피의자와 피고인에 대해 진술거부권을 고지할 것을 규정하고 있다(제244조의3, 제283조의2).

> 조사대상자의 진술 내용이 단순히 제3자의 범죄에 관한 경우가 아니라 자신과 제3자에게 공동으로 관련된 범죄에 관한 것이거나 제3자의 피의사실뿐만 아니라 자신의 피의사실에 관한 것이기도 하여 실질이 피의자신문조서의 성격을 가지는 경우에 수사기관은 진술을 듣기 전에 미리 진술거부권을 고지하여야 한다(대판 2015.10.29. 2014도5939).

진술거부권을 고지하지 아니한 경우 진술거부권의 침해가 인정된다. 진술거부권을 고지하지 않은 때에는 그 자백의 증거능력이 부정된다.

쟁점 진술거부권 침해와 진술 임의성과의 관계

형사소송법은 피의자에 대하여는 물론 피고인에 대하여도 진술거부권을 고지할 것을 명문으로 규정하고 있다(제244조의3, 제283조의2). 진술거부권의 고지는 진술거부권의 전제가 되고, 진술거부권을 고지하지 아니한 경우에 진술거부권에 대한 침해가 된다. 이러한 진술거부권의 침해와 진술의 임의성의 관계가 문제되는바, ① 진술거부권을 고지하지 않은 때에는 자백의 임의성이 인정되는 경우에도 **위법수집증거배제법칙**(제308조의2)에 의하여 자백의 증거능력을 부정해야 한다는 견해와 ② 진술거부권을 고지하지 않고 얻은 자백은 그 임의성에 의심 있는 경우(제309조)에 해당하여 증거능력을 부정해야 한다는 견해가 대립하고, 판례는 위법하게 수집된 증거라는 이유로 증거능력을 부정하고 있다(대판 1992.6.23. 92도682). 생각건대, 진술거부권의 고지라는 형식적 기준에 의하여 진술의 임의성이 영향을 받는다고 할 수 없으므로 위법수집증거배제법칙에 의해 증거능력을 부정하는 견해가 타당하다.

① 수사기관이 피의자를 신문함에 있어서 피의자에게 미리 진술거부권을 고지하지 않은 때에는 그 피의자의 진술은 위법하게 수집된 증거로서 진술의 임의성이 인정되는 경우라도 증거능력이 부인되어야 한다(대판 1992.6.23. 92도682).

② 피의자의 진술을 녹취 내지 기재한 서류 또는 문서가 수사기관에서의 조사 과정에서 작성된 것이라면, 그것이 '진술조서, 진술서, 자술서'라는 형식을 취하였다고 하더라도 피의자신문조서와 달리 볼 수 없다. 형사소송법이 보장하는 피의자의 진술거부권은 헌법이 보장하는 형사상 자기에게 불리한 진술을 강요당하지 않는 자기부죄거부의 권리에 터 잡은 것이므로, 수사기관이 피의자를 신문함에 있어서 피의자에게 미리 진술거부권을 고지하지 않은 때에는 그 피의자의 진술은 위법하게 수집된 증거로서 진술의 임의성이 인정되는 경우라도 증거능력이 부인되어야 한다(대판 2009.8.20. 2008도8213).

3. 진술거부권의 효과

진술거부권에 의하여 피고인 또는 피의자의 진술을 강요할 수 없으므로 **진술거부권을 행사하였다는 이유로 형벌 기타 제재를 과할 수 없다**. 진술거부권의 행사를 피고인에게 불이익한 간접증거로 하거나 이를 근거로 유죄의 추정을 하는 것은 허용되지 않고(자유심증주의의 예외), 진술거부권을 침해하여 수집한 증거는 증거능력이 부정된다.

> **쟁점** 진술거부권의 행사를 양형에서 고려할 수 있는지 여부
>
> 진술거부권의 행사를 피고인에게 불리한 간접증거로 하거나 이를 근거로 유죄의 추정을 하는 것은 허용되지 않지만(불이익추정의 금지), 이를 양형에서 고려할 수 있는지에 대해서는 견해가 대립한다. 이에 대해 ① 피고인의 진술의 자유를 보장하기 위하여 이를 양형에서 고려하는 것은 허용되지 않는다는 **부정설**과 ② 자백에 의하여 개전의 정을 표시한 자와 진술거부권을 행사한 자를 같이 처벌하는 것은 비합리적이라는 이유로 양형에의 고려를 허용하는 **긍정설**이 대립하고, 판례는 원칙적으로는 허용되지 아니하지만, 그러한 태도가 방어권 행사의 범위를 넘어 진실의 발견을 적극적으로 숨기거나 법원을 오도하려는 시도에 기인한 경우에는 가중적 양형의 요건으로 참작할 수 있다고 한다(대판 2001.3.9. 2001도192). 생각건대, 피고인의 진술의 자유 보장과 양형의 균형을 모두 고려하는 판례의 태도가 타당하다.

V. 당사자능력과 소송능력

1. 당사자능력

당사자능력이란 소송법상 당사자가 될 수 있는 일반적인 능력을 의미한다. 자연인은 연령이나 책임능력의 여하를 불문하고 언제나 당사자능력을 가진다. 태아나 사망자에게는 당사자능력이 없으나, 재심절차에서는 피고인의 사망이 영향을 미치지 아니한다(제424조 제4호). 법인 기타 단체도 처벌규정 있는 경우에는 당사자능력을 가진다.

피고인이 사망하거나 피고인인 법인이 존속하지 아니하게 되었을 때 당사자능력은 소멸한다.

> ① 회사가 해산 및 청산등기 전에 재산형에 해당하는 사건으로 소추당한 후 **청산종결의 등기가 경료되었다고 하여도** 그 피고사건이 종결되기까지는 회사의 청산사무는 종료되지 아니하고 형사소송법상 당사자 능력도 존속한다고 할 것이다(대판 1982.3.23. 81도1450).
>
> ② 법인에 대한 청산종결 등기가 되었더라도 청산사무가 종결되지 않는 한 그 범위 내에서는 청산법인으로 존속한다. 법인의 해산 또는 청산종결 등기 이전에 업무나 재산에 관한 위반행위가 있는 경우에는 청산종결 등기가 된 이후 위반행위에 대한 수사가 개시되거나 공소가 제기되더라도 그에 따른 수사나 재판을 받는 일은 법인의 청산사무에 포함되므로, 그 사건이 종결될 때까지 법인의 청산사무는 종료되지 않고 형사소송법상 당사자능력도 그대로 존속한다(대판 2021.6.30. 2018도14261).
>
> ③ 법인이 형사처벌을 면탈하기 위한 방편으로 합병제도 등을 남용하는 경우 이를 처벌하거나 형사책임을 승계시킬 수 있는 근거규정을 특별히 두고 있지 않은 현행법 하에서는 **합병으로 인하여 소멸한 법인이 그 종업원 등의 위법행위에 대해 양벌규정에 따라 부담하던 형사책임은 그 성질상 이전을 허용하지 않는 것으로서 합병으로 인하여 존속하는 법인에 승계되지 않는다**(대판 2015.12.24. 2015도13946).

당사자능력은 소송조건이므로 법원은 **직권**으로 당사자능력의 유무를 조사하여 피고인에게 당사자능력이 없는 경우에는 공소기각의 결정을 하여야 한다(제328조 제1항 제2호).

2. 소송능력

1) 소송능력의 의의

소송능력이란 피고인으로서 유효하게 소송행위를 할 수 있는 능력, 즉 행위능력을 기초로 한 소송행위능력을 의미한다. 소송능력이 없는 자연인이 한 소송행위는 **무효**이다. 다만 소송능력은 소송조건이 아니므로, 소송능력 없는 자를 대상으로 한 공소제기 자체는 **유효**하고, 피고인이 계속적으로 소송능력이 없는 상태에 있을 때에는 **공판절차를 정지**하여야 할 뿐이다(제306조 제1항).

2) 공판절차 정지의 특칙

(1) 무죄·면소·공소기각 등의 재판을 할 경우

피고사건에 대하여 무죄·면소·형의 면제·공소기각의 재판을 할 것이 명백한 때에는 피고인에게 소송능력이 없는 경우에도 **피고인의 출정 없이 재판할 수 있다**(제306조 제4항).

(2) **의사무능력자와 소송행위의 대리**

형법 제9조 내지 제11조(형사미성년자, 심신장애자, 농아자)의 적용을 받지 않는 범죄사건에 관하여 피고인 또는 피의자가 의사능력이 없는 때에는 그 **법정대리인**이 소송행위를 대리한다(제26조). 법정대리인이 없는 때에는 법원이 **특별대리인**을 선임하여야 한다(제28조).

(3) **피고인인 법인의 대표**

법인 기타 단체는 의사능력이 없으므로 소송능력이 없다. 따라서 법인이 피고인인 때에는 그 대표자가 소송행위를 대표한다(제27조 제1항). 대표자가 수인인 경우 각각 대표권을 행사한다(같은 조 제2항). 법인에 대표자가 없는 경우 법원이 직권 또는 검사의 청구에 의해 **특별대리인**을 선임하여야 하며, 특별대리인은 대표자가 있을 때까지 그 임무를 행한다(제28조).

> 반의사불벌죄에 있어서 피해자의 피고인 또는 피의자에 대한 처벌을 희망하지 않는다는 의사표시 또는 처벌을 희망하는 의사표시의 철회는, 위와 같은 형사소송절차에 있어서의 소송능력에 관한 일반원칙에 따라, 의사능력이 있는 피해자가 단독으로 이를 할 수 있고, 거기에 법정대리인의 동의가 있어야 한다거나 법정대리인에 의해 대리되어야만 한다고 볼 것은 아니다. 나아가 청소년의 성보호에 관한 법률이 형사소송법과 다른 특별한 규정을 두고 있지 않는 한, 위와 같은 반의사불벌죄에 관한 해석론은 청소년의 성보호에 관한 법률의 경우에도 그대로 적용되어야 한다(대판 2009.11.19. 2009도6058 전원합의체).

제5절 | 변호인

Ⅰ. 변호인제도의 의의

변호인이란 피고인 또는 피의자의 방어력을 보충함을 임무로 하는 보조자를 말한다.

Ⅱ. 변호인의 선임

1. 사선변호인

사선변호인이란 피고인, 피의자 또는 그와 일정한 관계가 있는 사인이 선임한 변호인을 말한다.

1) 선임권자

피고인 또는 피의자는 언제나 변호인을 선임할 수 있다(제30조 제1항). 피고인 또는 피의자의 법정대리인, 배우자, 직계친족과 형제자매는 독립하여 변호인을 선임할 수 있다(제30조 제2항). '독립하여'란 본인의 명시한 또는 묵시적인 의사에 반하여라는 의미이므로(독립대리권), 본인의 의사에 반한 경우에도 선임의 효과가 발생한다.

> 형사소송에 있어서 변호인을 선임할 수 있는 자는 피고인 및 피의자와 형사소송법 제30조 제2항에 규정된 자에 한정되는 것이고, 피고인 및 피의자로부터 그 선임권을 위임받은 자가 피고인이나 피의자를 대리하여 변호인을 선임할 수는 없는 것이므로, 피고인이 법인인 경우에는 형사소송법 제27조 제1항 소정의 대표자가 피고인인 당해 법인을 대표하여 피고인을 위한 변호인을 선임하여야 하며, 대표자가 제3자에게 변호인 선임을 위임하여 제3자로 하여금 변호인을 선임하도록 할 수는 없다(대결 1994.10.28. 94모25).

2) 피선임자

(1) 변호인의 자격

변호인은 변호사 중에서 선임하여야 한다(제31조 본문). 다만 대법원 아닌 법원은 특별한 사정이 있는 경우 변호사 아닌 자를 변호인으로 선임함을 허가할 수 있다(같은 조 단서, 특별변호인). 다만 법률심인 상고심에서는 변호사 아닌 자를 변호인으로 선임하지 못한다(제386조).

(2) 변호인의 수

1인의 피고인 또는 피의자가 선임할 수 있는 변호인의 수에는 제한이 없다. 다만 수인의 변호인이 있는 때에는 재판장이 피고인·피의자 또는 변호인의 신청에 의하거나 신청이 없는 때에는 직권으로 대표변호인을 지정할 수 있고(제32조의2 제1항, 제2항), 대표변호인에 대한 통지 또는 서류의 송달은 변호인 전원에 대하여 효력이 있다(같은 조 제3항).

3) 선임의 방식

변호인 선임은 변호인과 위임자가 연명·날인한 서면(변호인선임서)을 공소제기 전에는 수사기관에, 공소제기 후에는 법원에 제출하여야 한다(제32조 제1항).

변호인선임신고서를 제출하지 아니한 변호인이 변호인 명의로 정식재판청구서만 제출하고, 형사소송법 제453조 제1항이 정하는 정식재판청구기간 경과 후에 비로소 변호인선임신고서를 제출한 경우, 변호인 명의로 제출한 위 정식재판청구서는 적법·유효한 정식재판청구로서의 효력이 없다 할 것이고, 형사소송법 제32조 제1항은 "변호인의 선임은 심급마다 변호인과 연명날인한 서면으로 제출하여야 한다."고 규정하고 있는바, 위 규정에서 말하는 **변호인선임신고서는 특별한 사정이 없는 한 원본을 의미한다고 할 것이고, 사본은 이에 해당하지 않는다고 할 것이다**(대결 2005.1.20. 2003모429).

4) 선임의 효과

변호인은 선임에 의하여 변호인으로서의 권리·의무가 발생한다.

(1) 심급과의 관계

변호인은 심급마다 선임하여야 한다(제32조 제1항, 심급대리의 원칙). 다만 공소제기 전의 변호인선임은 제1심에도 효력이 있다(같은 조 제2항).

(2) 사건과의 관계

변호인선임은 사건을 단위로 하는 것이므로 선임의 효력은 공소사실의 동일성이 인정되는 사건의 전부에 미친다. ① 사건 일부에 대한 선임도 그 일부가 가분적이며 그 부분만에 대한 선임이 합리적이라고 인정되는 경우에는 가능하다. ② **병합심리의 경우에 있어 한 사건에 관하여 이루어진 변호인선임은 그 사건 공소제기 후 동일법원의 동일피고인에 대해 추가로 공소제기되어 병합된 다른 사건에 관하여도 효력이 있다.** 다만 피고인 또는 변호인이 이와 다른 의사표시를 한 때에는 그러하지 아니하다(규칙 제13조).

(3) 상소심과의 관계

원심법원에서의 변호인 선임은 법 제366조 또는 법 제367조의 규정에 의한 환송 또는 이송이 있은 후에도 효력이 있다(규칙 제158조)(대판 1968.2.27. 68도64).

2. 국선변호인

1) 국선변호인의 의의 및 선정

국선변호인이란 법원에 의해 선정된 변호인을 의미한다. 국선변호인은 원칙적으로 사선변호인이 없는 때에만 선정할 수 있다. 따라서 피고인 또는 피의자에게 변호인이 선임된 때에는 국선변호인선정의 취소사유가 된다(규칙 제18조 제1항 제1호). 다만 피고인에게 사선변호인이 있는 경우에도 변호인이 출정하지 않은 때에 한하여 국선변호인을 선정할 수가 있다.

쟁점 **체포 초기 단계 피의자에게 국선변호인 선임청구권 인정 여부**

체포·구속적부심사(제214조의2 제10항)나 영장실질심사(제201조의2) 단계에 이르지 아니한 체포 초기 단계의 피의자에게 국선변호인 선임청구권을 인정할 것인지 문제된다. ① 긍정설은 헌법 제12조 제4항은 누구든지 변호인의 조력을 받을 권리를 가짐을 규정하고 있으므로, 피의자는 체포와 동시에 국선변호인 선정을 청구할 권리를 가진다는 견해이고, ② **부정설**은 헌법상 변호인의 조력을 받을 권리와 달리 국선변호인의 조력을 받을 권리는 피고인에게만 인정되는 것으로 해석됨이 상당하고, 다른 명문의 규정이 없는 이상 체포 초기 단계의 피의자에게 국선변호인선정 신청권이 인정되지 않는다는 견해이다. 헌법재판소는 부정설의 입장에서 수사기관이 그로부터 피의자신문을 받는 단계에 있는 피의자가 제출하는 국선변호인선정 신청서를 법원에 제출하여야 할 의무가 없다고 판시하였다(헌재결 2008.9.25. 2007헌마1126). 생각건대, 현행 형사소송법에서는 **체포·구속적부심사나 영장실질심사를 청구한 단계의 피의자에게만 국선변호인을 선임할 수 있다고 규정하고 있으므로 부정설이 타당하다.**

[1] 일반적으로 형사사건에 있어 변호인의 조력을 받을 권리는 피의자나 피고인을 불문하고 보장되나, 그 중 특히 국선변호인의 조력을 받을 권리는 피고인에게만 인정되는 것으로 해석함이 상당하다. 즉 구속영장실질심사나 적부심사를 청구하기 전의 피의자에 대하여는 국선변호인 선임 청구권이 인정되지 아니한다. [2] 형사소송법 제33조, 제201조의2 제9항, 제214조의2 제9항은 일정한 피고인 또는 피의자심문을 받거나 체포·구속적부심사를 청구한 피의자에 대하여 국선변호인을 선정한다는 규정일 뿐이고, 사법경찰관이 그로부터 피의자신문을 받는 단계에 있는 피의자가 제출하는 국선변호인 선정신청서를 법원에 제출하여야 할 의무를 인정할 관계 법령의 근거는 없다(헌재결 2008.9.25. 2007헌마1126).

형사소송법은 제33조에서 일반적인 국선변호인 선정 사유를 ① **필요국선**(제1항), ② **청구국선**(제2항), ③ **재량국선**(제3항)으로 나누어 규정하고 있다. 또한 ① 구속 전 피의자심문(제201조의2 제8항), ② 체포·구속적부심사(제214조의2 제10항), ③ 필요적 변호사건(제282조, 제283조), ④ 재심사건(제438조 제2항, 제4항), ⑤ 공판준비절차(제266조의8 제4항), ⑥ 국민참여재판(국민의 형사재판참여에 관한 법률 제27조 제1항, 제2항), ⑦ 군사법원사건(군사법원법 제62조) 등 개별절차에서도 선정 사유를 규정하고 있다.

즉결심판을 받은 피고인이 정식재판청구를 함으로써 공판절차가 개시된 경우에는 통상의 공판절차와 마찬가지로 국선변호인의 선정에 관한 형사소송법 제283조의 규정이 적용된다(대판 1997.2.14. 96도3059).

2) **형사소송법 제33조에 의한 선정사유**

(1) **필요국선**

법원은 피고인이 ① **구속된 때**, ② **미성년자인 때**, ③ **70세 이상인 때**, ④ **농아자인 때**, ⑤ **심신장애의 의심이 있는 때**, ⑥ **피고인이 사형·무기 또는 단기 3년 이상의 징역이나 금고에 해당하는 사건으로 기소된 때**의 하나에 해당하는 경우 변호인이 없다면 직권으로 변호인을 선정하여야 한다(제33조 제1항).

① 형사소송법 제33조 제1항 제1호의 '피고인이 구속된 때'라 함은 피고인이 당해 형사사건에서 구속되어 재판을 받고 있는 경우를 의미하고, 피고인이 별건으로 구속되어 있거나 다

른 형사사건에서 유죄로 확정되어 수형중인 경우는 이에 해당하지 아니한다(대판 2009.5.28. 2009도579).

② 불구속 피고인에 대하여 판결을 선고한 다음 법정구속을 하더라도 구속되기 전까지는 형사소송법 제33조 제1항 제1호가 적용되지 아니한다(대판 2011.3.10. 2010도17353).

③ 법원이 국선변호인을 반드시 선정해야 하는 사유로 형사소송법 제33조 제1항 제5호에서 정한 '피고인이 심신장애의 의심이 있는 때'란 진단서나 정신감정 등 객관적인 자료에 의하여 피고인의 심신장애 상태를 확신할 수 있거나 그러한 상태로 추단할 수 있는 근거가 있는 경우는 물론, 범행의 경위, 범행의 내용과 방법, 범행 전후 과정에서 보인 행동 등과 아울러 피고인의 연령·지능·교육 정도 등 소송기록과 소명자료에 드러난 제반 사정에 비추어 피고인의 의식상태나 사물에 대한 변별능력, 행위통제능력이 결여되거나 저하된 상태로 의심되어 피고인이 공판심리단계에서 효과적으로 방어권을 행사하지 못할 우려가 있다고 인정되는 경우를 포함한다(대판 2019.9.26. 2019도8531).

(2) 청구국선

법원은 피고인이 빈곤 그 밖의 사유로 변호인을 선임할 수 없는 경우에 피고인의 청구가 있는 때에도 변호인을 선정하여야 한다(제33조 제2항).

① 형사소송법 제33조 제2항에 의하여 국선변호인을 선정하는 것은 피고인의 청구가 있는 경우에 한하는 것이고, 법원으로서는 위 법조에 기한 국선변호인선정 청구를 할 수 있음을 고지하여야 할 의무가 있는 것도 아니다(대판 1994.10.25. 94도1467).

② 피고인이 원심변론종결시까지 형사소송법 제33조 제2항에 의한 국선변호인 선정을 청구한 일이 없다면 국선변호인을 선정함이 없이 진행한 공판절차는 위법이라고 할 수 없다(대판 1983.10.11. 83도2117).

③ 피고인이 지체(척추)4급 장애인으로서 국민기초생활수급자에 해당한다는 소명자료를 첨부하여 제33조 제2항에 의한 국선변호인 선정청구를 하였다면, 특별한 사정이 없는 한 국선변호인 선정결정을 하였어야 한다(대판 2011.3.24. 2010도18103).

④ 2급 시각장애인인 피고인에 대하여 법 제33조 제3항의 규정을 적용하여 그 시각장애의 정도를 비롯하여 연령·지능·교육 정도 등을 확인한 다음 규칙 제17조에 따라 법원에 대하여 국선변호인의 선정을 희망하지 아니한다는 의사를 표시할 수 있다는 취지를 고지하고, 피고인의 명시적 의사에 반하지 아니하는 범위 안에서 국선변호인을 선정하는 절차를 취했어야 한다(대판 2014.8.28. 2014도4496).

⑤ 피고인이 3급 청각(청력)장애인으로서 공판기일에서의 방어권 행사에 상당한 곤란을 겪는 정도이고, 이러한 취지의 항소이유서와 국선변호인 선정청구서를 함께 제출하면서 장애인증명서를 첨부하였음에도, 위 청구를 기각하고 이후 공판심리과정도 변호인 없이 진행한 원심판결에 법리오해 및 심리미진의 위법이 있다(대판 2010.6.10. 2010도4629).

⑥ 국선변호인 선정청구를 기각한 결정은 판결 전의 소송절차이므로, 그 결정에 대하여 즉시항고를 할 수 있는 근거가 없는 이상, 그 결정에 대하여는 재항고도 할 수 없다(대결 1993.12.3. 92모49).

⑦ 국선변호인 선정청구에 대하여 아무런 결정도 하지 아니한 채 변호인 없이 피고인만 출석한 상태에서 공판기일을 진행하여 실질적 변론과 심리를 모두 마치고 난 뒤에야 국선변호인 선정청구를 기각하는 결정을 고지한 원심의 조치에 국선변호인 선정에 관한 형사소송법 규정을 위반한 잘못이 있다(대결 2013.7.11. 2013아12).

(3) 재량국선

법원은 피고인의 연령·지능 및 교육 정도 등을 참작하여 권리보호를 위하여 필요하다고 인정하는 때에는 피고인의 명시적 의사에 반하지 아니하는 범위 안에서 변호인을 선정하여야 한다(제33조 제3항).

① 필요적 국선사건이 아님에도 제1심이 국선변호인을 선정하여 준 후 피고인에게 징역형을 선고하면서 법정구속을 하지 않았는데, 피고인이 항소장만을 제출한 다음 국선변호인선정청구를 하지 않은 채 법정기간 내 항소이유서를 제출하지 아니하자 원심이 피고인의 항소를 기각한 조치는 적법하다(대판 2013.5.9. 2013도1886).

② 제1심에서 피고인의 청구 또는 직권으로 국선변호인이 선정되어 공판이 진행된 경우에는 항소법원은 특별한 사정변경이 없는 한 국선변호인을 선정함이 바람직하다(대판 2014.5.29. 2013도3517).

③ 피고인에 대하여 제1심법원이 집행유예를 선고하였으나 검사만이 양형부당을 이유로 항소한 사안에서 항소심이 변호인이 선임되지 않은 피고인에 대하여 검사의 양형부당 항소를 받아들여 형을 선고하는 경우에는 판결 선고 후 피고인을 법정구속한 뒤에 비로소 국선변호인을 선정하는 것보다는, 피고인의 권리보호를 위해 판결 선고 전 공판심리 단계에서부터 형사소송법 제33조 제3항에 따라 피고인의 명시적 의사에 반하지 아니하는 범위 안에서 국선변호인을 선정해 주는 것이 바람직하다(대판 2016.11.10. 2016도7622).

3) 개별 선정사유

(1) 필요적 변호사건

제33조 제1항 각 호의 어느 하나에 해당하는 사건 및 동조 제2항, 제3항의 규정에 따라 변호인이 선정된 사건에서 변호인이 출석하지 아니한 때에는 법원은 직권으로 변호인을 선정하여야 한다(제282조, 제283조).

① 형사소송법 제282조에 규정된 필요적 변호사건에서 제1심 공판절차가 변호인 없이 이루어져 증거조사와 피고인신문 등 심리가 이루어졌다면, 그와 같은 위법한 공판절차에서 이루어진 증거조사와 피고인신문 등 일체의 소송행위는 모두 무효이므로, 항소심은 변호인이 있는 상태에서 소송행위를 새로이 한 후 위법한 제1심판결을 파기하고, 항소심에서의 증거조사 및 진술 등 심리 결과에 기하여 다시 판결하여야 한다(대판 2011.9.8. 2011도6325).

② 필요적 변호사건에서 변호인이 없거나 출석하지 아니한 채 공판절차가 진행되어 그 공판절차가 위법한 것이라 하더라도 그 절차에서의 소송행위 외에 다른 절차에서 적법하게 이루어진 소송행위까지 모두 무효로 된다고 볼 수는 없다(대판 1999.4.23. 99도915).

(2) 구속 전 피의자심문(영장실질심사)

구속영장을 청구받은 지방법원판사가 피의자를 심문하는 경우(제201조의2), **심문할 피의자에게 변호인이 없는 때에는 직권으로 변호인을 선정하여야 한다**. 이 경우 변호인 선정은 피의자에 대한 **구속영장청구가 기각된 경우**를 제외하고는 **제1심까지 효력이 있다**(같은 조 제8항). 법원은 변호인의 사정이나 그 밖의 사유로 변호인선정결정이 취소되어 변호인이 없게 된 때에는 직권으로 변호인을 다시 선정할 수 있다(같은 조 제9항).

(3) 체포·구속적부심사

체포·구속적부심사를 청구한 피의자가 제33조의 국선변호인 선임사유에 해당하고 변호인이 없는 때에는 국선변호인을 선정하여야 한다(제214조의2 제10항). 다만 구속피의자에게는 구속전피의자심문절차에서 이미 국선변호인이 선정되어 있으므로 적부심사절차에서 국선변호인 선정은 체포된 피의자가 체포적부심사를 청구한 경우에 한한다.

(4) 공판준비절차

법원은 검사·피고인 또는 변호인의 의견을 들어 공판준비절차를 지정할 수 있는바(제266조의7 제1항), 공판준비기일이 지정된 사건에 관하여 변호인이 없는 때에는 법원은 직권으로 변호인을 선정하여야 한다(제266조의8 제4항).

(5) 재심사건

재심개시의 결정이 확정된 사건에 있어서 ① 사망자 또는 회복할 수 없는 심신장애자를 위하여 재심의 청구가 있는 때, ② 유죄의 선고를 받은 자가 재심의 판결 전에 사망하거나 회복할 수 없는 심신장애자로 된 때에 재심청구자가 변호인을 선임하지 아니한 경우에도 국선변호인을 선임하여야 한다(제438조 제4항).

> 공판절차가 아닌 재심개시결정 전의 절차에서 재심청구인이 국선변호인선임청구를 할 수는 없으므로, 원심이 같은 취지에서 재심청구인의 이 사건 국선변호인선임청구를 기각한 것은 옳고, 거기에 소론과 같은 위법이 없다(대결 1993.12.3. 92모49).

(6) 국민참여재판

국민참여재판에 관하여 변호인이 없는 때에는 법원은 직권으로 변호인을 선정하여야 한다(국민의 형사재판 참여에 관한 법률 제2조 제2호). 또한 국선변호인 선정기일에 변호인이 출석하지 아니한 때에는 국선변호인을 선정하여야 한다(같은 법 제27조 제3항).

(7) 군사법원관할 사건

군사법원법에 의한 군사법원관할 사건에 관하여는 사건의 경중이나 심급을 불문하고 모든 사건에서 국선변호인을 선정하여야 한다(군사법원법 제62조).

4) 국선변호인 선정의 절차

(1) 공소제기 전의 선정

구속 전 피의자심문(제201조의2), **체포·구속적부심사**(제214조의2)에 있어서 심문할 피의자에게 변호인이 없는 때에는 법원 또는 지방법원판사는 지체없이 국선변호인을 선정하고, 피의자와 변호인에게 그 뜻을 고지하여야 한다(규칙 제16조 제1항).

(2) 공소제기 후의 선정

국선변호인의 선정은 법원의 **직권**에 의하나 제33조 제2항의 경우에는 피고인의 **청구**가 있어야 하고, 이 경우 피고인은 소명자료를 제출하여야 한다. 다만 기록에 의하여 그 사유가 소명되었다고 인정될 때에는 그러하지 아니하다(규칙 제17조의2). 피고인의 국선변호인 선정청구가 있는 경우 법원이 아무런 결정을 하지 않는 것은 위법하다(대판 1995.2.28. 94도2880, 법원의 응답의무). 국선변호인은 원칙적으로 피고인에게 **사선변호인이 없는 때에만** 선정할 수 있으므로(보충성), 피고인 또는 피의자에게 변호인이 선임된 때에는 국선변호인선정의 취소사유가 된다(규칙 제18조 제1항 제1호).

> ① 공범관계에 있지 않은 공동피고인들 사이에서도 공소사실의 기재 자체로 보아 어느 피고인에 대한 유리한 변론이 다른 피고인에 대하여는 불리한 결과를 초래하는 사건에 있어서는 공동피고인들 사이에 이해가 상반된다고 할 것이어서, 그 공동피고인들에 대하여 선정된 동일한 국선변호인이 공동피고인들을 함께 변론한 경우에는 형사소송규칙 제15조 제2항에 위반된다고 할 것이며, 그러한 공동피고인들 사이의 이해상반 여부의 판단은 모든 사정을 종합적으로 판단하여야 하는 것은 아니지만, 적어도 공동피고인들에 대하여 형을 정함에 있어 영향을 미친다고 보이는 구체적 사정을 종합하여 실질적으로 판단하여야 한다(대판 2000.11.24. 2000도4398).
>
> ② 부부싸움 중 서로 상해를 가한 공동피고인들에게 동일한 국선변호인을 선정한 것은 형사소송규칙 제15조 제2항을 위반한 것으로 위법하다(대판 2014.12.24. 2014도13797).
>
> ③ 이해가 상반된 피고인들 중 어느 피고인이 법무법인을 변호인으로 선임하고, 법무법인이 담당변호사를 지정하였을 때, 법원이 담당변호사 중 1인 또는 수인을 다른 피고인을 위한 국선변호인으로 선정하였다면, 이는 국선변호인의 조력을 받을 피고인의 권리를 침해하는 것이다(대판 2015.12.23. 2015도9951).

5) 국선변호인선정의 취소와 사임

(1) 선정의 취소

법원은 ① 피고인 또는 피의자에게 변호인이 선임된 때, ② 국선변호인이 자격을 상실한 때, ③ 국선변호인의 사임을 허가한 때에는 국선변호인의 선정을 취소하여야 한다(규칙 제18조 제1항, 필요적 취소). 법원은 이 외에도 ① 국선변호인이 그 직무를 성실히 수행하지 아니하거나, ② 변경신청이 상당하다고 인정하는 때, ③ 기타 상당한 이유가 있는 때에는 국선변호인의 선정을 취소할 수 있다(같은 조 제2항, 임의적 취소). 법원이 국선변호인의 선정을 취소한 때에는 지체없이 국선변호인과 피고인 또는 피의자에게 통지하여야 한다(같은 조 제3항).

> [1] 피고인에게 국선변호인의 조력을 받을 권리를 보장하여야 할 국가의 의무에는 피고인이 국선변호인의 실질적인 조력을 받을 수 있도록 필요한 업무 감독과 절차적 조치를 취할 책무까

지 포함된다. [2] 피고인과 국선변호인이 모두 법정기간 내에 항소이유서를 제출하지 아니하였더라도, 특별한 사정이 없는 한 항소법원은 종전 국선변호인 선정을 취소하고 새로운 국선변호인을 선정하여 다시 소송기록접수통지를 함으로써 새로운 국선변호인으로 하여금 그 통지를 받은 때로부터 제361조의3 제1항의 기간 내에 피고인을 위하여 항소이유서를 제출하도록 하여야 한다(대결 2012.2.16. 2009모1044 전원합의체).

(2) 국선변호인의 사임

국선변호인도 정당한 사유가 있는 때에는 법원의 허가를 받아 사임할 수 있다(규칙 제20조).

Ⅲ. 변호인의 지위

변호인은 피고인 또는 변호인의 보호자로서의 지위와 독립된 법조기관으로서 공익적 지위를 동시에 가진다. 다만, 변호인의 공익적 지위는 검사의 객관의무와 달리 소극적 의미를 갖는 데 그친다.

> ① 변호사인 변호인에게는 변호사법이 정하는 바에 따라서 이른바 진실의무가 인정되는 것이지만, 변호인이 신체구속을 당한 사람에게 법률적 조언을 하는 것은 그 권리이자 의무이므로 변호인이 적극적으로 피고인 또는 피의자로 하여금 허위진술을 하도록 하는 것이 아니라 단순히 헌법상 권리인 진술거부권이 있음을 알려 주고 그 행사를 권고하는 것을 가리켜 변호사로서의 진실의무에 위배되는 것이라고는 할 수 없다(대결 2007.1.31. 2006모656).
>
> ② [1] 변호사는 공공성을 지닌 법률 전문직으로서 독립하여 자유롭게 직무를 수행하여야 하고(변호사법 제2조), 직무를 수행하면서 진실을 은폐하거나 거짓 진술을 하여서는 아니 된다(제24조 제2항). 따라서 형사변호인의 기본적인 임무가 피고인 또는 피의자를 보호하고 그의 이익을 대변하는 것이라고 하더라도, 그러한 이익은 법적으로 보호받을 가치가 있는 정당한 이익으로 제한되고, 변호인이 의뢰인의 요청에 따른 변론행위라는 명목으로 수사기관이나 법원에 대하여 적극적으로 허위의 진술을 하거나 피고인 또는 피의자로 하여금 허위진술을 하도록 하는 것은 허용되지 않는다. [2] 변호인의 비밀유지의무는 변호인이 업무상 알게 된 비밀을 다른 곳에 누설하지 않을 소극적 의무를 말하는 것일 뿐 진범을 은폐하는 허위자백을 적극적으로 유지하게 한 행위가 변호인의 비밀유지의무에 의하여 정당화될 수 없다(대판 2012.8.30. 2012도6027).

Ⅳ. 변호인의 권한

1. 대리권

변호인은 피고인 또는 피의자가 할 수 있는 소송행위로서 성질상 대리가 허용될 수 있는 모든 소송행위에 대하여 **포괄적 대리권**을 가진다. 변호인의 대리권에는 본인의 의사에 종속하는 종속대리권과 본인의 의사에 반하여 행사할 수 있는 독립대리권이 있다. 독립대리권은 다시 본인의 명시한 의사에 반하여 행사할 수 있는 것과 명시한 의사에는 반할 수 없는 것으로 나눌 수 있다.

2. 고유권

고유권이란 변호인의 권리로서 특별히 규정된 것 중 성질상 대리권이라 볼 수 없는 것을 말한다.

1) 변호인의 접견교통권

변호인 또는 변호인이 되려는 자는 신체구속을 당한 피고인 또는 피의자와 접견하고 서류 또는 물건을 수수할 수 있으며 의사로 하여금 진료하게 할 수 있다(제34조). 변호인의 접견교통권은 감시받지 않는 자유로운 접견교통을 내용으로 한다. 변호인의 접견교통권은 수사기관의 처분 등에 의하여 제한할 수 없고, 법령에 의하여서만 제한이 가능하다(대결 2002.5.6. 2000모112).

> ① 피의자의 지위는 수사기관이 범죄인지서를 작성하는 등 형식적인 사건수리 절차를 밟기 전이라도 조사대상자에 대하여 범죄의 혐의가 있다고 보아 실질적으로 수사를 개시하는 행위를 한 때에 인정된다. (중략) 변호인의 접견교통권은 피의자 등의 인권보장과 방어준비를 위하여 필수불가결한 권리이므로, 수사기관의 처분 등으로 이를 제한할 수 없고, 다만 법령에 의해서만 제한할 수 있다. 수사기관이 법령에 의하지 않고는 변호인의 접견교통권을 제한할 수 없다는 것은 대법원이 오래전부터 선언해 온 확고한 법리로서 변호인의 접견신청에 대하여 허용 여부를 결정하는 수사기관으로서는 마땅히 이를 숙지해야 한다. 이러한 법리에 반하여 변호인의 접견신청을 허용하지 않고 변호인의 접견교통권을 침해한 경우에는 접견불허결정을 한 공무원에게 고의나 과실이 있다고 볼 수 있다. 변호인의 접견교통권은 피의자 등이 변호인의 조력을 받을 권리를 실현하기 위한 것으로서, 피의자 등이 헌법 제12조 제4항에서 보장한 기본권의 의미와 범위를 정확히 이해하면서도 이성적 판단에 따라 자발적으로 그 권리를 포기한 경우까지 피의자 등의 의사에 반하여 변호인의 접견이 강제될 수 있는 것은 아니다. 그러나 변호인이 피의자 등에 대한 접견신청을 하였을 때 위와 같은 요건이 갖추어지지 않았는데도 수사기관이 접견을 허용하지 않는 것은 변호인의 접견교통권을 침해하는 것이고, 이 경우 국가는 변호인이 입은 정신적 고통을 배상할 책임이 있다. 이때 변호인의 조력을 받을 권리의 중요성, 수사기관에 이러한 권리를 침해할 동기와 유인이 있는 점, 피의자 등이 접견교통을 거부하는 것은 이례적이라는 점을 고려하면, 피의자 등이 헌법 제12조 제4항에서 보장한 기본권의 의미와 범위를 정확히 이해하면서도 이성적 판단에 따라 자발적으로 그 권리를 포기하였다는 것에 대해서는 이를 주장하는 사람이 증명할 책임이 있다(대판 2018.12.27. 2016다266736).
>
> ② 변호인 또는 변호인이 되려는 자의 접견교통권은 신체구속제도 본래의 목적을 침해하지 아니하는 범위 내에서 행사되어야 하므로, 변호인 또는 변호인이 되려는 자가 구체적인 시간적·장소적 상황에 비추어 현실적으로 보장할 수 있는 한계를 벗어나 피고인 또는 피의자를 접견하려고 하는 것은 정당한 접견교통권의 행사에 해당하지 아니하여 허용될 수 없다(대판 2022.6.30. 2021도244).[1]

---

[1] 피고인이 모두 6명의 집사변호사를 고용하여 총 51회에 걸쳐 변호인 접견을 가장하여 개인적인 업무와 심부름을 하게 하고 소송 서류 외의 문서를 수수함으로써, 위계로써 서울구치소의 변호인 접견업무 담당 교도관의 변호인 접견 관리 등에 관한 정당한 직무집행을 방해하였다는 사실로 공소제기된 사안에서, 피고인이 이 사건 접견변호사들에게 지시한 접견이 변호인에 의한 변호활동이라는 외관만을 갖추었을 뿐 실질적으로는 형사사건의 방어권 행사가 아닌 다른 주된 목적이나 의도를 위한 행위로서 접견교통권 행사의 한계를 일탈

수사단계에서 접견교통권을 침해하는 수사기관의 처분에 대해서는 준항고(제417조)에 의해 다툴 수 있고, 접견교통권을 침해하여 얻은 증거는 증거능력이 부정된다. 그 밖에 공판단계에서는 항고·준항고에 의한 구제, 헌법소원 및 손해배상청구에 의한 구제가 가능하다.

> [1] 신체구속을 당한 사람에 대한 변호인의 접견교통권은 신체구속 제도의 본래 목적을 침해하지 아니하는 범위 내에서 행사되어야 하고, 이러한 한계를 일탈하는 접견교통권의 행사는 허용될 수 없다. [2] 접견교통권의 행사가 위와 같은 한계를 일탈한 것이라고 인정함에 있어서는 신체구속을 당한 사람의 헌법상 기본적 권리로서의 변호인의 조력을 받을 권리의 본질적인 내용이 침해되는 일이 없도록 신중을 기하여야 한다. [3] 변호인이 적극적으로 피고인 또는 피의자로 하여금 허위진술을 하도록 하는 것이 아니라 단순히 헌법상 권리인 진술거부권이 있음을 알려 주고 그 행사를 권고하는 것을 가리켜 변호사로서의 진실의무에 위배되는 것이라고 할 수 없다. [4] 변호인의 접견교통권의 상대방인 신체구속을 당한 사람이 그 변호인을 자신의 범죄행위에 공범으로 가담시키려고 하였다는 등의 사정만으로 그 변호인의 신체구속을 당한 사람과의 접견교통을 금지하는 것이 정당화될 수는 없다. [5] 수인의 변호인 중 어느 변호인의 접견교통권 행사가 그 한계를 일탈한 것인지 여부는 해당 변호인을 기준으로 하여 개별적으로 판단하여야 한다(대결 2007.1.31. 2006모657).

2) 변호인의 피의자신문참여권

검사 또는 사법경찰관은 피의자 또는 그 변호인·법정대리인·배우자·직계친족·형제자매의 신청에 따라 변호인을 피의자와 접견하게 하거나 정당한 사유가 없는 한 피의자에 대한 신문에 참여하게 하여야 한다(제243조의2 제1항).

(1) 신청권자

변호인의 피의자신문참여 신청권자는 **피의자와 변호인**이며, 피의자에는 구속된 피의자뿐만 아니라 불구속 상태에 있는 피의자를 포함한다. 피의자의 **법정대리인·배우자·직계친족·형제자매**도 신청할 수 있다.

(2) 변호인의 참여범위

수사기관은 원칙적으로 변호인을 피의자신문에 참여하게 하여야 한다(제243조의2 제1항). **참여의 기회를 주면 족하고**, 참여를 신청한 변호인이 신문장소에 출석하지 아니하거나 출석을 거부할 때에는 변호인의 참여 없이도 신문할 수 있다. 변호인이 수인인 경우 피의자가 신문참여 변호인 1인을 지정하고, 지정이 없는 경우 검사 또는 사법경찰관이 지정할 수 있다(같은 조 제2항).

변호인의 참여는 변호인이 신문과정에 출석하여 위법을 감시하는 데 그치는 입회와 구별된다. 변호인은 **신문 후 의견을 진술할 수 있고**, 신문 중이라도 부당한 신문방법에 대해 이의를 제기할 수 있고, 검사 또는 사법경찰관의 승인을 얻어 의견을 진술할 수 있다(같은 조 제3

한 경우에 해당할 수는 있겠지만, 그 행위가 '위계'에 해당한다거나 그로 인해 교도관의 구체적이고 현실적인 직무집행이 방해되었다고 보기 어렵다는 이유로 이 부분 공소사실에 대하여 유죄를 선고한 원심을 파기한 사안(위 판결 이유 중 일부 정리).

항). 변호인의 의견이 기재된 피의자신문조서는 변호인에게 열람하게 한 후 변호인으로 하여금 그 조서에 기명날인 또는 서명하게 하여야 한다(같은 조 제4항). 수사기관은 변호인의 신문참여 및 그 제한에 관한 사항을 피의자신문조서에 기재하여야 한다(같은 조 제5항).

(3) 피의자신문참여권의 제한

검사 또는 사법경찰관은 **정당한 사유가 있는 때**에는 변호인참여권을 제한할 수 있다(제243조의2 제1항). 정당한 사유는 변호인이 **피의자신문을 방해하거나 수사기밀을 누설할 염려**가 있음이 객관적으로 명백한 경우를 말하는 것이고, 변호인이 피의자에게 진술거부권을 행사하도록 조언하는 것은 참여권을 제한할 정당한 사유에 해당하지 않는다.

> 수사기관이 피의자신문을 하면서 제243조의2 제1항에 정하는 정당한 사유가 없는데도 변호인에 대하여 피의자로부터 떨어진 곳으로 옮겨 앉으라고 지시를 한 다음 이러한 지시에 따르지 않았음을 이유로 변호인의 피의자신문 참여권을 제한하는 것은 허용될 수 없다(대결 2008.9.12. 2008모793).

(4) 변호인의 피의자신문참여의 절차

피의자 등이 변호인의 피의자신문참여를 신청하면 수사기관은 사전에 신문기일과 장소를 변호인에게 통지하여야 한다. 신문에 참여한 변호인의 의견이 기재된 피의자신문조서는 변호인에게 열람하게 한 후 변호인으로 하여금 그 조서에 기명날인 또는 서명하게 하여야 한다(제243조의2 제4항). 수사기관은 **변호인의 신문참여 및 그 제한에 관한 사항을 피의자신문조서에 기재하여야 한다**(같은 조 제5항). 한편 참여한 변호인의 증언은 피의자신문조서의 성립의 진정을 인정할 수 있는 객관적 방법이 될 수도 있다(제312조 제2항).

(5) 참여의 제한에 대한 불복

수사기관이 변호인의 참여를 제한하거나 변호인을 퇴거시킨 경우 그 처분에 대해서는 준항고할 수 있다(제417조). 또한 변호인의 신문참여권을 침해한 상태에서 작성한 피의자신문조서는 위법한 절차에 의해 획득한 증거이므로 **증거능력이 부정**된다.

> 피의자가 변호인의 참여를 원한다는 의사를 명백하게 표시하였음에도 수사기관이 정당한 사유 없이 변호인을 참여하게 하지 아니한 채 피의자를 신문하여 작성한 피의자신문조서는 형사소송법 제312조에 정한 '적법한 절차와 방식'에 위반된 증거일 뿐만 아니라, 형사소송법 제308조의2에서 정한 '적법한 절차에 따르지 아니하고 수집한 증거'에 해당하므로 이를 증거로 할 수 없다(대판 2013.3.28. 2010도3359).

3. 변호인의 기록열람·등사권

1) 법원이 보관하고 있는 서류 등의 열람·등사

피고인과 변호인은 소송계속 중의 관계서류 또는 증거물을 열람하거나 등사할 수 있다. 피고인의 법정대리인, 특별대리인, 보조인 또는 피고인의 배우자·직계친족·형제자매로서 피고인의 위임장 및 신분관계를 증명하는 문서를 제출한 자도 같다(제35조). 이 외에도 피고인은 공판조서의 열람 또는 등사를 청구할 수 있고, 피고인이 공판조서를 읽지 못하는 때에는 공판조서의 낭독을 청구할 수 있다(제55조).

2) 공소제기 후 검사가 보관하고 있는 서류 등의 열람·등사

공소제기 후 검사가 보관하고 있는 서류 등의 증거개시에 관하여 피고인 또는 변호인은 검사에게 그 개시를 신청하고, 검사가 이를 거절하는 때에는 법원에 불복을 신청할 수 있다(제266조의3, 4).

3) 그 밖의 변호인의 열람·등사권

① 변호인은 판사의 허가를 얻어 증거보전절차에서 작성되거나 수집된 서류와 증거물을 열람 또는 등사할 수 있고(제185조), ② 검사·피고인 또는 변호인은 공판준비기일에서 법원의 허가를 얻어 구두로 상대방에게 서류 등의 열람 또는 등사를 신청할 수 있으며(규칙 제123조의5), ③ 영장실질심사와 체포·구속적부심사에 참여할 변호인은 지방법원판사에게 제출된 구속영장청구서 및 그에 첨부된 고소·고발장, 피의자의 진술을 기재한 서류와 피의자가 제출한 서류를 열람할 수 있다(규칙 96조의21 제1항, 제104조의2).

> 변호인에게 고소장과 피의자신문조서에 대한 열람 및 등사를 거부한 경찰서장의 정보비공개결정은 변호인의 피구속자를 조력할 권리 및 알 권리를 침해하여 **헌법에 위반된다**(헌재결 2003.3.27. 2000헌마474).

제6절 보조인

보조인이란 일정한 신분관계에 기한 정의에 의하여 피고인 또는 피의자의 이익을 보호하는 보조자를 말한다. 피고인 또는 피의자의 **법정대리인·배우자·직계친족과 형제자매**는 보조인이 될 수 있다. 보조인이 될 수 있는 자가 없거나 장애 등의 사유로 보조인으로서 역할을 할 수 없는 경우에는 피고인 또는 피의자와 **신뢰관계** 있는 자가 보조인이 될 수 있다. 보조인이 되고자 하는 자는 심급별로 그 취지를 신고하여야 한다(제29조 제1항 내지 제3항).

보조인은 독립하여 피고인 또는 피의자의 명시한 의사에 반하지 아니하는 소송행위를 할 수 있다. 단, 법률에 다른 규정이 있는 때에는 예외로 한다(제29조 제4항).

CHAPTER 02 | 소송행위와 소송조건

제1절 | 소송행위의 의의와 종류

소송절차를 형성하는 개개의 행위를 소송행위라고 한다. 소송행위는 절차의 발전단계에 따라 이미 이루어진 행위를 바탕으로 다른 행위가 행하여지는 것이므로 **절차유지의 원칙**에 의하여 소송행위를 무효로 하는 것을 억제할 필요가 있다.

제2절 | 소송행위의 일반적 요소

I. 소송행위의 주체

1. 소송행위적격

행위의 주체가 자신의 이름으로 소송행위를 할 수 있는 자격을 행위적격이라 한다. 행위적격 없는 자의 소송행위는 무효이다.

2. 소송행위의 대리

대리란 일정한 소송행위에 대하여 제3자가 본인을 대신하여 의사표시를 하고, 그에 따른 효과가 본인에게 직접 미치는 것을 말한다. 대리권의 행사는 본인의 의사에 따라야 하나, 다만 본인의 명시 또는 묵시의 의사에 반하여 행사할 수 있는 경우도 있다(독립대리권). 대리권 없는 자의 소송행위는 무효이다.

> **쟁점** 소송행위 대리의 허용 여부
>
> **1. 쟁점의 정리**
> 형사소송법에서 명문으로 대리를 허용하는 경우에는 문제되지 아니하나, 명문의 규정이 없는 경우에는 소송행위의 대리가 허용되는지 여부에 대해 견해가 대립한다.
>
> **2. 견해의 대립**
> ① **부정설**은 형사소송의 형식적 확실성과 일신전속적 성격을 근거로 대리가 허용되지 않는다는 견해이고, ② **긍정설**은 대리인의 권한이 확실하여 형식적 확실성을 해할 여지가 없다면 피고인과 피해자 등을 보호하기 위해 절차형성행위에서는 대리를 인정할 수 있다는 견해이다.
>
> **3. 판례의 태도**
> 판례는 **부정설**의 입장에서 '형사소송에 있어서 변호인을 선임할 수 있는 자는 피고인 및 피

의자와 형사소송법 제30조 제2항에 규정된 자에 한정되는 것이고, 피고인 및 피의자로부터 그 선임권을 위임받은 자가 피고인이나 피의자를 대리하여 변호인을 선임할 수는 없는 것'이라고 판시하였다(대결 1994.10.28. 94모25, 피고인이 법인인 경우에는 대표자가 법인을 대표하여 피고인을 위한 변호인을 선임하여야 하며, 대표자가 제3자에게 변호인 선임을 위임하여 제3자로 하여금 변호인을 선임하도록 할 수는 없다고 한 사안이다).

4. 검토

개별 명문규정만으로도 피고인과 피해자를 보호하기에 충분하고, 형식적 확실성과 일신전속적 성격이 강조되는 형사소송의 성격을 고려할 때 부정설이 타당하다.

음주운전과 관련한 수사를 위하여 미성년자인 피의자의 혈액채취가 필요한 경우에도 피의자에게 의사능력이 있다면 피의자 본인만이 혈액채취에 관한 유효한 동의를 할 수 있고, 피의자에게 의사능력이 없는 경우에도 명문의 규정이 없는 이상 법정대리인이 피의자를 대리하여 동의할 수는 없다(대판 2014.11.13. 2013도1228).

II. 소송행위의 내용

형식적 확실성이 요구되는 소송행위는 부관과 친하지 아니하다. 즉 조건부 또는 기한부 소송행위는 원칙적으로 허용되지 아니함이 원칙이다. 다만 공소사실과 적용법조의 예비적·택일적 기재, 조건부 또는 택일적 증거신청과 같이 형식적 확실성을 해하지 않고 피고인의 이익에 중대한 영향이 없는 범위에서는 조건부 소송행위가 예외적으로 허용된다.

III. 소송행위의 방식

1. 소송행위의 방식

소송행위의 일반적 방식으로는 구두주의와 서면주의가 있다. 소송행위의 방식에 대한 형사소송법 또는 형사소송규칙에 위반한 소송행위는 무효이다.

2. 서류와 송달

소송에 관한 서류는 공판의 개정 전에는 공익상 필요 기타 상당한 이유가 없으면 공개하지 못한다(제47조). 다만 형사소송법은 이에 대한 예외로서 ① 소송계속 중 소송서류의 열람·등사(제35조), ② 소송계속 중의 검사 보관 서류의 열람·등사(제266조의3 이하), ③ 재판확정기록의 열람·등사(제59조의2), ④ 확정 판결서 등의 열람·복사(제59조의3), ⑤ 피고인의 공판조서 열람·등사(제55조), ⑥ 피해자 등의 공판기록 열람·등사(제294조의4) 등을 규정하고 있다.

① 피고인의 공판조서에 대한 열람 또는 등사청구에 법원이 불응하여 피고인의 열람 또는 등사청구권이 침해된 경우에는 그 공판조서를 유죄의 증거로 할 수 없을 뿐만 아니라, 공판조서에 기재된 당해 피고인이나 증인의 진술도 증거로 할 수 없다(대판 2003.10.10. 2003도3282).
② 피고인의 공판조서 열람·등사권이 침해된 경우라도, 그러한 증거들 외에 적법하게 채

택하여 조사한 다른 증거들만에 의하더라도 범죄사실을 인정하기에 충분하고, 공판조서의 열람 또는 등사에 응하지 아니한 것이 피고인의 방어권이나 변호인의 변호권을 본질적으로 침해한 정도에 이르지 않은 경우에는, 판결에서 공판조서 등을 증거로 사용하였다 하더라도 그러한 잘못이 판결에 영향을 미친 위법이라고 할 수는 없다(대판 2012.12.27. 2011도15869).

③ 피고인이 차회 공판기일 전 등 원하는 시기에 공판조서를 열람·등사하지 못하였다 하더라도 그 변론종결 이전에 이를 열람·등사한 경우에는 그 열람·등사가 늦어짐으로 인하여 피고인의 방어권 행사에 지장이 있었다는 등의 특별한 사정이 없는 한 피고인의 공판조서 열람·등사권이 침해되었다고 볼 수 없어, 그 공판조서를 유죄의 증거로 할 수 있다고 보아야 한다(대판 2007.7.26. 2007도3906).

④ 형사소송법 제59조의2의 '재판이 확정된 사건의 소송기록'이란 특정 형사사건에 관하여 법원이 작성하거나 검사, 피고인 등 소송관계인이 작성하여 법원에 제출한 서류들로서 재판확정 후 담당 기관이 소정의 방식에 따라 보관하고 있는 서면의 총체라 할 수 있고, 위와 같은 방식과 절차에 따라 보관되고 있는 이상 해당 형사사건에서 증거로 채택되지 아니하였거나 그 범죄사실과 직접 관련되지 아니한 서류라고 하여 재판확정기록에 포함되지 않는다고 볼 것은 아니다(대결 2022.2.11. 2021모3175).

1) 소송서류의 종류

(1) 의사표시적 문서와 보고적 문서

공소장이나 고소장, 변호인선임계와 같이 의사표시를 내용으로 하는 문서를 의사표시적 문서라 하고, 각종 조서와 같이 일정한 사실의 보고를 내용으로 하는 서류를 보고적 문서라 한다. 당해 사건에 대한 의사표시적 문서는 증거능력이 없다.

(2) 공무원의 서류와 비공무원의 서류

공무원이 작성하는 서류에는 법률에 다른 규정이 없는 때에는 작성연월일과 소속공무소를 기재하고 기명날인 또는 서명하여야 한다(제57조). 비공무원의 서류에는 연월일을 기재하고 기명날인해야 한다. 인장이 없으며 지장으로 한다(제59조).

① 검사의 기명날인 또는 서명이 없는 상태로 관할법원에 제출된 공소장은 형사소송법 제57조 제1항에 위반된 서류라 할 것이다. 그리고 이와 같이 법률이 정한 형식을 갖추지 못한 공소장 제출에 의한 공소의 제기는 특별한 사정이 없는 한 그 절차가 법률의 규정에 위반하여 무효인 때(형사소송법 제327조 제2호)에 해당한다. 다만 이 경우 공소를 제기한 검사가 공소장에 기명날인 또는 서명을 추완하는 등의 방법에 의하여 공소의 제기가 유효하게 될 수 있다(대판 2012.9.27. 2010도17052).

② 공소를 제기하려면 공소장을 관할법원에 제출하여야 한다(형사소송법 제254조 제1항). 공무원이 작성하는 서류에는 간인하거나 이에 준하는 조치를 하여야 한다(형사소송법 제57조 제2항). 여기서 '공무원이 작성하는 서류'에는 검사가 작성하는 공소장이 포함된다. '간인'은 서류작성자의 간인으로서 1개의 서류가 여러 장으로 되어 있는 경우 그 서류의 각 장 사이에 겹쳐서 날인하는 것이다. 이는 서류 작성 후 그 서류의 일부가 누락되거나 교체되지 않았다는 사실을 담보하기 위한 것이다. 따라서 공소장에 검사의 간인이 없더라도 그 공

소장의 형식과 내용이 연속된 것으로 일체성이 인정되고 동일한 검사가 작성하였다고 인정되는 한 그 공소장을 형사소송법 제57조 제2항에 위반되어 효력이 없는 서류라고 할 수 없다. 이러한 공소장 제출에 의한 공소제기는 그 절차가 법률의 규정에 위반하여 무효인 때(형사소송법 제327조 제2호)에 해당한다고 할 수 없다(대판 2021.12.30. 2019도16259).

(3) 조서

보고적 문서 중 일정한 절차 또는 사실을 인증하기 위하여 작성된 공권적 문서를 조서라 한다. 공판조서, 진술조서, 압수·수색·검증의 결과를 기재한 조서가 이에 해당한다.

2) 소송서류의 송달

(1) 송달의 의의

송달이란 당사자 기타 소송관계인에 대하여 법률에 정한 방식에 의하여 소송서류의 내용을 알리게 하는 법원 또는 법관의 직권행위를 말한다. 요식행위인 점에서 통지와 구별되며, 특정인에 대한 것이라는 점에서 공시 또는 공고와 구별된다.

(2) 송달의 방법

서류의 송달에 관하여는 법률에 다른 규정이 없으면 민사소송법을 준용한다(제65조).

① **송달영수인의 신고** : 피고인·대리인·대표자·변호인 또는 보조인이 법원소재지에 서류의 송달을 받을 수 있는 주거 또는 사무소를 두지 아니한 때에는 법원 소재지에 주거 또는 사무소가 있는 자를 송달영수인으로 선임하여 연명한 서면으로 신고하여야 한다(제60조 제1항). 송달영수인은 송달에 관하여 본인으로 간주되고, 송달영수인의 선임은 같은 지역에 있는 각 심급법원에 대하여 효력이 있다(같은 조 제2항, 제3항). 다만 이 규정은 당해 사건으로 신체의 구속을 당한 자에게는 적용되지 아니한다(같은 조 제4항).

> 형사소송법 제60조 제4항이 규정한 신체구속을 당한 자라 함은 그 사건에서 신체를 구속 당한 자를 가리키는 것이요 다른 사건으로 신체구속을 당한 자는 여기에 해당되지 아니한다고 보는 것이 상당하므로 다른 사건으로 신체구속을 당한 자로서는 이 강도상해사건에 관하여는 송달받기 위한 신고의무를 면제받을 수 없는 것이다(대결 1976.11.10. 76모69).

② **송달방법** : 주거·사무소 또는 송달영수인의 선임을 신고하여야 할 자가 신고를 하지 아니한 때에는 법원사무관 등은 서류를 우체에 부치거나 기타 적당한 방법에 의하여 송달할 수 있다. 서류를 우체에 부친 경우에는 도달된 때에 송달된 것으로 간주한다(제61조). 검사에 대한 송달은 소속검찰청에 송부하여야 한다(제62조). 교도소 또는 구치소에 구속된 자에 대한 송달은 그 소장에게 한다(민사소송법 제182조).

> ① 교도소 또는 구치소에 구속된 자에 대한 송달은 그 소장에게 송달하면 구속된 자에게 전달된 여부와 관계없이 효력이 생기는 것이다(대판 1995.1.12. 94도2687).
> ② 피고인이 구치소나 교도소 등에 수감 중에 있는 경우는 형사소송법 제63조 제1항에 규정된 '피고인의 주거, 사무소, 현재지를 알 수 없는 때'나 '소송촉진 등에 관한 특례법' 제

23조에 규정된 '피고인의 소재를 확인할 수 없는 경우'에 해당한다고 할 수 없으므로, 법원이 수감 중인 피고인에 대하여 공소장 부본과 피고인소환장 등을 종전 주소지 등으로 송달한 경우는 물론 공시송달의 방법으로 송달하였더라도 이는 위법하다고 보아야 한다(대판 2013.6.27. 2013도2714).

③ 항소이유서 부제출을 이유로 항소기각의 결정을 하기 위해서는 항소인이 적법한 소송기록접수통지서를 받고서도 정당한 이유 없이 20일 이내에 항소이유서를 제출하지 아니하였어야 한다. 한편 형사소송법 제65조, 민사소송법 제182조에 의하면 교도소·구치소 또는 국가경찰관서의 유치장에 수감된 사람에게 할 송달을 교도소·구치소 또는 국가경찰관서의 장에게 하지 아니하고 수감되기 전의 종전 주·거소에 하였다면 부적법하여 무효이고, 법원이 피고인의 수감 사실을 모른 채 종전 주·거소에 송달하였다고 하여도 마찬가지로 송달의 효력은 발생하지 않는다. 그리고 송달명의인이 체포 또는 구속된 날 소송기록접수통지서 등의 송달서류가 송달명의인의 종전 주·거소에 송달되었다면 송달의 효력 발생 여부는 체포 또는 구속된 시각과 송달된 시각의 선후에 의하여 결정하되, 선후관계가 명백하지 않다면 송달의 효력은 발생하지 않는 것으로 보아야 한다(대결 2017.11.7. 2017모2162).

④ [1] 재감자에 대한 송달을 교도소 등의 장에게 하지 아니하였다면 그 송달은 부적법하여 무효이다. 한편 통지는 법령에 다른 정함이 있다는 등의 특별한 사정이 없는 한 서면 이외에 구술·전화·모사전송·전자우편·휴대전화 문자전송 그 밖에 적당한 방법으로도 할 수 있고, 통지의 대상자에게 도달됨으로써 효력이 발생한다. [2] 구치소에 재감 중인 재항고인이 제1심판결에 대하여 항소하였는데, 항소심법원이 구치소로 소송기록접수통지서를 송달하면서 송달받을 사람을 구치소의 장이 아닌 재항고인으로 하였고 구치소 서무계원이 이를 수령한 사안에서, 송달받을 사람을 재항고인으로 한 송달은 효력이 없고, 달리 재항고인에게 소송기록접수의 통지가 도달하였다는 등의 사정을 발견할 수 없으므로, 소송기록접수의 통지는 효력이 없다고 한 사례(대결 2017.9.22. 2017모1680)

⑤ [1] 피고인에 대한 공판기일 소환은 형사소송법이 정한 소환장의 송달 또는 이와 동일한 효력이 있는 방법에 의하여야 하고, 그 밖의 방법에 의한 사실상의 기일의 고지 또는 통지 등은 적법한 피고인 소환이라고 할 수 없다. [2] 피고인이 원심 공판기일에 불출석하자, 검사가 피고인과 통화하여 피고인이 변호인으로 선임한 甲 변호사의 사무소로 송달을 원하고 있음을 확인하고 피고인의 주소를 甲 변호사 사무소로 기재한 주소보정서를 원심에 제출하였는데, 그 후 甲 변호사가 사임하고 새로이 乙 변호사가 변호인으로 선임된 사안에서, 원심이 피고인에 대한 공판기일소환장 등을 甲 변호사 사무소로 발송하여 그 사무소 직원이 수령하였더라도 형사소송법이 정한 적법한 방법으로 피고인의 소환이 이루어졌다고 볼 수 없다고 한 사례(대판 2018.11.29. 2018도13377)

③ **공시송달** : 피고인의 주거·사무소와 현재지를 알 수 없는 때에는 공시송달을 할 수 있다(제63조 제1항). 피고인이 재판권이 미치지 아니하는 장소에 있는 경우에 다른 방법으로 송달할 수 없는 경우에도 같다(같은 조 제2항). 공시송달은 법원이 명하는 때에 한하여 할 수 있고(제64조 제1항), 법원은 공시송달 사유가 있다고 인정하는 때에는 직권으로 결정에 의하여 공시송달을 명한다(규칙 제43조). 최초의 공시송달은 **공시한 날로부터 2주일**을 경과하면 그 효력이 생긴다. 단 제2회 이후의 공시송달은 **5일**을 경과하면 그 효력이 있다(제64조 제3항).

① 기록상 나타난 피고인의 근무장소나 전화번호를 통한 송달을 시도하지 않은 채 공시송달의 방법으로 송달을 하고 피고인의 진술 없이 판결을 한 원심의 조치를 위법하다고 한 사례(대판 2002.9.24. 2002도2520)

② 피고인에 대한 소송기록접수통지서, 항소이유서 등의 송달이 폐문부재로 송달불능된 사안에서, 집행관 송달이나 소재조사촉탁 등의 절차를 거치지 아니한 채 송달불능과 통화불능의 사유만으로 피고인의 주거를 알 수 없다고 단정하여 곧바로 공판기일소환장 등 소송서류를 공시송달하고 피고인의 진술 없이 판결을 한 원심의 조치가 형사소송법 제63조 제1항, 제365조에 위배된다고 한 사례(대판 2015.2.12. 2014도16822)

③ [1] 기록상 피고인의 집 전화번호 또는 휴대전화번호 등이 나타나 있는 경우에는 위 전화번호로 연락하여 송달받을 장소를 확인하여 보는 등의 시도를 해보아야 하고, 그러한 조치를 취하지 아니한 채 곧바로 공시송달의 방법에 의한 송달을 하는 것은 형사소송법 제63조 제1항, 소송촉진 등에 관한 특례법 제23조에 위배되어 허용되지 아니한다. [2] 제1심 공판절차에서 피고인에 대한 소환이 공시송달로 행하여지는 경우에도 법원이 피고인의 진술없이 재판을 하기 위하여는 공시송달의 방법으로 소환받은 피고인이 2회 이상 불출석할 것이 요구된다. 그러므로 공시송달의 방법으로 소환한 피고인이 불출석하는 경우 다시 공판기일을 지정하고 공시송달의 방법으로 피고인을 재소환한 후 그 기일에도 피고인이 불출석하여야 비로소 피고인의 불출석 상태에서 재판절차를 진행할 수 있다(대판 2011.5.13. 2011도1094).

④ 피고인 남편의 주소지와 휴대전화번호가 확인되는 경우, 제1심으로서는 공시송달결정을 함에 앞서 피고인 남편의 주소지로 송달이 가능한지 여부를 살펴보거나 위 휴대전화번호로 연락하여 송달받을 장소를 확인하여 보는 등의 시도를 해 보았어야 한다. 그럼에도 위와 같은 조치를 다하지 아니한 채 피고인의 소재가 확인되지 아니한다고 단정하여 공시송달의 방법에 의한 송달을 하고 피고인의 진술없이 판결을 한 제1심의 조치에는 위법이 있다(대판 2014.5.16. 2014도3037).

⑤ [1] 피고인 주소지에 피고인이 거주하지 아니한다는 이유로 구속영장이 여러 차례에 걸쳐 집행불능되어 반환된 바 있었다고 하더라도 이를 소송촉진 등에 관한 특례법이 정한 '송달불능보고서의 접수'로 볼 수는 없다. 반면에 (중략) 소재탐지불능보고서의 접수는 소송촉진 등에 관한 특례법이 정한 '송달불능보고서의 접수'로 볼 수 있다. [2] 피고인이 소송이 계속 중인 사실을 알면서도 법원에 거주지 변경 신고를 하지 않았다 하더라도, 잘못된 공시송달에 터잡아 피고인의 진술없이 공판이 진행되고 피고인이 출석하지 않은 기일에 판결이 선고된 이상, 피고인은 자기 또는 대리인이 책임질 수 없는 사유로 상소제기기간 내에 상소를 하지 못한 것으로 봄이 타당하다(대결 2014.10.16. 2014모1557).

IV. 소송행위의 일시와 장소

1. 소송행위의 일시

1) 기일

기일이란 법관·당사자 기타 소송관계인이 일정한 장소에 회합하여 소송행위를 하도록 정해진 때를 말한다.

2) 기간

기간이란 시기와 종기에 의하여 구획된 시간의 길이를 말한다. 시로써 계산하는 것은 즉시부터 기산하고, 일·월 또는 연으로써 계산하는 것은 초일을 산입하지 아니한다(제66조 제1항 본문, 초일불산입의 원칙). 다만 시효와 구속기간의 초일은 시간을 계산함이 없이 1일로 산정한다(같은 항 단서). 연 또는 월로써 정한 기간은 역서에 따라 계산한다(같은 조 제2항). 기간의 말일이 공휴일 또는 토요일에 해당하는 날은 기간에 산입하지 아니한다. 다만 시효와 구속의 기간에 관하여는 예외로 한다(같은 조 제3항).

> 시효와 구속의 기간을 제외하고는 기간의 말일이 공휴일 또는 토요일에 해당하는 날은 항소이유서 제출기간에 산입하지 아니하도록 되어 있다. 이때 기간의 말일이 공휴일인지 여부는 '공휴일'에 관하여 규정하고 있는 '관공서의 공휴일에 관한 규정' 제2조 각호에 해당하는지에 따라 결정되고, 같은 조 제11호가 정한 '기타 정부에서 수시 지정하는 날'인 임시공휴일 역시 공휴일에 해당한다(대판 2021.1.14. 2020모3694).

2. 소송행위의 장소

공판기일의 소송행위는 원칙적으로 법원 또는 지원의 건물 내에 있는 **법정**에서 행한다(제275조 제1항, 법원조직법 제56조 제1항). 그러나 법원장은 필요에 의하여 법원 외의 장소에서 개정할 수 있다(같은 조 제2항).

제3절 | 소송행위의 가치판단

Ⅰ. 소송행위의 성립·불성립

소송행위의 성립과 불성립은 소송행위가 소송행위로서 외관을 갖추었는지, 즉 소송행위에 요구되는 소송법상 정형을 충족하기 위한 본질적 개념요소를 구비하고 있는가에 대한 가치판단을 말한다.

> [1] 검사의 공소장 제출은 공소제기라는 소송행위가 성립하기 위한 본질적 요소라고 보아야 할 것이므로, 이러한 공소장의 제출이 없는 경우에는 소송행위로서의 공소제기가 성립되었다고 할 수 없다. [2] 법원이 경찰서장의 즉결심판 청구를 기각하여 경찰서장이 사건을 관할 지방검찰청으로 송치하였으나 검사가 이를 즉결심판에 대한 피고인의 정식재판청구가 있은 사건으로 오인하여 그 사건기록을 법원에 송부한 경우, 공소제기의 본질적 요소라고 할 수 있는 검사에 의한 공소장의 제출이 없는 이상 기록을 법원에 송부한 사실만으로 공소제기가 성립되었다고 볼 수 없다고 한 사례 [3] 소송행위로서 요구되는 본질적인 개념요소가 결여되어 소송행위로 성립되지 아니한 경우에는 소송행위가 성립되었으나 무효인 경우와는 달리 하자의 치유문제는 발생하지 않으나, 추후 당해 소송행위가 적법하게 이루어진 경우에는 그 때부터 위 소송행위가 성립된 것으로 볼 수 있다. [4] 원래 공소제기가 없었음에도 피고인의 소환이 이루어지는 등 사실상의 소송계속이 발생한 상태에서 검사가 약식명령을 청구하는 공소장을 제1심법원에 제출하고, 위 공소장에 기하여 공판절차를 진행한 경우 제1심법원으로서는 이에 기하여 유·무죄의 실체판단을 하여야 한다고 한 사례(대판 2003.11.14. 2003도2735)

Ⅱ. 소송행위의 유효·무효

소송행위가 성립한 것을 전제로 소송행위의 본래적 효력을 인정할 것인가에 대한 가치판단이다.

1. 무효의 원인

소송행위에 필요한 ① 행위적격이 없는 자의 소송행위는 무효가 될 수 있다. ② 소송능력이 없는 자가 한 절차형성행위는 무효지만, 피고인의 진술이나 증인의 증언과 같은 실체형성행위를 무효라고 할 수는 없다. 소송행위의 유·무효는 원칙적으로 행위당시를 기준으로 판단해야 한다.

> **쟁점** 착오·사기·강박에 의한 소송행위가 무효의 원인이 되는지 여부
>
> **1. 쟁점의 정리**
> 실체형성행위에서는 의사의 합치 여부가 아니라 실체에 부합하는지 여부가 문제되므로 무효의 원인이 될 수 없으나, 절차형성행위에서는 이러한 주관적 하자가 무효원인이 될 수 있는지 견해가 대립한다.

2. 견해의 대립

① **유효설**은 소송절차의 형식적 확실성 요청을 근거로 절차형성행위에 있어 의사표시의 하자는 무효원인이 되지 않는다는 견해이고, ② **무효설**은 피고인에게 귀책사유가 있는 경우를 제외하고, 피고인 보호를 위해 무효원인을 긍정하는 견해이다.

3. 판례의 태도

판례는 무효설의 입장에서 착오에 의한 소송행위가 무효로 되기 위하여는 ① 통상인의 판단을 기준으로 하여 만일 착오가 없었다면 그러한 소송행위를 하지 않았으리라고 인정되는 중요한 점에 관하여 착오가 있고(신뢰기대보호), ② 착오가 행위자 또는 대리인이 책임질 수 없는 사유로 인하여 발생하였으며(귀책사유부존재), ③ 그 행위를 유효로 하는 것이 현저히 정의에 반한다고 인정될 것(구체적 타당성) 등 세 가지 요건을 필요로 한다고 한다(대결 1992.3.13. 92모1).

4. 검토

소송행위의 형식적 확실성과 피고인의 이익 사이에 조화를 꾀할 수 있다는 점에서 구체적 사안에 요건에 따라 소송행위의 무효를 인정하는 판례의 태도가 타당하다.

교도관이 내어 주는 상소권포기서를 항소장으로 잘못 믿은 나머지 이를 확인하여 보지도 않고 서명 무인하였다는 점에 있어서는 재항고인에게 과실이 없다고 보기는 어렵다(대결 1995.8.17. 95모49).

2. 무효의 치유

1) 소송행위의 추완

(1) 단순추완

단순추완이란 법정기간 경과 후의 추완행위에 따라 추완되는 소송행위 자체를 유효하게 하는 것을 말한다. 형사소송법은 **상소권회복**(제345조)과 약식명령에 대한 **정식재판청구권의 회복**(제458조)에 관하여 명문규정으로 단순추완을 인정하고 있다.

(2) 보정적 추완

보정적 추완이란 별개의 새로운 소송행위에 의하여 기존의 무효인 소송행위의 하자를 보정하여 유효로 하는 것을 말한다.

① **변호인선임의 추완** : 변호인선임신고 전 변호인으로서 한 소송행위가 변호인선임신고에 의하여 유효하게 되는지 문제되나, 판례는 부정설의 입장에서 판시하고 있다.

> ① 변호인선임신고서를 제출하지 아니한 변호인이 변호인 명의로 정식재판청구서만 제출하고, 정식재판청구기간 경과 후에 비로소 변호인선임신고서를 제출한 경우, 위 정식재판청구서는 **적법·유효한 정식재판청구서로서의 효력이 없다**(대결 2005.1.20. 2003모429).
>
> ② 변호인선임서를 제출하지 아니한 채 상고이유서만을 제출하고 상고이유서 제출기간이 경과한 후에 변호인선임서를 제출하였다면 그 상고이유서는 **적법·유효한 상고이유서가 될 수 없다**(대판 2014.2.13. 2013도9605).

② **공소사실의 추완** : 공소장에 공소사실을 특정하여 기재하지 아니한 경우 공소제기는 무효가 된다. 이러한 경우 공소장 보정을 통해 무효인 공소제기를 처음부터 유효로 할 수 있는지 문제된다. ① 공소사실이 처음부터 전혀 특정되지 않은 경우에는 추완이 부정되나, ② 일부만 불명인 경우에는 보정이 가능하며, 판례는 검사에 대한 석명의무까지 인정하고 있다.

> ① 공소장의 기재가 불명확한 경우 법원은 형사소송규칙 제141조의 규정에 의하여 검사에게 석명을 구한 다음, 그래도 검사가 이를 명확하게 하지 않은 때에야 공소사실의 불특정을 이유로 공소를 기각함이 상당하다고 할 것이다(대판 2006.5.11. 2004도5972).
>
> ② 검사의 기명날인 또는 서명이 없는 상태로 관할법원에 제출된 공소장은 형사소송법 제57조 제1항에 위반된 서류라 할 것이고, 이와 같이 법률이 정한 형식을 갖추지 못한 공소장 제출에 의한 공소제기는 특별한 사정이 없는 한 그 절차가 법률의 규정에 위반하여 **무효인 때**(제327조 제2호)에 해당한다. 다만 이 경우 공소를 제기한 검사가 공소장에 기명날인 또는 서명을 추완하는 등의 방법에 의하여 공소의 제기가 유효하게 될 수 있다(대판 2012.9.27. 2010도17052).

③ **고소의 추완**

쟁점 친고죄에서 고소의 추완 인정 여부

1. 쟁점의 정리

친고죄에 있어서 고소가 없음에도 불구하고 공소를 제기한 후에 비로소 고소가 있는 경우에 고소의 추완에 의하여 공소가 적법하게 될 수 있는지 문제된다.

2. 견해의 대립

① **긍정설**은 소송경제와 절차유지의 원칙을 근거로 고소의 추완을 인정하는 견해이고, ② **부정설**은 친고죄에 있어 고소 없는 공소제기는 무효이고, 공소제기의 절차는 절차의 형식적 확실성이 강하게 요청되는 소송행위임을 이유로 고소의 추완을 부정하는 견해이며, ③ **절충설**은 공소제기시에 공소사실이 친고죄임에도 불구하고 고소가 없는 경우에는 고소의 추완을 인정할 수 없으나, 비친고죄로 공소제기된 사건이 심리결과 친고죄로 판명되거나 친고죄가 추가된 때에는 고소의 추완을 인정하여야 한다는 견해이다.

3. 판례의 태도

강간죄가 비친고죄로 변경되기 전 판례는 부정설의 입장에서 기소 이후의 고소의 추완은 허용되지 않는다고 판시하였다(대판 1982.9.14. 82도1504).

4. 검토

소송조건은 실체재판의 적법조건이기 이전에 공소제기의 유효조건이 된다. 따라서 검사의 공소를 규제하고 피고인을 당해 절차로부터 해방시키는 기능을 다하기 위하여는 **부정설**이 타당하다. 따라서 수사단계에서 그 피의사건이 비친고죄라도 친고죄로의 변경 가능성이 있다면, 검사는 기소 전 반드시 고소를 받아야 한다.

> 강간죄는 친고죄로서 피해자의 고소가 있어야 죄를 논할 수 있고 기소 이후의 고소의 추완은 허용되지 않는다 할 것이며, 이는 비친고죄인 강간치사죄로 기소되었다가 친고죄인 강간죄로 공소장이 변경되는 경우에도 같다(대판 1982.9.14. 82도1504).

> 검사가 공소를 제기할 당시에는 그 범죄사실을 협박죄로 구성하여 기소하였다 하더라도, 그 후 공판 중에 기본적 사실관계가 동일하여 공소사실을 공갈미수로 공소장 변경이 허용된 이상 그 공소제기의 하자는 치유된다(대판 1996.9.24. 96도2151).

2) 공격방어방법의 소멸에 의한 하자의 치유

(1) 피고인이 그 하자에 대한 이의 없이 피고사건에 관하여 진술하는 경우

토지관할 위반을 피고인이 그 하자에 대한 이의 없이 피고사건에 관하여 진술하면 그 하자가 치유된다(제320조 제2항, 상대적 소송조건).

(2) 책문권 포기 또는 상실로 인하여 하자가 치유되는 경우

당사자가 상당한 시기에 이의를 제기하지 아니하면 책문권의 포기로 인하여 무효가 치유된다. ① 공소장부본송달의 하자(대판 1992.3.10. 91도3272), ② 공판기일지정의 하자(대판 1967.3.21. 66도1751), ③ 제1회 공판기일의 유예기간의 하자(대결 1982.6.8. 81모43), ④ 증인신문순서의 하자, ⑤ 증인신문의 기일과 장소의 불통지의 하자, ⑥ 증인신문에서 허용되지 않는 유도신문을 한 하자(대판 2012.7.26. 2012도2937), ⑦ 증인신문에서 반대신문의 기회를 부여하지 아니한 하자(대판 2010.1.14. 2009도9344) 등이 이에 해당한다.

Ⅲ. 소송행위의 취소와 철회

1. 소송행위의 취소

절차유지의 원칙상 소송행위에 대해서는 소급하여 효력을 상실시키는 취소는 인정되지 않는다. 다만 형사소송법에서는 공소의 취소(제255조), 고소의 취소(제232조) 등을 규정하고 있으나, 이는 엄밀한 의미에서 취소가 아닌 철회에 해당한다.

2. 소송행위의 철회

소송행위의 철회는 명문의 규정이 없는 경우에도 절차형성행위에 관하여 널리 인정된다. 다만 철회의 개념상 절차형성행위의 효력이 발생한 후에는 철회가 불가능하다. 반면 실체형성행위에 대하여는 철회가 허용되지 않는다.

Ⅳ. 소송행위의 적법·부적법

소송행위의 적법·부적법은 소송행위가 법률의 규정에 합치하는가에 대한 가치판단이다.

Ⅴ. 소송행위의 이유의 유무

법률행위적 소송행위에 관하여 그 의사표시의 내용이 정당한가에 대한 가치판단을 말하고, 주로 당사자의 신청과 청구에서 문제된다.

제4절 | 소송조건

소송조건이란 사건의 실체에 대하여 심판할 수 있는 실체심판의 전제조건, 즉 형벌권의 존부를 심판하는 데 구비되어야 할 전체로서의 소송에 공통된 조건을 의미한다. 소송조건은 **공소제기의 유효조건**이며, 소송조건이 없는 때에는 **형식재판으로 소송을 종결시켜야** 한다. 소송조건의 존부는 토지관할(제320조)과 같은 상대적 소송조건의 경우를 제외하고는 원칙적으로 **법원이 직권으로 조사**하여야 하고, 공소제기시뿐만 아니라 **판결시에도 존재하여야** 한다(다만 토지관할은 공소제기시에 존재하면 족하다). 소송조건은 소송법적 사실에 해당하므로 자유로운 증명에 의하여 인정될 수 있는 것이면 족하다.

PART 03
수사와 공소

CHAPTER 01 | 수사

제1절 | 수사의 의의와 구조

I. 수사의 의의

1. 수사와 내사의 개념

수사란 범죄의 혐의 유무를 명백히 하여 공소의 제기와 유지 여부를 결정하기 위하여 범인을 발견·확보하고 증거를 수집·보전하는 수사기관의 활동을 말한다.

내사란 수사의 전 단계에 해당하는 것으로서, 범죄혐의가 있을 수 있는 정보를 입수한 수사기관이 범죄혐의를 확인하기 위하여 범죄인지 전의 단계에서 수행하는 조사활동을 말한다. 내사를 받는 자를 피내사자(용의자)라 하며, 피내사자는 입건(수사개시)에 의하여 피의자가 된다. 수사와 내사의 구별기준에 대해 견해가 대립하고, 판례는 실질설의 입장이다.

> 검찰사건사무규칙 제2조 내지 제4조에 의하면, 검사가 범죄를 인지하는 경우에는 범죄인지서를 작성하여 사건을 수리하는 절차를 거치도록 되어 있으므로, 특별한 사정이 없는 한 수사기관이 그와 같은 절차를 거친 때에 범죄인지가 된 것으로 볼 것이나, 범죄의 인지는 실질적인 개념이고, 이 규칙의 규정은 검찰행정의 편의를 위한 사무처리절차 규정이므로, 검사가 그와 같은 절차를 거치기 전에 범죄의 혐의가 있다고 보아 수사를 개시하는 행위를 한 때에는 이 때에 범죄를 인지한 것으로 보아야 하고, 그 뒤 범죄인지서를 작성하여 사건수리 절차를 밟은 때에 비로소 범죄를 인지하였다고 볼 것이 아니며, 이러한 인지절차를 밟기 전에 수사를 하였다고 하더라도, 그 수사가 장차 인지의 가능성이 전혀 없는 상태하에서 행해졌다는 등의 특별한 사정이 없는 한, 인지절차가 이루어지기 전에 수사를 하였다는 이유만으로 그 수사가 위법하다고 볼 수는 없고, 따라서 그 수사과정에서 작성된 피의자신문조서나 진술조서 등의 증거능력도 이를 부인할 수 없다(대판 2001.10.26. 2000도2968).

2. 수사기관

수사는 수사기관의 활동이고, 수사기관이란 법률상 수사의 권한이 인정되어 있는 국가기관으로서 검사와 사법경찰관리가 있다. 검사와 사법경찰관은 수사, 공소제기 및 공소유지에 관하여 서로 협력할 의무가 있다(제195조 제1항).

> **쟁점** 경찰수사권독립론
>
> **1. 쟁점의 정리**
>
> 수사의 주체는 검사이고(제195조), 사법경찰관리는 모든 수사에 관하여 검사의 지휘를 받아야 한다(제196조 제1항). 그러나 수사활동의 실효성을 위하여 경찰수사의 자유와 재량이 확보되어

야 한다는 이른바 경찰수사권독립론이 주장되고 있다.

2. 견해의 대립

① 긍정설은 수사의 능률을 높이고 권력의 억제를 위하여 수사권독립을 긍정하는 견해이고, ② 시기상조설은 경찰수사의 현실상 인권옹호의 관점에서 경찰수사권독립은 시기상조이고, 이는 경찰의 지방분권화·즉결심판청구권의 폐지와 함께 논의되어야 한다는 견해이며, ③ 부정설은 수사의 공정성과 신속성을 강조하여 경찰수사권독립을 부정하는 견해이다.

3. 검토

수사활동의 실효성 보장을 위해서는 수사권독립을 긍정함이 타당하나, 현실적 여건을 고려할 때 시기상조설이 타당하다. 2020. 2. 4. 개정된 형사소송법은 수사권독립론을 적극적으로 수용하여 검사와 사법경찰관은 수사에 관하여 서로 협력하도록 하고(개정법 제195조), 경무관 등이 하는 모든 수사에 관하여 검사의 지휘를 받도록 하는 규정 등을 삭제하였으며(제196조), 사법경찰관에게도 수사종결권을 인정하는 등 주요 내용을 개정하였다.

3. 2020. 2. 4. 개정 형사소송법 및 검찰청법

2020. 2. 4. 개정된 형사소송법은 법무부장관과 행정안전부장관이 발표한 「검·경 수사권 조정 합의문」의 취지에 따라 검찰과 경찰로 하여금 국민의 안전과 인권 수호를 위하여 서로 협력하게 하고, 수사권이 국민을 위해 민주적이고 효율적으로 행사되도록 하기 위하여 일부 내용을 개정하였다.

이러한 개정법들은 2021. 1. 1.부터 시행한다. 다만, 형사소송법 제312조 제1항의 개정규정은 2022. 1. 1.부터 시행되고(법률 제16908호 검찰청법 일부개정법률 및 법률 제16924호 형사소송법 일부개정법률의 시행일에 관한 규정), 위 시행일 이후 공소제기 된 사건부터 적용된다(부칙 제1조의2 제1항).

가. 개정 형사소송법 주요내용

① 검사와 사법경찰관은 수사, 공소제기 및 공소유지에 관하여 서로 협력하도록 함(제195조 신설).

② 경무관, 총경, 경정, 경감, 경위가 하는 모든 수사에 관하여 검사의 지휘를 받도록 하는 규정 등을 삭제하고, 경무관, 총경 등은 범죄의 혐의가 있다고 사료하는 때에 범인, 범인사실과 증거를 수사하도록 함(제196조).

③ 검사는 송치사건의 공소제기 여부 결정 또는 공소의 유지에 관하여 필요한 경우 등에 해당하면 사법경찰관에게 보완수사를 요구할 수 있고, 사법경찰관은 정당한 이유가 없는 한 지체 없이 이를 이행하도록 함(제197조의2 신설).

④ 검사는 사법경찰관리의 수사과정에서 법령위반, 인권침해 또는 현저한 수사권 남용이 의심되는 사실의 신고가 있거나 그러한 사실을 인식하게 된 경우에는 사법경찰관에게 사건기록 등본의 송부를 요구할 수 있고, 송부를 받은 검사는 필요한 경우 사법경찰관에게 시정조치를 요구할 수 있으며, 검사는 시정조치 요구가 정당한 이유 없이 이행되지 않은

경우에 사법경찰관에게 사건을 송치할 것을 요구할 수 있도록 함(제197조의3 신설).
⑤ 검사는 사법경찰관과 동일한 범죄사실을 수사하게 된 때에는 사법경찰관에게 사건을 송치할 것을 요구할 수 있고, 요구를 받은 사법경찰관은 지체 없이 검사에게 사건을 송치하도록 하되, 검사가 영장을 청구하기 전에 동일한 범죄사실에 관하여 사법경찰관이 영장을 신청한 경우에는 해당 영장에 기재된 범죄사실을 계속 수사할 수 있도록 함(제197조의4 신설).
⑥ 검사가 사법경찰관이 신청한 영장을 정당한 이유 없이 판사에게 청구하지 아니한 경우 사법경찰관은 관할 고등검찰청에 영장 청구 여부에 대한 심의를 신청할 수 있고, 이를 심의하기 위하여 각 고등검찰청에 외부 위원으로 구성된 영장심의위원회를 둠(제221조의5 신설).
⑦ 사법경찰관은 범죄를 수사한 때에는 범죄의 혐의가 인정되면 검사에게 사건을 송치하고, 그 밖의 경우에는 그 이유를 명시한 서면과 함께 관계 서류와 증거물을 검사에게 송부하도록 함(제245조의5 신설).
⑧ 사법경찰관은 사건을 검사에게 송치하지 아니한 경우에는 서면으로 고소인·고발인·피해자 또는 그 법정대리인에게 사건을 검사에게 송치하지 아니하는 취지와 그 이유를 통지하도록 함(제245조의6 신설).
⑨ 사법경찰관으로부터 사건을 검사에게 송치하지 아니하는 취지와 그 이유를 통지받은 사람은 해당 사법경찰관의 소속 관서의 장에게 이의를 신청할 수 있고, 사법경찰관은 이의신청이 있는 때에는 지체 없이 검사에게 사건을 송치하도록 함(제245조의7 신설).
⑩ 검사는 사법경찰관이 사건을 송치하지 아니한 것이 위법 또는 부당한 때에는 그 이유를 문서로 명시하여 사법경찰관에게 재수사를 요청할 수 있도록 하고, 사법경찰관은 요청이 있으면 사건을 재수사하도록 함(제245조의8 신설).
⑪ 특별사법경찰관은 모든 수사에 관하여 검사의 지휘를 받음(제245조의10 신설).
⑫ 검사가 작성한 피의자신문조서는 공판준비 또는 공판기일에 그 피의자였던 피고인 또는 변호인이 그 내용을 인정할 때에 한하여 증거로 할 수 있음(제312조).

> **제195조(검사와 사법경찰관의 관계 등)** ① 검사와 사법경찰관은 수사, 공소제기 및 공소유지에 관하여 서로 협력하여야 한다.
> ② 제1항에 따른 수사를 위하여 준수하여야 하는 일반적 수사준칙에 관한 사항은 대통령령으로 정한다.
> [종전 제195조는 제196조로 이동 <2020. 2. 4.>]
>
> **제196조(검사의 수사)** 검사는 범죄의 혐의가 있다고 사료하는 때에는 범인, 범죄사실과 증거를 수사한다.
> [제195조에서 이동, 종전 제196조는 제197조로 이동 <2020. 2. 4.>]
>
> **제197조(사법경찰관리)** ① 경무관, 총경, 경정, 경감, 경위는 사법경찰관으로서 범죄의 혐의가 있다고 사료하는 때에는 범인, 범죄사실과 증거를 수사한다. <개정 2020. 2. 4.>
> ② 경사, 경장, 순경은 사법경찰리로서 수사의 보조를 하여야 한다. <개정 2020. 2. 4.>

③ 삭제 <2020. 2. 4.>
④ 삭제 <2020. 2. 4.>
⑤ 삭제 <2020. 2. 4.>
⑥ 삭제 <2020. 2. 4.>
[제196조에서 이동, 종전 제197조는 삭제 <2020. 2. 4.>]

제197조의2(보완수사요구) ① 검사는 다음 각 호의 어느 하나에 해당하는 경우에 사법경찰관에게 보완수사를 요구할 수 있다.
  1. 송치사건의 공소제기 여부 결정 또는 공소의 유지에 관하여 필요한 경우
  2. 사법경찰관이 신청한 영장의 청구 여부 결정에 관하여 필요한 경우
② 사법경찰관은 제1항의 요구가 있는 때에는 정당한 이유가 없는 한 지체 없이 이를 이행하고, 그 결과를 검사에게 통보하여야 한다.
③ 검찰총장 또는 각급 검찰청 검사장은 사법경찰관이 정당한 이유 없이 제1항의 요구에 따르지 아니하는 때에는 권한 있는 사람에게 해당 사법경찰관의 직무배제 또는 징계를 요구할 수 있고, 그 징계 절차는 「공무원 징계령」 또는 「경찰공무원 징계령」에 따른다.

제197조의3(시정조치요구 등) ① 검사는 사법경찰관리의 수사과정에서 법령위반, 인권침해 또는 현저한 수사권 남용이 의심되는 사실의 신고가 있거나 그러한 사실을 인식하게 된 경우에는 사법경찰관에게 사건기록 등본의 송부를 요구할 수 있다.
② 제1항의 송부 요구를 받은 사법경찰관은 지체 없이 검사에게 사건기록 등본을 송부하여야 한다.
③ 제2항의 송부를 받은 검사는 필요하다고 인정되는 경우에는 사법경찰관에게 시정조치를 요구할 수 있다.
④ 사법경찰관은 제3항의 시정조치 요구가 있는 때에는 정당한 이유가 없으면 지체 없이 이를 이행하고, 그 결과를 검사에게 통보하여야 한다.
⑤ 제4항의 통보를 받은 검사는 제3항에 따른 시정조치 요구가 정당한 이유 없이 이행되지 않았다고 인정되는 경우에는 사법경찰관에게 사건을 송치할 것을 요구할 수 있다.
⑥ 제5항의 송치 요구를 받은 사법경찰관은 검사에게 사건을 송치하여야 한다.
⑦ 검찰총장 또는 각급 검찰청 검사장은 사법경찰관리의 수사과정에서 법령위반, 인권침해 또는 현저한 수사권 남용이 있었던 때에는 권한 있는 사람에게 해당 사법경찰관리의 징계를 요구할 수 있고, 그 징계 절차는 「공무원 징계령」 또는 「경찰공무원 징계령」에 따른다.
⑧ 사법경찰관은 피의자를 신문하기 전에 수사과정에서 법령위반, 인권침해 또는 현저한 수사권 남용이 있는 경우 검사에게 구제를 신청할 수 있음을 피의자에게 알려주어야 한다.

제197조의4(수사의 경합) ① 검사는 사법경찰관과 동일한 범죄사실을 수사하게 된 때에는 사법경찰관에게 사건을 송치할 것을 요구할 수 있다.
② 제1항의 요구를 받은 사법경찰관은 지체 없이 검사에게 사건을 송치하여야 한다. 다만, 검사가 영장을 청구하기 전에 동일한 범죄사실에 관하여 사법경찰관이 영장을 신청한 경우에는 해당 영장에 기재된 범죄사실을 계속 수사할 수 있다.

> **구 형사소송법 제195조(검사의 수사)** 검사는 범죄의 혐의 있다고 사료하는 때에는 범인, 범죄사실과 증거를 수사하여야 한다.
>
> **제196조(사법경찰관리)** ① 수사관, 경무관, 총경, 경정, 경감, 경위는 사법경찰관으로서 모든 수사에 관하여 검사의 지휘를 받는다.
> ② 사법경찰관은 범죄의 혐의가 있다고 인식하는 때에는 범인, 범죄사실과 증거에 관하여 수사를 개시·진행하여야 한다.
> ③ 사법경찰관리는 검사의 지휘가 있는 때에는 이에 따라야 한다. 검사의 지휘에 관한 구체적 사항은 대통령령으로 정한다.
> ④ 사법경찰관은 범죄를 수사한 때에는 관계 서류와 증거물을 지체 없이 검사에게 송부하여야 한다.
> ⑤ 경사, 경장, 순경은 사법경찰리로서 수사의 보조를 하여야 한다.
> ⑥ 제1항 또는 제5항에 규정한 자 이외에 법률로써 사법경찰관리를 정할 수 있다.
>
> **제197조(특별사법경찰관리)** 삼림, 해사, 전매, 세무, 군수사기관 기타 특별한 사항에 관하여 사법경찰관리의 직무를 행할 자와 그 직무의 범위는 법률로써 정한다.

제221조의5(사법경찰관이 신청한 영장의 청구 여부에 대한 심의) ① 검사가 사법경찰관이 신청한 영장을 정당한 이유 없이 판사에게 청구하지 아니한 경우 사법경찰관은 그 검사 소속의 지방검찰청 소재지를 관할하는 고등검찰청에 영장 청구 여부에 대한 심의를 신청할 수 있다.
② 제1항에 관한 사항을 심의하기 위하여 각 고등검찰청에 영장심의위원회(이하 이 조에서 "심의위원회"라 한다)를 둔다.
③ 심의위원회는 위원장 1명을 포함한 10명 이내의 외부 위원으로 구성하고, 위원은 각 고등검찰청 검사장이 위촉한다.
④ 사법경찰관은 심의위원회에 출석하여 의견을 개진할 수 있다.
⑤ 심의위원회의 구성 및 운영 등 그 밖에 필요한 사항은 법무부령으로 정한다.

제245조의5(사법경찰관의 사건송치 등) 사법경찰관은 고소·고발 사건을 포함하여 범죄를 수사한 때에는 다음 각 호의 구분에 따른다.
  1. 범죄의 혐의가 있다고 인정되는 경우에는 지체 없이 검사에게 사건을 송치하고, 관계 서류와 증거물을 검사에게 송부하여야 한다.
  2. 그 밖의 경우에는 그 이유를 명시한 서면과 함께 관계 서류와 증거물을 지체 없이 검사에게 송부하여야 한다. 이 경우 검사는 송부받은 날부터 90일 이내에 사법경찰관에게 반환하여야 한다.

제245조의6(고소인 등에 대한 송부통지) 사법경찰관은 제245조의5 제2호의 경우에는 그 송부한 날부터 7일 이내에 서면으로 고소인·고발인·피해자 또는 그 법정대리인(피해자가 사망한 경우에는 그 배우자·직계친족·형제자매를 포함한다)에게 사건을 검사에게 송치하지 아니하는 취지와 그 이유를 통지하여야 한다.

제245조의7(고소인 등의 이의신청) ① 제245조의6의 통지를 받은 사람은 해당 사법경찰관의 소속 관서의 장에게 이의를 신청할 수 있다.

② 사법경찰관은 제1항의 신청이 있는 때에는 지체 없이 검사에게 사건을 송치하고 관계 서류와 증거물을 송부하여야 하며, 처리결과와 그 이유를 제1항의 신청인에게 통지하여야 한다.

제245조의8(재수사요청 등) ① 검사는 제245조의5 제2호의 경우에 사법경찰관이 사건을 송치하지 아니한 것이 위법 또는 부당한 때에는 그 이유를 문서로 명시하여 사법경찰관에게 재수사를 요청할 수 있다.

② 사법경찰관은 제1항의 요청이 있는 때에는 사건을 재수사하여야 한다.

제245조의9(검찰청 직원) ① 검찰청 직원으로서 사법경찰관리의 직무를 행하는 자와 그 직무의 범위는 법률로 정한다.

② 사법경찰관의 직무를 행하는 검찰청 직원은 검사의 지휘를 받아 수사하여야 한다.

③ 사법경찰리의 직무를 행하는 검찰청 직원은 검사 또는 사법경찰관의 직무를 행하는 검찰청 직원의 수사를 보조하여야 한다.

④ 사법경찰관리의 직무를 행하는 검찰청 직원에 대하여는 제197조의2부터 제197조의4까지, 제221조의5, 제245조의5부터 제245조의8까지의 규정을 적용하지 아니한다.

제245조의10(특별사법경찰관리) ① 삼림, 해사, 전매, 세무, 군수사기관, 그 밖에 특별한 사항에 관하여 사법경찰관리의 직무를 행할 특별사법경찰관리와 그 직무의 범위는 법률로 정한다.

② 특별사법경찰관은 모든 수사에 관하여 검사의 지휘를 받는다.

③ 특별사법경찰관은 범죄의 혐의가 있다고 인식하는 때에는 범인, 범죄사실과 증거에 관하여 수사를 개시·진행하여야 한다.

④ 특별사법경찰관리는 검사의 지휘가 있는 때에는 이에 따라야 한다. 검사의 지휘에 관한 구체적 사항은 법무부령으로 정한다.

⑤ 특별사법경찰관은 범죄를 수사한 때에는 지체 없이 검사에게 사건을 송치하고, 관계 서류와 증거물을 송부하여야 한다.

⑥ 특별사법경찰관리에 대하여는 제197조의2부터 제197조의4까지, 제221조의5, 제245조의5부터 제245조의8까지의 규정을 적용하지 아니한다.

나. 개정 검찰청법 주요내용

검사가 수사를 개시할 수 있는 범죄의 범위를 부패범죄, 경제범죄, 공직자범죄, 선거범죄, 방위사업범죄 등으로 구체적으로 규정하고, 검사의 범죄수사에 관한 지휘·감독 대상을 특별사법경찰관리로 한정함.

구 검찰청법 제4조(검사의 직무) ① 검사는 공익의 대표자로서 다음 각 호의 직무와 권한이 있다.
  1. 범죄수사, 공소의 제기 및 그 유지에 필요한 사항. 다만, 검사가 수사를 개시할 수 있는 범죄의 범위는 다음 각 목과 같다.
     가. 부패범죄, 경제범죄, 공직자범죄, 선거범죄, 방위사업범죄, 대형참사 등 대통령령으로 정하는 중요 범죄
     나. 경찰공무원이 범한 범죄

다. 가목·나목의 범죄 및 사법경찰관이 송치한 범죄와 관련하여 인지한 각 해당 범죄와 직접 관련성이 있는 범죄
2. 범죄수사에 관한 특별사법경찰관리 지휘·감독
3. 법원에 대한 법령의 정당한 적용 청구
4. 재판 집행 지휘·감독
5. 국가를 당사자 또는 참가인으로 하는 소송과 행정소송 수행 또는 그 수행에 관한 지휘·감독
6. 다른 법령에 따라 그 권한에 속하는 사항

② 검사는 그 직무를 수행할 때 국민 전체에 대한 봉사자로서 정치적 중립을 지켜야 하며 주어진 권한을 남용하여서는 아니 된다.

> **구 검찰청법 제4조(검사의 직무)** ① 검사는 공익의 대표자로서 다음 각 호의 직무와 권한이 있다.
> 1. 범죄수사, 공소의 제기 및 그 유지에 필요한 사항
> 2. 범죄수사에 관한 사법경찰관리 지휘·감독
> 3. 법원에 대한 법령의 정당한 적용 청구
> 4. 재판 집행 지휘·감독
> 5. 국가를 당사자 또는 참가인으로 하는 소송과 행정소송 수행 또는 그 수행에 관한 지휘·감독
> 6. 다른 법령에 따라 그 권한에 속하는 사항
>
> ② 검사는 그 직무를 수행할 때 국민 전체에 대한 봉사자로서 정치적 중립을 지켜야 하며 주어진 권한을 남용하여서는 아니 된다.

4. 2022. 9. 10. 개정 형사소송법 및 검찰청법 등

가. 개정 형사소송법 주요내용

2022. 9. 10. 개정·시행 된 형사소송법은 2020. 2. 4. 개정된 형사소송법을 다시 개정하여 ① 검사는 송치요구 등에 따라 사법경찰관으로부터 송치받은 사건 등에 관하여는 동일성을 해치지 아니하는 범위 내에서만 수사할 수 있도록 하고, ② 수사기관이 수사 중인 사건의 범죄 혐의를 밝히기 위한 목적으로 합리적인 근거 없이 별개의 사건을 부당하게 수사하는 것을 금지하며, ③ 다른 사건의 수사를 통해 확보된 증거 또는 자료를 내세워 관련 없는 사건에 대한 자백이나 진술을 강요할 수 없도록 하는 한편, ④ 사법경찰관으로부터 수사결과 불송치결정을 받아 이의신청을 할 수 있는 주체에서 고발인을 제외하였다.

개정 전	개정 후
제196조(검사의 수사) (생 략)	제196조(검사의 수사) ① (현행과 같음)
〈신설〉	② 검사는 제197조의3제6항, 제198조의2제2항 및 제245조의7제2항에 따라 사법경찰관으로부터 송치받은 사건에 관하여는 해당 사건과 동일성을 해치지 아니하는 범위 내에서 수사할 수 있다.
제198조(준수사항) ① ~ ③ (생 략)	제198조(준수사항) ① ~ ③ (현행과 같음)

개정 전	개정 후
〈신설〉	④ 수사기관은 수사 중인 사건의 범죄 혐의를 밝히기 위한 목적으로 합리적인 근거 없이 별개의 사건을 부당하게 수사하여서는 아니 되고, 다른 사건의 수사를 통하여 확보된 증거 또는 자료를 내세워 관련 없는 사건에 대한 자백이나 진술을 강요하여서도 아니 된다.
제245조의7(고소인 등의 이의신청) ① 제245조의6의 통지를 받은 사람은 해당 사법경찰관의 소속 관서의 장에게 이의를 신청할 수 있다.	제245조의7(고소인 등의 이의신청) ① 제245조의6의 통지를 받은 사람(고발인을 제외한다)은 해당 사법경찰관의 소속 관서의 장에게 이의를 신청할 수 있다.
② (생 략)	② (현행과 같음)

나. 개정 검찰청법 주요내용

2022. 9. 10. 개정·시행된 검찰청법은 ① 검사가 수사를 개시할 수 있는 범죄의 범위에서 공직자범죄, 선거범죄, 방위사업범죄, 대형참사 등 4개 범죄를 제외하되, ② 선거범죄에 대해서는 2022년 12월 31일까지 수사권을 유지하도록 하고, ③ 다른 법률에 따라 사법경찰관리의 직무를 행하는 자 및 고위공직자범죄수사처 소속 공무원이 범한 범죄는 수사를 개시할 수 있음을 명시하며, ④ 검사는 자신이 수사개시한 범죄에 대하여는 공소를 제기할 수 없도록 하는 한편, ⑤ 검찰총장은 부패범죄 및 경제범죄에 대한 수사를 개시할 수 있는 부의 직제 및 해당 부에 근무하고 있는 소속 검사 등의 현황을 분기별로 국회에 보고하도록 하였다.

개정 전	개정 후
제4조(검사의 직무) ① 검사는 공익의 대표자로서 다음 각 호의 직무와 권한이 있다.	제4조(검사의 직무) ① 검사는 공익의 대표자로서 다음 각 호의 직무와 권한이 있다.
1. 범죄수사, 공소의 제기 및 그 유지에 필요한 사항. 다만, 검사가 수사를 개시할 수 있는 범죄의 범위는 다음 각 목과 같다.	1. 범죄수사, 공소의 제기 및 그 유지에 필요한 사항. 다만, 검사가 수사를 개시할 수 있는 범죄의 범위는 다음 각 목과 같다.
가. 부패범죄, 경제범죄, 공직자범죄, 선거범죄, 방위사업범죄, 대형참사 등 대통령령으로 정하는 중요 범죄	가. 부패범죄, 경제범죄 등 대통령령으로 정하는 중요 범죄
나. 경찰공무원이 범한 범죄	나. 경찰공무원(다른 법률에 따라 사법경찰관리의 직무를 행하는 자를 포함한다) 및 고위공직자범죄수사처 소속 공무원(「고위공직자범죄수사처 설치 및 운영에 관한 법률」에 따른 파견공무원을 포함한다)이 범한 범죄
다. (생 략)	다. (현행과 같음)
2. ~ 6. (생 략)	2. ~ 6. (현행과 같음)

② 검사는 그 직무를 수행할 때 국민 전체에 대한 봉사자로서 헌법과 법률에 따라 국민의 인권을 보호하고 적법절차를 준수하며, 정치적 중립을 지켜야 하고 주어진 권한을 남용하여서는 아니 된다.	② 검사는 자신이 수사개시한 범죄에 대하여는 공소를 제기할 수 없다. 다만, 사법경찰관이 송치한 범죄에 대하여는 그러하지 아니하다.
〈신 설〉	③ 검사는 그 직무를 수행할 때 국민 전체에 대한 봉사자로서 헌법과 법률에 따라 국민의 인권을 보호하고 적법절차를 준수하며, 정치적 중립을 지켜야 하고 주어진 권한을 남용하여서는 아니 된다.
제24조(부장검사) ① ~ ③ (생 략)	제24조(부장검사) ① ~ ③ (현행과 같음)
〈신 설〉	④ 검찰총장은 제4조제1항제1호가목의 범죄에 대한 수사를 개시할 수 있는 부의 직제 및 해당 부에 근무하고 있는 소속 검사와 공무원, 파견 내역 등의 현황을 분기별로 국회에 보고하여야 한다.

다. 개정 검사의 수사개시 범죄 범위에 관한 규정 주요내용 등

1) 개정이유

2022. 9. 10. 개정·시행된 검사의 수사개시 범죄 범위에 관한 규정은 검사가 수사를 개시할 수 있는 범죄로 예시된 중요 범죄의 유형을 '부패범죄, 경제범죄, 공직자범죄, 선거범죄, 방위사업범죄, 대형참사 등'에서 '부패범죄, 경제범죄 등'으로 변경하는 내용으로 검찰청법이 2022. 9. 10. 개정됨에 따라, ① 중요 범죄인 부패범죄와 경제범죄에 해당하는 범죄를 그 성격에 따라 재분류하여 명확히 규정하고, ② 중요 범죄에 사법질서를 저해하는 범죄를 추가하는 등 검사가 수사를 개시할 수 있는 중요 범죄의 범위를 정비하는 한편, ③ 법률의 위임 없이 검사가 기존 사건과 관련하여 인지한 범죄에 대하여 수사를 개시할 수 있는 범위를 불합리하게 제한하여 오던 '직접 관련성이 있는 범죄' 규정을 삭제하였다.

2) 주요내용

① 검사가 수사를 개시할 수 있는 중요 범죄의 범위 정비(제2조, 별표 1부터 별표 3까지 신설)

② **부패범죄**를 사무의 공정을 해치는 불법 또는 부당한 방법으로 자기 또는 제3자의 이익이나 손해를 도모하거나, 직무와 관련하여 그 지위 또는 권한을 남용하는 범죄 등으로 정의하고, 부패범죄에는 직권남용죄 등 「부패방지 및 국민권익위원회의 설치와 운영에 관한 법률」에 따른 부패행위 관련 부패범죄와 공무원의 부정선거운동죄 등 정치자금 및 공직선거 관련 법률에 따른 부패범죄 등이 포함되도록 함.

③ **경제범죄**를 생산·분배·소비·고용·금융·부동산·유통·수출입 등 경제의 각 분야에서 경제질서를 해치는 불법 또는 부당한 방법으로 자기 또는 제3자의 경제적 이익이나 손해를 도모하는 범죄로 정의하고, 경제범죄에는 횡령·배임죄 등 「형법」상 경제범죄와 보험사기죄 등 금융 관련 법률에 따른 경제범죄 등이 포함되도록 함.

④ 검사가 수사를 개시할 수 있는 중요 범죄에 무고·도주·범인은닉·증거인멸·위증·허위감정통역·보복범죄 및 배심원의 직무에 관한 죄 등 국가의 사법질서를 저해하는 범죄와 개별 법률에서 국가기관으로 하여금 검사에게 고발·수사의뢰하도록 규정된 범죄를 추가함.

⑤ 송치받은 사건 등과의 직접 관련성 규정 삭제(현행 제3조 삭제)

국가의 범죄대응 역량 약화와 수사 절차 지연 등에 따른 문제점을 개선하기 위하여, 법률의 위임 없이 하위 법령으로 검사가 기존 사건과 관련하여 인지한 범죄에 대하여 수사를 개시할 수 있는 범위를 지나치게 제한한다는 지적을 받아 온 '직접 관련성이 있는 범죄' 관련 규정을 삭제함.

개정 전	개정 후
제2조(중요 범죄)「검찰청법」(이하 "법"이라 한다) 제4조제1항제1호가목에서 "부패범죄, 경제범죄, 공직자범죄, 선거범죄, 방위사업범죄, 대형참사 등 대통령령으로 정하는 중요 범죄"란 다음 각 호의 범죄를 말한다.	제2조(중요 범죄)「검찰청법」(이하 "법"이라 한다) 제4조제1항제1호가목에서 "부패범죄, 경제범죄 등 대통령령으로 정하는 중요 범죄"란 다음 각 호의 범죄를 말한다.
1. 부패범죄: 다음 각 목의 죄	1. 부패범죄: 다음 각 목의 어느 하나에 해당하는 범죄로서 별표 1에 규정된 죄
가. 공무원,「공공기관의 운영에 관한 법률」제4조에 따른 공공기관의 임직원 등으로서 법무부령으로 정하는 사람(이하 "주요공직자"라 한다)이 범한 「형법」제129조부터 제133조까지(다른 법률에 따라 가중처벌되는 경우를 포함한다)에 해당하는 죄 및 그 죄의 뇌물에 대하여 주요공직자가 아닌 사람이 범한 같은 법 제133조에 해당하는 죄	가. 사무의 공정을 해치는 불법 또는 부당한 방법으로 자기 또는 제3자의 이익이나 손해를 도모하는 범죄
나.「특정범죄 가중처벌 등에 관한 법률」제2조·제3조·제5조에 해당하는 죄 및 같은 법 제2조의 뇌물에 대한「형법」제133조에 해당하는 죄	나. 직무와 관련하여 그 지위 또는 권한을 남용하는 범죄
다.「변호사법」제109조부터 제111조까지 및 제114조에 해당하는 죄	다. 범죄의 은폐나 그 수익의 은닉에 관련된 범죄
2. 경제범죄: 다음 각 목의 죄 가.「특정경제범죄 가중처벌 등에 관한 법률」제3조[「형법」제347조, 제347조의2, 제351조(같은 법 제347조 또는 제347조의2의 상습범으로 한정한다), 제355조 또는 제356조의 죄를 범한 경우로 한정한다]에 해당하는 죄 나.「특정범죄 가중처벌 등에 관한 법률」제6조에 해당하는 죄 다.「특정범죄 가중처벌 등에 관한 법률」제8조(「조세범 처벌법」제3조제1항 또는 「지방세기본법」제102조제1항의 죄를 범한 경우로 한정한다)에	2. 경제범죄: 생산·분배·소비·고용·금융·부동산·유통·수출입 등 경제의 각 분야에서 경제질서를 해치는 불법 또는 부당한 방법으로 자기 또는 제3자의 경제적 이익이나 손해를 도모하는 범죄로서 별표 2에 규정된 죄

해당하는 죄
라. 「자본시장과 금융투자업에 관한 법률」 제443조부터 제446조까지에 해당하는 죄(그 위반행위에 대하여 같은 법 제448조에 따라 처벌받는 경우를 포함한다)
마. 「산업기술의 유출방지 및 보호에 관한 법률」 제36조, 제36조의2 및 제37조에 해당하는 죄(그 위반행위에 대하여 같은 법 제38조에 따라 처벌받는 경우를 포함한다)
바. 「부정경쟁방지 및 영업비밀보호에 관한 법률」 제18조, 제18조의2 및 제18조의3에 해당하는 죄(그 위반행위에 대하여 같은 법 제19조에 따라 처벌받는 경우를 포함한다)
사. 「채무자 회생 및 파산에 관한 법률」 제645조, 제646조, 제655조 및 제656조에 해당하는 죄
아. 「독점규제 및 공정거래에 관한 법률」 제124조부터 제127조까지에 해당하는 죄(그 위반행위에 대하여 같은 법 제128조에 따라 처벌받는 경우를 포함한다)
자. 「하도급거래 공정화에 관한 법률」 제29조 및 제30조에 해당하는 죄(그 위반행위에 대하여 같은 법 제31조에 따라 처벌받는 경우를 포함한다)
차. 「표시·광고의 공정화에 관한 법률」 제17조 및 제18조에 해당하는 죄(그 위반행위에 대하여 같은 법 제19조에 따라 처벌받는 경우를 포함한다)
카. 「가맹사업거래의 공정화에 관한 법률」 제41조에 해당하는 죄(그 위반행위에 대하여 같은 법 제42조에 따라 처벌받는 경우를 포함한다)
타. 「특정경제범죄 가중처벌 등에 관한 법률」 제4조에 해당하는 죄
파. 「특정범죄 가중처벌 등에 관한 법률」 제8조의2에 해당하는 죄
하. 「대외무역법」 제53조, 제53조의2 및 제54조부터 제56조까지에 해당하는 죄(그 위반행위에 대하여 같은 법 제57조에 따라 처벌받는 경우를 포함한다)
거. 「특정범죄 가중처벌 등에 관한 법률」 제11조제1항(수출입 또는 수출입 목적의 소지·소유의 경우로 한정한다)에 해당하는 죄
너. 「마약류 불법거래 방지에 관한 특례법」 제6조 및 제9조제1항에 해당하는 죄(수출입 또는 수출입 목적의 소지·소유의 경우로 한정하며, 그 위반행위에 대하여 같은 법 제18조에 따라 처벌받는 경우를 포함한다)

더. 가목부터 바목까지, 타목 및 하목의 범죄에 따른 「범죄수익은닉의 규제 및 처벌 등에 관한 법률」 제2조제4호의 범죄수익등에 대한 같은 법 제3조 및 제4조에 해당하는 죄(그 위반행위에 대하여 같은 법 제7조에 따라 처벌받는 경우를 포함한다)	
3. 공직자범죄: 주요공직자가 범한 다음 각 목의 죄	3. 다음 각 목의 어느 하나에 해당하는 죄
가. 「형법」 제122조부터 제127조까지(다른 법률에 따라 가중처벌되는 경우를 포함한다)에 해당하는 죄	가. 무고·도주·범인은닉·증거인멸·위증·허위감정통역·보복범죄 및 배심원의 직무에 관한 죄 등 국가의 사법질서를 저해하는 범죄로서 별표 3에 규정된 죄
나. 「형법」 제227조, 제229조(같은 법 제227조의 죄를 범한 경우로 한정한다. 이하 이 목에서 같다) 및 제235조(같은 법 제227조 또는 제229조의 미수범으로 한정한다)에 해당하는 죄	나. 개별 법률에서 국가기관으로 하여금 검사에게 고발하도록 하거나 수사를 의뢰하도록 규정된 범죄
제3조(직접 관련성이 있는 범죄) 법 제4조제1항제1호다목에서 "직접 관련성이 있는 범죄"란 같은 호 가목·나목의 범죄 및 사법경찰관이 송치한 범죄(이하 "해당 범죄"라 한다)와 합리적 관련성이 있는 범죄로서 다음 각 호의 범죄를 말한다. 1. 「형사소송법」 제11조 각 호에 따른 관련사건. 다만, 같은 조 제1호에 따른 1인이 범한 수죄(數罪)는 다음 각 목에 따른 범죄에 해당하는 경우로 한정하되, "직접 관련성이 있는 범죄" 중 "사법경찰관이 송치한 범죄와 관련하여 인지한 각 해당 범죄와 직접관련성이 있는 범죄"에 대해서는 해당 범죄와 영장에 의해 확보한 증거물을 공통으로 하는 범죄를 포함한다. 가. 해당 범죄와 동종범죄 나. 범죄수익의 원인 또는 그 처분으로 인한 「형법」 제129조부터 제133조까지, 제355조 및 제356조의 죄 2. 「형사소송법」 제208조제2항에 따른 동일한 범죄 3. 「형법」 제19조에 따른 독립행위로서 경합하는 범죄 4. 해당 범죄에 대한 무고죄	〈삭 제〉

II. 수사의 조건

1. 수사의 필요성

수사는 수사기관의 **주관적 혐의**에 의하여 개시된다. 수사는 공소제기의 가능성이 있음을 요건으로 한다.

[쟁점] 친고죄의 고소와 수사와의 관계

1. 쟁점의 정리

고소는 본래 수사의 단서에 불과하나, 친고죄에 있어 고소는 소송조건으로 고소가 없으면 공소를 제기할 수 없다는 점에서, 친고죄인 범죄에 있어 고소가 없는 경우에도 수사기관이 수사를 개시할 수 있는지 문제된다(즉시고발사건에 있어 고발이 없는 경우에도 같은 쟁점이 문제된다).

2. 견해의 대립

① 전면허용설은 친고죄의 고소는 소송조건일 뿐 수사의 허용조건은 아니므로 수사가 허용된다고 보고, ② 전면부정설은 친고죄의 고소는 소송조건이므로 수사가 허용되지 않는다고 보며, ③ 제한적 허용설은 원칙적으로 고소가 없는 경우에도 수사가 허용되나, 고소의 가능성이 없는 때에는 허용되지 않거나 제한되어야 한다고 본다.

3. 판례의 태도

판례는 친고죄의 고소 전 수사와 관련하여 제한적 허용설의 입장에서 '그 수사가 장차 고소나 고발이 있을 가능성이 없는 상태 하에서 행해졌다는 등의 특단의 사정이 없는 한 고소나 고발이 있기 전에 수사를 하였다는 이유만으로 그 수사가 위법하다고 볼 수는 없다.'고 판시한 바 있다(대판 1995.2.24. 94도252).

4. 검토

친고죄에 관하여 고소가 없는 경우라도 증거나 범인을 확보하기 위해 **수사를 개시할 필요가 인정되나, 친고죄의 입법취지를 고려할 때 공소제기의 가능성이 없는 수사까지 허용되어서는 안 된다는 점에서 제한적 허용설이 타당하다**(따라서 친고죄에 있어 수사기관이 작성한 피의자신문조서나 진술조서는 고소나 고발이 있기 전에 작성되었다는 이유만으로 증거능력이 부정되지 아니한다).

고소의 가능성이 없는 경우의 예로는 ① 고소기간이 경과한 경우, ② 고소권자가 고소를 하지 않겠다는 뜻을 명백히 한 경우 등을 들 수 있다.

2. 수사의 상당성

수사의 상당성은 수사의 신의칙과 수사비례의 원칙을 내용으로 한다.

[쟁점] 함정수사의 허용 여부와 위법한 함정수사의 소송법적 효과

1. 쟁점의 정리

함정수사란 수사기관이 범죄를 교사하여 그 실행을 기다려 범인을 체포하는 수사방법을 의미한다. 수사의 신의칙과 관련하여 함정수사의 허용 여부와 위법한 함정수사에 기해 공소가 제기된 경우 법원의 조치가 문제된다.

2. 함정수사의 허용 여부

가. 견해의 대립

① 주관설은 함정수사를 기회제공형과 범의유발형으로 구별하여 전자만을 적법하다는 견해

이고, ② **객관설**은 수사기관이 사용한 유혹방법을 기준으로 범죄 관여 의사가 없는 자를 범죄에 관여케 할 정도의 위험을 가지는 방법을 사용한 경우에 위법하다는 견해이며, ③ **통합설**은 사전범의가 없는 자에게 범의를 유발한 경우는 당연히 위법하고, 사전범의가 있더라도 수사기법이 헌법상 적정절차의 원리를 위반하였거나 통상의 시민도 범법을 저지르게 할 강한 동기나 유혹을 제공한 경우라면 역시 위법하다는 견해이다.

나. 판례의 태도

판례는 범의유발형 함정수사는 위법하다는 **주관설을 기본**으로 하면서도, 구체적인 사건에 있어서는 해당 범죄의 종류와 성질, 유인자의 지위와 역할, 유인의 경위와 방법 등을 종합하여 판단하여 허용되는 함정수사의 범위를 주관설보다 넓게 판단하고 있다(대판 2007.7.12. 2006도2339). 구체적으로 판례는 유인자가 수사기관과 직접적인 관련을 맺지 아니한 상태에서 피유인자를 상대로 단순히 수차례 반복적으로 범행을 부탁하였을 뿐 수사기관이 사술이나 계략 등을 사용하였다고 볼 수 없는 경우는, 설령 그로 인하여 피유인자의 범의가 유발되었다 하더라도 위법한 함정수사에 해당하지 아니한다고 보고 있다.

다. 검토

수사의 조건으로서 수사의 상당성 및 적정절차의 원리 등을 고려할 때 **통합설이 타당**하다.

3. 위법한 함정수사에 대한 법원의 조치

가. 견해의 대립

① **가벌설(실체판결설)**은 수사의 위법성은 형의 감경사유나 양형사유에 불과하고 범인이 자유의사에 의해 범죄를 실행한 이상 처벌할 수 있다고 보고, ② **무죄설**은 기대가능성을 부정하여 무죄판결을 하여야 한다고 보며, ③ **면소판결설**은 국가가 처벌적격을 잃어 실체적 소송조건이 흠결되었다고 보고, ④ **공소기각판결설**은 피고인의 절차로부터의 조기 해방을 강조하여 제327조 제2호에 따라 공소기각판결을 하여야 한다고 본다.

나. 판례의 태도

판례는 위법한 함정수사에 기한 공소제기는 그 절차가 법률의 규정에 위반하여 무효인 때에 해당한다고 판시하여 **공소기각판결설의 입장**이다(대판 2005.10.28. 2005도1247).

다. 검토

제327조 제2호는 일반조항의 성격을 갖는다고 할 것이므로 함정수사 역시 위 규정에 의해 공소기각의 사유로 보는 **공소기각판결설이 타당**하다.

---

① [1] 본래 범의를 가지지 아니한 자에 대하여 수사기관이 사술이나 계략 등을 써서 범의를 유발케 하여 범죄인을 검거하는 함정수사는 위법함을 면할 수 없고, 이러한 함정수사에 기한 공소제기는 그 절차가 법률의 규정에 위반하여 무효인 때에 해당한다 할 것이지만, 범의를 가진 자에 대하여 단순히 범행의 기회를 제공하는 것에 불과한 경우에는 위법한 함정수사라고 단정할 수 없다. [2] 경찰관이 취객을 상대로 한 이른바 부축빼기 절도범을 단속하기 위하여, 공원 인도에 쓰러져 있는 취객 근처에서 감시하고 있다가, 마침 피고인이 나타나 취객을 부축하여 10m 정도를 끌고 가 지갑을 뒤지자 현장에서 체포하여 기소한 경우, 위

법한 함정수사에 기한 공소제기가 아니라고 한 사례(대판 2007.5.31. 2007도1903)

② 수사기관이 피고인의 **범죄사실을 인지하고도** 피고인을 바로 체포하지 않고 추가 범행을 지켜보고 있다가 범죄사실이 많이 늘어난 뒤에야 피고인을 체포하였다는 사정만으로는 피고인에 대한 수사와 공소제기가 위법하다거나 함정수사에 해당한다고 할 수 없다(대판 2007.6.29. 2007도3164).

③ 본래 범의를 가지지 아니한 자에 대하여 수사기관이 사술이나 계략 등을 써서 범의를 유발하게 하여 범죄인을 검거하는 함정수사는 위법한바, 구체적인 사건에 있어서 위법한 함정수사에 해당하는지 여부는 해당 범죄의 종류와 성질, 유인자의 지위와 역할, 유인의 경위와 방법, 유인에 따른 피유인자의 반응, 피유인자의 처벌 전력 및 유인행위 자체의 위법성 등을 종합하여 판단하여야 한다. 수사기관과 직접 관련이 있는 유인자가 피유인자와의 개인적인 친밀관계를 이용하여 피유인자의 동정심이나 감정에 호소하거나, 금전적·심리적 압박이나 위협 등을 가하거나, 거절하기 힘든 유혹을 하거나, 또는 범행방법을 구체적으로 제시하고 범행에 사용될 금전까지 제공하는 등으로 과도하게 개입함으로써 피유인자로 하여금 범의를 일으키게 하는 것은 위법한 함정수사에 해당하여 허용되지 않지만, 유인자가 수사기관과 직접적인 관련을 맺지 아니한 상태에서 피유인자를 상대로 단순히 수차례 반복적으로 범행을 부탁하였을 뿐 수사기관이 사술이나 계략 등을 사용하였다고 볼 수 없는 경우는, 설령 그로 인하여 피유인자의 범의가 유발되었다 하더라도 위법한 함정수사에 해당하지 아니한다(대판 2013.3.28. 2013도1473).

④ 피고인의 뇌물수수가 공여자들의 함정교사에 의한 것이기는 하나, 뇌물공여자들에게 피고인을 함정에 빠뜨릴 의사만 있었고 뇌물공여의 의사가 전혀 없었다고 보기 어려울 뿐 아니라, 뇌물공여자들의 함정교사라는 사정은 피고인의 책임을 면하게 하는 사유가 될 수 없다(대판 2008.3.13. 2007도10804).

⑤ 경찰관들이 단속 실적을 올리기 위하여 손님을 가장하고 들어가 도우미를 불러 줄 것을 요구하였던 점, 피고인측은 평소 자신들이 손님들에게 도우미를 불러 준적도 없으며, 더군다나 이 사건 당일 도우미를 불러달라는 다른 손님들이 있었으나 응하지 않고 모두 돌려보낸 바 있다고 주장하는데, 위 노래방이 평소 손님들에게 도우미 알선 영업을 해 왔다는 아무런 자료도 없는 점, 위 경찰관들도 그와 같은 제보나 첩보를 가지고 이 사건 노래방에 대한 단속을 한 것이 아닌 점, 위 경찰관들이 피고인측으로부터 한 차례 거절당하였으면서도 다시 위 노래방에 찾아가 도우미를 불러 줄 것을 요구하여 도우미가 오게 된 점 등 여러 사정들을 종합해 보면, 이 사건 단속은 수사기관이 사술이나 계략 등을 써서 피고인의 범의를 유발케 한 것으로서 위법하고, 이러한 함정수사에 기한 이 사건 공소제기 또한 그 절차가 법률의 규정에 위반하여 무효인 때에 해당하므로 이 사건 공소를 기각한다(대판 2008.10.23. 2008도7362).

제2절 | 수사의 개시

Ⅰ. 수사의 단서

수사는 수사기관의 주관적 혐의에 의하여 개시되는바, 수사개시의 원인을 수사의 단서라 한다. 수사기관의 범죄인지에 의하여 수사가 개시되는바, 그 이전에는 내사단계에 불과하다.

Ⅱ. 변사자의 검시

변사자의 검시란 사람의 사망이 범죄로 인한 것인가를 판단하기 위하여 수사기관이 변사자의 상황을 조사하는 것을 말한다. 변사자란 범죄에 기인한 사망이라는 의심이 있는 사체를 의미한다. 검시는 검증과 달리 수사의 단서에 불과하므로 법관의 영장을 요하지 않고, 검시의 결과 범죄의 혐의가 인정될 때에는 수사가 개시된다. 검시에 의하여 범죄의 혐의를 인정하고 긴급을 요할 때에는 영장 없이 검증할 수 있다(제222조 제2항).

> 형법 제163조(변사체검시방해)의 변사자라 함은 부자연한 사망으로서 그 사인이 분명하지 않은 자를 의미하고 그 사인이 명백한 경우는 변사자라 할 수 없으므로, 범죄로 인하여 사망한 것이 명백한 자의 사체는 위 변사체검시방해죄의 객체가 될 수 없다(대판 2003.6.27. 2003도1331).

Ⅲ. 불심검문

1. 불심검문의 의의 및 법적 성격

불심검문 또는 직무질문이란 경찰관이 거동이 수상한 자를 발견한 때에 그를 정지시켜 질문하는 것을 의미한다. 판례는 불심검문의 법적 성격을 보안경찰작용으로 보면서 불심검문의 주체로 사법경찰관리 이외의 전경이나 의경을 포함시키고 있다(대판 1992.8.18. 92도1244).

2. 불심검문의 대상

불심검문의 대상은 거동불심자, 즉 ① 수상한 거동 또는 기타 주위의 사정을 합리적으로 판단하여 죄를 범하였거나 범하려고 하고 있다고 의심할 만한 상당한 이유가 있는 자 또는 ② 이미 행하여진 범죄나 행하여지려고 하는 범죄행위에 관하여 그 사실을 안다고 인정되는 자이다(경직법 제3조 제1항).

> ① 경찰관이 불심검문 대상자 해당 여부를 판단할 때에는 불심검문 당시의 구체적 상황은 물론 사전에 얻은 정보나 전문적 지식 등에 기초하여 불심검문 대상자인지를 객관적·합리적인 기준에 따라 판단하여야 하나, 반드시 불심검문 대상자에게 형사소송법상 체포나 구속에 이를 정도의 혐의가 있을 것을 요한다고 할 수는 없다(대판 2014.2.27. 2011도13999).
> ② 검문 중이던 경찰관들이, 자전거를 이용한 날치기 사건 범인과 흡사한 인상착의의 피고

인이 자전거를 타고 다가오는 것을 발견하고 정지를 요구하였으나 멈추지 않아, 앞을 가로막고 소속과 성명을 고지한 후 검문에 협조해 달라는 취지로 말하였음에도 불응하고 그대로 전진하자, 따라가서 재차 앞을 막고 검문에 응하라고 요구하였는데, 이에 피고인이 경찰관들의 멱살을 잡아 밀치거나 욕설을 하는 등 항의하여 공무집행방해 등으로 기소된 사안에서, 범행의 경중, 범행과의 관련성, 상황의 긴박성, 혐의의 정도, 질문의 필요성 등에 비추어 경찰관들은 목적 달성에 필요한 최소한의 범위 내에서 사회통념상 용인될 수 있는 상당한 방법을 통하여 경찰관직무집행법 제3조 제1항에 규정된 자에 대해 의심되는 사항을 질문하기 위하여 정지시킨 것으로 볼 수 있다(대판 2012.9.13. 2010도6203).

3. 불심검문의 방법

1) 정지와 질문

불심검문의 핵심은 질문에 있고, 정지와 동행요구는 질문을 위한 수단에 불과하다. 질문시에 경찰관은 ① 자신의 신분을 표시하는 증표를 제시하면서 ② 소속과 성명을 밝히고 ③ 그 질문의 목적과 이유를 설명하여야 한다(경직법 제3조 제4항). 질문은 어디까지나 임의수단이고, 질문에 대하여 상대방은 답변을 강요당하지 아니한다(같은 조 제7항).

> 불심검문을 하게 된 경위, 불심검문 당시의 현장상황과 검문을 하는 경찰관들의 복장, 피고인이 공무원증 제시나 신분 확인을 요구하였는지 여부 등을 종합적으로 고려하여, 검문하는 사람이 경찰관이고 검문하는 이유가 범죄행위에 관한 것임을 피고인이 충분히 알고 있었다고 보이는 경우에는 신분증을 제시하지 않았다고 하여 그 불심검문이 위법한 공무집행이라고 할 수 없다(대판 2014.12.11. 2014도7976).

쟁점 불심검문에 있어 실력행사 인정 여부

1. 쟁점의 정리

불심검문시 거동불심자가 경찰관의 정지요구에 응하지 않고 지나가거나 질문 도중 떠나는 경우 실력행사를 인정할 수 있는지가 문제된다.

2. 견해의 대립

① 허용설은 강제에 이르지 않는 정도의 유형력 행사를 허용하는 견해이고, ② 제한적 허용설은 사태의 긴급성·혐의의 정도·질문의 필요성과 상당성 등을 고려하여 강제에 이르지 않는 유형력 행사를 허용하는 견해이며, ③ 예외적 허용설은 원칙적으로 실력행사를 불허하면서 살인·강도 등의 중범죄에 한하여 예외적으로 허용하는 견해이다.

3. 판례의 태도

판례는 제한적 허용설과 유사한 입장에서 '경찰관은 경찰관직무집행법 제3조 제1항에 규정된 대상자에게 질문을 하기 위하여 범행의 경중, 범행과의 관련성, 상황의 긴박성, 혐의의 정도, 질문의 필요성 등에 비추어 목적 달성에 필요한 최소한의 범위 내에서 사회통념상 용인될 수 있는 상당한 방법으로 대상자를 정지시킬 수 있고'라고 판시한 바 있다(대판 2012.9.13. 2010도6203).

4. 검토

> 수사의 단서로서 직무질문은 일단 범죄혐의의 인정을 전제로 하므로 본격적으로 진행될 수사와 관련하여 어느 정도의 물리력 행사는 허용된다고 할 것인바, 제한적 허용설이 타당하다. 따라서 질문 장소를 떠나려는 상대방에게 번의를 구하는 정도에서 상대방의 의사를 제압하는 정도에 이르지 아니하는 물리력의 행사는 허용된다 할 것이다.

2) 질문을 위한 동행요구

경찰관은 질문을 위하여 당해인에게 부근의 경찰서·지서·파출소 또는 출장소에 동행할 것을 요구할 수 있다. 동행의 요구는 ① 그 장소에서 질문하는 것이 당해인에게 불리하거나 ② 교통의 방해가 된다고 인정되는 때에 한하여 할 수 있으며, 이 경우 동행의 요구를 받은 사람은 그 요구를 거절할 수 있다(경직법 제3조 제2항).

동행을 요구할 경우 경찰관은 자신의 신분을 표시하는 증표를 제시하면서 소속과 성명을 밝히고 그 목적과 이유를 설명하여야 하며, 동행장소를 밝혀야 한다(경직법 제3조 제4항). 또한 가족 또는 친지에게 동행한 경찰관의 신분, 동행장소, 동행목적과 이유를 고지하거나 본인으로 하여금 즉시 연락할 수 있는 기회를 부여하여야 하며, 변호인의 조력을 받을 권리가 있음을 고지하여야 한다(같은 조 제5항). 이 경우 6시간을 초과하여 당해인을 경찰서에 머무르게 할 수는 없고(같은 조 제6항), 당해인은 형사소송에 관한 법률에 의하지 않고는 신체를 구속당하지 아니하며 그 의사에 반하여 답변을 강요당하지 아니한다(같은 조 제7항).

> [1] 임의동행은 상대방의 동의 또는 승낙을 그 요건으로 하는 것이므로 경찰관으로부터 임의동행 요구를 받은 경우 상대방은 이를 거절할 수 있을 뿐만 아니라 임의동행 후 언제든지 경찰관서에서 퇴거할 자유가 있다할 것이고, 경찰관직무집행법 제3조 제6항이 임의동행한 경우 당해인을 6시간을 초과하여 경찰관서에 머물게 할 수 없다고 규정하고 있다고 하여 그 규정이 임의동행한 자를 6시간 동안 경찰관서에 구금하는 것을 허용하는 것은 아니다. [2] 피고인이 파출소까지 임의동행한 후 조사받기를 거부하고 파출소에서 나가려고 하다가 경찰관이 이를 제지하자 이에 항거하여 그 경찰관을 폭행한 사안에서, 경찰관이 임의동행한 피고인을 파출소에서 나가지 못하게 한 것은 적법한 공무집행행위라고 볼 수 없고, 따라서 피고인이 그 경찰관을 폭행한 행위는 공무집행방해죄가 성립하지 않는다고 판시한 사례(대판 1997.8.22. 97도1240)

4. 소지품검사

쟁점 소지품검사의 허용 여부 및 허용범위

1. 흉기 등 검사

경찰관직무집행법 제3조 제3항에 따라 거동불심자가 흉기·폭탄 등을 소지하고 있다고 의심이 되는 때에는 경찰관 또는 제3자의 생명·신체에 대한 위험을 고려하여 폭력을 사용하지 않는 범위에서(실력을 행사하여) 소지품의 내용을 조사하는 것도 허용된다. 다만 이러한 경우에도 거동불심자가 흉기를 휴대하였다고 인정할 수 있는 고도의 개연성 내지 특수한 혐의가 필요하다.

2. 일반 소지품검사

가. 일반 소지품검사의 허용 여부

경찰관직무집행법 제3조 제3항은 질문시의 흉기휴대의 조사에 대하여만 규정하고 있는바, **흉기 외의 다른 물건에 대한 조사가 허용되는지** 견해가 대립한다. 이에 대해 ① 부정설은 경찰관직무집행법 제3조 제3항의 명문규정에 따라 소지품 검사의 목적을 흉기 소지 여부에 한정하고, ② 긍정설은 질문자의 안전과 질문의 실효성 확보를 위해 일반적 소지품검사를 긍정한다. 생각건대, 소지품조사는 질문의 보조수단이고 경찰관직무집행법 제3조를 일반 소지품조사의 근거규정으로 볼 수 있으므로 긍정설이 타당하다. 다만 긍정설에 의하더라도 **범죄수사를 위한 소지품검사는 불심검문에서 허용되는 소지품검사의 허용범위를 벗어나는 것이다.**

나. 허용되는 소지품검사의 범위

1) 외표검사 정지시킨 상대방의 의복이나 휴대품의 외부를 손으로 만져 확인하는 외표검사는 불심검문에 수반하는 행위로서 허용된다(Stop and Frisk).

2) 개시요구 상대방에게 소지품을 꺼내어 볼 것을 요구하는 개시요구는 강제적 언동에 의하지 않는 한 허용된다. 다만 개시요구에 불응할 경우 실력행사는 허용되지 않고, 중범죄로서 긴급체포 요건을 충족시킨 경우에 한하여 **체포현장에서의 압수·수색(제216조 제1항 제2호)** 등이 가능할 뿐이다.

① [1] 경찰관직무집행법 제4조 제1항 제1호에서 규정하는 술에 취한 상태로 인하여 자기 또는 타인의 생명·신체와 재산에 위해를 미칠 우려가 있는 피구호자에 대한 보호조치는 경찰 행정상 즉시강제에 해당하므로, 그 조치가 불가피한 최소한도 내에서만 행사되도록 발동·행사 요건을 신중하고 엄격하게 해석하여야 한다. 따라서 이 사건 조항의 '술에 취한 상태'란 피구호자가 술에 만취하여 정상적인 판단능력이나 의사능력을 상실할 정도에 이른 것을 말하고, 이 사건 조항에 따른 보호조치를 필요로 하는 피구호자에 해당하는지는 구체적인 상황을 고려하여 경찰관 평균인을 기준으로 판단하되, 그 판단은 보호조치의 취지와 목적에 비추어 현저하게 불합리하여서는 아니 되며, 피구호자의 가족 등에게 피구호자를 인계할 수 있다면 특별한 사정이 없는 한 경찰관서에서 피구호자를 보호하는 것은 허용되지 않는다. [2] 경찰관직무집행법 제4조 제1항 제1호의 보호조치 요건이 갖추어지지 않았음에도, 경찰관이 실제로는 범죄수사를 목적으로 피의자에 해당하는 사람을 이 사건 조항의 피구호자로 삼아 그의 의사에 반하여 경찰관서에 데려간 행위는, 달리 현행범체포나 임의동행 등의 적법 요건을 갖추었다고 볼 사정이 없다면, **위법한 체포에 해당한다고** 보아야 한다(대판 2012.12.13. 2012도11162).

② [1] 경찰관 직무집행법 제6조는 "경찰관은 범죄행위가 목전에 행하여지려고 하고 있다고 인정될 때에는 이를 예방하기 위하여 관계인에게 필요한 경고를 하고, 그 행위로 인

하여 사람의 생명·신체에 위해를 끼치거나 재산에 중대한 손해를 끼칠 우려가 있어 긴급한 경우에는 그 행위를 제지할 수 있다."라고 정하고 있다. 위 조항 중 경찰관의 제지에 관한 부분은 범죄 예방을 위한 경찰 행정상 즉시강제, 즉 눈앞의 급박한 경찰상 장해를 제거할 필요가 있고 의무를 명할 시간적 여유가 없거나 의무를 명하는 방법으로는 그 목적을 달성하기 어려운 상황에서 의무불이행을 전제로 하지 않고 경찰이 직접 실력을 행사하여 경찰상 필요한 상태를 실현하는 권력적 사실행위에 관한 근거조항이다. 경찰관 직무집행법 제6조에 따른 경찰관의 제지 조치가 적법한 직무집행으로 평가되기 위해서는, 형사처벌의 대상이 되는 행위가 눈앞에서 막 이루어지려고 하는 것이 객관적으로 인정될 수 있는 상황이고, 그 행위를 당장 제지하지 않으면 곧 인명·신체에 위해를 미치거나 재산에 중대한 손해를 끼칠 우려가 있는 상황이어서, 직접 제지하는 방법 외에는 위와 같은 결과를 막을 수 없는 절박한 사태이어야 한다. 다만 경찰관의 제지 조치가 적법한지는 제지 조치 당시의 구체적 상황을 기초로 판단하여야 하고 사후적으로 순수한 객관적 기준에서 판단할 것은 아니다. [2] 피고인은 평소 집에서 심한 고성과 욕설, 시끄러운 음악 소리 등으로 이웃 주민들로부터 수회에 걸쳐 112신고가 있어 왔던 사람인데, 피고인의 집이 소란스럽다는 112신고를 받고 출동한 경찰관 갑, 을이 인터폰으로 문을 열어달라고 하였으나 욕설을 하였고, 경찰관들이 피고인을 만나기 위해 전기차단기를 내리자 화가 나 식칼을 들고 나와 욕설을 하면서 경찰관들을 향해 찌를 듯이 협박함으로써 갑, 을의 112신고 업무 처리에 관한 직무집행을 방해하였다고 하여 특수공무집행방해로 기소된 사안에서, 공소사실을 무죄로 판단한 원심판결에 필요한 심리를 다하지 않은 채 논리와 경험의 법칙에 반하여 자유심증주의의 한계를 벗어나거나 경찰관 직무집행법의 해석과 적용, 공무집행의 적법성 등에 관한 법리를 오해한 잘못이 있다고 한 사례(대판 2018.12.13. 2016도19417)

Ⅳ. 고소

1. 고소의 의의

고소란 범죄의 피해자 또는 그와 일정한 관계가 있는 고소권자가 수사기관에 대하여 범죄사실을 신고하여 범인의 처벌을 구하는 의사표시를 의미한다.

1) 수사기관에 대한 신고

고소는 수사기관에 대한 범죄사실의 신고이다. 따라서 수사기관이 아닌 법원에 대하여 진정서를 제출하거나 피고인의 처벌을 바란다고 증언하는 것은 고소라고 할 수 없다.

① 피해자가 경찰청 인터넷 홈페이지에 '피고인을 철저히 조사해 달라'는 취지의 민원을 접수하는 형태로 피고인에 대한 조사를 촉구하는 의사표시를 한 것은 형사소송법에 따른 적법한 고소로 보기 어렵다(대판 2012.2.23. 2010도9524).

② 피해자가 피고인을 심리하고 있는 법원에 대하여 간통사실을 적시하고 피고인을 엄벌에 처하라는 내용의 진술서를 제출하거나 증인으로서 증언하면서 판사의 신문에 대해 피고인의 처벌을 바란다는 취지의 진술을 하였다 하더라도 이는 고소로서의 효력이 없다(대판 1984.6.26. 84도709).

③ 비록 고소인이 사건 당일 간통의 범죄사실을 신고하면서 현장에 출동한 경찰관에게 고소장을 교부하였다고 하더라도, 송파경찰서에 도착하여 최종적으로 고소장을 접수시키지 아니하기로 결심하고 고소장을 반환받은 것이라면, 고소장이 수사기관에 적법하게 수리되어 고소의 효력이 발생되었다고 할 수 없다. 나아가 고소인이 당시 피고인들에 대하여 처벌 불원의 의사를 표시하였다고 하더라도, 애초 적법한 고소가 없었던 이상, 그로부터 3개월이 지나 제기된 이 사건 고소가 재고소의 금지를 규정한 형사소송법 제232조 제2항에 위반된다고 볼 수도 없다(대판 2008.11.27. 2007도4977).

2) 범죄사실의 신고

고소는 범죄사실을 신고하는 것이다. 따라서 고소의 대상인 범죄사실은 특정되지 않으면 안 된다. 다만 특정의 정도는 고소인의 의사가 구체적으로 어떤 범죄사실을 지정하여 범인의 처벌을 구하고 있는가를 확정할 수 있는 정도면 족하며, 고소인이 범행의 일시·장소·방법이나 죄명까지 상세히 지적할 것을 요하지 않는다. 다만 상대적 친고죄에 있어서는 신분관계 있는 범인의 지정을 요한다.

① 고소의 특정의 정도는 고소인의 의사가 수사기관에 대하여 일정한 범죄사실을 지정·신고하여 범인의 소추·처벌을 구하는 의사표시가 있었다고 볼 수 있을 정도면 그것으로 충분하고, 범인의 성명이 불명이거나 오기가 있었다거나 범행의 일시·장소·방법 등이 명확하지 않거나 틀리는 것이 있다고 하더라도 그 효력에는 아무 영향이 없다(대판 1984.10.23. 84도1704).

② 범행기간을 특정하고 있는 고소에 있어서는 그 기간 중의 어느 특정범죄에 대하여 범인의 처벌을 원치않는 고소인의 의사가 있다고 볼 만한 특단의 사정이 없는 이상 그 고소는 특정된 기간 중에 저지른 모든 범죄에 대하여 범인의 처벌을 구하는 의사표시라고 봄이 상당하다(대판 1985.7.23. 85도1213).

3) 범인의 처벌을 구하는 의사표시

고소는 범인의 처벌을 구하는 의사표시이다. 따라서 피해사실을 신고함에 그치고 범인의 처벌을 구하지 않는 경우(도난신고나 피해전말서의 제출이 대표적인 예이다)는 고소가 아니다.

2. 고소의 절차

1) 고소권자

고소는 고소권자가 할 수 있고, 고소권 없는 자가 한 고소는 고소로서의 효력이 없다. 고소에는 소능력이 있어야 하는바, 이는 고소의 의미를 이해할 수 있는 사실상의 의사능력을 의미하며, 민법상의 행위능력과는 구별된다. 고소권은 상속·양도의 대상이 될 수 없다.

① 고소를 할 때는 소송행위능력, 즉 고소능력이 있어야 하나, 고소능력은 피해를 입은 사실을 이해하고 고소에 따른 사회생활상의 이해관계를 알아차릴 수 있는 사실상의 의사능력으로 충분하므로, 민법상 행위능력이 없는 사람이라도 위와 같은 능력을 갖추었다면 고소능력이 인정된다(대판 2011.6.24. 2011도4451).

② 반의사불벌죄에 있어서 피해자의 피고인 또는 피의자에 대한 처벌을 희망하지 않는다는 의사표시 또는 처벌을 희망하는 의사표시의 철회는, 위와 같은 형사소송절차에 있어서의 소송능력에 관한 일반원칙에 따라, 의사능력이 있는 피해자가 단독으로 이를 할 수 있고, 거기에 법정대리인의 동의가 있어야 한다거나 법정대리인에 의해 대리되어야만 한다고 볼 것은 아니다(대판 2009.11.19. 2009도6058).

③ [1] 국회증언감정법 제14조 제1항 본문에서 정한 위증죄는 같은 법 제15조의 고발을 소추요건으로 한다고 봄이 타당하다. [2] 국회에서의 증언·감정 등에 관한 법률(이하 '국회증언감정법'이라 한다) 제15조 제1항 본문은 "본회의 또는 위원회는 증인·감정인 등이 제12조·제13조 또는 제14조 제1항 본문의 죄를 범하였다고 인정한 때에는 고발하여야 한다."라고 규정하고 있다. 제15조 제1항 본문에 따른 고발은 증인을 조사한 본회의 또는 위원회의 의장 또는 위원장의 명의로 한다(제15조 제3항). 따라서 그 위원회가 고발에 관한 의결을 하여야 하므로 제15조 제1항 본문의 고발은 위원회가 존속하고 있을 것을 전제로 한다. 한편 국회증언감정법 제15조 제1항 단서는 위와 같은 본문에 이어서 "다만 청문회의 경우에는 재적위원 3분의 1 이상의 연서에 따라 그 위원의 이름으로 고발할 수 있다."라고 규정하고 있다. 아래와 같은 이유로, 국회증언감정법 제15조 제1항 단서에 의한 고발도 위원회가 존속하는 동안에 이루어져야 한다고 해석하는 것이 타당하다. (중략) 이와 달리 특별위원회가 소멸하였음에도 과거 특별위원회가 존속할 당시 재적위원이었던 사람이 연서로 고발할 수 있다고 해석하는 것은 소추요건인 고발의 주체와 시기에 관하여 그 범위를 행위자에게 불리하게 확대하는 것이다. 이는 가능한 문언의 의미를 벗어나므로 유추해석금지의 원칙에 반한다(대판 2018.5.17. 2017도14749 전원합의체).

(1) 피해자

범죄로 인한 피해자는 고소할 수 있다(제223조). 그러나 자기 또는 배우자의 직계존속을 고소하지 못한다(제224조). 다만 성폭력범죄에 대하여는 자기 또는 배우자의 직계존속도 고소할 수 있다(성폭력범죄의 처벌 등에 관한 특례법 제18조). 다만 여기의 피해자는 범죄로 인한 직접적 피해자에 제한되며 간접적으로 피해를 입은 자는 포함되지 않는다.

(2) 피해자의 법정대리인

피해자의 법정대리인은 독립하여 고소할 수 있다(제225조 제1항).

> **쟁점** 제225조 제1항의 '독립하여 고소할 수 있다.'의 의미
>
> 피해자 법정대리인이 피해자의 의사에 반하여 고소를 할 수 있는지와 관련하여 고소권의 성질에 대해 견해가 대립한다. ① 고유권설은 법정대리인의 고소권은 무능력자보호를 위해 법정대리인에게 특별히 인정된 고유권이라는 견해이고, ② 독립대리권설은 피해자의 고소권은 일신전속적인 것으로 피해자의 고소권이 소멸하면 법정대리인의 고소권 역시 소멸하는 것으로 보는 견해이다. 판례는 고유권설의 입장에서, 법정대리인은 피해자의 고소권 소멸 여부에 관계없이 고소할 수 있고, 피해자의 명시한 의사에 반하여도 고소권을 행사할 수 있으며(대판 1999.12.24. 99도3784), 법정대리인의 고소기간은 피해자가 아닌 법정대리인이 범인을 알게 된 날로부터 진행

한다(대판 1987.6.9. 87도857)고 판시하였다. 생각건대, **무능력자 보호**라는 제225조의 취지를 고려할 때 고유권설이 타당하다.

법원이 선임한 부재자 재산관리인이 그 관리대상인 부재자의 재산에 대한 범죄행위에 관하여 법원으로부터 고소권 행사에 관한 허가를 얻은 경우 **부재자 재산관리인은 형사소송법 제225조 제1항에서 정한 법정대리인으로서 적법한 고소권자에 해당**한다고 보아야 한다(대판 2022.5.26. 2021도2488).

(3) 피해자의 배우자·친족

피해자의 법정대리인이 피의자이거나 법정대리인의 친족이 피의자인 때에는 피해자의 친족은 독립하여 고소할 수 있다(제226조).

모자관계는 호적에 입적되어 있는 여부와는 관계없이 자의 출생으로 법률상 당연히 생기는 것이므로 고소 당시 이혼한 생모라도 피해자인 그의 자의 친권자로서 독립하여 고소할 수 있다(대판 1987.9.22. 87도1707).

피해자가 사망한 때에는 그 배우자·직계친족 또는 형제자매는 고소할 수 있다. 다만 피해자의 명시한 의사에 반하지 못한다(제225조 제2항). 이러한 신분관계는 피해자가 사망한 때에 존재하면 족하다. 사자의 명예를 훼손한 죄에 대하여는 그 친족 또는 자손이 고소할 수 있다(제227조).

(4) 지정고소권자

친고죄에 대하여 고소할 자가 없는 경우에 이해관계인의 신청이 있으면 검사는 10일 이내에 고소할 수 있는 자를 지정하여야 한다(제228조).

2) 고소의 방법

(1) 고소의 방식

고소는 서면 또는 구술로 검사 또는 사법경찰관에게 하여야 한다. 검사 또는 사법경찰관이 구술에 의한 고소를 받은 때에는 조서를 작성하여야 한다(제237조).

구술에 의한 고소를 받은 검사 또는 사법경찰관은 조서를 작성하여야 하지만 그 조서가 독립된 조서일 필요는 없으며, 수사기관이 고소권자를 증인 또는 피해자로서 신문한 경우에 그 진술에 범인의 처벌을 요구하는 의사표시가 포함되어 있고 그 의사표시가 조서에 기재되면 고소는 적법하다(대판 2011.6.24. 2011도4451).

(2) 고소의 대리

고소는 대리인으로 하여금 할 수 있다(제236조).

① 대리인에 의한 고소의 경우, 대리권이 정당한 고소권자에 의하여 수여되었음이 실질적으로 증명되면 충분하고 그 방식에 특별한 제한은 없으므로, 고소를 할 때 반드시 위임장을 제출한다거나 '대리'라는 표시를 하여야 하는 것은 아니다(대판 2001.9.4. 2001도3081).

② 피해자로부터 고소를 위임받은 대리인은 수사기관에 구술에 의한 방식으로 고소를 제기할 수도 있다(대판 2002.6.14. 2000도4595).

(3) 고소의 시기

친고죄에 대하여는 범인을 알게 된 날로부터 6월을 경과하면 고소하지 못한다(제230조 제1항). 범인을 알게 되었더라도 아직 범죄가 종료되지 아니한 때에는 고소기간이 진행되지 않는다. 고소할 수 없는 불가항력의 사유가 있을 때에는 고소기간은 그 사유가 없어진 날로부터 기산한다. 고소할 수 있는 자가 수인인 경우에는 1인의 기간의 해태는 타인의 고소에 영향이 없다(제231조).

> ① 형사소송법 제236조의 대리인에 의한 고소의 경우, 고소기간은 대리고소인이 아니라 정당한 고소권자를 기준으로 고소권자가 범인을 알게 된 날부터 기산한다(대판 2001.9.4. 2001도3081).
>
> ② [1] 형사소송법 제230조 제1항 본문은 친고죄에 대하여는 범인을 알게 된 날로부터 6개월을 경과하면 고소하지 못한다고 규정하고 있는바, 여기서 범인을 알게 된다 함은 범인이 누구인지 특정할 수 있을 정도로 알게 된다는 것을 의미하고, 범인의 동일성을 식별할 수 있을 정도로 인식함으로써 족하며, 범인의 성명, 주소, 연령 등까지 알 필요는 없다. [2] 간통죄의 고소에 있어서 간통의 범죄사실이 특정되어야 할 것이지만, 그 특정의 정도는 고소인의 의사가 구체적으로 어떤 범죄사실을 지정하여 범인의 처벌을 구하고 있는지를 확정할 수만 있으면 되는 것이고, 고소인 자신이 직접 범행의 일시, 장소와 방법 등까지 구체적으로 상세히 지적하여 범죄사실을 특정할 필요까지는 없다(대판 1999.4.23. 99도576).
>
> ③ 형사소송법 제230조 제1항 본문의 범인을 알게 된다 함은 통상인의 입장에서 보아 고소권자가 고소를 할 수 있을 정도로 범죄사실과 범인을 아는 것을 의미하고, 범죄사실을 안다는 것은 고소권자가 친고죄에 해당하는 범죄의 피해가 있었다는 사실관계에 관하여 확정적인 인식이 있음을 말한다(대판 2001.10.9. 2001도3106).
>
> ④ 고소인이 처와 상간자 간에 성관계가 있었다는 사실을 알게 되었으나 처가 상간자와의 성관계는 강간에 의한 것이라고 주장하며 상간자를 강간죄로 고소하였고 이에 대하여 검찰에서 무혐의 결정이 나자 이들을 간통죄로 고소한 경우, 고소인으로서는 그 강간 고소사건에 대한 검찰의 무혐의결정이 있은 때 비로소 처와 상간자 간의 간통사실을 알았다고 봄이 상당하므로, 그때부터 고소기간을 기산하여야 한다(대판 2001.10.9. 2001도3106).
>
> ⑤ 형사소송법 제230조 제1항에서 말하는 '범인을 알게 된 날'이란 범죄행위가 종료된 후에 범인을 알게 된 날을 가리키는 것으로서 고소권자가 범죄행위가 계속되는 도중에 범인을 알았다 하여도, 그 날부터 곧바로 위 조항에서 정한 친고죄의 고소기간이 진행된다고는 볼 수 없고, 이러한 경우 고소기간은 범죄행위가 종료된 때부터 계산하여야 하며, 동종행위의 반복이 당연히 예상되는 영업범 등 포괄일죄의 경우에는 최후의 범죄행위가 종료한 때에 전체 범죄행위가 종료된 것으로 보아야 한다(대판 2004.10.28. 2004도5014).
>
> ⑥ 피고소인의 주거를 알지 못하여 새로운 고소를 할 수 없는 상태에 있거나, 해고될 것이 두려워 고소를 하지 않은 것이 고소할 수 없는 불가항력적 사유에 해당한다고 할 수 없다(대판 1985.9.10. 85도1273).
>
> ⑦ 강제추행 피해자가 범행 당시 11세의 소년에 불과하여 고소능력이 없었다가 고소 당시에 비

로소 고소능력이 생겼다면, 그 고소기간은 고소능력이 생긴 때로부터 기산되어야 한다(대판 1995.5.9. 95도696).

⑧ 강간 피해 당시 14세의 정신지체아가 범행일로부터 약 1년 5개월 후 담임교사 등 주위사람들에게 피해사실을 말하고 비로소 그들로부터 고소의 의미와 취지를 설명 듣고 고소에 이른 경우, 위 설명을 들은 때 고소능력이 생겼다고 볼 수 있다(대판 2007.10.11. 2007도4962).

3. 고소불가분의 원칙

1) 객관적 불가분의 원칙

한 개의 범죄사실 일부분에 대한 고소 또는 그 취소는 그 범죄사실 전부에 대하여 효력이 발생한다. ① 단순일죄에는 위 원칙이 예외 없이 적용된다. ② 과형상의 일죄의 경우 일죄의 각 부분이 모두 친고죄이고 피해자가 같은 경우 위 원칙이 적용되지만, 일죄 각 부분이 모두 친고죄라도 피해자가 다른 경우 1인의 피해자가 한 고소의 효력은 다른 피해자의 범죄사실에 미치지 않으며, 일죄의 일부분만이 친고죄인 경우 비친고죄에 대한 고소의 효력은 친고죄에 대하여 미치지 않는다. ③ 경합범에 대해 위 원칙은 적용되지 않는다.

2) 주관적 불가분의 원칙

친고죄의 공범 중 1인 또는 수인에 대한 고소와 그 취소는 다른 공범자에 대하여도 효력이 있다(제233조). 여기의 공범에는 형법총칙상의 공범뿐만 아니라 필요적 공범도 포함된다.

> 고소불가분의 원칙상 공범 중 일부에 대하여만 처벌을 구하고 나머지에 대하여는 처벌을 원하지 않는 내용의 고소는 적법한 고소라고 할 수 없고, 공범 중 1인에 대한 고소취소는 고소인의 의사와 상관없이 다른 공범에 대하여도 효력이 있다(대판 1994.4.26. 93도1689).

(1) 절대적 친고죄

절대적 친고죄[2])에 있어서는 언제나 이 원칙이 적용된다. 따라서 공범 중 1인에 대한 고소의 효력은 전원에 대하여 미친다.

> 고소권자가 비친고죄로 고소한 사건이더라도 검사가 사건을 친고죄로 구성하여 공소를 제기하였다면 공소장 변경절차를 거쳐 공소사실이 비친고죄로 변경되지 아니하는 한, 법원으로서는 친고죄에서 소송조건이 되는 고소가 유효하게 존재하는지를 직권으로 조사·심리하여야 한다. 그리고 이 경우 친고죄에서 고소와 고소취소의 불가분 원칙을 규정한 형사소송법 제233조는 당연히 적용되므로, 만일 공소사실에 대하여 피고인과 공범관계에 있는 사람에 대한 적법한 고소취소가 있다면 고소취소의 효력은 피고인에 대하여 미친다(대판 2015.11.17. 2013도7987).

(2) 상대적 친고죄

친족상도례(형법 제328조 제2항)의 경우와 같이 범인과 피해자 사이에 일정한 신분관계가 있

---

[2]) 형법상 절대적 친고죄에는 모욕(제311조), 비밀침해(제316조), 업무상비밀누설(제317조), 사자명예훼손(제308조)이 있다. 성범죄에 대한 친고죄 규정과 반의사불벌죄 규정은 개정·삭제되었다.

는 경우에만 친고죄로 되는 상대적 친고죄에 있어서는 비신분자에 대한 고소의 효력은 신분관계 있는 공범에게는 미치지 아니하며, 신분관계에 있는 자에 대한 피해자의 고소취소는 비신분자에게 효력이 없다. 다만 친족 2인 이상이 공범인 경우에는 1인의 친족에 대한 고소는 다른 친족에게도 효력을 미친다.

(3) 반의사불벌죄3)

> **쟁점** 반의사불벌죄에 있어서도 제233조가 적용되는지 여부
>
> 1. 쟁점의 정리
>
> 제233조는 친고죄에 있어서 고소의 주관적 불가분의 원칙을 규정하고 있는바, 반의사불벌죄에 있어서도 위 규정의 적용을 긍정할 것인지 문제된다(이는 국가기관의 고발을 소송조건으로 하는 즉시고발사건에 있어서도 동일하게 문제된다).
>
> 2. 견해의 대립
>
> ① 부정설은 형사소송법상 명문의 준용규정이 없음을 근거로 적용을 부정하고, ② 긍정설은 국가형벌권의 적정한 행사와 반의사불벌죄에 있어 처벌의 의사표시 철회에 있어서는 친고죄의 고소취소 규정이 준용됨을 근거로(제232조 제3항) 적용을 긍정한다.
>
> 3. 판례의 태도
>
> 판례는 부정설의 입장에서 형사소송법이 제233조에서 고소와 고소취소의 불가분에 관한 규정을 함에 있어서는 반의사불벌죄에 이를 준용하는 규정을 두지 아니한 것은 **처벌을 희망하지 아니하는 의사표시나 처벌을 희망하는 의사표시의 철회에 관하여 친고죄와는 달리 공범자 간에 불가분의 원칙을 적용하지 아니하고자 함에 있다고 볼 것이지, 입법의 불비로 볼 것은 아니라고** 판시하였다(대판 1994.4.26. 93도1689). 즉시고발 사건에 있어서도 제233조를 준용하는 것은 피고인에게 불리한 유추적용에 해당하여 죄형법정주의에 반한다고 판시하였다(대판 2010.9.30. 2008도4762).
>
> 4. 검토
>
> 반의사불벌죄에 있어 주관적 불가분의 원칙을 규정하는 명문의 규정이 없는 이상, 피고인의 처벌범위를 확장할 수 있는 불리한 유추적용은 불가하다. 따라서 **부정설이 타당하다.**

> ① 상습존속폭행죄로 처벌되는 경우에는 형법 제260조 제3항이 적용되지 않으므로, 피해자의 명시한 의사에 반하여도 공소를 제기할 수 있다(대판 2018.4.24. 2017도10956).
> ② 친고죄에 관한 고소의 주관적 불가분원칙을 규정하고 있는 **형사소송법 제233조가 공정거래위원회의 고발에도 유추적용된다고 해석한다면 이는 공정거래위원회의 고발이 없는 행위자에 대해서까지 형사처벌의 범위를 확장하는 것으로서, 결국 피고인에게 불리하게 형벌법규의 문언을 유추해석한 경우에 해당하므로 죄형법정주의에 반하여 허용될 수 없다**(대판 2010.9.30. 2008도4762).

---

3) 형법상 반의사불벌죄에는 폭행(제260조), 협박(제283조), 명예훼손(제307조) 등이 있다.

③ 조세범처벌절차법 제8조, 제9조에 의한 즉시고발의 경우에는 고소·고발 불가분의 원칙은 적용될 수 없다(대판 1962.1.11. 60도883).

④ 관세법에 의한 본법상의 즉시고발의 경우에는 그 특별요건 구비여부는 범인 개개인에 대하여 개별적으로 따질 것이고 고소·고발 불가분의 원칙이 적용될 여지가 없다(대판 1971.11.23. 71도1106).

4. 고소의 취소와 포기

1) 고소의 취소

(1) 고소취소의 시기

친고죄에 있어 고소는 제1심판결 선고 전까지 취소할 수 있다(제232조 제1항). 피해자의 명시한 의사에 반하여 죄를 논할 수 없는 사건에 있어서 처벌을 희망하는 의사표시의 철회에 관하여도 고소의 취소에 관한 규정이 준용된다(제232조 제2항). 항소심에서 반의사불벌죄로 공소장이 변경된 경우도 같다(대판 1988.3.8. 85도2518).

① 친고죄에 있어서의 고소의 취소는 제1심판결 선고 전까지만 할 수 있다고 형사소송법 제232조 제1항에 규정되어 있어 제1심판결 선고 후에 고소가 취소된 경우에는 그 취소의 효력이 없으므로 같은법 제327조 제5호의 공소기각의 재판을 할 수 없다(대판 1985.2.8. 84도2682).

② 항소심에서 공소장의 변경에 의하여 또는 공소장변경절차를 거치지 아니하고 법원 직권에 의하여 친고죄가 아닌 범죄를 친고죄로 인정하였더라도 항소심을 제1심이라 할 수는 없는 것이므로, 항소심에 이르러 비로소 고소인이 고소를 취소하였다면 이는 친고죄에 대한 고소취소로서의 효력은 없다(대판 1999.4.15. 96도1922 전원합의체).

③ 반의사불벌죄에 있어서 피해자가 처벌을 희망하지 아니하는 의사표시나 처벌을 희망하는 의사표시의 철회를 하였다고 인정하기 위해서는 피해자의 진실한 의사가 명백하고 믿을 수 있는 방법으로 표현되어야 한다(대판 2001.6.15. 2001도1809).

④ 피해자가 처벌을 희망하지 않는다는 취지의 취하서를 제1심판결 선고 후인 항소심 계속 중에 제출한 경우에는 형사소송법 제327조 제6호 소송기각의 판결사유에 해당되지 아니한다(대판 1983.7.26. 83도1399).

⑤ 제1심법원이 반의사불벌죄로 기소된 피고인에 대하여 소송촉진 등에 관한 특례법 제23조에 따라 피고인의 진술 없이 유죄를 선고하여 판결이 확정된 경우, 만일 피고인이 책임을 질 수 없는 사유로 공판절차에 출석할 수 없었음을 이유로 소송촉진법 제23조의2에 따라 제1심법원에 재심을 청구하여 재심개시결정이 내려졌다면 피해자는 재심의 제1심판결 선고 전까지 처벌을 희망하는 의사표시를 철회할 수 있다. 그러나 피고인이 제1심법원에 소송촉진법 제23조의2에 따른 재심을 청구하는 대신 항소권회복청구를 함으로써 항소심 재판을 받게 되었다면 항소심을 제1심이라고 할 수 없는 이상 항소심 절차에서는 처벌을 희망하는 의사표시를 철회할 수 없다(대판 2016.11.25. 2016도9470).

⑥ 협박죄와 정보통신망법 제74조 제1항 제3호에서 정한 제44조의7 제1항 제3호를 위반한

죄는 모두 반의사불벌죄에 해당한다. 반의사불벌죄에서 처벌을 희망하는 의사표시의 철회 또는 처벌을 희망하지 않는 의사표시는 제1심판결 선고 전까지 할 수 있다(형사소송법 제232조 제1항, 제3항). 처벌불원의 의사표시의 부존재는 소극적 소송조건으로서 **직권조사사항**에 해당하므로 당사자가 항소이유로 주장하지 않았더라도 원심은 이를 직권으로 조사·판단하여야 한다. (중략) **피해자의 변호사는 피해자를 대리하여 피고인에 대한 처벌을 희망하는 의사표시를 철회하거나 처벌을 희망하지 않는 의사표시를 할 수 있다**(대판 2019.12.13. 2019도10678).

(2) 고소취소의 방법

고소를 취소할 수 있는 자는 고유의 고소권자이거나 고소의 대리행사권자이거나 불문한다. 다만 고유의 고소권자는 대리행사권자가 제기한 고를 취소할 수 있지만, 고소권자 본인이 한 고소를 대리행사권자가 취소할 수는 없다.

> ① 피해자가 한 고소를 피해자가 사망한 후 피해자의 부(父)가 취소하더라도, 이는 적법한 고소취소라 할 수 없다(대판 1969.4.29. 69도376).
>
> ② [1] 피해자가 성년인 이상 의사능력이 없다는 것만으로 피해자의 아버지가 당연히 법정대리인이 된다고 볼 수도 없으므로, 피해자의 아버지가 피고인에 대한 처벌을 희망하지 아니한다는 **의사를 표시하였더라도** 그것이 반의사불벌죄에서의 처벌희망 여부에 관한 피해자의 의사표시로서 소송법적으로 **효력이 발생할 수는 없다.** [2] 의식불명 상태에 있는 성년자 갑의 아버지가 피고인에 대한 처벌을 희망하지 아니한다는 의사를 표시하였더라도, 그것은 갑의 의사표시로서 소송법상 효력이 없다고 본 원심판단을 정당하다고 한 사례(대판 2013.9.26. 2012도568)

고소취소의 방법은 고소의 그것과 같다(제239조). 다만 고소의 취소는 공소제기 전에는 고소사건을 담당하는 수사기관에, 공소제기 후에는 고소사건의 수소법원에 대하여 이루어져야 한다(대판 2012.2.23. 2011도17264). 고소의 취소는 서면 또는 구술로 할 수 있으며, 검사의 진술조서 작성시 고소취소의 진술이 있었다면 그 고소는 적법하게 취소되었다고 할 수 있다. 다만 고소인과 피고소인 사이에 합의서가 작성된 것만으로는 고소취소라 할 수 없다.

> ① 가해자와 원만히 합의하였으므로 피해자는 가해자를 상대로 이 사건과 관련한 어떠한 민·형사상의 책임도 묻지 아니한다는 취지의 합의서가 경찰에 제출되었다면, 이로써 피해자는 가해자에 대하여 처벌을 희망하던 종전의 의사를 철회한 것으로서 공소제기 전에 **고소를 취소한 것으로 봄이 상당하다**(대판 2002.7.12. 2001도6777).
>
> ② 강간피해자 명의의 "당사자 간에 원만히 합의되어 민·형사상 문제를 일체 거론하지 않기로 화해되었으므로 합의서를 1심 재판장앞으로 제출한다."는 취지의 합의서 및 피고인들에게 중형을 내리기보다는 법의 온정을 베풀어 사회에 봉사할 수 있도록 관대한 처분을 바란다는 취지의 탄원서가 제 1심법원에 제출되었다면 이는 결국 고소취소가 있은 것으로 보아야 한다(대판 1981.11.10. 81도1171).
>
> ③ 고소취소는 요식행위가 아니므로 고소권자가 검사에 의한 피해자 진술조서작성시 고소를

취소하겠다고 명백히 하고 또 고소취소 후에는 다시 고소할 수 없다는 점도 알고 있다고 진술하였음이 인정된다면 그 고소는 적법하게 취소되었다 할 것이다(대판 1983.7.26. 83도1431).

④ 검사가 작성한 피해자에 대한 진술조서 기재 중 '피의자들의 처벌을 원하는 가요?'라는 물음에 대하여 '법대로 처벌하여 주기 바랍니다.'로 되어 있고 이어서 '더 할 말이 있는 가요?'라는 물음에 대하여 '젊은 사람들이니 한번 기회를 주시면 감사하겠습니다.'로 기재되어 있다면 피해자의 진술취지는 법대로 처벌하되 관대한 처분을 바란다는 취지로 보아야 하고 처벌의사를 철회한 것으로 볼 것이 아니다(대판 1981.1.13. 80도2210).

⑤ 형사소송법 제239조, 제237조의 규정상 고소인이 합의서를 피고인에게 작성하여준 것만으로는 고소가 적법히 취소된 것으로 볼 수 없다(대판 1983.9.27. 83도516).

⑥ 관련 민사사건에서 '이 사건과 관련하여 서로 상대방에 대하여 제기한 형사 고소 사건 일체를 모두 취하한다.'는 내용이 포함된 조정이 성립된 것만으로는 고소 취소나 처벌불원의 의사표시를 한 것으로 보기 어렵다(대판 2004.3.25. 2003도8136).

⑦ 친고죄에서 처벌을 구하는 의사표시의 철회는 수사기관이나 법원에 대한 공법상의 의사표시로서 내심의 조건부 의사표시는 허용되지 않는다(대판 2007.4.13. 2007도425).

고소의 취소에 대하여도 대리가 허용된다(제236조). 고소의 취소를 다시 취소할 수는 없다.

① 고소권자가 서면 또는 구술로써 수사기관 또는 법원에 고소를 취소하는 의사표시를 하였다고 보여지는 이상 그 고소는 적법하게 취소되었다고 할 것이고, 그 후 고소취소를 철회하는 의사표시를 다시 하였다고 하여도 그것은 효력이 없다 할 것이다(대판 2009.9.24. 2009도6779).

② 피고인이 합의서를 수사기관에 제출한 이상 피해자의 처벌불원의사가 수사기관에 적법하게 표시되었으며, 이후 피고인이 피해자에게 약속한 치료비 전액을 지급하지 아니한 경우에도 민사상 치료비에 관한 합의금지급채무가 남는 것은 별론으로 하고 처벌불원의사를 철회할 수 없다(대판 2001.12.14. 2001도4283).

③ 피고인의 처벌을 구하는 의사를 철회한다는 의사로 합의서를 제1심법원에 제출하였다고 할 것이므로, 피고인에 대한 고소는 적법하게 취소되었다고 할 것이고, 따라서 그 후 피해자가 제1심법원에 증인으로 출석하여 위 합의를 취소하고 다시 피고인의 처벌을 원한다는 진술을 함으로써 고소취소를 철회하는 의사표시를 하였다고 하여도 그것은 아무런 효력이 없다(대판 2009.9.24. 2009도6779).

(3) 고소취소의 효과

고소를 취소한 자는 다시 고소하지 못한다(제232조 제2항, 재고소의 금지). 고소를 취소한 때에는 검사는 공소권없음의 불기소처분을, 법원은 공소기각의 판결(제327조 제5호)을 하여야 한다. 고소의 취소에 대하여도 고소불가분의 원칙이 적용되므로, 공범자의 1인 또는 수인에 대한 고소의 취소는 다른 공범자에 대하여도 효력이 있고(주관적 불가분의 원칙), 한 개의 범죄사실의 일부에 대한 고소의 취소는 그 전부에 대하여 효력을 미친다(객관적 불가분의 원칙).

(4) 관련문제

① 공범자에 대한 제1심판결 선고 후의 고소취소

> **쟁점** 공범자에 대한 제1심판결 선고 후의 고소취소 가부

1. 쟁점의 정리

공범자 중 1인에 대하여 제1심판결이 선고되어 그에 대한 고소취소가 불가능한 시점에서 아직 제1심판결 선고에 이르지 아니한 다른 공범자에 대하여 고소취소를 할 수 있는지가 문제된다.

2. 견해의 대립

① 긍정설은 피해자의 의사를 존중하여 고소취소는 가능하다고 보고(다만 긍정설에 의할 경우에도 이미 판결이 선고된 공범에게는 고소취소의 효력이 미치지 아니한다), ② 부정설은 고소권자의 선택에 의해 국가 형벌권의 행사를 좌우할 수 없다는 이유로 부정한다.

3. 판례의 태도

판례는 부정설의 입장에서 '친고죄의 공범 중 그 일부에 대하여 제1심판결이 선고된 후에는 제1심판결 선고 전의 다른 공범자에 대하여는 그 고소를 취소할 수 없고, 그 고소의 취소가 있었다고 하더라도 그 효력을 발생할 수 없으며'라고 판시하였다(대판 1975.6.10. 75도204).

4. 검토

공범자들 사이의 처벌의 형평을 고려할 때 부정설이 타당하다.

친고죄의 공범 중 그 일부에 대하여 제1심판결이 선고된 후에는 제1심판결 선고 전의 다른 공범자에 대하여는 그 고소를 취소할 수 없고, 그 고소의 취소가 있다 하더라도 그 효력을 발생할 수 없으며, 이러한 법리는 필요적 공범이냐 임의적 공범이냐를 구별함이 없이 모두 적용된다(대판 1985.11.12. 85도1940).

② 항소심에서의 고소취소

> **쟁점** 항소심에서의 고소취소 가부

비친고죄로 기소된 후 항소심에서 축소사실인 친고죄가 인정되는 경우, 항소심에서의 고소를 취소를 인정할 수 있는지 문제된다. 이에 대해 ① 고소취소의 효력을 부정하는 유죄설과 ② 고소취소를 인정하여 공소를 기각하여야 한다는 공소기각설, ③ 항소심에서 축소사실인 친고죄 인정 자체를 부정하는 무죄설이 대립한다. 판례는 유죄설의 입장에서 항소심에서의 고소취소 효력을 부정하였다(대판 1999.4.15. 96도1922 전원합의체). 생각건대, 형사소송법 제232조 제1항이 제1심판결 선고 전까지 고소를 취소할 수 있다고 규정하고 있으므로 유죄설이 타당하다(또는 피고인의 방어권 보장과 1심에서 고소취소가 있었을 경우와의 형평 등을 고려할 때 공소기각설이 타당하다).

---

① 항소심에서 공소장의 변경에 의하여 또는 공소장변경절차를 거치지 아니하고 법원 직권에 의하여 친고죄가 아닌 범죄를 친고죄로 인정하였더라도 항소심을 제1심이라 할 수는 없는

것이므로, 항소심에 이르러 비로소 고소인이 고소를 취소하였다면 이는 친고죄에 대한 고소 취소로서의 효력은 없다(대판 1999.4.15. 96도1922 전원합의체).

② 비록 이 사건에 있어서와 같이 항소심에 이르러 비로소 반의사불벌죄가 아닌 죄에서 반의사불벌죄로 공소장변경이 있었다 하여 항소심인 제2심을 제1심으로 볼 수는 없다 할 것이다(대판 1988.3.8. 85도2518).

③ **파기환송 후 1심에서의 고소취소** : 상소심에서 제1심의 공소기각판결을 파기하고 제1심법원에 환송한 경우에 판례는 고소취소를 인정하고 있다.

형사소송법 제232조 제1항은 고소를 제1심판결 선고 전까지 취소할 수 있도록 규정하여 친고죄에서 고소취소의 시한을 한정하고 있다. 그런데 상소심에서 형사소송법 제366조 또는 제393조 등에 의하여 법률 위반을 이유로 제1심 공소기각판결을 파기하고 사건을 제1심법원에 환송함에 따라 다시 제1심 절차가 진행된 경우, 종전의 제1심판결은 이미 파기되어 효력을 상실하였으므로 환송 후의 제1심판결 선고 전에는 고소취소의 제한사유가 되는 제1심판결 선고가 없는 경우에 해당한다. 뿐만 아니라 특히 간통죄 고소는 제1심판결 선고 후 이혼소송이 취하된 경우 또는 피고인과 고소인이 다시 혼인한 경우에도 소급적으로 효력을 상실하게 되는 점까지 감안하면, 환송 후의 제1심판결 선고 전에 간통죄의 고소가 취소되면 형사소송법 제327조 제5호에 의하여 판결로써 공소를 기각하여야 한다(대판 2011.8.25. 2009도9112).

④ **고소취소를 간과한 경우 효과** : 제1심법원이 고소취소장이 제출된 사실을 간과한 채 유죄를 선고하여 판결이 확정되었다면 비상상고의 방법으로 구제받을 수 있다(대판 2010.1.28. 2009오1).

2) 고소의 포기

> **쟁점** 고소의 포기 허용 여부
>
> 고소의 포기를 인정할 것인지 여부에 대해 ① 공권인 고소권의 사적처분은 인정되지 않고, 포기에 관한 명문규정이 없다는 점을 근거로 하는 부정설과 ② 법률관계의 조기안정을 근거로 하는 긍정설 및 ③ 고소취소와 동일한 방법으로 의사표시를 하는 경우에 한하여 포기를 긍정하는 절충설이 대립하고, 판례는 부정설의 입장에서 '고소 전에 피해자가 처벌을 원치 않았다 하더라도 그 후에 한 피해자의 고소는 유효하다.'고 판시하였다(대판 2008.11.27. 2007도4977). 생각건대, 사건을 인지하지도 않은 수사기관에 고소포기서를 제출한다는 것은 현실적으로 어려우며, 고소권의 포기를 허용할 경우 고소권의 포기가 강요될 위험성이 있다는 점에서 부정설이 타당하다.

V. 고발

고발이란 고소권자와 범인 이외의 사람이 수사기관에 대하여 범죄사실을 신고하여 그 소추를 구하는 의사표시를 말한다. 관세법 등 특정 범죄에 대하여 고발은 소송조건이 될 수 있다. 누구든지 범죄가 있다고 사료하는 때에는 고발할 수 있고, 공무원은 그 직무를 행함에 있어

죄가 있다고 사료하는 때에는 고발하여야 한다(제234조).

고발과 그 취소의 절차 및 방식은 고소와 같다(제237조, 제238조, 제239조). 다만 ① 대리인에 의한 고발이 인정되지 않고, ② 고발기간에는 제한이 없으며, ③ 고발을 취소한 후에도 다시 고발할 수 있다는 점에서 고소와 구별된다. 고발에 있어서도 객관적 불가분의 원칙은 적용되나, 주관적 불가분의 원칙은 적용되지 않는다.

> ① 고발이란 범죄사실을 수사기관에 고하여 그 소추를 촉구하는 것으로서 범인을 지적할 필요가 없는 것이고 또한 고발에서 지정한 범인이 진범인이 아니더라도 고발의 효력에는 영향이 없는 것이므로, 고발인이 농지전용행위를 한 사람을 갑으로 잘못 알고 갑을 피고발인으로 하여 고발하였다고 하더라도 을이 농지전용행위를 한 이상 을에 대하여도 고발의 효력이 미친다(대판 1994.5.13. 94도458).
>
> ② 검사의 불기소처분에는 확정재판에 있어서의 확정력과 같은 효력이 없어 일단 불기소처분을 한 후에도 공소시효가 완성되기 전이면 언제라도 공소를 제기할 수 있으므로, 세무공무원 등의 고발이 있어야 공소를 제기할 수 있는 조세범처벌법 위반죄에 관하여 일단 불기소처분이 있었더라도 세무공무원 등이 종전에 한 고발은 여전히 유효하다. 따라서 나중에 공소를 제기함에 있어 세무공무원 등의 새로운 고발이 있어야 하는 것은 아니다(대판 2009.10.29. 2009도6614).
>
> ③ [1] 조세범 처벌절차법에 따라 범칙사건에 대한 고발이 있는 경우 고발의 효력은 범칙사건에 관련된 범칙사실 전부에 미치고 한 개의 범칙사실의 일부에 대한 고발은 전부에 대하여 효력이 생긴다. 그러나 수 개의 범칙사실 중 일부만을 범칙사건으로 하는 고발이 있는 경우 고발장에 기재된 범칙사실과 동일성이 인정되지 않는 다른 범칙사실에 대해서까지 고발의 효력이 미칠 수는 없다. [2] 조세범칙금사건에 대하여 관계 세무공무원의 즉시고발이 있으면 그로써 소추의 요건은 충족되는 것이고, 법원은 본안에 대하여 심판하면 되는 것이지 즉시고발 사유에 대하여 심사할 수 없다(대판 2014.10.15. 2013도5650).
>
> ④ 공정거래위원회가 공정거래법의 규정을 위반한 혐의가 있다고 인정하여 사업자를 고발하였다면 이로써 소추의 요건은 충족되며, 법원이 본안에 대하여 심판한 결과 공정거래법의 규정에 위반되는 혐의사실이 인정되지 아니하거나 그 위반혐의에 관한 공정거래위원회의 처분이 위법하여 행정소송에서 취소된다 하더라도 이러한 사정만으로는 그 고발을 기초로 이루어진 공소제기 등 형사절차의 효력에 영향을 미치지 아니한다(대판 2015.9.10. 2015도3926).
>
> ⑤ 고발은 범죄사실에 대한 소추를 요구하는 의사표시로서 그 효력은 고발장에 기재된 범죄사실과 동일성이 인정되는 사실 모두에 미치므로, 일부에 대한 고발이 있는 경우 기본적 사실관계의 동일성이 인정되는 범위 내에서 조세포탈기간이나 포탈액수를 추가하는 공소장변경은 적법하다(대판 2009.7.23. 2009도3282).
>
> ⑥ 조세범처벌법위반 사건에 대한 세무공무원의 고발취소는 제1심판결 선고 전에 한하여 취소할 수 있다(대결 1957.3.29. 4290형상58).

Ⅵ. 자수

자수는 범인이 스스로 수사기관에 대하여 자기의 범죄사실을 신고하여 그 수사와 소추를 구하는 의사표시를 의미한다. 자수는 형법상 형의 임의적 감면사유이고(형법 제52조 제1항), 소송법상으로는 수사의 단서로서 의미를 가진다. 자수의 방식과 절차에 관하여는 고소와 고발에 관한 규정이 준용된다(형사소송법 제240조).

> ① 세관 검색시 금속탐지에 의해 대마휴대 사실이 발각될 상황에서 세관 검색원의 추궁에 의하여 대마 수입 범행을 시인한 경우, 자발성이 결여되어 자수에 해당하지 않는다(대판 1999.4.13. 98도4560).
>
> ② 법률상의 형의 감경사유가 되는 자수를 위하여는, 범인이 자기의 범행으로서 범죄성립요건을 갖춘 객관적 사실을 자발적으로 수사관서에 신고하여 그 처분에 맡기는 것으로 족하고, 더 나아가 법적으로 그 요건을 완전히 갖춘 범죄행위라고 적극적으로 인식하고 있을 필요까지는 없다(대판 1995.6.30. 94도1017).
>
> ③ 경찰관에게 검거되기 전에 친지에게 전화로 자수의사를 전달하였더라도 그것만으로는 자수로 볼 수 없다(대판 1985.9.24. 85도1489).
>
> ④ 범죄사실을 부인하거나 죄의 뉘우침이 없는 자수는 그 외형은 자수일지라도 법률상 형의 감경사유가 되는 진정한 자수라고는 할 수 없다(대판 1994.10.14. 94도2130).
>
> ⑤ 법인의 직원 또는 사용인이 위반행위를 하여 양벌규정에 의하여 법인이 처벌받는 경우, 법인에게 자수감경에 관한 형법의 규정을 적용하기 위하여는 법인의 이사 기타 대표자가 수사책임이 있는 관서에 자수한 경우에 한하고, 그 위반행위를 한 직원 또는 사용인이 자수한 것만으로는 위 규정에 의하여 형을 감경할 수 없다(대판 1995.7.25. 95도391).
>
> ⑥ 수개의 범죄사실 중 일부에 관하여만 자수한 경우에는 그 부분 범죄사실에 대하여만 자수의 효력이 있다(대판 1994.10.14. 94도2130).
>
> ⑦ 피고인이 자진출석하여 검사에게 자백함으로써 형법상 자수의 효력이 발생하였다면, 그 후에 검찰이나 법정에서 범죄사실을 일부 부인하였다고 하더라도 일단 발생한 자수의 효력이 소멸하는 것은 아니다(대판 2002.8.23. 2002도46).
>
> ⑧ 수사기관에 뇌물수수의 범죄사실을 자발적으로 신고하였으나 그 수뢰액을 5,000만 원이 아닌 3,000만 원만을 받았다고 실제보다 적게 신고함으로써 적용법조와 법정형이 달라진 경우, 비록 당시의 신고가 자발적이라고 하더라도 이는 피고인이 저지른 범죄성립요건에 관하여 신고한 것이라고 할 수 없으므로 이 사건 죄에 관한 자수가 성립하였다고 할 수 없다(대판 2004.6.24. 2004도2003).

제3절 임의수사

Ⅰ. 임의수사와 강제수사

1. 임의수사와 강제수사의 의의
강제처분에 의한 수사를 강제수사라 하고 강제수사 이외의 수사를 임의수사라 한다. 수사는 임의수사에 의함을 원칙으로 한다(제199조 제1항).

2. 임의수사의 원칙과 강제수사의 규제

1) 임의수사의 원칙과 강제처분법정주의
수사는 원칙적으로 임의수사에 의하고 강제수사는 법률에 규정된 경우에 한하여 허용된다(제199조, 임의수사의 원칙, 강제처분법정주의). 강제처분법정주의에 의하여 **강제처분의 종류와 요건 및 절차는 법률에 규정되어 있을 것을 요한다**.

2) 영장주의
법원 또는 법관이 발부한 적법한 영장에 의하지 않으면 형사절차상의 강제처분을 할 수 없다. ① 영장은 법원 또는 법관이 발부할 것을 요하고(법관발부의 원칙), ② 사전에 발부하는 것이 원칙이며(사전영장의 원칙), ③ 일반영장의 발부는 금지되며(일반영장의 금지), ④ 집행단계에서는 정본제시의 원칙이 적용된다.

3) 비례성의 원칙
강제처분은 필요한 최소한도의 범위 안에서만 하여야 한다(제199조 참조).

3. 임의수사의 적법성의 한계

1) 임의동행
임의동행이란 수사기관이 피의자의 동의를 얻어 피의자와 수사기관까지 동행하는 것을 말한다. 임의동행에는 제199조 제1항에 의한 임의수사로서의 임의동행과 경찰관직무집행법에 의한 직무질문을 위한 임의동행의 두 가지가 있다.

> **쟁점** 임의동행의 허용 여부와 요건
>
> **1. 쟁점의 정리**
> 임의수사로서 임의동행의 허용 여부에 대해 견해가 대립하고, 허용되는 경우 **적법한 임의동행이 되기 위한 요건**이 문제된다. 추가적으로 임의동행이 위법하다고 평가되는 경우 그에 이은 **긴급체포 등 후행절차의 적법성**이 문제된다.
>
> **2. 임의동행의 허용 여부**
> 임의동행의 허용 여부에 대해 ① 임의동행은 법률에 근거하지 아니한 강제처분이므로 허용

되지 않는다는 불허설과 ② 피의자나 참고인의 자유의사에 기한 승낙을 전제로 한 임의동행은 허용된다는 허용설이 대립하고, 판례는 허용설의 입장에서 '오로지 피의자의 자발적인 의사에 의하여 수사관서 등에의 동행이 이루어졌음이 객관적인 사정에 의하여 명백하게 입증된 경우에 한하여' 임의동행이 허용된다고 판시하였다(대판 2006.7.6. 2005도6810). 생각건대, 당사자의 진의에 기한 임의동행까지 부인할 이유는 없으므로 허용설이 타당하다.

3. 임의동행의 요건

판례는 ① 수사관이 동행에 앞서 피의자에게 동행을 거부할 수 있음을 알려 주었거나, ② 동행한 피의자가 언제든지 자유로이 동행과정에서 이탈 또는 동행장소로부터 퇴거할 수 있었음이 인정되는 등, 오로지 피의자의 자발적인 의사에 의하여 수사관서 등에의 동행이 이루어졌음이 객관적인 사정에 의하여 명백하게 입증된 경우에 한하여 적법한 임의동행으로서 허용되고, 이러한 법리는 제200조 제1항에 의하여 수사기관이 피의자에 대하여 출석을 요구하면서 일정 장소로의 동행을 요구하여 실행하는 경우에 적용될 뿐만 아니라, 행정경찰 목적의 경찰활동으로 행하여지는 경찰관직무집행법 제3조 제2항 소정의 질문을 위한 동행요구도 형사소송법의 규율을 받는 수사로 이어지는 경우에도 역시 적용된다고 판시하였다(위 판례).

4. 추가쟁점 - 선행행위의 위법성이론

① 실체진실발견의 필요성에 비추어 수사절차의 각 행위는 별개로 취급하여야 하므로 위법한 선행행위가 있다 하더라도 적법하게 후행행위가 이루어지는 경우라면 후행행위는 적법하다는 견해도 있으나, ② 개별적인 절차만 무효로 본다면 위법한 수사방법을 사용하더라도 추후 절차가 형식적으로 적법하기만 한다면 이를 통제할 방법이 없으므로, 위법한 선행행위에 이은 후행행위는 비록 형식적 요건을 갖추었다고 하더라도 선행절차의 위법으로 인하여 그 또한 위법하게 된다고 봄이 타당하다. 판례 역시 선행행위의 위법성이론을 적극적으로 수용하여 위법한 임의동행에 이은 긴급체포는 당연히 위법하다는 전제에서, 위법한 긴급체포로 불법하게 구금된 자는 도주죄의 주체가 아니라거나(대판 2006.7.6. 2005도6810), 위법한 임의동행에 이은 음주측정은 그 자체로 위법하다(대판 2013.3.14. 2010도2094)고 판시하였다.

---

① [1] 형사소송법 제199조 제1항은 임의수사의 원칙을 명시하고 있는바, 수사관이 수사과정에서 당사자의 동의를 받는 형식으로 피의자를 수사관서 등에 동행하는 것은 수사관이 동행에 앞서 피의자에게 동행을 거부할 수 있음을 알려 주었거나 동행한 피의자가 언제든지 자유로이 동행과정에서 이탈 또는 동행장소로부터 퇴거할 수 있었음이 인정되는 등 오로지 피의자의 자발적인 의사에 의하여 수사관서 등에의 동행이 이루어졌음이 객관적인 사정에 의하여 명백하게 입증된 경우에 한하여 그 적법성이 인정되는 것으로 봄이 상당하다. 형사소송법 제200조 제1항에 의하여 검사 또는 사법경찰관이 피의자에 대하여 임의적 출석을 요구할 수는 있겠으나, 그 경우에도 수사관이 단순히 출석을 요구함에 그치지 않고 일정 장소로의 동행을 요구하여 실행한다면 위에서 본 법리가 적용되어야 하고, 한편 행정경찰 목적의 경찰활동으로 행하여지는 경찰관직무집행법 제3조 제2항 소정의 질문을 위한 동행요구도 형사소송법의 규율을 받는 수사로 이어지는 경우에는 역시 위에서 본 법리가 적용되어야 한다.
[2] 사법경찰관이 피고인을 수사관서까지 동행한 것이 사실상의 강제연행, 즉 불법 체포

에 해당하고, 불법체포로부터 6시간 상당이 경과한 후에 이루어진 긴급체포 또한 위법하므로 피고인이 불법체포된 자로서 형법 제145조 제1항에 정한 '법률에 의하여 체포 또는 구금된 자'가 아니어서 도주죄의 주체가 될 수 없다고 한 사례(대판 2006.7.6. 2005도6810)

② 피고인이 메트암페타민(일명 필로폰) 투약 혐의로 임의동행 형식으로 경찰서에 간 후 자신의 소변과 모발을 경찰관에게 제출하여 마약류 관리에 관한 법률 위반(향정)으로 기소된 사안에서, 경찰관은 당시 피고인의 정신 상태, 신체에 있는 주사바늘 자국, 알콜솜 휴대, 전과 등을 근거로 피고인의 마약류 투약 혐의가 상당하다고 판단하여 경찰서로 임의동행을 요구하였고, 동행장소인 경찰서에서 피고인에게 마약류 투약 혐의를 밝힐 수 있는 소변과 모발의 임의제출을 요구하였으므로 피고인에 대한 임의동행은 마약류 투약 혐의에 대한 수사를 위한 것이어서 형사소송법 제199조 제1항에 따른 임의동행에 해당한다고 한 사례(대판 2020.5.14. 2020도398)

③ 사법경찰관이 피고인을 수사관서까지 동행한 것이 사실상의 강제연행, 즉 불법 체포에 해당하고, 불법 체포로부터 6시간 상당이 경과한 후에 이루어진 긴급체포 또한 위법하므로 피고인이 불법체포된 자로서 형법 제145조 제1항에 정한 '법률에 의하여 체포 또는 구금된 자'가 아니어서 도주죄의 주체가 될 수 없다고 한 사례(대판 2006.7.6. 2005도6810)

2) 보호실유치

강제유치가 강제수사인 구속에 해당함에는 의문이 없다(따라서 영장주의 원칙에 따라 구속영장을 발부받아 적법한 절차를 거쳐 구속할 것을 요한다). 다만, 승낙유치가 임의수사의 방법으로 허용될 수 있는가에 문제되나, 판례는 영장없이 피의자를 보호실에 유치하는 것은 위법하다는 입장이다.

① 수사의 필요상 피의자를 임의동행한 경우에도 조사 후 귀가시키지 아니하고 그의 의사에 반하여 경찰서 조사실 또는 보호실 등에 계속 유치함으로써 신체의 자유를 속박하였다면 이는 구금에 해당한다(대결 1985.7.29. 85모16).

② 경찰관직무집행법상 정신착란자, 주취자, 자살기도자 등 응급의 구호를 요하는 자를 24시간을 초과하지 아니하는 범위 내에서 경찰관서에 보호조치할 수 있는 시설로 제한적으로 운영되는 경우를 제외하고는 구속영장을 발부받음이 없이 피의자를 보호실에 유치함은 영장주의에 위배되는 위법한 구금으로서 적법한 공무수행이라고 볼 수 없다(대판 1994.3.11. 93도958).

3) 승낙수색과 승낙검증

승낙수색과 승낙검증이 임의수사로 허용되느냐에 대하여 견해가 대립하나, 자유의사에 기한 명백한 동의 또는 승낙이 있는 경우에는 허용된다고 봄이 타당하다.

4) 거짓말탐지기에 의한 검사

> **쟁점** 거짓말탐지기에 의한 검사

1. 쟁점의 정리

거짓말탐지기에 의한 검사의 허용 여부 및 허용되는 경우 검사시 진술거부권을 고지하여야 하는지 여부와 거짓말탐지기 검사결과를 기초로 한 자백조서(검사결과가 사실이면 자백하겠다는 약속에 따라 행한 자백 기재조서)의 증거능력이 각 문제된다.

2. 거짓말탐지기 검사의 허용 여부

가. 견해의 대립

① 불허설은 인간의 존엄과 가치에 반하는 검사이므로 피검자의 동의가 있더라도 허용되지 않는다는 견해이고, ② 허용설은 검사결과가 피검자에게 유리한 자료로 사용 가능하므로 피검자의 동의를 전제로 허용된다는 견해이다.

나. 판례의 태도

판례는 허용설의 입장에서 상대방의 동의가 있다면 일단 적법한 것으로 보고, 거짓말탐지기조사 이후 얻어진 자백의 증거능력도 긍정하고 있다. 다만 거짓말탐지기에 의한 검사자료 자체가 증거능력 있기 위해서는 ① 거짓말을 하는 경우 일정한 심리상태의 변동이 있고, ② 그 심리상태의 변동은 일정한 생리적 반응을 일으키며, ③ 그 생리적 반응에 의해 피검자의 말이 거짓인지 여부가 정확히 판정될 수 있다는 사실적(자연적) 관련성이라는 전제요건을 충족시킬 것을 요구하고 있다(대판 1983.9.13. 83도712).

다. 검토

거짓말탐지기의 사용 여부에 대한 자율적 결정에 따른 피검자의 동의가 있다면 인격권이나 진술거부권 침해가 부정된다 할 것이고, 검사를 통해 수사를 신속하게 종결시켜 피고인을 절차로부터 조기해방할 수 있다는 점에서 허용설이 타당하다.

3. 진술거부권 고지 필요성

거짓말탐지기 검사시에도 진술거부권을 고지하여야 하는지에 대해, ① 필요설은 거짓말탐지기 검사 역시 진술에 다름없으므로 고지가 필요하다고 보고, ② 불요설은 피검자의 동의를 전제로 검사하는 이상 진술거부권은 문제되지 않는다고 본다. 생각건대, 임의수사로서 당사자의 동의를 전제로 하는 피의자신문에 있어서도 진술거부권을 고지하여야 하고(제244조의3), 거짓말탐지기 검사 역시 피검자의 진술을 획득하는 과정이라 할 것이므로 필요설이 타당하다.

4. 검사결과를 기초로 한 자백조서의 증거능력

거짓말탐지기 검사결과를 기초로 한 자백조서의 증거능력에 관하여 ① 피검자의 동의가 있는 경우에는 증거능력을 인정할 수 있다는 긍정설과 ② 이는 부당한 이익의 교환이 있는 경우로서 제309조의 '기타 방법'에 해당하여 증거능력이 부정된다는 부정설이 대립하고, 판례는 긍정설의 입장에서 거짓말탐지기 결과에 따라 자백하겠다고 한 경우 이와 같은 자백을 임의성 없는 자백이라고 단정할 수는 없다고 하여 자백의 증거능력을 긍정하였다(대판 1983.9.13. 83도712). 생각건대, 피의자가 임의로 거짓말탐지기의 검사결과에 따라 자백하겠다고 하여 자백한 경우에는 제309조에 해당한다고 보기 어려우므로 긍정설이 타당하다.

---

① 거짓말탐지기의 검사결과에 대하여 증거능력을 인정할 수 있으려면 거짓말을 하면 반드시 일정한

심리상태의 변동이 일어나고, 그 심리상태의 변동은 반드시 일정한 생리적 반응을 일으키며, 그 생리적 반응에 의하여 피검사자의 말이 거짓인지 여부가 정확히 판정될 수 있다는 전제요건이 충족되어야 하며 특히 생리적 반응에 대한 거짓여부의 판정은 거짓말탐지기가 위 생리적 반응을 정확히 측정할 수 있는 장치이어야 하고 검사자가 탐지기의 측정내용을 객관성있고 정확하게 판독할 능력을 갖춘 경우라야 그 정확성을 확보할 수 있어 증거능력을 부여할 것이다(대판 1983.9.13. 83도712).

② 거짓말탐지기의 검사결과가 증거능력이 있는 경우에도 그 검사 즉 감정의 결과는 검사를 받는 사람의 진술의 신빙성을 가늠하는 정황증거로서의 기능을 다하는데 그치는 것이다(대판 1984.2.14. 83도3146).

5) 사진촬영

> **쟁점** 사진촬영의 법적 성질과 요건

1. 쟁점의 정리

사진촬영의 법적 성질과 그에 따른 영장주의의 예외로서 사진촬영시 갖추어야 할 요건이 문제된다.

2. 사진촬영의 법적 성질

가. 견해의 대립

① 임의수사설은 사진촬영이 물리력을 행사하거나 상대방에게 의무를 부과하지 않는다는 점에서 임의수사라고 보는 견해이고, ② 강제수사설은 초상권이 인정되는 이상 그의 의사에 반하거나 승낙을 받지 않고 사진촬영하는 것은 강제처분인 검증에 해당한다고 보는 견해이며, ③ 절충설은 사적 공간에서의 사진촬영은 강제수사로, 공개된 장소에서의 촬영은 임의수사로 보는 견해이다.

나. 판례의 태도

판례는 강제수사설의 입장을 기본으로 하면서도 일정한 요건을 갖춘 경우 영장주의에 대한 예외를 인정하고 있다(대판 1999.9.3. 99도2317).

다. 검토

사진촬영은 개인의 사생활의 비밀 및 초상권을 침해하는 수사방법이므로 강제수사설이 타당하다. 다만 강제수사설 역시 일정한 조건이 충족되는 때에는 예외적으로 영장 없는 촬영이 허용된다고 해석하고 있으며, 그 조건이 임의수사설에서 요구하는 조건과 특별한 차이가 없으므로 학설의 대립은 큰 의미가 없다 할 것이다.

3. 사진촬영의 요건

판례는 사진촬영을 강제수사로 보면서도 ① 수사기관이 범죄를 수사함에 있어 현재 범행이 행하여지고 있거나 행하여진 직후이고, ② 증거보전의 필요성 및 긴급성이 있으며, ③ 일반적으로 허용되는 상당한 방법에 의하여 촬영을 한 경우에는 영장주의 예외로서 사진촬영의 적법성을 인정한다(위 판례). 판례는 같은 입장에서 무인카메라로 속도를 위반한 차량의 번호 등을 촬영한 사진이 위법하게 수집된 증거에 해당하지 않는다고도 판시한 바 있다(대판 1999.12.7. 98도3329).

① 수사기관이 범죄를 수사함에 있어 현재 범행이 행하여지고 있거나 행하여진 직후이고, 증거보전의 필요성 및 긴급성이 있으며, 일반적으로 허용되는 상당한 방법에 의하여 촬영을 한 경우라면 위 촬영이 영장없이 이루어졌다 하여 이를 위법하다고 단정할 수 없다(대판 1999.9.3. 99도2317).

② 무인장비에 의한 제한속도 위반차량 단속은 이러한 수사활동의 일환으로서 도로에서의 위험을 방지하고 교통의 안전과 원활한 소통을 확보하기 위하여 도로교통법령에 따라 정해진 제한속도를 위반하여 차량을 주행하는 범죄가 현재 행하여지고 있고, 그 범죄의 성질·태양으로 보아 긴급하게 증거보전을 할 필요가 있는 상태에서 일반적으로 허용되는 한도를 넘지 않는 상당한 방법에 의한 것이라고 판단되므로, 이를 통하여 운전 차량의 차량번호 등을 촬영한 사진을 두고 위법하게 수집된 증거로서 증거능력이 없다고 말할 수 없다(대판 1999.12.7. 98도3329).

Ⅱ. 임의수사의 방법

1. 피의자신문

1) 피의자신문의 의의 및 방법

검사 또는 사법경찰관은 수사에 필요한 때에는 피의자의 출석을 요구하여 진술을 들을 수 있다(제200조). 이와 같이 피의자신문이란 수사기관, 즉 검사 또는 사법경찰관이 피의자를 신문하여 피의자로부터 진술을 듣는 것을 말한다.

(1) **출석요구**

수사기관이 피의자를 신문하기 위하여는 피의자의 출석을 요구하여야 한다(제200조). 출석요구의 방법에는 제한이 없다. 피의자는 출석을 거부할 수 있고, 출석한 때에도 언제나 퇴거할 수 있다. 다만, 정당한 이유 없이 출석을 거부하는 경우에는 영장에 의한 체포가 가능하다(제200조의2).

(2) **진술거부권의 고지**

검사 또는 사법경찰관은 피의자를 신문하기 전에 피의자에게 진술거부권과 변호인의 피의자신문참여권을 고지하여야 하고, 이에 대한 피의자의 답변을 조서에 기재하여야 한다. 이 경우 피의자의 답변은 피의자로 하여금 자필로 기재하게 하거나 검사 또는 사법경찰관이 피의자의 답변을 기재한 부분에 기명날인 또는 서명하게 하여야 한다.

구체적으로는 ① 일체의 진술을 하지 아니하거나 개개의 질문에 대하여 진술을 하지 아니할 수 있다는 것, ② 진술을 하지 아니하더라도 불이익을 받지 아니한다는 것, ③ 진술을 거부할 권리를 포기하고 행한 진술은 법정에서 유죄의 증거로 사용할 수 있다는 것, ④ 신문을 받을 때에는 변호인을 참여하게 하는 등 변호인의 조력을 받을 수 있다는 것을 알려주어야 한다(제244조의3).

수사기관이 피의자를 신문함에 있어서 피의자에게 미리 진술거부권을 고지하지 않은 때에는 그 피의자의 진술은 위법하게 수집된 증거로서 진술의 임의성이 인정되는 경우라도 증거능력이 부인된다(대판 1992.6.23. 92도682).

(3) 신문사항

검사 또는 사법경찰관이 피의자를 신문함에는 먼저 그 성명·연령·등록기준지·주거와 직업을 물어 피의자임에 틀림없음을 확인하여야 한다(제241조, 인정신문). 피의자는 이러한 인정신문에 대하여도 진술을 거부할 수 있다. 피의자에게 신문할 사항은 범죄사실과 정상에 관하여 필요한 사항이며, 피의자에 대하여도 이익되는 사실을 진술할 기회를 주어야 한다(제242조). 검사 또는 사법경찰관이 사실을 발견함에 필요한 때에는 피의자와 다른 피의자 또는 피의자 아닌 자와 대질하게 할 수 있다(제245조).

> 형사소송법 제199조, 제200조, 제242조의 규정에 비추어 보면 수사는 수사의 목적을 달성함에 필요한 경우에 한하여 상당하다고 인정되는 방법에 의하여 이루어져야 하고, 검사는 피의자를 신문함에 있어서 범죄사실에 관한 사항으로 범행의 일시, 장소, 수단과 방법, 객체, 결과뿐만 아니라, 그 동기와 공범관계, 범행에 이르게 된 경과 등 범행 전후의 여러 정황도 함께 신문하여야 하며, 위와 같은 사항들에 대한 신문은 당해 범죄에 대한 수사로서 그와 관계없는 별개의 범죄에 대한 수사는 아니다(대판 2007.11.30. 2005다40907).

(4) 피의자신문과 참여자

검사 또는 사법경찰관은 **피의자 또는 변호인의 신청이 있는 때**에는 정당한 사유가 없는 한 변호인을 피의자신문에 참여하게 하여야 한다(제243조의2 제1항). 또한 검사 또는 사법경찰관은 피의자를 신문하는 경우 ① 피의자가 신체적 또는 정신적 장애로 사물을 변별하거나 의사를 결정·전달할 능력이 미약한 경우 또는 ② 피의자의 연령·성별·국적 등의 사정을 고려하여 그 심리적 안정의 도모와 원활한 의사소통을 위하여 필요한 경우에는 **직권** 또는 피의자·법정대리인의 신청에 따라 피의자와 신뢰관계에 있는 자를 동석하게 할 수 있다(제244조의5). 검사가 피의자를 신문함에는 검찰청수사관 또는 서기관이나 서기를 참여하게 하여야 하고 사법경찰관이 피의자를 신문함에는 사법경찰관리를 참여하게 하여야 한다(제243조).

> ① 형사소송법 제244조의5에서 규정하는 신뢰관계인의 동석을 허락할 것인지는 원칙적으로 검사 또는 사법경찰관이 피의자의 건강 상태 등 여러 사정을 고려하여 재량에 따라 판단하여야 할 것이나, 이를 허락하는 경우에도 **동석한 사람으로 하여금 피의자를 대신하여 진술하도록 하여서는 안 된다.** 만약 동석한 사람이 피의자를 대신하여 진술한 부분이 조서에 기재되어 있다면 그 부분은 피의자의 진술을 기재한 것이 아니라 동석한 사람의 진술을 기재한 조서에 해당하므로, 그 사람에 대한 진술조서로서의 증거능력을 취득하기 위한 요건을 충족하지 못하는 한 이를 유죄 인정의 증거로 사용할 수 없다(대판 2009.6.23. 2009도1322).
>
> ② [1] 검사가 조사실에서 피의자를 신문할 때 피의자가 신체적으로나 심리적으로 위축되지 않은 상태에서 자기의 방어권을 충분히 행사할 수 있도록 피의자에게 보호장비를 사용하지 말아야 하

는 것이 원칙이고, 다만 도주, 자해, 다른 사람에 대한 위해 등 형집행법 제97조 제1항 각호에 규정된 위험이 분명하고 구체적으로 드러나는 경우에만 예외적으로 보호장비를 사용하여야 한다. 따라서 구금된 피의자는 형집행법 제97조 제1항 각호에 규정된 사유에 해당하지 않는 이상 보호장비 착용을 강제당하지 않을 권리를 가진다. 검사는 조사실에서 피의자를 신문할 때 해당 피의자에게 그러한 특별한 사정이 없는 이상 교도관에게 보호장비의 해제를 요청할 의무가 있고, 교도관은 이에 응하여야 한다. [2] 검사 또는 사법경찰관이 구금된 피의자를 신문할 때 피의자 또는 변호인으로부터 보호장비를 해제해 달라는 요구를 받고도 거부한 조치는 형사소송법 제417조에서 정한 '구금에 관한 처분'에 해당한다고 보아야 한다. [3] 검사 또는 사법경찰관의 부당한 신문방법에 대한 이의제기는 고성, 폭언 등 그 방식이 부적절하거나 또는 합리적 근거 없이 반복적으로 이루어지는 등의 특별한 사정이 없는 한, 원칙적으로 변호인에게 인정된 권리의 행사에 해당하며, 신문을 방해하는 행위로는 볼 수 없다. 따라서 검사 또는 사법경찰관이 그러한 특별한 사정 없이, 단지 변호인이 피의자신문 중에 부당한 신문방법에 대한 이의제기를 하였다는 이유만으로 변호인을 조사실에서 퇴거시키는 조치는 정당한 사유 없이 변호인의 피의자신문 참여권을 제한하는 것으로서 허용될 수 없다(대결 2020.3.17. 2015모2357).

(5) 조서의 작성

피의자의 진술은 조서에 기재하여야 한다. 조서는 피의자에게 열람하게 하거나 읽어 들려주어야 하며, 진술한 대로 기재되지 아니하였거나 사실과 다른 부분의 유무를 물어 피의자가 증감 또는 변경의 청구 등 이의를 제기하거나 의견을 진술한 때에는 이를 조서에 추가로 기재하여야 한다. 이 경우 피의자가 이의를 제기하였던 부분은 읽을 수 있도록 남겨두어야 한다(제244조 제1항, 제2항). 피의자가 조서에 대하여 이의나 의견이 없음을 진술한 때에는 피의자로 하여금 그 취지를 자필로 기재하게 하고 조서에 간인한 후 기명날인 또는 서명하게 한다(같은 조 제3항). 피의자신문조서에 기재된 진술은 일정한 조건 아래에서 증거능력이 인정된다(제312조).

조서말미에 피고인의 서명만이 있고, 그 날인(무인 포함)이나 간인이 없는 검사 작성의 피고인에 대한 피의자신문조서는 증거능력이 없다할 것이고, 피고인이 그 날인이나 간인을 거부하였고 그러한 취지가 조서말미에 기재되었다거나, 피고인이 법정에서 그 피의자신문조서의 임의성을 인정하였다고 하여 달리 볼 것은 아니다(대판 1999.4.13. 99도237).

(6) 수사과정의 기록

검사 또는 사법경찰관은 피의자가 조사장소에 도착한 시각, 조사를 시작하고 마친 시각, 그 밖에 조사과정의 진행경과를 확인하기 위하여 필요한 사항을 피의자신문조서에 기록하거나 별도의 서면에 기록한 후 수사기록에 편철하여야 한다(제244조의4).

수사기관이 조사과정을 기록하지 아니하여 제244조의4 제3항, 제1항에서 정한 절차를 위반한 경우에는 특별한 사정이 없는 한 '적법한 절차와 방식'에 따라 수사과정에서 진술서가 작성되었다 할 수 없으므로 증거능력을 인정할 수 없다(대판 2015.4.23. 2013도3790).

2) 피의자진술의 영상녹화

(1) 영상녹화의 방법 및 절차

피의자의 진술은 영상녹화할 수 있다. 이 경우 미리 영상녹화사실을 알려주어야 하며, 조사의 개시부터 종료까지의 전 과정 및 객관적 정황을 영상녹화하여야 한다. '전 과정'이라 함은 조사가 개시된 시점부터 조사가 종료되어 피의자가 조서에 기명날인 또는 서명을 마치는 시점까지의 전과정을 의미한다(규칙 제134조의2 제3항). 영상녹화가 완료된 때에는 피의자 또는 변호인 앞에서 지체없이 그 원본을 봉인하고 피의자로 하여금 기명날인 또는 서명하게 하여야 한다. 피의자 또는 변호인의 요구가 있는 때에는 영상녹화물을 재생하여 시청하게 하여야 한다. 이 경우 그 내용에 대하여 이의를 진술하는 때에는 그 취지를 기재한 서면을 첨부하여야 한다(제244조의2).

(2) 영상녹화물의 증거사용

피의자 또는 참고인 진술의 영상녹화물은 탄핵증거로는 사용할 수 없다. 또한 조서와 독립된 본증으로 사용할 수 있는지에 대해 견해가 대립하나, 판례는 부정설의 입장에서 법률에서 달리 규정하고 있지 아니하는 이상 공소사실을 직접 증명할 수 있는 독립된 증거로 사용될 수 없다고 판시하였다(대판 2014.7.10. 2012도5041).

> 수사기관이 참고인을 조사하는 과정에서 형사소송법 제221조 제1항에 따라 작성한 영상녹화물은, 다른 법률에서 달리 규정하고 있는 등의 특별한 사정이 없는 한, 공소사실을 직접 증명할 수 있는 독립적인 증거로 사용될 수는 없다고 해석함이 타당하다(대판 2014.7.10. 2012도5041).

다만 성폭력범죄의 처벌 등에 관한 특례법과 아동·청소년의 성보호에 관한 법률에 의해 피해자의 진술 등을 촬영한 영상녹화물은 공판준비기일 또는 공판기일에 피해자나 조사 과정에 동석하였던 신뢰관계에 있는 사람 또는 진술조력인의 진술에 의하여 그 성립의 진정함이 인정된 경우에 독립된 본증으로 사용할 수 있다(성폭력범죄의 처벌 등에 관한 특례법 제30조 제6항 및 아동·청소년의 성보호에 관한 법률 제26조 제6항).

그러나 위 성폭력범죄의 처벌 등 관한 특례법 제30조 제6항에 대하여 헌법재판소는 피고인의 공정한 재판을 받을 권리를 침해한다는 이유로 위헌결정을 하였고, 이에 따라 위 규정은 효력을 상실하였다(헌재결 2021.12.23. 2018헌바524). 또한 위 결정 이후 대법원은 아동·청소년의 성보호에 관한 법률 제26조 제6항 역시 같은 이유로 과잉금지 원칙에 위반될 수 있으므로 법원은 피해자들을 증인으로 소환하여 그 진술을 듣고 피고인에게 반대신문권을 행사할 기회를 부여할 필요가 있는지 여부 등에 관하여 심리·판단하여야 하고, 이러한 심리·판단 없이 위 규정에 따라 영상녹화물의 증거능력을 인정할 수 없다고 판시하였다(대판 2022.4.14. 2021도14616 등).

> ① 성폭력범죄의 특성상 영상물에 수록된 미성년 피해자 진술이 사건의 핵심 증거인 경우가 적지 않음에도 심판대상조항은 진술증거의 오류를 탄핵할 수 있는 효과적인 방법인 피고인의 반대신문권을 보장하지 않고 있다. (중략) 심판대상조항으로 인한 피고인의 방어권 제한의 중대성과 미성년 피해자의 2차 피해를 방지할 수 있는 여러 조화적인 대안들이 존재함

을 고려할 때, 심판대상조항이 달성하려는 공익이 제한되는 피고인의 사익보다 우월하다고 쉽게 단정하기는 어렵다. 따라서 심판대상조항은 과잉금지원칙을 위반하여 공정한 재판을 받을 권리를 침해한다(헌재결 2021.12.23. 2018헌바524).

② (중략) 아동·청소년의 성보호에 관한 법률 제26조 제6항 중 이 사건 위헌 법률 조항과 동일한 내용을 규정하고 있는 부분은 이 사건 위헌 결정의 심판대상이 되지 아니하였지만 이 사건 위헌 법률 조항에 대한 위헌 결정 이유와 같은 이유에서 과잉금지 원칙에 위반될 수 있다. 따라서 원심으로서는 이 사건 청소년성보호법 조항의 위헌 여부 또는 그 적용에 따른 위헌적 결과를 피하기 위하여 피해자들을 증인으로 소환하여 그 진술을 듣고 피고인에게 반대신문권을 행사할 기회를 부여할 필요가 있는지 여부 등에 관하여 심리·판단하였어야 한다. 원심이 이러한 심리·판단 없이 이 사건 영상물이 청소년성보호법에 따른 절차적 요건을 갖추었다는 사정을 들어 이 사건 영상물의 증거능력이 인정된다고 판단한 것은 잘못이다(대판 2022.4.14. 2021도14616 등).

또한 제312조 제4항의 '영상녹화물'은 형사소송법 및 형사소송규칙에 규정된 방식과 절차에 따라 제적되어 조사·신청된 영상녹화물을 의미한다.

쟁점 | 형사소송법 제312조 제4항 '영상녹화물'의 의미

형사소송법 제221조 제1항 및 형사소송규칙 제134조의2·제134조의3에서 규정하는 절차를 지키지 아니한 영상녹화물을 검사 및 사법경찰관 작성 진술조서의 증거능력을 인정하는 방법으로 사용할 수 있는지에 대해 ① 형사절차법정주의와 공판중심주의를 강조하여 절차에 위반한 영상녹화물은 기억환기용이나 성립의 진정을 위한 보조증거로도 사용할 수 없다는 부정설과 ② 전 과정을 녹화하였으나 재생과정에서 기술적 이유로 일부 과정만이 재생될 수도 있다는 점을 고려할 때 절차에 위반한 영상녹화물도 증거로 사용할 수 있다는 긍정설이 대립하고, 판례는 부정설의 입장에서 '형사소송법 제312조 제4항에서 규정된 '영상녹화물'이라 함은 형사소송법 및 형사소송규칙에 규정된 방식과 절차에 따라 제작되어 조사 신청된 영상녹화물을 의미한다'고 판시하였다(대판 2022.6.16. 2022도364). 생각건대, 형사소송법 및 형사소송규칙에서 정한 절차를 위반하여 수집된 영상녹화물은 어떠한 증거로도 사용될 수 없다고 하여야 하므로 부정설이 타당하다.

① 수사기관이 작성한 피고인 아닌 자의 진술을 기재한 조서에 대한 실질적 진정성립을 증명할 수 있는 수단으로서 형사소송법 제312조 제4항에 규정된 '영상녹화물'이라 함은 형사소송법 및 형사소송규칙에 규정된 방식과 절차에 따라 제작되어 조사 신청된 영상녹화물을 의미한다고 봄이 타당하다. (중략) 이를 위반한 영상녹화물에 의하여는 특별한 사정이 없는 한 피고인 아닌 자의 진술을 기재한 조서의 실질적 진정성립을 증명할 수 없다(대판 2022.6.16. 2022도364).

② [1] 검사가 작성한 피의자신문조서의 실질적 진정성립을 증명할 수 있는 방법으로서 구 형사소송법 제312조 제2항에 예시된 영상녹화물은 위와 같은 형사소송법 등에 규정된 방식과 절차에 따라 제작되어 조사 신청된 영상녹화물을 의미한다고 보아야 한다. [2] (중략) 형사소송법 등의 규정 내

용과 취지에 비추어 보면, 검사가 작성한 피고인이 된 피의자의 진술을 기재한 조서의 실질적 진정성립을 증명하려면 원칙적으로 봉인되어 피의자가 기명날인 또는 서명한 영상녹화물을 조사하는 방법으로 하여야 하고 특별한 사정이 없는 한 봉인절차를 위반한 영상녹화물로는 이를 증명할 수 없다. 다만 형사소송법 등이 정한 봉인절차를 제대로 지키지 못했더라도 영상녹화물 자체에 원본으로서 동일성과 무결성을 담보할 수 있는 수단이나 장치가 있어 조작가능성에 대한 합리적 의심을 배제할 수 있는 경우에는 그 영상녹화물을 법정 등에서 재생·시청하는 방법으로 조사하여 영상녹화물의 조작 여부를 확인함과 동시에 위 조서에 대한 실질적 진정성립의 인정 여부를 판단할 수 있다고 보아야 한다. [3] (중략) 여기서 조사가 개시된 시점부터 조사가 종료되어 조서에 기명날인 또는 서명을 마치는 시점까지라 함은 기명날인 또는 서명의 대상인 조서가 작성된 개별 조사에서의 시점을 의미하므로 수회의 조사가 이루어진 경우에도 최초의 조사부터 모든 조사 과정을 빠짐없이 영상녹화하여야 한다고 볼 수 없고, 같은 날 이루어진 수회의 조사라 하더라도 특별한 사정이 없는 한 조사 과정 전부를 영상녹화하여야 하는 것도 아니다(대판 2022.7.14. 2020도13957).

2. 피의자 이외의 자의 조사

1) 참고인 조사

검사 또는 사법경찰관은 수사에 필요한 때에는 피의자 아닌 자의 출석을 요구하여 진술을 들을 수 있다(제221조). 피의자 아닌 제3자를 참고인이라 한다. 참고인은 증인과는 달리 강제로 소환당하거나 신문당하지 아니한다. 참고인의 진술 여부는 참고인의 임의에 속한다. 검사는 범죄의 수사에 없어서는 아니 될 사실을 안다고 명백히 인정되는 자가 출석 또는 진술을 거부한 경우에는 제1회 공판기일 전에 한하여 판사에게 그에 대한 증인신문을 청구할 수 있을 뿐이다(제221조의2).

참고인에 대한 출석요구와 진술조서의 작성방법은 피의자신문의 경우와 같으나, 다만 참고인에 대하여는 진술거부권을 고지할 필요가 없다. 범죄로 인한 피해자를 조사하는 경우 직권 또는 피해자 등의 신청에 따라 피해자와 신뢰관계에 있는 자를 동석하게 할 수 있다(제163조의2 제1항, 제221조 제3항, 임의적 동석). 또한 피해자가 13세 미만이거나 신체적 또는 정신적 장애로 사물을 변별하거나 의사를 결정할 능력이 미약한 경우에는 부득이한 경우가 아닌 한 신뢰관계 있는 자를 동석하게 하여야 한다(제163조의2 제2항, 제221조 제3항, 필요적 동석).

수사기관은 참고인의 동의를 받아 참고인의 진술을 영상녹화할 수 있으며(제221조 제1항 2문, 이러한 영상녹화물의 증거사용에 대하여 피의자신문의 영상녹화물과 동일한 내용이 문제된다), 참고인을 조사하는 경우에도 수사과정을 기록해야 하는 것은 피의자신문의 경우와 같다(제244조의4 제3항). 참고인의 진술을 기재한 진술조서는 일정한 조건 하에서 증거능력이 인정된다(제312조 제4항).

① 형사소송법 제221조 제1항, 제244조의4 제1항, 제3항, 제312조 제4항, 제5항 및 그 입법 목적 등을 종합하여 보면, 피고인이 아닌 자가 수사과정에서 진술서를 작성하였지만 수사기관이 그에 대한 조사과정을 기록하지 아니하여 형사소송법 제244조의4 제3항, 제1항에

서 정한 절차를 위반한 경우에는, 특별한 사정이 없는 한 '적법한 절차와 방식'에 따라 수사과정에서 진술서가 작성되었다 할 수 없으므로 증거능력을 인정할 수 없다(대판 2015.4.23. 2013도3790).

② 용의자의 인상착의 등에 의한 범인식별 절차에서 용의자 한 사람을 단독으로 목격자와 대질시키거나 용의자의 사진 한 장만을 목격자에게 제시하여 범인 여부를 확인하게 하는 것은 사람의 기억력의 한계 및 부정확성과 구체적인 상황하에서 용의자나 그 사진상의 인물이 범인으로 의심받고 있다는 무의식적 암시를 목격자에게 줄 수 있는 가능성으로 인하여, 그러한 방식에 의한 범인식별 절차에서의 목격자의 진술은, 그 용의자가 종전에 피해자와 안면이 있는 사람이라든가 피해자의 진술 외에도 그 용의자를 범인으로 의심할 만한 다른 정황이 존재한다든가 하는 등의 부가적인 사정이 없는 한 그 신빙성이 낮다고 보아야 하므로, 범인식별 절차에 있어 목격자의 진술의 신빙성을 높게 평가할 수 있게 하려면, 범인의 인상착의 등에 관한 목격자의 진술 내지 묘사를 사전에 상세히 기록화한 다음, 용의자를 포함하여 그와 인상착의가 비슷한 여러 사람을 동시에 목격자와 대면시켜 범인을 지목하도록 하여야 하고, 용의자와 목격자 및 비교대상자들이 상호 사전에 접촉하지 못하도록 하여야 하며, 사후에 증거가치를 평가할 수 있도록 대질 과정과 결과를 문자와 사진 등으로 서면화하는 등의 조치를 취하여야 하고, 사진제시에 의한 범인식별 절차에 있어서도 기본적으로 이러한 원칙에 따라야 한다. 그리고 이러한 원칙은 동영상제시·가두식별 등에 의한 범인식별 절차와 사진제시에 의한 범인식별 절차에서 목격자가 용의자를 범인으로 지목한 후에 이루어지는 동영상제시·가두식별·대면 등에 의한 범인식별 절차에도 적용되어야 한다(대판 2008.1.17. 2007도5201).

③ [1] 범죄 발생 직후 목격자의 기억이 생생하게 살아있는 상황에서 현장이나 그 부근에서 범인식별 절차를 실시하는 경우에는, 목격자에 의한 생생하고 정확한 식별의 가능성이 열려 있고 범죄의 신속한 해결을 위한 즉각적인 대면의 필요성도 인정할 수 있으므로, 용의자와 목격자의 일대일 대면도 허용된다. [2] 피해자가 경찰관과 함께 범행 현장에서 범인을 추적하다 골목길에서 범인을 놓친 직후 골목길에 면한 집을 탐문하여 용의자를 확정한 경우, 그 현장에서 용의자와 피해자의 일대일 대면이 허용된다고 한 사례(대판 2009.6.11. 2008도12111).

2) 감정·통역·번역의 위촉

검사 또는 사법경찰관은 수사에 필요한 때에는 감정·통역 또는 번역을 위촉할 수 있다(제221조 제2항). 감정을 위촉하는 경우에 유치처분이 필요하다고 인정할 때에는 검사는 판사에게 감정유치를 청구할 수 있고(제221조의3), 감정의 위촉을 받은 자는 판사의 허가를 얻어 감정에 필요한 처분을 할 수 있다(제221조의4). 위촉을 받은 자가 작성한 감정서도 일정한 조건 아래 증거능력이 인정된다(제313조 제2항).

3. 사실조회

수사에 관하여는 공무소 또는 기타 공사단체에 조회하여 필요한 사항의 보고를 요구할 수 있다(제199조 제2항). 조회할 수 있는 사항에는 제한이 없으며, 전과조회·신원 또는 신분조회 등이 여기에 해당한다. 조회를 받은 상대방에게는 보고의무가 있다.

CHAPTER 02 | 강제처분과 강제수사

제1절 | 체포와 구속

Ⅰ. 피의자의 체포

1. 체포영장에 의한 체포(통상체포)

1) 체포의 요건

체포영장을 발부하기 위하여는 ① 피의자가 죄를 범하였다고 의심할 만한 상당한 이유가 있고, ② 정당한 이유 없이 수사기관의 출석요구에 응하지 아니하거나 응하지 아니할 우려가 있어야 한다(제200조의2 제1항).

(1) 범죄혐의의 상당성

체포영장을 발부하기 위하여는 피의자가 죄를 범하였다고 의심할 만한 상당한 이유가 있어야 한다. 이러한 범죄혐의는 수사기관의 주관적 혐의가 아닌 객관적 혐의일 것을 요한다. 그리고 무죄의 추정을 깨뜨릴 수 있을 정도의 유죄판결에 대한 고도의 개연성 내지 충분한 범죄혐의가 있어야 한다.

(2) 체포사유

피의자를 체포하기 위하여는 피의자가 정당한 이유없이 수사기관의 출석요구에 응하지 아니하거나 응하지 아니할 우려가 있어야 한다(제200조의2 제1항 본문). 출석요구에 불응하거나 불응할 우려가 있으면 족하고, 구속사유인 도망이나 증거인멸의 우려가 있어야 하는 것은 아니니다. 다만, 다액 50만 원 이하의 벌금·구류 또는 과료에 해당하는 사건에 관하여는 피의자가 일정한 주거가 없는 경우 또는 정당한 이유없이 출석요구에 응하지 아니한 경우에 한하여 체포할 수 있다(같은 항 단서, 경미범죄 특칙).

(3) 체포의 필요성

체포의 필요성은 통상체포의 요건이 되지는 아니한다. 다만 명백히 체포의 필요성이 인정되지 아니하는 경우에는 체포하여서는 안 된다(제200조의2 제2항, 소극적 요건).

2) 체포의 절차

(1) 체포영장의 청구

피의자가 죄를 범하였다고 의심할 만한 상당한 이유가 있고 체포사유가 인정될 때에는 검사는 관할 지방법원판사에게 청구하여 체포영장을 발부받아 피의자를 체포할 수 있다. 사법경찰관은 검사에게 신청하여 검사의 청구로 체포영장을 발부받아야 한다(제200조의2 제1항). 체포영장청구서에는 ① 피의자의 성명·주민등록번호 등·직업·주거, ② 피의자에게 변호인이 있는 때에는 그 성명, ③ 죄명 및 범죄사실의 요지, ④ 7일을 넘는 유효기간을 필요로 하는 때에는 그 취지 및 사유, ⑤ 여러 통의 영장을 청구하는 때에는 그 취지 및 사유, ⑥ 인치·구금할 장소 등을 기재하여야 하며(규칙 제95조 제1항), 체포의 사유 및 필요를 인정할 수 있는 자료를 제출하여야 한다(제96조 제1항). 체포영장청구서에는 범죄사실의 요지를 따로 기재한 서면 1통(수통의 영장을 청구하는 때에는 그에 상응하는 통수)을 첨부하여야 한다(제93조 제2항).

검사가 체포영장을 청구함에 있어서 동일한 범죄사실에 관하여 그 피의자에 대하여 전에 체포영장을 청구하였거나 발부받은 사실이 있는 때에는 다시 체포영장을 청구하는 취지 및 이유를 기재하여야 한다(제200조의2 제4항).

(2) 체포영장의 발부

체포영장 청구를 받은 지방법원판사는 상당하다고 인정할 때에는 체포영장을 발부한다(제200조의2 제2항). 체포영장에는 피의자의 성명, 주거, 죄명, 피의사실의 요지, 인치·구금할 장소, 발부연월일, 그 유효기관과 그 기간을 경과하면 집행에 착수하지 못하며 영장을 반환하여야 할 취지를 기재하고 법관이 서명날인하여야 한다(제200조의6, 제75조 제1항). 체포영장의 기재사항이나 그 방식은 구속영장의 경우와 같다.

체포영장을 발부하지 아니할 때에는 청구서에 그 취지 및 이유를 기재하고 서명날인하여 청구한 검사에게 교부한다(제200조의2 제3항). 검사의 영장청구에 대한 수임판사의 기각결정에 대하여는 항고나 준항고 등을 통하여 직접적으로 불복할 수 없다는 것이 판례의 태도이다(대결 2006.12.18. 2006모646). 다만 검사는 영장을 재청구함으로써 간접적으로 불복할 수는 있다.

(3) 체포영장의 집행

① 집행기관 : 체포영장의 집행에 관하여는 구속영장의 집행에 관한 규정이 대부분 준용된다(제200조의6). 즉 체포영장은 검사의 지휘에 의하여 사법경찰관리가 집행한다(제81조 제1항 본문). 교도소 또는 구치소에 있는 피의자에 대하여 발부된 체포영장은 검사의 지휘에 의하여 교도관리가 집행한다(같은 조 제3항). 검사는 관할구역 외에서 집행을 지휘할 수 있고 당해 관할구역의 검사에게 집행지휘를 촉탁할 수 있으며(제83조 제1항), 사법경찰관리도 관할구역 외에서 체포영장을 집행하거나 관할구역 밖에서 체포영장을 집행하거나 관할구역 밖의 사법경찰관리의 촉탁을 받아 피의자를 체포한 때에는 관할 지방검찰청 검사장 또는 지청장에게 보고하여야 한다(제210조).

② 집행절차 : 체포영장을 집행함에는 체포영장을 피의자에게 제시하여야 하고 그 사본을 교부하여야 하며 신속히 지정된 법원 기타 장소에 인치하여야 한다(제200조의6, 제85조 제1항). 다만 체포영장을 소지하지 아니한 경우에 급속을 요하는 때에는 피의자에 대하여 피의사실이 요지와 영장이 발부되었음을 고하고 집행할 수 있다(같은 조 제3항). 이 경우에 집행을 완료한 후에는 신속히 체포영장을 제시하고 사본을 교부하여야 한다(같은 조 제4항).

검사 또는 사법경찰관은 피의자를 체포하는 경우에도 범죄사실의 요지, 체포의 이유와 변호인을 선임할 수 있음을 말하고 변명할 기회를 주어야 한다(제200조의5). 체포영장의 집행을 받은 피의자를 호송할 경우에 필요한 때에는 가장 근접한 교도소 또는 구치소에 피의자를 임시로 유치할 수 있다(제86조).

> ① 체포의 이유와 변호인 선임권의 고지 등 적법한 절차를 무시한 채 이루어진 강제연행은 전형적인 위법한 체포에 해당한다(대판 2013.3.14. 2010도2094).
> ② 체포영장의 제시나 고지 등은 체포를 위한 실력행사에 들어가기 이전에 미리 하여야 하는 것이 원칙이다. 그러나 달아나는 피의자를 쫓아가 붙들거나 폭력으로 대항하는 피의자를 실력으로 제압하는 경우에는 붙들거나 제압하는 과정에서 하거나, 그것이 여의치 않은 경우에는 일단 붙들거나 제압한 후에 지체 없이 하여야 한다(대판 2017.9.21. 2017도10866).

(4) 집행 후의 절차

피의자를 체포한 때에는 변호인이 있는 경우에는 변호인에게, 변호인이 없는 때에는 변호인 선임권자 가운데 피의자가 지정한 자에게 **피의사건명·체포일시와 장소·피의사실의 요지·체포의 이유와 변호인을 선임할 수 있음을 알려야** 한다(제200조의6, 제87조). 체포된 피의자는 수사기관 교도소장 또는 구치소장이나 그 대리자에게 변호인을 지정하여 **변호인의 선임을 의뢰**할 수 있고, 의뢰를 받은 위의 사람은 급속히 피의자가 지정한 변호사에게 그 취지를 알려야 한다(제200조의6, 제90조). 또한 체포된 피의자는 법률의 범위 내에서 **타인과 접견**하고 **서류 또는 물건을 수수**하며 의사의 진료를 받을 수 있다(제200조의6, 제89조).

3) 체포 후의 절차

체포된 피의자를 구속하고자 할 때에는 검사는 **체포한 때로부터 48시간 이내에 제201조의 규정에 의하여 구속영장을 청구하여야** 하고, 그 기간 내에 구속영장을 청구하지 아니하는 때에는 피의자를 즉시 석방하여야 한다(제200조의2 제5항). 체포영장 발부를 받은 후 피의자를 체포 또는 구속하지 아니하거나 체포 또는 구속한 피의자를 석방한 때에는 지체 없이 검사는 영장을 발부한 법원에 그 사유를 서면으로 통지하여야 한다(제204조).

체포영장에 의하여 체포된 피의자에게도 **체포적부심사청구권**이 인정된다(제214조의2 제1항). 체포영장에 의하여 체포된 피의자를 구속영장에 의하여 구속한 때에는 구속기간은 체포된 때부터 기산한다(제203조의2).

2. 긴급체포

1) 긴급체포의 의의

긴급체포란 중대한 죄를 범하였다고 의심할 만한 상당한 이유가 있는 피의자를 수사기관이 법관의 체포영장을 발부받지 않고 체포하는 것을 말한다(제200조의3 제1항).

2) 긴급체포의 요건

(1) 범죄의 중대성

피의자가 사형·무기 또는 장기 3년 이상의 징역이나 금고에 해당하는 죄를 범하였다고 의심할 만한 상당한 이유가 있어야 한다.

(2) 체포의 필요성

피의자가 증거를 인멸할 염려가 있거나 도망 또는 도망할 염려가 있어야 한다.

(3) 체포의 긴급성

긴급을 요하여 지방법원판사의 체포영장을 받을 수 없을 것을 요한다. 긴급을 요한다 함은 피의자를 우연히 발견한 경우 등과 같이 체포영장을 받을 시간적 여유가 없는 때를 말한다.

> **쟁점** 자진출석한 자에 대한 긴급체포 가부
>
> 수사기관의 출석요구에 응하여 자진출석한 자를 긴급체포할 수 있는지에 대해 ① 체포의 요건이 충족되지 아니하여 긴급체포할 수 없다는 견해도 있으나, ② 자진출석하여 조사 후 귀가를 요구하는 경우에 조사과정 중 자신의 범죄혐의의 중대성을 자각하여 도주할 우려가 발생할 수도 있으므로 피의자가 출석하게 된 경위, 출석횟수, 출석불응이 있었는지, 조사시간, 수사상황 등 제반사정을 고려하여 조사과정에서 중범죄의 혐의가 인정됨에 따라 구속을 우려하여 귀가를 요구하는 것과 같이 도망 및 증거인멸의 우려가 현저한 경우 긴급체포할 수 있다고 봄이 타당하다. 판례는 긍정설의 입장을 기본으로 하면서도 구체적인 사례에서는 긴급체포의 적법성을 엄격하게 판단하면서, 자진출석한 참고인에 대해 피의자신문을 행하려는 수사기관의 기도를 참고인이 거부하고 바로 퇴거하려고 시도하자 수사기관이 이를 실력으로 제지하고, 이에 참고인이 저항하자 수사기관이 긴급체포한 사안에서, 위 긴급체포는 위법하고 피고인의 저항과정에서의 상해행위는 정당방위에 해당하여 위법성이 조각된다고 판시하였다(대판 2006.9.8. 2006도148).

① 긴급체포의 요건을 갖추었는지 여부는 사후에 밝혀진 사정을 기초로 판단하는 것이 아니라 체포 당시의 상황을 기초로 판단하여야 하고, 이에 관한 검사나 사법경찰관 등 수사주체의 판단에는 상당한 재량의 여지가 있다고 할 것이나, 긴급체포 당시의 상황으로 보아서도 그 요건의 충족 여부에 관한 검사나 사법경찰관의 판단이 경험칙에 비추어 현저히 합리성을 잃은 경우에는 그 체포는 위법한 체포라 할 것이고, 이러한 위법은 영장주의에 위배되는 중대한 것이니 그 체포에 의한 유치 중에 작성된 피의자신문조서는 위법하게 수집된 증거로서 특별한 사정이 없는 한 이를 유죄의 증거로 할 수 없는 것이다(대판 2002.6.11. 2000도5701).

② 검사나 사법경찰관이 수사기관에 자진출석한 사람을 긴급체포의 요건을 갖추지 못하였음에도 실력으로 체포하려고 하였다면 적법한 공무집행이라고 할 수 없고, 자진출석한 사람이 검사나 사법경찰관에 대하여 이를 거부하는 방법으로써 폭행을 하였다고 하여 **공무집행방해죄가 성립하는 것은 아니다**(대판 2006.9.8. 2006도148).

③ 피고인이 필로폰을 투약한다는 제보를 받은 경찰관이 제보된 주거지에 피고인이 살고 있는지 등 제보의 정확성을 사전에 확인한 후에 제보자를 불러 조사하기 위하여 피고인의 주거지를 방문하였다가, 현관에서 담배를 피우고 있는 피고인을 발견하고 사진을 찍어 제보자에게 전송하여 사진에 있는 사람이 제보한 대상자가 맞다는 확인을 한 후, 가지고 있던 피고인의 전화번호로 전화를 하여 차량 접촉사고가 났으니 나오라고 하였으

> 나 나오지 않고, 또한 경찰관임을 밝히고 만나자고 하는데도 현재 집에 있지 않다는 취지로 거짓말을 하자 피고인의 집 문을 강제로 열고 들어가 피고인을 긴급체포한 사안에서, 피고인이 마약에 관한 죄를 범하였다고 의심할 만한 상당한 이유가 있었더라도, 경찰관이 이미 피고인의 신원과 주거지 및 전화번호 등을 모두 파악하고 있었고, 당시 마약 투약의 범죄 증거가 급속하게 소멸될 상황도 아니었던 점 등의 사정을 감안하면, 긴급체포가 미리 체포영장을 받을 시간적 여유가 없었던 경우에 해당하지 않아 위법하다(대판 2016.10.13. 2016도5814).

3) 긴급체포의 절차

(1) 긴급체포의 방법

검사 또는 사법경찰관은 피의자에게 긴급체포를 한다는 사유를 알리고 영장없이 피의자를 체포할 수 있다(제200조의3 제1항). 사법경찰관이 긴급체포를 한 경우에는 즉시 검사의 승인을 받아야 한다(같은 조 제2항). 검사 또는 사법경찰관이 피의자를 긴급체포함에 있어서는 피의사실의 요지, 체포의 이유와 변호인을 선임할 수 있음을 말하고 변명의 기회를 주어야 하며(제200조의5), 즉시 **긴급체포서**를 작성하여야 한다(같은 조 제3항). 긴급체포서에는 범죄사실의 요지와 긴급체포의 사유 등을 기재하여야 한다(같은 조 제4항).

> [1] 사법경찰리가 현행범인으로 체포하는 경우에는 반드시 범죄사실의 요지, 구속의 이유와 변호인을 선임할 수 있음을 말하고 변명할 기회를 주어야 할 것임은 명백하며, 이러한 법리는 비단 현행범인을 체포하는 경우뿐만 아니라 긴급체포의 경우에도 마찬가지로 적용되는 것이고, 이와 같은 고지는 체포를 위한 실력행사에 들어가기 이전에 미리 하여야 하는 것이 원칙이나, 달아나는 피의자를 쫓아가 붙들거나 폭력으로 대항하는 피의자를 실력으로 제압하는 경우에는 붙들거나 제압하는 과정에서 하거나, 그것이 여의치 않은 경우에는 일단 붙들거나 제압한 후에 지체 없이 행하여야 한다. [2] 경찰관들이 미란다 원칙상 고지사항의 일부만 고지하고 신원확인절차를 밟으려는 순간 범인이 유리조각을 쥐고 휘둘러 이를 제압하려는 경찰관들에게 상해를 입힌 경우, 그 제압과정 중이나 후에 지체 없이 미란다 원칙을 고지하면 되는 것이므로 위 경찰관들의 긴급체포업무에 관한 정당한 직무집행을 방해한 경우라고 본 사례(대판 2007.11.29. 2007도7961)

(2) 체포 후의 조치

검사 또는 사법경찰관이 긴급체포한 피의자를 구속하고자 할 때에는 지체없이 검사는 관할 지방법원판사에게 **구속영장을 청구**하여야 하고, 사법경찰관은 검사에게 신청하여 검사의 청구로 관할 지방법원판사에게 구속영장을 청구하여야 한다. 이 경우 구속영장은 피의자를 체포한 때부터 **48시간 이내**에 청구하여야 하며, 구속영장을 청구한 때에는 긴급체포서를 첨부하여야 한다(제200조의4 제1항). 48시간 이내에 구속영장을 청구하지 아니하거나 발부받지 못한 때에는 피의자를 즉시 석방하여야 한다(같은 조 제2항). 48시간 이내에 구속영장을 청구하면 족하므로 이 기간이 넘어서 구속영장이 발부되었다고 해서 피의자를 석방해야 하는 것은 아니다.

공소외 7이 2009. 11. 2. 22:00경 긴급체포되어 조사를 받고 구속영장이 청구되지 아니하여 2009. 11. 4. 20:10경 석방되었음에도 검사가 그로부터 30일 이내에 법 제200조의4에 따른 석방통지를 법원에 하지 아니한 사실을 알 수 있으나, 공소외 7에 대한 긴급체포 당시의 상황과 경위, 긴급체포 후 조사 과정 등에 특별한 위법이 있다고 볼 수 없는 이상, 단지 사후에 석방통지가 법에 따라 이루어지지 않았다는 사정만으로 그 긴급체포에 의한 유치 중에 작성된 공소외 7에 대한 피의자신문조서들의 작성이 소급하여 위법하게 된다고 볼 수는 없다(대판 2014.8.26. 2011도6035).

쟁점 긴급체포 후 추가조사 가부

긴급체포 후 영장청구 전 추가조사를 할 수 있는지에 대해 ① 긴급체포된 피의자가 새로운 변명을 하는 때에는 당연히 그 진위를 확인하고 구속영장을 청구해야 하는 등 현실적 필요성이 있으므로 추가조사가 가능하다는 긍정설과 ② 제200조의4 제1항에서 '지체 없이'라고 규정하고 있음을 근거로 긴급체포서 작성시에 필요한 최소한의 범위에서 피의자의 인적사항 등 확인만이 가능하다는 부정설이 대립한다. 판례는 검사는 긴급체포된 피의자를 대면조사 할 수 있다면서도, 이러한 대면조사는 긴급체포의 적법성을 의심할 만한 사유가 객관적으로 존재하는 예외적인 경우에 한하여 허용될 뿐, 구속영장 청구에 필요한 사유를 보강하기 위한 목적으로 실시되어서는 아니 된다고 판시하였다(대판 2010.10.28. 2008도11999, 이러한 대면조사는 임의수사에 해당한다). 생각건대, 제200조의4 제1항의 명문규정과 긴급체포의 요건은 엄격하게 판단하여야 한다는 점에서 부정설이 타당하고, 검사가 긴급체포 이후에 추가조사를 한 것은 긴급체포에 관한 규정 위반으로 구속영장 기각사유가 된다(이에 대해 구속전피의자심문에서 법관이 체포의 부적법을 이유로 구속영장을 기각할 수 있는지가 추가로 문제된다). 수사기관은 긴급체포 후 추가조사가 불가하므로, 긴급체포 여부 자체를 엄격히 판단하여야 할 것이다.

사법경찰관이 검사에게 긴급체포된 피의자에 대한 긴급체포 승인 건의와 함께 구속영장을 신청한 경우, 검사는 긴급체포의 승인 및 구속영장의 청구가 피의자의 인권에 대한 부당한 침해를 초래하지 않도록 긴급체포의 적법성 여부를 심사하면서 수사서류 뿐만 아니라 피의자를 검찰청으로 출석시켜 직접 대면조사 할 수 있는 권한을 가진다고 보아야 한다. (중략) 위와 같은 검사의 구속영장 청구 전 피의자 대면조사는 긴급체포의 적법성을 의심할 만한 사유가 기록 기타 객관적 자료에 나타나고 피의자의 대면조사를 통해 그 여부의 판단이 가능할 것으로 보이는 예외적인 경우에 한하여 허용될 뿐, 긴급체포의 합당성이나 구속영장 청구에 필요한 사유를 보강하기 위한 목적으로 실시되어서는 아니 된다. 나아가 검사의 구속영장 청구 전 피의자 대면조사는 강제수사가 아니므로 피의자는 검사의 출석 요구에 응할 의무가 없고, 피의자가 검사의 출석 요구에 동의한 때에 한하여 사법경찰관리는 피의자를 검찰청으로 호송하여야 한다(대판 2010.10.28. 2008도11999).

(3) 재체포의 제한

긴급체포되었으나 구속영장을 청구하지 아니하거나 구속영장을 발부받지 못하여 석방된 자는 영장없이는 동일한 범죄사실에 관하여 다시 체포하지 못한다(제200조의4 제3항). 그러나 판사에 의하여 체포영장을 발부받은 때에는 다시 체포할 수 있다.

형사소송법 제200조의4 제3항은 영장없이는 긴급체포 후 석방된 피의자를 동일한 범죄사실에 관하여 체포하지 못한다는 규정으로, 위와 같이 석방된 피의자라도 법원으로부터 구속영장을 발부받아 구속할 수 있음은 물론이고, 같은 법 제208조 소정의 '구속되었다가 석방된 자'라 함은 구속영장에 의하여 구속되었다가 석방된 경우를 말하는 것이지, 긴급체포나 현행범으로 체포되었다가 사후영장발부 전에 석방된 경우는 포함되지 않는다 할 것이므로, 피고인이 수사 당시 긴급체포되었다가 수사기관의 조치로 석방된 후 법원이 발부한 구속영장에 의하여 구속이 이루어진 경우 앞서 본 법조에 위배되는 위법한 구속이라고 볼 수 없다(대판 2001.9.28. 2001도4291).

3. 현행범인의 체포

1) 현행범인의 의의

(1) 고유한 의미의 현행범인

현행범인이란 범죄의 실행 중이거나 실행의 직후인 자를 말한다(제211조 제1항). 범죄의 실행 중이란 범죄의 실행에 착수하여 종료하지 못한 상태를 말한다. 범죄의 실행직후란 범죄의 실행행위를 종료한 직후를 말한다. 직후란 실행행위와 시간적 접착성이 인정되어야 하고, 동시에 장소적 접착성도 요건으로 한다.

① '범죄의 실행의 즉후인 자'라고 함은, 범죄의 실행행위를 종료한 직후의 범인이라는 것이 체포하는 자의 입장에서 볼 때 명백한 경우를 일컫는 것으로서, '범죄의 실행행위를 종료한 직후'라고 함은, 범죄행위를 실행하여 끝마친 순간 또는 이에 아주 접착된 시간적 단계를 의미하는 것으로 해석되므로, 시간적으로나 장소적으로 보아 체포를 당하는 자가 방금 범죄를 실행한 범인이라는 점에 관한 죄증이 명백히 존재하는 것으로 인정되는 경우에만 현행범인으로 볼 수 있다(대판 2002.5.10. 2001도300).

② 음주운전을 종료한 후 40분 이상이 경과한 시점에서 길가에 앉아 있던 운전자를 술냄새가 난다는 점만을 근거로 음주운전의 현행범으로 체포한 것은 적법한 공무집행으로 볼 수 없다(대판 2007.4.13. 2007도1249).

③ 교사가 교장실에 들어가 불과 약 5분 동안 식칼을 휘두르며 교장을 협박하는 등의 소란을 피운 후 40여분 정도가 지나 경찰관들이 출동하여 교장실이 아닌 서무실에서 그를 연행하려 하자 그가 구속영장의 제시를 요구하면서 동행을 거부하였다면, 체포 당시 서무실에 앉아 있던 위 교사가 방금 범죄를 실행한 범인이라는 죄증이 경찰관들에게 명백히 인식될 만한 상황이라 할 수 없으므로 그를 '범죄의 실행의 즉후인 자'로서 현행범인이라고 단정할 수 없다(대판 1991.9.24. 91도1314).

④ 현행범 체포의 적법성은 체포 당시의 구체적 상황을 기초로 객관적으로 판단하여야 하고, 사후에 범인으로 인정되었는지에 의할 것은 아니다(대판 2013.8.23. 2011도4763).

⑤ [1] 사용자는 쟁의행위 기간 중 그 쟁의행위로 중단된 업무의 수행을 위하여 당해 사업과 관계없는 자를 채용 또는 대체할 수 없고, 이를 위반한 자는 1년 이하의 징역 또는 1천만 원 이하의 벌금으로 처벌된다(노동조합법 제91조, 제43조 제1항). 여기서 처벌되는 '사용

자'는 사업주, 사업의 경영담당자 또는 그 사업의 근로자에 관한 사항에 대하여 사업주를 위하여 행동하는 자를 말한다(제2조 제2호). 노동조합법 제91조, 제43조 제1항은 사용자의 위와 같은 행위를 처벌하도록 규정하고 있으므로, 사용자에게 채용 또는 대체되는 자에 대하여 위 법조항을 바로 적용하여 처벌할 수 없음은 문언상 분명하다. 나아가 채용 또는 대체하는 행위와 채용 또는 대체되는 행위는 2인 이상의 서로 대향된 행위의 존재를 필요로 하는 관계에 있음에도 채용 또는 대체되는 자를 따로 처벌하지 않는 노동조합법 문언의 내용과 체계, 법 제정과 개정 경위 등을 통해 알 수 있는 입법 취지에 비추어 보면, 쟁의행위 기간 중 그 쟁의행위로 중단된 업무의 수행을 위하여 당해 사업과 관계없는 자를 채용 또는 대체하는 사용자에게 채용 또는 대체되는 자의 행위에 대하여는 일반적인 형법 총칙상의 공범 규정을 적용하여 공동정범, 교사범 또는 방조범으로 처벌할 수 없다고 판단된다. [2] 甲 노동조합 소속 지회의 지회장 등인 피고인들이, 파업기간 중에 위 지회에 가입한 업체인 乙 회사에 채용되어 丙 회사의 공장에서 대체근로 중이던 丁을 발견하고 뒤쫓아 가 붙잡으려는 과정에서 丁에게 상해를 입게 하여 폭력행위 등 처벌에 관한 법률 위반(공동상해) 등으로 기소된 사안에서, 피고인들의 행위가 적법한 현행범인 체포로서 정당행위에 해당한다고 보아 공소사실을 무죄로 판단한 원심판결에 노동조합 및 노동관계조정법 제91조, 제43조 제1항 위반죄 등에 관한 법리오해의 잘못이 있다고 한 사례(대판 2020.6.11. 2016도3048)

(2) 준현행범인

준현행범인이란 현행범인은 아니지만 현행범인으로 간주되는 자를 말한다. 형사소송법은 ① 범인으로 호창되어 추적되고 있는 때, ② 장물이나 범죄에 사용되었다고 인정함에 충분한 흉기 기타의 물건을 소지하고 있는 때, ③ 신체 또는 의복류에 현저한 증적이 있는 때, ④ 누구임을 물음에 대하여 도망하려 하는 때를 현행범인으로 간주하고 있다(제211조 제2항).

> 순찰 중이던 경찰관이 교통사고를 낸 차량이 도주하였다는 무전연락을 받고 주변을 수색하다가 범퍼 등의 파손상태로 보아 사고차량으로 인정되는 차량에서 내리는 사람을 발견한 경우, 준현행범으로 체포할 수 있다(대판 2000.7.4. 99도4341).

2) 현행범인의 체포의 요건

현행범인은 누구든지 영장없이 체포할 수 있다(제212조). 체포는 누구든지 할 수 있다. 다만 사인은 체포할 권한을 가질 뿐이며 체포할 의무가 있는 것은 아니다. 현행범 체포의 요건은 다음과 같다.

① **범죄의 명백성** : 현행범인은 체포시에 특정범죄의 범인임이 명백하여야 한다. 형식상 죄를 범한 것처럼 보일지라도 범죄가 성립하지 않을 때에는 현행범인으로 체포할 수는 없다. 따라서 구성요건해당성이 인정되지 않는 경우는 물론 위법성조각사유나 책임조각사유가 명백한 경우에는 현행범인으로 체포할 수 없게 된다.

② **체포의 필요성** : 긴급체포의 경우와는 달리 현행범인의 체포에 도망이나 증거인멸의 우려와 같은 구속사유가 필요하다는 명문의 규정이 없어 체포의 필요성이 요건이 되는지 문제되고, 판례는 적극설의 입장이다.

현행범인은 누구든지 영장 없이 체포할 수 있는데(형사소송법 제212조), 현행범인으로 체포하기 위하여는 행위의 가벌성, 범죄의 현행성·시간적 접착성, 범인·범죄의 명백성 이외에 체포의 필요성 즉, 도망 또는 증거인멸의 염려가 있어야 하고, 이러한 요건을 갖추지 못한 현행범인 체포는 법적 근거에 의하지 아니한 영장 없는 체포로서 위법한 체포에 해당한다. 여기서 현행범인 체포의 요건을 갖추었는지는 체포 당시 상황을 기초로 판단하여야 하고, 이에 관한 검사나 사법경찰관 등 수사주체의 판단에는 상당한 재량 여지가 있으나, 체포 당시 상황으로 보아도 요건 충족 여부에 관한 검사나 사법경찰관 등의 판단이 경험칙에 비추어 현저히 합리성을 잃은 경우에는 그 체포는 위법하다고 보아야 한다(대판 2011.5.26. 2011도3682).

③ **비례성의 원칙** : 현행범인의 체포에 있어서도 비례성의 원칙은 적용된다. 형사소송법은 50만원 이하의 벌금·구류 또는 과료에 해당하는 죄의 현행범인에 대하여는 범인의 주거가 분명하지 아니한 때에 한하여 현행범인으로 체포할 수 있다고 규정하고 있다(제214조, 경미범죄 특칙).

3) 현행범체포의 절차

(1) 현행범체포의 주체

수사기관이 현행범을 체포하는 경우 피의사실의 요지 및 체포이유와 변호인을 선임할 수 있음을 고지하고 변명할 기회를 준 후가 아니면 현행범인을 체포할 수 없다(제200조의5, 제213조의2). 사인이 현행범인을 체포하는 경우에는 수사기관이 사인으로부터 현행범을 인도받은 때 위와 같은 고지 등을 하여야 한다.

① 사법경찰리가 현행범인으로 체포하는 경우에는 반드시 범죄사실의 요지, 구속의 이유와 변호인을 선임할 수 있음을 말하고 변명할 기회를 주어야 하며, 이러한 법리는 비단 현행범인을 체포하는 경우뿐만 아니라 긴급체포의 경우에도 마찬가지로 적용되는 것이고, 이와 같은 고지는 체포를 위한 실력행사에 들어가기 전에 미리 하여야 하는 것이 원칙이나, 달아나는 피의자를 쫓아가 붙들거나 폭력으로 대항하는 피의자를 실력으로 제압하는 경우에는 붙들거나 제압하는 과정에서 하거나, 그것이 여의치 않은 경우에는 일단 붙들거나 제압한 후에 지체없이 하여야 한다(대판 2010.6.24. 2008도11226).

② 피고인이 집회금지 장소에서 개최된 옥외집회에 참가하였는데, 당시 경찰이 70명 가량의 전투경찰순경을 동원하여 집회 참가자에 대한 체포에 나서 9명을 현행범으로 체포하고, 그 과정에서 피고인은 전투경찰순경 갑에게 체포되어 바로 호송버스에 탑승하게 되면서 경찰관 을에게서 피의사실의 요지 및 현행범인 체포의 이유와 변호인을 선임할 수 있음을 고지받고 변명의 기회를 제공받은 사안에서, 집회의 개최 상황, 현행범 체포의 과정, 미란다 원칙을 고지한 시기 등에 비추어 **현행범 체포 과정에서 형사소송법 제200조의5에 규정된 고지가 이루어졌다고 한 사례**(대판 2012.2.9. 2011도7193)

(2) 현행범인의 체포와 실력행사

현행범인을 체포하는 경우에 현행범인의 저항을 받는 때에는 **사회통념상의 체포를 위하여 필요하고 상당하다고 인정되는 범위에서 실력을 행사할 수 있다.**

(3) **현행범인 체포서 및 현행범인 인수서의 작성**

수사기관이 현행범인을 체포하였을 때에는 체포의 경위를 상세히 적은 **현행범인 체포서**를 작성하여야 하며, 사법경찰관리가 현행범을 체포한 사인으로부터 범인을 인도받았을 때에는 체포한 사람으로부터 그 성명·주민등록번호·직업·주거 및 체포의 일시·장소·사유를 청취한 후 현행범인 인수서를 작성하여야 한다(수사준칙 제37조 제1항, 제2항).

(4) **현행범인의 체포와 압수·수색·검증**

검사 또는 사법경찰관이 현행범인을 체포하는 경우에 필요한 때에는 영장없이 타인의 주거에 들어가 피의자를 수색할 수 있고, 체포현장에서 압수·수색·검증을 할 수 있다(제216조). 그러나 일반 사인이 현행범인을 체포하기 위하여 타인의 주거에 들어갈 수는 없다.

4) **체포 후의 절차**

(1) **현행범인의 인도**

검사 또는 사법경찰관리가 아닌 자가 현행범인을 체포한 때에는 즉시 검사 또는 사법경찰관리에게 인도하여야 한다(제213조 제1항). 사법경찰관리가 현행범인의 인도를 받은 때에는 체포자의 성명·주거·체포의 사유를 물어야 하고 필요한 때에는 체포자에 대하여 경찰관서에 동행함을 요구할 수 있다(같은 조 제2항).

(2) **구속영장의 청구**

현행범인의 체포의 경우에도 영장체포의 규정에 의하여 구속영장을 청구하여야 한다. 즉 검사 또는 사법경찰관리가 체포한 현행범인을 구속하고자 할 때에는 **체포한 때로부터 48시간 이내에 구속영장을** 청구하여야 하고, 그 기간 내에 구속영장을 청구하지 아니한 때에는 피의자를 즉시 석방하여야 한다(제213조의2, 제200조의2 제5항).

> 검사 또는 사법경찰관리 아닌 이가 현행범인을 체포한 때에는 즉시 검사 등에게 인도하여야 한다. 여기서 '즉시'라고 함은 반드시 체포시점과 시간적으로 밀착된 시점이어야 하는 것은 아니고, '정당한 이유없이 인도를 지연하거나 체포를 계속하는 등으로 불필요한 지체를 함이 없이'라는 뜻으로 볼 것이다. 또한 검사 등이 현행범인을 체포하거나 현행범인을 인도받은 후 현행범인을 구속하고자 하는 경우 48시간 이내에 구속영장을 청구하여야 하고 그 기간 내에 구속영장을 청구하지 아니하는 때에는 즉시 석방하여야 한다. 위와 같이 검사 등이 아닌 이에 의하여 현행범인이 체포된 후 불필요한 지체없이 검사 등에게 인도된 경우 위 48시간의 기산점은 체포시가 아니라 검사 등이 현행범인을 인도받은 때라고 할 것이다(대판 2011.12.22. 2011도12927).

II. 피의자와 피고인의 구속

1. **구속의 의의**

구속이란 피의자 또는 피고인의 신체의 자유를 체포에 비하여 **장기간에 걸쳐 제한**하는 강제처분이다. 구속에는 구인과 구금이 포함된다. 구인한 피고인 등을 인치한 경우에 구금할 필요가 없다고 인정한 때에는 인치한 날로부터 24시간 이내에 석방하여야 한다(제71조, 제201조의2 제10항).

2. 구속의 요건

형사소송법 제70조와 제201조는 구속의 요건으로 피고인이나 피의자가 죄를 범하였다고 의심할 만한 상당한 이유가 있고 구속사유, 즉 ① 일정한 주거가 없을 때, ② 증거를 인멸할 염려가 있을 때, ③ 도망 또는 도망할 염려가 있을 때의 하나에 해당하는 사유가 있는 경우에는 구속할 수 있다고 규정하고 있다. 이 이외에 ④ 비례성의 원칙도 구속의 요건이 된다(따라서 50만원 이하의 벌금·구류·과료에 해당하는 죄를 범한 때에는 피고인 또는 피의자에게 일정한 주거가 없는 경우에 한하여 구속할 수 있다). 다만 법원은 구속사유를 심사함에 있어서 **범죄의 중대성, 재범의 위험성, 피해자 및 중요 참고인 등에 대한 위해우려** 등을 고려해야 한다(같은 조 제2항, 이는 독립된 구속사유가 아니라 구속사유를 심사함에 있어서 고려해야 할 사정에 불과하다).

3. 피의자 구속의 절차

구속은 피고인의 구속뿐만 아니라 피의자를 구속하는 때에도 법관이 발부한 영장에 의하여야 한다. 피고인을 구속하는 구속영장은 **명령장**의 성질을 가지고 있음에 대하여, 피의자 구속의 경우에는 **허가장**으로서의 성질을 가진다.

1) 구속영장의 청구

피의자는 검사의 청구에 의하여 법관이 발부한 구속영장에 의하여 구속을 할 수 있다(제201조 제1항). 구속영장의 청구권자는 검사에 한하며, 사법경찰관은 검사에게 신청하여 검사의 청구에 의하여 구속영장을 발부받을 수 있다.

2) 구속전피의자심문제도(영장실질심사제도)

구속전피의자심문(영장실질심사)제도란 구속영장의 청구를 받은 판사가 피의자를 직접 심문하여 **구속사유를 판단**하는 것을 말한다. 형사소송법은 제201조의2에서 위와 같은 영장실질심사를 필요적 절차로 규정하고 있다.

(1) 심문기일의 지정과 통보

구속영장을 청구받은 판사는 심문기일을 정해야 한다. 심문기일은 **체포된** 피의자에 대하여는 특별한 사정이 없는 한 구속영장이 청구된 날의 다음 날까지여야 하나, 사전 구속영장이 청구된 피의자에 대하여는 시한의 제한이 없다(제201조의2 제1항, 제2항). 판사는 전자의 경우에는 즉시, 후자의 경우에는 피의자를 인치한 직후 검사·피의자 및 변호인에게 심문기일과 장소를 통지하여야 한다(같은 조 제3항). 위 통지는 서면 이외에 구술·전화·모사전송·전자우편·휴대전화 문자전송 그 밖에 적당한 방법으로 신속하게 하여야 한다(같은 조 제3항). 판사는 지정된 심문기일에 피의자를 심문할 수 없는 특별한 사정이 있는 경우에는 그 심문기일을 변경할 수 있다(규칙 제96조의22).

(2) 피의자의 인치

체포된 피의자에 대하여는 체포의 효력을 이용하여 피의자를 법원에 인치한다. 즉, 검사는 피의자가 체포되어 있는 때에는 심문기일에 피의자를 출석시켜야 한다(제201조의2 제3항). 반면 체포되지 않은 피의자를 바로 구속하는 경우에는 판사가 피의자를 구인하여 심문한다. 즉, 구속영장을 청구받은 판사는 피의자가 죄를 범하였다고 의심할 만한 이유가 있는 경우에 구인을 위한 구속영장을 발부하여 피의자를 구인한 후 심문하여야 한다. 다만 피의자가 도망하는 등의 사유로 심문할 수 없는 경우에는 그러하지 아니하다(같은 조 제2항). 법원이 인치받은 피의자를 유치할 필요가 있는 경우에는 교도소·구치소 또는 경찰서 유치장에 24시간을 초과하지 않는 범위에서 피의자를 유치할 수 있다(같은 조 제10항, 제71조의2).

(3) 심문기일의 절차

① **피의자의 출석** : 심문기일에 지방법원판사는 구속사유를 판단하기 위하여 **피의자를 심문**하고, **검사와 변호인은 심문기일에 출석하여 의견을 진술할 수 있다**(제201조의 제4항). 심문을 함에 있어 지방법원판사는 공범의 분리심문 기타 수사상의 비밀보호를 위하여 필요한 조치를 하여야 한다(같은 조 제5항). 판사는 피의자가 심문기일에 출석을 거부하거나 질병 그 밖의 사유로 출석이 현저하게 곤란하고, 피의자를 심문 법정에 인치할 수 없다고 인정되는 때에는 **피의자의 출석 없이 심문절차를 진행할 수 있다**(규칙 제96조의13 제1항).

② **심문의 방법** : 심문은 법원청사 내에서 하여야 하나, 피의자가 출석을 거부하거나 출석할 수 없는 때에는 경찰서, 구치소 기타 적당한 장소에서 할 수 있다(규칙 제96조의15). 피의자에 대한 **심문절차는 공개하지 아니한다**. 다만, 판사는 상당하다고 인정하는 경우에는 피의자의 친족, 피해자 등 이해관계인의 방청을 허가할 수 있다(규칙 제96조의14).

심문에 앞서 판사는 피의자에게 구속영장청구서에 기재된 범죄사실의 요지를 고지하고, 피의자에게 일체의 진술을 하지 아니하거나 개개의 질문에 대하여 진술을 거부할 수 있으며, 이익되는 사실을 진술할 수 있음을 알려주어야 한다(규칙 제96조의16 제1항). 판사는 피의자를 심문함에 있어서 구속 여부를 판단하기 위하여 필요한 사항에 관하여 신속하고 간결하게 심문하여야 한다. 증거인멸 또는 도망의 염려를 판단하기 위하여 필요한 때에는 피의자의 경력, 가족관계나 교우관계 등 개인적인 사항에 관하여 심문할 수 있다(같은 조 제2항). 검사와 변호인은 판사의 심문이 끝난 후에 의견을 진술할 수 있다. 다만, 필요한 경우에는 심문 도중에도 판사의 허가를 얻어 의견을 진술할 수 있다(같은 조 제3항). 피의자는 판사의 심문 도중에도 변호인에게 조력을 구할 수 있고(같은 조 제4항), 판사는 구속 여부의 판단을 위하여 필요하다고 인정하는 때에는 심문장소에 출석한 피해자 그 밖의 **제3자를 심문할 수 있다**(같은 조 제5항). 또한 구속영장이 청구된 피의자의 법정대리인, 배우자, 직계친족, 형제자매나 가족, 동거인 또는 고용주는 판사의 허가를 얻어 사건에 관한 의견을 진술할 수 있고(같은 조 제6항), 판사는 심문을 위하여 필요하다고 인정하는 경우에는 호송경찰관 기타의 자를 퇴실하게 하고 심문을 진행할 수 있다(같은 조

제7항).
③ **국선변호인의 선정** : 심문할 피의자에게 **변호인이 없는 때에는 지방법원판사는 직권으로 변호인을 선정하여야 한다**. 이 경우 변호인의 선정은 피의자에 대한 구속영장 청구가 기각되어 효력이 소멸한 경우를 제외하고는 제1심까지 효력이 있다(제201조의2 제8항). 법원은 변호인의 사정이나 그 밖의 사유로 변호인 선정결정이 취소되어 변호인이 없게 된 때에는 직권으로 다시 변호인을 선정할 수 있다(같은 조 제9항).
④ **구속전피의자심문조서의 작성** : 구속영장이 청구되어 법원이 구속전피의자심문을 하는 경우 법원사무관 등은 심문의 요지 등을 조서로 작성하여야 한다(제201조의2 제6항, 구속전피의자심문조서).

법원이 피의자심문조서를 작성하는 때에는 조서 작성의 일반원칙에 따라 조서 기재의 정확성 여부를 진술자에게 확인하고, 조서에 간인하여 기명날인 또는 서명을 받아야 하며, 검사·피의자 또는 변호인이 조서 기재의 정확성에 관하여 이의를 제기한 때에는 그 진술의 요지를 기재하고 법관·법원사무관 등이 조서에 기명날인 또는 서명하여야 한다(제201조의2 제10항, 제48조, 제53조). 검사·피의자 및 변호인은 심문과정의 속기·녹음·영상녹화를 신청할 수 있으며, 사후 속기록·녹음물·영상녹화물의 사본을 청구할 수 있다(제201조의2 제10항, 제56조의2).

> **쟁점** 구속전피의자심문조서의 증거능력과 증명력
>
> **1. 쟁점의 정리**
> 구속전피의자심문과정은 수소법원에 의한 심리과정이 아니라 수사단계에서 수임판사에 의해 이루어지는 절차이다. 따라서 공판준비 또는 공판기일에 작성된 조서가 아니라는 점에서 제311조에 따라 무조건 증거능력을 인정하기는 곤란하다. 이에 구속전피의자심문조서의 증거능력에 대해 견해가 대립하고, 증거능력을 인정하는 경우에도 그 증거가치(증명력의 정도)에 대한 논의가 있다.
>
> **2. 구속전피의자심문조서의 증거능력**
>
> **가. 견해의 대립**
> ① 제315조 제3호 적용설은 구속전피의자심문조서는 제311조의 조서는 아니지만, 법관에 의해 작성된 조서로서 특히 신빙할 만한 정황에 의하여 작성된 문서로 볼 수 있으므로 제315조 제3호를 적용하여 증거능력을 인정하자는 견해이고, ② 증거능력 부정설은 영장실질심사 제도는 실체진실을 밝히기 위한 절차가 아니므로 피의자의 방어권을 보장하기 위해 증거능력을 부정하여야 한다는 견해이다.
>
> **나. 판례의 태도**
> 판례는 제315조 제3호 적용설의 입장에서 '구속적부심문조서는 제311조가 규정한 문서에는 해당하지 않는다 할 것이나, 특히 신용할 만한 정황에 의하여 작성된 문서라고 할 것이므로 특

별한 사정이 없는 한, 피고인이 증거로 함에 부동의하더라도 제315조 제3호에 의하여 당연히 그 증거능력이 인정된다.'고 판시하였다(대판 2004.1.16. 2003도5693).

다. 검토

구속전피의자심문은 수사기관과 독립된 기관인 법원에 의해 행해지는 것으로써 피의자의 권리보호에 이바지하는 제도인바, 특히 신용할 만한 정황에 의하여 작성된 문서라 할 것이므로 제315조 제3호 적용설이 타당하다.

3. 구속전피의자심문조서의 증명력

구속전피의자심문조서에 증거능력을 인정한다면 이 역시 자유심증주의(제308조)에 따라 그 진부와 채택 여부는 법관의 자유심증에 의하는 것이 원칙이다. 그러나 영장실질심사 과정에서 구금된 피의자는 자신의 석방을 위해 최대한 노력할 것인바, 비록 법관은 자유심증주의에 의한다 하더라도 구속전피의자심문조서는 그 증거가치를 매우 낮게 판단해야 할 것이다. 판례 역시 '구속적부심문조서의 증명력은 다른 증거와 마찬가지로 법관의 자유판단에 맡겨져 있으나, 피의자는 구속적부심에서 허위자백을 하고라도 자유를 얻으려는 유혹을 받을 수가 있으므로, 법관은 구속적부심문조서의 자백의 기재에 관한 증명력을 평가함에 있어 이러한 점에 각별히 유의를 하여야 한다.'고 판시한 바 있다(위 판례).

[1] 구속적부심문조서는 형사소송법 제311조가 규정한 문서에는 해당하지 않는다 할 것이나, 특히 신용할 만한 정황에 의하여 작성된 문서라고 할 것이므로 특별한 사정이 없는 한, 피고인이 증거로 함에 부동의하더라도 **형사소송법 제315조 제3호에 의하여 당연히 그 증거능력이 인정된다.** [2] 구속적부심문조서의 증명력은 다른 증거와 마찬가지로 법관의 자유판단에 맡겨져 있으나, 피의자는 구속적부심에서의 자백의 의미나 자백이 수사절차나 공판절차에서 가지는 중요성을 제대로 헤아리지 못한 나머지 허위자백을 하고라도 자유를 얻으려는 유혹을 받을 수가 있으므로, 법관은 구속적부심문조서의 자백의 기재에 관한 증명력을 평가함에 있어 이러한 점에 각별히 유의를 하여야 한다(대판 2004.1.16. 2003도5693).

3) 구속영장 발부 또는 기각결정

(1) 구속영장의 발부

구속영장의 청구를 받은 지방법원판사는 신속히 구속영장의 발부여부를 결정하여야 한다(제201조 제3항). 지방법원판사는 **상당하다고 인정할 때에는 구속영장을 발부한다**(제201조 제4항 1문). 구속영장에는 피의자의 성명·주거·죄명·피의사실의 요지, 인치·구금할 장소, 발부연월일, 그 유효기간과 그 기간을 경과하면 집행에 착수하지 못하며 영장을 반환해야 한다는 취지를 기재하고 재판장 또는 수명법관이 서명날인하여야 한다. 피의자의 성명이 분명하지 아니한 때에는 인상·체격 기타 피의자를 특정할 수 있는 사항으로 피의자를 표시할 수 있고, 주거가 분명하지 아니한 때에는 주거의 기재를 생략할 수 있다(제201조의2 제10항, 제75조). 구속영장에는 이 이외에 피의자의 주민등록번호(외국인인 경우에는 외국인등록번호, 위 번호들이 없거나 알 수 없는 경우에는 생년월일 및 성별), 직업 및 구속의 사유를 기재하여야 한다(규칙 제46조). 구속영장은 수통을 작성하여 사법경찰관리 수인에게 교부할 수 있으며, 이 때에는 그 사유를 구속영장에 기재해야 한다(법 제201조의2 제10항, 제82조). **영장의 유효기간은 7일**로 하며, 다만 법원 또는 법관이 상당하다고 인정하는 때에는 7일을 넘는 기간을 정할 수 있다(규칙 제178조).

(2) 영장청구의 기각

지방법원판사가 구속영장을 발부하지 아니할 때에는 청구서에 그 취지 및 이유를 기재하고 서명날인하여 청구한 검사에게 교부한다(제201조 제4항). 체포영장에 의하여 체포된 자, 긴급체포된 자 및 현행범인으로 체포된 자에 대하여 구속영장 청구가 기각된 때에는 피의자를 즉시 석방하여야 한다(제200조의4 제2항, 213조의2). 구인을 위한 구속영장에 의하여 구인된 피의자에 대하여 구속영장이 기각된 때에도 같다.

> **쟁점** 수임판사가 긴급체포의 적법성을 심사할 수 있는지 여부
>
> 구속전피의자심문에 있어 법관이 체포의 부적법을 이유로 구속영장을 기각할 수 있는지 문제된다. 이에 대해 ① 체포와 구속은 별개의 제도이고, 체포가 부적법하더라도 구속수사의 필요성이 존재할 경우를 대비하여야 한다는 점을 근거로 하는 **불고려설**과 ② 수사절차에서의 적정절차 보장을 통한 피의자의 인권을 보장하여야 한다는 **고려설**이 대립하고, 판례는 고려설의 입장에서 후행절차인 긴급체포가 형식적으로 적법하더라도 선행절차인 위법한 임의동행에 이은 것으로서 일련의 절차를 이루는 것이라면, 그 형식적 적법성 여하를 불문하고 실질적으로 위법하다고 판시하였다(대판 2006.7.6. 2005도6810). 생각건대, 일련의 절차를 이루는 수사절차에서 선행절차가 위법하면 후행절차는 형식적 적법성에 관계없이 실질적으로 위법하다고 보아야 하므로 고려설이 타당하다. 실무에서도 체포가 위법한 경우에 구속영장청구를 기각하고 있다(구 인신구속사무의 처리에 관한 예규 제55조 제1항 제4호).

> **쟁점** 영장기각결정에 대한 불복 가부
>
> **1. 간접적 불복의 허용**
>
> 형사소송법은 제208조 제1항(재구속의 제한)의 경우 외에는 특별히 영장의 재청구를 제한하고 있지 않다. 따라서 검사는 다른 중요 증거 제출과 함께 제201조 제5항의 사유를 기재하여 영장을 재청구함으로써 간접적으로 영장기각결정에 불복할 수 있다.
>
> **2. 직접적 불복의 허용 여부**
>
> **가. 쟁점의 정리**
>
> 형사소송법상 피의자에게는 항고적 성격의 구속적부심사청구권이 인정되나, 검사에게는 위와 같은 권리를 규정하고 있지 아니하다. 따라서 검사가 수임판사의 영장기각결정에 대하여 불복할 수 있는지 문제된다.

나. 견해의 대립

① **보통항고설**은 현행법상 명문의 규정이 없음에도 불구하고 '명령'이라는 형태의 재판형식을 인정할 수 없고, 제402조 역시 법원이라 규정할 뿐 수소법원이라 명시하고 있지 않음에 비추어 수임판사의 영장기각결정에 대해서도 제403조 제2항에 따라 항고 가능하다는 견해이고, ② **준항고설**은 제416조를 유추하여 준항고가 가능하고, 제415조에 따라 재항고도 가능하다는 견해이며, ③ **부정설**은 보통항고는 수소법원의 결정을 대상으로 하고, 준항고 역시 수소법원의 재판장 및 수명법관의 명령을 대상으로 한다는 점에서 현행법상 불복이 불가능하다는 견해이다.

다. 판례의 태도

판례는 부정설의 입장에서 검사에게 어느 범위에서 불복방법을 허용할 것인가는 입법정책에 달린 문제로서 지방법원판사의 영장기각결정은 항고의 대상이 되는 '법원의 결정'에 해당하지 아니하고, 준항고의 대상이 되는 '재판장 또는 수명법관의 구금 등에 관한 재판'에도 해당되지 아니함이 분명하다(대결 2006.12.18. 2006모646)고 판시하였다.

라. 검토

현행법의 해석상 직접적인 불복은 불가능하다는 **부정설**이 타당하다. 다만 **입법론적으로** 영장항고제도의 도입을 통해 구속의 객관적 기준을 세워 피고인 등의 보호를 꾀하는 것이 바람직하다.

4) 구속영장의 집행

(1) 구속영장의 집행절차

구속영장은 검사의 지휘에 의하여 사법경찰관리가 집행하며, 교도소 또는 구치소에 있는 피의자에 대하여는 검사의 지휘에 의하여 **교도관리가 집행한다**(제209조, 제81조). 검사는 관할구역 외에서 집행을 지휘할 수 있고, 당해 관할구역의 검사에게 집행지휘를 촉탁할 수 있다(제209조, 제83조).

피의자에 대하여 피의사실의 요지, 구속의 이유와 변호인을 선임할 수 있음을 말하고 변명할 기회를 준 후가 아니면 구속할 수 없다(제209조, 제200조의5).

구속영장을 집행함에는 피의자에게 반드시 이를 제시하고 그 사본을 교부하여야 하며 신속히 지정된 법원 기타 장소에 인치하여야 한다. 다만 구속영장을 소지하지 아니한 경우에 급속을 요하는 때에는 피의사실의 요지와 영장이 발부되었음을 고하고 집행할 수 있으며, 이때에는 집행을 완료한 후에 신속히 구속영장을 제시하여야 한다(제209조, 제85조).

구속영장의 집행을 받은 피의자를 호송할 경우에 필요한 때에는 근접한 교도소 또는 구치소에 임시로 유치할 수 있다(제209조, 제86조).

> 구속영장에는 청구인을 구금할 수 있는 장소로 특정 경찰서 유치장으로 기재되어 있었는데, 청구인에 대하여 위 구속영장에 의하여 1995. 11. 30. 07:50경 위 경찰서 유치장에 구속이 집행되었다가 같은 날 08:00에 그 신병이 조사차 국가안전기획부 직원에게 인도된

후 위 경찰서 유치장에 인도된 바 없이 계속하여 국가안전기획부 청사에 사실상 구금되어 있다면, 청구인에 대한 이러한 사실상의 구금장소의 임의적 변경은 청구인의 방어권이나 접견교통권의 행사에 중대한 장애를 초래하는 것이므로 위법하다(대결 1996.5.15. 95모94).

(2) 영장집행 후의 절차

검사 또는 사법경찰관이 피의자를 구속한 때에는 **지체없이 서면으로** 변호인 또는 변호인선임권자(제30조 제2항) 가운데 피의자가 지정한 자에게 피의사건명·구속일시·장소·범죄사실의 요지·구속의 이유와 변호인을 선임할 수 있는 취지를 알려야 한다(제209조, 제87조). 구속의 통지는 구속을 한 때로부터 늦어도 **24시간 이내**에 하여야 하고, 통지할 자가 없어 통지를 하지 못한 경우에는 그 취지를 기재한 서면을 기록에 철하여야 한다(규칙 제51조 제2항). 급속을 요하는 경우에는 구속되었다는 취지 및 구속의 일시·장소를 전화 또는 모사전송기 기타 상당한 방법에 의하여 통지할 수 있다. 이 경우에도 구속통지는 다시 서면으로 하여야 한다(같은 조 제3항). 구속된 피의자는 법률의 범위 내에서 타인과 접견하고 서류 또는 물건을 수수하며 의사의 진료를 받을 수 있고(제209조, 제89조), 변호인 또는 변호인이 되려는 자는 신체구속을 당한 피의자와 접견교통할 수 있다(제34조). 구속영장 발부를 받은 후 피의자를 체포 또는 구속하지 아니하거나 체포 또는 구속한 피의자를 석방한 때에는 지체 없이 검사는 영장을 발부한 법원에 그 사유를 서면으로 통지하여야 한다(제204조).

5) 구속기간

사법경찰관이 피의자를 구속한 때에는 10일 이내에 피의자를 검사에게 인치하지 아니하면 석방하여야 한다(제202조). **검사의 구속기간도 10일**이지만(제203조), 지방법원판사의 허가를 얻어 10일을 초과하지 않는 한도에서 **구속기간을 연장**할 수 있다(제205조). 구속기간의 연장을 허가하지 않는 지방법원판사의 결정에 대하여는 항고 또는 준항고의 방법으로 불복할 수 없다. 피의자가 체포영장에 의한 체포·긴급체포·현행범인의 체포에 의하여 체포되거나 구인을 위한 구속영장에 의하여 구인된 경우에 검사 또는 사법경찰관의 **구속기간은 피의자를 체포 또는 구인한 날로부터 기산**한다(제203조의2).

> 구속기간의 연장을 허가하지 아니하는 지방법원판사의 결정에 대하여는 같은 법 제402조, 제403조가 정하는 항고의 방법으로는 불복할 수 없고, 나아가 그 지방법원판사는 수소법원으로서의 재판장 또는 수명법관도 아니므로 그가 한 재판은 같은 법 제416조가 정하는 준항고의 대상이 되지도 않는다(대결 1997.6.16. 97모1).

구속기간의 초일은 시간을 계산함이 없이 1일로 산정하고(제66조 제1항, 초일불산입원칙에 대한 예외). 기간의 말일이 공휴일 또는 토요일에 해당하는 날이라도 기간에 산입한다(같은 조 제3항). 법원이 피의자심문을 위하여 구속영장청구서·수사관계서류 및 증거물을 접수한 날로부터 **구속영장을 발부하여 검찰청에 반환한 날까지의 기간은 구속기간에 산입하지 아니한다**(제201조의2 제7항).

6) 재구속의 제한

검사 또는 사법경찰관에 의하여 구속되었다가 석방된 자는 다른 중요한 증거를 발견한 경우를 제외하고는 동일한 범죄사실에 관하여 재차 구속하지 못한다. 이 경우에 1개의 목적을 위하여 동시 또는 수단·결과의 관계에서 행하여진 행위는 동일한 범죄사실로 간주한다(제208조). 재구속영장의 청구서에는 재구속영장의 청구라는 취지와 새로 발견한 중요한 증거의 요지를 기재하여야 한다(규칙 제99조 제1항). 재구속의 제한은 검사 또는 사법경찰관이 피의자를 구속하는 경우에 적용될 뿐이며, 법원이 피고인을 구속하는 경우에는 적용되지 않는다(대결 1985.7.23. 85모12). 재구속이 제한될 뿐이고 재구속되었다고 하여 공소제기가 무효로 되는 것도 아니다(대판 1966.11.22. 66도1288).

4. 피고인 구속의 절차

1) 구속영장의 발부

피고인을 구속함에는 구속영장을 발부해야 한다(제73조). 구속영장의 방식은 피의자 구속의 경우와 같다(제75조). 피고인에 대하여 **범죄사실의 요지, 구속의 이유와 변호인을 선임할 수 있음을 말하고 변명할 기회를 준 후가 아니면 구속할 수 없다. 다만, 피고인이 도망한 경우에는** 그러하지 아니하다(제72조).

> ① 헌법상 영장제도의 취지에 비추어 볼 때, 헌법 제12조 제3항은 (중략) 형사재판을 주재하는 법원이 피고인에 대하여 구속영장을 발부하는 경우에도 검사의 신청이 있어야 한다는 것이 그 규정의 취지라고 볼 수는 없다(대결 1996.8.12. 96모46).
>
> ② 형사소송법 제72조는 피고인을 구속함에 있어서 법관에 의한 **사전 청문절차를 규정한 것으로서, 법원이 위 규정에 따른 절차를 거치지 아니한 채 피고인에 대하여 구속영장을 발부하였다면 발부결정은 위법하다.** 한편 위 규정은 피고인의 절차적 권리를 보장하기 위한 규정이므로 이미 변호인을 선정하여 공판절차에서 변명과 증거의 제출을 다하고 그의 변호 아래 판결을 선고받은 경우 등과 같이 위 규정에서 정한 절차적 권리가 실질적으로 보장되었다고 볼 수 있는 경우에는 이에 해당하는 절차의 전부 또는 일부를 거치지 아니한 채 구속영장을 발부하였더라도 이러한 점만으로 발부결정을 위법하다고 볼 것은 아니지만, 사전 청문절차의 흠결에도 불구하고 구속영장 발부를 적법하다고 보는 이유는 공판절차에서 증거의 제출과 조사 및 변론 등을 거치면서 판결이 선고될 수 있을 정도로 범죄사실에 대한 충분한 소명과 공방이 이루어지고 그 과정에서 피고인에게 자신의 범죄사실 및 구속사유에 관하여 변명을 할 기회가 충분히 부여되기 때문이므로, 이와 동일시할 수 있을 정도의 사유가 아닌 이상 함부로 청문절차 흠결의 위법이 치유된다고 해석하여서는 아니 된다(대결 2016.6.14. 2015모1032).

2) 구속영장의 집행

피고인에 대한 구속영장의 집행절차도 피의자 구속의 경우와 같이 검사의 지휘에 의하여 **사법경찰리가 집행하지만**(제81조 제1항 본문), 피고인에 대한 구속영장의 집행은 급속을 요하는 경우에는 재판장, 수명법관 또는 수탁판사가 지휘할 수 있다(같은 항 단서).

구속영장을 집행함에 있어서는 피고인에게 반드시 이를 제시하고 그 사본을 교부하여야 하며 신속히 지정된 법원 기타 장소에 인치하여야 하나, 구속영장을 소지하지 아니한 경우에 급속을 요하는 때에는 피고인에게 공소사실의 요지와 영장이 발부되었음을 고하고 집행한 후에 신속히 구속영장을 제시하여야 한다(제85조).

피고인을 구속한 때에는 변호인 또는 변호인 선임권자 중 피고인이 지정한 자에게 구속사실을 통지해야 하며(제87조), 즉시 공소사실의 요지와 변호인을 선임할 수 있음을 알려야 한다(제88조). 이는 사후 청문절차에 관한 규정으로서 이를 위반하였다 하여 구속영장의 효력에 어떠한 영향을 미치는 것은 아니다.

3) 피고인의 구속기간

피고인에 대한 구속기간은 2개월이다(제92조 제1항). 그러나 특히 구속을 계속할 필요가 있는 경우에는 심급마다 2개월 단위로 2차에 한하여 결정으로 갱신할 수 있다. 다만, 상소심은 피고인 또는 변호인이 신청한 증거의 조사, 상소이유를 보충하는 서면의 제출 등으로 추가심리가 필요한 부득이한 경우에는 3차에 한하여 갱신할 수 있다(같은 조 제2항).

1심의 구속기간의 기산점은 공소제기시이다. 즉 공판절차가 정지된 기간 및 공소제기 전의 체포·구인·구금된 기간은 위 기간에 산입하지 아니한다(제92조 제3항). 구속기간연장 허가결정이 있는 경우 그 연장기간은 구속기간만료일 다음날부터 기산한다(규칙 제98조).

> 구속기간은 '법원이 피고인을 구속한 상태에서 재판할 수 있는 기간'을 의미하는 것이지, '법원이 형사재판을 할 수 있는 기간' 내지 '법원이 구속사건을 심리할 수 있는 기간'을 의미하는 것은 아니다. 그러므로 구속사건을 심리하는 법원으로서는 만약 심리를 더 계속할 필요가 있다고 판단하는 경우에는 피고인의 구속을 해제한 다음 구속기간의 제한에 구애됨이 없이 재판을 계속할 수 있다(헌재결 2001.6.28. 99헌가14).

5. 관련문제

1) 구속영장의 효력범위

구속영장의 효력범위에 대해 ① 피고인 또는 피의자를 기준으로 한 사람이 범한 모든 사건에 대하여 구속영장의 효력이 미친다는 인단위설과 ② 구속영장에 기재된 범죄사실에만 구속영장의 효력이 미친다는 사건단위설이 대립하고, 판례는 사건단위설의 입장에서 판시하고 있다(대결 2000.11.10. 2000모134).

2) 이중구속

쟁점 이중구속의 허용 여부

1. 쟁점의 정리

이미 구속영장이 발부되어 구속되어 있는 자에 대하여 다른 범죄사실로 다시 구속영장을 발부받아 집행하는 이중구속의 허용 여부에 대해 견해가 대립한다.

2. 견해의 대립

① **긍정설**은 구속영장의 효력은 영장에 기재된 범죄사실에만 미치며(사건단위설), 구속된 피의자 또는 피고인이 석방되는 경우를 대비하여 미리 구속해 둘 필요가 있으므로 이중구속이 허용된다는 견해이고, ② **부정설**은 이미 구속되어 있는 자를 다시 구속할 필요가 없고(인단위설), 석방에 대비하기 위해서는 미리 영장을 발부받아 차례로 집행하면 족하다고 보아 이중구속이 허용되지 않는다는 견해이다.

3. 판례

판례는 긍정설의 입장에서 '구속기간이 만료될 무렵 종전 구속영장의 기재와 다른 범죄사실로 다시 구속하였다는 사정만으로 그 구속이 위법하다고 단정할 수 없다.'고 판시하였다(대결 2000.11.10. 2000모134).

4. 검토

이중구속은 관념상의 집행에 불과하고, 구속기간이 단축된다는 점에서 오히려 피고인에게 유리할 뿐만 아니라, 형사소송법이 명문으로 구속 중인 피고인에 대한 구속영장 집행을 허용하고 있으므로(제81조 제3항, 제209조), 긍정설이 타당하다.

구속의 효력은 원칙적으로 위 방식에 따라 작성된 구속영장에 기재된 범죄사실에만 미치는 것이므로, 구속기간이 만료될 무렵에 종전 구속영장에 기재된 범죄사실과 다른 범죄사실로 피고인을 구속하였다는 사정만으로는 피고인에 대한 구속이 위법하다고 할 수 없다(대결 2000.11.10. 2000모134).

3) 별건구속

> **쟁점** 별건구속의 허용 여부

1. 쟁점의 정리

별건구속이란 수사기관이 본래 수사하고자 하는 사건(본건)에 대하여는 구속의 요건이 구비되지 않았기 때문에 본건의 수사에 이용할 목적으로 구속요건이 구비된 별건으로 구속하는 경우를 의미한다. 이러한 별건구속의 허용 여부가 문제된다.

2. 견해의 대립

① **적법설(별건기준설)**은 구속영장심사 단계에서 수사기관의 주관적 의도를 심사하는 것은 실무상 곤란하고, 사건의 동시처리는 수사기밀 유지의 필요상 적법하다는 견해이고, ② **위법설(본건기준설)**은 별건구속은 사실상 구속기간의 제한을 잠탈하고, 법관의 영장심사를 회피하므로 영장주의에 반하는 것으로 위법하다는 견해이며, ③ **개별검토설**은 별건에 대해 구속요건이 존속하는 동안 별건과 병행하여 본건조사를 한 경우에는 피의자의 이익과 수사의 필요성을 비교형량하여 구체적으로 판단하여야 한다는 견해이다.

3. 판례의 태도

판례는 피고인이 기소중지처분된 신용카드업법위반 등 피의사실로 27일 간 구속되었고, 연이어 사기 등 범행으로 구속되어 사기 등 범행으로 구속기소되었지만 결과적으로 위 구속기간이 사기 등 범행사실의 수사에 실질상 이용되었다 하더라도 위 구금일수를 사기죄의 본형에 산입할 수는 없다고 판시하고 있는바, 이를 별건구속을 허용하는 입장으로 해석하는 견해도 있다(대판 1990.12.11. 90도2337).

4. 검토

별건구속은 영장주의가 요구하는 범죄사실의 요지를 기재하지 않고 구속기간을 잠탈하여 피의자의 방어권행사를 어렵게 하므로 위법설이 타당하다. 다만 ① 수사기관의 탈법적 의도가 없고, ② 본건사실에 대하여 구속이유와 필요성이 인정되는 경우라면 별건수사임을 들어 무조건 위법하다고 보기는 어려울 것인바, 이러한 경우는 **적법한 여죄수사로서 허용**된다.

4) 검사의 체포·구속장소 감찰

지방검찰청 검사장 또는 지청장은 불법체포·구속의 유무를 조사하기 위하여 검사로 하여금 매월 1회 이상 관하수사관서의 피의자의 **체포·구속장소**를 감찰하게 하여야 하고, 감찰하는 검사는 체포 또는 구속된 자를 심문하고 관련서류를 조사하여야 한다(제198조의2 제1항). 검사는 적법한 절차에 의하지 아니하고 체포 또는 구속된 것이라고 의심할 만한 상당한 이유가 있는 경우에는 즉시 체포 또는 구속된 자를 석방하거나 사건을 검찰에 송치할 것을 명하여야 한다(같은 조 제2항).

5) 구속된 피의자의 신문을 위한 구인

영장에 의해 적법하게 구금된 피의자가 피의자신문을 위한 출석요구에 응하지 아니하면서 수사기관에 출석을 거부하는 경우, 수사기관은 구속영장의 효력에 의하여 피의자를 조사실로 구인할 수 있다.

수사기관이 관할 지방법원 판사가 발부한 구속영장에 의하여 피의자를 구속하는 경우, 그 구속영장은 기본적으로 장차 공판정에의 출석이나 형의 집행을 담보하기 위한 것이지만, 이와 함께 법 제202조, 제203조에서 정하는 구속기간의 범위 내에서 수사기관이 법 제200조, 제241조 내지 제244조의5에 규정된 피의자신문의 방식으로 구속된 피의자를 조사하는 등 적정한 방법으로 범죄를 수사하는 것도 예정하고 있다고 할 것이다. 따라서 구속영장 발부에 의하여 적법하게 구금된 피의자가 피의자신문을 위한 출석요구에 응하지 아니하면서 수사기관 조사실에 출석을 거부한다면 수사기관은 그 구속영장의 효력에 의하여 피의자를 조사실로 구인할 수 있다고 보아야 한다. 다만 이러한 경우에도 그 피의자신문 절차는 어디까지나 법 제199조 제1항 본문, 제200조의 규정에 따른 임의수사의 한 방법으로 진행되어야 하므로, 피의자는 헌법 제12조 제2항과 법 제244조의3에 따라 일체의 진술을 하지 아니하거나 개개의 질문에 대하여 진술을 거부할 수 있고, 수사기관은 피의자를 신문하기 전에 그와 같은 권리를 알려주어야 한다(대결 2013.7.1. 2013모160).

Ⅲ. 피고인과 피의자의 접견교통권

1. 접견교통권의 의의

접견교통권이란 피고인 또는 피의자, 특히 체포 또는 구속된 피의자(피고인)가 변호인이나 가족·친지 등의 타인과 접견하고 서류 또는 물건을 수수하며 의사의 진료를 받는 권리를 말한다(헌법 제12조 제4항). 형사소송법은 **체포 또는 구속된 피고인·피의자의 변호인과의 접견교통권을 제한없이 보장**하고(제34조), **비변호인과의 접견교통권은 법률이 정한 범위에서 인정**하면서 이에 대한 법적 제한을 규정하고 있다(제89조, 제91조, 제209조).

> ① [1] 변호인의 조력을 받을 권리를 실질적으로 보장하기 위하여는 변호인과의 접견교통권의 인정이 당연한 전제가 되므로, 임의동행의 형식으로 수사기관에 연행된 피의자에게도 변호인 또는 변호인이 되려는 자와의 접견교통권은 당연히 인정된다고 보아야 하고, 임의동행의 형식으로 연행된 피내사자의 경우에도 이는 마찬가지이다. [2] 접견교통권은 피고인 또는 피의자나 피내사자의 인권보장과 방어준비를 위하여 필수불가결한 권리이므로 법령에 의한 제한이 없는 한 수사기관의 처분은 물론 법원의 결정으로도 이를 제한할 수 없다(대결 1996.6.3. 96모18).
>
> ② 형사소송법 제34조는 "변호인 또는 변호인이 되려는 자는 신체구속을 당한 피고인 또는 피의자와 접견하고 서류 또는 물건을 수수할 수 있으며 의사로 하여금 진료하게 할 수 있다."고 규정하고 있는바, 이 규정은 형이 확정되어 집행중에 있는 수형자에 대한 재심개시의 여부를 결정하는 재심청구절차에는 그대로 적용될 수 없다(대판 1998.4.28. 96다48831).

2. 변호인과의 접견교통권

1) 자유로운 접견교통권의 보호

체포·구속을 당한 피의자·피고인은 **변호인을 선임할 권리가 있을 뿐 아니라**(헌법 제12조 제4항), **변호인 또는 변호인이 되려는 자는 신체구속을 당한 피고인 또는 피의자와 접견하고 서류 또는 물건을 수수할 수 있으며 의사로 하여금 진료하게 할 수 있다**(형사소송법 제34조).

> [1] 형사소송법 제34조는 "변호인 또는 변호인이 되려는 자는 신체구속을 당한 피고인 또는 피의자와 접견하고 서류 또는 물건을 수수할 수 있으며 의사로 하여금 진료하게 할 수 있다."라고 규정하고 있으므로, 변호인이 되려는 의사를 표시한 자가 객관적으로 변호인이 될 가능성이 있다고 인정되는데도, 형사소송법 제34조에서 정한 '변호인 또는 변호인이 되려는 자'가 아니라고 보아 신체구속을 당한 피고인 또는 피의자와 접견하지 못하도록 제한하여서는 아니 된다. [2] 변호인 또는 변호인이 되려는 자의 접견교통권은 신체구속제도 본래의 목적을 침해하지 아니하는 범위 내에서 행사되어야 하므로, 변호인 또는 변호인이 되려는 자가 구체적인 시간적·장소적 상황에 비추어 현실적으로 보장할 수 있는 한계를 벗어나 피고인 또는 피의자를 접견하려고 하는 것은 정당한 접견교통권의 행사에 해당하지 아니하여 허용될 수 없다. 다만 접견교통권이 그와 같은 한계를 일탈한 것이어서 허용될 수 없다고 판단함에 있어서는 신체구속을 당한 사람의 헌법상 기본적 권리인 변호인의 조력을 받을 권리의 본질적인 내용이 침해되는 일이 없도록 신중을 기하여야 한다(대판 2017.3.9. 2013도16162).

변호인과의 접견교통권도 법률에 의하여 제한될 수는 있으나, 현행법상 변호인과의 접견교통권은 아무런 제한 없이 보장되고 있다.

> ① 형사소송법 제34조가 규정한 변호인의 접견교통권은 신체구속을 당한 피고인이나 피의자의 인권보장과 방어준비를 위하여 필수불가결한 권리이므로, 법령에 의한 제한이 없는 한 수사기관의 처분은 물론, 법원의 결정으로도 이를 제한할 수 없는 것이다(대결 1990.2.13. 89모37).
> ② 헌법재판소가 91헌마111 결정에서 미결수용자와 변호인과의 접견에 대해 어떠한 명분으로도 제한할 수 없다고 한 것은 구속된 자와 변호인 간의 접견이 실제로 이루어지는 경우에 있어서의 '자유로운 접견', 즉 '대화내용에 대하여 비밀이 완전히 보장되고 어떠한 제한, 영향, 압력 또는 부당한 간섭 없이 자유롭게 대화할 수 있는 접견'을 제한할 수 없다는 것이지, 변호인과의 접견 자체에 대해 아무런 제한도 가할 수 없다는 것을 의미하는 것이 아니므로 미결수용자의 변호인 접견권 역시 국가안전보장·질서유지 또는 공공복리를 위해 필요한 경우에는 법률로써 제한될 수 있음은 당연하다(헌재결 2011.5.26. 2009헌마341).
> ③ 변호인의 접견교통의 상대방인 신체구속을 당한 사람이 그 변호인을 자신의 범죄행위에 공범으로 가담시키려고 하였다는 등의 사정만으로 그 변호인의 신체구속을 당한 사람과의 접견교통을 금지하는 것이 정당화될 수는 없다(대결 2007.1.31. 2006모656).

2) 접견교통권의 내용

체포 또는 구속된 피의자·피고인과의 변호인의 접견내용에 대하여는 비밀이 보장되어야 하며, 접견에 있어서 교도관 또는 경찰관의 입회는 절대로 허용되지 않는다. 다만 구속장소의 질서유지를 위한 일반적인 시간제한은 접견교통권의 제한에 해당하지 않는다.

변호인 또는 변호인이 되려고 하는 자는 체포 또는 구속된 피의자 또는 피고인을 위하여 서류 또는 물건을 수수할 수 있다. 수수한 서류의 검열과 물건의 압수도 허용되지 않는다. 다만 이 경우에도 체포 또는 구속장소의 질서유지를 위하여 무기 기타 위험한 물건의 수수를 금지하는 것은 허용된다.

3. 비변호인과의 접견교통권

체포 또는 구속된 피의자 또는 피고인은 법률의 범위 내에서 타인과 접견하고 서류 또는 물건을 수수하며 의사의 진료를 받을 수 있다(제89조, 제200조의6, 제209조).

비변호인과의 접견교통권은 **법률이나 법원 또는 수사기관의 결정에 의하여 제한할 수 있다**. 법원은 도망하거나 또는 죄증을 인멸할 염려가 있다고 인정할 만한 상당한 이유가 있는 때에는 직권 또는 검사의 청구에 의하여 결정으로 구속된 피고인과 비변호인과의 접견을 금하거나 수수할 서류 기타 물건의 검열, 수수의 금지 또는 압수를 할 수 있다(제91조). 이 규정은 피의자의 체포 또는 구속에 대하여도 준용된다(제200조의6, 제209조). 다만 **의류·양식 또는 의료품의 수수를 금지하거나 압수하는 것은 허용되지 않는다**(제91조 단서).

4. 접견교통권의 침해에 대한 구제

접견교통권을 침해한 경우의 구제수단으로는 항고와 준항고 및 증거능력의 배제를 생각할 수 있다. 접견교통권의 침해를 이유로 검사의 공소제기가 무효로 되지는 않는다.

> ① 피의자들에 대한 접견이 접견신청일로부터 상당한 기간이 경과하도록 허용되지 않고 있는 것은 접견불허처분이 있는 것과 동일시된다고 봄이 상당하다(대결 1990.2.13. 89모37).
> ② 관계법령의 규정 취지에 비추어 볼 때 접견신청일이 경과하도록 접견이 이루어지지 아니한 것은 실질적으로 접견불허가처분이 있는 것과 동일시된다(대결 1991.3.28. 91모24).
> ③ 검사 작성의 피의자신문조서가 검사에 의하여 피의자에 대한 변호인의 접견이 부당하게 제한되고 있는 동안에 작성된 경우에는 증거능력이 없다(대판 1990.8.24. 90도1285).

Ⅳ. 체포·구속적부심사제도

1. 체포·구속적부심사제도의 의의

체포·구속적부심사제도란 수사기관에 의하여 체포 또는 구속된 피의자에 대하여 법원이 체포 또는 구속의 적법 여부와 그 필요성을 심사하여 체포 또는 구속이 부적법·부당한 경우에 피의자를 석방시키는 제도를 말한다.

2. 체포·구속적부심사제도의 내용

1) 심사의 청구

(1) 청구권자

체포·구속적부심사의 청구권자는 체포 또는 구속된 피의자, 그 변호인·법정대리인·배우자·직계친족·형제자매·가족, 동거인 또는 고용주이다(제214조의2 제1항). 청구권자는 피의자에 제한되어 있으므로 피고인은 체포·구속적부심사를 청구할 수 없다.

(2) 청구사유

적부심사의 청구사유는 체포 또는 구속의 적부이다. 이는 체포 또는 구속의 불법뿐만 아니라 부당, 즉 구속계속의 필요성에 대한 판단을 포함한다. 구속을 계속할 필요가 있는가를 판단하는 기준시기는 심사시가 되어야 한다.

(3) 청구의 방법

체포·구속적부심사의 청구는 서면에 의하여야 한다. 체포·구속적부심사청구서에는 체포·구속된 피의자의 성명·주민등록번호 등·주거, 체포 또는 구속된 일자, 청구의 취지와 청구의 이유, 청구인의 성명과 체포·구속된 피의자와의 관계를 기재하여야 한다(규칙 제102조).

피의자를 체포 또는 구속한 검사 또는 사법경찰관은 피의자와 적부심사 청구권자 중 피의자가 지정하는 자에게 적부심사를 청구할 수 있음을 알려 주어야 한다(제214조의2 제2항). 체포·구속적부심사 청구권자는 긴급체포서, 현행범인체포서, 체포영장, 구속영장 또는 그 청구서를 보관하고 있는 검사, 사법경찰관 또는 법원사무관 등에게 그 등본의 교부를 청구할 수 있다(규칙 제101조).

> 체포영장과 같은 소송서류에 대한 등사신청이나 그 등본의 수령행위는 단순한 사실행위에 불과하여 신청권자의 위임을 받은 대리인 내지 사자(使者)가 대신 행사한다고 하여 그 내용이 달라지는 것도 아니어서 변호인이 반드시 이를 직접 행사하여야 할 필요가 없으며, 신청권자 본인만이 등사신청을 할 수 있는 것으로 제한하는 근거 규정도 없으므로 **변호인은 직접 수사기관에 체포영장에 대한 등사를 신청하는 대신 그 직원 등 사자(使者)를 통해서 이를 신청할 수 있다**고 할 것이고, (중략) 변호인의 위임을 받은 직원이 체포영장에 대한 열람·등사를 신청하기 위하여 사전에 검사의 허가를 받아야 한다고 볼 수 없다(대판 2012.9.13. 2010다24879).

2) 법원의 심사

(1) 심사법원

체포·구속적부심사 청구사건은 지방법원 합의부 또는 단독판사가 심사한다. 체포영장 또는 구속영장을 발부한 법관은 관여하지 못한다. 다만 체포영장 또는 구속영장을 발부한 법관 외에는 심문·조사·결정을 할 판사가 없는 경우에는 그러하지 아니하다(제214조의2 제12항).

(2) 심문기일의 통지

체포·구속적부심사의 청구를 받은 법원은 청구서가 접수된 때부터 **48시간 이내에 체포 또는 구속된 피의자를 심문하여야 한다**(제214조의2 제4항). 다만 ① 청구권자 아닌 자가 청구하거나 동일한 체포영장 또는 구속영장의 발부에 대하여 재청구한 때나 ② 공범 또는 공동피의자의 순차청구가 수사방해의 목적임이 명백한 때에는 **심문 없이 결정으로 청구를 기각할 수 있다**(같은 조 제3항). 체포 또는 구속의 적부심사의 청구를 받은 법원은 지체없이 청구인, 변호인, 검사 및 피의자를 구금하고 있는 관서의 장에게 **심문기일과 장소를 통지하여야 하고**(규칙 제104조 제1항), 급속을 요하는 경우에는 위 통지는 서면 외에 전화·모사전송·전자우편·휴대전화 문자전송·그 밖에 적당한 방법으로 할 수 있다(같은 조 제3항).

(3) 법원의 심사

체포·구속적부심사의 청구를 받은 법원은 심문기일에 피의자를 심문하고 수사관계서류와 증거물을 조사한다(제214조의2 제4항). **피의자의 출정은 절차개시의 요건이다.** 영장실질심사와 달리 피의자가 정당한 사유없이 절차에 불출석한 경우 적부심사청구를 취하한 것으로 간주한다.

심문기일에 출석한 검사·변호인과 청구인은 법원의 심문이 끝난 후에 의견을 진술할 수 있다. 다만, 필요한 경우에는 심문 도중에도 판사의 허가를 얻어 의견을 진술할 수 있다(규칙 제105조 제1항). 체포 또는 구속된 피의자, 변호인, 청구인은 피의자에게 유리한 자료를 낼 수 있다(같은 조 제3항). 법원은 피의자의 심문을 합의부원에게 명할 수 있으며(같은 조 제4항), 피의자는 판사의 심문 도중에도 변호인에게 조력을 구할 수 있다(같은 조 제2항).

체포·구속적부심사를 청구한 피의자가 제33조에 해당할 때에는 법원은 **국선변호인을 선정하여야 한다**(제214조의2 제10항). 이 경우에는 **국선변호인의 출석도 절차개시의 요건이 된다.**

법원은 심문을 함에 있어서 공범의 분리심문 기타 수사상의 비밀보호를 위한 적절한 조치를 취하여야 한다(같은 조 제11항).

체포·구속적부심사청구권자는 긴급체포서, 현행범인체포서, 체포영장, 구속영장 또는 그 청구서를 보관하고 있는 검사, 사법경찰관 또는 법원사무관 등에게 그 등본의 교부를 청구할 수 있다(규칙 제101조). 체포·구속적부심에 참여할 **변호인**은 지방법원판사에게 제출된 구속영장청구서 및 그에 첨부된 고소·고발장, 피의자의 진술을 기재한 서류와 피의자가 제출한 서류를 열람할 수 있다(제104조의2, 제96조의21).

> 변호인에게 고소장과 피의자신문조서에 대한 열람 및 등사를 거부한 경찰서장의 정보비공개결정은 변호인의 피구속자를 조력할 권리 및 알 권리를 침해하여 헌법에 위반된다(헌재결 2003.3.27. 2000헌마474).

(4) 체포·구속적부심문조서

심문기일에 피의자를 심문하는 경우에는 법원사무관 등은 심문의 요지 등을 조서로 작성하여야 한다(제214조의2 제14항, 제201조의2 제6항). 체포·구속적부심사조서는 **제315조의 당연히 증거능력 있는 서류**에 해당한다.

> [1] 구속적부심문조서는 형사소송법 제311조가 규정한 문서에는 해당하지 않는다 할 것이나, 특히 신용할 만한 정황에 의하여 작성된 문서라고 할 것이므로 특별한 사정이 없는 한, 피고인이 증거로 함에 부동의하더라도 형사소송법 제315조 제3호에 의하여 당연히 그 증거능력이 인정된다. [2] 구속적부심문조서의 증명력은 다른 증거와 마찬가지로 법관의 자유판단에 맡겨져 있으나, 피의자는 구속적부심에서의 자백의 의미나 자백이 수사절차나 공판절차에서 가지는 중요성을 제대로 헤아리지 못한 나머지 허위자백을 하고라도 자유를 얻으려는 유혹을 받을 수가 있으므로, 법관은 구속적부심문조서의 자백의 기재에 관한 증명력을 평가함에 있어 이러한 점에 각별히 유의를 하여야 한다(대판 2004.1.16. 2003도5693).

3) 법원의 결정

법원은 체포 또는 구속된 피의자에 대한 심문이 종료된 때부터 24시간 이내에 체포·구속적부심사청구에 대한 결정을 하여야 한다(규칙 제106조). 법원이 수사관계서류와 증거물을 접수한 때부터 결정 후 검찰청에 반환된 때까지의 기간은 체포 또는 구속기간에 산입되지 않는다(제214조의2 제13항).

(1) 기각결정

법원의 심사 결과 청구가 이유 없다고 인정한 때(체포·구속이 적법·타당한 경우)에는 결정으로 그 청구를 기각하여야 한다(제214조의2 제4항). 다만 법원은 ① 청구권자 아닌 자가 청구하거나 동일한 체포영장 또는 구속영장의 발부에 대하여 재청구한 때 또는 ② 공범 또는 공동피의자의 순차청구가 수사방해의 목적임이 명백한 때에는 심문 없이 결정으로 청구를 기각할 수 있다(같은 조 제3항).

(2) 석방결정

법원이 적부심사의 청구를 이유 있다 인정한 때에는 결정으로 체포 또는 구속된 피의자의 석방을 명하여야 한다(제214조의2 제4항 1문). 석방결정은 그 결정서의 등본이 검찰청에 송달된 때에 효력을 발생한다(제42조). **심사청구 후 피의자에 대하여 공소제기가 있는 경우에도 같다**(제214조의2 제4항 2문, 이른바 전격기소). 체포와 구속적부심사의 결과 법원의 석방결정에 의하여 석방된 피의자는 **도망하거나 죄증을 인멸하는 경우를 제외하고는** 동일한 범죄사실에 대하여 **재차 체포 또는 구속하지 못한다**(제214조의3 제1항).

(3) 항고의 금지

체포·구속적부심사에 관한 법원의 결정에 대하여는 기각결정과 석방결정을 불문하고 항고가 허용되지 않는다(제214조의2 제8항).

4) 보증금납입조건부 피의자석방

(1) 의의

법원은 구속된 피의자(심사청구 후 공소제기된 자를 포함한다)에 대하여 피의자의 출석을 보증할 만한 보증금의 납입을 조건으로 하여 결정으로 제214조의2 제4항의 석방을 명할 수 있다(제214조의2 제5항).

(2) 청구

피의자의 보석청구는 인정되지 않으며, 피의자가 구속적부심사를 청구한 경우에 법원은 보증금의 납입을 조건으로 피의자의 석방을 명할 수 있을 뿐이다.

> **쟁점** 체포된 자에 대한 보증금납입조건부 피의자석방이 가능한지 여부
>
> 제214조의2 제5항은 구속된 피의자에 대하여만 보증금납입조건부 피의자석방을 규정하고 있어 체포된 피의자에 대해서도 위 석방을 인정하여야 하는지가 문제된다. 이에 대해 ① 긍정설과 ② 부정설이 대립하고, 판례는 부정설의 입장에서 형사소송법 제214조의2 규정 문언 등을 고려하여 **현행법상 체포된 피의자에 대하여는 보증금납입을 조건으로 한 석방이 허용되지 않는다**고 판시하고 있다(대결 1997.8.27. 97모21). 생각건대, 제214조의3 제2항의 취지를 체포된 피의자에 대하여도 보증금 납입을 조건으로 한 석방이 허용되어야 한다는 근거로 보기는 어렵다 할 것이므로 부정설이 타당하다.

(3) 보증금납입조건부 피의자석방의 제외사유

피의자에게 ① 죄증을 인멸할 염려가 있다고 믿을 만한 충분한 이유가 있는 때, ② 피해자, 당해 사건의 재판에 필요한 사실을 알고 있다고 인정되는 자 또는 그 친족의 **생명·신체나 재산에 해를 가하거나 가할 염려가 있다고 믿을 만한 충분한 이유가 있는 때**에는 보증금납입조건부 피의자석방을 명할 수 없다(제214조의2 제5항 단서).

(4) 보증금의 납입과 조건

보증금납입을 조건으로 하는 피의자석방의 경우에 보증금의 결정이나 집행절차에 관하

여는 보석에 관한 규정이 준용된다(제214조의2 제7항). 보증금의 납입을 조건으로 하는 피의자 석방결정도 보증금을 납입한 후가 아니면 집행하지 못한다(같은 조 제7항, 제100조 제1항). 법원은 유가증권 또는 피의자 외의 자가 제출한 보증서로써 보증금에 갈음할 것을 허가할 수 있고(같은 조 제3항), 이 보증서에는 보증금액을 언제든지 납입할 것을 기재하여야 한다(같은 조 제4항).

(5) 재체포·재구속의 제한

보증금납입을 조건으로 석방된 피의자가 ① 도망한 때, ② 도망하거나 죄증을 인멸할 염려가 있다고 믿을 만한 충분한 이유가 있는 때, ③ 출석요구를 받고 정당한 이유 없이 출석하지 아니한 때, ④ 주거의 제한 기타 법원이 정한 조건을 위반한 때의 1에 해당하는 사유가 있는 경우를 제외하고는 동일한 범죄사실에 관하여 피의자를 재차 체포 또는 구속하지 못한다(제214조의3 제2항).

(6) 보증금의 몰수

법원은 ① 보증금납입을 조건으로 석방된 피의자를 재체포·재구속 제한의 예외사유에 해당하여 재차 구속할 때, ② 보증금납입을 조건으로 석방된 피의자에 대하여 공소가 제기된 후 법원이 동일한 범죄사실에 관하여 피고인을 재차 구속할 때에는 납입된 보증금의 전부 또는 일부를 몰수할 수 있다(제214조의4 제1항, 임의적 몰수). 법원은 보증금납입을 조건으로 석방된 피의자가 동일한 범죄사실에 관하여 형의 선고를 받고 그 판결이 확정된 후, 집행하기 위한 소환을 받고 정당한 이유없이 출석하지 아니하거나 도망한 때에는 직권 또는 검사의 청구에 의하여 결정으로 보증금의 전부 또는 일부를 몰수하여야 한다(같은 조 제2항, 필요적 몰수).

(7) 보증금납입조건부 석방결정에 대한 항고

적부심사 청구에 대한 기각결정과 석방결정에 대하여는 제214조의2 제8항에서 '항고할 수 없다.'고 규정하고 있다.

> **쟁점** 보증금납입조건부 피의자석방결정에 대한 검사의 항고 가부
>
> 형사소송법은 제214조의2 제8항에서 체포·구속적부심사에 관한 법원의 기각결정과 석방결정에 대해서만 항고할 수 없다고 규정할 뿐, 보증금납입조건부 피의자석방결정의 항고에 대해서는 규정하지 아니하여 그에 대한 항고 가부가 문제된다. ① 허용설은 피고인 보석에 대하여도 항고가 허용된다는 입장에서 보증금납입조건부 피의자석방결정에 대해서도 항고를 긍정하는 견해이고, ② 불허설은 보석과 보증금납입조건부 피의자석방제도는 별개의 제도임을 근거로 항고를 부정하는 견해이다. 판례는 긍정설의 입장에서 제214조의2 제4항의 석방결정에 대하여는 피의자나 검사가 그 취소의 실익이 있는 한 제402조에 의하여 항고할 수 있다고 판시하였다(대판 1997.8.27. 97모21). 생각건대, 무죄로 추정되는 피의자의 신체의 자유를 구속하는 것은 최소한도로 하여야 한다는 점에서 불허설이 타당하다.

V. 보석

1. 보석의 의의

보석이란 일정한 보석금의 납부 등을 조건으로 하여 구속의 집행을 정지함으로써 구속된 피고인을 석방하는 제도를 말한다. 보석은 **구속의 집행을 정지**하는 데 불과하므로 구속영장의 효력에는 영향을 미치지 않는다. 형사소송법상 보석은 피고인에 대하여만 허용된다.

2. 보석의 종류 및 요건

1) 필요적 보석

(1) 필요적 보석의 원칙

보석의 청구가 있는 때에는 제외사유가 없는 한 보석을 허가하여야 한다(제95조).

> 피고인이 집행유예의 기간 중에 있어 집행유예의 결격자라고 하여 보석을 허가할 수 없는 것은 아니고, 집행유예기간 중에 있는 피고인의 보석을 허가한 것이 누범과 상습범에 대하여는 보석을 허가하지 아니할 수 있다는 형사소송법 제95조 제2호의 취지에 위배되어 위법이라고 할 수 없다(대결 1990.4.18. 90모22).

(2) 필요적 보석의 제외사유

형사소송법은 필요적 보석을 원칙으로 하면서도 다음과 같이 광범위한 제외사유를 인정하고 있다.

① 피고인이 사형·무기 또는 장기 10년이 넘는 징역이나 금고에 해당하는 죄를 범한 때(제1호)

② 피고인이 누범에 해당하거나 상습범인 죄를 범한 때(제2호)

③ 피고인이 죄증을 인멸하거나 인멸할 염려가 있다고 믿을 만한 충분한 이유가 있는 때(제3호)

④ 피고인이 도망하거나 도망할 염려가 있다고 믿을 만한 충분한 이유가 있는 때(제4호)

⑤ 피고인의 주거가 분명하지 않은 때(제5호)

⑥ 피고인이 피해자, 당해 사건의 재판에 필요한 사실을 알고 있다고 인정되는 자 또는 그 친족의 생명·신체나 재산에 해를 가하거나 가할 염려가 있다고 믿을 만한 충분한 이유가 있는 때(제6호)

> **쟁점** 필요적 보석 제외사유 판단에 있어 여죄 고려 가부
>
> 필요적 보석의 제외사유를 판단함에 있어서 구속영장에 기재된 범죄사실만을 기준으로 하지 아니하고, 그 밖의 여죄를 고려할 수 있는지 여부가 문제된다. 이에 대해 ① 구속의 효력은 구속영장에 기재된 사실에 대하여만 미치므로 여죄를 고려할 수 없다는 소극설, ② 구속은 피고인에 대한 것이므로 여죄도 고려해야 한다는 적극설, ③ 병합심리 중인 때에는 여죄를 고려할 수 있다는 절충설 및 ④ 제95조 제1호, 제2호, 제4호의 경우에는 여죄를 고려할 수 있으나, 제3호의 경우에는 고려할 수 없다는 중간설이 대립한다. 생각건대, 구속영장은 사건을 단위로 하는 것이므로 소극설이 타당하다.

2) 임의적 보석

필요적 보석의 제외사유에 해당하는 때에도 법원은 상당한 이유가 있는 때에는 직권 또는 보석청구권자의 청구에 의하여 결정으로 보석을 허가할 수 있다(제96조).

3. 보석의 절차

1) 보석의 청구

보석의 청구권자는 피고인, 피고인의 변호인·법정대리인·배우자·직계친족·형제자매와 가족·동거인 또는 고용주이다(제94조). 보석청구는 공소제기 후 재판 확정 전까지 심급을 불문하고 할 수 있으며 상소기간 중에도 가능하다(제105조). 상소 중인 사건에 관하여 소송기록이 원심법원에 있는 때에는 보석에 관한 결정은 원심법원이 하여야 한다(규칙 제57조 제1항).

2) 보석과 검사의 의견

재판장은 보석에 관한 결정을 하기 전에 검사의 의견을 물어야 하고(제97조 제1항), 검사는 재판장의 의견요청에 대하여 지체없이 의견을 표명하여야 한다(같은 조 제3항).

> 형사소송법 제97조 제1항에 따른 검사의 의견은 법원에 대하여 구속력을 가지지 아니한다. 설사 법원이 검사의 의견을 듣지 아니한 채 보석에 관한 결정을 하였다고 하더라도 그 결정이 적정한 이상, 그러한 절차상의 하자만을 들어 그 결정을 취소할 수는 없다(대결 1997.11.27. 97모88).

3) 법원의 결정

보석의 청구를 받은 법원은 지체없이 심문기일을 정하여 구속된 피고인을 심문하고(규칙 제54조의2), 특별한 사정이 없는 한 보석을 청구받은 날부터 7일 이내에 그에 관한 결정을 하여야 한다(제55조). 보석의 청구가 부적법하거나 이유 없는 때에는 보석청구를 기각하여야 한다. 다만 필요적 보석의 경우에는 제외사유가 존재하지 않는 한 보석을 허가하여야 한다.

법원이 보석을 허가하는 경우에는 필요하고 상당한 범위 내에서 피고인의 출석을 담보할 조건 중 하나 이상을 정해야 한다(제98조).

(1) 보석의 조건

법원이 보석을 허가함에 있어서 피고인에게 부가할 수 있는 조건은 유형별로 다음과 같이 분류할 수 있다(제98조).

① **보증금의 납부** : ① 피고인 또는 법원이 지정하는 자가 보증금을 납입하거나 담보를 제공할 것(제8호), ② 법원이 정하는 보증금 상당의 금액을 납입할 것을 약속하는 약정서를 제출할 것(제2호)

② **서약서와 출석보증서의 제출** : ③ 법원이 지정한 일시·장소에 출석하고 증거를 인멸하지 아니하겠다는 서약서를 제출할 것(제1호), ④ 피고인 이외의 자가 작성한 출석보증서를 제출할 것(제5호)

③ **피해금액의 공탁** : ⑤ 법원이 지정하는 방법으로 피해자의 권리회복에 필요한 금원을 공탁하거나 그에 상당한 담보를 제공할 것(제7호)

④ 기타 부가적 보석조건 : ⓖ 법원이 지정하는 장소로 주거를 제한하고 이를 변경할 필요가 있는 경우에는 법원의 허가를 받는 등 도주를 방지하기 위하여 행하는 조치를 수인할 것(제3호), ⑦ 피해자, 당해 사건의 재판에 필요한 사실을 알고 있다고 인정되는 자 또는 그 친족의 생명·신체·재산에 해를 가하는 행위를 하지 아니하고 주거·직장 등 그 주변에 접근하지 아니할 것(제4호), ⑧ 법원의 허가 없이 외국으로 출국하지 아니할 것을 서약할 것(제6호), ⑨ 그 밖에 피고인의 출석을 보증하기 위하여 법원이 정하는 적당한 조건을 이행할 것(제9호)

(2) 보석조건 결정시 고려사항

보석조건의 결정기준법원은 보석의 조건을 정함에 있어서 ① 범죄의 성질 및 죄상, ② 증거의 증명력, ③ 피고인의 전과·성격·환경 및 자산(자산은 피고인 개인의 자산뿐만 아니라 피고인의 신용과 보호자의 자산도 포함한다), ④ 피해자에 대한 배상 등 범행 후의 정황에 관련된 사항 등을 고려하여야 한다(제99조 제1항). 법원은 피고인의 자력 또는 자산 정도로는 이행할 수 없는 조건을 정할 수 없다(같은 조 제2항).

(3) 보석조건의 변경

법원은 직권 또는 보석청구권자의 신청에 따라 **결정으로 보석조건을 변경하거나 일정한 기간 동안 당해 조건의 이행을 유예할 수 있다**(제102조 제1항). 법원은 보석을 허가한 후에 보석의 조건을 변경하거나 보석조건의 이행을 유예하는 결정을 한 경우에는 그 취지를 검사에게 지체없이 통지하여야 한다(규칙 제55조의4). 보증금액에 대해 사정변경을 이유로 변경할 수 있는가에 대해 견해가 대립하나, 보석조건을 다양화하고 있는 현행 형사소송법의 해석상 긍정함이 타당하다.

4) 보석허가결정에 대한 항고

보석을 허가하는 결정에 대하여 검사는 **즉시항고를 할 수 없다**(제97조 제4항 참조). 다만 검사는 제403조 제2항에 의한 **보통항고의 방법으로 보석허가결정에 대하여 불복할 수는 있다**.

> 개정된 형사소송법 제97조 제3항이 구 형사소송법(1995. 12. 29. 법률 제5054호로 개정되기 전의 것) 제97조 제3항에서 인정하던 보석허가결정에 대한 검사의 즉시항고권을 삭제하였으나, 개정된 형사소송법이 시행된 이후에도 검사가 형사소송법 제403조 제2항에 의한 보통항고의 방법으로 보석허가결정에 대하여 불복하는 것은 허용된다(대결 1997.4.18. 97모26).

5) 보석의 집행

제98조 제1호(서약서)·제2호(보증금납입 약정서)·5호(출석보증서)·7호(공탁 또는 담보제공) 및 8호(보증금납입)의 조건은 이를 이행한 후가 아니면 보석허가결정을 집행하지 못하며, 법원은 필요하다고 인정하는 때에는 다른 조건에 관하여도 그 이행 이후 보석허가결정을 집행할 수 있도록 정할 수 있다(제100조 제1항). 보증금은 검사에게 납부해야 하며, 보석의 집행도 검사가 **집행한다**. 법원은 보석청구자 이외의 자에게 보증금의 납입을 허가할 수 있다(같은 조 제2항). 보증금은 현금으로 납부함을 원칙으로 하나, 법원은 유가증권 또는 피고인 이외의 자가 제

출한 보증서로 보증금에 갈음함을 허가할 수 있고, 보석보증보험증권을 첨부한 보증서를 제출할 것을 허가할 수 있다(제100조 제3항). 보증서에는 보증금액을 언제든지 납입할 것을 기재해야 한다(같은 조 제4항). 법원은 보석허가결정에 따라 석방된 피고인이 보석조건을 준수하는데 필요한 범위 안에서 관공서나 그 밖의 공사단체에 대하여 **적절한 조치를 취할 것을 요구할 수 있다**(같은 조 제5항).

4. 보석의 취소·실효와 보증금의 몰수·환부

1) 보석의 취소와 실효

(1) 보석의 취소

법원은 직권 또는 검사의 청구에 의하여 보석을 취소할 수 있다(제102조 제2항). 보석취소의 사유는 ① 피고인이 **도망한 때**, ② 도망하거나 죄증을 인멸할 염려가 있다고 믿을 만한 충분한 이유가 있는 때, ③ 소환을 받고 정당한 사유없이 출석하지 아니한 때, ④ 피해자·당해 사건의 재판에 필요한 사실을 알고 있다고 인정되는 자 또는 그 친족의 **생명·신체나 재산에 해를 가하거나 가할 염려가 있다고 믿을 만한 충분한 이유가 있는 때**, ⑤ 기타 **법원이 정한 조건을 위반한 때**이다. 다만 이러한 사유는 보석 후에 발생하였을 것임을 요한다.

보석의 취소여부는 **법원의 재량**에 속한다. 보석취소결정에 대하여는 항고할 수 있다(제403조 제2항). 보석을 취소한 때에는 그 취소결정의 등본에 의하여 피고인을 재구금해야 한다(규칙 56조). 보석취소결정의 송달은 요하지 않는다.

(2) 보석조건 위반시 제재

법원은 피고인이 정당한 사유없이 **보석조건을 위반한 경우**에는 결정으로 피고인에 대하여 1천만 원 이하의 **과태료**를 부과하거나 20일 이내의 **감치**에 처할 수 있다(제102조 제3항). 과태료나 감치처분 등 보석조건 위반행위에 대한 제재는 보석취소의 경우는 물론, 보석을 취소하지 않는 경우에도 부과할 수 있다. 위의 제재결정에 대하여는 **즉시항고**할 수 있다(같은 조 제4항).

(3) 보석의 실효

보석은 보석의 취소와 구속영장의 실효에 의하여 그 효력을 상실한다. 따라서 무죄, 면소, 형의 선고유예와 집행유예, 벌금 또는 과료의 재판이 선고된 때에는 물론 자유형이나 사형이 확정된 경우에도 구속영장이 실효되므로 보석도 효력을 잃는다.

2) 보증금의 몰취와 환부

(1) 임의적 몰취

보석을 취소하는 때에는 직권 또는 검사의 청구에 따라 결정으로 보증금 또는 담보의 전부 또는 일부를 몰취할 수 있다(제103조 제1항).

> 형사소송법 제102조 제2항은 "보석을 취소할 때에는 결정으로 보증금의 전부 또는 일부를 몰수할 수 있다."라고 규정하고 있는바, 이는 보석취소사유가 있어 보석취소결정을 할

경우에는 보석보증금의 전부 또는 일부를 몰수하는 것도 가능하다는 의미로 해석될 뿐, 문언상 보석보증금의 몰수는 반드시 보석취소와 동시에 결정하여야 한다는 취지라고 단정하기는 어려운 점, (중략) 보석보증금을 몰수하려면 반드시 보석취소와 동시에 하여야만 가능한 것이 아니라 보석취소 후에 별도로 보증금몰수결정을 할 수도 있다. 그리고 형사소송법 제104조가 구속 또는 보석을 취소하거나 구속영장의 효력이 소멸된 때에는 몰수하지 아니한 보증금을 청구한 날로부터 7일 이내에 환부하도록 규정되어 있다고 하여도, 이 규정의 해석상 보석취소 후에 보증금몰수를 하는 것이 불가능하게 되는 것도 아니다(대결 2001.5.29. 2000모22 전원합의체).

(2) 필요적 몰취

법원은 보증금의 납입 또는 담보제공을 조건으로 석방된 피고인이 동일한 범죄사실에 관하여 형의 선고를 받고 그 판결이 확정된 후 집행하기 위한 소환을 받고 정당한 사유없이 출석하지 아니하거나 도망한 때에는 직권 또는 검사의 청구에 따라 결정으로 보증금 또는 담보의 전부 또는 일부를 몰취하여야 한다(제103조 제2항).

> [1] 형사소송법 제103조에 의한 보증금몰수사건은 그 성질상 당해 형사본안 사건의 기록이 존재하는 법원 또는 그 기록을 보관하는 검찰청에 대응하는 법원의 토지관할에 속하고, 그 법원이 지방법원인 경우에 있어서 사물관할은 법원조직법 제7조 제4항의 규정에 따라 지방법원 단독판사에게 속하는 것이지 소송절차 계속중에 보석허가결정 또는 그 취소결정 등을 본안 관할법원인 제1심 합의부 또는 항소심인 합의부에서 한 바 있었다고 하여 그러한 법원이 사물관할을 갖게 되는 것은 아니다. [2] 법 제103조에서 규정하는 "보석된 자"란 보석허가결정에 의하여 석방된 사람 모두를 가리키는 것이지, 판결확정 전에 그 보석이 취소되었으나 도망 등으로 재구금이 되지 않은 상태에 있는 사람이라고 하여 여기에서 제외할 이유가 없다(대결 2002.5.17. 2001모53).

3) 몰취의 방법

보증금의 몰취는 법원의 결정에 의하며, 검사에게 결정서를 교부 또는 송달함으로써 즉시 집행할 수 있다. 구속 또는 보석을 취소하거나 구속영장의 효력이 소멸된 때에는 몰취하지 아니한 보증금 또는 담보를 청구한 날로부터 7일 이내에 환부하여야 한다(제104조). 보석을 취소한 때에도 몰취하지 않거나, 일부만을 몰취한 때에는 나머지 보증금을 환부해야 한다. 구속을 취소하거나 구속영장의 효력이 소멸된 때에는 보증금을 전부 환부해야 한다.

> 보석허가결정의 취소는 그 취소결정을 고지하거나 결정법원에 대응하는 검찰청 검사에게 결정서를 교부 또는 송달함으로써 즉시 집행할 수 있는 것이고 그 결정등본이 피고인에게 송달(또는 고지)되어야 집행할 수 있는 것은 아니다(대결 1983.4.21. 83모19).

Ⅵ. 구속의 집행정지와 실효

1. 구속의 집행정지

법원은 상당한 이유가 있는 때에는 결정으로 구속된 피고인을 친족·보호단체 기타 적당한 자에게 부탁하거나 피고인의 주거를 제한하여 구속의 집행을 정지할 수 있다(제101조 제1항). 구속된 피의자에 대하여는 검사 또는 사법경찰관이 구속의 집행을 정지할 수 있다(제209조). 법원이 위 결정을 함에는 검사의 의견을 물어야 한다. 다만 급속을 요하는 경우에는 그러하지 아니하다(제101조 제2항).

> 군사법원법 제141조 제2항은 피고인에 대한 구속집행정지에 관하여 '피고인이 영내거주자이면 그 소속 부대장에게 부탁하고, 영내거주자가 아니면 친족·보호단체 그 밖의 적당한 사람에게 부탁하거나 피고인의 주거를 제한'하도록 규정한다. 이때 구속집행정지 제도의 취지에 부합한다면 피고인의 도주 방지 및 출석을 확보하기 위하여 예컨대, 전자장치의 부착을 구속집행정지의 조건으로 부가할 수도 있다(대결 2022.11.22. 2022모1799).

법원의 **구속집행정지결정에 대하여 검사는 즉시항고 할 수 없고**(구 형사소송법 제101조 제3항은 법원의 구속집행정지결정에 대한 검사의 즉시항고권을 규정하고 있었으나, 헌법재판소의 위헌판결(2011헌가36)에 따라 개정·삭제되었다), **보통항고로 불복할 수 있을 뿐이다.**

법원은 직권 또는 검사의 청구에 의하여 결정으로 구속의 집행정지를 취소할 수 있고(제102조 제2항), 구속된 피의자에 대하여는 검사 또는 사법경찰관이 결정으로 구속의 집행정지를 취소할 수 있다(제209조).

2. 구속의 실효

구속의 사유가 없거나 소멸한 때에 피고인에 대하여 법원은 직권 또는 검사·피고인·변호인과 변호인선임권자의 청구에 의하여 결정으로 구속을 취소하여야 한다(제93조). 피의자에 대하여는 검사 또는 사법경찰관이 결정으로 구속을 취소하여야 한다(제209조). 법원의 구속취소결정에 대하여 검사는 즉시항고를 할 수 있다(제97조 제4항).

> ① 체포, 구금 당시에 헌법 및 형사소송법에 규정된 사항(체포, 구금의 이유 및 변호인의 조력을 받을 권리) 등을 고지받지 못하였고, 그 후의 구금기간 중 면회거부 등의 처분을 받았다 하더라도 이와 같은 사유는 형사소송법 제93조 소정의 구속취소사유에는 해당하지 아니한다(대결 1991.12.30. 91모76).
>
> ② 피고인에 대한 형이 그대로 확정된다고 하더라도 잔여형기가 8일 이내이고 또한 피고인의 주거가 일정할 뿐 아니라 증거인멸이나 도망의 염려도 없어 보인다면 피고인을 구속할 사유는 소멸하였다 보아야 할 것이니 구속취소 신청은 이유 있다(대결 1983.8.18. 83모42).
>
> ③ 피고인의 상고가 기각되더라도 제1심과 항소심판결 선고전 구금일수만으로도 구속을 필요로 하는 본형 형기를 초과할 것이 명백하다면 피고인이 현재 집행유예 기간 중에 있더라도 이것이 피고인의 구속을 계속하여야 할 사유가 된다고 할 수 없어 피고인을 구속할 사유는 소멸되었다고 할 것이므로 피고인에 대한 구속은 취소해야 한다(대결 1991.4.11. 91모25).

④ 형사소송법 제93조에 의한 구속의 취소는 구속영장의 효력이 존속하고 있음을 전제로 하는 것이고, 다른 사유로 이미 구속영장이 실효된 경우에는 피고인이 계속 구금되어 있더라도 위 규정에 의한 구속의 취소 결정을 할 수 없다(대결 1999.9.7. 99초355).

3. 구속의 당연실효

구속기간의 만료(다만 판례는 구속기간이 만료되더라도 구속영장의 효력이 당연히 상실되는 것은 아니라는 취지로 판시한바 있다), 구속영장의 실효, 사형·자유형의 확정에 의하여 구속영장의 효력은 당연히 상실된다. 구속영장은 피고인에 대하여 무죄, 면소, 형의 면제, 형의 선고유예, 형의 집행유예, 공소기각 또는 벌금이나 과료를 과하는 판결이 선고된 때에는 효력을 잃는다(제331조).

제2절 | 압수·수색·검증

Ⅰ. 대물적 강제처분

1. 대물적 강제처분의 의의

증거나 몰수물의 수집과 보전을 목적으로 하는 대물적 강제처분에는 압수·수색·검증이 있다. 다만 법원이 하는 검증은 증거조사의 일종에 지나지 않고, 수사기관의 검증만이 강제처분에 해당한다.

2. 대물적 강제처분의 요건

1) 영장주의의 원칙

압수·수색·검증은 강제처분이므로 영장주의가 적용됨이 원칙이다. 다만 법원이 공판정에서 행하는 압수에는 영장을 요하지 아니한다. 공판정 외에서 법원이 압수·수색을 함에는 영장을 발부하여야 하며(제113조), 검사는 범죄수사에 필요한 때에는 **지방법원판사에게 청구하여 발부받은 영장에 의하여 압수·수색 또는 검증을 할 수 있고, 사법경찰관도 검사에게 신청하여 검사의 청구로 지방법원판사가 발부한 영장에 의하여 압수·수색 또는 검증을 할 수 있다**(제215조). 다만 대물적 강제수사에 있어서 긴급성이 있는 때에는 영장에 의하지 않는 압수·수색·검증을 허용하고 있다.

2) 강제처분의 필요성

대물적 강제처분은 증거수집과 범죄수사를 위하여 필요한 때에만 인정될 수 있다. 여기의 필요성은 강제처분에 의하여야 할 필요성까지도 포함하는 개념이다.

> 형사소송법 제215조에 의하면 검사나 사법경찰관이 범죄수사에 필요한 때에는 영장에 의하여 압수를 할 수 있으나, 여기서 '범죄수사에 필요한 때'라 함은 단지 수사를 위해 필요할 뿐만 아니라 강제처분으로서 압수를 행하지 않으면 수사의 목적을 달성할 수 없는 경우를 말하고, 그 필요성이 인정되는 경우에도 무제한적으로 허용되는 것은 아니며, 압수물이 증거물 내지 몰수하여야 할 물건으로 보이는 것이라 하더라도, 범죄의 형태나 경중, 압수물의 증거가치 및 중요성, 증거인멸의 우려 유무, 압수로 인하여 피압수자가 받을 불이익의 정도 등 제반 사정을 종합적으로 고려하여 판단해야 한다(대결 2004.3.23. 2003모126).

3) 범죄의 혐의

압수·수색·검증을 함에 있어서도 범죄에 대한 혐의가 존재하여야 한다. 범죄의 혐의는 구속의 경우에 요구되는 정도에 이를 것을 요하는 것은 아니고, 최초의 혐의 또는 단순한 혐의로 족하다.

Ⅱ. 압수와 수색

1. 압수·수색의 의의

압수란 물건의 점유를 취득하는 강제처분을 말하며, 압류와 영치 및 제출명령 세 가지를 내용으로 한다. **압류**란 점유취득과정 자체에 강제력이 가하여지는 경우를 말하고, 유류물과 임의제출물을 점유하는 경우를 **영치**라고 하며, 일정한 물건의 제출을 명하는 처분을 **제출명령**이라고 한다. 다만 수사기관에 의한 강제수사에는 제출명령이 포함되지 않는다.

수색이란 압수할 물건 또는 체포할 사람을 발견할 목적으로 주거·물건·사람의 신체 또는 기타 장소에 대하여 행하는 강제처분을 말한다. 수색은 압수와 함께 행하여지는 것이 통례이다.

> 수출입물품 통관검사절차에서 이루어지는 물품의 개봉, 시료채취, 성분분석 등의 검사는 수출입물품에 대한 적정한 통관 등을 목적으로 조사를 하는 것으로서 이를 수사기관의 강제처분이라고 할 수 없으므로, 세관공무원은 압수·수색영장 없이 이러한 검사를 진행할 수 있다. 세관공무원이 통관검사를 위하여 직무상 소지하거나 보관하는 물품을 수사기관에 임의로 제출한 경우에는 비록 소유자의 동의를 받지 않았더라도 수사기관이 강제로 점유를 취득하지 않은 이상 해당 물품을 압수하였다고 할 수 없다. 그러나 마약류 불법거래 방지에 관한 특례법 제4조 제1항에 따른 조치의 일환으로 특정한 수출입물품을 개봉하여 검사하고 그 내용물의 점유를 취득한 행위는 위에서 본 수출입물품에 대한 적정한 통관 등을 목적으로 조사를 하는 경우와는 달리, 범죄수사인 압수 또는 수색에 해당하여 사전 또는 사후에 영장을 받아야 한다(대판 2017.7.18. 2014도8719).

2. 압수·수색의 목적물

1) 압수의 목적물

법원과 수사기관은 필요한 때에는 피고사건과 관계가 있다고 인정할 수 있는 것에 한정하여 증거물 또는 몰수할 것으로 사료하는 물건을 압수할 수 있다. 단, 법률에 다른 규정이 있는 때에는 예외로 한다(제106조 제1항, 제215조).

> ① 형사소송법 제215조 제1항은 "검사는 범죄수사에 필요한 때에는 피의자가 죄를 범하였다고 의심할 만한 정황이 있고 해당 사건과 관계가 있다고 인정할 수 있는 것에 한정하여 지방법원판사에게 청구하여 발부받은 영장에 의하여 압수, 수색 또는 검증을 할 수 있다."라고 정하고 있다. 따라서 영장 발부의 사유로 된 범죄 혐의사실과 무관한 별개의 증거를 압수하였을 경우 이는 원칙적으로 유죄 인정의 증거로 사용할 수 없다. 그러나 압수·수색의 목적이 된 범죄나 이와 관련된 범죄의 경우에는 그 압수·수색의 결과를 유죄의 증거로 사용할 수 있다. 압수·수색영장의 범죄 혐의사실과 관계있는 범죄라는 것은 압수·수색영장에 기재한 혐의사실과 객관적 관련성이 있고 압수·수색영장 대상자와 피의자 사이에 인적 관련성이 있는 범죄를 의미한다. 그 중 혐의사실과의 객관적 관련성은 압수·수색영장에 기재된 혐의사실 자체 또는 그와 기본적 사실관계가 동일한 범행과 직접 관련되어 있는 경우는 물론 범행 동기와 경위, 범행 수단과 방법, 범행 시간과 장소 등을 증명하기 위한 간접증거나 정황증거 등으로 사용될 수 있는 경우에도 인정될 수 있다. 그 관련성은 압수·수색영장에 기재된 혐의

사실의 내용과 수사의 대상, 수사 경위 등을 종합하여 구체적·개별적 연관관계가 있는 경우에만 인정되고, 혐의사실과 단순히 동종 또는 유사 범행이라는 사유만으로 관련성이 있다고 할 것은 아니다. 그리고 피의자와 사이의 인적 관련성은 압수·수색영장에 기재된 대상자의 **공동정범이나 교사범 등 공범이나 간접정범은 물론 필요적 공범 등에 대한 피고사건에 대해서도 인정될 수 있다**(대판 2017.12.5. 2017도13458).

② 피고인이 2018. 5. 6.경 피해자 갑(여, 10세)에 대하여 저지른 간음유인미수 및 성폭력범죄의 처벌 등에 관한 특례법 위반(통신매체이용음란) 범행과 관련하여 수사기관이 피고인 소유의 휴대전화를 압수하였는데, 위 휴대전화에 대한 디지털정보분석 결과 피고인이 2017. 12.경부터 2018. 4. 경까지 사이에 저지른 피해자 을(여, 12세), 병(여, 10세), 정(여, 9세)에 대한 간음유인 및 간음유인미수, 미성년자의제강간, 성폭력범죄의 처벌 등에 관한 특례법 위반(13세미만미성년자강간), 성폭력범죄의 처벌 등에 관한 특례법 위반(통신매체이용음란) 등 범행에 관한 추가 자료들이 획득되어 그 증거능력이 문제 된 경우, 추가 자료들로 인하여 밝혀진 피고인의 을, 병, 정에 대한 범행은 압수·수색영장의 범죄사실과 단순히 동종 또는 유사 범행인 것을 넘어서서 구체적·개별적 연관관계가 있는 경우로서 객관적·인적 관련성을 모두 갖추었다(대판 2020.2.13. 2019도14341 등).

(1) 우체물의 압수

법원은 필요한 때에는 피고사건과 관계가 있다고 인정할 수 있는 것에 한하여 우체물 또는 우체통신비밀보호법 제2조 제3호에 따른 전기통신에 관한 것으로서 체신관서, 그 밖의 관련 기관 등이 소지 또는 보관하는 물건의 제출을 명하거나 압수를 할 수 있다(제107조 제1항). 이러한 처분을 한 때에는 발신인이나 수신인에게 그 취지를 통지하여야 한다. 단 심리에 방해될 염려가 있는 경우에는 예외로 한다(같은 조 제3항). 이는 수사과정에도 준용된다(제219조).

(2) 군사상 비밀과 압수

군사상 비밀을 요하는 장소는 그 책임자의 승낙 없이는 압수 또는 수색할 수 없다. 책임자는 국가의 중대한 이익을 해하는 경우를 제외하고는 승낙을 거부하지 못한다(제110조, 제219조).

(3) 공무상 비밀과 압수

공무원 또는 공무원이었던 자가 소지 또는 보관하는 물건에 관하여는 본인 또는 그 당해 공무소가 직무상 비밀에 관한 것임을 신고한 때에는 그 소속공무소 또는 당해 감독관공서의 승낙 없이는 압수하지 못한다. 소속공무소 또는 당해 감독관공서는 국가의 중대한 이익을 해하는 경우를 제외하고는 승낙을 거부하지 못한다(제111조, 제219조).

(4) 업무상 비밀과 압수

변호사·변리사·공증인·공인회계사·세무사·대서업자·의사·한의사·치과의사·약사·약종상·조산사·간호사·종교의 직에 있는 자 또는 이러한 직에 있던 자가 그 업무상 위탁을 받아 소지 또는 보관하는 물건으로 타인의 비밀에 관한 것은 압수를 거부할 수 있다. 단 그 타인의 승낙이 있거나 중대한 공익상 필요가 있는 때에는 예외로 한다(제112조, 제219조).

① 아직 수사나 공판 등 형사절차가 개시되지 아니하여 피의자 또는 피고인에 해당한다고 볼 수 없는 사람이 일상적 생활관계에서 변호사와 상담한 법률자문에 대하여도 변호인의 조력을 받을 권리의 내용으로서 그 비밀의 공개를 거부할 수 있는 의뢰인의 특권을 도출할 수 있다거나, 위 특권에 의하여 의뢰인의 동의가 없는 관련 압수물은 압수절차의 위법 여부와 관계없이 형사재판의 증거로 사용할 수 없다는 견해는 받아들일 수 없다(대판 2012.5.17. 2009도6788 전원합의체).

② 정당법 제24조 제4항은 당원명부에 대한 압수수색을 예정한 조항으로서 영장에 의한 압수수색의 예외를 규정한 형사소송법 제106조 제1항 단서의 '법률에 다른 규정이 있는 때'에 해당하지 아니한다. 따라서 수사기관이 영장에 기하여 당원명부 등을 관리하는 서버를 압수한 공무집행은 적법하다(대판 2014.5.29. 2013도2285).

③ 우편물 통관검사절차에서 이루어지는 우편물의 개봉, 시료채취, 성분분석 등의 검사는 행정조사의 성격을 가지는 것으로서 수사기관의 강제처분이라 할 수 없으므로, 이러한 검사가 영장없이 이루어졌더라도 적법하다(대판 2013.9.26. 2013도7718).

2) 수색의 목적물

법원 또는 수사기관은 피고인 또는 피의자의 신체, 물건 또는 주거, 기타 장소를 수색할 수 있다(제109조 제1항, 제219조). 피고인 또는 피의자에 대한 수색은 널리 허용되나, 그 밖의 자에 대한 신체, 물건 또는 주거, 기타 장소에 관하여는 압수할 물건이 있음을 인정할 수 있는 경우에 한하여 수색할 수 있다(제109조 제2항, 제219조).

3) 관련문제 – 전자기록의 압수

쟁점 전자기록의 압수방법 및 출력물의 증거능력

1. 압수의 허용 여부

컴퓨터 등 전자적 기록매체에 저장된 정보의 압수의 허용 여부에 대해 견해가 대립하였다. 그러나 형사소송법이 개정됨에 따라 제106조 제3항에 의해 당연히 허용되고, 다만 구체적인 집행방법 등이 문제될 뿐이다.

가. 원칙

수사기관은 압수의 목적물이 컴퓨터용디스크, 그 밖에 이와 비슷한 **정보저장매체**인 경우에는 기억된 정보의 범위를 정하여 출력하거나 복제하여 제출받아야 한다(제219조, 제106조 제3항 본문). 판례 역시 전자정보에 대한 압수·수색영장을 집행할 때에는 원칙적으로 영장 발부의 **사유인 혐의사실과 관련된 부분만을 문서 출력물로 수집하거나 수사기관이 휴대한 저장매체에 해당 파일을 복사하는 방식**으로 이루어져야 한다고 판시하였다(대판 2007.12.13. 2007도7257).

나. 예외

범위를 정하여 출력 또는 복제하는 방법이 불가능하거나 압수의 목적을 달성하기에 현저히 곤란하다고 인정되는 때에는 **정보저장매체 등을 압수**할 수 있다(제219조, 제106조 제3항 단서). 판례 역시 집행현장 사정상 위와 같은 방식에 의한 집행이 불가능하거나 현저히 곤란한 부득이한 사정이 존재하더라도 저장매체 자체를 직접 혹은 하드카피나 이미징 등 형태로 수사기관

사무실 등 외부로 반출하여 해당 파일을 압수·수색할 수 있도록 영장에 기재되어 있고 실제 그와 같은 사정이 발생한 때에 한하여 위 방법이 예외적으로 허용될 수 있을 뿐이라고 판시하였다(대판 2007.12.13. 2007도7257).

추가로 이처럼 저장매체 자체를 수사기관 사무실 등으로 옮긴 후 영장에 기재된 범죄혐의 관련 전자정보를 탐색하여 해당 전자정보를 문서로 출력하거나 파일을 복사하는 경우, 이러한 과정 역시 전체적으로 압수·수색영장 집행의 일환에 포함된다. 따라서 그러한 경우 문서출력 또는 **파일복사 대상 역시 혐의사실과 관련된 부분으로 한정되어야 한다**는 것이 판례의 입장이다(대결 2011.5.26. 2009모1190).

3. 집행절차에의 참여권 보장

검사, 피고인 또는 변호인은 압수·수색영장의 집행에 참여할 수 있다(제219조, 제121조).

판례는 ① 제106조 제3항 단서에서 규정하는 예외적인 사정이 인정되어 전자정보가 담긴 저장매체 또는 하드카피나 이미징 등 형태를 수사기관 사무실 등으로 옮겨 복제·탐색·출력하는 경우에도, 그와 같은 일련의 과정에서 피압수자나 변호인에게 참여의 기회를 보장하고 혐의사실과 무관한 전자정보의 임의적인 복제 등을 막기 위한 적절한 조치를 취하는 등 영장주의 원칙과 적법절차를 준수한다고 판시하였다(대결 2015.7.16. 2011모1839 전원합의체). 그러나 ② 수사기관이 정보저장매체에 기억된 정보 중에서 범죄 혐의사실과 관련 있는 정보를 선별한 다음 이미지 파일을 제출받아 압수한 경우, 이로써 압수·수색 절차는 종료되는 것이므로, 수사기관이 수사기관 사무실에서 위와 같이 압수된 이미지 파일을 탐색·복제·출력하는 과정에서도 피의자 등에게 참여의 기회를 보장하여야 하는 것은 아니라고 판시하였다(대판 2018.2.8. 2017도13263).

4. 정보저장매체로부터 출력한 문건의 증거능력

판례는 압수물인 디지털 저장매체로부터 출력한 문건을 증거로 사용하기 위해서는 ① 디지털 저장매체 원본에 저장된 내용과 출력한 문건의 동일성이 인정되어야 하고, 이를 위해서는 디지털 저장매체 원본이 압수 시부터 문건 출력 시까지 변경되지 않았음이 담보되어야 한다. 특히 디지털 저장매체 원본을 대신하여 저장매체에 저장된 자료를 '하드카피' 또는 '이미징'한 매체로부터 출력한 문건의 경우에는 디지털 저장매체 원본과 '하드카피' 또는 '이미징'한 매체 사이에 자료의 동일성도 인정되어야 할 뿐만 아니라, 이를 확인하는 과정에서 이용한 컴퓨터의 기계적 정확성, 프로그램의 신뢰성, 입력·처리·출력의 각 단계에서 조작자의 전문적인 기술능력과 정확성이 담보되어야 하고, ② 그 기재 내용의 진실성에 관하여는 전문법칙이 적용되므로 형사소송법 제313조 제1항에 따라 공판준비나 공판기일에서의 그 작성자 또는 진술자의 진술에 의하여 그 성립의 진정함이 증명되어야 한다고 판시하였다(대판 2013.6.13. 2012도16001).

① 전자정보에 대한 압수·수색영장을 집행할 때에는 원칙적으로 영장 발부의 사유인 혐의사실과 관련된 부분만을 문서 출력물로 수집하거나 수사기관이 휴대한 저장매체에 해당 파일을 복사하는 방식으로 이루어져야 하고, 집행현장 사정상 위와 같은 방식에 의한 집행이 불가능하거나 현저히 곤란한 부득이한 사정이 존재하더라도 저장매체 자체를 직접 혹은 하드카피나 이미징 등 형태로 수사기관 사무실 등 외부로 반출하여 해당 파일을 압

수·수색할 수 있도록 영장에 기재되어 있고 실제 그와 같은 사정이 발생한 때에 한하여 위 방법이 예외적으로 허용될 수 있을 뿐이다. 나아가 이처럼 저장매체 자체를 수사기관 사무실 등으로 옮긴 후 영장에 기재된 범죄 혐의 관련 전자정보를 탐색하여 해당 전자정보를 문서로 출력하거나 파일을 복사하는 과정 역시 전체적으로 압수·수색영장 집행의 일환에 포함된다고 보아야 한다. 따라서 그러한 경우 문서출력 또는 파일복사 대상 역시 혐의사실과 관련된 부분으로 한정되어야 하는 것은 헌법 제12조 제1항, 제3항, 형사소송법 제114조, 제215조의 적법절차 및 영장주의 원칙상 당연하다. 그러므로 수사기관 사무실 등으로 옮긴 저장매체에서 범죄 혐의 관련성에 대한 구분 없이 저장된 전자정보 중 임의로 문서출력 혹은 파일복사를 하는 행위는 특별한 사정이 없는 한 영장주의 등 원칙에 반하는 위법한 집행이다. 한편 검사나 사법경찰관이 압수·수색영장을 집행할 때에는 자물쇠를 열거나 개봉 기타 필요한 처분을 할 수 있지만 그와 아울러 압수물의 상실 또는 파손 등의 방지를 위하여 상당한 조치를 하여야 하므로(형사소송법 제219조, 제120조, 제131조 등), 혐의사실과 관련된 정보는 물론 그와 무관한 다양하고 방대한 내용의 사생활 정보가 들어 있는 저장매체에 대한 압수·수색영장을 집행할 때 영장이 명시적으로 규정한 위 예외적인 사정이 인정되어 전자정보가 담긴 저장매체 자체를 수사기관 사무실 등으로 옮겨 이를 열람 혹은 복사하게 되는 경우에도, 전체 과정을 통하여 피압수·수색 당사자나 변호인의 계속적인 참여권 보장, 피압수·수색 당사자가 배제된 상태의 저장매체에 대한 열람·복사 금지, 복사대상 전자정보 목록의 작성·교부 등 압수·수색 대상인 저장매체 내 전자정보의 왜곡이나 훼손과 오·남용 및 임의적인 복제나 복사 등을 막기 위한 적절한 조치가 이루어져야만 집행절차가 적법하게 된다(대결 2011.5.26. 2009모1190).

② [1] 전자정보에 대한 압수·수색 과정에서 이루어진 현장에서의 저장매체 압수·이미징·탐색·복제 및 출력행위 등 수사기관의 처분은 하나의 영장에 의한 압수·수색 과정에서 이루어진다. 그러한 일련의 행위가 모두 진행되어 압수·수색이 종료된 이후에는 준항고인이 전체 압수·수색 과정을 단계적·개별적으로 구분하여 각 단계의 개별 처분의 취소를 구하더라도 준항고법원은 특별한 사정이 없는 한 구분된 개별 처분의 위법이나 취소 여부를 판단할 것이 아니라 당해 압수·수색 과정 전체를 하나의 절차로 파악하여 그 과정에서 나타난 위법이 압수·수색 절차 전체를 위법하게 할 정도로 중대한지 여부에 따라 전체적으로 압수·수색 처분을 취소할 것인지를 가려야 한다. [2] 전자정보에 대한 압수·수색이 종료되기 전에 혐의사실과 관련된 전자정보를 적법하게 탐색하는 과정에서 별도의 범죄혐의와 관련된 전자정보를 우연히 발견한 경우라면, 수사기관은 더 이상의 추가 탐색을 중단하고 법원에서 별도의 범죄혐의에 대한 압수·수색영장을 발부받은 경우에 한하여 그러한 정보에 대하여도 적법하게 압수·수색을 할 수 있다. [3] 나아가 이러한 경우에도 별도의 압수·수색 절차는 최초의 압수·수색 절차와 구별되는 별개의 절차이고, 별도 범죄혐의와 관련된 전자정보는 최초의 압수·수색영장에 의한 압수·수색의 대상이 아니어서 저장매체의 원래 소재지에서 별도의 압수·수색영장에 기해 압수·수색을 진행하는 경우와 마찬가지로 피압수·수색 당사자(이하 '피압수자'라 한다)는 최초의 압수·수색 이전부터 해당 전자정보를 관리하고 있던 자라 할 것이므로, 특별한 사정이 없는 한 피압수자에게 형사소송법 제219조, 제121조, 제129조에 따라 참여권을 보장하고 압수한 전자정보 목록을 교부하는 등 피압수자의 이익을 보호하기 위한 적절한 조치가 이루어져야 한다(대결 2015.7.16. 2011모1839 전원합의체).

③ [1] 형사소송법 제219조, 제121조에 의하면, 수사기관이 압수·수색영장을 집행할 때 피의자 또는 변호인은 그 집행에 참여할 수 있다. 압수의 목적물이 컴퓨터용디스크 그 밖에 이와 비슷한 정보저장매체인 경우에는 영장 발부의 사유로 된 범죄 혐의사실과 관련 있는 정보의 범위를 정하여 출력하거나 복제하여 이를 제출받아야 하고, 피의자나 변호인에게 참여의 기회를 보장하여야 한다. 만약 그러한 조치를 취하지 않았다면 이는 형사소송법에 정한 영장주의 원칙과 적법절차를 준수하지 않은 것이다. 수사기관이 정보저장매체에 기억된 정보 중에서 키워드 또는 확장자 검색 등을 통해 범죄 혐의사실과 관련 있는 정보를 선별한 다음 정보저장매체와 동일하게 비트열 방식으로 복제하여 생성한 파일(이하 '이미지 파일'이라 한다)을 제출받아 압수하였다면 이로써 압수의 목적물에 대한 압수·수색 절차는 종료된 것이므로, 수사기관이 수사기관 사무실에서 위와 같이 압수된 이미지 파일을 탐색·복제·출력하는 과정에서도 피의자 등에게 참여의 기회를 보장하여야 하는 것은 아니다. [2] 형사소송법 제219조, 제129조에 의하면, 압수한 경우에는 목록을 작성하여 소유자, 소지자, 보관자 기타 이에 준할 자에게 교부하여야 한다. 그리고 법원은 압수·수색영장의 집행에 관하여 범죄 혐의사실과 관련 있는 정보의 탐색·복제·출력이 완료된 때에는 지체 없이 압수된 정보의 상세목록을 피의자 등에게 교부할 것을 정할 수 있다. 압수물 목록은 피압수자 등이 압수처분에 대한 준항고를 하는 등 권리행사절차를 밟는 가장 기초적인 자료가 되므로, 수사기관은 이러한 권리행사에 지장이 없도록 압수 직후 현장에서 압수물 목록을 바로 작성하여 교부해야 하는 것이 원칙이다. 이러한 압수물 목록 교부 취지에 비추어 볼 때, 압수된 정보의 상세목록에는 정보의 파일 명세가 특정되어 있어야 하고, 수사기관은 이를 출력한 서면을 교부하거나 전자파일 형태로 복사해 주거나 이메일을 전송하는 등의 방식으로도 할 수 있다. [3] 전자문서를 수록한 파일 등의 경우에는, 성질상 작성자의 서명 혹은 날인이 없을 뿐만 아니라 작성자·관리자의 의도나 특정한 기술에 의하여 내용이 편집·조작될 위험성이 있음을 고려하여, 원본임이 증명되거나 혹은 원본으로부터 복사한 사본일 경우에는 복사 과정에서 편집되는 등 인위적 개작 없이 원본의 내용 그대로 복사된 사본임이 증명되어야만 하고, 그러한 증명이 없는 경우에는 쉽게 증거능력을 인정할 수 없다. 그리고 증거로 제출된 전자문서 파일의 사본이나 출력물이 복사·출력 과정에서 편집되는 등 인위적 개작 없이 원본 내용을 그대로 복사·출력한 것이라는 사실은 전자문서 파일의 사본이나 출력물의 생성과 전달 및 보관 등의 절차에 관여한 사람의 증언이나 진술, 원본이나 사본 파일 생성 직후의 해시(Hash)값 비교, 전자문서 파일에 대한 검증·감정 결과 등 제반 사정을 종합하여 판단할 수 있다. 이러한 원본 동일성은 증거능력의 요건에 해당하므로 검사가 그 존재에 대하여 구체적으로 주장·증명해야 한다(대판 2018.2.8. 2017도13263).

④ 수사기관이 인터넷서비스이용자인 피의자를 상대로 피의자의 컴퓨터 등 정보처리장치 내에 저장되어 있는 이메일 등 전자정보를 압수·수색하는 것은 전자정보의 소유자 내지 소지자를 상대로 해당 전자정보를 압수·수색하는 대물적 강제처분으로 형사소송법의 해석상 허용된다. 나아가 **압수·수색할 전자정보가 압수·수색영장에 기재된 수색장소에 있는 컴퓨터 등 정보처리장치 내에 있지 아니하고 그 정보처리장치와 정보통신망으로 연결되어 제3자가 관리하는 원격지의 서버 등 저장매체에 저장되어 있는 경우에도**, 수사기관이 피의자의 이메일 계정에 대한 접근권한에 갈음하여 발부받은 영장에 따라 영장 기재 수색장소에 있는 컴퓨터 등

정보처리장치를 이용하여 적법하게 취득한 피의자의 이메일 계정 아이디와 비밀번호를 입력하는 등 피의자가 접근하는 통상적인 방법에 따라 원격지의 저장매체에 접속하고 그곳에 저장되어 있는 피의자의 이메일 관련 전자정보를 수색장소의 정보처리장치로 내려받거나 그 화면에 현출시키는 것 역시 피의자의 소유에 속하거나 소지하는 전자정보를 대상으로 이루어지는 것이므로 그 전자정보에 대한 압수·수색을 위와 달리 볼 필요가 없다. 비록 수사기관이 위와 같이 원격지의 저장매체에 접속하여 그 저장된 전자정보를 수색장소의 정보처리장치로 내려받거나 그 화면에 현출시킨다 하더라도, 이는 인터넷서비스제공자가 허용한 피의자의 전자정보에 대한 접근 및 처분권한과 일반적 접속 절차에 기초한 것으로서, 특별한 사정이 없는 한 인터넷서비스제공자의 의사에 반하는 것이라고 단정할 수 없다. 또한 형사소송법 제109조 제1항, 제114조 제1항에서 영장에 수색할 장소를 특정하도록 한 취지와 정보통신망으로 연결되어 있는 한 정보처리장치 또는 저장매체 간 이전, 복제가 용이한 전자정보의 특성 등에 비추어 보면, 수색장소에 있는 정보처리장치를 이용하여 정보통신망으로 연결된 원격지의 저장매체에 접속하는 것이 위와 같은 형사소송법의 규정에 위반하여 압수·수색영장에서 허용한 집행의 장소적 범위를 확대하는 것이라고 볼 수 없다. 수색행위는 정보통신망을 통해 원격지의 저장매체에서 수색장소에 있는 정보처리장치로 내려받거나 현출된 전자정보에 대하여 위 정보처리장치를 이용하여 이루어지고, 압수행위는 위 정보처리장치에 존재하는 전자정보를 대상으로 그 범위를 정하여 이를 출력 또는 복제하는 방법으로 이루어지므로, 수색에서 압수에 이르는 일련의 과정이 모두 압수·수색영장에 기재된 장소에서 행해지기 때문이다. 위와 같은 사정들을 종합하여 보면, 피의자의 이메일 계정에 대한 접근권한에 갈음하여 발부받은 압수·수색영장에 따라 원격지의 저장매체에 적법하게 접속하여 내려받거나 현출된 전자정보를 대상으로 하여 범죄 혐의사실과 관련된 부분에 대하여 압수·수색하는 것은, 압수·수색영장의 집행을 원활하고 적정하게 행하기 위하여 필요한 최소한도의 범위 내에서 이루어지며 그 수단과 목적에 비추어 사회통념상 타당하다고 인정되는 대물적 강제처분 행위로서 허용되며, 형사소송법 제120조 제1항에서 정한 압수·수색영장의 집행에 필요한 처분에 해당한다. 그리고 이러한 법리는 원격지의 저장매체가 국외에 있는 경우라 하더라도 그 사정만으로 달리 볼 것은 아니다(대판 2017.11.29. 2017도9747).

⑤ 헌법과 형사소송법이 구현하고자 하는 적법절차와 영장주의의 정신에 비추어 볼 때, 법관이 압수·수색영장을 발부하면서 '압수할 물건'을 특정하기 위하여 기재한 문언은 엄격하게 해석해야 하고, 함부로 피압수자 등에게 불리한 내용으로 확장해석 또는 유추해석을 하는 것은 허용될 수 없다. 압수할 전자정보가 저장된 저장매체로서 압수·수색영장에 기재된 수색장소에 있는 컴퓨터, 하드디스크, 휴대전화와 같은 컴퓨터 등 정보처리장치와 수색장소에 있지는 않으나 컴퓨터 등 정보처리장치와 정보통신망으로 연결된 원격지의 서버 등 저장매체(이하 '원격지 서버'라 한다)는 소재지, 관리자, 저장 공간의 용량 측면에서 서로 구별된다. (중략) 따라서 수사기관이 압수·수색영장에 적힌 '수색할 장소'에 있는 컴퓨터 등 정보처리장치에 저장된 전자정보 외에 원격지 서버에 저장된 전자정보를 압수·수색하기 위해서는 압수·수색영장에 적힌 '압수할 물건'에 별도로 원격지 서버 저장 전자정보가 특정되어 있어야 한다. 압수·수색영장에 적힌 '압수할 물건'에 컴퓨터 등 정보처리장치 저장 전자정보만 기재되어 있다면 컴퓨터 등 정보처리장치를 이용하여 원격지 서버 저장 전자정보를 압수할 수는 없다(대결 2022.6.30. 2020모735).

⑥ 전자문서를 수록한 파일 등의 경우에는, 성질상 작성자의 서명 혹은 날인이 없을 뿐만 아니라 작성자·관리자의 의도나 특정한 기술에 의하여 내용이 편집·조작될 위험성이 있음을 고려하여, 원본임이 증명되거나 혹은 원본으로부터 복사한 사본일 경우에는 복사 과정에서 편집되는 등 인위적 개작 없이 원본의 내용 그대로 복사된 사본임이 증명되어야만 하고, 그러한 증명이 없는 경우에는 쉽게 증거능력을 인정할 수 없다. 그리고 증거로 제출된 전자문서 파일의 사본이나 출력물이 복사·출력 과정에서 편집되는 등 인위적 개작 없이 원본 내용을 그대로 복사·출력한 것이라는 사실은 전자문서 파일의 사본이나 출력물의 생성과 전달 및 보관 등의 절차에 관여한 사람의 증언이나 진술, 원본이나 사본 파일 생성 직후의 해시(Hash)값 비교, 전자문서 파일에 대한 검증·감정 결과 등 제반 사정을 종합하여 판단할 수 있다. 이러한 원본 동일성은 증거능력의 요건에 해당하므로 검사가 그 존재에 대하여 구체적으로 주장·증명해야 한다(대판 2018.2.8. 2017도13263).

⑦ 압수물인 디지털 저장매체로부터 출력한 문건을 증거로 사용하기 위해서는 디지털 저장매체 원본에 저장된 내용과 출력한 문건의 동일성이 인정되어야 하고, 이를 위해서는 디지털 저장매체 원본이 압수시부터 문건 출력시까지 변경되지 않았음이 담보되어야 한다. 특히 디지털 저장매체 원본을 대신하여 저장매체에 저장된 자료를 '하드카피' 또는 '이미징'한 매체로부터 출력한 문건의 경우에는 디지털 저장매체 원본과 '하드카피' 또는 '이미징'한 매체 사이에 자료의 동일성도 인정되어야 할 뿐만 아니라, 이를 확인하는 과정에서 이용한 컴퓨터의 기계적 정확성, 프로그램의 신뢰성, 입력·처리·출력의 각 단계에서 조작자의 전문적인 기술능력과 정확성이 담보되어야 한다. 그리고 압수된 디지털 저장매체로부터 출력한 문건을 진술증거로 사용하는 경우, 그 기재 내용의 진실성에 관하여는 전문법칙이 적용되므로 형사소송법 제313조 제1항에 따라 그 작성자 또는 진술자의 진술에 의하여 그 성립의 진정함이 증명된 때에 한하여 이를 증거로 사용할 수 있다(대판 2007.12.13. 2007도7257).

⑧ 디지털 저장매체에 저장된 로그파일의 원본이 아니라 그 복사본의 일부 내용을 요약·정리하는 방식으로 새로운 문서파일이 작성된 경우 그 문서파일 또는 거기에서 출력한 문서를 로그파일 원본의 내용을 증명하는 증거로 사용하기 위하여는 피고인이 이를 증거로 하는 데 동의하지 아니하는 이상 그 문서파일의 기초가 된 로그파일 복사본과 로그파일 원본의 동일성도 인정되어야 한다. 나아가 이때 새로운 문서파일 또는 거기에서 출력한 문서를 진술증거로 사용하는 경우 그 기재 내용의 진실성에 관하여는 전문법칙이 적용되므로 형사소송법 제313조 제1항에 따라 공판준비기일이나 공판기일에서 그 작성자 또는 진술자의 진술에 의하여 성립의 진정함이 증명된 때에 한하여 이를 증거로 사용할 수 있다(대판 2015.8.27. 2015도3467).

⑨ 피의자가 휴대전화를 임의제출하면서 휴대전화에 저장된 전자정보가 아닌 클라우드 등 제3자가 관리하는 원격지에 저장되어 있는 전자정보를 수사기관에 제출한다는 의사로 수사기관에게 클라우드 등에 접속하기 위한 아이디와 비밀번호를 임의로 제공하였다면 위 클라우드 등에 저장된 전자정보를 임의제출하는 것으로 볼 수 있다(대판 2021.7.29. 2020도14654).

⑩ [1] 전자정보에 대한 수사기관의 압수·수색은 사생활의 비밀과 자유, 정보에 대한 자기결정권, 재산권 등을 침해할 우려가 크므로 포괄적으로 이루어져서는 안 되고, 비례의 원칙에 따라 수사의 목적상 필요한 최소한의 범위 내에서 이루어져야 한다. (중략) 수사기관은 특정 범

죄혐의와 관련하여 전자정보가 수록된 정보저장매체를 임의제출받아 그 안에 저장된 전자정보를 압수하는 경우 그 동기가 된 범죄혐의사실과 관련된 전자정보의 출력물 등을 임의제출받아 압수하는 것이 원칙이다. 다만 현장의 사정이나 전자정보의 대량성과 탐색의 어려움 등의 이유로 범위를 정하여 출력 또는 복제하는 방법이 불가능하거나 압수의 목적을 달성하기에 현저히 곤란하다고 인정되는 때에 한하여 예외적으로 정보저장매체 자체나 복제본을 임의제출받아 압수할 수 있다. [2] 수사기관이 제출자의 의사를 쉽게 확인할 수 있음에도 이를 확인하지 않은 채 특정 범죄혐의사실과 관련된 전자정보와 그렇지 않은 전자정보가 혼재된 정보저장매체를 임의제출받은 경우, 그 정보저장매체에 저장된 전자정보 전부가 임의제출되어 압수된 것으로 취급할 수는 없다. 전자정보를 압수하고자 하는 수사기관이 정보저장매체와 거기에 저장된 전자정보를 임의제출의 방식으로 압수할 때, 제출자의 구체적인 제출 범위에 관한 의사를 제대로 확인하지 않는 등의 사유로 인해 임의제출자의 의사에 따른 전자정보 압수의 대상과 범위가 명확하지 않거나 이를 알 수 없는 경우에는 임의제출에 따른 압수의 동기가 된 범죄혐의사실과 관련되고 이를 증명할 수 있는 최소한의 가치가 있는 전자정보에 한하여 압수의 대상이 된다. 이때 범죄혐의사실과 관련된 전자정보에는 범죄혐의사실 그 자체 또는 그와 기본적 사실관계가 동일한 범행과 직접 관련되어 있는 것은 물론 범행 동기와 경위, 범행 수단과 방법, 범행 시간과 장소 등을 증명하기 위한 간접증거나 정황증거 등으로 사용될 수 있는 것도 포함될 수 있다. 다만 그 관련성은 임의제출에 따른 압수의 동기가 된 범죄혐의사실의 내용과 수사의 대상, 수사의 경위, 임의제출의 과정 등을 종합하여 구체적·개별적 연관관계가 있는 경우에만 인정되고, 범죄혐의사실과 단순히 동종 또는 유사 범행이라는 사유만으로 관련성이 있다고 할 것은 아니다. (중략) 피의자가 소유·관리하는 정보저장매체를 피의자 아닌 피해자 등 제3자가 임의제출하는 경우에는, 그 임의제출 및 그에 따른 수사기관의 압수가 적법하더라도 임의제출의 동기가 된 범죄혐의사실과 구체적·개별적 연관관계가 있는 전자정보에 한하여 압수의 대상이 되는 것으로 더욱 제한적으로 해석하여야 한다. [3] 압수의 대상이 되는 전자정보와 그렇지 않은 전자정보가 혼재된 정보저장매체나 그 복제본을 임의제출받은 수사기관이 그 정보저장매체 등을 수사기관 사무실 등으로 옮겨 이를 탐색·복제·출력하는 경우, 그와 같은 일련의 과정에서 형사소송법 제219조, 제121조에서 규정하는 피압수·수색 당사자나 그 변호인에게 참여의 기회를 보장하고 압수된 전자정보의 파일 명세가 특정된 압수목록을 작성·교부하여야 하며 범죄혐의사실과 무관한 전자정보의 임의적인 복제 등을 막기 위한 적절한 조치를 취하는 등 영장주의 원칙과 적법절차를 준수하여야 한다. 만약 그러한 조치가 취해지지 않았다면 피압수자 측이 참여하지 아니한다는 의사를 명시적으로 표시하였거나 임의제출의 취지와 경과 또는 그 절차 위반행위가 이루어진 과정의 성질과 내용 등에 비추어 피압수자 측에 절차 참여를 보장한 취지가 실질적으로 침해되었다고 볼 수 없을 정도에 해당한다는 등의 특별한 사정이 없는 이상 압수·수색이 적법하다고 평가할 수 없고, 비록 수사기관이 정보저장매체 또는 복제본에서 범죄혐의사실과 관련된 전자정보만을 복제·출력하였다 하더라도 달리 볼 것은 아니다. 나아가 피해자 등 제3자가 피의자의 소유·관리에 속하는 정보저장매체를 영장에 의하지 않고 임의제출한 경우에는 실질적 피압수자인 피의자가 수사기관으로 하여금 그 전자정보 전부를 무제한 탐색하는 데 동의한 것으로 보기 어려울 뿐만 아니라 피의자 스스로 임의제출한 경우 피의자의 참여권 등이 보장되어야 하는 것과 견주어 보더라도 특별한 사정이 없는 한 형사소송법 제219조, 제121조, 제

129조에 따라 피의자에게 참여권을 보장하고 압수한 전자정보 목록을 교부하는 등 피의자의 절차적 권리를 보장하기 위한 적절한 조치가 이루어져야 한다. [4] 임의제출된 정보저장매체에서 압수의 대상이 되는 전자정보의 범위를 초과하여 수사기관이 임의로 전자정보를 탐색·복제·출력하는 것은 원칙적으로 위법한 압수·수색에 해당하므로 허용될 수 없다. 만약 전자정보에 대한 압수·수색이 종료되기 전에 범죄혐의사실과 관련된 전자정보를 적법하게 탐색하는 과정에서 별도의 범죄혐의와 관련된 전자정보를 우연히 발견한 경우라면, 수사기관은 더 이상의 추가 탐색을 중단하고 법원으로부터 별도의 범죄혐의에 대한 압수·수색영장을 발부받은 경우에 한하여 그러한 정보에 대하여도 적법하게 압수·수색을 할 수 있다. 따라서 임의제출된 정보저장매체에서 압수의 대상이 되는 전자정보의 범위를 넘어서는 전자정보에 대해 수사기관이 영장 없이 압수·수색하여 취득한 증거는 위법수집증거에 해당하고, 사후에 법원으로부터 영장이 발부되었다거나 피고인이나 변호인이 이를 증거로 함에 동의하였다고 하여 그 위법성이 치유되는 것도 아니다(대판 2021.11.18. 2016도348 전원합의체).4)

⑪ 법원은 압수·수색영장의 집행에 관하여 범죄 혐의사실과 관련 있는 전자정보의 탐색·복제·출력이 완료된 때에는 지체 없이 영장 기재 범죄 혐의사실과 관련이 없는 나머지 전자정보에 대해 삭제·폐기 또는 피압수자 등에게 반환할 것을 정할 수 있다. 수사기관이 범죄 혐의사실과 관련 있는 정보를 선별하여 압수한 후에도 그와 관련이 없는 나머지 정보를 삭제·폐기·반환하지 아니한 채 그대로 보관하고 있다면 범죄 혐의사실과 관련이 없는 부분에 대하여는 압수의 대상이 되는 전자정보의 범위를 넘어서는 전자정보를 영장 없이 압수·수색하여 취득한 것이어서 위법하고, 사후에 법원으로부터 압수·수색영장이 발부되었다거나 피고인이나 변호인이 이를 증거로 함에 동의하였다고 하여 그 위법성이 치유된다고 볼 수 없다(대결 2022.1.14. 2021모1586).

⑫ 범죄혐의사실과 관련된 전자정보인지를 판단할 때는 범죄혐의사실의 내용과 성격, 임의제출의 과정 등을 토대로 구체적·개별적 연관관계를 살펴보아야 한다. 특히 카메라의 기능과 정보저장매체의 기능을 함께 갖춘 휴대전화인 스마트폰을 이용한 불법촬영 범죄와 같이 범죄의 속성상 해당 범행의 상습성이 의심되거나 성적 기호 내지 경향성의 발현에 따른 일련의 범행의 일환으로 이루어진 것으로 의심되고, 범행의 직접 증거가 스마트폰 안에 이미지 파일이나 동영상 파일

---

4) 피고인이 2014. 12. 11. 피해자 갑을 상대로 저지른 성폭력범죄의 처벌 등에 관한 특례법 위반(카메라등이용촬영) 범행(이하 '2014년 범행'이라 한다)에 대하여 갑이 즉시 피해 사실을 경찰에 신고하면서 피고인의 집에서 가지고 나온 피고인 소유의 휴대전화 2대에 피고인이 촬영한 동영상과 사진이 저장되어 있다는 취지로 말하고 이를 범행의 증거물로 임의제출하였는데, 경찰이 이를 압수한 다음 그 안에 저장된 전자정보를 탐색하다가 갑을 촬영한 휴대전화가 아닌 다른 휴대전화에서 피고인이 2013. 12.경 피해자 을, 병을 상대로 저지른 같은 법 위반(카메라등이용촬영) 범행(이하 '2013년 범행'이라 한다)을 발견하고 그에 관한 동영상·사진 등을 영장 없이 복제한 CD를 증거로 제출한 사안에서, 갑은 경찰에 피고인의 휴대전화를 증거물로 제출할 당시 그 안에 수록된 전자정보의 제출 범위를 명확히 밝히지 않았고, 담당 경찰관들도 제출자로부터 그에 관한 확인절차를 거치지 않은 이상 휴대전화에 담긴 전자정보의 제출 범위에 관한 제출자의 의사가 명확하지 않거나 이를 알 수 없는 경우에 해당하므로, 휴대전화에 담긴 전자정보 중 임의제출을 통해 적법하게 압수된 범위는 임의제출 및 압수의 동기가 된 피고인의 2014년 범행 자체와 구체적·개별적 연관관계가 있는 전자정보로 제한적으로 해석하는 것이 타당하고, 이에 비추어 볼 때 범죄발생 시점 사이에 상당한 간격이 있고 피해자 및 범행에 이용한 휴대전화도 전혀 다른 피고인의 2013년 범행에 관한 동영상은 임의제출에 따른 압수의 동기가 된 범죄혐의사실(2014년 범행)과 구체적·개별적 연관관계 있는 전자정보로 보기 어려워 수사기관이 사전영장 없이 이를 취득한 이상 증거능력이 없고, 사후에 압수·수색영장을 받아 압수절차가 진행되었더라도 달리 볼 수 없다는 이유로, 피고인의 2013년 범행을 무죄로 판단한 원심의 결론이 정당하다고 한 사례(위 판례 이유 중 발췌).

의 형태로 남아 있을 개연성이 있는 경우에는 그 안에 저장되어 있는 같은 유형의 전자정보에서 그와 관련한 유력한 간접증거나 정황증거가 발견될 가능성이 높다는 점에서 이러한 간접증거나 정황증거는 범죄혐의사실과 구체적·개별적 연관관계를 인정할 수 있다(대판 2022.1.13. 2016도9596).5)

⑬ 피해자 등 제3자가 피의자의 소유·관리에 속하는 정보저장매체를 영장에 의하지 않고 임의제출한 경우에는 실질적 피압수·수색 당사자인 피의자가 수사기관으로 하여금 그 전자정보 전부를 무제한 탐색하는 데 동의한 것으로 보기 어려울 뿐만 아니라 피의자 스스로 임의제출한 경우 피의자의 참여권 등이 보장되어야 하는 것과 견주어 보더라도 특별한 사정이 없는 한 형사소송법 제219조, 제121조, 제129조에 따라 피의자에게 참여권을 보장하고 압수한 전자정보 목록을 교부하는 등 피의자의 절차적 권리를 보장하기 위한 적절한 조치가 이루어져야 한다. 이와 같이 정보저장매체를 임의제출한 피압수자에 더하여 임의제출자 아닌 피의자에게도 참여권이 보장되어야 하는 '피의자의 소유·관리에 속하는 정보저장매체'란, 피의자가 압수·수색 당시 또는 이와 시간적으로 근접한 시기까지 해당 정보저장매체를 현실적으로 지배·관리하면서 그 정보저장매체 내 전자정보 전반에 관한 전속적인 관리처분권을 보유·행사하고, 달리 이를 자신의 의사에 따라 제3자에게 양도하거나 포기하지 아니한 경우로써, 피의자를 그 정보저장매체에 저장된 전자정보에 대하여 실질적인 피압수자로 평가할 수 있는 경우를 말하는 것이다. 이에 해당하는지 여부는 민사법상 권리의 귀속에 따른 법률적·사후적 판단이 아니라 압수·수색 당시 외형적·객관적으로 인식 가능한 사실상의 상태를 기준으로 판단하여야 한다. 이러한 정보저장매체의 외형적·객관적 지배·관리 등 상태와 별도로 단지 피의자나 그 밖의 제3자가 과거 그 정보저장매체의 이용 내지 개별 전자정보의 생성·이용 등에 관여한 사실이 있다거나 그 과정에서 생성된 전자정보에 의해 식별되는 정보주체에 해당한다는 사정만으로 그들을 실질적으로 압수·수색을 받는 당사자로 취급하여야 하는 것은 아니다(대판 2022.1.27. 2021도11170).

---

5) 2014년 범행에 관한 영상은 임의제출에 의해 적법하게 압수된 전자정보로서 그 증거능력을 인정할 수 있다. ① 피고인이 이 사건 휴대전화를 임의제출할 당시 2015년 범행에 관한 영상에 대하여만 제출 의사를 밝혔는지, 아니면 2014년 범행에 관한 영상을 포함하여 제출 의사를 밝혔는지 명확하지 않다. 따라서 임의제출에 따른 압수의 동기가 된 범죄혐의사실인 2015년 범행에 관한 영상과 관련되고 이를 증명할 수 있는 최소한의 가치가 있는 전자정보에 한하여 압수의 대상이 된다. 그런데 2014년 범행에 관한 영상을 비롯한 이 사건 휴대전화에서 발견된 약 2,000개의 영상은 2년여에 걸쳐 지속적으로 카메라의 기능과 정보저장매체의 기능을 함께 갖춘 이 사건 휴대전화로 촬영된 것으로, 범죄의 속성상 해당 범행의 상습성이 의심되거나 피고인의 성적 기호 내지 경향성의 발현에 따른 일련의 범행의 일환으로 이루어진 것으로 의심되어, 2015년 범행의 동기와 경위, 범행 수단과 방법 등을 증명하기 위한 간접증거나 정황증거 등으로 사용될 수 있어 2015년 범죄혐의사실과 구체적·개별적 연관관계를 인정할 수 있다. 결국 2014년 범행에 관한 영상은 임의제출에 따른 압수의 동기가 된 2015년 범죄혐의사실과 관련성이 인정될 수 있다. ② 경찰은 1차 피의자신문 시 이 사건 휴대전화를 피고인과 함께 탐색하는 과정에서 2014년 범행에 관한 영상을 발견하였으므로, 피고인은 이 사건 휴대전화의 탐색 과정에 참여하였다고 볼 수 있다. ③ 경찰은 같은 날 곧바로 진행된 2회 피의자신문에서 이 사건 사진을 피고인에게 제시하였고, 5장에 불과한 이 사건 사진은 모두 동일한 일시, 장소에서 촬영된 2014년 범행에 관한 영상을 출력한 것임을 육안으로 쉽게 알 수 있다. 따라서 비록 피고인에게 전자정보의 파일 명세가 특정된 압수목록이 작성·교부되지 않았더라도 절차 위반행위가 이루어진 과정의 성질과 내용 등에 비추어 피고인의 절차상 권리가 실질적으로 침해되었다고 보기도 어렵다. 그러므로 2014년 범행에 관한 영상은 그 증거능력이 인정됨에도 이와 달리 이 사건 공소사실 중 2014년 범행 부분을 무죄로 판단한 원심의 판단에는 위법수집증거에 관한 법리를 오해하여 판결에 영향을 미친 잘못이 있다. 이를 지적하는 상고이유 주장은 이유 있다(위 판례 이유 중 발췌).

⑭ 수사기관이 준항고인을 피의자로 하여 발부받은 압수·수색영장에 기하여 인터넷서비스 업체인 갑 주식회사를 상대로 갑 회사의 본사 서버에 저장되어 있는 준항고인의 전자정보인 카카오톡 대화내용 등에 대하여 압수·수색을 실시하였는데, 준항고인은 수사기관이 압수·수색 과정에서 참여권을 보장하지 않는 등의 위법이 있다는 이유로 압수·수색의 취소를 청구한 사안에서, 수사기관이 압수·수색영장을 집행할 때 처분의 상대방인 갑 회사에 영장을 팩스로 송부하였을 뿐 영장 원본을 제시하지 않은 점, 갑 회사는 서버에서 일정 기간의 준항고인의 카카오톡 대화내용을 모두 추출한 다음 그중에서 압수·수색영장의 범죄사실과 관련된 정보만을 분리하여 추출할 수 없어 그 기간의 모든 대화내용을 수사기관에 이메일로 전달하였는데, 여기에는 준항고인이 자신의 부모, 친구 등과 나눈 일상적 대화 등 혐의사실과 관련 없는 내용이 포함되어 있는 점, 수사기관은 압수·수색 과정에서 준항고인에게 미리 집행의 일시와 장소를 통지하지 않았고, 갑 회사로부터 준항고인의 카카오톡 대화내용을 취득한 뒤 전자정보를 탐색·출력하는 과정에서도 준항고인에게 참여 기회를 부여하지 않았으며, 혐의사실과 관련된 부분을 선별하지 않고 그 일체를 출력하여 증거물로 압수하였고, 압수·수색영장 집행 이후 갑 회사와 준항고인에게 압수한 전자정보 목록을 교부하지 않은 점 등 제반 사정에 비추어 볼 때, 원심이 갑 회사의 본사 서버에 보관된 준항고인의 카카오톡 대화내용에 대한 압수·수색영장의 집행에 의하여 전자정보를 취득하는 것이 참여권자에게 통지하지 않을 수 있는 형사소송법 제122조 단서의 '급속을 요하는 때'에 해당하지 않는다고 판단한 것은 잘못이나, 그 과정에서 압수·수색영장의 원본을 제시하지 않은 위법, 수사기관이 갑 회사로부터 입수한 전자정보에서 범죄 혐의사실과 관련된 부분의 선별 없이 그 일체를 출력하여 증거물로 압수한 위법, 그 과정에서 서비스이용자로서 실질적 피압수자이자 피의자인 준항고인에게 참여권을 보장하지 않은 위법과 압수한 전자정보 목록을 교부하지 않은 위법을 종합하면, 압수·수색에서 나타난 위법이 압수·수색절차 전체를 위법하게 할 정도로 중대하다고 보아 압수·수색을 취소한 원심의 결론을 수긍할 수 있다고 한 사례(대결 2022.5.31. 2016모587).

3. 압수·수색의 절차

1) 압수·수색영장의 발부

법원이 행하는 압수·수색이라 할지라도 공판정 외에서의 압수·수색을 할 때에는 영장을 발부하여야 한다(제113조). 그러나 공판정에서의 압수·수색에는 영장을 요하지 않는다.

검사는 범죄수사에 필요한 때에는 지방법원판사에게 청구하여 발부 받은 영장에 의하여 압수·수색 또는 검증을 할 수 있다. 사법경찰관이 범죄수사에 필요한 때에는 검사에게 신청하여 검사의 청구로 지방법원판사가 발부한 영장에 의하여 압수·수색 또는 검증을 할 수 있다(제215조).

압수영장의 발부재판에 대하여도 항고나 준항고가 허용되지 않는다. 반면 수사기관의 압수 또는 압수물의 환부에 관한 구체적 처분에 대해서는 준항고로 불복이 가능하고(제417조), 수소법원의 압수·수색에 관한 결정은 판결 전 소송절차에 관한 결정이나 제403조 제2항에 따라 보통항고가 가능하다.

지방법원 판사가 한 압수영장발부의 재판에 대하여는 위 조항에서 정한 준항고로 불복할 수 없고, 나아가 같은 법 제402조, 제403조에서 규정하는 항고는 법원이 한 결정을 그 대상으로 하는 것이므로 법원의 결정이 아닌 지방법원 판사가 한 압수영장발부의 재판에 대하여 그와 같은 항고의 방법으로도 불복할 수 없다(대결 1997.9.29. 97모66).

영장주의는 일반영장의 금지를 내용으로 한다. 따라서 압수·수색영장에는 피고인의 성명, 죄명, 압수할 물건, 수색할 장소·신체·물건, 발부연월일·유효기간과 그 기간을 경과하면 집행에 착수하지 못하며 영장을 반환하여야 한다는 취지, 압수·수색의 사유를 기재하고 재판장 또는 수명법관이 서명날인하여야 한다(제114조 제1항, 규칙 제58조). 영장의 유효기간은 7일로 한다(규칙 제178조). 다만, 법원 또는 법관이 상당하다고 인정하는 때에는 7일을 넘는 기간을 정할 수 있다.

[1] 압수·수색영장에는 피의자의 성명, 죄명, 압수할 물건, 수색할 장소, 신체, 물건, 발부연월일, 유효기간과 그 기간을 경과하면 집행에 착수하지 못하며 영장을 반환하여야 한다는 취지, 그 밖에 대법원규칙으로 정한 사항을 기재하고 영장을 발부하는 법관이 서명날인하여야 한다(형사소송법 제219조, 제114조 제1항 본문). 이 사건 영장은 법관의 서명날인란에 서명만 있고 날인이 없으므로, 형사소송법이 정한 요건을 갖추지 못하여 적법하게 발부되었다고 볼 수 없다. [2] 수사기관의 절차 위반행위가 적법절차의 실질적인 내용을 침해하는 경우에 해당하지 않고, 오히려 증거능력을 배제하는 것이 헌법과 형사소송법이 형사소송에 관한 절차 조항을 마련하여 적법절차의 원칙과 실체적 진실 규명의 조화를 도모하고 이를 통하여 형사 사법 정의를 실현하려 한 취지에 반하는 결과를 초래하는 것으로 평가되는 예외적인 경우라면, 법원은 그 증거를 유죄 인정의 증거로 사용할 수 있다고 보아야 한다. 이에 해당하는지는 수사기관의 증거 수집 과정에서 이루어진 절차 위반행위와 관련된 모든 사정, 즉 절차 조항의 취지, 위반 내용과 정도, 구체적인 위반 경위와 회피가능성, 절차 조항이 보호하고자 하는 권리나 법익의 성질과 침해 정도, 이러한 권리나 법익과 피고인 사이의 관련성, 절차 위반행위와 증거 수집 사이의 관련성, 수사기관의 인식과 의도 등을 전체적·종합적으로 고찰하여 판단해야 한다. 이러한 법리는 적법한 절차에 따르지 않고 수집한 증거를 기초로 하여 획득한 2차적 증거에 대해서도 마찬가지로 적용되므로, 절차에 따르지 않은 증거 수집과 2차적 증거 수집 사이 인과관계의 희석이나 단절 여부를 중심으로 2차적 증거 수집과 관련된 모든 사정을 전체적·종합적으로 고려하여 예외적인 경우에는 유죄 인정의 증거로 사용할 수 있다.6) [3] 형사소송법 제219조, 제121조는 '수사기관이 압수·수색영장을 집행할 때에는 피압수자 또는 변호인은 그 집행에 참여할 수 있다.'고 정하고 있다. 저장매체에 대한 압수·수색 과정에서 범위를 정하여 출력·복제하는 방법이 불가능하거나 압수의 목적을 달성하기에 현저히 곤란한 예외적인 사정이 인정되어 전자정보가 담긴 저장매체, 하드카피나 이미징(imaging) 등 형태(이하 '복제본'이라 한다)를 수사기관 사무실 등으로 옮겨 복제·탐색·출력하는 경우에도, 피압수자나 변호인에게 참여 기회를 보장하고 혐의사실과 무관한 전자정보의 임의적인 복제 등을 막기 위한 적절한 조치를 취하는 등 영장

---

6) 해당 판례는 이러한 법리에 따라 이 사건 영장이 형사소송법이 정한 요건을 갖추지 못하여 적법하게 발부되지 못하였다고 하더라도, 그 영장에 따라 수집한 이 사건 파일 출력물의 증거능력을 인정하고, 그에 기초하여 획득한 2차적 증거인 위 각 증거 역시 증거능력을 인정하였다.

주의 원칙과 적법절차를 준수하여야 한다. 만일 그러한 조치를 취하지 않았다면 압수·수색이 적법하다고 평가할 수 없다. 다만 피압수자 측이 위와 같은 절차나 과정에 참여하지 않는다는 의사를 명시적으로 표시하였거나 절차 위반행위가 이루어진 과정의 성질과 내용 등에 비추어 피압수자에게 절차 참여를 보장한 취지가 실질적으로 침해되었다고 볼 수 없는 경우에는 압수·수색의 적법성을 부정할 수 없다. 이는 수사기관이 저장매체 또는 복제본에서 혐의사실과 관련된 전자정보만을 복제·출력한 경우에도 마찬가지이다(대판 2019.7.11. 2018도20504).

동일한 영장으로 수회 같은 장소에서 압수·수색·검증을 할 수는 없고, 별건압수나 별건수색도 허용되지 않는다(사건단위설). 다만 범죄사실이 다른 때에는 동일한 물건에 대한 재압수가 가능하고, 압수해제된 물품의 재압수도 가능하다.

① 수사기관이 피의자 갑의 공직선거법 위반 범행을 영장 범죄사실로 하여 발부받은 압수·수색영장의 집행 과정에서 을, 병 사이의 대화가 녹음된 녹음파일을 압수하여 을, 병의 공직선거법 위반 혐의사실을 발견한 사안에서, 압수·수색영장에 기재된 '피의자'인 갑이 녹음파일에 의하여 의심되는 혐의사실과 무관한 이상, 수사기관이 별도의 압수·수색영장을 발부받지 아니한 채 압수한 녹음파일은 형사소송법 제219조에 의하여 수사기관의 압수에 준용되는 형사소송법 제106조 제1항이 규정하는 '피고사건' 내지 같은 법 제215조 제1항이 규정하는 '해당 사건'과 '관계가 있다고 인정할 수 있는 것'에 해당하지 않으며, 이와 같은 압수에는 헌법 제12조 제1항 후문, 제3항 본문이 규정하는 영장주의를 위반한 절차적 위법이 있으므로, 녹음파일은 형사소송법 제308조의2에서 정한 '적법한 절차에 따르지 아니하고 수집한 증거'로서 증거로 쓸 수 없고, 그 절차적 위법은 헌법상 영장주의 내지 적법절차의 실질적 내용을 침해하는 중대한 위법에 해당하여 예외적으로 증거능력을 인정할 수도 없다(대판 2014.1.16. 2013도7101).

② 이 사건 압수·수색·검증영장의 '압수·수색·검증할 장소 및 신체'란에 피고인 1의 주거지와 피고인 1의 신체 등이 기재되어 있으므로, 비록 위 영장이 제시되어 피고인 1의 신체에 대한 압수·수색이 종료되었다고 하더라도 피고인 1의 주거지에 대한 압수·수색은 아직 집행에 착수하였다고 볼 수 없다는 등 그 판시와 같은 이유로, 국가정보원 수사관들이 위 영장에 의하여 피고인 1의 주거지에 대한 압수·수색을 집행한 조치는 위법한 것이 아니다(대판 2013.7.26. 2013도2511).

③ 범인으로부터 압수한 물품에 대하여 몰수의 선고가 없어 그 압수가 해제된 것으로 간주된다고 하더라도 공범자에 대한 범죄수사를 위하여 여전히 그 물품의 압수가 필요하다거나 공범자에 대한 재판에서 그 물품이 몰수될 가능성이 있다면 검사는 그 압수해제된 물품을 다시 압수할 수도 있다(대결 1997.1.9. 96모34).

④ 압수·수색영장에서 압수할 물건을 '압수장소에 보관중인 물건'이라고 기재하고 있는 것을 '압수장소에 현존하는 물건'으로 해석할 수는 없다(대판 2009.3.12. 2008도763).

⑤ 수사기관이 압수·수색영장을 제시하고 집행에 착수하여 압수·수색을 실시하고 그 집행을 종료하였다면 이미 그 영장은 목적을 달성하여 효력이 상실되는 것이고, 동일한 장소 또는 목적물에 대하여 다시 압수·수색할 필요가 있는 경우라면 그 필요성을 소명하여 법원으로부터 새로운 압수·수색영장을 발부 받아야 하는 것이지, 앞서 발부 받은 압수·수색영장의 유효기간이

남아있다고 하여 이를 제시하고 다시 압수·수색을 할 수는 없다(대결 1999.12.1. 99모161).

⑥ 이미 그 집행을 종료함으로써 효력을 상실한 압수·수색영장에 기하여 다시 압수·수색을 실시하면서 몰수대상물건을 압수한 경우, 압수 자체가 위법하게 됨은 별론으로 하더라도 그것이 위 물건의 몰수의 효력에는 영향을 미칠 수 없다(대판 2003.5.30. 2003도705).

2) 압수·수색영장의 집행
(1) 영장의 집행기관
압수·수색영장은 검사의 지휘에 의하여 사법경찰관리가 집행한다. 단 필요한 경우에는 재판장은 법원사무관 등에게 그 집행을 명할 수 있다(제115조 제1항, 제219조). 검사는 관할구역 외에서도 집행을 지휘할 수 있고, 사법경찰관리도 압수·수색영장을 집행할 수 있다(제115조 제2항, 제83조). 법원사무관 등은 필요한 때에는 사법경찰관리에게 보조를 구할 수 있다(제117조).

(2) 영장의 집행방법
압수·수색영장은 처분을 받는 자에게 반드시 제시하여야 하고, 처분을 받는 자가 피의자나 피고인인 경우 사본을 교부하여야 한다(제118조 본문, 제219조). 다만, 처분을 받는 자가 현장에 없는 등 영장의 제시나 그 사본의 교부가 현실적으로 불가능한 경우 또는 처분을 받는 자가 영장의 제시나 사본의 교부를 거부한 때에는 예외로 한다(제118조 본문, 제219조).

압수·수색을 당하는 사람이 수인인 경우 그 수인 모두에게 개별적으로 영장을 제시하여야 한다. 영장의 집행에 있어서는 건정을 열거나 개봉 기타 필요한 처분을 할 수 있고, 압수물에 대하여도 같은 처분을 할 수 있다(제120조, 제219조). 또한 영장의 집행을 중지할 경우에 필요한 때에는 집행이 종료될 때까지 그 장소를 폐쇄하거나 간수자를 둘 수 있다(제127조, 제219조). 압수·수색영장의 집행에 있어서는 타인의 비밀을 보호하여야 하며 처분받은 자의 명예를 해하지 아니하도록 주의하여야 한다(제116조).

> **쟁점** 압수·수색과정에서의 사진촬영
>
> #### 1. 쟁점의 정리
> 실무상 압수·수색과정에서 집행의 적정성을 담보하기 위해 사진을 촬영하거나, 급히 현장을 보전할 필요가 있거나 물건을 직접 압수하지는 못하지만 **추후 이를 증거로 제시하기 위해 물건의 존재나 현재의 상황 등을 촬영하는 사례가 있다.** 이 경우 압수·수색에 따른 필요한 조치로서 사진촬영의 허용 여부 및 허용되지 않는 위법한 사진촬영에 대한 상대방의 구제방법이 각각 문제된다.
>
> #### 2. 사진촬영의 허용 여부
> **가. 집행의 적정성 담보를 위한 사진촬영**
> 압수물이 존재하는 상황이나 압수하려는 컴퓨터가 당시 작동 중이었는지 여부를 입증하기 위해 코드 등이 연결되어 있는 상황 등을 촬영하는 경우에는 제120조(집행과 필요한 처분)가 규정하고 있는 압수·수색에 필요한 부수처분으로 허용된다.

나. 증거사용을 위한 사진촬영

추후 증거로 사용하기 위해 물건의 존재나 현재의 상황 등을 일일이 촬영하는 것은 부수처분의 한계를 넘은 것으로서 압수 그 자체라 할 것이다. 이 경우 발부된 영장에 기재된 증거물에 대해서만 사진촬영이 가능하고, 다른 사건의 증거물을 촬영한 것은 영장주의 위반(별건압수)이라 할 것이다.

3. 위법한 사진촬영에 대한 구제방법

촬영한 사진을 돌려받는 것은 실질적으로 의미가 없을 것인바, 위법한 사진촬영의 대상이 된 자는 준항고(제417조)에 의하여 촬영 원본을 폐기할 것을 청구할 수 있다. 또한 위법하게 촬영한 사진은 위법수집증거로서 공판단계에서 증거능력이 부정된다(제308조의2).

① 압수·수색영장을 집행하는 수사기관은 피압수자로 하여금 법관이 발부한 영장에 의한 압수·수색이라는 사실을 확인함과 동시에 형사소송법이 압수·수색영장에 필요적으로 기재하도록 정한 사항이나 그와 일체를 이루는 사항을 충분히 알 수 있도록 압수·수색영장을 제시하여야 한다(대판 2017.9.21. 2015도12400).

② 압수·수색영장은 처분을 받는 자에게 반드시 제시하여야 하는바, 현장에서 압수·수색을 당하는 사람이 여러 명일 경우에는 그 사람들 모두에게 개별적으로 영장을 제시해야 하는 것이 원칙이다. 수사기관이 압수·수색에 착수하면서 그 장소의 관리책임자에게 영장을 제시하였다고 하더라도, 물건을 소지하고 있는 다른 사람으로부터 이를 압수하고자 하는 때에는 그 사람에게 따로 영장을 제시하여야 한다(대판 2009.3.12. 2008도763).

③ 피처분자가 현장에 없거나 현장에서 그를 발견할 수 없는 경우 등 영장제시가 현실적으로 불가능한 경우에는 영장을 제시하지 아니한 채 압수·수색을 하더라도 위법하다고 볼 수 없다(대판 2015.1.22. 2014도10978).

④ 수사기관이 재항고인의 휴대전화 등을 압수(이하 '압수처분'이라 한다)할 당시 재항고인에게 압수·수색영장을 제시하였는데 재항고인이 영장의 구체적인 확인을 요구하였으나 수사기관이 영장의 범죄사실 기재 부분을 보여주지 않았고, 그 후 재항고인의 변호인이 재항고인에 대한 조사에 참여하면서 영장을 확인한 사안에서, 수사기관이 압수처분 당시 재항고인으로부터 영장 내용의 구체적인 확인을 요구받았음에도 압수·수색영장의 내용을 보여주지 않았던 것으로 보이므로 형사소송법 제219조, 제118조에 따른 적법한 압수·수색영장의 제시라고 인정하기 어렵다(대결 2020.4.16. 2019모3526).

⑤ [1] 수사기관이 금융기관 및 이메일 업체에 대하여 압수·수색영장을 집행할 때에는 영장의 원본이 제시되어야 하므로 이에 따르지 아니하고 수집한 증거는 원칙적으로 적법한 증거로 삼을 수 없다. 따라서 수사기관이 금융기관 및 이메일 업체에 대한 압수·수색영장을 집행하면서 모사전송 방식에 의하여 영장 사본을 전송한 사실은 있으나 영장 원본을 제시하지 않았고 압수조서와 압수물 목록을 작성하여 이를 피압수·수색 당사자에게 교부하였다고 볼 수도 없는 등의 방법으로 압수된 금융거래 자료와 이메일 자료는 헌법과 형사소송법 제219조, 제118조, 제129조가 정한 절차를 위반하여 수집한 위법수집증거로 원칙적으로 유죄의 증거로 삼을 수 없으며, 위법수집증거의 증거능력을 인정할 수 있는 예외적인 경우에 해당한다고 볼 수도

없다. [2] 수사기관이 세무법인 사무실에서 '압수할 물건'으로 "공소외 2 주식회사와 공소외 3 주식회사의 경리·회계 관련 자료"라고 명시된 압수·수색영장을 집행하면서 공소외 2 회사와 특수관계에 있으나 별개의 독립된 법인격을 가진 회사인 공소외 1 회사의 경리·회계 관련 자료까지 압수한 것은 압수·수색영장에 기재된 압수 대상의 범위를 초과하는 위법한 압수절차에 해당한다. [3] 이 사건 영장(영장번호 2012-18688 압수·수색영장 제외)에 피의자가 '성명 불상'으로 기재되어 있다 하더라도 그 특정 가능성이 있으므로 이를 영장 요건에 위배된 위법한 영장이라고는 볼 수 없다(대판 2019.3.14. 2018도2841).

⑥ 수사기관이 재항고인의 휴대전화 등을 압수할 당시 재항고인에게 압수·수색영장을 제시하였는데 재항고인이 영장의 구체적인 확인을 요구하였으나 수사기관이 영장의 범죄사실 기재 부분을 보여주지 않았고, 그 후 재항고인의 변호인이 재항고인에 대한 조사에 참여하면서 영장을 확인한 경우, 수사기관이 압수처분 당시 재항고인으로부터 영장 내용의 구체적인 확인을 요구받았음에도 압수·수색영장의 내용을 보여주지 않았던 것으로 보이므로 형사소송법 제219조, 제118조에 따른 적법한 압수·수색영장의 제시라고 인정하기 어렵다(대결 2020.4.16. 2019모3526).

⑦ 수사기관의 압수·수색은 법관이 발부한 압수·수색영장에 의하여야 하는 것이 원칙이고, 영장의 원본은 처분을 받는 자에게 반드시 제시되어야 하므로, 금융계좌추적용 압수·수색영장의 집행에 있어서도 수사기관이 금융기관으로부터 금융거래자료를 수신하기에 앞서 금융기관에 영장 원본을 사전에 제시하지 않았다면 원칙적으로 적법한 집행 방법이라고 볼 수는 없다. 다만 수사기관이 금융기관에 금융실명거래 및 비밀보장에 관한 법률 제4조 제2항에 따라서 금융거래정보에 대하여 영장 사본을 첨부하여 그 제공을 요구한 결과 금융기관으로부터 회신받은 금융거래자료가 해당 영장의 집행 대상과 범위에 포함되어 있고, 이러한 모사전송 내지 전자적 송수신 방식의 금융거래정보 제공요구 및 자료 회신의 전 과정이 해당 금융기관의 자발적 협조의사에 따른 것이며, 그 자료 중 범죄혐의사실과 관련된 금융거래를 선별하는 절차를 거친 후 최종적으로 영장 원본을 제시하고 위와 같이 선별된 금융거래자료에 대한 압수절차가 집행된 경우로서, 그 과정이 금융실명법에서 정한 방식에 따라 이루어지고 달리 적법절차와 영장주의 원칙을 잠탈하기 위한 의도에서 이루어진 것이라고 볼 만한 사정이 없어, 이러한 일련의 과정을 전체적으로 '하나의 영장에 기하여 적시에 원본을 제시하고 이를 토대로 압수·수색하는 것'으로 평가할 수 있는 경우에 한하여, 예외적으로 영장의 적법한 집행 방법에 해당한다고 볼 수 있다(대판 2022.1.27. 2021도11170).

(3) 당사자·책임자 등의 참여

검사·피고인(피의자) 또는 변호인은 압수·수색영장의 집행에 참여할 수 있다(제121조, 제219조). 따라서 압수·수색영장을 집행함에는 미리 집행의 일시와 장소를 참여권자에게 통지하여야 한다. 단 참여하지 아니한다는 의사를 표명한 때 또는 급속을 요하는 때에는 예외로 한다(제122조, 제219조). 공무소, 군사용의 항공기 또는 선차 내에서 압수·수색영장을 집행함에는 그 책임자에게 참여할 것을 통지하여야 한다. 이 이외의 타인의 주거, 간수자 있는 가옥·건조물·항공기 또는 선차 내에서 압수·수색영장을 집행함에는 그 책임자에게 참여할 것을 통지하여야 한다.

이 이외의 타인의 주거, 간수자 있는 가옥·건조물·항공기 또는 선차 내에서 압수·수색영장을 집행함에는 주거주·간수자 또는 이에 준하는 자를 참여하게 하여야 한다. 이상의 자를 참여하게 하지 못할 때에는 인거인 또는 지방공공단체의 직원을 참여하게 하여야 한다(제123조, 제219조).

여자의 신체에 대하여 수색할 때에는 성년의 여자를 참여하게 하여야 한다(제124조, 제219조).

> ① 수사관들이 압수한 디지털 저장매체 원본이나 복제본을 국가정보원 사무실 등으로 옮긴 후 범죄혐의와 관련된 전자정보를 수집하거나 확보하기 위하여 삭제된 파일을 복구하고 암호화된 파일을 복호화하는 과정도 전체적으로 압수·수색과정의 일환에 포함되므로 그 과정에서 피고인들과 변호인에게 압수·수색 일시와 장소를 통지하지 아니한 것은 형사소송법 제219조, 제122조 본문, 제121조에 위배되나, 피고인들은 일부 현장 압수·수색과정에는 직접 참여하기도 하였고, 직접 참여하지 아니한 압수·수색절차에도 피고인들과 관련된 참여인들의 참여가 있었던 점, 현장에서 압수된 디지털 저장매체들은 제3자의 서명하에 봉인되고 그 해쉬(Hash)값도 보존되어 있어 복호화 과정 등에 대한 사전통지 누락이 증거수집에 영향을 미쳤다고 보이지 않는 점 등 그 판시와 같은 사정을 들어, 위 압수·수색과정에서 수집된 디지털 관련 증거들은 유죄 인정의 증거로 사용할 수 있는 예외적인 경우에 해당한다(대판 2015.1.22. 2014도10978).
>
> ② 형사소송법 제219조, 제121조가 규정한 변호인의 참여권은 피압수자의 보호를 위하여 변호인에게 주어진 고유권이다. 따라서 설령 피압수자가 수사기관에 압수·수색영장의 집행에 참여하지 않는다는 의사를 명시하였다고 하더라도, 특별한 사정이 없는 한 그 변호인에게는 형사소송법 제219조, 제122조에 따라 미리 집행의 일시와 장소를 통지하는 등으로 압수·수색영장의 집행에 참여할 기회를 별도로 보장하여야 한다(대판 2020.11.26. 2020도10729).

(4) 야간집행의 제한

일출 전 일몰 후에는 압수·수색영장에 야간집행을 할 수 있는 기재가 없으면 그 영장을 집행하기 위하여 타인의 주거, 간수자 있는 가옥·건조물·항공기 또는 선차 내에 들어가지 못한다(제125조, 제219조). 다만 ① 도박 기타 풍속을 해하는 행위에 상용된다고 인정하는 장소, ② 여관·음식점 기타 야간에 공중이 출입할 수 있는 장소에 대하여 그 공개한 시간 내에는 이러한 제한을 받지 않는다(제126조, 제219조).

(5) 수색증명서·압수목록의 교부

수색한 경우에 증거물 또는 몰수할 물건이 없는 때에는 그 취지의 **증명서를 교부**하여야 한다(제128조, 제219조). 압수한 경우에는 **목록을 작성**하여 소유자·소지자·보관자 기타 이에 준할 자에게 **교부하여야 한다**(제129조, 제219조).

> ① 압수물 목록은 피압수자 등이 압수물에 대한 환부·가환부신청을 하거나 압수처분에 대한 준항고를 하는 등 권리행사절차를 밟는 가장 기초적인 자료가 되므로, 이러한 권리행사에 지장이 없도록 압수 직후 현장에서 바로 작성하여 교부해야 하는 것이 원칙이다(대판 2009.3.12. 2008도763).

② 수사기관은 압수·수색영장의 집행기관으로서 피압수자로 하여금 법관이 발부한 영장에 의한 압수·수색이라는 강제처분이 이루어진다는 사실을 확인할 수 있도록 형사소송법이 압수·수색영장에 필요적으로 기재하도록 정한 사항이나 그와 일체를 이루는 내용까지 구체적으로 충분히 인식할 수 있는 방법으로 압수·수색영장을 제시하여야 하고, 증거인멸의 가능성이 최소화됨을 전제로 영장 집행 과정에 대한 참여권이 충실히 보장될 수 있도록 사전에 피의자·피압수자 또는 변호인에 대하여 집행 일시와 장소를 통지하여야 함은 물론 피의자 등의 참여권이 형해화되지 않도록 그 통지의무의 예외로 규정된 '피의자 등이 참여하지 아니한다는 의사를 명시한 때 또는 급속을 요하는 때'라는 사유를 엄격하게 해석하여야 하며, 준항고 등을 통한 권리구제가 신속하면서도 실질적으로 이루어질 수 있도록 압수목록을 작성할 때 압수방법·장소·대상자별로 명확히 구분하여 압수물의 품종·종류·명칭·수량·외형상 특징 등을 최대한 구체적이고 정확하게 특정하여 기재하여야 한다(대결 2022.7.14. 2019모2584).

4. 압수물의 처리

1) 압수물의 보관과 폐기

(1) 자청보관의 원칙

압수물은 압수한 법원 또는 수사기관의 청사로 운반하여 직접 보관하는 것이 원칙이다. 법원 또는 수사기관이 압수물을 보관함에 있어서는 그 상실 또는 파손 등의 방지를 위하여 상당한 조치를 하여야 한다(제131조, 제219조).

(2) 위탁보관

운반 또는 보관에 불편한 압수물에 관하여는 간수자를 두거나 소유자 또는 적당한 자의 승낙을 얻어 보관하게 할 수 있다(제130조 제1항, 제219조).

(3) 폐기처분

위험 발생의 염려가 있는 압수물은 폐기할 수 있다(제130조 제2항, 제219조). 법령상 생산·제조·소지·소유 또는 유통이 금지된 압수물로서 부패의 염려가 있거나 보관하기 어려운 압수물은 소유자 등 권한 있는 자의 동의를 받아 폐기할 수 있다(제130조 제3항, 제219조).

> 형사소송법 제130조 제2항에서 말하는 '위험발생의 염려가 있는 압수물'이란 사람의 생명·신체·건강·재산에 위해를 줄 수 있는 물건으로서 보관자체가 대단히 위험하여 종국판결이 선고될 때까지 보관하기 매우 곤란한 압수물을 의미하는 것으로 보아야 하고, 이러한 사유에 해당하지 아니하는 압수물에 대하여는 설사 피압수자의 소유권포기가 있다 하더라도 폐기가 허용되지 아니한다(헌재결 2012.12.27. 2011헌마351).

(4) 대가보관

몰수하여야 할 압수물로서 멸실·파손·부패 또는 현저한 가치 감소의 염려가 있거나 보관하기 어려운 압수물은 이를 매각하여 대가를 보관할 수 있다(제132조 제1항, 제219조). 환부하여야 할 압수물 중 환부를 받을 자가 누구인지 알 수 없거나 그 소재가 불명한 경우로서 그 압수물의 멸실·파손·부패 또는 현저한 가치 감소의 염려가 있거나 보관하기 어려운 압수물은 매각하여 대가를 보관할 수 있다(제132조 제2항, 제219조). 환가처분을 함에는 미리 검사·피해자·피고인 또는 변호인에게 통지하여야 한다(제135조, 제219조).

> 관세법 제198조 제2항에 따라 몰수하여야 할 압수물이 멸실, 파손 또는 부패의 염려가 있거나 보관하기에 불편하여 이를 형사소송법 제132조의 규정에 따라 매각하여 그 대가를 보관하는 경우에는, 몰수와의 관계에서는 그 대가보관금을 몰수 대상인 압수물과 동일시할 수 있다(대판 1996.11.12. 96도2477).

2) 압수물의 가환부와 환부

(1) 법원의 환부와 가환부, 피해자환부

① 관련 규정 : ⓛ 압수를 계속할 필요가 없다고 인정되는 압수물은 피고사건 종결 전이라도 결정으로 환부하여야 한다(몰수의 대상인 압수물을 환부하는 것은 위법하고 이에 대해서는 항고 또는 준항고로 다툴 수 있다). ② 증거에 공할 압수물은 소유자, 소지자, 보관자 또는 제출인의 청구에 의하여 가환부할 수 있고(제133조 제1항), ③ 증거에만 공할 목적으로 압수한 물건으로서 그 소유자 또는 소지자가 계속 사용하여야 할 물건은 사진촬영 기타 원형보존의 조치를 취하고 신속히 가환부하여야 한다(같은 조 제2항). ④ 압수한 장물은 피해자에게 환부할 이유가 명백한 때에는 피고사건의 종결 전이라도 결정으로 피해자에게 환부할 수 있다(제134조).

> ① [1] 압수한 물건이 몰수대상이 된다면 그 물건에 대한 압수는 몰수의 집행을 보전하기 위한 의미도 포함된 것이므로 압수물이 피고인 이외의 제3자의 소유인 경우에는 형사소송법 제133조 제2항 소정의 증거에만 공할 목적으로 압수된 것이 아니라 할 것이므로 위의 규정이 정한 가환부 대상이 될 수 없다. [2] 본법위반피고사건의 몰수대상이 된 물품은 증거에 공할 목적 외에 몰수를 위한 집행보전의 목적도 있다고 할 것이므로 가사 그 물품이 피고인이 아닌 자의 소유라고 할지라도 가환부를 할 수 없다(대결 1966.1.28. 65모21).
>
> ② 형사소송법 제134조 소정의 '환부할 이유가 명백한 때'라 함은 사법상 피해자가 그 압수된 물건의 인도를 청구할 수 있는 권리가 있음이 명백한 경우를 의미하고 위 인도청구권에 관하여 사실상, 법률상 다소라도 의문이 있는 경우에는 환부할 명백한 이유가 있는 경우라고는 할 수 없다(대결 1984.7.16. 84모38).
>
> ③ [1] '증거에 공할 압수물'에는 증거물로서의 성격과 몰수할 것으로 사료되는 물건으로서의 성격을 가진 압수물이 포함된다고 해석함이 타당하다. [2] 몰수할 것이라고 사료되어 압수한 물건 중 법률의 특별한 규정에 의하여 필요적으로 몰수할 것에 해당하거나 누구의 소유도 허용되지 아니하여 몰수할 것에 해당하는 물건에 대한 압수는 몰수재판의 집행을 보전하기 위하여 한 것이라는 의미도 포함된 것이므로 그와 같은 압수 물건은 가환부의 대상이 되지 않지만, 그 밖의 형법 제48조에 해당하는 물건에 대하여는 이를 몰수할 것인지는 법원의 재량에 맡겨진 것이므로 특별한 사정이 없다면 수소법원이 피고본안사건에 관한 종국판결에 앞서 이를 가환부함에 법률상의 지장이 없는 것으로 보아야 한다(대결 1998.4.16. 97모25).

② **가환부의 내용** : 가환부는 압수 자체의 효력을 잃게 하는 것이 아니므로 가환부 받은 자는 압수물의 보관의무를 부담하며 이를 임의로 처분하지 못한다. 또한 법원의 요구가 있으면 이를 제출하여야 한다. 가환부된 장물에 대하여 별단의 선고가 없는 때에는 환부의 선고가 있는 것으로 간주한다(제333조 제3항).

③ **환부의 내용** : 가환부와 달리 환부는 소유자 등의 청구를 요건으로 하지 아니한다. 피압수자가 소유권을 포기한 경우에도 법원은 제출인에게 환부결정을 하여야 한다. 환부에 의하여 압수는 효력을 상실한다. 다만 환부를 받은 자에게 실체법상 권리를 확인하는 효력을 가지는 것은 아니므로, 이해관계인은 민사절차에 의하여 그 권리를 주장할 수 있다(제333조 제4항). 압수한 장물의 경우에는 피해자에게 환부한다.

> 피압수자 등 환부를 받을 자가 압수 후에 그 소유권을 포기하는 등에 의하여 실체법상의 권리를 상실하는 일이 있다고 하더라도, 그로 인하여 압수를 계속할 필요가 없는 압수물을 환부하여야 하는 수사기관의 의무에 어떠한 영향을 미친다고 할 수는 없고 또한 수사기관에 대하여 형사소송법상 환부청구권을 포기한다는 의사표시를 하더라도 그 효력이 없어 그에 대한 수사기관의 필요적 환부의무가 면제된다고 볼 수는 없으므로, 압수물의 소유권이나 그 환부 청구권을 포기하는 의사표시로 인하여 위 환부의무에 대응하는 압수물의 환부를 청구할 수 있는 절차법상의 권리가 소멸하는 것은 아니다(대결 1996.8.16. 94모51 전원합의체).

④ **압수물처분시 통지** : 법원이 가환부, 환부 또는 피해자환부의 결정을 함에는 미리 검사, 피해자, 피고인 또는 변호인에게 통지하여야 한다(제135조, 제219조).

> 피고인에게 의견을 진술할 기회를 주지 아니한 채 한 가환부결정은 형사소송법 제135조에 위배하여 위법하고 이 위법은 재판의 결과에 영향을 미쳤다 할 것이다(대결 1980.2.5. 80모3).

⑤ **판결의 선고와 압수물** : 압수한 서류 또는 물품에 대하여 몰수의 선고가 없는 때에는 압수를 해제한 것으로 간주한다(제332조). 압수한 장물로서 피해자에게 환부할 이유가 명백한 것은 판결로써 피해자에게 환부하는 선고를 해야 하며, 장물을 처분하였을 때에는 판결로써 그 대가로 취득한 것을 피해자에게 교부하는 선고를 하여야 한다(제333조 제1항, 제2항).

(2) **수사기관의 환부와 가환부**

검사 또는 사법경찰관은 사본을 확보한 경우 등 **압수를 계속할 필요가 없다고 인정되는 압수물 및 증거에 사용할 압수물**에 대하여 공소제기 전이라도 소유자, 소지자, 보관자 또는 제출인의 청구가 있는 때에는 환부 또는 가환부하여야 한다(제218조의2 제1항). 이러한 청구에 대해 검사가 이를 거부하는 경우에는 신청인은 해당 검사의 소속 검찰청에 대응한 법원에 압수물의 환부 또는 가환부 결정을 청구할 수 있고, 법원이 환부 또는 가환부를 결정하면 검사는 신청인에게 압수물을 환부 또는 가환부하여야 한다(같은 조 제2항, 제3항). 다만 **사법경찰관이 위 처분을 하는 경우에는 검사의 지휘를 받아야 한다**(같은 조 제4항).

> [1] 검사는 증거에 사용할 압수물에 대하여 가환부의 청구가 있는 경우 가환부를 거부할 수 있는 특별한 사정이 없는 한 가환부에 응하여야 한다. [2] 범인이 직접 또는 간접으로 점유하던 밀

수출 대상 물품을 압수한 경우에는 그 물품이 제3자의 소유에 속하더라도 필요적 몰수의 대상이 된다. [3] 피고인 이외의 제3자의 소유에 속하는 물건의 경우, 몰수를 선고한 판결의 효력은 원칙적으로 몰수의 원인이 된 사실에 관하여 유죄의 판결을 받은 피고인에 대한 관계에서 그 물건을 소지하지 못하게 하는 데 그치고, 그 사건에서 재판을 받지 아니한 제3자의 소유권에 어떤 영향을 미치는 것은 아니다(대결 2017.9.29. 2017모236).

쟁점 검사의 기소중지처분과 압수물환부

1. 쟁점의 정리
검사가 불기소처분 중 기소중지나 참고인중지처분을 하는 경우에는 다른 종국처분과 달리 장래의 수사진행에 대비하여 압수물을 보관할 필요가 있다. 이에 검사가 기소중지처분을 하는 경우에도 압수물을 환부하여야 하는지 문제된다.

2. 견해의 대립
① **불필요설**은 추후 피의자의 소재가 발견될 경우를 대비하여야 한다는 점에서 환부가 불필요하다는 견해이고, ② **필요설**은 기소중지도 검사의 불기소처분이므로 압수물을 환부하여야 한다는 견해이다.

3. 판례의 태도
판례는 공범이 유죄 및 압수물 몰수의 확정판결을 받았으나, 자신은 기소중지처분된 경우에는 환부불필요설의 입장에서(대판 1995.3.3. 94다37097), 외국산 물품을 관세장물의 혐의가 있다고 보아 압수하였다 하더라도 그것이 언제, 누구에 의하여 관세포탈된 물건인지 알 수 없어 기소중지 처분을 한 경우에는 환부필요설의 입장에서(대결 1996.8.16. 94모51 전원합의체) 각 판시한 바 있다.

4. 검토
검사의 기소중지처분이 있다는 사실만으로 압수물에 대한 환부의 필요성을 결정할 수 없다. 따라서 압수물이 범죄로 인한 것임이 명백히 밝혀진 경우인지 여부를 기준으로 환부 여부를 결정하는 판례의 태도가 타당하다.

III. 수사상의 검증

1. 수사기관의 검증
검증이란 사람, 장소, 물건의 성질·형상을 오관의 작용에 의하여 인식하는 강제처분을 의미한다. 법원의 검증은 증거조사의 일종으로 영장을 요하지 아니하며(제139조), 수사기관의 검증은 증거를 수집·보전하기 위한 강제처분에 속하여 **영장주의가 적용된다**(제215조). 형사소송법은 수사기관의 검증에 관하여는 압수·수색과 같이 규정하고 법원의 검증에 관한 규정을 준용하고 있다(제219조). 검증의 절차는 압수·수색의 경우와 동일하고, 다만 검증을 함에는 신체의 검사, 사체의 해부, 분묘의 발굴, 물건의 파괴 기타 필요한 처분을 할 수 있다(제219조, 제140조).

2. 신체검사

신체검사는 신체 자체를 대상으로 하는 검증이다. 신체의 검사에 관하여는 검사를 당하는 자의 성별, 연령, 건강상태 기타 사정을 고려하여 그 사람의 건강과 명예를 해하지 아니하도록 주의하여야 한다(제141조 제1항). 피고인 아닌 자의 신체검사는 증적의 존재를 확인할 수 있는 현저한 사유가 있는 경우에 한하여 할 수 있다(같은 조 제2항). 여자의 신체를 검사하는 경우에는 의사나 성년의 여자를 참여하게 하여야 하고(같은 조 제3항), 사체의 해부 또는 분묘의 발굴을 하는 때에는 예를 잊지 아니하도록 주의하고 미리 유족에게 통지하여야 한다(같은 조 제4항). 법원은 신체를 검사하기 위하여 피고인 아닌 자를 법원 기타 지정한 장소에 소환할 수 있다(제142조).

1) 연하물의 강제배출

쟁점 강제채혈[7]

1. 쟁점의 정리

강제채혈이란 피검자의 신체의 자유를 구속하고 피검자의 혈관에서 일정량의 혈액을 채취하는 것을 의미한다. 강제채혈에 대해서는 ① 인간의 존엄성에 비추어 강제채혈이 허용되는지, ② 허용되는 경우 강제채혈에 필요한 영장의 종류, ③ 영장주의 예외로서 강제채혈 및 ④ 별도의 체포영장 없이 강제채혈을 위해 피검자를 병원 등으로 강제연행할 수 있는지가 각각 문제된다.

2. 강제채혈의 허용 여부

원칙적으로 인간의 존엄성에 반하는 강제채혈은 허용되지 않는다고 봄이 일반적이나, ① 강제채혈의 필요성, ② 증거보전의 중요성, ③ 채취방법의 상당성, ④ 대체수단의 부존재(보충성)의 요건을 갖춘 경우에는 예외적으로 강제채혈이 허용된다.

3. 강제채혈에 필요한 영장의 종류

① 검증영장설, ② 압수·수색영장 및 감정처분허가장 병용설, ③ 검증영장 및 감정처분허가장 병용설이 대립하고, 판례는 음주측정과 관련하여 감정처분허가장이 필요하다고 판시하거나(대판 2004.11.12. 2004도5257), 압수·수색 또는 검증영장이 필요하다고 판시한 바 있고(대판 2011.4.28. 2009도2109), 감정처분허가장 또는 압수영장 중 어느 하나가 필요하다고 판시하기도 하여(대판 2012.11.15. 2011도15258) 그 태도가 명확하지 않다. 생각건대, 강제채혈은 검증영장에 의해 제141조의 유의사항을 준수하도록 하여야 하고, 채혈한 혈액에 대해 의학 전문가의 감정이 필요하므로 감정처분허가장 역시 필요하다는 점에서 **검증영장 및 감정처분허가장 병용설**이 타당하다.

---

[7] 이하 논의는 위장 내에 있는 물건을 구토제 등을 사용하여 강제로 배출하게 하는 **연하물의 강제배출**과 대상자의 하반신을 노출시키고 일정한 경우에는 피의자를 움직이지 못하도록 속박한 다음 의사가 고무나 플라스틱으로 만들어진 도뇨관을 요도를 통하여 방광에 삽입하여 체내에 있는 소변을 채취하는 **강제채뇨**에서도 동일하게 전개된다.

4. 영장주의 예외에 의한 강제채혈

판례는 음주운전 중 교통사고를 일으켜 피의자가 의식불명상태에 빠져 있는 등으로 호흡조사에 의한 음주측정이 불가능하고 혈액 채취에 대한 감정처분허가장이나 사전 압수영장을 발부받을 시간적 여유도 없는 긴급한 상황에서, 사고현장으로부터 곧바로 후송된 병원 응급실 등의 장소를 제216조 제3항의 범죄장소에 준하는 것으로 보아, 수사기관은 의료인의 자격있는 자로 하여금 의료용 기구로 의학적 방법에 따라 필요최소한의 한도 내에서 피의자의 혈액을 채취하게 한 후 그 혈액을 영장 없이 압수할 수 있다고 판시하였다(대판 2012.11.15. 2011도15258). 다만 이 경우에도 지체 없이 **사후영장**을 발부받아야 한다.

5. 피검자의 강제연행 가부

강제채혈을 위하여 피검자를 병원 등으로 연행하는 것은 강제처분의 집행을 위한 부수적 처분 내지 필요한 처분(제140조)으로서 검증영장이 예상하고 있는 범위 내라 할 것이다. 따라서 체포제도를 활용하지 않고서도 검증영장만으로 피검자를 병원 등으로 **강제연행**할 수 있다.

① 우리 형사소송법에 의하더라도 음주측정을 거부한 사람에 대하여 법원의 **감정처분허가장** 등을 발부 받아 강제로 **혈액을 채취**한 다음 그 혈액을 의사로 하여금 감정하게 하는 방법으로 혈중알코올농도를 측정하지 못할 이유는 없다(대판 2004.11.12. 2004도5257).

② 피고인이 운전 중 교통사고를 내고 의식을 잃은 채 병원 응급실로 호송되자 출동한 경찰관이 법원으로부터 압수·수색 또는 검증영장을 발부받지 아니한 채 피고인의 동서로부터 **채혈동의**를 받고 의사로 하여금 채혈을 하고 사후영장을 발부 받지도 아니한 채, 강제채혈한 피의자의 혈액 중 알콜농도에 대한 감정이 이루어졌다면, 이러한 감정결과보고서 등은 증거능력이 없다(대판 2011.4.28. 2009도2109).

③ [1] 수사기관의 증거를 수집할 목적으로 피의자의 동의 없이 피의자의 혈액을 취득·보관하는 행위는 법원으로부터 **감정처분허가장**을 받아 감정에 필요한 처분(제221조의4 제1항, 제173조 제1항)으로 할 수 있지만, 압수(제219조, 제106조 제1항)의 방법으로도 할 수 있고, 압수의 방법에 의하는 경우 혈액의 취득을 위하여 피의자의 신체로부터 혈액을 채취하는 행위는 압수영장의 집행에 있어 필요한 처분(제219조, 제210조 제1항)에 해당한다. [2] 음주운전 중 교통사고를 야기한 후 피의자가 의식불명 상태에 빠져 있는 등으로 호흡조사에 의한 음주측정이 불가능하고 혈액 채취에 대한 동의를 받을 수도 없을 뿐만 아니라 법원으로부터 혈액 채취에 대한 감정처분허가장이나 사전 압수영장을 발부받을 시간적 여유도 없는 긴급한 상황인 경우, 피의자의 신체 내지 의복류에 주취로 인한 냄새가 강하게 나는 등 제211조 제2항 제3호가 정하는 범죄의 증적이 현저한 준현행범인으로서의 요건이 갖추어져 있고 교통사고 발생 시각으로부터 사회통념상 범행 직후라고 볼 수 있는 시간 내라면, 피의자의 생명·신체를 구조하기 위하여 사고현장으로부터 곧바로 후송된 병원 응급실 등의 장소는 제216조 제3항의 범죄장소에 준한다. 따라서 수사기관은 피의자의 혈중알콜농도 등 증거의 수집을 위하여 의료법상 의료인의 자격이 있는 자로 하여금 의료용 기구로 의학적인 방법에 따라 필요최소한의 한도 내에서 피의자의 혈액을 채취하게 한 후 그 혈액을 영장없이 압수할 수 있다. 다만 이 경우에도 사후에 지체없이 법원으로부터 압수영장을 받아야 함(제216조 제3항 단서)은 물론이다(대판 2012.11.15. 2011도15258).

④ 의료인이 진료 목적으로 채혈한 환자의 혈액을 수사기관에 임의로 제출하였다면 그 혈액의 증거사용에 대하여도 환자의 사생활의 비밀 기타 인격적 법익이 침해되는 등의 특별한 사정이 없는 한 반드시 그 환자의 동의를 받아야 하는 것이 아니고, 따라서 경찰관이 간호사로부터 진료 목적으로 이미 채혈되어 있던 피고인의 혈액 중 일부를 주취운전 여부에 대한 감정을 목적으로 임의로 제출 받아 이를 압수한 경우, 당시 간호사가 위 혈액의 소지자 겸 보관자인 병원 또는 담당의사를 대리하여 혈액을 경찰관에게 임의로 제출할 수 있는 권한이 없었다고 볼 특별한 사정이 없는 이상, 그 압수절차가 피고인 또는 피고인의 가족의 동의 및 영장없이 행하여졌다고 하더라도 이에 적법절차를 위반한 위법이 있다고 할 수 없다(대판 1999.9.3. 98도968).

⑤ 음주운전과 관련한 도로교통법 위반죄의 범죄수사를 위하여 미성년자인 피의자의 혈액채취가 필요한 경우에도 피의자에게 의사능력이 있다면 피의자 본인만이 혈액채취에 관한 유효한 동의를 할 수 있고, 피의자에게 의사능력이 없는 경우에도 명문의 규정이 없는 이상 법정대리인이 피의자를 대리하여 동의할 수는 없다(대판 2014.11.13. 2013도1228).

⑥ [1] 강제 채뇨는 피의자가 임의로 소변을 제출하지 않는 경우 피의자에 대하여 강제력을 사용해서 도뇨관(catheter)을 요도를 통하여 방광에 삽입한 뒤 체내에 있는 소변을 배출시켜 소변을 취득·보관하는 행위이다. 수사기관이 범죄 증거를 수집할 목적으로 하는 강제 채뇨는 피의자의 신체에 직접적인 작용을 수반할 뿐만 아니라 피의자에게 신체적 고통이나 장애를 초래하거나 수치심이나 굴욕감을 줄 수 있다. 따라서 피의자에게 범죄 혐의가 있고 그 범죄가 중대한지, 소변성분 분석을 통해서 범죄 혐의를 밝힐 수 있는지, 범죄 증거를 수집하기 위하여 피의자의 신체에서 소변을 확보하는 것이 필요한 것인지, 채뇨가 아닌 다른 수단으로는 증명이 곤란한지 등을 고려하여 범죄 수사를 위해서 강제 채뇨가 부득이하다고 인정되는 경우에 최후의 수단으로 적법한 절차에 따라 허용된다고 보아야 한다. 이때 의사, 간호사, 그 밖의 숙련된 의료인 등으로 하여금 소변 채취에 적합한 의료장비와 시설을 갖춘 곳에서 피의자의 신체와 건강을 해칠 위험이 적고 피의자의 굴욕감 등을 최소화하는 방법으로 소변을 채취하여야 한다. [2] 수사기관이 범죄 증거를 수집할 목적으로 피의자의 동의 없이 피의자의 소변을 채취하는 것은 법원으로부터 감정허가장을 받아 형사소송법 제221조의4 제1항, 제173조 제1항에서 정한 '감정에 필요한 처분'으로 할 수 있지만(피의자를 병원 등에 유치할 필요가 있는 경우에는 형사소송법 제221조의3에 따라 법원으로부터 감정유치장을 받아야 한다), 형사소송법 제219조, 제106조 제1항, 제109조에 따른 압수·수색의 방법으로도 할 수 있다. 이러한 압수·수색의 경우에도 수사기관은 원칙적으로 형사소송법 제215조에 따라 판사로부터 압수·수색영장을 적법하게 발부받아 집행해야 한다. 압수·수색의 방법으로 소변을 채취하는 경우 압수대상물인 피의자의 소변을 확보하기 위한 수사기관의 노력에도 불구하고, 피의자가 인근 병원 응급실 등 소변 채취에 적합한 장소로 이동하는 것에 동의하지 않거나 저항하는 등 임의동행을 기대할 수 없는 사정이 있는 때에는 수사기관으로서는 소변 채취에 적합한 장소로 피의자를 데려가기 위해서 필요 최소한의 유형력을 행사하는 것이 허용된다. 이는 형사소송법 제219조, 제120조 제1항에서 정한 '압수·수색영장의 집행에 필요한 처분'에 해당한다고 보아야 한다. 그렇지 않으면 피의자의 신체와 건강을 해칠 위험이 적고 피의자의 굴욕감을 최소화하기 위하여 마련된 절차에 따른 강제 채뇨가 불가능하여 압수영장의 목적을 달성할 방법이 없기 때문이다(대판 2018.7.12. 2018도6219).

Ⅳ. 압수·수색·검증에 있어서 영장주의의 예외

1. 구속·체포 목적의 피의자수색

검사 또는 사법경찰관은 체포영장에 의한 체포(제200조의2), 긴급체포(제200조의3) 또는 현행범인의 체포(제212조)에 의하여 체포하거나 구속영장에 의하여 피의자를 구속하는 경우(제201조)에 필요한 때에는 영장없이 타인의 주거나 타인이 간수하는 가옥·건조물·항공기·선차 내에서 피의자수사를 할 수 있다(제216조 제1항 제1호). 다만, 통상체포(제200조의2) 또는 구속(제201조)의 경우 피의자 수색은 미리 수색영장을 발부받기 어려운 긴급한 사정이 있는 때에 한정한다(제216조 제1항 제1호 단서). 반면, 피고인의 구속을 위한 수색은 제137조에 의하여 허용된다.

> ① 형사소송법 제216조 제1항 제1호 중 제200조의2에 관한 부분은 체포영장을 발부받아 피의자를 체포하는 경우에 필요한 때에는 영장 없이 타인의 주거 등 내에서 피의자 수사를 할 수 있다고 규정함으로써, 앞서 본 바와 같이 별도로 영장을 발부받기 어려운 긴급한 사정이 있는지 여부를 구별하지 아니하고 피의자가 소재할 개연성만 소명되면 영장 없이 타인의 주거 등을 수색할 수 있도록 허용하고 있다. 이는 체포영장이 발부된 피의자가 타인의 주거 등에 소재할 개연성은 소명되나, 수색에 앞서 영장을 발부받기 어려운 긴급한 사정이 인정되지 않는 경우에도 영장 없이 피의자 수색을 할 수 있다는 것이므로, 위에서 본 헌법 제16조의 영장주의 예외 요건을 벗어나는 것으로서 영장주의에 위반된다. (중략) 위와 같은 이유로 심판대상조항에 대하여 단순위헌결정을 하는 대신 헌법불합치결정을 선고하되, 2020. 3. 31.을 시한으로 입법자가 심판대상조항의 위헌성을 제거하고 합헌적인 내용으로 법률을 개정할 때까지 심판대상조항이 계속 적용되도록 한다. 다만 향후 심판대상조항은 체포영장이 발부된 피의자가 타인의 주거 등에 소재할 개연성이 소명되고, 그 장소를 수색하기에 앞서 별도로 수색영장을 발부받기 어려운 긴급한 사정이 있는 경우에 한하여 적용되어야 할 것이다(헌재결 2018.4.26. 2015헌바370 등).

> ② [1] (전략) 헌법재판소는 2018. 4. 26. 선고 2015헌바370, 2016헌가7(병합) 전원재판부 결정에서, 위 제216조 제1항 제1호 중 제200조의2에 관한 부분은 체포영장이 발부된 피의자가 타인의 주거 등에 소재할 개연성은 소명되나, 수색에 앞서 영장을 발부받기 어려운 긴급한 사정이 인정되지 않는 경우에도 영장 없이 피의자 수색을 할 수 있다는 것이므로, 헌법 제16조의 영장주의 예외 요건을 벗어나는 것으로서 영장주의에 위반된다고 판단하였다. 나아가 구법 조항에 대하여 단순위헌결정을 하여 그 효력을 즉시 상실시킨다면, 수색영장 없이 타인의 주거 등을 수색하여 피의자를 체포할 긴급한 필요가 있는 경우에도 이를 허용할 법률적 근거가 사라지게 되는 법적 공백상태가 발생하게 된다는 이유로 헌법불합치를 선언하면서, 구법 조항은 2020. 3. 31.을 시한으로 입법자가 개정할 때까지 계속 적용된다고 결정하였다. 헌법불합치결정에 나타나는 구법 조항의 위헌성, 구법 조항에 대한 헌법불합치결정의 잠정적용의 이유 등에 의하면, 헌법재판소가 구법 조항의 위헌성을 확인하였음에도 불구하고 일정 시한까지 계속 적용을 명한 것은 구법 조항에 근거하여 수색영장 없이 타인의 주거 등을 수색하여 피의자를 체포할 긴급한

필요가 있는 경우에는 이를 허용할 필요성이 있었기 때문이다. 따라서 **구법 조항 가운데 그 해석상 '수색영장 없이 타인의 주거 등을 수색하여 피의자를 체포할 긴급한 필요가 없는 경우' 부분은 영장주의에 위반되는 것으로서 개선입법 시행 전까지 적용중지 상태에 있었다고 보아야 한다.** [2] 헌법불합치결정에 따라 개정된 형사소송법은 제216조 제1항 제1호 중 '피의자 수사'를 '피의자 수색'으로 개정하면서 단서에 "제200조의2 또는 제201조에 따라 피의자를 체포 또는 구속하는 경우의 피의자 수색은 미리 수색영장을 발부받기 어려운 긴급한 사정이 있는 때에 한정한다."라는 부분을 추가하였으나, 부칙은 소급적용에 관하여 아무런 규정을 두고 있지 않다. 어떤 법률조항에 대하여 헌법재판소가 헌법불합치결정을 하여 입법자에게 그 법률조항을 합헌적으로 개정 또는 폐지하는 임무를 입법자의 형성재량에 맡긴 이상, 개선입법의 소급적용 여부와 소급적용 범위는 원칙적으로 입법자의 재량에 달린 것이다. 그러나 구법 조항에 대한 헌법불합치결정의 취지나 위헌심판의 구체적 규범통제 실효성 보장이라는 측면을 고려할 때, 적어도 헌법불합치결정을 하게 된 당해 사건 및 헌법불합치결정 당시에 구법 조항의 위헌 여부가 쟁점이 되어 법원에 계속 중인 사건에 대하여는 헌법불합치결정의 소급효가 미친다고 해야 하므로, 비록 현행 형사소송법 부칙에 소급적용에 관한 경과조치를 두고 있지 않더라도 이들 사건에 대하여는 구법 조항을 그대로 적용할 수는 없고, 위헌성이 제거된 현행 형사소송법의 규정을 적용하여야 한다(대판 2021.5.27. 2018도13458).

2. 체포현장에서의 압수·수색·검증

검사 또는 사법경찰관이 피의자를 구속하는 경우 또는 체포영장에 의한 체포, 긴급체포 및 현행범인을 체포하는 경우에 필요한 때에는 영장없이 체포현장에서 압수·수색·검증을 할 수 있다(제216조 제1항 제2호).

1) 체포와의 시간적 접착성

체포현장에서의 압수·수색·검증은 체포와의 사이에 시간적 접착을 요한다.

> **쟁점** 체포현장에서의 압수·수색·검증에 있어 체포현장의 의미
>
> **1. 쟁점의 정리**
>
> 체포현장에서의 압수·수색·검증이 체포와의 사이에 시간적 접착을 요한다는 점에는 이론이 없다. 그러나 체포현장의 의미와 관련하여 어느 정도의 시간적 접착을 요하는가에 대하여는 견해가 대립한다(이러한 견해대립은 체포 전의 압수·수색이 허용되는지와 피의자의 체포에 성공하였을 것을 요건으로 하는지 여부 문제로 귀착된다).
>
> **2. 견해의 대립**
>
> ① **체포접착설**은 체포행위에 시간적·장소적으로 접착되어 있으면 족하고 체포의 전후를 불문하고, ② **현장설**은 압수·수색 당시에 피의자가 현장에 있음을 필요로 하고, ③ **체포착수설**은 피의자가 수색장소에 현재하고 체포의 착수를 요건으로 하며, ④ **체포설**은 피의자가 현실적으로 체포되었음을 필요로 한다.

3. 판례의 태도

판례는 체포착수설의 입장에서 '현행범체포에 착수하지 않은 상태여서 체포현장에서의 압수·수색 요건을 갖추지 못하였다'고 판시하였다(대판 2017.11.29. 2014도16080).

4. 검토

피의자의 부재 중에 하는 압수·수색은 체포에 수반하는 긴급행위라 할 수 없고, 체포현장에서의 압수·수색을 위해 체포 성공을 요건으로 하는 것은 강제수사의 적법성을 우연에 맡기는 결과가 되어 부당하므로 체포착수설이 타당하다(따라서 피의자의 귀가하고 있어서 아직 부재 중에 미리 압수 등을 행하는 것은 허용되지 않으며, 피의자가 현재하고 있는 장소에서 체포에 착수된 이상 피의자가 도주하여 체포에 실패한 경우라도 압수 등이 허용된다).

2) 압수·수색의 대상과 장소적 범위

압수·수색의 대상은 체포자에게 위해를 줄 우려가 있는 무기 기타의 흉기, 도주의 수단이 되는 물건 및 체포의 원인이 되는 범죄사실에 대한 증거물에 한한다. 압수할 수 있는 것은 당해 사건의 증거물이며, 별건의 증거를 발견한 때에는 임의제출을 구하거나 영장에 의하여 압수해야 한다.

그 장소적 범위는 피체포자의 신체 및 그의 직접 지배하에 있는 장소에 제한된다.

음란물 유포의 범죄혐의를 이유로 압수수색영장을 발부받은 사법경찰리가 피고인의 주거지를 수색하는 과정에서 대마를 발견하자, 피고인을 마약류관리에 관한 법률 위반죄의 현행범으로 체포하면서 대마를 압수하였으나 그 다음날 피고인을 석방하고도 사후 압수수색영장을 발부받지 않은 경우, 위 압수물과 압수조서는 형사소송법상 영장주의를 위반하여 수집한 증거로서 증거능력이 부정된다(대판 2009.5.14. 2008도10914).

3) 압수·수색영장의 청구

검사 또는 사법경찰관은 체포현장에서 압수한 물건을 계속 압수할 필요가 있는 경우에는 지체없이 압수·수색영장을 청구하여야 한다. 이 경우 압수·수색영장의 청구는 체포한 때로부터 48시간 이내에 하여야 한다(제217조 제2항). 검사 또는 사법경찰관은 청구한 압수·수색영장을 발부받지 못한 때에는 압수한 물건을 즉시 반환하여야 한다(같은 조 제3항).

3. 피고인 구속현장에서의 압수·수색·검증

검사 또는 사법경찰관이 피고인에 대한 구속영장을 집행하는 경우에 필요한 때에는 그 집행현장에서 영장없이 압수·수색 또는 검증할 수 있다(제216조 제2항). 이 경우에도 압수한 물건을 계속 압수할 필요가 있는 경우에는 압수·수색영장을 청구하여야 하는 것은 피의자 체포현장에서의 압수의 경우와 동일하다.

4. 범죄현장에서의 압수·수색·검증

범행 중 또는 범행 직후의 범죄장소에서 긴급을 요하여 법원 판사의 영장을 받을 수 없는 때에는 영장없이 압수·수색·검증할 수 있다. 이 경우 **사후에 지체없이 영장을 받아야 한다**(제216조 제3항).

> ① 주취운전이라는 범죄행위로 당해 음주운전자를 구속·체포하지 아니한 경우에도 필요하다면 그 차량열쇠는 범행 중 또는 범행 직후의 범죄장소에서의 압수로서 형사소송법 제216조 제3항에 의하여 영장없이 이를 압수할 수 있다(대판 1998.5.8. 97다54482).
>
> ② 사법경찰관 사무취급이 작성한 **실황조사서**가 사고발생 직후 사고장소에서 긴급을 요하여 판사의 영장없이 시행된 것으로서 형사소송법 제216조 제3항에 의한 검증에 따라 작성된 것이라면 사후영장을 받지 않는 한 유죄의 증거로 삼을 수 없다(대판 1989.3.14. 88도1399).
>
> ③ [1] 형사소송법 제216조 제3항의 요건 중 어느 하나라도 갖추지 못한 경우에 그러한 압수·수색 또는 검증은 위법하며, 이에 대하여 사후에 법원으로부터 영장을 발부받았다고 하여 그 위법성이 치유되지 아니한다. [2] 경찰관들이 노래연습장에서의 주류 판매에 대한 신고를 받고 현장에 출동하여 위반 사실을 확인하기 위해 노래연습장 내부를 수색하자, 영업주가 물리력을 행사해 저지한 행위를 공무집행방해죄로 기소한 사건에서, 경찰관들의 행위에 대하여, 형사소송법 제216조 제3항이 정한 '긴급을 요하여 법원 판사의 영장을 받을 수 없는 때'의 요건을 갖추지 못하였고, 현행범 체포에 착수하지 아니한 상태여서 형사소송법 제216조 제1항 제2호, 제212조가 정하는 '체포현장에서의 압수·수색' 요건을 갖추지 못하였으므로, 영장 없는 압수·수색업무로서의 적법한 직무집행으로 볼 수 없다고 보아 상고기각한 사례(대판 2017.11.29. 2014도16080)

5. 요급처분의 특례

위 제216조의 규정에 의한 처분을 하는 경우에 급속을 요하는 때에는 제123조 제2항(주거나 간수자 등의 참여), 제125조(야간집행의 제한)의 규정에 의함을 요하지 아니한다(제220조). 다만 이와 달리 긴급체포시 압수·수색·검증(제217조)의 경우에는 요급처분 특례가 적용되지 않음에 주의를 요한다.

6. 긴급체포시의 압수·수색·검증

검사 또는 사법경찰관은 긴급체포의 규정(제200조의3)에 따라 체포된 자가 소유·소지 또는 보관하는 물건에 대하여 긴급히 압수할 필요가 있는 경우에는 피의자를 체포한 때부터 24시간 이내에 한하여 영장없이 압수·수색 또는 검증을 할 수 있다(제217조 제1항). 검사 또는 사법경찰관은 압수한 물건을 계속 압수할 필요가 있는 경우에는 지체없이 압수·수색영장을 청구하여야 한다. 이 경우 압수·수색영장의 청구는 체포한 때로부터 48시간 이내에 하여야 한다(같은 조 제2항). 이와 같이 청구한 압수·수색영장을 발부받지 못한 때에는 압수한 물건을 즉시 반환하여야 한다(같은 조 제3항).

> ① 형사소송법 제217조 제1항은 수사기관이 피의자를 긴급체포한 상황에서 피의자가 체포되었다는 사실이 공범이나 관련자들에게 알려짐으로써 관련자들이 증거를 파괴하거나 은닉하는 것을 방지하고, 범죄사실과 관련된 증거물을 신속히 확보할 수 있도록 하기 위

한 것이다. 이 규정에 따른 압수·수색 또는 검증은 체포현장에서의 압수·수색 또는 검증을 규정하고 있는 형사소송법 제216조 제1항 제2호와 달리, 체포현장이 아닌 장소에서도 긴급체포된 자가 소유·소지 또는 보관하는 물건을 대상으로 할 수 있다(대판 2017.9.12. 2017도10309).

② 경찰관이 이른바 전화사기죄 범행의 혐의자를 긴급체포하면서 그가 보관하고 있던 다른 사람의 주민등록증, 운전면허증 등을 압수한 경우, 이는 구 형사소송법 제217조 제1항에서 규정한 해당 범죄사실의 수사에 필요한 범위 내의 압수로서 적법하므로, 이를 위 혐의자의 점유이탈물횡령죄 범행에 대한 증거로 인정할 수 있다(대판 2008.7.10. 2008도2245).

③ 형사소송법 제217조 제2항, 제3항에 위반하여 압수수색영장을 청구하여 이를 발부받지 아니하고도 즉시 반환하지 아니한 압수물은 이를 유죄 인정의 증거로 사용할 수 없는 것이고, 헌법과 형사소송법이 선언한 영장주의의 중요성에 비추어 볼 때 피고인이나 변호인이 이를 증거로 함에 동의하였다고 하더라도 달리 볼 것은 아니다(대판 2009.12.24. 2009도11401).

7. 임의제출한 물건의 압수(영치)

법원은 소유자·소지자 또는 보관자가 임의로 제출한 물건 또는 유류한 물건을 영장없이 압수할 수 있고(제108조), 검사 또는 사법경찰관은 피의자 기타인의 유류한 물건이나 소유자·소지자 또는 보관자가 임의로 제출한 물건을 영장없이 압수할 수 있다(제218조). 임의제출의 대상은 증거물 또는 몰수물에 제한되지 아니하며, 소지자 또는 보관자도 반드시 유효한 권한에 기하여 소지 또는 보관한 자일 것을 요구하지 아니한다.

① 검사가 교도관으로부터 그가 보관하고 있던 피고인의 비망록을 뇌물수수 등의 증거자료로 임의로 제출받아 이를 압수한 경우, 그 압수절차가 피고인의 승낙 및 영장없이 행하여졌다고 하더라도 이에 적법절차를 위반한 위법이 있다고 할 수 없다(대판 2008.5.15. 2008도1097).

② 형사소송법 제218조를 위반하여 소유자, 소지자 또는 보관자가 아닌 자로부터 제출받은 물건을 영장없이 압수한 경우 그 '압수물' 및 '압수물을 찍은 사진'은 이를 유죄 인정의 증거로 사용할 수 없는 것이고, 피고인이나 변호인이 이를 증거로 함에 동의하였다고 하더라도 달리 볼 것은 아니다(대판 2010.1.28. 2009도10092).

③ 경찰관이 간호사로부터 진료 목적으로 이미 채혈되어 있던 피고인의 혈액 중 일부를 주취운전 여부에 대한 감정을 목적으로 임의로 제출 받아 이를 압수한 경우, 당시 간호사가 위 혈액의 소지자 겸 보관자인 병원 또는 담당의사를 대리하여 혈액을 경찰관에게 임의로 제출할 수 있는 권한이 없었다고 볼 특별한 사정이 없는 이상, 그 압수절차가 피고인 또는 피고인의 가족의 동의 및 영장 없이 행하여졌다고 하더라도 이에 적법절차를 위반한 위법이 있다고 할 수 없다(대판 1999.9.3. 98도968).

④ [1] 사법경찰관이 위 규정을 위반하여 영장없이 물건을 압수한 경우 그 압수물은 물론 이를 기초로 하여 획득한 2차적 증거 역시 유죄 인정의 증거로 사용할 수 없는 것이고, 이와 같은 법리는 헌법과 형사소송법이 선언한 영장주의의 중요성에 비추어 볼 때 위법한 압수가 있은 직후에 피고인으로부터 작성받은 그 압수물에 대한 임의제출동의서도 특별한 사정이 없는 한 마찬가지라고 할 것이다. [2] 경찰이 피고인의 집에서 20m 떨어진 곳에서 피고인을 체포하여 수갑을 채운 후 피고인의 집으로 가서 집안을 수색하여 칼과 합의서

를 압수하였을 뿐만 아니라 적법한 시간 내에 압수수색영장을 청구하여 발부받지도 않았음을 알 수 있는바, 이를 위 법리에 비추어 보면 위 칼과 합의서는 임의제출물이 아니라 영장 없이 위법하게 압수된 것으로서 증거능력이 없고, 따라서 이를 기초로 한 2차 증거인 임의제출동의서, 압수조서 및 목록, 압수품 사진 역시 증거능력이 없다(대판 2010.7.22. 2009도14376).

⑤ 수사기관이 별개의 증거를 피압수자 등에게 환부하고 후에 임의제출받아 다시 압수하였다면 증거를 압수한 최초의 절차 위반행위와 최종적인 증거수집 사이의 인과관계가 단절되었다고 평가할 수 있으나, 그 제출에 임의성이 있다는 점에 관하여는 검사가 합리적 의심을 배제할 수 있을 정도로 증명하여야 하고, 임의로 제출된 것이라고 볼 수 없는 경우에는 증거능력을 인정할 수 없다(대판 2016.3.10. 2013도11233).

V. 수사상 감정과 감정유치

감정이란 특수한 지식·경험을 가진 제3자가 그 지식·경험에 의하여 알 수 있는 법칙 또는 그 법칙을 적용하여 얻는 판단을 법원에 보고하는 것을 말하고, **감정유치**란 피고인 또는 피의자의 정신 또는 신체를 감정하기 위하여 일정한 기간 동안 병원 기타 적당한 장소에 피고인 또는 피의자를 유치하는 강제처분을 의미한다(제172조 제3항, 제221조의3).

검사는 감정을 위촉하는 경우에 감정유치가 필요한 때에는 판사에게 감정유치를 청구하여야 한다(제221조의3). 유치에 관하여는 **구속에 관한 규정이 준용되고**(제172조 제7항, 제221조의3), 미결구금일수의 산입에 있어서 **유치기간은 구속으로 간주한다**(제172조 제8항, 제221조의3).

수사기관으로부터 위촉을 받은 감정인은 감정에 관하여 필요한 때에는 판사의 허가를 얻어 타인의 주거, 간수자 있는 가옥, 건조물, 항공기, 선차 내에 들어 갈 수 있고 신체의 검사, 사체의 해부, 분묘발굴, 물건의 파괴를 할 수 있다(제173조, 제221조의4 제1항). 위 허가는 검사가 청구하여야 하고, 판사는 청구가 상당하다고 인정한 때에는 **감정처분허가장을 발부**하여야 한다(제221조의4 제2항, 제3항).

VI. 통신제한조치

1. 통신제한조치의 의의

통신제한조치란 통신비밀보호법에 의한 우편물의 검열이나 전기통신의 감청을 말한다. 그 중에서 감청은 통신비밀보호법에서 「전기통신에 대하여 당사자의 동의 없이 전자장치·기계장치 등을 사용하여 통신의 음향·문언·부호·영상을 청취·공독하여 그 내용을 지득 또는 채록하거나 전기통신의 송·수신을 방해하는 것을 말한다」고 규정하고 있다(통신비밀보호법 제2조 제7호).

통신제한조치는 개인의 프라이버시에 대한 중대한 침해를 가져온다는 점에서 강제수사에 해당하고, 통신비밀보호법 역시 일정한 요건 아래 법원의 허가를 얻은 때에만 전기통신의 감청을 허용하고 있으며, **통신비밀보호법을 위반하여 획득한 증거는 통신비밀보호법 제4조 또는 제14조에 의하여 그 증거능력이 부정된다**(통신비밀보호법 제4조, 제14조).

[1] '전기통신의 감청'은 '감청'의 개념 규정에 비추어 전기통신이 이루어지고 있는 상황에서 실시간으로 전기통신의 내용을 지득·채록하는 경우와 통신의 송·수신을 직접적으로 방해하는 경우를 의미하는 것이지, 이미 수신이 완료된 전기통신에 관하여 남아 있는 기록이나 내용을 열어보는 등의 행위는 포함하지 않는다. [2] 수사기관은 통신기관 등에 통신제한조치허가서의 사본을 교부하고 집행을 위탁할 수 있으나(제9조 제1항, 제2항), 그 경우에도 집행의 위탁을 받은 통신기관 등은 수사기관이 직접 집행할 경우와 마찬가지로 허가서에 기재된 집행방법 등을 준수하여야 함은 당연하다. 따라서 허가된 통신제한조치의 종류가 전기통신의 '감청'인 경우, 수사기관 또는 수사기관으로부터 통신제한조치의 집행을 위탁받은 통신기관 등은 통신비밀보호법이 정한 감청의 방식으로 집행하여야 하고 그와 다른 방식으로 집행하여서는 아니 된다. 한편 수사기관이 통신기관 등에 통신제한조치의 집행을 위탁하는 경우에는 집행에 필요한 설비를 제공하여야 한다(통신비밀보호법 시행령 제21조 제3항). 그러므로 수사기관으로부터 통신제한조치의 집행을 위탁받은 통신기관 등이 집행에 필요한 설비가 없을 때에는 수사기관에 설비의 제공을 요청하여야 하고, 그러한 요청 없이 통신제한조치허가서에 기재된 사항을 준수하지 아니한 채 통신제한조치를 집행하였다면, 그러한 집행으로 취득한 전기통신의 내용 등은 헌법과 통신비밀보호법이 국민의 기본권인 통신의 비밀을 보장하기 위해 마련한 적법한 절차를 따르지 아니하고 수집한 증거에 해당하므로, 이는 유죄 인정의 증거로 할 수 없다(대판 2016.10.13. 2016도8137).

2. 범죄수사를 위한 통신제한조치 등

가. 범죄수사를 위한 통신제한조치

통신비밀보호법 제5조에 규정된 범죄를 계획 또는 실행하고 있거나 실행하였다고 의심할 만한 충분한 이유가 있고 다른 방법으로는 그 범죄의 실행을 저지하거나 범인의 체포 또는 증거의 수집이 어려운 경우에 한하여 허가할 수 있다(통신비밀보호법 제5조 제1항). 위 요건을 갖춘 경우 검사는 관할 법원에 통신제한조치를 허가하여 줄 것을 청구할 수 있고(제6조 제1항), 법원은 위 청구가 이유가 있다고 인정하는 경우 통신제한 조치를 허가한다(같은 조 제5항). 이 경우 통신제한조치의 기간은 2월을 초과하지 못하고, 그 기간 중 통신제한조치의 목적이 달성되었을 경우에는 즉시 종료하여야 한다. 다만, 허가요건이 존속하는 경우에는 2개월의 범위 안에서 통신제한조치기간의 연장을 청구할 수 있고(같은 조 제7항), 이 경우 통신제한조치의 총연장기간은 1년(일정 범죄의 경우에는 3년)을 초과할 수 없다(같은 조 제8항).

통신제한조치기간의 연장을 허가함에 있어 총기간 내지 총연장횟수의 제한을 두지 않고 무제한 연장을 허가할 수 있도록 규정한 통신비밀보호법 제6조 제7항 단서 중 전기통신에 관한 '통신제한조치기간의 연장'에 관한 부분은 과잉금지원칙을 위반하여 청구인의 통신의 비밀을 침해하는 법률로서 헌법에 합치하지 아니한다(헌재결 2010.12.28. 2009헌가30).

나. 인터넷회선 감청

인터넷회선 감청(패킷감청)이란 인터넷회선을 통하여 송·수신하는 전기통신의 감청으로 인터넷회선을 통하여 흐르는 전기신호(패킷)을 중간에 확보한 다음 재조합 기술을 거쳐 감청

대상자가 보는 컴퓨터 화면을 수사기관에서 실시간으로 보는 것을 의미한다.

'패킷감청'을 가능하게 하는 통신비밀보호법 제5조 제2항 중 '인터넷회선을 통하여 송·수신하는 전기통신'에 관한 부분에 대하여는 헌법재판소에서 2018. 8. 30. 헌법불합치결정을 하였고, 이에 따라 2020. 3. 24. 개정된 통신비밀보호법은 제12조의2를 신설하여, 수사기관이 인터넷회선을 통하여 송·수신하는 전기통신에 대한 통신제한조치로 취득한 자료에 대하여는 집행 종료 후 범죄수사나 소추 등에 사용하거나 사용을 위하여 보관하고자 하는 때에는, 보관 등이 필요한 전기통신을 선별하여 법원으로부터 보관 등의 승인을 받도록 하고, 승인 청구를 하지 아니한 전기통신 등의 폐기 절차를 마련하였다.

> (통신비밀보호법 제5조 제2항 중 '인터넷회선을 통하여 송·수신하는 전기통신'에 관한 부분) 인터넷회선 감청은, 인터넷회선을 통하여 흐르는 전기신호 형태의 '패킷'을 중간에 확보한 다음 재조합 기술을 거쳐 그 내용을 파악하는 이른바 '패킷감청'의 방식으로 이루어진다. 따라서 이를 통해 개인의 통신뿐만 아니라 사생활의 비밀과 자유가 제한된다. (중략) 이 사건 법률조항은 인터넷회선 감청의 특성을 고려하여 그 집행 단계나 집행 이후에 수사기관의 권한 남용을 통제하고 관련 기본권의 침해를 최소화하기 위한 제도적 조치가 제대로 마련되어 있지 않은 상태에서, 범죄수사 목적을 이유로 인터넷회선 감청을 통신제한조치 허가 대상 중 하나로 정하고 있으므로 침해의 최소성 요건을 충족한다고 할 수 없다. 이러한 여건 하에서 인터넷회선의 감청을 허용하는 것은 개인의 통신 및 사생활의 비밀과 자유에 심각한 위협을 초래하게 되므로 이 사건 법률조항으로 인하여 달성하려는 공익과 제한되는 사익 사이의 법익 균형성도 인정되지 아니한다. 그러므로 이 사건 법률조항은 과잉금지원칙에 위반하는 것으로 청구인의 기본권을 침해한다. (중략) 이러한 이유로 이 사건 법률조항에 대해 단순위헌결정을 하는 대신 헌법불합치결정을 선고하되, 입법자가 이 사건 법률조항의 위헌성을 제거하고 합리적인 내용으로 개정할 때까지 일정 기간 이를 잠정적으로 적용할 필요가 있다 (헌재결 2018.8.30. 2016헌마263).

> **통신비밀보호법 제12조의2(범죄수사를 위하여 인터넷 회선에 대한 통신제한조치로 취득한 자료의 관리)** ① 검사는 인터넷 회선을 통하여 송신·수신하는 전기통신을 대상으로 제6조 또는 제8조(제5조제1항의 요건에 해당하는 사람에 대한 긴급통신제한조치에 한정한다)에 따른 통신제한조치를 집행한 경우 그 전기통신을 제12조제1호에 따라 사용하거나 사용을 위하여 보관(이하 이 조에서 "보관등"이라 한다)하고자 하는 때에는 집행종료일부터 14일 이내에 보관등이 필요한 전기통신을 선별하여 통신제한조치를 허가한 법원에 보관등의 승인을 청구하여야 한다.
> ② 사법경찰관은 인터넷 회선을 통하여 송신·수신하는 전기통신을 대상으로 제6조 또는 제8조(제5조제1항의 요건에 해당하는 사람에 대한 긴급통신제한조치에 한정한다)에 따른 통신제한조치를 집행한 경우 그 전기통신의 보관등을 하고자 하는 때에는 집행종료일부터 14일 이내에 보관등이 필요한 전기통신을 선별하여 검사에게 보관등의 승인을 신청하고, 검사는 신청일부터 7일 이내에 통신제한조치를 허가한 법원에 그 승인을 청구할 수 있다.
> ③ 제1항 및 제2항에 따른 승인청구는 통신제한조치의 집행 경위, 취득한 결과의 요지, 보관등이 필요한 이유를 기재한 서면으로 하여야 하며, 다음 각 호의 서류를 첨부하여야 한다.

1. 청구이유에 대한 소명자료
   2. 보관등이 필요한 전기통신의 목록
   3. 보관등이 필요한 전기통신. 다만, 일정 용량의 파일 단위로 분할하는 등 적절한 방법으로 정보저장매체에 저장·봉인하여 제출하여야 한다.
④ 법원은 청구가 이유 있다고 인정하는 경우에는 보관등을 승인하고 이를 증명하는 서류(이하 이 조에서 "승인서"라 한다)를 발부하며, 청구가 이유 없다고 인정하는 경우에는 청구를 기각하고 이를 청구인에게 통지한다.
⑤ 검사 또는 사법경찰관은 제1항에 따른 청구나 제2항에 따른 신청을 하지 아니하는 경우에는 집행종료일부터 14일(검사가 사법경찰관의 신청을 기각한 경우에는 그 날부터 7일) 이내에 통신제한조치로 취득한 전기통신을 폐기하여야 하고, 법원에 승인청구를 한 경우(취득한 전기통신의 일부에 대해서만 청구한 경우를 포함한다)에는 제4항에 따라 법원으로부터 승인서를 발부받거나 청구기각의 통지를 받은 날부터 7일 이내에 승인을 받지 못한 전기통신을 폐기하여야 한다.
⑥ 검사 또는 사법경찰관은 제5항에 따라 통신제한조치로 취득한 전기통신을 폐기한 때에는 폐기의 이유와 범위 및 일시 등을 기재한 폐기결과보고서를 작성하여 피의자의 수사기록 또는 피내사자의 내사사건기록에 첨부하고, 폐기일부터 7일 이내에 통신제한조치를 허가한 법원에 송부하여야 한다.

3. 국가안보를 위한 통신제한조치

정보수사기관의 장은 국가안전보장에 상당한 위험이 예상되는 경우 또는 대테러활동에 필요한 경우에 한하여 그 위해를 방지하기 위하여 이에 관한 정보수집이 특히 필요한 때에는 ① 통신의 일방 또는 쌍방당사자가 내국인인 때에는 고등법원 수석판사의 허가를 받아, ② 대한민국에 적대하는 국가, 반국가활동의 혐의가 있는 외국의 기관·단체와 외국인, 대한민국의 통치권이 사실상 미치지 아니하는 한반도 내의 집단이나 외국에 소재하는 그 산하단체의 구성원의 통신인 때에는 대통령의 승인을 얻어 통신제한조치를 할 수 있다(통신비밀보호법 제7조 제1항). 이 경우 통신제한조치의 기간은 4월을 초과하지 못하고, 4월의 범위 내에서 그 기간을 연장할 수 있다(같은 조 제2항).

4. 긴급감청

수사기관 또는 정보수사기관의 장은 국가안보를 위협하는 음모행위, 직접적인 사망이나 심각한 상해의 위험을 야기할 수 있는 범죄 또는 조직범죄등 중대한 범죄의 계획이나 실행 등 긴박한 상황에 있고 제5조 제1항(범죄수사를 위한 통신제한조치 허가대상) 또는 제7조제1항 제1호(국가안보를 위한 통신제한조치 대상 중 통신의 일방 또는 쌍방당사자가 내국인인 때)의 규정에 의한 요건을 구비한 자에 대하여 제6조 또는 제7조 제1항 및 제3항의 규정에 의한 절차를 거칠 수 없는 긴급한 사유가 있는 때에는 법원의 허가없이 통신제한조치를 할 수 있다(통신비밀보호법 제8조 제1항). 수사기관 또는 정보수사기관의 장은 위 긴급통신제한조치의 집행에 착수한 후 지체 없이 제6조(제7조 제3항에서 준용하는 경우를 포함)에 따라 법원에 허가청구를 하여야 하고(같은 조 제2항), 위 집행에 착수한 때부터 36시간 이내에 법원의 허가를 받지 못한 경우에는 해당 조치를 즉시 중지하고 해당 조치로 취득한 자료를 폐기하여야 한다(같은 조 제5항).

또한 정보수사기관의 장은 국가안보를 위협하는 음모행위, 직접적인 사망이나 심각한 상해의 위험을 야기할 수 있는 범죄 또는 조직범죄등 중대한 범죄의 계획이나 실행 등 긴박한 상황에 있고 제7조 제1항 제2호에 해당하는 자(국가안보를 위한 통신제한조치 대상 중 통신쌍방당사자 모두 외국인 등인 때)에 대하여 대통령의 승인을 얻을 시간적 여유가 없거나 통신제한조치를 긴급히 실시하지 아니하면 국가안전보장에 대한 위해를 초래할 수 있다고 판단되는 때에는 소속 장관(국가정보원장을 포함)의 승인을 얻어 통신제한조치를 할 수 있다(통신비밀보호법 제8조 제8항). 정보수사기관의 장은 제8항에 따른 통신제한조치의 집행에 착수한 후 지체 없이 제7조에 따라 대통령의 승인을 얻어야 하고(같은 조 제9항), 위 집행에 착수한 때부터 36시간 이내에 대통령의 승인을 얻지 못한 경우에는 해당 조치를 즉시 중지하고 해당 조치로 취득한 자료를 폐기하여야 한다(같은 조 제10항).

5. 통신제한조치의 집행

통신제한조치는 수사기관 또는 정보수사기관의 장이 집행하나, 통신기관 등에 그 집행을 위탁하거나 집행에 관한 협조를 요청할 수 있다(통신비밀보호법 제9조 제1항). 수사기관이 통신기관 등에 집행을 위탁하는 경우에는 집행에 필요한 설비를 제공하여야 한다(통신비밀보호법 시행령 제21조 제3항). 통신제한조치를 집행하는 자와 이를 위탁받거나 이에 관한 협조요청을 받은 자는 당해 통신제한조치를 청구한 목적과 그 집행 또는 협조일시 및 대상을 기재한 대장을 대통령령이 정하는 기간 동안 비치하여야 한다(통신비밀보호법 제9조 제3항).

통신제한조치의 집행으로 인하여 취득된 우편물 또는 그 내용과 전기통신의 내용은 통신제한조치의 목적이 된 범죄나 이와 관련된 범죄를 수사·소추하거나 그 범죄를 예방하기 위한 경우 외에는 사용할 수 없다(통신비밀보호법 제12조). 이러한 제한은 통신사실확인자료의 경우에도 준용된다(제13조의5).

> 통신비밀보호법상 '대화의 녹음·청취'에 관하여 반드시 집행주체가 '대화의 녹음·청취'를 직접 수행하여야 하는 것은 아니다. 따라서 집행주체가 제3자의 도움을 받지 않고서는 '대화의 녹음·청취'가 사실상 불가능하거나 곤란한 사정이 있는 경우에는 비례의 원칙에 위배되지 않는 한 제3자에게 집행을 위탁하거나 그로부터 협조를 받아 '대화의 녹음·청취'를 할 수 있다고 봄이 타당하고, 그 경우 통신기관 등이 아닌 일반 사인에게 대장을 작성하여 비치할 의무가 있다고 볼 것은 아니다(대판 2015.1.22. 2014도10978).

6. 통신사실 확인자료 제공요청

검사 또는 사법경찰관은 수사 또는 형의 집행을 위하여 필요한 경우 전기통신사업자에게 통신사실 확인자료제공을 요청할 수 있고(통신비밀보호법 제13조 제1항), 이를 요청하는 경우에는 요청사유·해당 가입자와의 연관성 및 필요한 자료의 범위를 기록한 서면으로 법원의 허가를 받아야 하며, 다만, 법원의 허가를 받을 수 없는 긴급한 사유가 있는 때에는 통신사실 확인자료제공을 요청한 후 지체 없이 그 허가를 받아 전기통신사업자에게 송부하여야 하며(같은 조 제3항), 이러한 허가를 받지 못한 경우에는 지체 없이 제공받은 통신사실확인자료를 폐기하여야 한다(같은 조 제4항).

통신사실확인자료 제공요청에 의하여 취득한 통신사실확인자료를 범죄의 수사·소추 또는 예방을 위하여 사용하는 경우 그 대상범죄는 통신사실확인자료 제공요청의 목적이 된 범죄나 이와 관련된 범죄에 한정된다(대판 2014.10.27. 2014도2121).

7. 동의에 의한 감청 및 대화녹음

누구든지 공개되지 아니한 타인 간의 대화를 녹음하거나 전자장치 또는 기계적 수단을 이용하여 청취할 수 없다(통신비밀보호법 제3조 제1항, 제14조 제1항). 이를 위반하여 녹음하거나 청취한 내용은 재판에서 증거로 사용할 수 없다(제4조, 제14조 제2항).

① 통신비밀보호법 제1조, 제3조 제1항 본문, 제4조, 제14조 제1항, 제2항의 문언, 내용, 체계와 입법 취지 등에 비추어 보면, 통신비밀보호법에서 보호하는 타인 간의 '대화'는 원칙적으로 현장에 있는 당사자들이 육성으로 말을 주고받는 의사소통행위를 가리킨다. 따라서 사람의 육성이 아닌 사물에서 발생하는 음향은 타인 간의 '대화'에 해당하지 않는다. 또한 사람의 목소리라고 하더라도 상대방에게 의사를 전달하는 말이 아닌 단순한 비명소리나 탄식 등은 타인과 의사소통을 하기 위한 것이 아니라면 특별한 사정이 없는 한 타인 간의 '대화'에 해당한다고 볼 수 없다(대판 2017.3.15. 2016도19843).

② 수사기관이 구속수감되어 있던 甲에게 그의 압수된 휴대전화를 제공하여 피고인과 통화하고 위 범행에 관한 통화 내용을 녹음하게 한 행위는 불법감청에 해당하므로 그 녹음 자체는 물론 이를 근거로 작성된 녹취록 첨부 수사보고는 피고인의 증거동의에 관계없이 그 증거능력이 없다(대판 2010.10.14. 2010도9016).

③ 대화에 원래부터 참여하지 않는 제3자가 일반 공중이 알 수 있도록 공개되지 아니한 타인 간의 발언을 녹음하거나 전자장치 또는 기계적 수단을 이용하여 청취하는 것은 특별한 사정이 없는 한 통신비밀보호법 제3조 제1항에 위반된다(대판 2016.5.12. 2013도15616).

④ 전기통신에 해당하는 전화통화 당사자의 일방이 상대방 모르게 통화내용을 녹음하는 것은 여기의 감청에 해당하지 아니하지만(따라서 전화통화 당사자의 일방이 상대방 몰래 통화내용을 녹음하더라도, 대화 당사자 일방이 상대방 모르게 그 대화내용을 녹음한 경우와 마찬가지로 동법 제3조 제1항 위반이 되지 아니한다), 제3자의 경우는 설령 전화통화 당사자 일방의 동의를 받고 그 통화내용을 녹음하였다 하더라도 그 상대방의 동의가 없었던 이상, 통신비밀보호법의 취지에 비추어 이는 동법 제3조 제1항 위반이 된다고 해석하여야 할 것이다(이 점은 제3자가 공개되지 아니한 타인 간의 대화를 녹음한 경우에도 마찬가지이다)(대판 2002.10.8. 2002도123).

⑤ 3인 간의 대화에 있어서 그 중 한 사람이 그 대화를 녹음하는 경우에 다른 두 사람의 발언은 그 녹음자에 대한 관계에서 '타인 간의 대화'라고 할 수 없으므로, 이와 같은 녹음행위가 통신비밀보호법 제3조 제1항에 위배된다고 볼 수는 없다(대판 2006.10.12. 2006도4981).

⑥ 통신비밀보호법 제14조 제1항의 금지를 위반하는 행위는 통신비밀보호법과 형사소송법 또는 군사법원법의 규정에 따른 것이라는 등의 특별한 사정이 없는 한, 제3조 제1항 위반행위에 해당하여 제16조 제1항 제1호의 처벌대상이 된다고 해석해야 한다. (중략) 따라서 대화에 원래부터 참여하지 않는 제3자가 일반 공중이 알 수 있도록 공개되지 않은 타인 간의 발언을 녹음하거나 전자장치 또는 기계적 수단을 이용하여 청취하는 것은 특별한 사정이 없는 한 제

3조 제1항에 위반된다. '공개되지 않았다.'는 것은 반드시 비밀과 동일한 의미는 아니고, 구체적으로 공개된 것인지는 발언자의 의사와 기대, 대화의 내용과 목적, 상대방의 수, 장소의 성격과 규모, 출입의 통제 정도, 청중의 자격 제한 등 객관적인 상황을 종합적으로 고려하여 판단해야 한다(대판 2022.8.31. 2020도1007).

⑦ [1] 전기통신의 감청은 제3자가 전기통신의 당사자인 송신인과 수신인의 동의를 받지 아니하고 통신비밀보호법 제2조 제7호 소정의 각 행위를 하는 것만을 말한다고 풀이함이 상당하다고 할 것이므로, 전기통신의 당사자의 일방이 상대방 모르게 통신의 음향·영상 등을 청취하거나 녹음하는 것은 여기의 감청에 해당하지 아니하지만, 제3자의 경우는 설령 당사자 일방의 동의를 받고 그 통신의 음향·영상을 청취하거나 녹음하였다 하더라도 그 상대방의 동의가 없었던 이상, 사생활 및 통신의 불가침을 국민의 기본권의 하나로 선언하고 있는 헌법규정과 통신비밀의 보호와 통신의 자유 신장을 목적으로 제정된 통신비밀보호법의 취지에 비추어 이는 통신비밀보호법 제3조 제1항 위반이 된다. [2] 방송자가 인터넷을 도관 삼아 인터넷서비스제공업체 또는 온라인서비스제공자인 인터넷개인방송 플랫폼업체의 서버를 이용하여 실시간 또는 녹화된 형태로 음성, 영상물을 방송함으로써 불특정 혹은 다수인이 이를 수신·시청할 수 있게 하는 인터넷개인방송은 그 성격이나 통신비밀보호법 제2조 제3호에 비추어 전기통신에 해당함은 명백하다. 인터넷개인방송의 방송자가 비밀번호를 설정하는 등 그 수신 범위를 한정하는 비공개 조치를 취하지 않고 방송을 송출하는 경우, 누구든지 시청하는 것을 포괄적으로 허용하는 의사라고 볼 수 있으므로, 그 시청자는 인터넷개인방송의 당사자인 수신인에 해당하고, 이러한 시청자가 방송 내용을 지득·채록하는 것은 통신비밀보호법에서 정한 감청에 해당하지 않는다. 그러나 인터넷개인방송의 방송자가 비밀번호를 설정하는 등으로 비공개 조치를 취한 후 방송을 송출하는 경우에는, 방송자로부터 허가를 받지 못한 사람은 당해 인터넷개인방송의 당사자가 아닌 '제3자'에 해당하고, 이러한 제3자가 비공개 조치가 된 인터넷개인방송을 비정상적인 방법으로 시청·녹화하는 것은 통신비밀보호법상의 감청에 해당할 수 있다. 다만 방송자가 이와 같은 제3자의 시청·녹화 사실을 알거나 알 수 있었음에도 방송을 중단하거나 그 제3자를 배제하지 않은 채 방송을 계속 진행하는 등 허가받지 아니한 제3자의 시청·녹화를 사실상 승낙·용인한 것으로 볼 수 있는 경우에는 불특정인 혹은 다수인을 직간접적인 대상으로 하는 인터넷개인방송의 일반적 특성상 그 제3자 역시 인터넷개인방송의 당사자에 포함될 수 있으므로, 이러한 제3자가 방송 내용을 지득·채록하는 것은 통신비밀보호법에서 정한 감청에 해당하지 않는다(대판 2022.10.27. 2022도9877).

제3절 | 수사상의 증거보전

I. 증거보전

1. 증거보전의 의의

증거보전이란 공판정에서의 정상적인 증거조사가 있을 때까지 기다려서는 증거방법의 사용이 불가능하거나 현저히 곤란하게 될 염려가 있는 경우에 검사·피고인·피의자 또는 변호인의 청구에 의하여 판사가 미리 증거조사를 하여 그 결과를 보전하여 두는 제도를 말한다(제184조).

2. 증거보전의 요건

① 증거를 보전하지 않으면 증거의 사용이 곤란하여야 하고, ② 제1회 공판기일 전에 한하여 할 수 있다. 증거의 사용곤란에는 그 증거의 증명력에 변화가 있는 경우도 포함된다. 제1회 공판기일 전이란 수소법원에서의 증거조사가 가능한 단계를 의미하므로, 모두절차가 끝난 때까지를 의미한다. 제1회 공판기일 전인 이상 공소제기의 전후는 불문한다.

> [1] 증거보전이란 장차 공판에 있어서 사용하여야 할 증거가 멸실되거나 또는 그 사용하기 곤란한 사정이 있을 경우에 당사자의 청구에 의하여 공판전에 미리 그 증거를 수집보전하여 두는 제도로서 제1심 제1회 공판기일전에 한하여 허용되는 것이므로 재심청구사건에서는 증거보전절차는 허용되지 아니한다. [2] 증거보전청구를 기각하는 결정에 대하여는 즉시항고로써 불복할 수 없다(대결 1984.3.29. 84모15).

3. 증거보전의 절차

1) 증거보전의 청구

증거보전의 청구권자는 검사, 피고인, 피의자 또는 변호인이다. 피의자란 수사기관이 특정범죄의 범인으로 수사의 대상으로 한 것이 수사기관의 활동에 의하여 객관적으로 표시된 자를 말한다. 증거보전을 청구함에는 서면으로 그 사유를 소명하여야 한다(제184조 제3항). 증거보전의 청구는 수소법원이 아니라 관할 지방법원판사에게 하여야 한다(규칙 제91조).

증거보전을 청구할 수 있는 것은 압수·수색·검증·증인신문 또는 감정이다. 따라서 증거보전절차에서 피의자 또는 피고인의 신문을 청구할 수는 없다. 그러나 공동피고인 또는 공범자를 증거보전절차에서 증인으로 신문하는 것은 허용된다.

> ① 형사소송법 제184조에 의한 증거보전은 피고인 또는 피의자가 형사입건도 되기 전에는 청구할 수 없고, 또 피의자신문에 해당하는 사항을 증거보전의 방법으로 청구할 수 없다(대판 1979.6.12. 79도792).
> ② 증거보전의 방법으로 피고인신문을 청구할 수 없다(대판 1972.11.28. 72도2104).
> ③ 피고인이 수사단계에서 다른 공동피고인에 대한 증거보전을 위하여 증인으로서 증언한 증인

신문조서는 그 다른 공동피고인에 대하여 증거능력이 있다(대판 1966.5.17. 66도276).
④ 증인신문조서가 증거보전절차에서 피고인이 증인으로서 증언한 내용을 기재한 것이 아니라 증인(갑)의 증언내용을 기재한 것이고 다만 **피의자였던 피고인이 당사자로 참여하여 자신의 범행사실을 시인하는 전제하에 위 증인에게 반대신문한 내용이 기재되어 있을 뿐이라면**, 위 조서는 공판준비 또는 공판기일에 피고인 등의 진술을 기재한 조서도 아니고, 반대신문과정에서 피의자가 한 진술에 관한 한 형사소송법 제184조에 의한 증인신문조서도 아니므로 위 조서 중 피의자의 진술기재부분에 대하여는 형사소송법 제311조에 의한 증거능력을 인정할 수 없다(대판 1984.5.15. 84도508).

2) 증거보전의 처분

청구를 받은 판사는 청구가 적법하고 필요성이 있다고 인정할 때에는 증거보전을 하여야 한다. 그러나 청구가 부적법하거나 필요 없다고 인정할 때에는 청구를 기각하는 결정을 하여야 한다.

증거보전의 청구를 기각하는 결정에 대하여는 3일 이내에 항고할 수 있다(제184조 제4항). 증거보전 청구를 받은 판사는 법원 또는 재판장과 동일한 권한이 있다(제184조 제2항). 따라서 판사는 소환이나 구인을 할 수 있고, 압수·수색·검증·증인신문 및 감정에 관한 규정이 준용된다.

① 제1회 공판기일 전에 형사소송법 제184조에 의한 증거보전절차에서 증인신문을 하면서, 위 증인신문의 일시와 장소를 피의자 및 변호인에게 미리 통지하지 아니하여 증인신문에 참여할 수 있는 기회를 주지 아니하였고, 또 변호인이 제1심 공판기일에 위 증인신문조서의 증거조사에 관하여 이의신청을 하였다면, 위 증인신문조서는 증거능력이 없다 할 것이고, 그 증인이 후에 법정에서 그 조서의 진정성립을 인정한다 하여 다시 그 증거능력을 취득한다고 볼 수도 없다(대판 1992.2.28. 91도2337).
② [1] 공동피고인과 피고인이 뇌물을 주고 받은 사이로 필요적 공범관계에 있다고 하더라도 검사는 수사단계에서 피고인에 대한 증거를 미리 보전하기 위하여 필요한 경우에는 판사에게 공동피고인을 증인으로 신문할 것을 청구할 수 있다. [2] 판사가 형사소송법 제184조에 의한 증거보전절차로 증인신문을 하는 경우에는 동법 제221조의2에 의한 증인신문의 경우와는 달리 동법 제163조에 따라 검사, 피의자 또는 변호인에게 증인신문의 시일과 장소를 미리 통지하여 증인신문에 참여할 수 있는 기회를 주어야 하나 **참여의 기회를 주지 아니한 경우라도 피고인과 변호인이 증인신문조서를 증거로 할 수 있음에 동의하여 별다른 이의없이 적법하게 증거조사를 거친 경우에는 위 증인신문조서는 증인신문절차가 위법하였는지의 여부에 관계없이 증거능력이 부여된다**(대판 1988.11.8. 86도1646).

4. 증거보전 후의 절차

증거보전에 의하여 압수한 물건 또는 작성한 조서는 증거보전을 한 판사가 소속한 법원에서 보관한다. 검사·피고인·피의자 또는 변호인은 판사의 허가를 얻어 그 서류와 증거물을 열람 또는 등사할 수 있다(제185조). 증거보전절차에서 작성된 조서는 법원 또는 법관의 조서로서 당연히 증거능력이 인정된다(제311조).

Ⅱ. 증인신문의 청구

1. 증인신문의 청구의 의의
증인신문의 청구란 참고인이 출석 또는 진술을 거부하는 경우에 제1회 공판기일 전까지 검사의 청구에 의하여 판사가 그를 증인으로 신문하는 진술증거의 수집과 보전을 위한 대인적 강제처분을 의미한다(제221조의2 제1항).

2. 증인신문의 청구의 요건
① 증인신문의 필요성이 있는 경우(참고인이 수사기관에의 출석과 진술을 거부하는 경우에 인정된다),
② 제1회 공판기일 전에 한하여 가능하다.

3. 증인신문의 절차
증인신문의 청구권자는 검사에 한한다. 증인신문을 청구함에는 서면으로 그 사유를 소명하여야 한다(제221조의2 제3항).

판사는 증인신문의 청구가 적법하고 요건을 구비하였는가를 심사한다. 심사결과 요건을 구비한 경우에는 증인신문을 하여야 한다. 청구절차가 부적법하거나 요건이 구비되지 않은 때에는 결정으로 기각하여야 한다. 청구를 기각한 결정에 대하여는 불복할 수 없다.

증인신문의 청구를 받은 판사는 증인신문에 관하여 **법원 또는 재판장과 동일한 권한이 있다**(제221조의2 제4항). 증인신문에는 피고인·피의자 또는 변호인의 **참여권이** 인정된다. 즉 판사는 피고인·피의자 또는 변호인에게 증인신문기일을 통지하여 증인신문에 참여할 수 있도록 하여야 한다(같은 조 제5항). 이 경우에 판사는 심문기일과 장소 및 증인신문에 참여할 수 있다는 취지를 통지하여야 한다(규칙 제112조).

4. 증인신문 후의 조치
증인신문을 한 때에는 판사는 지체없이 이에 관한 서류를 **검사에게 송부하여야 한다**(제221조의2 제6항). 증거보전의 경우와는 이 점에서도 구별되며, 증거보전과 달리 공소제기 전까지 **피의자는 열람·등사할 수 없다**. 증인신문조서는 법관의 면전조서로서 **당연히 증거능력이 인정된다**(제311조).

CHAPTER 03 | 수사의 종결

제1절 | 수사종결처분

Ⅰ. 일반사법경찰관의 수사종결

1. 송치결정

사법경찰관은 범죄를 수사한 후 범죄의 혐의가 있다고 인정되는 경우에는 지체 없이 검사에게 사건을 송치하고, 관계 서류와 증거물을 검사에게 송부하여야 한다(제245조의5 제1호).

검사는 송치사건의 공소제기 여부 결정 또는 공소의 유지에 관하여 필요한 경우에 사법경찰관에게 보완수사를 요구할 수 있고, 이 경우 사법경찰관은 정당한 이유가 없는 한 지체 없이 이를 이행하고, 그 결과를 검사에게 통보하여야 한다(제197조의2 제1항, 제2항).

2. 불송치결정

사법경찰관은 자신이 수사한 범죄에 대하여 혐의가 인정되지 않는다고 판단하는 경우에는 불송치결정에 따라 수사를 종결할 수 있다(제245조의5 참조). 이러한 경우 사법경찰관은 불송치의 이유를 적은 불송치결정서와 함께 압수물 총목록, 기록목록 등 관계 서류와 증거물을 검사에게 송부해야 하고(검사와 사법경찰관의 상호협력과 일반적 수사준칙에 관한 규정 제62조 제1항), 이 경우 검사는 송부받은 날부터 90일 이내에(사건을 송치하지 않은 것이 위법 또는 부당한지 여부를 검토한 후) 사법경찰관에게 반환하여야 한다(형사소송법 제245조의5 제2호).

검사는 사법경찰관이 사건을 송치하지 아니한 것이 위법 또는 부당한 때에는 그 이유를 문서로 명시하여 사법경찰관에게 재수사를 요청할 수 있고, 이러한 요청이 있는 때에는 사건을 재수사하여야 한다(제245조의8).

사법경찰관은 사건을 불송치한 경우에는 그 송부한 날부터 7일 이내에 서면으로 고소인·고발인·피해자 또는 그 법정대리인(피해자가 사망한 경우에는 그 배우자·직계친족·형제자매를 포함)에게 사건을 검사에게 송치하지 아니하는 취지와 그 이유를 통지하여야 한다(제245조의6). 이러한 통지를 받은 사람(고발인을 제외한다)은 해당 사법경찰관의 소속 관서의 장에게 이의를 신청할 수 있고, 이러한 신청이 있는 때에는 지체 없이 검사에게 사건을 송치하고 관계 서류와 증거물을 송부하여야 하며, 처리결과와 그 이유를 그 신청인에게 통지하여야 한다(제245조의7).

3. 수사중지결정

사법경찰관은 자신이 수사한 범죄의 피의자나 참고인의 소재를 알 수 없는 경우에는 수사중지(피의자중지 또는 참고인중지)결정을 하고, 7일 이내에 사건기록을 검사에게 송부하여야 한다. 이 경우 검사는 사건기록을 송부받은 날부터 30일 이내에 반환해야 하며, 그 기간 내에 시정조치요구(제197조의3)를 할 수 있다(검사와 사법경찰관의 상호협력과 일반적 수사준칙에 관한 규정 제51조 제1항 제4호, 제4항).

고소인·피해자 또는 그 법정대리인(고발인은 제외)은 수사중지결정에 대하여도 **이의신청**을 할 수 있고(검사와 사법경찰관의 상호협력과 일반적 수사준칙에 관한 규정 제54조 제1항), 해당 **수사중지결정이 법령위반, 인권침해 또는 현저한 수사권 남용이라고 의심되는 경우 검사에게 형사소송법 제197조의3 제1항에 따른 신고를 할 수 있다**(검사와 사법경찰관의 상호협력과 일반적 수사준칙에 관한 규정 제54조 제3항).

검사와 사법경찰관의 상호협력과 일반적 수사준칙에 관한 규정 제51조(사법경찰관의 결정) ① 사법경찰관은 사건을 수사한 경우에는 다음 각 호의 구분에 따라 결정해야 한다.

1. 법원송치
2. 검찰송치
3. 불송치
   가. 혐의없음
      1) 범죄인정안됨, 2) 증거불충분
   나. 죄가안됨
   다. 공소권없음
   라. 각하
4. 수사중지
   가. 피의자중지
   나. 참고인중지
5. 이송

② 사법경찰관은 하나의 사건 중 피의자가 여러 사람이거나 피의사실이 여러 개인 경우로서 분리하여 결정할 필요가 있는 경우 그중 일부에 대해 제1항 각 호의 결정을 할 수 있다.

③ 사법경찰관은 제1항제3호나목 또는 다목에 해당하는 사건이 다음 각 호의 어느 하나에 해당하는 경우에는 해당 사건을 검사에게 이송한다.
  1. 「형법」 제10조제1항에 따라 벌할 수 없는 경우
  2. 기소되어 사실심 계속 중인 사건과 포괄일죄를 구성하는 관계에 있는 경우

④ 사법경찰관은 제1항제4호에 따른 수사중지 결정을 한 경우 7일 이내에 사건기록을 검사에게 송부해야 한다. 이 경우 검사는 사건기록을 송부받은 날부터 30일 이내에 반환해야 하며, 그 기간 내에 법 제197조의3에 따라 시정조치요구를 할 수 있다.

⑤ 사법경찰관은 제4항 전단에 따라 검사에게 사건기록을 송부한 후 피의자 등의 소재를 발견한 경우에는 소재 발견 및 수사 재개 사실을 검사에게 통보해야 한다. 이 경우 통보를 받은 검사는 지체 없이 사법경찰관에게 사건기록을 반환해야 한다.

제53조(수사 결과의 통지) ① 검사 또는 사법경찰관은 제51조 또는 제52조에 따른 결정을 한 경우에는 그 내용을 고소인·고발인·피해자 또는 그 법정대리인(피해자가 사망한 경우에는 그 배우자·직계친족·형제자매를 포함한다. 이하 "고소인등"이라 한다)과 피의자에게 통지해야 한다. 다만, 제51조제1항제4호가목에 따른 피의자중지 결정 또는 제52조제1항제3호에 따른 기소중지 결정을 한 경우에는 고소인등에게만 통지한다.

② 고소인등은 법 제245조의6에 따른 통지를 받지 못한 경우 사법경찰관에게 불송치 통지서로 통지해 줄 것을 요구할 수 있다.

③ 제1항에 따른 통지의 구체적인 방법·절차 등은 법무부장관, 경찰청장 또는 해양경찰청장이 정한다.

제54조(수사중지 결정에 대한 이의제기 등) ① 제53조에 따라 사법경찰관으로부터 제51조제1항제4호에 따른 수사중지 결정의 통지를 받은 사람은 해당 사법경찰관이 소속된 바로 위 상급경찰관서의 장에게 이의를 제기할 수 있다.

② 제1항에 따른 이의제기의 절차·방법 및 처리 등에 관하여 필요한 사항은 경찰청장 또는 해양경찰청장이 정한다.

③ 제1항에 따른 통지를 받은 사람은 해당 수사중지 결정이 법령위반, 인권침해 또는 현저한 수사권 남용이라고 의심되는 경우 검사에게 법 제197조의3제1항에 따른 신고를 할 수 있다.

④ 사법경찰관은 제53조에 따라 고소인등에게 제51조제1항제4호에 따른 수사중지 결정의 통지를 할 때에는 제3항에 따라 신고할 수 있다는 사실을 함께 고지해야 한다.

제58조(사법경찰관의 사건송치) ① 사법경찰관은 관계 법령에 따라 검사에게 사건을 송치할 때에는 송치의 이유와 범위를 적은 송치 결정서와 압수물 총목록, 기록목록, 범죄경력 조회 회보서, 수사경력 조회 회보서 등 관계 서류와 증거물을 함께 송부해야 한다.

② 사법경찰관은 피의자 또는 참고인에 대한 조사과정을 영상녹화한 경우에는 해당 영상녹화물을 봉인한 후 검사에게 사건을 송치할 때 봉인된 영상녹화물의 종류와 개수를 표시하여 사건기록과 함께 송부해야 한다.

③ 사법경찰관은 사건을 송치한 후에 새로운 증거물, 서류 및 그 밖의 자료를 추가로 송부할 때에는 이전에 송치한 사건명, 송치 연월일, 피의자의 성명과 추가로 송부하는 서류 및 증거물 등을 적은 추가 송부서를 첨부해야 한다.

제62조(사법경찰관의 사건불송치) ① 사법경찰관은 법 제245조의5제2호 및 이 영 제51조제1항제3호에 따라 불송치 결정을 하는 경우 불송치의 이유를 적은 불송치 결정서와 함께 압수물 총목록, 기록목록 등 관계 서류와 증거물을 검사에게 송부해야 한다.

② 제1항의 경우 영상녹화물의 송부 및 새로운 증거물 등의 추가 송부에 관하여는 제58조제2항 및 제3항을 준용한다.

Ⅱ. 검사의 수사종결

1. 검사의 종결처분

검사는 사법경찰관으로부터 사건을 송치받거나 직접 수사한 경우에 그 사건의 수사를 종결한다. 검사는 공소를 제기한 후에도 검사는 공소유지의 여부를 결정하기 위하여 수사를 할 수 있고, 불기소처분을 한 때에도 수사를 재개할 수 있다.

다만, 검사는 ① 사법경찰관으로부터 **송치받은 사건**에 관하여는 해당 사건과 동일성을 해치지 아니하는 범위 내에서 수사할 수 있고(제196조 제2항), ② 자신이 수사개시한 범죄에 대하여는 **공소를 제기할 수 없다.** 다만, 사법경찰관이 송치한 범죄에 대하여는 그러하지 아니하다(검찰청법 제4조 제2항).

2. 공소의 제기

검사는 수사결과 범죄의 객관적 혐의가 충분하고 소송조건을 구비하여 유죄판결을 받을 수 있다고 인정할 때에는 검사는 **공소를 제기한다**(제246조). 약식명령을 할 수 있는 경우에는 공소제기와 동시에 **약식명령을 청구할 수 있다**(제449조).

3. 불기소처분

가. 협의의 불기소처분

1) 혐의없음

피의사건에 관하여 공소를 제기함에 충분한 객관적 혐의가 없는 경우이다. 피의사실이 인정되지 아니하거나 피의사실을 인정할 만한 증거가 없는 경우 또는 피의사실이 범죄를 구성하지 아니하는 경우에 혐의없음의 결정을 한다(검찰사건사무규칙 제115조 제3항 제2호). 검사가 고소 또는 고발사건에 관하여 혐의없음의 결정을 하는 경우에는 고소인 또는 고발인의 무고혐의의 유무에 관하여 판단하여야 한다(제117조).

2) 죄가 안됨

피의사실이 범죄구성요건에 해당하나 법률상 범죄의 성립을 조각하는 사유가 있어 범죄를 구성하지 아니하는 경우이다(검찰사건사무규칙 제115조 제3항 제3호). **위법성조각사유나 책임조각사유**가 있는 경우가 여기에 해당한다(피의자가 형사미성년자 또는 심신상실자인 때가 대표적인 예이다).

3) 공소권없음

피의사건에 관하여 **소송조건이 결여**되었거나 **형이 면제**되는 경우를 말한다(검찰사건사무규칙 제115조 제3항 제4호).

4) 각하

고소 또는 고발이 있는 사건에 관하여 고소인 또는 고발인의 진술이나 고소장 또는 고발장에 의하여 혐의없음·죄가 안됨·공소권없음의 사유에 해당함이 명백한 경우, 고소·고발인이 형사소송법 제224조·제232조 제2항 또는 제235조에 위반한 경우, 동일사건에 관하여 검사의 불기소처분이 있는 경우(다만 새로이 중요한 증거가 발견된 경우에 고소인 또는 고발인이 그 사유를 소명한 때에는 그러하지 아니하다), 고소권자가 아닌 자가 고소한 경우, 고소·고발장 제출 후 고소인 또는 고발인이 출석요구에 불응하거나 소재불명되어 고소·고발사실에 대한 진술을 청취할 수 없는 경우에는 각하의 결정을 한다(검찰사건사무규칙 제115조 제3항 제5호).

나. 기소유예

피의사건에 관하여 범죄의 혐의가 인정되고 소송조건이 구비되었으나 범인의 연령, 성행, 지능과 환경, 범행의 동기, 수단과 결과, 범행 후의 정황 등을 참작하여 공소를 제기하지 아니하는 경우를 말한다(제247조, 검찰사건사무규칙 제115조 제3항 제1호, 기소편의주의).

다. 기소중지 및 참고인중지

검사가 피의자의 소재불명 등의 사유로 수사를 종결할 수 없는 경우에 그 사유가 해소될 때까지 하는 처분이다(검찰사건사무규칙 제120조). 고소인, 고발인 또는 중요 참고인의 소재가 불명인 때에는 참고인중지의 결정을 할 수 있다(같은 규칙 제121조). 피의자의 소재가 불명인 때에도 협의의 불기소처분이나 기소유예를 할 수도 있다.

4. 송치결정

가. 타관송치

검사는 사건이 소속검찰청에 대응한 법원의 관할에 속하지 아니한 때에는 사건을 서류와 증거물과 함께 관할법원에 대응한 검찰청 검사에게 송치하여야 한다(제256조). 검사는 사건이 군사법원의 재판권에 속하는 때에는 사건을 서류와 증거물과 함께 재판권을 가진 관할 군사법원 검찰부 검찰관에게 송치하여야 한다. 이 경우에 송치 전에 행한 소송행위는 송치 후에도 그 효력에 영향이 없다(제256조의2).

나. 보호사건 송치

검사는 ① 소년에 대한 피의사건을 수사한 결과 벌금 이하의 형에 해당하는 범죄이거나 보호처분에 해당하는 사유가 있다고 인정한 때에는 사건을 관할소년부에 송치하여야 하고(소년법 제49조), ② 가정폭력범죄로서 사건의 성질·동기 및 결과·가정폭력행위자의 성행 등을 고려하여 보호처분을 하는 것이 적절하다고 인정하는 경우에는 사건을 관할 가정법원 또는 지방법원에 송치하여야 하며(가정폭력범죄의 처벌 등에 관한 특례법 제9조), ③ 성매매를 한 사람에 대하여 사건의 성격·동기·행위자의 성행 등을 고려하여 보호처분을 하는 것이 적절하다고 인정하는 때에는 보호사건으로 관할법원에 송치하여야 하며(성매매알선 등 행위의 처벌에 관한 법률 제12조), ④ 아동학대범죄에 대하여 보호처분을 하는 것이 적절하다고 인정하는 경우 사건을 관할 가정법원 또는 지방법원에 송치하여야 한다(아동학대범죄의 처벌 등에 관한 특례법 제27조).

Ⅲ. 검사의 처분통지

1. 고소인 등에 대한 처분통지

검사는 고소 또는 고발 있는 사건에 관하여 공소를 제기하거나 제기하지 아니하는 처분, 고소의 취소 또는 타관송치를 한 때에는 그 처분을 한 날로부터 7일 이내에 서면으로 고소 고소인 또는 고발인에게 그 취지를 통지하여야 한다(제258조 제1항).

2. 피의자에 대한 처분통지

검사는 불기소 또는 타관송치의 처분을 한 때에는 피의자에게 즉시 그 취지를 통지하여야 한다(제258조 제2항).

3. 불기소이유의 고지

검사는 고소 또는 고발 있는 사건에 관하여 공소를 제기하지 아니하는 처분을 한 경우에 고소인 또는 고발인의 청구가 있는 때에는 7일 이내에 고소인 또는 고발인에게 그 이유를 서면으로 설명하여야 한다(제259조).

4. 피해자 등에 대한 통지

검사는 범죄로 인한 피해자 또는 그 법정대리인 등의 신청이 있는 때에는 당해 사건의 공소제기 여부, 공판의 일시·장소, 재판결과, 피의자·피고인의 구속·석방 등 구금에 관한 사실 등을 신속하게 통지하여야 한다.

Ⅳ. 검사의 불기소처분에 대한 불복

1. 재정신청

재정신청이란 검사의 불기소처분에 대하여 고소인 등이 관할 고등법원에 그 당부에 대한 재정을 신청하는 제도이다(제260조). 재정신청이 이유 있는 때에는 공소제기 결정을 하게 된다. 다만, 이러한 재정신청을 하기 위해서는 검찰청법에 따른 항고를 거쳐야 한다(검찰항고전치주의).

2. 항고·재항고

검사의 불기소처분에 불복이 있는 고소인 또는 고발인은 그 검사가 속하는 지방검찰청 또는 지청을 거쳐 서면으로 관할 **고등검찰청 검사장**에게 항고할 수 있고(검찰청법 제10조 제1항), 항고를 기각하는 처분에 불복하거나 항고를 한 날부터 항고에 대한 처분이 이루어지지 아니하고 3개월이 지났을 때에는 그 검사가 속한 고등검찰청을 거쳐 서면으로 **검찰총장**에게 **재항고**할 수 있다(같은 조 제3항, 다만 재정신청을 할 수 있는 고소인 등은 제외한다).

3. 헌법소원

헌법소원이란 공권력의 행사 또는 불행사로 인하여 헌법상의 기본권이 침해된 자가 헌법재판소에 그 권리의 구제를 청구하는 제도를 말한다(헌법재판소법 제68조 제1항).

형사소송법상 재정신청의 대상이 모든 범죄이므로 불기소처분에 대한 헌법소원은 불가능하다(보충성의 원칙). 다만, 검사의 불기소처분 중 기소유예 처분에 대해 무죄를 주장하는 피의자(헌재결 2009.11.10. 2009헌마594)와 **범죄피해자로서 고소를 하지 않은 자**(헌재결 2008.11.27. 2008헌마399 등)는 헌법소원을 청구할 수 있다.[8]

4. 행정소송

검사의 불기소처분에 대하여는 검찰청법에 의한 항고와 재항고 및 형사소송법에 의한 준기소절차에 의해서만 불복할 수 있고, 행정소송을 제기할 수 없다.

---

[8] 그러나 고발인은 헌법소원 청구의 요건인 자기관련성이 없기 때문에 헌법소원을 제기할 수 없다(헌재결 1989.12.22. 89헌마145).

검사의 불기소처분에 대하여는 검찰청법에 의한 항고와 재항고 및 형사소송법에 의한 준기소절차에 의해서만 불복할 수 있는 것이므로 검사의 불기소처분이나 그에 대한 항고 또는 재항고결정에 대하여는 행정소송을 제기할 수 없다(대판 1989.10.10. 89누2271).

V. 기소강제절차

1. 재정신청

1) 재정신청권자 및 신청의 대상

(1) 재정신청권자

재정신청권자는 검사로부터 불기소처분의 통지를 받은 고소인이다. 그러나 형법 제123조 내지 제126조까지의 죄에 대하여는 고발인도 재정신청할 수 있고, 다만 형법 제126조의 죄에 대하여는 피공표자의 명시한 의사에 반하여 재정신청할 수 없을 뿐이다(제260조). 그러나 고소를 취소한 자는 재정신청을 할 수 없다. 재정신청은 대리인에 의하여 할 수 있으며, 공동신청권자 중 1인의 신청은 그 전원을 위하여 효력을 발생한다(제264조 제1항).

(2) 재정신청의 대상

재정신청의 대상은 모든 범죄에 대한 검사의 불기소처분이고, 불기소처분의 이유에도 제한이 없다. 따라서 협의의 불기소처분뿐만 아니라 기소유예처분에 대하여도 재정신청을 할 수 있다. 다만, 불기소처분이 아닌 공소취소나 내사종결처리는 재정신청의 대상이 되지 아니한다.

> ① 경찰관이 그 직무를 행함에 당하여 형사피의자에 대하여 폭행 및 가혹행위를 하고 특히 여성으로서의 성적 수치심을 자극하는 방법으로 신체적, 정신적 고통을 가하는 것과 같은 인권침해행위는 용납할 수 없는 범죄행위로서 여러 정상을 참작한다 하더라도 그 기소를 유예할 사안으로는 볼 수 없다(대결 1988.1.29. 86모58).
> ② 내사종결처리는 고소 또는 고발사건에 대한 불기소처분이라고 볼 수 없어 재정신청의 대상이 되지 아니한다(대결 1991.11.5. 91모68).
> ③ 법원이 재정신청 대상 사건이 아님에도 이를 간과한 채 형사소송법 제262조 제2항 제2호에 따라 공소제기결정을 하였더라도, 그에 따른 공소가 제기되어 본안사건의 절차가 개시된 후에는 다른 특별한 사정이 없는 한 본안사건에서 위와 같은 잘못을 다툴 수 없다(대판 2017.11.14. 2017도13465).

2) 재정신청의 절차

(1) 재정신청의 방법

① 검찰항고전치주의 : 재정신청을 하려면 검찰청법 제10조에 따른 항고를 거쳐야 한다. 이 경우에 재정신청을 할 수 있는 자는 검찰청법에 의한 재항고를 할 수 없다(검찰청법 제10조 제2항). 항고전치주의에는 예외가 인정된다. 즉, ① 재정신청인의 항고에 대하여 재기수사가 이루어진 다음에 다시 검사로부터 공소를 제기하지 아니한다는 통지를 받은 경우, ②

항고 신청 후 항고에 대한 처분이 행하여지지 아니하고 3개월이 경과한 경우, ③ 검사가 공소시효 만료일 30일 전까지 공소를 제기하지 아니하는 경우의 하나에 해당하는 때에는 바로 재정신청을 할 수 있다(형사소송법 제260조 제2항 단서).

② **재정신청의 방식** : 재정신청을 하려는 자는 항고기각 결정을 통지받은 날로부터 10일 이내에 서면으로 재정신청을 하여야 한다. 다만 항고전치주의의 예외에 해당하여 항고절차를 거칠 필요가 없는 경우에는 불기소처분의 통지를 받거나 항고신청 후 3개월이 경과한 날로부터 10일 이내에, 공소시효 임박을 이유로 하는 재정신청은 공소시효 만료일 전날까지 재정신청서를 제출할 수 있다(제260조 제3항). 재정신청서에는 재정신청의 대상이 되는 사건의 범죄사실과 증거 등 재정신청을 이유 있게 하는 사유를 기재하여야 하고(같은 조 제4항), 신청서에 이러한 사항을 기재하지 않은 때에는 재정신청을 기각할 수 있다. 재정신청서는 불기소처분을 한 검사가 소속한 지방검찰청 검사장 또는 지청장에게 제출하여야 한다(같은 조 제3항).

> 재정신청서에 대하여는 형사소송법에 제344조 제1항과 같은 특례규정이 없으므로 재정신청서는 같은 법 제260조 제2항이 정하는 기간 안에 불기소 처분을 한 검사가 소속한 지방검찰청의 검사장 또는 지청장에게 도달하여야 하고, 설령 구금 중인 고소인이 재정신청서를 그 기간 안에 교도소장 또는 그 직무를 대리하는 사람에게 제출하였다 하더라도 재정신청서가 위의 기간 안에 불기소 처분을 한 검사가 소속한 지방검찰청의 검사장 또는 지청장에게 도달하지 아니한 이상 이를 적법한 재정신청서의 제출이라고 할 수 없다(대결 1998.12.14. 98모127).

(2) **재정신청의 효력**

고소인 또는 고발인이 수인인 경우에 공동신청권자 중 1인의 신청은 그 전원을 위하여 효력을 발생한다(제264조 제1항). 재정신청이 있으면 재정결정이 확정될 때까지 공소시효의 진행이 정지된다(제262조의4 제1항).

(3) **재정신청의 취소**

재정신청은 고등법원의 재정결정이 있을 때까지 취소할 수 있고 재정신청을 취소한 자는 다시 재정신청을 할 수 없다(제264조 제2항). 재정신청의 취소는 다른 공동신청권자에게 효력을 미치지 아니한다(제264조 제3항).

3) **지방검찰청 검사장·지청장의 처리**

재정신청서를 제출받은 지방검찰청 검사장 또는 지청장은 재정신청서를 제출받은 날로부터 7일 이내에 재정신청서·의견서·수사관계서류 및 증거물을 관할 고등검찰청을 경유하여 관할 고등법원에 송부하여야 한다. 다만 항고전치주의가 적용되지 않는 경우에는 지방검찰청 검사장 또는 지청장은 ① 신청이 이유 있는 것으로 인정하는 때에는 즉시 공소를 제기하고 그 취지를 관할 고등법원과 재정신청인에게 통지하고, ② 신청이 이유 없는 것으로 인정하는 때에는 30일 이내에 관할 고등법원에 송부한다(제261조).

법원이 재정신청서를 송부받았음에도 송부받은 날부터 형사소송법 제262조 제1항에서 정한 기간 안에 피의자에게 그 사실을 통지하지 아니한 채 형사소송법 제262조 제2항 제2호에서 정한 공소제기결정을 하였더라도, 그에 따른 공소가 제기되어 본안사건의 절차가 개시된 후에는 다른 특별한 사정이 없는 한 본안사건에서 위와 같은 잘못을 다툴 수 없다(대판 2017.3.9. 2013도16162).

2. 고등법원의 심리와 결정

1) 재정신청사건의 심리

(1) 재정신청사건의 관할

재정신청사건은 불기소처분을 한 검사 소속의 지방검찰청 소재지를 관할하는 고등법원의 관할에 속한다(제260조 제1항). 법원은 재정신청서를 송부받은 때에는 송부받은 날부터 10일 이내에 피의자에게 그 사실을 통지하여야 한다(제262조 제1항). 재정신청서를 송부받은 법원은 송부받은 날로부터 10일 이내에 피의자 이외에 재정신청인에게도 그 사유를 통지하여야 한다(규칙 제120조).

(2) 재정신청사건의 심리방식

재정신청사건의 처리기간은 3개월이다(제260조 제2항). 법원은 항고의 절차에 준하여 결정한다. 따라서 재정신청사건의 심리는 특별한 사정이 없는 한 공개하지 아니한다(같은 조 제3항). 재정신청사건의 심리에 있어서 법원은 필요한 때에는 **증거를 조사할 수 있다**(같은 조 제2항 제2문). 재정신청사건의 심리 중에는 관련 서류 및 증거물을 열람 또는 등사할 수 없고, 다만 법원은 재정법원의 증거조사 과정에서 작성된 서류의 전부나 일부의 열람 또는 등사를 허가할 수 있다(제262조의2).

> **쟁점** **재정법원의 강제처분 가부**
>
> **1. 쟁점의 정리**
>
> 재정신청이 있는 경우 법원은 필요한 때에는 증거조사를 할 수 있으므로(제262조 제2항 제2문, 제37조 제3항), 재정법원은 피의자신문 또는 증인신문, 검증 등을 할 수 있다. 그러나 **재정법원이 피의자에 대한 구인이나 구속, 압수·수색·검증 등과 같은 강제처분을 할 수 있는지**에 대해서는 견해가 대립한다.
>
> **2. 견해의 대립**
>
> ① **부정설**은 명문의 규정이 없는 이상 피의자에 불과한 자에 대해 강제처분을 할 수 없다는 견해이고, ② **긍정설**은 제262조 제2항과 제37조를 근거로 재정법원이 강제처분을 할 수 있다는 견해이다.
>
> **3. 검토**
>
> 생각건대, 기소강제절차는 수사로서의 성질을 갖는 것이고, 수사기관은 영장주의에 따라 직접 영장을 발부할 수 없음을 고려할 때 **부정설**이 타당하다.

2) 고등법원의 재정결정

(1) 기각결정

재정신청이 법률상의 방식에 위배하거나 이유 없는 때에는 신청을 기각한다(제262조 제1항 제1호). 재정신청의 이유 유무는 결정시를 표준으로 하여야 한다. 따라서 불기소처분 후에 발견된 증거를 판단의 자료로 삼을 수 있다. 법원은 기각결정을 한 때에는 즉시 그 정본을 재정신청인·피의자와 관할 지방검찰청검사장 또는 지청장에게 송부하여야 한다(같은 조 제5항). 재정신청을 기각하는 결정이 있었던 사건에 대하여는 다른 중요한 증거를 발견한 경우를 제외하고는 소추할 수 없다(같은 조 제4항). 다른 피해자의 고소가 있었던 경우도 같다.

> ① [1] 재정신청 제기기간이 경과된 후에 재정신청보충서를 제출하면서 원래의 재정신청에 재정신청 대상으로 포함되어 있지 않은 고발사실을 재정신청의 대상으로 추가한 경우, 그 재정신청보충서에서 추가한 부분에 관한 재정신청은 법률상 방식에 어긋난 것으로서 부적법하다. [2] 공소를 제기하지 아니하는 검사의 처분의 당부에 관한 재정신청이 있는 경우에 법원은 검사의 무혐의 불기소처분이 위법하다 하더라도 기록에 나타난 여러 가지 사정을 고려하여 기소유예의 불기소처분을 할 만한 사건이라고 인정되는 경우에는 재정신청을 기각할 수 있다(대결 1997.4.22. 97모30).
>
> ② 검사의 불기소처분 당시에 공소시효가 완성되어 공소권이 없는 경우에는 위 불기소처분에 대한 재정신청은 허용되지 않는다(대결 1990.7.16. 90모34).
>
> ③ [1] 형사소송법 제262조 제4항 후문은 재정신청 기각결정이 확정된 사건에 대하여는 다른 중요한 증거를 발견한 경우를 제외하고는 소추할 수 없다고 규정하고 있다. 여기에서 '다른 중요한 증거를 발견한 경우'란 재정신청 기각결정 당시에 제출된 증거에 새로 발견된 증거를 추가하면 충분히 유죄의 확신을 가지게 될 정도의 증거가 있는 경우를 말하고, 단순히 재정신청 기각결정의 정당성에 의문이 제기되거나 범죄피해자의 권리를 보호하기 위하여 형사재판절차를 진행할 필요가 있는 정도의 증거가 있는 경우는 여기에 해당하지 않는다. [2] 관련 민사판결에서의 사실인정 및 판단은, 그러한 사실인정 및 판단의 근거가 된 증거자료가 새로 발견된 증거에 해당할 수 있음은 별론으로 하고, 그 자체가 새로 발견된 증거라고 할 수는 없다(대판 2018.12.28. 2014도17182).

(2) 공소제기결정

법원은 재정신청이 이유 있는 때에는 사건에 대한 **공소제기**를 결정한다(제262조 제2항 제2호). 법원이 공소제기결정을 한 때에는 즉시 그 정본을 재정신청인·피의자와 관할 지방검찰청검사장 또는 지청장에게 송부하고, 관할 지방검찰청검사장 또는 지청장에게 사건기록을 함께 송부하여야 한다(같은 조 제5항). 공소제기결정의 재정결정서를 송부받은 관할 지방검찰청검사장 또는 지청장은 지체 없이 담당 검사를 지정하고, 지정받은 검사는 공소를 제기하여야 한다(같은 조 제6항). 공소제기의 결정이 있는 때에는 공소시효에 관하여 그 결정이 있는 날에 공소가 제기된 것으로 본다(제262조의4 제2항).

(3) 재정결정에 대한 불복

고등법원의 공소제기결정에 대해서는 불복할 수 없으나, 기각결정에 대해서는 대법원에 즉시 항고(제415조) 할 수 있다(제262조 제4항 전문). 재정신청기각결정이 확정된 사건에 대하여는 다른 중요한 증거를 발견한 경우를 제외하고는 소추할 수 없다(같은 항 후문).

> ① 재정신청 기각결정에 대한 재항고나 그 재항고 기각결정에 대한 즉시항고로서의 재항고에 대한 법정기간의 준수 여부는 도달주의 원칙에 따라 판단하여야 하고, 거기에 재소자 피고인 특칙은 준용되지 아니한다(대결 2015.7.16. 2013모2347 전원합의체).
> ② 형사소송법 제262조 제4항 후문에서 말하는 '제2항 제1호의 결정이 확정된 사건'은 재정신청사건을 담당하는 법원에서 공소제기의 가능성과 필요성 등에 관한 심리와 판단이 현실적으로 이루어져 재정신청 기각결정의 대상이 된 사건만을 의미한다. 따라서 재정신청 기각결정의 대상이 되지 않은 사건은 '제2항 제1호의 결정이 확정된 사건'이라고 할 수 없고, 이러한 사건이 고소인의 고소내용에 포함되어 있었다 하더라도 이와 달리 볼 수 없다(대판 2015.9.10. 2012도14755).

(4) 비용부담

법원은 재정신청을 기각하는 결정을 하거나 재정신청인이 재정신청을 취소한 경우에는 결정으로 재정신청인에게 신청절차에 의하여 생긴 비용의 전부 또는 일부를 부담하게 할 수 있다(제262조의3 제1항). 직권 또는 피의자의 신청에 따라 재정신청인에게 피의자가 재정신청절차에서 부담하였거나 부담한 변호인선임료 등 비용의 전부 또는 일부의 지급을 명할 수 있다(같은 조 제2항). 법원의 비용부담 결정에 대하여는 즉시항고할 수 있다.

3. 기소강제사건의 공판절차

법원의 공소제기결정에 의한 기소강제사건의 공소제기를 위하여 검사는 공소장을 제출해야 하며, 공소유지도 검사가 담당한다(제262조 제6항 참조). 공소제기결정에 따라 공소를 제기한 검사는 통상 사건의 경우와 같이 검사로서의 모든 직권을 행사한다. 다만 이 경우에 검사는 공소취소를 할 수는 없다(제264조의2).

제2절 | 공소제기 후의 수사

Ⅰ. 공소제기 후의 임의수사

검사는 공소제기 후 공소의 유지 여부를 결정하기 위한 수사를 할 수 있다. 따라서 임의수사는 원칙적으로 허용된다. 그러나 아래의 두 가지 경우에는 그 허용 여부가 문제된다.

1. 공소제기 후의 피고인신문 가부

쟁점 공소제기 후의 피고인신문 가부

1. 쟁점의 정리

검사는 기소 후에도 공소의 유지 여부를 결정하기 위한 수사를 할 수 있으므로, 임의수사는 허용됨이 원칙이다. 다만 피고인신문에 대하여는 당사자주의와 관련하여 그 허용 여부가 문제된다.

2. 견해의 대립

① **긍정설**은 피고인신문은 임의수사임을 근거로 공소제기 후에도 제1회 공판기일 전후를 불문하고 피고인신문을 할 수 있다고 보고, ② **부정설**은 당사자주의와 공판중심주의를 근거로 제1회 공판기일 전후를 불문하고 피고인신문을 할 수 없다고 보며, ③ **절충설**은 제1회 공판기일 전에 한하여 피고인신문이 가능하다고 본다.

3. 판례의 태도

판례는 '검사 작성의 피고인에 대한 진술조서가 공소제기 후에 작성된 것이라는 이유만으로는 곧 그 증거능력이 없다고 할 수 없다.'고 하여 **긍정설**의 입장에 있다(대판 1984.9.25. 84도1646).

4. 검토

공소제기 후에는 검사와 피고인은 대등한 지위의 당사자라 할 것인바, 부정설이 타당하다. 다만, 부정설에 의하더라도 ① 피고인이 검사의 면접을 요구한 경우나 ② 공범자 또는 진범이 발견되어 피고인에 대한 신문이 불가피한 경우 등 피고인의 이익을 위한 경우에는 피고인신문이 예외적으로 허용된다 할 것이다.

5. 추가쟁점 - 공소제기 후 작성된 피의자신문조서의 증거능력

공소제기 후의 피의자신문이 예외적으로 허용되는 경우, 그에 따라 작성된 피의자신문조서의 증거능력이 문제된다. 이에 대해 ① 제313조설과 ② 제312조설이 대립하고 판례는 제312조설의 입장에서 피고인에 대한 공소제기 후 작성된 피고인에 대한 진술조서의 증거능력을 제312조에 따라 판단하였다(대판 2009.8.20. 2008도8213). 생각건대, 공소제기 후 이루어진 신문이라 할지라도 수사기관에 의해 행하여진 조사라는 점을 고려할 때 제312조설이 타당하다.

2. 공소제기 후 증언번복 목적 참고인조사 가부

> **쟁점** 증인의 증언 후 수사기관이 작성한 참고인진술조서(진술번복조서)의 증거능력

공소제기 후에도 임의수사인 참고인조사는 원칙적으로 허용된다. 그러나 단순한 참고인조사가 아니라 이미 증언을 마친 증인을 검사가 소환하여 피고인에게 유리한 내용의 증언을 번복시키는 내용의 진술을 받는 것은, 당사자주의·공판중심주의·직접주의를 지향하는 현행 형사소송법의 소송구조에 반하고 헌법 제27조가 보장하는 재판을 받을 권리를 침해하는 위법한 수사로서 허용되지 아니하고, 그 과정에서 작성된 진술조서의 증거능력 역시 부정된다. 판례 역시 같은 입장에서 증언 후 작성된 번복진술조서는 피고인의 증거 동의가 없는 이상 증거능력이 없다고 판시하였고(대판 2000.6.15. 99도1108 전원합의체), 증언 후 증인을 상대로 위증 혐의를 조사한 내용을 담은 검사 작성 피의자신문조서에 대해서도 같은 법리를 적용하여 증거능력을 부정하였다(대판 2013.8.14. 2012도13665).

---

[1] 공판준비 또는 공판기일에서 이미 증언을 마친 증인을 검사가 소환한 후 피고인에게 유리한 그 증언 내용을 추궁하여 이를 일방적으로 번복시키는 방식으로 작성한 진술조서를 유죄의 증거로 삼는 것은 현행 형사소송법의 소송구조에 어긋나는 것일 뿐만 아니라, 헌법 제27조의 재판을 받을 권리를 침해하는 것이므로, 이러한 진술조서는 피고인이 증거로 할 수 있음에 동의하지 아니하는 한 그 증거능력이 없다고 하여야 할 것이고, 그 후 원진술자인 종전 증인이 다시 법정에 출석하여 증언을 하면서 그 진술조서의 성립의 진정함을 인정하고 피고인측에 반대신문의 기회가 부여되었다고 하더라도 그 증언 자체를 유죄의 증거로 할 수 있음은 별론으로 하고 위와 같은 진술조서의 증거능력이 없다는 결론은 달리할 것이 아니다. [2] 이는 검사가 공판준비 또는 공판기일에서 이미 증언을 마친 증인에게 수사기관에 출석할 것을 요구하여 그 증인을 상대로 위증의 혐의를 조사한 내용을 담은 피의자신문조서의 경우도 마찬가지이고, 검사가 공판준비기일 또는 공판기일에서 이미 증언을 마친 증인을 소환하여 피고인에게 유리한 증언 내용을 추궁한 다음 진술조서를 작성하는 대신 그로 하여금 본인의 증언 내용을 번복하는 내용의 진술서를 작성하도록 하여 법원에 제출한 경우에도 마찬가지로 적용된다(대판 2013.8.14. 2012도13665, 대판 2012.6.14. 2012도534).

---

① 형사소송법의 기본원칙에 따라 살펴보면, 제1심에서 피고인에 대하여 무죄판결이 선고되어 검사가 항소한 후, 수사기관이 항소심 공판기일에 증인으로 신청하여 신문할 수 있는 사람을 특별한 사정 없이 미리 수사기관에 소환하여 작성한 진술조서는 피고인이 증거로 할 수 있음에 동의하지 않는 한 증거능력이 없다. 검사가 공소를 제기한 후 참고인을 소환하여 피고인에게 불리한 진술을 기재한 진술조서를 작성하여 이를 공판절차에 증거로 제출할 수 있게 한다면, 피고인과 대등한 당사자의 지위에 있는 검사가 수사기관으로서의 권한을 이용하여 일방적으로 법정 밖에서 유리한 증거를 만들 수 있게 하는 것이므로 당사자주의·공판중심주의·직접심리주의에 반하고 피고인의 공정한 재판을 받을 권리를 침해하기 때문이다. 위 참고인이 나중에 법정에 증인으로 출석하여 위 진술조서의 성립의 진정을 인정하고 피고인 측에 반대신문의 기회가 부여된다 하더라도 위 진술조서의 증거능력을 인정할 수 없음은 마찬가지이다. 위 참고인이 법정에서 위와 같이 증거능력이 없는 진

술조서와 같은 취지로 피고인에게 불리한 내용의 진술을 한 경우, 그 진술에 신빙성을 인정하여 유죄의 증거로 삼을 것인지는 증인신문 전 수사기관에서 진술조서가 작성된 경위와 그것이 법정진술에 영향을 미쳤을 가능성 등을 종합적으로 고려하여 신중하게 판단하여야 한다(대판 2019.11.28. 2013도6825).

② (전략) 검사가 공판기일에 증인으로 신청하여 신문할 사람을 특별한 사정 없이 미리 수사기관에 소환하여 면담하는 절차를 거친 후 증인이 법정에서 피고인에게 불리한 내용의 진술을 한 경우, 검사가 증인신문 전 면담 과정에서 증인에 대한 회유나 압박, 답변 유도나 암시 등으로 증인의 법정진술에 영향을 미치지 않았다는 점이 담보되어야 증인의 법정진술을 신빙할 수 있다고 할 것이다. 검사가 증인신문 준비 등 필요에 따라 증인을 사전 면담할 수 있다고 하더라도 법원이나 피고인의 관여 없이 일방적으로 사전 면담하는 과정에서 증인이 훈련되거나 유도되어 법정에서 왜곡된 진술을 할 가능성도 배제할 수 없기 때문이다. 증인에 대한 회유나 압박 등이 없었다는 사정은 검사가 증인의 법정진술이나 면담 과정을 기록한 자료 등으로 사전면담 시점, 이유와 방법, 구체적 내용 등을 밝힘으로써 **증명하여야 한다**(대판 2021.6.10. 2020도15891).

Ⅱ. 공소제기 후의 강제수사

공소제기 후의 피고인 구속은 법원의 권한에 속한다(제70조). 따라서 **공소제기 후에 수사기관이 피고인을 구속할 수 없다**는 점에 대하여는 의문의 여지가 없다. 반면, 공소제기 후 수사기관이 압수·수색·검증을 할 수 있는지에 대해서는 견해가 대립하고, 판례는 부정설의 입장이다. 다만 공소제기 후라도 피고인 에 대해 구속영장을 집행하는 경우에는 압수·수색·검증이 가능하고(제216조 제2항), 임의제출물의 압수 역시 가능하다(제218조).

> **쟁점** 공소제기 후의 압수·수색·검증 허용 여부
>
> **1. 쟁점의 정리**
> 공소제기 후 수사기관에 의한 압수·수색·검증이 허용되는지 문제된다.
>
> **2. 견해의 대립**
> ① 긍정설은 제215조가 영장청구의 시기를 제한하고 있지 않다는 점과 당사자주의 및 공판주의를 근거로 압수 등의 권한을 긍정하고, ② 부정설은 공소제기에 의해 법원에 사건이 계속되는 이상 일체의 강제처분 권한은 법원에게 있다는 점을 근거로 부정한다.
>
> **3. 판례의 태도**
> 판례는 부정설의 입장에서 '검사가 공소제기 후 형사소송법 제215조에 따라 수소법원 이외의 지방법원 판사에게 청구하여 발부받은 영장에 의하여 압수·수색을 하였다면, 그와 같이 수집된 증거는 기본적 인권보장을 위해 마련된 적법한 절차에 따르지 않은 것으로서 원칙적으로 유죄의 증거로 삼을 수 없다.'고 판시하였다(대판 2011.4.28. 2009도10412).
>
> **4. 검토**
> 형사소송법은 수사기관과 수소법원의 강제처분을 구별하고 있는바, 공소제기 후 일체의 강제처분 권한은 법원에 있다 할 것이므로 부정설이 타당하다.

CHAPTER 04 | 공소의 제기

제1절 | 공소와 공소권이론

Ⅰ. 공소의 의의

공소란 법원에 대하여 특정한 형사사건의 심판을 구하는 검사의 법률행위적 소송행위를 말한다. 공소에 의하여 범죄수사는 일응 종결되고 사건은 공판절차에 이행된다. 공소제기가 없는 때에는 법원은 그 사건에 대하여 심판할 수 없다(불고불리의 원칙).

> 형법 제49조 단서는 "행위자에게 유죄의 재판을 아니할 때에도 몰수의 요건이 있는 때에는 몰수만을 선고할 수 있다."라고 규정하고 있으나, 우리 법제상 공소의 제기 없이 별도로 몰수만을 선고할 수 있는 제도가 마련되어 있지 않으므로, 위 규정에 근거하여 몰수를 선고하기 위해서는 몰수의 요건이 공소가 제기된 공소사실과 관련되어 있어야 하고, 공소가 제기되지 않은 별개의 범죄사실을 법원이 인정하여 그에 관하여 몰수나 추징을 선고하는 것은 불고불리의 원칙에 위반되어 허용되지 않는다(대판 2022.11.17. 2022도8662).

Ⅱ. 공소권남용이론

1. 공소권남용이론의 의의 및 인정 여부

공소권남용이론이란 공소권의 남용이 있는 경우 형식재판에 의하여 소송을 종결시켜야 한다는 이론을 말한다.

> **[쟁점] 공소권남용의 인정 여부**
>
> **1. 쟁점의 정리**
>
> 공소권남용에 대한 명문의 규정이 없어 그 인정 여부에 관하여 견해가 대립한다.
>
> **2. 견해의 대립**
>
> ① 부정설은 기소편의주의를 강조하고 명문의 규정이 없는 이상 형식재판의 사유를 확대할 수 없다는 점에서 공소권남용이론을 인정하지 아니하고, ② 긍정설은 검사의 부당한 공소권 행사를 통제하기 위하여 공소권남용이론을 인정한다.
>
> **3. 판례의 태도**
>
> 판례는 부당기소, 선별기소 등의 사안에서 공소권남용이론의 적용가능성을 시사한 이래, 누락기소나 위법한 함정수사에 의한 기소 사안에서 실제 공소권 남용이론을 적용하여 공소를 기각한 바 있다.

4. 검토

피고인을 조기에 형사절차에서 해방시키고, 검사의 부당한 공소제기를 통제하기 위하여 긍정설이 타당하다. 다만 자의적인 공소권의 행사라 함은 단순히 직무상의 과실에 의한 것만으로는 부족하고 적어도 미필적이나마 어떤 의도가 있어야 한다.

---

[1] 검사가 자의적으로 공소권을 행사하여 피고인에게 실질적인 불이익을 줌으로써 소추재량권을 현저히 일탈하였다고 보여지는 경우에 이를 공소권 남용으로 보아 공소제기의 효력을 부인할 수 있는 것이고, 여기서 자의적인 공소권의 행사라 함은 단순히 직무상의 과실에 의한 것만으로는 부족하고 적어도 미필적이나마 어떤 의도가 있어야 한다. [2] 피고인이 절취한 차량을 무면허로 운전하다가 적발되어 절도 범행의 기소중지자로 검거되었음에도 무면허 운전의 범행만이 기소되어 유죄의 확정판결을 받고 그 형의 집행중 가석방되면서 다시 그 절도 범행의 기소중지자로 긴급체포되어 절도 범행과 이미 처벌받은 무면허 운전의 일부 범행까지 포함하여 기소된 경우, 그 후행 기소가 적법한 것으로 보아 유죄를 인정한 원심판결에는 공소권 남용에 관한 법리 오해 또는 심리미진의 위법이 있다는 이유로 파기한 사례(대판 2001.9.7. 2001도3026)

2. 공소권남용의 유형

공소권남용의 유형으로는 ① 혐의없는 사건의 공소제기, ② 소추재량을 일탈한 공소제기, ③ 차별적 공소제기, ④ 위법수사에 의한 공소제기[9]가 있다.

1) 혐의 없는 사건의 공소제기

쟁점 혐의 없는 사건의 공소제기

범죄의 객관적 혐의가 없음에도 검사가 공소를 제기한 경우에 형식재판에 의하여 소송을 종결시킬 수 있는가에 관하여 ① 공소기각결정설(제328조 제1항 제4호), ② 공소기각판결설(제327조 제2호), ③ 무죄판결설(제325조)이 대립한다. 생각건대, 형사소송법이 피고사건이 범죄로 되지 아니하거나 범죄사실의 증명이 없는 때에 무죄판결을 하도록 규정하고 있음(제325조)을 고려할 때 무죄판결설이 타당하다.

2) 소추재량을 일탈한 공소제기

쟁점 소추재량을 일탈한 공소제기

사건의 성질과 내용에 비추어 기소유예를 함이 상당함에도 불구하고 공소를 제기한 경우 법원의 조치에 대해 ① 공소기각판결설과 ② 유죄판결설이 대립하고, 판례는 공소기각판결설의 입장에서 소추재량권을 현저히 일탈하였다고 보여지는 경우에는 이를 공소권의 남용으로 보아 공소제

---

[9] 위법한 수사에 의한 공소제기의 대표적인 예로는 허용되지 아니하는 함정수사에 기한 공소제기가 있다. 이에 대해서는 앞서 다룬 바 있으므로 이 부분 논의는 생략한다.

기의 효력을 부인할 수 있다고 판시하면서도, 검찰이 수사와 기소 단계에서 제15대 대통령 선거의 당선자 측과 낙선자 측을 불평등하게 취급하는 정치적인 고려가 있었다고 하더라도 그 범죄행위에 상응한 책임을 묻는 검사의 공소제기가 소추재량권을 현저히 일탈하였다고 볼 수 없다고 하여 공소권 남용을 부정하였다(대판 2004.4.27. 2004도482). 생각건대, 형사소송에서 법원의 역할은 공소사실을 심판하는 것이지 소추재량의 당부를 판단하는 것이 아니므로 **유죄판결설**이 타당하다.

피고인이 중국에 거주하는 갑과 공모하여, 탈북자들의 북한 거주 가족에 대한 송금의뢰 등 중국으로 송금을 원하는 사람들로부터 피고인 등 명의의 계좌로 입금받은 돈을 갑이 지정·관리·사용하는 계좌로 재송금하는 방법으로 무등록 외국환업무를 영위하여 외국환거래법 위반으로 기소된 사안에서, 검사는 종전에 기소유예 처분을 하였다가 4년여가 지난 시점에 다시 기소하였고, 종전 피의사실과 공소사실 사이에 이를 번복할 만한 사정변경이 없는 점 등 여러 사정을 종합하면, 위 공소제기는 검사가 공소권을 자의적으로 행사한 것으로서 소추재량권을 현저히 일탈하였다고 보아 공소를 기각한 원심판결이 정당하다고 한 사례(대판 2021.10.14. 2016도14772).

3) 차별적 공소제기

> **쟁점** 차별적 공소제기와 공소권남용

범죄의 성질과 내용이 비슷한 여러 피의자들 가운데 일부만을 선별하여 공소제기하고 다른 사람들은 수사에 착수하지도 않거나 기소유예하는 것을 차별적 공소제기라고 한다. 이러한 차별적 공소제기가 있는 경우 법원의 조치에 대해 ① 공소기각판결설과 ② 실체판결설이 대립하고, 판례는 공소기각판결설의 입장에서 동일한 구성요건에 해당한 행위를 한 공동피의자 중 일부만을 기소하고 다른 일부에 대하여는 불기소처분을 하였다 할지라도 평등권을 침해하였다거나 공소권을 남용하였다고 할 수 없다고 판시하거나(대판 1990.6.8. 90도646), 실체판결설의 입장에서 어떤 사람에 대해 공소가 제기된 경우 그 공소가 제기된 사람과 동일하거나 다소 중한 범죄구성요건에 해당하는 행위를 했음에도 불기소된 사람이 있다는 사유만으로는 그 공소제기가 평등권 내지 조리에 반하는 것으로 공소권남용에 해당한다고 볼 수 없다고 판시한 바 있다(대판 2012.7.12. 2010도9349). 생각건대, 차별적 공소제기를 공소기각 사유로 할 때에는 공소제기되지 않은 사건까지 심리의 대상에 포함시키는 결과가 되어 **불고불리의 원칙**에 반하므로 **실체판결설**이 타당하다.

4) 누락기소

> **쟁점** 누락기소와 공소권남용

1. 쟁점의 정리

검사가 동시 기소의 가능성이 있는 경합범(수죄)에 대해 일부만을 기소하여 그에 대한 항소심판결이 선고된 후 누락된 사건을 다시 기소하는 경우, 누락된 사건의 추가적인 공소제기가 소추재량을 일탈한 공소제기로서 공소권남용에 해당하는지 여부가 문제된다.

2. 견해의 대립

① 긍정설은 병합심리에 의해 양형상 혜택을 받을 수 있는 피고인의 이익 등을 고려하여 공소권남용을 긍정하고, ② 부정설은 기소편의주의와 형법 제39조 제1항 개정에 따라 양형 부당 문제가 해결되었음을 근거로 부정한다.

3. 판례의 태도

판례는 긍정설의 입장에서 '검사가 관련사건을 수사할 당시 이 사건 범죄사실이 확인된 경우 이를 입건하여 관련사건과 함께 기소하는 것이 상당하기는 하나 이를 간과하였다고 하여 검사가 자의적으로 공소권을 행사하여 소추재량권을 현저히 일탈한 위법이 있다고 보이지 아니할 뿐 아니라, 검사가 위 항소심판결 선고 이후에 이 사건 공소를 제기한 것이 검사의 태만 내지 위법한 부작위에 의한 것으로 인정되지 아니한다.'고 판시하였다(대판 1996.2.13. 94도2658).

4. 검토

검사의 누락기소가 단순히 검사의 직무상 과실에 의한 것이 아닌, 자의적인 공소권행사라고 볼 수 있을 만큼의 소추재량권의 현저한 일탈이 인정되는 경우에는 누락기소를 공소권남용에 해당하는 것으로 볼 수 있으므로 긍정설이 타당하다. 따라서 공소권남용에 해당하는 누락기소에 대해 법원은 공소기각의 판결을 선고하여야 한다(제327조 제2호).

① 사기 사건에 대한 항소심 판결선고 이후 동종의 사기 사건의 다른 피해자들이 진정서 및 고소장을 제출함에 따라 그 때 비로소 수사가 개시된 경우, 나중에 수사가 개시된 사건에 대한 공소가 공소권을 남용하게 제기된 것이라고는 볼 수 없다(대판 1997.6.27. 97도508).

② 검사가 수사진행 상황에 따라 여러 번에 걸쳐 나누어 분리기소하였다고 하여 검사의 공소제기가 소추재량권을 현저히 일탈한 것으로 보이지 않는다(대판 2007.12.27. 2007도5313).

제2절 공소제기의 기본원칙

Ⅰ. 국가소추주의·기소독점주의

형사소송법은 공소는 검사가 제기하여 수행한다고 규정하여(제246조), 국가소추주의와 함께 기소독점주의를 선언하고 있다.

Ⅱ. 기소편의주의

형사소송법 제247조는 「검사는 형법 제50조의 사항을 참작하여 공소를 제기하지 아니할 수 있다」고 규정하여 기소편의주의를 채택하고 있다.

Ⅲ. 공소의 취소

형사소송법 제255조 제1항은 「공소는 제1심판결의 선고 전까지 취소할 수 있다」고 규정하여(제255조 제1항) 기소변경주의를 선언하고 있다. 공소취소는 검사만이 할 수 있다. 다만, 검사도 재정신청에 대한 고등법원의 공소제기 결정에 따라 공소를 제기한 때에는 공소를 취소할 수 없다(제264조의2).

공소취소는 이유를 기재한 서면으로 하여야 한다. 다만 공판정에서는 구술로써 할 수 있다(제255조 제2항). 공소를 취소한 때에는 7일 이내에 서면으로 고소인 또는 고발인에게 통지하여야 한다(제258조 제1항). 공소는 제1심판결 선고 전까지 취소할 수 있다.

> ① 제1심판결이 선고된 이상 동 판결이 확정되어 이에 대한 재심소송절차가 진행 중에 있다 하여 공소를 취소할 수 없다(대판 1976.12.28. 76도3203).
> ② 실체적 경합관계에 있는 수개의 공소사실 중 어느 한 공소사실을 전부 철회하거나 그 공소사실의 소추대상에서 피고인을 완전히 제외하는 검사의 공소장변경신청이 있는 경우 이것이 그 부분의 소송을 취소하는 취지가 명백하다면 공소취소신청이라는 형식을 갖추지 아니하였더라도 이를 공소취소로 보아 공소기각을 하여야 한다(대판 1988.3.22. 88도67).
> ③ 공소장에 기재된 수개의 공소사실이 서로 동일성이 없고 실체적 경합관계에 있는 경우에 그 일부를 소추대상에서 철회하려면 공소장변경의 방식에 의할 것이 아니라 공소의 일부 취소절차에 의하여야 한다(대판 1986.9.23. 86도1487).

공소가 취소되었을 때에는 **결정으로 공소를 기각하여야 한다**(제328조 제1항 제1호). 공소취소의 효력이 미치는 범위는 공소제기의 경우와 같다. 공소취소에 의한 공소기각의 결정이 확정된 때에는 공소취소 후 그 범죄사실에 대한 다른 중요한 증거를 발견한 경우에 한하여 다시 공소를 제기할 수 있다(제329조, 재기소의 제한). 위 규정에 위반하여 공소가 제기되었을 때에는 판결로 공소기각의 선고를 하여야 한다(제327조 제4호).

> 단순일죄인 범죄사실에 대하여 공소취소로 인한 공소기각결정이 확정된 후에 종전의 범죄사실을 변경하여 재기소하기 위하여는 변경된 범죄사실에 대한 다른 중요한 증거가 발견되어야 한다(대판 2009.8.20. 2008도9634).

제3절 공소제기의 방식

I. 공소장의 제출

공소를 제기함에는 공소장을 관할법원에 제출하여야 한다(제254조 제1항). 공소제기는 서면에 의하여야 하므로 구두나 전보에 의한 공소제기는 인정되지 않는다.

공소장에는 피고인 수에 상응한 부본을 첨부하여야 하며(제254조 제2항), 법원은 제1회 공판기일 전 5일까지 이를 피고인에게 송달하여야 한다(제266조). 공소장에는 공소제기 전에 변호인이 선임되어 있거나 보조인의 신고가 있는 경우에는 변호인선임서 또는 보조인신고서를, 피고인이 구속되어 있거나 체포 또는 구속된 후 석방된 경우에는 체포영장·긴급체포서·구속영장 기타 구속에 관한 서류를 첨부하여야 한다(규칙 제118조 제1항).

① [1] 공소의 제기에 현저한 방식 위반이 있는 경우에는 공소제기의 절차가 법률의 규정에 위반하여 무효인 경우에 해당하고, 위와 같은 절차위배의 공소제기에 대하여 피고인과 변호인이 이의를 제기하지 아니하고 변론에 응하였다고 하여 그 하자가 치유되지는 않는다. [2] 검사가 공판기일에서 피고인 등이 특정되어 있지 않은 공소장변경허가신청서를 공소장에 갈음하는 것으로 구두진술하고 피고인과 변호인이 이의를 제기하지 않은 사안에서, 이를 적법한 공소제기로 볼 수 없다고 본 사례(대판 2009.2.26. 2008도11813)

② 검사의 기명날인 또는 서명이 없는 상태로 관할법원에 제출된 공소장은 형사소송법 제57조 제1항에 위반된 서류라 할 것이다. 그리고 이와 같이 법률이 정한 형식을 갖추지 못한 공소장 제출에 의한 공소의 제기는 특별한 사정이 없는 한 그 절차가 법률의 규정에 위반하여 무효인 때(형사소송법 제327조 제2호)에 해당한다. 다만 이 경우 공소를 제기한 검사가 공소장에 기명날인 또는 서명을 추완하는 등의 방법에 의하여 공소의 제기가 유효하게 될 수 있다(대판 2012.9.27. 2010도17052).

③ [1] 서면인 공소장의 제출 없이 공소를 제기한 경우에는 이를 허용하는 특별한 규정이 없는 한 공소제기에 요구되는 소송법상의 정형을 갖추었다고 할 수 없어 소송행위로서의 공소제기가 성립되었다고 볼 수 없다. [2] 검사가 공소사실의 일부가 되는 범죄일람표를 컴퓨터 프로그램을 통하여 열어보거나 출력할 수 있는 전자적 형태의 문서로 작성한 후, 종이문서로 출력하여 제출하지 아니하고 전자적 형태의 문서가 저장된 저장매체 자체를 서면인 공소장에 첨부하여 제출한 경우에는, 서면인 공소장에 기재된 부분에 한하여 공소가 제기된 것으로 볼 수 있을 뿐이고, 저장매체에 저장된 전자적 형태의 문서 부분까지 공소가 제기된 것이라고 할 수는 없다. 이러한 형태의 공소제기를 허용하는 별도의 규정이 없을 뿐만 아니라, 저장매체나 전자적 형태의 문서를 공소장의 일부로서의 '서면'으로 볼 수도 없기 때문이다. 이는 전자적 형태의 문서의 양이 방대하여 그와 같은 방식의 공소제기를 허용해야 할 현실적인 필요가 있다거나 피고인과 변호인이 이의를 제기하지 않고 변론에 응하였다고 하여 달리 볼 것도 아니다. 그리고 형사소송규칙 제142조에 따르면 검사가 공소장을 변경하고자 하는 때에는 그 취지를 기재한 서면인 공소장변경허가신청서를 법원에 제출함이 원칙이고, 피고인이 재정하는 공판정에서 피고인에게 이익이 되거나 피고인이 동의하는 예외적인 경우에 구

술에 의한 신청이 허용될 뿐이므로, 앞서 본 법리는 검사가 공소장변경허가신청서에 의한 공소장변경허가를 구하면서 변경하려는 공소사실을 전자적 형태의 문서로 작성하여 그 문서가 저장된 저장매체를 첨부한 경우에도 마찬가지로 적용된다. 나아가 검사가 위와 같은 방식으로 공소를 제기하거나 공소장변경허가신청서를 제출한 경우, 법원은 저장매체에 저장된 전자적 형태의 문서 부분을 고려함이 없이 서면인 공소장이나 공소장변경신청서에 기재된 부분만을 가지고 공소사실 특정 여부를 판단하여야 한다. 만일 공소사실이 특정되지 아니한 부분이 있다면, 검사에게 석명을 구하여 특정을 요구하여야 하고, 그럼에도 검사가 이를 특정하지 않는다면 그 부분에 대해서는 공소를 기각할 수밖에 없다(대판 2016.12.15. 2015도3682).

II. 공소장의 기재사항

1. 필요적 기재사항

공소장에는 피고인·죄명·공소사실 및 적용법조를 기재하여야 한다(제254조 제3항).

1) 피고인의 성명 기타 피고인을 특정할 수 있는 사항

공소장에는 피고인을 특정하여야 한다. 피고인을 특정할 수 있는 사항으로는 피고인의 성명 이외에 **주민등록번호**(주민등록번호가 없거나 이를 알 수 없는 때에는 생년월일)·직업·주거를 기재하여야 하며, 피고인이 법인인 때에는 사무소 및 대표자의 성명과 주소를 기재하여야 한다(규칙 제117조 제1항 제1호). 피고인을 특정하지 않은 공소제기는 무효이고 공소기각의 사유가 된다(제327조 제2호).

2) 죄명

공소장에는 죄명을 기재하여야 한다. 죄명은 구체적으로 표시하여야 하나, 표시가 틀린 경우에도 피고인의 방어에 실질적 불이익이 없는 경우는 공소제기의 효력에 영향이 없다.

3) 공소사실

공소사실의 기재는 범죄의 일시·장소와 방법을 명시하여 사실을 특정할 수 있도록 하여야 한다(제254조 제4항). 특정의 정도는 다른 공소사실과 구별할 수 있는 정도, 즉 **공소사실의 동일성을 인정할 수 있는 정도**면 족하다. 특정해야 할 공소사실은 범죄구성요건에 해당하는 사실에 한한다.

> ① 공소사실의 일부가 다소 불명확하더라도 그와 함께 적시된 다른 사항들에 의하여 그 공소사실을 특정할 수 있고 그리하여 피고인의 방어권 행사에 지장이 없다면 공소제기의 효력에는 영향이 없다(대판 2006.4.14. 2005도9561).
>
> ② 피고인이 생산 등을 하는 물건 또는 사용하는 방법이 특허발명의 특허권을 침해하였는지가 문제로 되는 특허법 위반 사건에서 다른 사실과 식별이 가능하도록 범죄 구성요건에 해당하는 구체적 사실을 기재하였다고 하기 위해서는, 침해의 대상과 관련하여 특허등록번호를 기재하는 방법 등에 의하여 침해의 대상이 된 특허발명을 특정할 수 있어야 하고, 침해의 태양과 관련하여서는 침해제품 등의 제품명, 제품번호 등을 기재하거나 침해제품 등의 구성을 기재하는

방법 등에 의하여 침해제품 등을 다른 것과 구별할 수 있을 정도로 특정할 수 있어야 한다(대판 2016.5.26. 2015도17674).

③ 관세포탈죄는 포탈세액이 구체적으로 계산되어 확정될 수 있어야 하는 것인데, (중략) 일반적으로 용인될 수 있는 객관적, 합리적인 방법으로서 구 관세법이 규정한 제31조 내지 제35조를 순차적으로 적용하여 포탈세액을 추정하는 방법도 허용된다고 할 것이고, 그 추정계산의 기초가 되는 거래가격 또는 비용의 증명책임은 검사에게 있다(대판 2016.10.27. 2014도16271).

④ 공모의 시간·장소·내용 등을 구체적으로 명시하지 아니하였다거나 일부가 다소 불명확하더라도 그와 함께 적시된 다른 사항들에 의하여 공소사실을 특정할 수 있고 피고인의 방어권 행사에 지장이 없다면, 공소사실이 특정되지 아니하였다고 할 수 없다. 그러나 공모가 공모공동정범에서의 '범죄 될 사실'인 이상, 범죄에 공동가공하여 범죄를 실현하려는 의사결합이 있었다는 것은, 실행행위에 직접 관여하지 아니한 자에게 다른 공범자의 행위에 대하여 공동정범으로서의 형사책임을 지울 수 있을 정도로 특정되어야 한다(대판 2016.4.29. 2016도2696).

⑤ 여러 사람의 피해자에 대하여 따로 기망행위를 하여 각각 재물을 편취한 경우에는 비록 범의가 단일하고 범행방법이 동일하더라도 각 피해자의 피해법익은 독립한 것이므로 그 전체가 포괄일죄로 되지 아니하고 피해자별로 독립한 여러 개의 사기죄가 성립되고, 이러한 경우 그 공소사실은 각 피해자와 피해자별 피해액을 특정할 수 있도록 기재하여야 한다(대판 2003.4.8. 2003도382).

⑥ 방조범의 공소사실을 기재함에 있어서는 그 전제가 되는 정범의 범죄구성을 충족하는 구체적 사실을 기재하여야 한다(대판 1988.4.27. 88도251).

⑦ 제3자뇌물수수죄의 공소사실은 범죄의 일시, 장소를 비롯하여 구성요건사실이 다른 사실과 구별되어 공소사실의 동일성의 범위를 구분할 수 있고, 피고인의 방어권 행사에 지장이 없는 정도로 기재되면 특정이 되었다고 보아야 하고, 그 중 부정한 청탁의 내용은 구체적으로 기재되어 있지 않더라도 공무원 또는 중재인의 직무와 제3자에게 제공되는 이익 사이의 대가관계를 인정할 수 있을 정도로 특정되면 충분하다(대판 2017.3.15. 2016도19659).

공소장의 공소사실 기재가 특정되지 아니한 경우, 이러한 공소제기는 그 공소제기의 절차가 법률의 규정에 위반하여 무효인 때에 해당하여 법원은 공소기각의 판결을 선고하여야 한다(제327조 제2호). 다만, 공소사실이 특정되지 아니한 경우에 그 하자를 추완할 수 있는지 문제된다.

[1] 직무유기교사죄는 피교사자인 공무원별로 1개의 죄가 성립되는 것이므로 피교사자인 공무원별로 사실을 특정할 수 있도록 공소사실을 기재하여야 한다. [2] 직무유기교사죄의 공소사실 중 "전기협 회원들에 대하여 불법파업을 하여 직무유기할 것을 결의하게 하고, 전기협 회원 6,500여 명이 이에 따라 같은 해 6. 23. 04:00경부터 불법파업에 돌입하게 하여 직무유기를 교사하였."는 것만으로는 피교사자인 공무원들의 숫자조차 특정되어 있지 않아 도대체 몇 개의 직무유기교사죄를 공소제기한 것인지, 그리고 유기한 직무의 내용 및 유기행위의 태양이 어떠한지 알 수가 없으므로, 결국 직무유기교사의 점은 형사소송법 제327조 제2호에 정한 바 공소장에 구체적인 범죄사실의 기재가 없어 그 공소제기의 절차가 법률의 규정에 위반하여 무효인 때에 해당한다고 보아 공소기각을 선고한 사례(대판 1997.8.22. 95도984)

쟁점) 공소사실이 불특정된 경우 검사와 법원의 조치

1. 공소장의 보정

공소사실이 특정되지 못한 경우 이를 보정하여 하자를 치유할 수 있는지 문제된다. ① 공소사실이 전혀 특정되지 아니한 때에는 하자 치유가 부정될 것이나, ② 공소사실로서 구체적 범죄구성요건사실이 표시되어 있을 때에는 검사 스스로 또는 법원의 석명에 의하여 불명확한 점을 보정할 수 있다.

2. 법원의 석명

특정되지 아니한 공소사실이 보정 가능함에도 불구하고 검사가 그 보정을 신청하지 아니하는 경우, 법원이 석명권을 행사하여 공소장을 보정하여야 할 의무가 있는지 문제된다. 이에 대해 ① 재량설, ② 의무설, ③ 부분적으로 특정성이 문제되는 경우에 한하여 의무를 인정하는 예외적 의무설이 대립하고, 판례는 의무설의 입장에서 공소장에 피고인이 계주가 조직한 낙찰계의 조직일자, 구좌, 계금과 계원들에게 분배해야 할 금원인 계금이 특정되어 있고, 피해자들인 계원들의 성명과 피해자별 피해액만이 명확하지 아니한 경우, '법원은 검사에게 석명을 구하여 만약 이를 명확하게 하지 아니한 경우에 공소사실의 불특정을 이유로 공소기각을 할 것이고 이에 이르지 않고 바로 공소기각의 판결을 하였음은 심리미진의 위법이 있다.'고 판시한 바 있다(대판 1983.6.14. 82도293). 생각건대, 석명권의 행사를 일률적으로 의무로 볼 수는 없다는 점에서 예외적 의무설이 타당하다.

> ① 공소장의 기재가 불명확한 경우 법원은 형사소송규칙 제141조의 규정에 의하여 검사에게 석명을 구한 다음, 그래도 검사가 이를 명확하게 하지 않은 때에야 공소사실의 불특정을 이유로 공소를 기각함이 상당하다고 할 것이다(대판 2006.5.11. 2004도5972).
>
> ② 불고불리의 원칙상 검사의 공소제기가 없으면 법원이 심판할 수 없고, 법원은 검사가 공소제기한 사건에 한하여 심판을 하여야 하므로, 검사는 공소장의 공소사실과 적용법조 등을 명백히 함으로써 공소제기의 취지를 명확히 하여야 하는데, 검사가 어떠한 행위를 기소한 것인지는 기본적으로 공소장의 기재 자체를 기준으로 하되, 심리의 경과 및 검사의 주장내용 등도 고려하여 판단하여야 한다. 공소제기의 취지가 명료할 경우 법원이 이에 대하여 석명권을 행사할 필요는 없으나, 공소제기의 취지가 오해를 불러일으키거나 명료하지 못한 경우라면 법원은 형사소송규칙 제141조에 의하여 검사에 대하여 석명권을 행사하여 그 취지를 명확하게 하여야 한다(대판 2017.6.15. 2017도3448).
>
> ③ [1] 공소사실의 기재는 범죄의 일시, 장소와 방법을 명시하여 사실을 특정할 수 있도록 하여야 하며(형사소송법 제254조 제4항), 이와 같이 공소사실의 특정을 요구하는 법의 취지는 피고인의 방어권 행사를 쉽게 해주기 위한 데에 있다. [2] 공소사실이 특정되지 아니한 부분이 있다면, 법원은 검사에게 석명을 구하여 특정을 요구하여야 하고, 그럼에도 검사가 이를 특정하지 않는다면 그 부분에 대해서는 공소를 기각할 수밖에 없다(대판 2019.12.24. 2019도10086).
>
> ④ [1] 공소사실의 기재는 범죄의 일시, 장소와 방법을 명시하여 사실을 특정할 수 있도록 하여야 하고(형사소송법 제254조 제4항), 이와 같이 공소사실의 특정을 요구하는 법의 취지

는 법원에 대하여 심판의 대상을 한정하고 피고인에게 방어의 범위를 특정하여 그 방어권 행사를 쉽게 해 주기 위한 데에 있는 것이므로, 범죄의 '일시'는 이중기소나 시효에 저촉되는지 식별할 수 있을 정도로 기재하여야 한다. 따라서 범죄의 '일시'가 공소시효 완성 여부를 판별할 수 없을 정도로 개괄적으로 기재되었다면 공소사실이 특정되었다고 볼 수 없다. [2] 공소사실이 특정되지 아니한 부분이 있다면, 법원은 검사에게 석명을 구하여 특정을 요구하여야 하고, 그럼에도 검사가 이를 특정하지 않는다면 그 부분에 대해서는 공소를 기각할 수밖에 없다(대판 2022.11.17. 2022도8257).

4) 적용법조

공소장에는 죄명·공소사실과 함께 적용법조도 기재해야 한다. 적용법조를 기재함에는 형법각칙의 본조뿐만 아니라 총칙상의 중지미수 또는 불능미수·교사·방조·죄수에 관한 기재도 요한다.

[1] 적용법조의 기재에 오기나 누락이 있는 경우라 할지라도 이로 인하여 피고인의 방어에 실질적인 불이익을 주지 않는 한 공소제기의 효력에는 영향이 없고, 법원으로서도 공소장 변경의 절차를 거침이 없이 곧바로 공소장에 기재되어 있지 않은 법조를 적용할 수 있다. [2] 공소장의 적용법조의 오기나 누락으로 잘못 기재된 적용법조에 규정된 법정형보다 법원이 그 공소장의 적용법조의 오기나 누락을 바로잡아 직권으로 적용한 법조에 규정된 법정형이 더 무겁다는 이유만으로 그 법령적용이 불고불리의 원칙에 위배되어 위법하다고 할 수 없다(대판 2006.4.14. 2005도9743).

2. 임의적 기재사항

1) 범죄사실과 적용법조의 예비적·택일적 기재

공소장에는 수개의 범죄사실과 적용법조를 예비적 또는 택일적으로 기재할 수 있다(제254조 제5항). 또한 검사는 공소를 제기한 후에도 공소장변경을 통해 공소사실과 적용법조를 예비적 또는 택일적으로 변경할 수 있다(제298조).

> **쟁점** 택일적 또는 예비적 기재의 허용 범위
>
> 범죄사실의 동일성이 인정되지 않는 경우에도 택일적 또는 예비적 기재가 허용되는가에 대하여 ① 긍정설과 ② 부정설이 대립하는바, 판례는 긍정설 입장에 있다(대판 1966.3.24. 65도114 전원합의체). 생각건대, 제254조 제5항이 공소사실의 동일성을 요구하는 규정을 두고 있지 않으므로 긍정설이 타당하다.

> **쟁점** 예비적 공소제기에 대한 심판 대상·순서·방법
>
> #### 1. 쟁점의 정리
>
> 예비적 기재가 있는 경우 법원의 처리 방법과 관련하여 심판의 대상, 심판의 순서 및 심판의 방법이 각 문제된다.

2. 심판의 대상

예비적으로 기재된 공소사실 및 적용법조가 모두 법원의 현실적 심판대상이 된다. 판례 역시 같은 입장에서 주위적·예비적 공소사실의 일부에 대한 상소제기의 효력은 나머지 공소사실 부분에도 미친다고 판시한바 있다(대판 1975.6.24. 70도2660).

3. 심판의 순서

법원은 주위적 공소사실인 살인의 점에 대해 심리한 후, 심리 결과 甲에 대한 살인의 점이 인정되지 않는 경우 범인도피의 점에 대해 심리하여야 한다. 판례 역시 같은 입장에서 주위적 공소사실이 아닌 예비적 공소사실을 먼저 판단한 경우 상소이유가 된다고 판시한바 있다(대판 1976.5.26. 76도1126, 대판 2006.12.22. 2004도7232).

4. 심판의 방법

가. 주위적 사실에 대해 유죄를 인정하는 경우

공소사실이 예비적으로 공소제기된 경우, 그 중 어느 하나의 공소사실이 무죄로 판단되더라도 다른 공소사실을 유죄로 인정하는 이상 주문에서 따로 무죄를 선고할 수 없으며 무죄이유를 설시할 필요도 없다.

나. 주위적 사실에 대해 무죄를, 예비적 사실에 대해 유죄를 인정하는 경우

주위적 공소사실이 무죄로, 예비적 공소사실이 유죄로 인정되는 때에는 주문에서는 예비적 공소사실에 대하여만 판단하고 주위적 공소사실에 대하여 따로 무죄를 선고하지 않으나 이유에서는 주위적 공소사실이 무죄임을 설시하여야 한다.

다. 주위적 사실과 예비적 사실 모두 무죄를 인정하는 경우

주위적 공소사실과 예비적 공소사실이 모두 무죄라면 양자 모두에 대하여 주문에 표시하고 이유에서 판단하여야 한다.

① 택일적으로 공소제기된 범죄사실 가운데 제1심판결에서 유죄로 인정된 이외의 다른 범죄사실이라도 그것이 철회되지 아니하는 한 당연히 항소심의 심판의 대상이 된다(대판 1975.6.24. 70도2660).

② 법원은 주위적 공소사실을 먼저 심판하고 만일 유죄가 인정되지 않으면 다음으로 예비적 공소사실을 심판하여야 하며, 이를 위반하여 판단하면 위법하므로 상소이유가 된다(대판 1976.5.26. 76도1126).

③ 택일적 기재의 경우에는 법원의 심리와 판단의 순서에 아무런 제한이 없다. 따라서 법원이 어느 하나로 유죄를 인정하면 되는 것이며, 이에 대해 검사가 다른 범죄사실을 유죄로 인정하지 않은 것을 이유로 상소할 수도 없다(대판 2006.12.22. 2004도7232).

④ 택일적 기재의 경우 어느 하나의 공소사실에 대해 유죄가 인정되면 판결주문에 유죄만을 선고하면 되고 다른 공소사실에 대해서는 판결이유에서도 판단을 할 필요가 없다. 그러나 택일적으로 기재된 모든 공소사실에 대하여 무죄가 인정되는 경우에는 예비적 기재의 경우와 같이 판결주문에서 무죄를 선고하고 판결이유에서 모든 공소사실에 대하여 판단을 하여야 한다(대판 2006.12.22. 2004도7232).

Ⅲ. 공소장일본주의

1. 공소장일본주의의 의의와 내용

공소를 제기함에는 공소장을 관할법원에 제출하여야 하며(제254조 제1항), 공소장에는 사건에 관하여 법원에 예단이 생기게 할 수 있는 서류 기타 물건을 첨부하거나 그 내용을 인용하여서는 아니 된다(규칙 제118조 제2항).

> ① 공소장의 공소사실 첫머리에 피고인이 전에 받은 소년부송치처분과 직업 없음을 기재하였다 하더라도 이는 피고인을 특정할 수 있는 사항에 속하는 것이어서 그와 같은 내용의 기재가 있다 하여 공소제기의 절차가 법률의 규정에 위반된 것이라고 할 수 없다(대판 1990.10.16. 90도1813).
>
> ② 살인, 방화 등의 경우 범죄의 직접적인 동기 또는 공소범죄사실과 밀접불가분의 관계에 있는 동기를 공소사실에 기재하는 것이 공소장일본주의 위반이 아님은 명백하고, 설사 범죄의 직접적인 동기가 아닌 경우에도 동기의 기재는 공소장의 효력에 영향을 미치지 아니한다(대판 2007.5.11. 2007도748).

2. 공소장일본주의 위반의 효과

공소장일본주의에 위배된 공소제기라고 인정되는 때에는 그 절차가 법률의 규정에 위반하여 무효인 때에 해당하는 것으로 보아 **공소기각의 판결**을 선고하여야 한다(제327조 제2호). 다만 법관에게 예단을 생기게 할 우려가 없는 단순한 여사기재는 제254조 제3항 또는 제4항 위반으로 검사에 대하여 그 삭제를 명하면 족하고, 판례는 일정한 요건을 갖춘 경우 하자 치유를 긍정하고 있다.

> 공소장일본주의에 위배된 공소제기라고 인정되는 때에는 그 절차가 법률의 규정을 위반하여 무효인 때에 해당하는 것으로 보아 공소기각의 판결을 선고하는 것이 원칙이다. 그러나 공소장 기재의 방식에 관하여 피고인측으로부터 아무런 이의가 제기되지 아니하였고 법원 역시 범죄사실의 실체를 파악하는 데 지장이 없다고 판단하여 그대로 공판절차를 진행한 결과 증거조사절차가 마무리되어 법관의 심증형성이 이루어진 단계에서는 소송절차의 동적 안정성 및 소송경제의 이념 등에 비추어 볼 때 이제는 더 이상 공소장일본주의 위배를 주장하여 이미 진행된 소송절차의 효력을 다툴 수는 없다고 보아야 한다(대판 2009.10.22. 2009도7436 전원합의체).

3. 공소장일본주의의 적용범위 및 예외

공소장일본주의는 공소제기에 대하여 적용되는 것이므로 공판절차갱신 후의 절차, 상소심의 절차, 파기환송(이송) 후의 절차에는 적용되지 아니한다. 또한 약식명령절차와 즉결심판절차에는 공소장일본주의가 적용되지 아니한다. 다만 약식명령이나 즉결심판에 대한 정식재판 청구가 있는 때(제453조, 즉결심판에 관한 절차법 제14조 제1항)에는 여전히 공소장일본주의가 적용된다.

> ① 검사가 약식명령을 청구하는 때에는 약식명령의 청구와 동시에 약식명령을 하는 데 필요한 증거서류 및 증거물을 법원에 제출하여야 하는바(형사소송규칙 제170조), 이는 약식

절차가 서면심리에 의한 재판이어서 공소장일본주의의 예외를 인정한 것이므로 약식명령의 청구와 동시에 증거서류 및 증거물이 법원에 제출되었다 하여 공소장일본주의를 위반하였다 할 수 없고, 그 후 약식명령에 대한 정식재판청구가 제기되었음에도 법원이 증거서류 및 증거물을 검사에게 반환하지 않고 보관하고 있다고 하여 그 이전에 이미 적법하게 제기된 공소제기의 절차가 위법하게 된다고 할 수도 없다(대판 2007.7.26. 2007도3906).

② 피고인이 택시 요금을 지불하지 않아 경범죄처벌법 위반으로 즉결심판에 회부되었다가 정식재판을 청구한 사안에서, 위 정식재판청구로 제1회 공판기일 전에 사건기록 및 증거물이 경찰서장, 관할 지방검찰청 또는 지청의 장을 거쳐 관할 법원에 송부된다고 하여 그 이전에 이미 적법하게 제기된 경찰서장의 즉결심판청구의 절차가 위법하게 된다고 볼 수 없고, 그 과정에서 정식재판이 청구된 이후에 작성된 피해자에 대한 진술조서 등이 사건기록에 편철되어 송부되었더라도 달리 볼 것은 아니다(대판 2011.1.27. 2008도7375).

제4절 | 공소제기의 효과

Ⅰ. 공소제기의 소송법적 효과

1. 소송계속

공소제기에 의하여 사건은 법원에 계속된다. 즉 종래 검사의 지배 하에 있던 피의사건은 피고사건이 되어 공소가 제기된 법원의 지배로 옮겨지고, 이에 따라 피의자는 피고인의 지위를 가지게 된다. 이와 같이 사건이 특정한 법원의 심판대상으로 되어 있는 상태를 소송계속이라고 한다. 공소의 제기가 있는 때에는 동일사건에 대하여 다시 공소를 제기할 수 없다(이중기소의 금지).

> ① 공소제기는 공소장이 법원에 도달한 때 그 효력이 발생하므로 공소장의 제출일자와 법원 직원이 접수인을 찍은 날짜가 다르다면 공소장 제출일자를 공소제기일로 보아야 하나 통상의 경우 공소장에 접수일로 찍혀 있는 날짜는 공소제기일로 추정된다(대판 2002.4.12. 2002도690).
> ② 기소 당시에는 이중기소된 위법이 있었다 하여도 그 후 공소사실과 적용법조가 적법하게 변경되어 새로운 사실의 소송계속상태가 있게 된 때에는 이중기소된 위법상태가 계속 존재한다고 할 수는 없다(대판 1989.2.14. 85도1435).
> ③ 통고받은 범칙금을 납부한 사람은 그 범칙행위에 대하여 다시 처벌받지 않는다(제8조 제3항, 제9조 제3항). (중략) 경찰서장이 범칙행위에 대하여 통고처분을 한 이상, 통고처분에서 정한 범칙금 납부기간까지는 원칙적으로 경찰서장은 즉결심판을 청구할 수 없고, 검사도 동일한 범칙행위에 대하여 공소를 제기할 수 없다(대판 2020.4.29. 2017도13409).

동일사건이 같은 법원에 이중으로 공소가 제기되었을 때에는 후소에 대하여 공소기각의 판결을 하여야 한다(제327조 제3호). 동일사건이 사물관할을 달리하는 수개의 법원에 계속된 때에는 법원합의부가 심판하고(제12조, 합의부우선의 원칙), 사물관할을 같이하는 수개의 법원에 계속된 때에는 먼저 공소를 받은 법원이 심판한다(제13조, 선착수우선의 원칙). 이 경우 심판할 수 없게 된 법원은 공소기각의 결정을 하여야 한다(제328조 제1항 제3호).

2. 공소시효의 정지

공소제기에 의하여 공소시효의 진행이 정지되며, 공소기각 또는 관할위반의 재판이 확정된 때로부터 진행한다(제253조 제1항). 공소제기가 있으면 시효가 정지되며 소송조건을 구비할 필요는 없다. 공범의 1인에 대한 시효정지는 다른 공범자에 대하여도 효력이 미친다(같은 조 제2항).

Ⅱ. 공소제기의 효력이 미치는 범위

1. 사건범위의 한정 - 공소불가분의 원칙

공소제기의 효과는 공소장에 기재된 피고인과, 공소사실과 단일성 및 동일성이 인정되는 사실에 미친다(공소불가분의 원칙). 형사소송법은 「범죄사실의 일부에 대한 공소는 그 효력이 전부에 미친다」고 하여 명문으로 공소불가분의 원칙을 규정하고 있다(제248조 제2항).

2. 공소제기의 인적 효력범위

공소는 검사가 피고인으로 지정한 사람 외의 다른 사람에게는 그 효력이 미치지 아니한다(제248조 제1항). 다만 공소제기로 인한 공소시효정지의 효력은 다른 공범자에게도 미친다(제253조 제2항).

3. 공소제기의 물적 효력범위

범죄사실의 일부에 대한 공소는 그 전부에 대하여 효력이 미친다(제248조 제2항). 공소제기의 효력은 공소장에 기재된 공소사실과 기본적 사실 동일성이 인정되는 사실 전체에 미친다.10) 공소제기의 물적 효력범위는 법원의 잠재적 심판의 범위를 의미하며, 그것은 공소장변경의 한계가 되고 기판력의 객관적 범위와 일치한다.

[쟁점] 일죄 일부에 대한 공소제기 가부

1. 쟁점의 정리

소송법상 일죄로 취급되는 과형상의 일죄 등에 있어, 검사가 전체범죄 중 일부에 대해서만 공소를 제기하는 것이 허용되는지 여부가 문제된다.

2. 견해의 대립

① **긍정설**은 기소편의주의와 소송경제 등을 근거로 일부 공소제기를 긍정하고, ② **부정설**은 공소불가분의 원칙과 실체진실주의를 근거로 부정하며, ③ **절충설**은 검사가 범죄사실의 일부를 예비적·택일적으로 기재한 경우에 예외적으로 허용된다고 해석한다.

3. 판례의 태도

판례는 긍정설의 입장에서 하나의 행위가 직무유기죄와 허위공문서작성·행사죄의 구성요건을 동시에 충족하는 경우, 검사는 재량에 의하여 직무유기죄로만 공소를 제기할 수 있다고 판시하였다(대판 2008.2.14. 2005도4202).

4. 검토

범죄사실의 일부에 대한 공소는 그 전부에 대하여 미친다는 제248조 제2항은 일죄의 일부에 대한 공소제기를 전제로 하는 것인바, 긍정설이 타당하다.

[쟁점] 고소 없는 친고죄의 일부 비친고죄 공소제기시 법원의 조치

친고죄에서 고소가 없는 경우, 그 일부인 비친고죄만을 따로 공소제기한 경우 법원의 조치가 문제된다. 이에 대해 ① 공소기각판결설, ② 무죄판결설, ③ 유죄판결설이 대립하고, 판례는 공소기각판결설의 입장에서 위와 같은 공소제기는 친고죄 규정취지에 반하는 것으로 공소제기의 절차가 법률에 위반되어 무효인 경우로서 제327조 제2호에 따라 공소기각의 판결을 하여야 한다

---

10) 공소사실 동일성의 판단기준 등에 대하여는 공소장변경 파트에서 자세히 다루고 있다.

고 판시하였다(대판 2002.5.16. 2002도51 전원합의체). 생각건대, 위와 같은 일부공소제기는 친고죄의 입법취지에 반하는 탈법적 행위로서 법률의 규정에 위반한 공소제기라 할 것이다. 공소기각설이 타당하다.

제5절 | 공소시효

I. 공소시효의 의의와 본질

공소시효란 검사가 일정한 기간 동안 공소를 제기하지 않고 방치하는 경우 국가의 소추권을 소멸시키는 제도를 의미한다(제249조).

> ① [1] 과거에 이미 행한 범죄에 대하여 공소시효를 정지시키는 법률이라 하더라도 그 사유만으로 형벌불소급의 원칙에 언제나 위배되는 것으로 단정할 수는 없다. [2] 공소시효가 아직 완성되지 않은 경우라면, 공소시효제도에 근거한 개인의 신뢰와 공소시효 연장을 통해 달성하려는 공익을 비교형량하여 공익이 개인의 신뢰보호이익에 우선하는 경우에는 소급효를 갖는 법률도 헌법상 정당화될 수 있다. [3] 공소시효가 이미 완성된 경우 진정소급입법이라 하더라도 기존의 법을 변경하여야 할 공익적 필요는 심히 중대한 반면 그 법적 지위에 대한 개인의 신뢰를 보호하여야 할 필요가 상대적으로 적어 개인의 신뢰이익을 관철하는 것이 객관적으로 정당화될 수 없는 경우에는 예외적으로 허용될 수 있다(헌재결 1996.2.16. 96헌가2).
>
> ② 공소시효를 정지·연장·배제하는 내용의 특례조항을 신설하면서 소급적용에 관한 명시적인 경과규정을 두지 아니한 경우에 그 조항을 소급하여 적용할 수 있다고 볼 것인지에 관하여는 이를 해결할 보편타당한 일반원칙이 존재할 수 없는 터이므로 적법절차원칙과 소급금지원칙을 천명한 헌법 제12조 제1항과 제13조 제1항의 정신을 바탕으로 하여 법적 안정성과 신뢰보호원칙을 포함한 법치주의 이념을 훼손하지 아니하도록 신중히 판단하여야 한다(대판 2015.5.28. 2015도1362).

II. 공소시효의 기간

1. 시효기간

공소시효의 기간은 법정형에 따라 차이가 있다. 즉 ① 사형에 해당하는 범죄는 25년, ② 무기징역 또는 무기금고에 해당하는 범죄는 15년, ③ 장기 10년 이상의 징역 또는 금고에 해당하는 범죄는 10년, ④ 장기 10년 미만의 징역 또는 금고에 해당하는 범죄는 7년, ⑤ 장기 5년 미만의 징역 또는 금고, 장기 10년 이상의 자격정지 또는 벌금에 해당하는 범죄는 5년, ⑥ 장기 5년 이상의 자격정지에 해당하는 범죄는 3년, ⑦ 장기 5년 미만의 자격정지, 구류, 과료, 또는 몰수에 해당하는 범죄는 1년이다(제249조 제1항). 사람을 살해한 범죄(종범은 제외한다)로 사형에 해당하는 범죄에 대하여는 공소시효를 적용하지 아니하고(제253조의2), 공소제기 후 판결의 확정 없이 25년을 경과하면 공소시효가 완성된 것으로 간주한다(제249조 제2항, 의제공소시효).

> ① 아동학대범죄의 처벌 등에 관한 특례법 제34조는 제1항에서 "아동학대범죄의 공소시효는 형사소송법 제252조에도 불구하고 해당 아동학대범죄의 피해아동이 성년에 달한 날부터 진행한다."라고 규정하며, 부칙은 "이 법은 공포 후 8개월이 경과한 날부터 시행한다."라고 규정

하고 있다. 아동학대처벌법의 입법 목적 및 같은 법 제34조의 취지를 공소시효를 정지하는 특례조항의 신설·소급에 관한 법리에 비추어 보면, 비록 아동학대처벌법이 제34조 제1항의 소급적용 등에 관하여 명시적인 경과규정을 두고 있지는 아니하나, 위 규정은 완성되지 아니한 공소시효의 진행을 일정한 요건 아래에서 장래를 향하여 정지시키는 것으로서, 시행일인 2014. 9. 29. 당시 범죄행위가 종료되었으나 아직 공소시효가 완성되지 아니한 아동학대범죄에 대하여도 적용된다(대판 2016.9.28. 2016도7273).

② 2007. 12. 21. 법률 제8730호로 형사소송법이 개정되면서 제249조 제1항 각 호에서 정한 시효의 기간이 연장되고, 제249조 제2항에서 정한 시효의 기간도 '15년'에서 '25년'으로 연장되었는데, 위와 같이 개정된 형사소송법 부칙 제3조는 '공소시효에 관한 경과조치'라는 표제 아래 "이 법 시행 전에 범한 죄에 대하여는 종전의 규정을 적용한다."라고 규정하고 있다. (중략) 부칙조항에서 말하는 '종전의 규정'에는 '구 형사소송법 제249조 제1항'뿐만 아니라 '같은 조 제2항'도 포함된다고 봄이 타당하다. 따라서 개정 형사소송법 시행 전에 범한 죄에 대해서는 부칙조항에 따라 구 형사소송법 제249조 제2항이 적용되어 판결의 확정 없이 공소를 제기한 때로부터 15년이 경과하면 공소시효가 완성한 것으로 간주된다(대판 2022.8.19. 2020도1153).

2. 시효기간의 기준

1) 기간결정의 기준이 되는 형

공소시효기간의 기준이 되는 형은 처단형이 아닌 **법정형**이다. 2개 이상의 형을 병과하거나 2개 이상의 형에서 그 1개를 과할 범죄에는 중한 형이 기준이 된다(제250조). 형법에 의하여 형을 가중 또는 감경할 경우에는 가중 또는 감경하지 아니한 형이 시효기간의 기준이 된다(제251조). 필요적 공범 외 교사범 또는 종범의 경우에는 정범의 형을 기준으로 해야 한다.

① 범죄 후 법률의 개정에 의하여 법정형이 가벼워진 경우에는 형법 제1조에 의하여 당해 범죄사실에 적용될 가벼운 법정형(신법의 법정형)이 공소시효기간의 기준으로 된다(대판 1987.12.22. 87도84).

② 형사소송법 제251조는 형법 이외의 법률에 의하여 형을 가중·감경하는 경우에는 적용되지 않으므로, 특별법에 의하여 형이 가중·감면된 경우에는 그 법에 정한 법정형을 기준으로 시효기간을 결정해야 한다(대판 1973.3.13. 72도2976).

2) 법정형판단의 기준인 범죄사실

공소시효는 공소장에 기재된 공소사실에 대한 법정형이 기준이 된다. 과형상 일죄인 상상적 경합의 경우에는 각 죄에 대하여 개별적으로 공소시효를 정해야 한다. 공소제기 후 공소장이 변경된 경우에는 변경된 공소사실에 대한 공소시효를 공소제기시를 기준으로 판단해야 한다.

① 사기죄와 변호사법위반죄는 상상적 경합의 관계에 있으므로, **변호사법위반죄의 공소시효가 완성되었다고 하여 그 죄와 상상적 경합관계에 있는 사기죄의 공소시효까지 완성되는 것은 아니다**(대판 2006.12.8. 2006도6356).

② [1] 공소장 변경이 있는 경우에 공소시효의 완성 여부는 당초의 공소제기가 있었던 시점을 기준으로 판단할 것이고 공소장 변경시를 기준으로 삼을 것은 아니다. [2] 공소장변경절차에 의하여 공소사실이 변경됨에 따라 그 법정형에 차이가 있는 경우에는 변경된 공소사실에 대한 법정형이 공소시효기간의 기준이 된다. [3] 공소제기 당시의 공소사실에 대한 법정형을 기준으로 하면 공소제기 당시 아직 공소시효가 완성되지 않았으나 변경된 공소사실에 대한 법정형을 기준으로 하면 공소제기 당시 이미 공소시효가 완성된 경우에는 공소시효의 완성을 이유로 면소판결을 선고하여야 한다. 이러한 법리는 법원이 공소장을 변경하지 않고도 인정할 수 있는 사실에 대한 법정형을 기준으로 하면 공소제기 당시 이미 공소시효가 완성된 경우에도 마찬가지로 적용된다(대판 2013.7.26. 2013도6182, 2013전도123).

3. 공소시효의 기산점

1) 범죄행위종료시

시효는 범죄행위를 종료한 때로부터 진행한다(제252조 제1항). 결과의 발생을 요건으로 하는 결과범에 있어서는 결과가 발생한 때부터 공소시효가 진행한다. 다만 거동범과 미수범에 있어서는 행위시부터 시효가 진행된다. 계속범에 있어서는 법익침해가 종료된 때로부터 공소시효가 진행된다. 포괄일죄에 있어서 공소시효의 기산점은 최종의 범죄행위가 종료된 때이다. 과형상 일죄에 있어서는 공소시효의 진행도 개별적으로 결정해야 한다.

① 지정되지 아니한 일반동산문화재의 등록의무는 문화재보호법시행령 소정의 30일이 경과함으로써 소멸되는 것이 아니므로 위 문화재의 등록위반죄에 대한 공소시효는 위 기간이 경과한 때부터 진행된다고 볼 것이 아니라 그 후 위 등록의무의 이행이나 기타 사정으로 등록의무가 소멸한 때를 기준으로 하여 그 기간을 기산함이 옳다(대판 1978.11.14. 78도2318).

② 공무원이 뇌물로 투기적 사업에 참여할 기회를 제공받은 경우, 뇌물수수죄의 기수시기는 투기적 사업에 참여하는 행위가 종료한 때로 보아야 한다(대판 2002.11.26. 2002도3539).

③ 허위의 채무를 부담하는 내용의 채무변제계약 공정증서를 작성한 후 이에 기하여 채권압류 및 추심명령을 받은 때, 강제집행면탈죄가 성립함과 동시에 그 범죄행위가 종료되어 공소시효가 진행한다(대판 2009.5.28. 2009도875).

④ 포괄일죄의 공소시효는 최종의 범죄행위가 종료한 때로부터 진행한다(대판 1996.10.25. 96도1088).

⑤ 공무원이 직무에 관하여 금전을 무이자로 차용한 경우에는 차용 당시에 금융이익 상당의 뇌물을 수수한 것으로 보아야 하므로, 공소시효는 금전을 무이자로 차용한 때부터 기산한다(대판 2012.2.23. 2011도7282).

⑥ 형법 제114조 소정 범죄단체조직죄는 범죄를 목적으로 하는 단체를 조직함으로써 성립하는 것이고 그 후 목적한 범죄의 실행행위를 하였는가 여부는 위 죄의 성립에 영향이 없으며, 그 공소시효는 범죄를 목적으로 하는 단체를 구성한 때로부터 진행한다(대판 1975.9.23. 75도2321).

⑦ 미수범은 범죄의 실행에 착수하여 행위를 종료하지 못하였거나 결과가 발생하지 아니한 때에 처벌받게 되므로(형법 제25조 제1항), 미수범의 범죄행위는 행위를 종료하지 못하였거나 결과가 발생하지 아니하여 더 이상 범죄가 진행될 수 없는 때에 종료하고, 그때부터 미수범의

공소시효가 진행한다(대판 2017.7.11. 2016도14820).

⑧ 변호사법 제113조 제5호, 제31조 제1항 제3호 위반죄의 공소시효는 그 범죄행위인 '수임'행위가 종료한 때로부터 진행된다고 봄이 타당하고, 수임에 따른 '수임사무의 수행'이 종료될 때까지 공소시효가 진행되지 않는다고 해석할 수는 없다(대판 2022.1.14. 2017도18693).

2) 공범에 관한 특칙

공범은 최종행위가 종료한 때로부터 모든 공범에 대한 시효기간을 기산한다(제252조 제2항). 여기의 공범에는 공동정범과 교사범·종범뿐만 아니라 필요적 공범도 포함된다.

3) 성폭력범죄에 관한 특칙

미성년자에 대한 성폭력범죄의 공소시효는 해당 성폭력범죄로 피해를 당한 미성년자가 성년에 달한 날부터 진행하고(성폭력범죄의 처벌 등에 관한 특례법 제21조 제1항), 특례법상 일정 범죄에 대해 DNA증거 등 그 죄를 증명할 수 있는 과학적 증거가 있는 때에는 공소시효가 10년 연장된다(같은 조 제2항). 또한 일정 범죄에 대해서는 공소시효 적용이 배제된다(같은 조 제3항, 제4항). 「아동·청소년의 성보호에 관한 법률」 제20조에서도 같은 내용을 규정하고 있다.

4. 공소시효의 계산

공소시효의 계산에 있어서는 초일은 시간을 계산함이 없이 1일로 산정하고, 기간의 말일이 공휴일에 해당하는 날이라도 기간에 산입한다(제66조).

Ⅲ. 공소시효의 정지

1. 공소의 제기

공소시효는 공소의 제기로 진행이 정지되고 공소기각 또는 관할위반의 재판이 확정된 때로부터 다시 진행한다(제253조 제1항). 공소제기가 적법·유효할 것을 요하는 것은 아니다.

2. 범인의 국외도피

범인이 형사처분을 면할 목적으로 국외에 있는 경우 그 기간 동안 공소시효는 정지된다(제253조 제3항).

① [1] 형사소송법 제253조 제3항이 정한 '형사처분을 면할 목적'은 국외 체류의 유일한 목적으로 되는 것에 한정되지 않고 범인이 가지는 여러 국외 체류 목적 중에 포함되어 있으면 족하다. 범인이 국외에 있는 것이 형사처분을 면하기 위한 방편이었다면 '형사처분을 면할 목적'이 있었다고 볼 수 있고, 위 '형사처분을 면할 목적'과 양립할 수 없는 범인의 주관적 의사가 명백히 드러나는 객관적 사정이 존재하지 않는 한 국외 체류기간 동안 '형사처분을 면할 목적'은 계속 유지된다. [2] 법정최고형이 징역 5년인 부정수표단속법 위반죄를 범한 사람이 중국으로 출국하여 체류하다가 그곳에서 징역 14년을 선고받고 8년 이상 복역한 후 우리나라로 추방되어 위 죄로 공소제기된 사안에서, 위 수감기간 동안에는 형사소송법 제253조 제3항의 '형사처분을 면할 목적'을 인정할 수 없어 공소시효의 진행이 정지되지 않는다고 한 사례(대판 2008.12.11. 2008도4101).

② 피고인이 당해 사건으로 처벌받을 가능성이 있음을 인지하였다고 보기 어려운 경우라면 피고인이 다른 고소사건과 관련하여 형사처분을 면할 목적으로 국외에 있은 경우라고 하더라도 당해 사건의 형사처분을 면할 목적으로 국외에 있었다고 볼 수 없다(대판 2014.4.24. 2013도9162).

③ '범인이 형사처분을 면할 목적으로 국외에 있는 경우'는 범인이 국외에서 범죄를 저지르고 형사처분을 면할 목적으로 국외에서 체류를 계속하는 경우도 포함된다(대판 2015.6.24. 2015도5916).

④ [1] (전략) '형사처분을 면할 목적'이 유지되지 않았다고 볼 사정이 있는 경우 그럼에도 그러한 목적이 유지되고 있었다는 점은 검사가 증명하여야 한다. [2] 피고인이 출국에 필요한 유효한 증명 없이 일본으로 밀항하였다고 하여 밀항단속법 위반으로 기소된 사안에서, 피고인의 출국 자체가 형사처분을 면할 목적이 아니라 생업에 종사하기 위함이고, 피고인이 의도했던 국외 체류기간이나 실제 체류기간이 모두 밀항단속법 위반죄의 법정형이나 공소시효기간에 비해 매우 장기인 점, 피고인이 다시 국내로 입국하게 된 경위 등 제반 사정에 비추어 피고인이 밀항단속법 위반 범죄에 대한 형사처분을 면할 목적으로 일본에 있었다고 인정하기에 부족하여 공소시효 진행이 정지되지 않는다는 이유로 면소를 선고한 제1심판결을 유지한 원심의 조치가 정당하다고 한 사례(대판 2012.7.26. 2011도8462).

⑤ 형사소송법 제253조 제3항에서 정지의 대상으로 규정한 '공소시효'는 범죄행위가 종료한 때로부터 진행하고 공소의 제기로 정지되는 구 형사소송법 제249조 제1항의 시효를 뜻하고, 그 시효와 별개로 공소를 제기한 때로부터 일정 기간이 경과하면 공소시효가 완성된 것으로 간주된다고 규정한 구 형사소송법(2007. 12. 21. 법률 제8730호로 개정되기 전의 것, 이하 같다) 제249조 제2항에서 말하는 '공소시효'는 여기에 포함되지 않는다고 봄이 타당하다. 따라서 공소제기 후 피고인이 처벌을 면할 목적으로 국외에 있는 경우에도, 그 기간 동안 구 형사소송법 제249조 제2항에서 정한 기간의 진행이 정지되지는 않는다(대판 2022.9.29. 2020도13547).

⑥ 공소시효 정지에 관한 형사소송법 제253조 제3항의 입법 취지는 범인이 우리나라의 사법권이 실질적으로 미치지 못하는 국외에 체류한 것이 도피의 수단으로 이용된 경우에 체류기간 동안 공소시효 진행을 저지하여 범인을 처벌할 수 있도록 하고 형벌권을 적정하게 실현하는 데 있다. 따라서 위 규정이 정한 '형사처분을 면할 목적'은 국외 체류의 유일한 목적으로 되는 것에 한정되지 않고 범인이 가지는 여러 국외 체류 목적 중에 포함되어 있으면 족하다. 범인이 국외에 있는 것이 형사처분을 면하기 위한 방편이었다면 '형사처분을 면할 목적'이 있었다고 볼 수 있고, 위 '형사처분을 면할 목적'과 양립할 수 없는 범인의 주관적 의사가 명백히 드러나는 객관적 사정이 존재하지 않는 한 국외 체류기간 동안 '형사처분을 면할 목적'은 계속 유지된다(대판 2022.12.1. 2019도5925).

3. 재정신청

재정신청이 있을 때에는 고등법원의 재정결정이 확정될 때까지 공소시효의 진행이 정지된다(제262조의4 제1항). 재정결정이 공소제기결정인지 또는 기각결정인지를 불문한다.

4. 소년보호사건의 심리개시결정

소년보호사건에 대하여 소년부판사가 심리개시의 결정을 한 때에는 그 사건에 대한 보호처분의 결정이 확정될 때까지 공소시효의 진행이 정지된다(소년법 제54조).

5. 미성년자에 대한 성폭력범죄 또는 아동·청소년에 대한 성범죄

미성년자에 대한 성폭력범죄의 공소시효는 해당 성폭력범죄로 피해를 당한 미성년자가 성년에 달한 날부터 진행한다(성폭력범죄의 처벌 등에 관한 특례법 제21조 제1항). 또한 아동·청소년을 대상으로 한 성범죄의 공소시효(아동·청소년의 성보호에 관한 법률 제20조 제1항) 및 아동학대범죄의 공소시효(아동학대범죄의 처벌 등에 관한 특례법 제34조) 역시 마찬가지이다.

6. 시효정지효력이 미치는 범위

공소시효정지의 효력은 공소제기된 피고인에 대하여만 미친다. 따라서 진범 아닌 자에 대한 공소제기는 진범에 대한 공소시효의 진행을 정지하지 않는다. 그러나 공범의 1인에 대한 공소시효의 정지는 다른 공범자에 대하여도 효력이 미치고, 당해 사건의 재판이 확정된 때로부터 진행한다(제253조 제2항).

> ① 뇌물공여죄와 뇌물수수죄 사이와 같은 대향범 관계에 있는 자는 형사소송법 제253조 제2항에서 말하는 공범에 포함되지 않는다(대판 2015.2.12. 2012도4842).
>
> ② 공범 중 1인에 대해 약식명령이 확정되고 그 후 정식재판청구권이 회복되었다고 하는 것만으로는, 그 사이에 검사가 다른 공범자에 대한 공소를 제기하지 못할 법률상 장애사유가 있다고 볼 수 없을 뿐만 아니라, 그 기간 동안 다른 공범자에 대한 공소시효가 정지된다고 볼 아무런 근거도 찾을 수 없다. 더욱이 정식재판청구권이 회복되었다는 사정이 약식명령의 확정으로 인해 다시 진행된 공소시효기간을 소급하여 무효로 만드는 사유가 된다고 볼 수도 없다(대판 2012.3.29. 2011도15137).
>
> ③ 공범의 1인으로 기소된 자가 구성요건에 해당하는 위법행위를 공동으로 하였다고 인정되기는 하나 책임조각을 이유로 무죄로 되는 경우와는 달리 범죄의 증명이 없다는 이유로 공범 중 1인이 무죄의 확정판결을 선고받은 경우에는 그를 공범이라고 할 수 없어 그에 대하여 제기된 공소로써는 진범에 대한 공소시효정지의 효력이 없다(대판 1999.3.9. 98도4621).

Ⅳ. 공소시효 완성의 효과

공소시효의 완성은 소송조건에 해당하므로 공소가 제기되지 않은 때에는 검사는 공소권없음의 불기소처분을 하여야 하고, 공소제기 후 공소시효 완성이 판명된 때에는 법원은 면소의 판결을 해야 한다(제326조 제3호). 면소판결을 하지 않고 실체판결을 한 경우에는 상소이유가 된다.

PART 04
공판

CHAPTER 01 | 공판절차

제1절 | 공판절차의 기본원칙

Ⅰ. 공개주의

재판의 심리와 판결은 공개한다(법원조직법 제57조 제1항 본문). 다만 심리는 국가의 안전보장 또는 안녕질서를 방해하거나 선량한 풍속을 해할 염려가 있을 때에 법원의 결정으로 공개하지 아니할 수 있다(같은 조 단서).

> ① 법원이 법정의 규모·질서의 유지·심리의 원활한 진행 등을 고려하여 방청인의 수를 제한하는 조치를 취하는 것이 공개재판주의의 취지에 반하는 것은 아니다(대판 1990.6.8. 90도646).
> ② 공개금지사유가 없음에도 불구하고 재판의 심리에 관한 공개를 금지하기로 결정하였다면 그 절차에 의하여 이루어진 증인의 증언은 증거능력이 없고, 이러한 법리는 공개금지결정의 사유를 알 수 없는 경우에도 마찬가지이다(대판 2013.7.26. 2013도2511).

Ⅱ. 구두변론주의

공판기일에서의 변론은 구두로 하여야 하며(제275조의3), 특히 판결은 법률에 다른 규정이 없으면 구두변론에 의거하여야 한다(제37조 제1항).

> 일부유죄·일부무죄를 선고한 제1심판결에 대하여 검사가 항소를 하면서 항소장에는 유죄부분에 대한 양형부당 주장을 구체적으로 적었으나, 이후 항소이유서에는 무죄부분에 대한 사실오인 및 법리오해 주장만을 하였고 공판기일에서도 위 항소장은 진술되지 않은 경우라면, 검사의 항소장의 양형부당 주장을 받아들여 피고인에게 제1심의 형보다 높은 형을 선고한 원심은 구두변론주의에 위반한 것으로 파기되어야 한다(대판 2015.12.10. 2015도11696).

Ⅲ. 직접주의

직접주의란 공판정에서 직접 조사한 증거만을 재판의 기초로 삼을 수 있다는 주의를 말한다.

> 실질적 직접심리주의의 정신에 비추어, 항소심으로서는 제1심 증인이 한 진술의 신빙성 유무에 대한 제1심의 판단이 항소심의 판단과 다르다는 이유만으로 이에 대한 제1심의 판단을 함부로 뒤집어서는 아니 된다(대판 2009.1.30. 2008도7462).

Ⅳ. 집중심리주의

집중심리주의란 심리에 2일 이상을 요하는 사건은 연일 계속하여 심리하여야 한다는 원칙을 말한다(제267조의2, 제318조의4).

제2절 공판심리의 범위

I. 심판의 대상

공소장에 기재된 공소사실은 현실적 심판의 대상이고, 공소사실과 동일성이 인정되는 광의의 공소사실이 잠재적 심판의 대상이다. 잠재적 심판의 대상은 공소장변경에 의하여 비로소 현실적 심판의 대상이 된다.

> 현행 형사소송법 하에서는 법원의 실체적인 심판의 범위는 잠재적으로는 공소사실과 단일성 및 동일성이 인정되는 한 그러한 사실의 전부에 미칠 것이나 현실적 심판의 대상은 공소장에 예비적 또는 택일적으로 기재되었거나 소송의 발전에 따라 그 후 추가·철회 또는 변경된 사실에 한한다고 해석하는 것이 제254조 및 제298조 제1항의 해석상 타당하다(대판 1959.6.26. 4292형상36).

II. 공소장변경

1. 공소장변경의 의의

공소장변경이란 검사가 공소사실의 동일성을 해하지 않는 한도에서 **법원의 허가를 얻어** 공소장에 기재된 **공소사실 또는 적용법조를 추가·철회 또는 변경**하는 것을 말한다(제298조 제1항).

> ① [1] 공소장변경의 방식에 의한 공소사실의 철회는 공소사실의 동일성이 인정되는 범위 내의 일부 공소사실에 한하여 가능한 것이므로, 공소장에 기재된 수개의 공소사실이 서로 동일성이 없고 실체적 경합관계에 있는 경우에 그 일부를 소추대상에서 철회하려면 공소장변경의 방식에 의할 것이 아니라 공소의 일부취소절차에 의하여야 한다. [2] 실체적 경합관계에 있는 수개의 공소사실 중 어느 한 공소사실을 전부 철회하는 검찰관의 공판정에서의 구두에 의한 공소장변경신청이 있는 경우 이것이 그 부분의 공소를 취소하는 취지가 명백하다면 비록 공소취소신청이라는 형식을 갖추지 아니하였더라도 이를 공소취소로 보아 공소기각결정을 하여야 한다(대판 1992.4.24. 91도1438).
>
> ② 공소장에 기재된 수개의 공소사실이 서로 동일성이 없고 실체적 경합관계에 있는 경우에 그 일부 사실을 소추대상에서 철회하려면 공소장 변경의 방식에 의할 것이 아니라 공소의 일부 취소의 절차에 의하여야 한다(대판 1982.3.23. 81도3073).

2. 공소장변경의 한계

공소장변경은 공소사실의 동일성을 해하지 않는 범위에서 허용된다(제298조 제1항). 공소사실의 동일성이란 공소사실의 단일성과 협의의 동일성을 포함하는 개념이다.

> **쟁점** 공소사실의 동일성 판단기준

1. **쟁점의 정리**

   공소사실의 동일성은 소송의 발전에 따른 시간적 전후 동일성을 의미하는바, 그 판단기준에 대해 견해가 대립한다.

2. **견해의 대립**

   ① **기본적 사실동일설**은 공소사실을 그 기초가 되는 사회적 사실로 환원하여 그러한 사실이 기본적인 점에서 동일하면 동일성을 인정하는 견해이고, ② **죄질동일설**은 구성요건의 유형적 본질인 죄질의 동일성이 인정되어야 동일성을 인정하는 견해이고, ③ **구성요건공통설**은 구성요건이 상당정도 부합하는 때 공소사실의 동일성을 인정하는 견해이며, ④ **소인공통설**은 소인의 기본적인 부분을 공통으로 할 때 공소사실의 동일성을 인정하는 견해이다.

3. **판례의 태도**

   판례는 공소사실의 동일성은 그 사실의 기초가 되는 사회적 사실관계가 기본적인 점에서 동일한 것인가에 따라서 판단해야 한다고 하여 기본적 사실동일설의 입장을 기본으로 하면서도, 동일성 판단에 있어 규범적 요소를 전적으로 배제할 수 없다는 이유로 강도상해죄와 장물취득죄 사이에는 동일성을 인정할 수 없다고 판시한 바 있다(대판 1994.3.22. 93도2080 전원합의체).

4. **검토**

   공소사실은 법적 평가가 아닌 사실에 관한 것이고, 소송경제와 신속한 재판의 이념 등을 고려할 때 기본적 사실동일설이 타당하다. 이에 따라 ① 공소장에 기재된 공소사실이 변경된 공소사실과 시간적·장소적으로 밀접한 관계에 있거나(밀접관계), ② 그것이 양립할 수 없는 관계에 있는 때에는(택일관계) 기본적 사실이 동일하다고 할 수 있다.

구체적으로 판례는 ① 돈을 수령한 사실이 같은 이상 **횡령죄**의 공소사실을 **사기죄**로 변경하는 경우(대판 1983.11.8. 83도2500), ② 재물을 취득한 사실이 있는 이상 **장물죄를 절도죄로 변경**하거나(대판 1964.12.29. 64도664), **절도죄를 장물보관죄로 변경**하는 경우(대판 1964.12.29. 64도664), ③ 목을 조르고 폭행한 사실이 있는 때에 **살인죄의 미수를 강간치상죄로 변경**하는 경우(대판 1984.6.26. 84도666), ④ 흉기를 휴대한 사실이 있는 이상 **강도예비를 폭력행위등처벌에관한법률위반죄로 변경**하는 경우(대판 1987.1.20. 86도2396), ⑤ 협박한 사실이 있는 이상 **협박죄를 범인도피죄로 변경**하는 경우(대판 1987.2.10. 85도897)에 공소사실의 동일성을 인정하였다.

> ① 검사가 공소사실 중 임차권 양도계약 중개수수료 교부자를 갑에서 을로 변경하는 공소장변경신청을 하고 원심이 이를 허가한 경우, 그와 같이 공소장을 변경하더라도 피고인이 공소사실 기재 일시 장소에서 위 계약을 중개한 후 법정 수수료 상한을 초과한 중개수수료를 교부받았다는 사실에는 변함이 없으므로, **공소사실의 동일성이 인정된다**(대판 2010.6.24. 2009도9593).
>
> ② 일죄의 관계에 있는 여러 범죄사실 중 일부에 대한 기판력은 현실적으로 심판대상이 되지 아니한 다른 부분에도 미치므로, 그 일부의 범죄사실에 대하여 공소가 제기된 뒤에 항소심에

서 나머지 부분을 추가하였다고 하여 공소사실의 동일성을 해하는 것이라고 볼 수 없으므로 법원은 이를 허가하여야 한다(대판 2016.1.14. 2013도8118).

③ [1] 포괄일죄에 있어서는 공소장변경을 통한 종전 공소사실의 철회 및 새로운 공소사실의 추가가 가능한 점에 비추어 그 공소장변경허가 여부를 결정함에 있어서는 포괄일죄를 구성하는 개개 공소사실별로 종전 것과의 동일성 여부를 따지기보다는 변경된 공소사실이 전체적으로 포괄일죄의 범주 내에 있는지 여부, 즉 단일하고 계속된 범의하에 동종의 범행을 반복하여 행하고 그 피해법익도 동일한 경우에 해당한다고 볼 수 있는지 여부에 초점을 맞추어야 한다. [2] 뇌물수수의 포괄일죄로 기소된 사안에서, 공소사실 중 금원 교부 일시 및 장소의 변경을 내용으로 하는 공소장 변경 신청에 대하여 이를 모두 허가하여야 한다고 본 사례(대판 2006.4.27. 2006도514)

④ 상해의 공소사실에 폭력행위 등 처벌에 관한 법률 위반(집단·흉기 등 협박) 등의 공소사실을 추가하여 공소장변경신청을 한 경우, 범행 장소와 피해자가 동일하고 시간적으로 밀접되어 있으나 수단·방법 등 범죄사실의 내용이나 행위태양이 다를 뿐만 아니라 죄질에도 현저한 차이가 있어 기본적인 사실관계가 동일하지 않으므로 공소사실의 동일성을 인정할 수 없다(대판 2008.12.11. 2008도3656).

⑤ 과실로 교통사고를 발생시켰다는 각 '교통사고처리 특례법 위반죄'와 고의로 교통사고를 낸 뒤 보험금을 청구하여 수령하거나 미수에 그쳤다는 '사기 및 사기미수죄'는 서로 행위 태양이 전혀 다르고, 각 교통사고처리 특례법 위반죄의 피해자는 교통사고로 사망한 사람들이나, 사기 및 사기미수죄의 피해자는 피고인과 운전자보험계약을 체결한 보험회사들로서 역시 서로 다르며, 따라서 위 각 교통사고처리 특례법 위반죄와 사기 및 사기미수죄는 그 기본적 사실관계가 동일하다고 볼 수 없으므로, 위 전자에 관한 확정판결의 기판력이 후자에 미친다고 할 수 없다(대판 2010.2.25. 2009도14263).

⑥ 유사수신행위의 규제에 관한 법률 제3조에서 금지하고 있는 유사수신행위 그 자체에는 기망행위가 포함되어 있지 않고, 이러한 위 법률 위반죄와 특정경제범죄 가중처벌 등에 관한 법률 위반(사기)죄는 각 그 구성요건을 달리하는 별개의 범죄로서, 서로 행위의 태양이나 보호법익을 달리하고 있어 양 죄는 상상적 경합관계가 아니라 실체적 경합관계로 봄이 상당할 뿐만 아니라, 그 기본적 사실관계에 있어서도 동일하다고 볼 수 없다(대판 2008.2.29. 2007도10414).

⑦ [1] 범칙금의 납부에 따라 확정판결에 준하는 효력이 인정되는 범위는 범칙금 통고의 이유에 기재된 당해 범칙행위 자체 및 그 범칙행위와 동일성이 인정되는 범칙행위에 한정된다. 따라서 범칙행위와 같은 시간과 장소에서 이루어진 행위라 하더라도 범칙행위의 동일성을 벗어난 형사범죄행위에 대하여는 범칙금의 납부에 따라 확정판결에 준하는 일사부재리의 효력이 미치지 아니한다. [2] 피고인에게 적용된 경범죄처벌법 제1조 제26호(인근소란등)의 범칙행위와 흉기인 야채 손질용 칼 2자루를 휴대하여 피해자의 신체를 상해하였다는 폭력행위 등 처벌에 관한 법률 위반(집단·흉기등상해)의 공소사실은 범죄사실의 내용이나 그 행위의 수단 및 태양, 각 행위에 따른 피해법익이 다르고, 그 죄질에도 현저한 차이가 있으며, 위 범칙행위의 내용이나 수단 및 태양 등에 비추어 그 행위과정에서나 이로 인한 결과에 통상적으로 흉기휴대상해 행위까지 포함된다거나 이를 예상할 수 있다고는 볼 수 없어 기본적 사실관계가 동일한 것으로 평가할 수 없다(대판 2011.4.28. 2009도12249).

⑧ 살인죄의 공소사실과 선행사건에서 유죄로 확정된 폭력행위 등 처벌에 관한 법률 위반(우범자)죄와 증거인멸죄(이하 '증거인멸죄 등'이라고 한다)는 범행의 일시, 장소와 행위 태양이 서로 다르고, 살인죄는 폭력행위 등 처벌에 관한 법률 위반(우범자)죄나 증거인멸죄와는 보호법익이 서로 다르며 죄질에서도 현저한 차이가 있으므로, 살인죄의 공소사실과 증거인멸죄 등의 범죄사실 사이에 기본적 사실관계의 동일성이 없다(대판 2017.1.25. 2016도15526).

⑨ 피고인들이 토지거래허가구역 내 토지를 미등기 전매한 후 매매대금을 지급 받고도 등기를 이전하지 않은 채 제3자에게 근저당권을 설정해 줌으로써 재산상 이익을 취득하고 매수인들에게 손해를 가하였다는 내용의 배임 공소사실로 기소하였다가, 원심에서 피고인들이 장차 설정될 예정이었던 근저당권을 말소하여 소유권이전등기를 넘겨줄 의사나 능력이 없고 산지전용허가가 취소될 것임을 알면서도 산지전용허가가 나 있다는 등으로 피해자들을 기망하여 매매대금을 편취하였다는 사기 공소사실을 예비적으로 추가하는 공소장변경신청을 한 경우, 위 각 범죄사실은 범행일시와 장소, 수단, 방법 등 범죄사실의 내용이나 행위 태양, 범죄의 결과가 다르고 죄질에도 현저히 차이가 있어 기본적 사실관계가 동일하다고 볼 수 없으므로 공소장변경을 허가할 수 없다(대판 2012.4.13. 2011도3469).

⑩ 피고인이 공공의 안녕질서에 직접적인 위협을 끼칠 것이 명백하다는 등의 이유로 금지통고된 집회를 주최하였다는 집회 및 시위에 관한 법률(이하 '집시법'이라고 한다) 위반 공소사실로 기소되었는데, 선행 사건에서 위 집회와 그 이후 계속된 폭력적인 시위에 참가하였다는 이른바 질서위협 집회 및 시위 참가로 인한 집시법 위반죄 등으로 유죄 확정판결(이하 '선행 확정판결'이라고 한다)을 받은 경우, 위 공소사실과 선행 확정판결의 공소사실은 (중략) 사회적인 사실관계와 규범적 요소를 아울러 고려하면, 위 공소사실과 선행 확정판결의 공소사실은 기본적 사실관계가 동일한 것으로 평가할 수 있다(대판 2017.8.23. 2015도11679).

⑪ 피고인들의 이 사건 비자금의 사용으로 인한 업무상횡령의 점과 이 사건 비자금의 조성으로 인한 업무상배임의 점은 그 기본적 사실관계가 동일하다고 보기 어렵다고 할 것이다(대판 2009.2.26. 2007도4784).[11]

⑫ [1] 폭력행위 등 처벌에 관한 법률 제4조 제1항은 그 법에 규정된 범죄를 목적으로 하는 단체 등을 구성하거나 이에 가입하는 행위 또는 구성원으로 활동하는 행위를 처벌하도록 정하고 있고, 여기서 말하는 범죄단체 구성원으로서의 '활동'이란 범죄단체의 내부 규율 및 통솔 체계에 따른 조직적·집단적 의사 결정에 기초하여 행하는 범죄단체의 존속·유지를 지향하는 적극적인 행위를 의미한다. [2] 범죄단체 등에 소속된 조직원이 저지른 폭력행위등처벌에관한법률위반(단체등의공동강요)죄 등의 개별적 범행과 폭력행위처벌법위반(단체등의활동)죄는 범행의 목적이나 행위 등 측면에서 일부 중첩되는 부분이 있더라도, 일반적으로 구성요건을 달리하는 별개의 범죄로서 범행의 상대방, 범행 수단 내지 방법, 결과 등

---

[11] 더욱이, 피고인들은 어느 특정한 사용목적을 위하여 비자금을 조성, 사용하기로 결심하고 그에 따른 일련의 과정으로서 특별히 비자금을 조성하여 그 조성된 비자금을 해당 특정 목적으로 사용한 것이 아니라, 향후 정상적인 회계처리절차에 의하지 아니한 채 공소외 회사의 자금을 사용할 필요가 있을 때를 대비하여 일반적, 포괄적, 지속적으로 비자금을 조성하여 왔고, 그와 같이 조성, 관리하고 있던 비자금을 그때그때 필요에 따라 공소외 회사를 위하여, 또는 개인이나 제3자를 위하여 이를 사용하여 왔는바, 이러한 경우에는 비자금의 조성행위와 비자금의 사용행위 사이에서 그 기본적 사실관계의 동일성을 인정하기 어렵다고 할 것이다(위 판결 이유 중 발췌).

이 다를 뿐만 아니라 그 보호법익이 일치한다고 볼 수 없다. 또한 폭력행위처벌법 위반(단체 등의 구성·활동)죄와 위 개별적 범행은 특별한 사정이 없는 한 법률상 1개의 행위로 평가되는 경우로 보기 어려워 상상적 경합이 아닌 실체적 경합관계에 있다고 보아야 한다(대판 2022.9.7. 2022도6993).

⑬ ① 검사는 피고인들에 대한 공소사실 중 사기의 점에 관하여, 피고인들은 성명불상자와 공모하여 2018. 8. 16.부터 2019. 1. 30.까지 피해자들에게 전화하여 대출금을 상환하면 저금리로 대출해 주겠다는 취지로 거짓말하여 이에 속은 피해자들로부터 총 141회에 걸쳐 합계 18억 6,283만 원을 편취하였다는 범죄사실로 공소를 제기하였다. (중략) ② 제1심판결에 대하여 검사와 피고인들 모두 항소하였고, 검사는 원심 공판절차 진행 중 적용법조에 형법 제114조를, 공소사실에 '피고인 1은 2018. 8.경 보이스피싱 범죄를 목적으로 범죄단체를 조직하고, 피고인 2, 피고인 3은 2018. 8.경 위 범죄단체에 가입하였으며, 피고인들은 범죄단체 조직 내 역할을 수행하면서 체크카드 등 접근매체를 편취하거나 대량 문자 발송 사이트를 개설하는 등의 방법으로 범죄단체 활동을 하였다'는 공소사실을 추가하였고 (중략) ③ 실체적 경합범 관계에 있는 이 사건 공소사실과 범죄단체 공소사실은 범행일시, 행위태양, 공모관계 등 범죄사실의 내용이 다르고, 그 죄질에도 현저한 차이가 있다. 따라서 위 두 공소사실은 동일성이 없으므로, 공소장변경절차에 의하여 이 사건 공소사실에 위 범죄단체 공소사실을 추가하는 취지의 공소장변경은 허가될 수 없다(대판 2020.12.24. 2020도10814).

⑭ 피고인에 대하여 유죄판결이 확정된 '아파트 사전분양'으로 인한 구 주택건설촉진법 위반죄 범죄사실과 '아파트를 건축·분양할 의사나 능력 없이 피해자들을 기망하여 분양대금을 편취하였다'는 내용의 특정경제범죄 가중처벌 등에 관한 법률 위반(사기) 공소사실 사이에 동일성이 있다거나, 두 죄가 1죄 내지 상상적 경합관계에 있다고 할 수 없다(대판 2011.6.30. 2011도1651).

⑮ [1] 무면허운전으로 인한 도로교통법 위반죄에 관해서는 어느 날에 운전을 시작하여 다음 날까지 동일한 기회에 일련의 과정에서 계속 운전을 한 경우 등 특별한 경우를 제외하고는 사회통념상 운전한 날을 기준으로 운전한 날마다 1개의 운전행위가 있다고 보는 것이 상당하므로 운전한 날마다 무면허운전으로 인한 도로교통법 위반의 1죄가 성립한다고 보아야 한다. 한편 같은 날 무면허운전 행위를 여러 차례 반복한 경우라도 그 범의의 단일성 내지 계속성이 인정되지 않거나 범행 방법 등이 동일하지 않은 경우 각 무면허운전 범행은 실체적 경합 관계에 있다고 볼 수 있으나, 그와 같은 특별한 사정이 없다면 각 무면허운전 행위는 동일 죄명에 해당하는 수개의 동종 행위가 동일한 의사에 의하여 반복되거나 접속·연속하여 행하여진 것으로 봄이 상당하고 그로 인한 피해법익도 동일한 이상, 각 무면허운전 행위를 통틀어 포괄일죄로 처단하여야 한다. [2] 포괄일죄에서는 공소장변경을 통한 종전 공소사실의 철회 및 새로운 공소사실의 추가가 가능한 점에 비추어 공소장변경허가를 결정할 때는 포괄일죄를 구성하는 개개 공소사실별로 종전 것과의 동일성을 따지기보다는 변경된 공소사실이 전체적으로 포괄일죄의 범주 내에 있는지, 즉 단일하고 계속된 범의하에 동종의 범행을 반복하여 행하고 피해법익도 동일한 경우에 해당한다고 볼 수 있는지에 초점을 맞추어야 한다(대판 2022.10.27. 2022도8806).

3. 공소장변경의 필요성

1) 공소장변경의 요부

> **쟁점** 공소장변경의 필요성을 결정하는 기준
>
> **1. 쟁점의 정리**
>
> 소송경제 등을 위해 일정한 경우 법원이 공소장변경 없이 공소사실과 다른 사실을 인정할 수 있다. 법원이 어떤 범위에서 공소장변경 없이 공소장에 기재된 공소사실과 다른 사실을 인정할 수 있는지, 즉 어느 경우에 공소장변경이 필요한지 그 기준이 문제된다.
>
> **2. 견해의 대립**
>
> ① 동일벌조설은 구체적 사실관계가 다르더라도 벌조 또는 구성요건에 변경이 없는 한 공소장 변경이 필요 없다는 견해이고, ② 법률구성설은 법률구성에 영향이 없을 때에는 공소장변경을 요하지 않는다는 견해이며, ③ 사실기재설은 공소장에 기재되어 있는 사실과 실질적으로 다른 사실을 인정할 때에는 공소장변경을 필요로 한다는 견해이다.
>
> **3. 판례의 태도**
>
> 판례는 사실기재설의 입장에서 피고인의 방어권행사에 실질적인 불이익을 초래할 염려가 없는 경우에는 공소사실과 기본적 사실이 동일한 범위 내에서 법원이 공소장변경 절차를 거치지 아니하고 다르게 인정하였다 할지라도 불고불리의 원칙에 위반되지 않는다고 판시하였다(대판 1994.12.9. 94도1888).
>
> **4. 검토**
>
> 공소장에 공소사실을 특정하는 이유는 피고인의 방어권을 보장하려는 데 그 취지가 있다. 따라서 사실기재설이 타당하다.
>
> ---
>
> 공소장의 적용법조 기재에 오기·누락이 있거나 또는 적용법조에 해당하는 구성요건이 충족되지 않을 때에는 공소사실의 동일성이 인정되는 범위 내로서 피고인의 방어에 실질적인 불이익을 주지 않는 한도에서 법원이 공소장 변경의 절차를 거침이 없이 직권으로 공소장 기재와 다른 법조를 적용할 수 있지만, 공소장에 기재된 적용법조를 단순한 오기나 누락으로 볼 수 없고 구성요건이 충족됨에도 법원이 공소장 변경의 절차를 거치지 아니하고 임의적으로 다른 법조를 적용하여 처단할 수는 없다(대판 2015.11.12. 2015도12372).

2) 필요성판단의 기준

(1) 구성요건이 같은 경우

공소장 기재 공소사실과 인정 범죄사실이 같은 구성요건에 속하는 경우, 공소사실을 심판의 대상을 특정하기 위하여 필요불가결한 사실과 기타의 사실로 나누어 전자의 경우에만 공소장변경을 요한다.

① 범죄의 일시·장소 : 범죄의 일시와 장소의 변경은 원칙적으로 공소장변경을 요한다.

② **범죄의 수단과 방법** : 사기죄와 같은 행태의존적 결과범에서는 행위의 수단 또는 방법이 중요하므로 그 범죄의 수단 또는 방법이 변경된 경우에는 원칙적으로 공소장변경을 요한다. 그러나 살인죄와 같은 단순결과범에서는 그 범행의 수단 또는 방법이 변경된 경우라도 공소장변경을 요하지 아니한다.

③ **범죄의 객체** : 범죄의 객체도 범행의 일시·장소 또는 수단에 준하여 원칙적으로 공소장변경을 요한다. 다만 객체가 달라진 경우에도 피고인이 시인하여 방어권행사에 불이익을 주지 않은 때에는 공소장변경을 요하지 않는다.

④ **기타 사정** : 범죄의 객체가 같은 경우에 피해자를 달리 인정하는 때에는 공소장변경을 요하지 않는다. 따라서 사기죄에 있어서 피해자가 다르거나, 인과관계의 진행에 차이가 있는 경우에도 공소장변경을 요하지 않고(대판 1978.2.28. 77도3522), 단순한 상해정도의 차이나 뇌물전달자가 다른 경우에도 공소장변경을 요하지 않는다.

① 기소된 공소사실의 재산상의 피해자와 공소장 기재의 피해자가 다른 것이 판명된 경우에는 공소사실에 있어서 동일성을 해하지 아니하고 피고인의 방어권 행사에 실질적 불이익을 주지 아니하는 한 공소장변경절차 없이 직권으로 공소장 기재의 사기피해자와 다른 실제의 피해자를 적시하여 이를 유죄로 인정하여야 한다(대판 2002.8.23. 2001도6876).

② 변제할 의사와 능력 없이 피해자로부터 금원을 편취하였다고 기소된 사실을 공소장변경 절차 없이 피해자에게 제3자를 소개케 하여 동액의 금원을 차용하고 피해자에게 그에 대한 보증채무를 부담케 하여 재산상의 이익을 취득하였다고 인정하였다 할지라도 위 양 범죄사실을 비교하여 보면 차용액, 기망의 태양, 피해의 내용이 실질에 있어 동일한 것이어서 피해자를 기망하여 금원을 편취하였다는 기본적 사실에 아무런 차이도 없으므로 원심의 인정사실이 공소사실의 동일성을 벗어난 것도 아닐 뿐더러 피고인이 스스로 이를 시인하고 있는 이상 피고인의 방어에 하등의 불이익을 주었다고 볼 수도 없으므로 거기에 위법이 있다 할 수 없다(대판 1984.9.25. 84도312).

(2) 구성요건이 다른 경우

공소사실과 법원이 인정할 범죄사실 사이에 구성요건을 달리하는 때에는 원칙적으로 공소장변경이 필요하다. 따라서 공소장변경 없이 ⓐ 특수절도죄를 장물운반죄로(대판 1965.1.26. 64도681), ⓑ 특수강도죄를 특수공갈죄로(대판 1968.9.19. 68도995 전원합의체), ⓒ 강간치상죄를 강제추행치상죄로(대판 1993.10.12. 93도1898), ⓓ 성폭력범죄의 처벌 및 피해자보호 등에 관한 법률상 주거침입강간미수죄를 주거침입강제추행죄로(대판 2008.9.11. 2008도2409), ⓔ 명예훼손죄를 모욕죄로(대판 1972.5.31. 70도1859), ⓕ 강제집행면탈죄를 권리행사방해죄로(대판 1972.5.31. 72도1090), ⓖ 사기죄를 상습사기죄로(대판 1977.9.13. 77도2233), ⓗ 강도상해교사죄를 공갈교사죄로(대판 1993.4.27. 92도3156), ⓘ 살인죄를 폭행치사죄로(대판 1981.7.28. 81도1489), ⓙ 장물보관죄를 업무상과실장물보관죄(대판 1984.2.28. 83도3334)로 인정하는 것은 허용되지 않는다. 다만 판례는 ⓚ 배임죄로 기소된 공소사실에 대하여 법원은 공소장변경 없이 횡령죄를 적용하여 처벌할 수 있다고 판시한 바 있다(대판 1999.11.26. 99도2651).

① 법원의 심판의 대상은 공소사실과 공소상에 예비적 또는 택일적으로 기재되거나 소송의 발전에 따라 그 추가 또는 변경된 사실에 한하므로 공소사실과 동일성이 인정되는 사실일지라도 소송진행에 의하여 현실로 심판의 대상이 되지 아니하는 사실은, 법원이 그 사실을 인정하더라도 피고인이 방어에 실질적 불이익을 초래할 염려가 없는 경우가 아닌 이상 이를 심판할 수 없다고 할 것인 바, 심판대상인 과실의 내용이 피고인이 횡단보도 앞에서 횡단보행자가 있는지 여부를 잘 살피지 아니하고 또 신호에 따라 정차하지 아니하고 시속 50킬로미터로 진행한 과실이라면 보조제동장치나 조향장치를 조작하지 아니하였다는 과실은 전자와 그 내용을 달리하며 피고인의 방어권행사에 불이익을 초래할 염려가 있는 경우이므로 공소장의 변경절차를 밟지 아니한 이상, 법원의 현실적 심판의 대상이 될 수 없다(대판 1989.10.10. 88도1691).

② 강도죄와 공갈죄는 죄질을 달리하므로 강도상해교사죄의 공소사실을 공소장변경절차 없이 공갈교사죄로 처단할 수 없다(대판 1993.4.27. 92도3156).

③ 검사가 피고인을 도로교통법 위반(음주운전)으로 기소하면서 공소사실을 '술에 취한 상태에서의 운전금지의무를 2회 이상 위반한 사람으로서 다시 혈중알코올농도 0.132%의 술에 취한 상태로 자동차를 운전하였다'고 기재하고, 적용법조를 '도로교통법 제148조의2 제2항 제2호, 제44조 제1항'으로 기재한 경우, 법원이 공소장변경 없이 직권으로 그보다 형이 무거운 '도로교통법 제148조의2 제1항 제1호, 제44조 제1항'을 적용하여 처벌하는 것은 불고불리 원칙에 반하여 피고인의 방어권 행사에 실질적인 불이익을 초래한다(대판 2019.6.13. 2019도4608).

다만 다음 두 가지 경우에는 공소장변경을 요하지 않는다.

① **축소사실의 인정** : 구성요건을 달리하는 사실이 공소사실에 포함되어 있는 경우에는「大는 小를 포함한다」는 이론에 의하여 공소장변경을 요하지 않는다. 그러므로 공소장변경절차를 거치지 않더라도 법원은 ⓐ 강간치상죄의 공소사실을 강간죄로(대판 1980.7.8. 80도1227), ⓑ 강간치사죄를 강간죄의 미수로(대판 1969.2.18. 68도1601), ⓒ 특수절도죄를 절도죄로(대판 1973.7.24. 73도1256), ⓓ 강도상해죄를 절도죄와 상해죄로(대판 1965.10.26. 65도599), ⓔ 강도강간죄를 강간죄로(대판 1987.5.12. 87도792), ⓕ 수뢰후부정처사죄를 뇌물수수죄로(대판 1999.11.9. 99도2530) 인정할 수 있다.

① 히로뽕 투약죄의 기수범으로 기소된 공소사실에 대하여 실행행위에 착수한 사실은 인정되나 기수에 이른 사실은 인정되지 않는 경우, 심리의 경과에 비추어 그 미수의 범죄사실을 인정한다고 하여 피고인의 방어권행사에 실질적인 불이익을 초래할 염려가 있다고 보여지지 않는다면 법원은 공소사실에 포함된 히로뽕 투약 미수의 범죄사실을 유죄로 인정하여야 한다고 한 사례(대판 1999.11.9. 99도3674)

② [비교판례] 피고인의 행위가 그 주장하는 바와 같이 비지정문화재수출예비·음모죄에 해당한다고 하더라도 검사가 공소장을 변경하지 아니한 이상 원심으로서는 이에 관하여 심판할 수 없는 것이므로, 법원이 그 점에 관하여 공소장변경을 요구하지도 않고 이를 판단하지 아니하였다 하여 판단유탈의 잘못이 있다고 할 수도 없다(대판 1999.11.26. 99도2461).

② **법적 평가만을 달리하는 경우** : 사실의 변화 없이 법적 평가만을 달리하는 경우에는 원칙적으로 공소장변경을 요하지 않는다. 따라서 특정범죄가중처벌등에관한법률위반죄의 공소사실에 대하여 수뢰죄·관세법위반·준강도죄(대판 1982.9.14. 82도1716, 82감도348) 또는 절도죄(대판 1984.2.28. 84도34)를 적용할 때에는 반드시 공소장변경이 있어야 하는 것은 아니다. 그러나 공소장에 기재된 공소사실보다 법정형이 무거운 사실을 인정하는 경우에는 피고인의 방어에 실질적인 불이익을 줄 수 있으므로 공소장변경을 요한다. 그러나 죄수에 대한 법적 평가만을 달리하는 경우에는 공소장변경을 요하지 않는다. 따라서 경합범으로 공소제기된 것을 포괄일죄나 상상적 경합으로 인정하는 때(대판 1980.12.9. 80도2236)는 물론, 포괄일죄의 공소사실을 경합범으로 인정하는 경우(대판 1980.3.11. 80도217)에도 공소장변경을 요하지 아니한다. 또한 판례는 공동정범으로 기소된 사실에 관하여 방조사실을 인정하거나(대판 1982.6.8. 82도884), 단독정범으로 기소된 것을 공동정범으로 인정하는 경우(대판 1999.7.23. 99도1911)에는 피고인의 방어에 실질적 불이익을 초래하지 아니하므로 공소장변경을 요하지 않는다고 판시하고 있다.

① 피고인이 성폭력범죄의 처벌 등에 관한 특례법 위반(장애인강간) 및 성폭력범죄의 처벌 등에 관한 특례법 위반(장애인강제추행)으로 기소된 사안에서, 피고인이 갑의 항거를 현저히 곤란하게 할 정도의 폭행·협박을 한 것을 인정할 증거가 없고, 갑에게 위와 같이 유형력을 행사한 것은 성폭력범죄의 처벌 등에 관한 특례법 위반(장애인위계등간음)죄와 성폭력범죄의 처벌 등에 관한 특례법 위반(장애인위계등추행)죄의 '위력'에 해당하며, 피고인의 방어권 행사에 실질적인 불이익을 초래할 염려도 없다는 이유로 공소장변경절차 없이 각각 성폭력범죄의 처벌 등에 관한 특례법 위반(장애인위계등간음)죄와 성폭력범죄의 처벌 등에 관한 특례법 위반(장애인위계등추행)죄로 인정한 원심의 조치가 정당하다고 한 사례(대판 2014.10.15. 2014도9315)

② 피고인의 방어권 행사에 실질적인 불이익을 초래할 염려가 없는 경우에는 공소사실과 기본적 사실이 동일한 범위 내에서 법원이 공소장 변경절차를 거치지 않고 공소사실과 다르게 사실을 인정하더라도 불고불리의 원칙에 위배되지 않는다. 단독범으로 기소된 것을 다른 사람과 공모하여 동일한 내용의 범행을 한 것으로 인정하는 경우에 이로 말미암아 피고인에게 예치치 않은 타격을 주어 방어권 행사에 실질적 불이익을 줄 우려가 없다면 공소장 변경이 필요한 것은 아니다(대판 2018.7.12. 2018도5909).

③ [비교판례] 단독범으로 기소된 것을 법원이 다른 사람과 공모하여 동일한 내용의 범행을 한 것으로 인정하는 경우, 이 때문에 피고인의 방어권의 행사에 실질적 불이익을 줄 우려가 있다면 반드시 공소장변경을 필요로 한다(대판 1997.5.23. 96도1185).

④ [비교판례] 피고인의 행위가 보건범죄단속에관한특별조치법위반(부정의료업자)의 방조에 해당된다고 하더라도, 보건범죄단속에관한특별조치법위반(부정의료업자)의 공동정범으로 공소가 제기된 사건의 심리과정에서 단 한 번도 언급된 바 없는 보건범죄단속에관한특별조치법위반(부정의료업자)의 방조사실을 법원이 공소장의 변경도 없이 그대로 유죄로 인정하는 것이 피고인의 방어권 행사에 실질적인 불이익을 초래할 염려가 없다고 보기 어려울 뿐만 아니라, 보건범죄

단속에관한특별조치법위반(부정의료업자)의 방조사실을 유죄로 인정하지 아니하는 것이 현저히 정의와 형평에 반하는 것이라고 보여지지도 아니한다(대판 2001.11.9. 2001도4792).

⑤ 법원은 공소사실의 동일성이 인정되는 범위 내에서 공소가 제기된 범죄사실보다 가벼운 범죄사실이 인정되는 경우, 심리의 경과 등에 비추어 볼 때 피고인의 방어에 실질적인 불이익을 주는 것이 아니라면 공소장변경 없이 직권으로 가벼운 범죄사실을 인정할 수 있으므로, 공동정범으로 기소된 범죄사실을 방조사실로 인정할 수 있다(대판 2018.9.13. 2018도7658 등).

3) 법원의 축소사실에 대한 심판의무

> **쟁점** 법원의 축소사실에 대한 심판의무 인정 여부
>
> 1. **쟁점의 정리**
>
>   기소된 공소사실 중 실제 인정되는 사실이 기소범죄 일부인 축소사실임에도 검사가 공소장변경신청을 하지 않는 경우, 법원이 축소사실에 대한 유죄를 선고할 의무가 있는지 문제된다.
>
> 2. **견해의 대립**
>
>   ① **긍정설**(의무설)은 제298조 제2항 문언상 공소장변경요구는 법원의 의무라는 견해이고, ② **부정설**(재량설)은 공소장변경요구는 법원의 소송지휘권에 속하는 사항으로 법원의 권한일 뿐이라는 견해이며, ③ **절충설**(예외적 의무설)은 원칙적으로는 소송지휘권에 근거한 재량이나, 법원이 축소사실에 대해 직권인정을 하지 아니하고 무죄판결을 하는 것이 현저히 정의에 반하는 경우에 한하여 예외적으로 법원의 의무가 된다는 견해이다.
>
> 3. **판례의 태도**
>
>   판례는 절충설의 입장에서 '공소장이 변경되지 않았다는 이유로 이를 처벌하지 않는다면 적정절차에 의한 신속한 실체적 진실의 발견이라는 형사소송의 목적에 비추어 현저히 정의와 형평에 반하는 것으로 인정되는 경우라면 법원으로서는 직권으로 그 범죄사실을 인정하여야 한다.'고 판시하였다(대판 1999.11.9. 99도3674).
>
> 4. **검토**
>
>   공소장변경요구는 소송지휘에 관한 결정이라는 점과 법원의 실체적 진실발견의무 양자를 모두 고려하는 **절충설**이 타당하다.

① 원심이 영업 성매매알선행위의 단독범으로 공소제기된 피고인이 영업 성매매알선행위의 공동정범이나 간접정범에 해당한다고 판단하지 않는다고 하여 현저히 정의와 형평에 반한다고 볼 수 없다(대판 2015.9.10. 2014도12275).

② 원심이 피고인에 대한 상표법 위반의 공소사실을 부정경쟁방지 및 영업비밀보호에 관한 법률 위반으로 공소장 변경을 요구하지 아니하거나, 직권으로 위 부정경쟁방지 및 영업비밀보호에 관한 법률 위반죄의 성립 여부를 판단하지 않은 것은 위법하지 아니하다(대판 2011.1.13. 2010도5994).

③ 공소장변경절차를 거쳐야 하는 경우임에도 이를 거치지 않은 채 직권으로 당초 공소사실과 다른 공소사실에 대하여 유죄를 인정하는 것은 피고인의 방어권을 침해하거나 불

고불리 원칙에 위반되어 허용될 수 없지만, 공소장변경절차를 거치지 않고서도 직권으로 당초 공소사실과 다른 공소사실에 대하여 유죄를 인정할 수 있는 예외적인 경우임에도 공소장변경절차를 거친 다음 변경된 공소사실을 유죄로 인정하는 것은 심판대상을 명확히 특정함으로써 피고인의 방어권 보장을 강화하는 것이므로 특별한 사정이 없는 한 위법하다고 볼 수 없다(대판 2022.12.15. 2022도10564).

4. 공소장변경의 절차

1) 검사의 신청에 의한 공소장변경

(1) 공소장변경신청

공소장변경은 검사의 신청에 의한다(제298조 제1항). 검사의 공소장변경신청은 서면에 의하여야 한다. 다만 피고인이 재정하는 공판정에서는 피고인에게 이익이 되거나 피고인이 동의하는 경우에 법원은 구술에 의한 공소장변경을 허가할 수 있다(규칙 제142조 제5항). 검사의 공소장변경허가신청이 있는 경우 법원은 신속히 그 사유를 피고인 또는 변호인에게 고지하여야 한다(제298조 제3항).

① 검사가 구술로 공소장변경허가신청을 하면서 변경하려는 공소사실의 일부만 진술하고 나머지는 전자적 형태의 문서로 저장한 저장매체를 제출하였다면, 공소사실의 내용을 구체적으로 진술한 부분에 한하여 공소장변경허가신청이 된 것으로 볼 수 있을 뿐이다. 그 경우 저장매체에 저장된 전자적 형태의 문서는 공소장변경허가신청이 된 것이라고 할 수 없고, 법원이 그 부분에 대해서까지 공소장변경허가를 하였더라도 적법하게 공소장변경이 된 것으로 볼 수 없다(대판 2016.12.29. 2016도11138).

② 검사가 공소장변경허가신청서를 제출하지 않고 공소사실에 대한 검사의 의견을 기재한 서면을 제출하였더라도 이를 곧바로 공소장변경허가신청서를 제출한 것이라고 볼 수는 없다(대판 2022.1.13. 2021도13108).

③ 형사소송규칙 제142조 제3항은 공소장변경허가신청서가 제출된 경우 법원은 그 부본을 피고인 또는 변호인에게 즉시 송달하여야 한다고 규정하고 있는데, 피고인과 변호인 모두에게 부본을 송달하여야 하는 취지가 아님은 문언상 명백하므로, 공소장변경신청서 부본을 피고인과 변호인 중 어느 한 쪽에 대해서만 송달하였다고 하여 절차상 잘못이 있다고 할 수 없다(대판 2013.7.12. 2013도5165).

④ 검사의 서면에 의한 공소장변경허가신청이 있는데도 법원이 피고인 또는 변호인에게 공소장변경허가신청서 부본을 송달·교부하지 않은 채 공소장변경을 허가하고 공소장변경허가신청서에 기재된 공소사실에 관하여 유죄판결을 하였다면, 공소장변경허가신청서 부본을 송달·교부하지 않은 법원의 잘못은 판결에 영향을 미친 법령 위반에 해당한다. 다만 공소장변경 내용이 피고인의 방어권과 변호인의 변호권 행사에 지장이 없는 것이거나 피고인과 변호인이 공판기일에서 변경된 공소사실에 대하여 충분히 변론할 기회를 부여받는 등 피고인의 방어권이나 변호인의 변호권이 본질적으로 침해되지 않았다고 볼 만한 특별한 사정이 있다면 판결에 영향을 미친 법령 위반이라고 할 수 없다(대판 2021.6.30. 2019도7217).

(2) 공소장변경허가

검사의 공소장변경신청이 공소사실의 동일성을 해하지 않는 때에는 법원은 이를 허가하여야 한다. 이 경우 법원의 허가는 의무적이다. 공소장변경이 피고인의 방어에 불이익이 증가할 염려가 있다고 인정될 때에는 직권 또는 피고인이나 변호인의 청구에 의하여 필요한 기간 공판절차를 정지할 수 있다(제298조 제4항).

> ① 피고인이 재정하는 공판정에서 검사가 구술로 공소장변경신청을 하자 피고인이 이에 동의하였고 법원도 위 변경신청을 기각하지 아니한 채 바로 다음 공판절차를 진행하였다면, 법원이 공소장변경신청에 대하여 명시적인 허가결정을 하지 아니하였다 하더라도 그 허가가 있었던 것으로 봄이 상당하다(대판 2002.3.29. 2002도587).
>
> ② 포괄일죄의 일부만 철회하는 공소장변경은 가능하다. 이러한 경우에는 공소취소시 재기소의 금지에 관한 형사소송법 제329조가 적용되지 아니한다(대판 2004.9.23. 2004도3203).

(3) 공소장변경허가결정의 취소

법원의 공소장변경허가결정 후 공소사실의 동일성이 인정되지 않는 등의 사유로 **공소장변경허가결정에 위법사유가 있는 경우에는 공소장변경허가를 한 법원이 스스로 이를 취소할 수 있다**(대판 2001.3.27. 2001도116).

(4) 결정에 대한 불복

법원의 공소장변경허가결정은 판결 전의 소송절차에 관한 결정이므로 그 결정에 대하여 독립하여 항고할 수 없고, 다만 허가결정의 위법이 판결에 영향을 미친 경우에 한하여 그 판결에 대하여 상소를 제기할 수 있을 뿐이다(대결 1987.3.28. 87모17).

2) 법원의 공소장변경요구

법원은 심리의 경과에 비추어 상당하다고 인정할 때에는 공소사실 또는 적용법조의 추가 또는 변경을 요구하여야 한다(제298조 제2항).

쟁점 법원의 공소장변경요구의 의무성

1. **쟁점의 정리**

   법원의 공소장변경요구가 의무라고 할 수 있는가에 대해 견해가 대립한다. 법원의 의무를 인정하는 경우 법원에서 공소장변경요구를 하지 않고 무죄판결을 한 때에는 심리미진의 위법이 있게 된다.

2. **견해의 대립**

   ① 의무설은 제298조 제2항 규정의 문리해석상 법원의 의무를 인정하는 견해이고, ② 재량설은 공소사실의 변경은 검사의 권한이므로 법원의 재량에 불과하다는 견해이며, ③ 예외적의무설은 원칙적으로는 재량이나 공소장변경요구를 하지 않고 무죄판결을 하는 것이 현저히 정의에 반하는 경우에 한하여 예외적으로 법원의 의무를 인정하면서, 증거의 명백성과 범죄의

중대성을 예외판단의 구체적 기준으로 하는 견해이다.

3. **판례**

판례는 재량설의 입장에서 **공소장변경요구는 법원의 권한**에 불과하며, 법원이 공소장변경요구를 하지 않았다고 하여 심리미진의 위법이 있는 것은 아니라고 판시하였다(대판 1985.7.23. 85도1092).

4. **검토**

공소의 제기와 변경은 원칙적으로 검사의 권한이라 할 것이므로 재량설이 타당하다.

① 법원이 검사에게 공소제기된 장물보관죄를 업무상과실장물보관죄로 공소장변경을 촉구 또는 요구하지 않았다 하여 심리미진이라 할 수 없다(대판 1983.3.22. 83도47).

② 공소장변경 절차 없이도 법원이 심리·판단할 수 있는 죄가 한 개가 아니라 여러 개인 경우에는, 법원으로서는 그 중 어느 하나를 임의로 선택할 수 있는 것이 아니라 검사에게 공소사실 및 적용법조에 관한 석명을 구하여 공소장을 보완하게 한 다음 이에 따라 심리·판단하여야 할 것이다(대판 2005.7.8. 2005도279).

[쟁점] 법원의 공소장변경요구의 형성력

법원의 공소장변경요구가 있는 경우 이러한 요구에 형성력을 인정하여 공소장이 자동적으로 변경되는지 문제된다. 이에 대해 ① 형성력을 인정하여 검사가 공소장변경요구에 불응한 때에도 공소장변경의 효과가 발생한다는 긍정설과 ② 공소사실의 설정과 변경은 검사의 권한이라는 이유로 형성력을 부정하는 부정설이 대립한다. 생각건대, 공소장변경요구의 형성력을 인정하는 규정이 존재하지 아니하고, 형성력을 긍정할 경우 복수의 변경권자를 인정하는 결과가 된다는 점에서 **부정설**이 타당하다.

[쟁점] 법원의 공소장변경요구 검사에 대한 효력

법원의 공소장변경요구가 검사에 대해 어떠한 효과를 가지는지 문제된다. 이에 대해 ① 공소장변경요구는 권고적 의미만을 갖는다는 **권고효설**과 ② 검사의 복종의무를 인정하는 **명령효설**이 대립한다. 생각건대, 공소장변경요구가 법원의 소송지휘권에 의한 결정이라는 점을 고려할 때 검사에게 복종의무를 인정하여야 하므로 **명령효설**이 타당하다. 그러나 불이행시 이행을 강제할 수단이 없다는 점에서 견해대립의 실익은 크지 않다.

3) 항소심에서의 공소장변경

> **쟁점** 항소심에서의 공소장변경 허용 여부
>
> **1. 쟁점의 정리**
>
> 항소심에서 공소장변경이 허용되는지가 문제된다. 이는 항소심의 구조를 어떻게 파악할 것인지와 직접 관련되는 문제이다.
>
> **2. 견해의 대립**
>
> ① **부정설**은 항소심은 사후심이므로 공소장변경이 허용되지 않는다는 견해이고, ② **긍정설**은 항소심은 속심이므로 제1심과 마찬가지로 공소장변경이 허용된다는 견해이며, ③ **절충설**은 항소심을 사후심으로 보면서, 항소심이 원심판결을 파기하는 경우에만 허용된다는 견해이다.
>
> **3. 판례의 태도**
>
> 판례는 긍정설의 입장에서 항소심이 속심적 성격을 가진다고 보면서 항소심에서의 공소장변경이 가능하다고 본다(대판 1986.7.8. 86도621).
>
> **4. 검토**
>
> 항소심에서 직권심리(제364조 제2항) 및 새로운 증거조사(제364조 제3항)를 할 수 있다는 점을 고려할 때 항소심은 속심의 성격을 갖는다. 따라서 **긍정설**이 타당하다.

> ① 항소심 법원이 변론기일에 변론을 종결하였다가 그 후 변론을 재개하여 심리를 속행한 다음 직권으로 증인을 심문한 뒤 검사의 공소장변경 신청을 허가하였다고 하더라도 이와 같은 항소심의 조치는 형사소송법의 절차나 규정에 위반하였다고 볼 수 없다(대판 1995.12.5. 94도1520).
>
> ② 피고인의 상고에 의하여 상고심에서 원심판결을 파기하고 사건을 항소심에 환송한 경우에도 공소사실의 동일성이 인정되면 공소장변경을 허용하여 이를 심판대상으로 삼을 수 있다(대판 2004.7.22. 2003도8153).

4) 포괄일죄 일부에 대한 추가기소의 적법성 및 검사·법원의 조치

> **쟁점** 포괄일죄 일부에 대한 추가기소의 적법성 및 법원의 조치
>
> **1. 쟁점의 정리**
>
> 검사가 포괄일죄의 일부 범죄에 대해 추가로 기소한 경우, 이러한 추가기소가 이중기소에 해당하여 위법한지 여부 및 위법한 경우 이에 대한 검사와 법원의 조치가 각각 문제된다(상상적 경합범의 일부 기소의 경우에도 같은 쟁점이 문제된다).
>
> **2. 일부 추가기소의 적법성**
>
> **가. 견해의 대립**
>
> ① **적법설**은 포괄일죄는 사실상 수죄이므로 추가기소는 이중기소가 아니고, 법원은 전체 공소사실에 대해 실체판결을 할 수 있다는 견해이고, ② **부적법설**은 1죄인 포괄일죄의 일부를

다시 기소하는 것은 이중기소로서 부적법하고, 법원은 이에 대해 공소를 기각하여야 한다는 견해이며, ③ 절충설은 공소제기 후 비로소 포괄일죄임이 밝혀진 예외적인 경우에 한하여 추가기소가 적법하다는 견해이다.

나. 판례의 태도

판례는 '검사가 일단 상습사기죄로 공소제기한 후 그 공소의 효력이 미치는 위 기준시까지의 사기행위 일부를 별개의 독립된 상습사기죄로 공소제기를 함은 비록 그 공소사실이 먼저 공소제기를 한 상습사기의 범행 이후에 이루어진 사기 범행을 내용으로 한 것일지라도 공소가 제기된 동일사건에 대한 이중기소에 해당되어 허용될 수 없다.'고 하여 **부적법설**의 입장에 있다(대판 1999.11.26. 99도3929).

다. 검토

포괄일죄를 1죄로 보는 이상 일죄의 일부에 대해 공소를 다시 제기하는 것은 부적법한 이중기소라 할 것이므로, **부적법설**이 타당하다.

3. 부적법한 일부 추가기소에 대한 검사의 조치

검사의 일부 추가기소가 부적법한 이상, 검사로서는 원칙적으로 먼저 기소한 사건의 범죄사실에 추가기소의 공소장에 기재한 범죄사실을 추가하여 **전체를 포괄일죄로 변경**하고 그 죄명과 적용법조도 이에 맞추어 변경하는 공소장변경신청을 하고, 추가기소한 사건에 대하여는 **공소취소**를 하여야 할 것이다.

4. 부적법한 일부 추가기소에 대한 법원의 조치

가. 쟁점의 정리

검사의 일부 추가기소가 부적법함에도 검사가 위와 같은 조치를 취하지 아니하는 경우 법원이 어떠한 조치를 취하여야 하는지 문제된다.

나. 견해의 대립

① 공소기각판결설은 일부 추가기소가 부적법한 이중기소에 해당하는 이상, 공소기각판결을 선고하여야 한다는 견해이고, ② 실체판결설은 부적법한 일부 추가기소를 공소장변경신청으로 의제하여 실체판결이 가능하다는 견해이며, ③ 석명후판단설은 법원이 검사에게 석명을 구하여 공소장변경의 취지임이 명백한 경우에 한하여 전체에 대한 실체판결이 가능하다는 견해이다.

다. 판례의 태도

판례는 **석명후판단설**의 입장에서 검사에게 석명을 구하여 공소장변경 취지임을 확인하여 실체판결을 하여야 한다고 판시한 바 있고(대판 1996.10.11. 96도1698), 실체판결설의 입장에서 포괄일죄 기소 후 심리과정에서 추가 범죄사실이 밝혀진 경우에는 검사의 추가기소에 의하여 공소장변경이 이루어진 것으로 보아 전후에 기소된 범죄사실 전부에 대하여 **실체판단**을 하여야 한다고 판시한 바 있다(대판 1999.11.26. 99도3929).

라. 검토

포괄일죄에 대한 일부 추가기소가 부적법한 이상 법원이 실체판결을 할 수 없음이 원칙이나, 소송경제 등을 고려할 때 법원이 석명권을 행사하여 검사의 공소장변경 취지를 확인할 수 있는 경우에는 예외적으로 실체판결을 할 수 있다고 보아야 하므로, **석명후판단설**이 타당하다.

① [1] 상습범에 있어서 공소제기의 효력은 공소가 제기된 범죄사실과 동일성이 인정되는 범죄사실 전체에 미치는 것이며, 또한 공소제기의 효력이 미치는 시적 범위는 사실심리의 가능성이 있는 최후의 시점인 판결선고시를 기준으로 삼아야 할 것이므로, 검사가 일단 상습사기죄로 공소제기한 후 그 공소의 효력이 미치는 위 기준시까지의 사기행위 일부를 별개의 독립된 상습사기죄로 공소제기를 함은 비록 그 공소사실이 먼저 공소제기를 한 상습사기의 범행 이후에 이루어진 사기 범행을 내용으로 한 것일지라도 공소가 제기된 동일사건에 대한 이중기소에 해당되어 허용될 수 없다. [2] 검사가 단순일죄라고 하여 사기 범행을 먼저 기소하고 포괄일죄인 상습사기 범행을 추가로 기소하였으나 그 심리과정에서 전후에 기소된 범죄사실이 모두 포괄하여 상습사기의 일죄를 구성하는 것으로 밝혀진 경우에는, 검사로서는 원칙적으로 먼저 기소한 사건의 범죄사실에 추가기소의 공소장에 기재한 범죄사실을 추가하여 전체를 상습범행으로 변경하고 그 죄명과 적용법조도 이에 맞추어 변경하는 공소장변경 신청을 하고 추가기소한 사건에 대하여는 공소취소를 하는 것이 형사소송법의 규정에 충실한 온당한 처리라고 할 것이나, 이와 같은 처리에 의하지 않더라도 검사의 추가기소에는 전후에 기소된 각 범죄사실 전부를 포괄일죄로 처벌할 것을 신청하는 취지가 포함되었다고 볼 수 있어 공소사실을 추가하는 등의 공소장변경과는 절차상 차이가 있을 뿐 그 실질에 있어서 별 차이가 없으므로, 석명에 의하여 추가기소의 공소장의 제출은 포괄일죄를 구성하는 행위로서 먼저 기소된 공소장에 누락된 것을 추가 보충하고 죄명과 적용법조를 포괄일죄의 죄명과 적용법조로 변경하는 취지의 것으로서 1개의 죄에 대하여 중복하여 공소를 제기한 것이 아님이 분명하여진 경우에는 위의 추가기소에 의하여 공소장변경이 이루어진 것으로 보아 전후에 기소된 범죄사실 전부에 대하여 실체판단을 하여야 하고 추가기소에 대하여 공소기각판결을 할 필요는 없다(대판 1999.11.26. 99도3929).

② 포괄일죄인 영업범에서 공소제기의 효력은 공소가 제기된 범죄사실과 동일성이 인정되는 범죄사실의 전체에 미치므로, 공판심리 중에 그 범죄사실과 동일성이 인정되는 범죄사실이 추가로 발견된 경우에 검사는 공소장변경절차에 의하여 그 범죄사실을 공소사실로 추가할 수 있다. 그러나 공소제기된 범죄사실과 추가로 발견된 범죄사실 사이에 그 범죄사실들과 동일성이 인정되는 또 다른 범죄사실에 대한 유죄의 확정판결이 있는 때에는, 추가로 발견된 확정판결 후의 범죄사실은 공소제기된 범죄사실과 분단되어 동일성이 없는 별개의 범죄가 된다. 따라서 이때 검사는 공소장변경절차에 의하여 확정판결 후의 범죄사실을 공소사실로 추가할 수는 없고 별개의 독립된 범죄로 공소를 제기하여야 한다(대판 2017.4.28. 2016도21342).

③ [1] 포괄일죄에서는 공소장변경을 통한 종전 공소사실의 철회 및 새로운 공소사실의 추가가 가능한 점에 비추어 그 공소장변경 허가 여부를 결정할 때는 포괄일죄를 구성하는 개개 공소사실별로 종전 것과의 동일성 여부를 따지기보다는 변경된 공소사실이 전체적으로 포괄일죄의 범주 내에 있는지 여부, 즉 단일하고 계속된 범의하에 동종의 범행을 반복하여 행하고

그 피해법익도 동일한 경우에 해당한다고 볼 수 있는지 여부에 초점을 맞추어야 한다. [2] 형사소송법 제298조 제1항의 취지는 검사의 공소장변경 신청이 공소사실의 동일성을 해하지 아니하는 한 법원은 이를 허가하여야 한다는 뜻으로 해석하여야 한다(대판 2018.10.25. 2018도9810).

④ 상상적 경합관계에 있는 공소사실 중 일부가 먼저 기소된 후 나머지 공소사실이 추가기소되고 이들 공소사실이 상상적 경합관계에 있음이 밝혀진 경우라면, 추가기소에 의하여 전후에 기소된 각 공소사실 전부를 처벌할 것을 신청하는 취지가 포함되었다고 볼 수 있어, 공소사실을 추가하는 등의 공소장변경과는 절차상 차이가 있을 뿐 실질에 있어서 별 차이가 없다. 따라서 법원으로서는 석명권을 행사하여 검사로 하여금 추가기소의 진정한 취지를 밝히도록 하여 검사의 석명에 의하여 추가기소가 상상적 경합관계에 있는 행위 중 먼저 기소된 공소장에 누락된 것을 추가 보충하는 취지로서 1개의 죄에 대하여 중복하여 공소를 제기한 것이 아님이 분명해진 경우에는, 추가기소에 의하여 공소장변경이 이루어진 것으로 보아 전후에 기소된 공소사실 전부에 대하여 실체판단을 하여야 하고 추가기소에 대하여 공소기각판결을 할 필요가 없다(대판 2012.6.28. 2012도2087).

제3절 | 공판준비절차

Ⅰ. 공판기일 전의 절차

1. 공소장부본의 송달

법원은 공소의 제기가 있는 때에는 지체 없이 공소장의 부본을 피고인 또는 변호인에게 송달하여야 한다. 단 제1회 공판기일 전 5일까지 송달하여야 한다(제266조). 공소장부본의 송달이 없어 또는 제1회 공판기일 전 5일의 유예기간을 두지 아니한 송달이 있는 때에 피고인은 심리개시에 대하여 이의신청을 할 수 있다(제269조). 다만 이러한 하자는 피고인이 늦어도 모두진술단계까지 이의하지 않고 사건의 실체에 대하여 진술한 때에는 치유된다.

> 제1심이 공소장부본을 피고인 또는 변호인에게 송달하지 아니한 채 공판절차를 진행하였다면 이는 소송절차에 관한 법령을 위반한 경우에 해당한다. 이러한 경우에도 피고인이 제1심 법정에서 이의함이 없이 공소사실에 관하여 충분히 진술할 기회를 부여받았다면 판결에 영향을 미친 위법이 있다고 할 수 없으나, 제1심이 공시송달의 방법으로 피고인을 소환하여 피고인이 공판기일에 출석하지 아니한 가운데 제1심의 절차가 진행되었다면 그와 같은 위법한 공판절차에서 이루어진 소송행위는 효력이 없으므로, 이러한 경우 항소심은 피고인 또는 변호인에게 공소장부본을 송달하고 적법한 절차에 의하여 소송행위를 새로이 한 후 항소심에서의 진술과 증거조사 등 심리결과에 기초하여 다시 판결하여야 한다(대판 2014.4.24. 2013도9498).

2. 의견서의 제출

피고인 또는 변호인은 공소장부본을 송달받은 날부터 7일 이내에 공소사실에 대한 인정 여부, 공판준비절차에 관한 의견 등을 기재한 의견서를 법원에 제출하여야 한다. 다만, 피고인이 진술을 거부하는 경우에는 그 취지를 기재한 의견서를 제출할 수 있다(제266조의2 제1항). 법원은 위 의견서가 제출된 때에는 이를 검사에게 송부하여야 한다(같은 조 제2항).

3. 공판기일의 지정·변경

1) 공판기일의 지정과 변경

재판장은 공판기일을 정하여야 한다(제267조 제1항). 공판기일은 가능한 한 각 사건에 대한 공판개정시간을 구분하여 정하여야 한다(규칙 제124조). 재판장은 직권 또는 검사·피고인이나 변호인의 신청에 의하여 공판기일을 변경할 수 있다(제270조 제1항).

2) 공판기일의 통지와 소환

공판기일은 검사·변호인과 보조인에게 통지하여야 하고(제267조 제3항), 공판기일에는 피고인·대표자 또는 대리인을 소환하여야 한다(같은 조 제2항). 다만 법원의 구내에 있는 피고인에 대하여 공판기일을 통지한 때에는 소환장 송달의 효력이 있다(제268조). 제1회 공판기일은 소환장의 송달 후 5일 이상의 유예기간을 두어야 한다. 그러나 피고인이 이의 없는 때에는 유예기간을 두지 아니할 수 있다(제269조). 공판기일에 소환 또는 통지서를 받은 자가 질병 기타의 사유로 출석하지 못한 때에는 의사의 진단서 기타의 자료를 제출하여야 한다(제271조).

4. 공판기일 전의 증거조사

1) 증거조사의 범위

법원은 직권 또는 검사·피고인이나 변호인의 신청에 의하여 공무소 또는 공사단체에 조회하여 필요한 사항의 보고 또는 그 보관서류의 송부를 요구할 수 있다. 이 신청을 기각함에는 결정으로 하여야 한다(제272조). 또 법원은 검사·피고인 또는 변호인의 신청에 의하여 공판준비에 필요하다고 인정한 때에는 공판기일 전에 피고인 또는 증인을 신문할 수 있고 검증·감정 또는 번역을 명할 수 있다(제273조 제1항). 재판장은 수명법관으로 하여금 증거조사를 하게 할 수 있고(같은 조 제2항), 신청을 기각할 때에는 결정으로 하여야 한다(같은 조 제3항). 검사·피고인 또는 변호인은 공판기일 전에 서류나 물건을 증거로 법원에 제출할 수 있다(제274조).

2) 공소장일본주의와의 관계

공소장일본주의와의 관계에 비추어 공판기일 전의 증거조사가 가능한 공판기일이란 제1회 공판기일 이후의 공판기일을 의미한다고 해석해야 한다.

II. 공판준비절차

1. 공판준비절차의 의의

공판준비절차란 법원의 효율적이고 집중적인 심리를 위하여 수소법원이 주도하여 검사·피고인 또는 변호인의 의견을 들어 제1회 공판기일 이전에 사건의 쟁점과 증거를 정리하는 절차를 말한다(제266조의5). 배심원이 참여하지 않는 일반사건에 있어서는 법원이 필요하다고 인정하는 경우에 거칠 수 있는 임의적 절차에 불과하다.

2. 공판준비절차의 진행

1) 공판준비절차의 참여자

(1) 공판준비절차의 주재자

공판준비절차는 수소법원이 주재한다. 즉 재판장은 효율적이고 집중적인 심리를 위하여 사건을 공판준비절차에 부칠 수 있고(제266조의5 제1항), 법원은 검사·피고인 또는 변호인의 의견을 들어 공판준비기일을 지정할 수 있다(제266조의7 제1항). 다만, 법원은 수명법관으로 하여금 공판준비기일을 진행하게 할 수 있다. 이 경우에 수명법관은 법원 또는 재판장과 동일한 권한을 가진다(같은 조 제3항).

(2) 공판준비절차의 참여자

공판준비절차에는 **검사와 변호인이 출석해야 한다**(제266조의8 제1항). 법원은 공판준비기일이 지정된 사건에 관하여 변호인이 없는 때에는 **국선변호인을 선정해야 한다**(같은 조 제4항). **피고인의 출석은 필수적인 요건은 아니다.** 다만 법원은 필요하다고 인정하는 때에는 피고인을 소환할 수 있으며, 피고인은 법원의 소환이 없는 때에도 공판준비기일에 출석할 수 있다(제266조의8 제5항). 법원은 검사·피고인 또는 변호인에게 공판준비기일을 통지해야 하며(같은 조 제3항), 재판장은 출석한 피고인에게 진술을 거부할 수 있음을 알려 주어야 한다(같은 조 제6항).

2) 공판준비절차의 방법

공판준비절차는 주장 및 입증계획 등을 서면으로 준비하게 하거나 공판준비기일을 열어 소송관계인을 출석시켜 진술하게 하는 방법으로 행한다(제266조의5 제2항). 사건이 공판준비절차에 부쳐진 때에는 검사는 증명하려는 사실을 밝히고 이를 증명하는데 사용할 증거를 신청하여야 하며(규칙 제123조의7 제1항), 피고인 또는 변호인은 검사의 증명사실과 증거신청에 대한 의견을 밝히고, 공소사실에 관한 사실상·법률상 주장과 그에 대한 증거를 신청하여야 한다(같은 조 제2항). 검사·피고인 또는 변호인은 필요한 경우 상대방의 주장 및 증거신청에 대하여 필요한 의견을 밝히고, 그에 관한 증거를 신청할 수 있다(같은 조 제3항).

공판준비절차에서 검사·피고인 또는 변호인은 법률상·사실상 주장의 요지 및 입증취지 등이 기재된 서면을 법원에 제출할 수 있고, 재판장은 검사·피고인 또는 변호인에게 위의 서면의 제출을 명할 수 있다(제266조의6 제1항, 제2항). 법원은 검사·피고인 또는 변호인이 위의 서면을 제출한 때에는 그 부본을 상대방에게 송달하여야 한다(제266조의6 제3항). 또한 재판장은 검사·피고인 또는 변호인에게 공소장 등 법원에 제출된 서면에 대한 설명을 요구하거나 그 밖에 공판준비에 필요한 명령을 할 수 있다(같은 조 제4항). 공판준비기일도 공판기일처럼 원칙적으로 공개하지만, 공개하면 절차의 진행이 방해될 우려가 있는 때에는 공개하지 아니할 수 있다(같은 조 제4항). 검사, 피고인 또는 변호인은 법원에 대하여 공판준비기일의 지정을 신청할 수 있다. 이 경우 당해 신청에 관한 법원의 결정에 대하여는 불복할 수 없다(제266조의7 제2항).

법원은 공판준비기일을 종료하는 때에는 검사·피고인 또는 변호인에게 쟁점 및 증거에 관한 정리결과를 고지하고, 이에 대한 이의의 유무를 확인해야 하며(제266조의10 제1항), 법원이 공판준비기일을 진행한 경우에는 참여한 법원사무관 등이 **공판준비기일조서**를 작성하여야 한다(규칙 제123조의12 제1항).

3. 공판준비절차의 내용

공판준비절차에서는 쟁점정리, 증거정리, 증거개시 및 심리계획의 책정이 행하여진다(제266조의9).

4. 공판준비절차의 종결

법원은 ① 쟁점 및 증거의 정리가 완료된 때, ② 사건을 공판준비절차에 부친 뒤 3개월이 지난 때, ③ 검사·변호인 또는 소환받은 피고인이 출석하지 아니한 때의 하나에 해당하는 사유가 있는 때에는 공판준비절차를 종결하여야 한다. 다만 ②와 ③에 해당하는 경우로서 공판의 준비를 계속하여야 할 상당한 이유가 있는 때에는 그러하지 아니하다(제266조의12). 법원은 필요하다고 인정한 때에는 직권 또는 검사, 피고인이나 변호인의 신청에 의하여 종결한 공판준비절차를 재개할 수 있다(제266조의14, 제305조).

공판준비기일에서 신청하지 못한 증거는 그 신청으로 인하여 소송을 현저히 지연시키지 아니하거나 또는 중대한 과실 없이 공판준비기일에 제출하지 못하는 등 부득이한 사유를 소명한 경우에 한하여 공판기일에 신청할 수 있다(제266조의13 제1항). 그러나 법원은 위와 같은 증거에 대해 직권으로 증거조사할 수 있다(같은 조 제2항).

5. 기일간 공판준비절차

법원은 쟁점 및 증거의 정리를 위하여 필요한 경우에는 제1회 공판기일 후에도 사건을 공판준비절차에 부칠 수 있다. 이 경우 기일전 공판준비절차에 관한 규정을 준용한다(제266조의15).

Ⅲ. 증거개시제도

1. 검사에 대한 증거개시

1) 검사에 대한 증거개시신청

(1) 증거개시신청

피고인 또는 변호인은 검사에게 공소제기된 사건에 관한 서류 또는 물건(이하 '서류등')의 목록과 공소사실의 인정 또는 양형에 영향을 미칠 수 있는 서류 등의 열람·등사 또는 서면의 교부를 신청할 수 있다. 다만, 피고인에게 변호인이 있는 경우에는 피고인은 열람만을 신청할 수 있다(제266조의3 제1항). 증거개시의 신청은 공소제기 후에는 언제든지 허용된다.

(2) 신청의 대상

검사에 대한 증거개시신청의 대상은 ① 검사가 증거로 신청할 서류등, ② 검사가 증인으로 신청할 사람의 성명·사건과의 관계 등을 기재한 서면 또는 그 사람이 공판기일 전에 행한 진술을 기재한 서류등, ③ 위 ① 또는 ②의 서면 또는 서류등의 증명력과 관련된 서류등, ④ 피고인 또는 변호인이 행한 법률상·사실상 주장과 관련된 서류등(관련 형사재판확정기록, 불기소처분기록 등을 포함한다)이다. 증거개시 대상인 서류 등은 도면·사진·녹음테이프·비디오테이프·컴퓨터용 디스크, 그 밖에 정보를 담기 위하여 만들어진 물건으로서 문서가 아닌 특수매체를 포함한다(제266조의3 제6항).

(3) 개시의 거부 및 제한

검사는 국가안보, 증인보호의 필요성, 증거인멸의 염려, 관련 사건의 수사에 장애를 가져올 것으로 예상되는 구체적인 사유 등 열람·등사 또는 서면의 교부를 허용하지 아니할 상당한 이유가 있다고 인정하는 때에는 열람·등사 또는 서면의 교부를 거부하거나 그 범위를 제한할 수 있다(제266조의3 제2항). 검사는 열람·등사 또는 서면의 교부를 거부하거나 그 범위를 제한하는 때에는 지체없이 그 이유를 서면으로 통지하여야 한다(같은 조 제3항). 그러나 검사는 서류 등의 목록에 대하여는 열람 또는 등사를 거부할 수 없다.

(4) 개시증거의 사용

피고인 또는 변호인(피고인 또는 변호인이었던 자를 포함한다)은 검사가 열람 또는 등사하도록 한 서면 및 서류등의 사본을 당해 사건 또는 관련 소송의 준비에 사용할 목적이 아닌 다른 목적으로 다른 사람에게 교부 또는 제시하여서는 아니 된다. 이를 위반한 때에는 1년 이하의 징역 또는 500만 원 이하의 벌금에 처한다(제266조의16).

2) 법원에 대한 증거개시신청

(1) 증거개시신청

피고인 또는 변호인은 검사가 서류 등의 열람·등사 또는 서면의 교부를 거부하거나 그 범위를 제한한 때에는 법원에 그 서류 등의 열람·등사 또는 서면의 교부를 허용하도록 할 것을 신청할 수 있다(제266조의4 제1항). 검사가 피고인 또는 변호인의 증거개시신청을 받은 때부터 48시간 이내에 개시거부의 통지 등을 하지 않은 때에도 같다(제266조의3 제4항).

(2) 증거개시결정

법원은 검사에게 열람·등사 또는 서면의 교부를 허용할 것을 명할 수 있고, 이 경우 열람 또는 등사의 시기·방법을 지정하거나 조건·의무를 부과할 수 있다(제266조의4 제2항). 법원은 위 결정을 하는 때에는 검사에게 의견을 제시할 수 있는 기회를 부여하여야 하고(같은 조 제3항), 필요하다고 인정하는 때에는 검사에게 해당 서류등의 제시를 요구할 수 있고, 피고인이나 그 밖의 이해관계인을 심문할 수 있다(같은 조 제4항).

(3) 개시결정의 효과

검사는 열람·등사 또는 서면의 교부에 관한 **법원의 결정을 지체없이 이행하지 아니하는 때에는 해당 증인 및 서류등에 대한 증거신청을 할 수 없다**(제266조의4 제5항). 다만 이러한 경우에도 법원은 직권으로 증거를 조사할 수 있다.

> **쟁점** 증거개시결정에 검사가 불응할 경우의 제재방법

1. 쟁점의 정리

제266조의4 제2항에 따른 법원의 개시명령에도 불구하고 검사가 증거개시를 거부한 경우 이에 대한 제재방법이 문제된다.

2. 증거신청 불가

검사는 제266조의4 제2항의 열람·등사 또는 서면의 교부에 관한 법원의 결정을 지체없이 이행하지 아니하는 때에는 해당 증인 및 서류 등에 대한 증거신청을 할 수 없다(제5항).

3. 법원의 직권증거조사

증거신청이 제한되는 경우에도 법원은 필요한 경우에는 직권으로 증거조사를 할 수 있다(제266조의13 제2항). 다만 이는 법원의 검찰에 대한 압수·수색의 방법에 의할 것인바, 현실적으로 행해지기 어렵다는 문제가 있다.

4. 공소권남용이론의 적용

검사는 공익의 대표자로서 객관의무가 있다. 법원의 증거개시결정에 불응하는 검사의 행위는 이러한 객관의무에 반하는 것으로서, 이러한 경우 검사의 공소제기 전체가 부적법한 것으로 평가되어 공소기각의 판결(제327조 제2호)을 할 수 있다는 견해가 있다.

5. 기타 그 밖의 방법

그 밖의 방법으로 법원은 피고인의 방어권 보장을 위해 공판기일을 정지하거나, 피고인에게 유리한 무죄판결을 할 수 있다(제325조 후단).

(4) 개시결정에 대한 불복

법원의 증거개시결정은 '판결 전의 소송절차에 관한 결정'에 해당하므로 검사는 이에 대해 불복할 수 없다.

> 형사소송법 제266조의4에 따라 법원이 검사에게 수사서류 등의 열람·등사 또는 서면의 교부를 허용할 것을 명한 결정은 제403조에서 말하는 '판결 전의 소송절차에 관한 결정'에 해당한다 할 것인데, 위 결정에 대하여는 형사소송법에서 별도로 즉시항고에 관한 규정을 두고 있지 않으므로 제402조에 의한 항고의 방법으로 불복할 수 없다고 보아야 한다(대결 2013.1.24. 2012모1393).

2. 피고인에 대한 증거개시

1) 피고인에 대한 증거개시신청

(1) 증거개시신청

검사는 피고인 또는 변호인이 공판기일 또는 공판준비절차에서 현장부재·심신상실 또는 심신미약 등 법률상·사실상의 주장을 한 때에는 피고인 또는 변호인에게 다음 서류등의 열람·등사 또는 서면의 교부를 요구할 수 있다(제266조의11 제1항).

(2) 신청의 대상

피고인에 대한 개시신청의 대상은 ① 피고인 또는 변호인이 증거로 신청할 서류등, ② 피고인 또는 변호인이 증인으로 신청할 사람의 성명, 사건과의 관계 등을 기재한 서면, ③ 위 ①의 서류등 또는 ②의 서면의 증명력과 관련된 서류등, ④ 피고인 또는 변호인이 행한 법률상·사실상의 주장과 관련된 서류등이다.

(3) 개시의 거부 및 제한

피고인 또는 변호인은 검사가 제266조의3 제1항에 따른 서류등의 열람·등사 또는 서면의 교부를 거부한 때에는 서류등의 열람·등사 또는 서면의 교부를 거부할 수 있다. 다만, 법원이 피고인의 증거개시신청을 기각한 때에는 그러하지 아니하다(제266조의11 제2항).

2) 법원에 대한 증거개시신청

검사는 피고인 또는 변호인이 증거개시요구를 거부한 때에는 법원에 그 서류등의 열람·등사 또는 서면의 교부를 허용하도록 할 것을 신청할 수 있다(제266조의11 제3항). 이에 대한 법원의 결정 내용은 검사에 대한 증거개시의 경우와 같다(제266조의11 제4항). 따라서 **피고인이 열람·등사 또는 서면의 교부에 관한 법원의 결정을 지체없이 이행하지 아니하는 때에는 해당 증인 및 서류등에 대한 증거신청을 할 수 없다**(제266조의11 제4항, 제266조의4 제5항). 다만 이러한 경우에도 법원의 직권에 의한 증거조사는 가능하다.

제4절 | 공판정의 심리

I. 공판정의 구성

1. 판사·검사 및 변호인의 출석

공판기일에는 **공판정에서 심리한다**(제275조 제1항). 공판정은 판사와 검사, 법원사무관 등이 출석하여 개정한다(같은 조 제2항). 검사의 좌석과 피고인 및 변호인의 좌석은 대등하며, 법대의 좌우측에 마주 보고 위치하고, 증인의 좌석은 법대의 정면에 위치한다. 다만, 피고인 신문을 하는 때에는 피고인은 증인석에 좌석한다(같은 조 제3항).

공판정에서는 피고인의 신체를 구속하지 못한다. 다만 재판장은 피고인이 폭력을 행사하거나 도망할 염려가 있다고 인정하는 때에는 피고인의 신체의 구속을 명하거나 기타 필요한 조치를 할 수 있다(제280조).

검사의 출석은 공판개정의 요건이다. 따라서 검사의 출석이 없을 때에는 개정하지 못하며, 검사의 출석 없이 개정한 때에는 소송절차에 관한 법령에 위반한 경우에 해당한다. 다만 검사가 공판기일의 통지를 2회 이상 받고도 출석하지 아니하거나 판결만을 선고하는 때에는 검사의 출석 없이 개정할 수 있다(제278조). 여기서 2회 이상이란 검사가 2회에 걸쳐 출석하지 아니한 때에는 그 기일에 바로 개정할 수 있다는 뜻이고, 반드시 계속하여 2회 이상 불출석할 것을 요하는 것은 아니다.

변호인은 당사자가 아니다. 따라서 **변호인의 출석은 공판개정의 요건이 아니다.** 그러므로 변호인이 공판기일의 통지를 받고도 출석하지 아니한 때에는 변호인의 출석 없이 개정할 수 있다. 다만 필요적 변호사건과 국선변호사건에 관하여는 변호인이 없이 개정하지 못한다(제282조, 제283조, 필요적 변호사건). 그러나 **판결만을 선고하는 경우에는 예외로 한다**(제282조 단서).

> **쟁점** 필요적 변호사건에서 변호인 임의퇴정 등의 경우 법원의 심리 가부
>
> 필요적 변호사건에 있어서 변호인이 임의로 퇴정하여 버리거나 재판장의 퇴정명령을 받은 경우 변호인 없이 개정할 수 있는지가 문제된다. 이에 대해 ① 제330조를 유추적용하여 예외적으로 위와 같은 경우 변호인 없이 심리·판결할 수 있다는 **긍정설**과 ② 피고인의 방어권 보장을 중시하여 변호인의 재정 없이는 심리·판결할 수 없다는 **부정설**이 대립하고, 판례는 '변호인의 재정의무위반이 피고인 자신의 귀책사유에 기인할 뿐만 아니라 피고인 측의 방어권의 남용 내지 변호권의 포기로 보여지는 경우에는, 신속한 재판 및 사법권의 옹호라는 측면을 중시하여 제330조를 유추적용하여 예외적으로 변호인 없이 개정·심리할 수 있다.'고 판시하고 있다(대판 1990.6.8. 90도646). 생각건대, 소송경제 등을 고려할 때 일정한 경우 제330조 유추적용을 긍정하는 판례의 태도가 타당하다.

① 필요적 변호사건에서 변호인의 관여 없이 공판절차를 진행한 위법은 필요적 변호사건이 아닌 병합되어 심리된 사건에도 미친다(대판 2011.4.28. 2011도2279).

② 필요적 변호사건에서 변호인이 없거나 출석하지 아니한 채 공판절차가 진행되었기 때문에 그 공판절차가 위법한 것이라고 하여 이미 그 전에 적법하게 이루어진 소송행위까지 모두 무효로 된다고는 볼 수 없는 것이므로 위법하게 공판절차가 진행되기 이전에 이미 진술한 피고인들의 제1심 공판에서의 판시사실에 일부 부합하는 각 진술을 원심이 증거로 채용하였다고 하여 증거능력이 없는 증거를 증거로 한 것이라고 볼 수는 없다(대판 1990.6.8. 90도646).

③ 형사소송법 제282조에 규정된 필요적 변호사건에 해당하는 사건에서 제1심의 공판절차가 변호인 없이 이루어져 증거조사와 피고인신문 등 심리가 이루어졌다면, 그와 같은 위법한 공판절차에서 이루어진 증거조사와 피고인신문 등 일체의 소송행위는 모두 무효이므로, 이러한 경우 항소심으로서는 변호인이 있는 상태에서 소송행위를 새로이 한 후 위법한 제1심판결을 파기하고, 항소심에서의 증거조사 및 진술 등 심리 결과에 기하여 다시 판결하여야 한다(대판 2011.9.8. 2011도6325).

2. 피고인의 출석

피고인이 공판기일에 출석하지 아니한 때에는 특별한 규정이 없으면 개정하지 못한다(제276조). 피고인에게는 출석의 의무가 있을 뿐만 아니라 재정의무까지 있다. 따라서 출석한 피고인은 재판장의 허가 없이 퇴정하지 못한다(제281조 제1항). 다만 예외적으로 피고인의 출석을 요하지 않는 경우는 다음과 같다.

1) 소송무능력자의 소송행위의 대리와 대표

(1) 피고인이 의사무능력자인 경우

형법의 책임능력에 관한 규정이 적용되지 않는 범죄사건의 피고인이 의사무능력자인 경우에 법정대리인 또는 특별대리인이 출석한 때에는 피고인의 출석을 요하지 않는다(제26조, 제28조). 다만 이 때에는 법정대리인 또는 특별대리인의 출석이 공판개정의 요건이 된다.

(2) 피고인이 법인인 경우

피고인이 법인인 때에는 법인이 소송행위를 할 수 없으므로 대표자가 출석하면 족하다(제27조 제1항). 이 경우에 대표자가 반드시 출석할 것을 요하지 않고, 대리인을 출석하게 할 수 있다(제276조 단서).

2) 경미범죄 및 피고인에게 유리한 판결을 하는 경우

(1) 벌금 또는 과료에 해당하는 사건

다액 500만 원 이하의 벌금 또는 과료에 해당하는 사건에 관하여는 피고인의 출석을 요하지 않는다(제277조 제1호). 다만, 이 경우에도 피고인을 소환하여야 하며, 피고인은 대리인을 출석하게 할 수 있다(제277조 단서).

(2) 공소기각 또는 면소의 재판을 할 경우

공소기각 또는 면소의 재판을 할 것이 명백한 사건에 관하여도 피고인의 출석을 요하지 않는다(제277조 제2항). 피고인에게 사물의 변별능력 또는 의사결정능력이 없거나, 피고인이 질병으로 출정할 수 없는 때에는 공판절차를 정지하여야 함이 원칙이나(제306조 제1항, 제2항), 피고사건에 대하여 무죄·면소·형의면제 또는 공소기각의 재판을 할 것이 명백한 때에는 피고인의 출정 없이 재판을 할 수 있다(같은 조 제4항).

(3) 법원이 피고인의 불출석을 허가한 경우

장기 3년 이하의 징역 또는 금고, 다액 500만 원을 초과하는 벌금 또는 구류에 해당하는 사건에서 피고인의 불출석허가신청이 있고 법원이 피고인의 불출석이 그의 권리를 보호함에 지장이 없다고 인정하여 이를 허가한 사건에 관하여는 피고인의 출석을 요하지 않는다(제277조 제3호). 다만 이 경우에도 인정신문이나 판결선고시에는 피고인이 출석해야 한다(같은 조 제3호 단서).

피고인의 불출석허가신청은 공판기일에 출석하여 구술로 하거나 공판기일 외에서 서면으로 할 수 있다(규칙 제126조의3 제1항). 법원은 불출석허가신청에 대한 허가 여부를 결정하여야 하며(같은 조 제2항), 피고인의 불출석을 허가한 경우에도 피고인의 권리보호 등을 위하여 그 출석이 필요하다고 인정되는 때에는 불출석허가를 취소할 수 있다.

(4) 약식명령에 대한 정식재판청구

약식명령에 대하여 피고인만이 정식재판을 청구한 사건에서 판결을 선고하는 경우에도 피고인의 출석을 요하지 아니한다(제277조 제4호).

(5) 즉결심판사건

즉결심판에 의하여 피고인에게 **벌금 또는 과료**를 선고하는 경우에도 피고인의 출석을 요하지 않는다(즉결심판에 관한 절차법 제8조의2).

3) 피고인이 퇴정하거나 퇴정명령을 받은 경우

(1) 퇴정명령의 경우

피고인이 재판장의 허가없이 퇴정하거나, 재판장의 질서유지를 위한 퇴정명령을 받은 때에는 피고인의 진술없이 판결할 수 있다(제330조).

[쟁점] 피고인 무단퇴정 등의 경우 법원의 심리 범위

1. 쟁점의 정리

피고인이 재판 도중 무단으로 퇴정하거나 재판장의 퇴정명령을 받아 퇴정한 경우 법원이 어느 범위까지 재판할 수 있는지 견해가 대립한다.

2. 견해의 대립

① 방어권남용설은 위와 같은 경우는 피고인이 방어권을 남용한 것이므로 제330조에 따라

판결뿐만 아니라 증거조사와 최종변론과 같은 심리와 제318조 제2항의 증거동의도 의제된 다는 견해이고, ② 공정성설은 제330조에 따라 판결뿐만 아니라 증거조사와 최종변론은 할 수 있으나, 제318조 제2항의 증거동의의제는 인정되지 않는다는 견해이며, ③ **적법절차설**은 제318조 제2항에 따른 증거동의의제뿐만 아니라 증거조사와 최종변론 역시 할 수 없다는 견해이다.

3. 판례의 태도

판례는 방어권남용설의 입장에서 제330조에 의한 절차진행뿐만 아니라 제318조 제2항에 의한 증거동의의제도 가능하다고 판시하였다(대판 1991.6.28. 91도865).

4. 검토

피고인이 재판거부의 의사를 표시하고 재판장의 허가 없이 퇴정한 것은 피고인 측의 방어권 남용 내지 변호권의 포기로 볼 수밖에 없으므로 방어권남용설이 타당하다.

---

[1] 필요적 변호사건이라 하여도 피고인이 재판거부의 의사를 표시하고 재판장의 허가 없이 퇴정하고 변호인마저 이에 동조하여 퇴정해 버린 것은 모두 피고인측의 방어권의 남용 내지 변호권의 포기로 볼 수밖에 없는 것이므로 수소법원으로서는 형사소송법 제330조에 의하여 피고인이나 변호인의 재정 없이도 심리판결 할 수 있다. [2] 위와 같이 피고인과 변호인들이 출석하지 않은 상태에서 증거조사를 할 수밖에 없는 경우에는 형사소송법 제318조 제2항의 규정상 피고인의 진의와는 관계없이 형사소송법 제318조 제1항의 동의가 있는 것으로 간주하게 되어 있다(대판 1991.6.28. 91도865).

(2) 일시퇴정의 경우

재판장은 증인 또는 감정인이 피고인 또는 감정인이 피고인 또는 어떤 재정인의 면전에서 충분한 진술을 할 수 없다고 인정한 때에는 그를 퇴정하게 하고 진술하게 할 수 있다. 피고인이 다른 피고인의 면전에서 충분한 진술을 할 수 없다고 인정한 때에도 같다(제297조 제1항). 그러나 증인·감정인 또는 공동피고인의 진술이 종료한 때에는 퇴정한 피고인을 입정하게 한 후 법원사무관 등으로 하여금 진술의 요지를 고지하게 하여야 한다(같은 조 제2항).

4) 피고인이 불출석하는 경우

(1) 구속피고인의 출석거부

피고인이 출석하지 아니하면 개정하지 못하는 경우에 구속된 피고인이 정당한 사유없이 출석을 거부하고, 교도관에 의한 인치가 불가능하거나 현저히 곤란하다고 인정되는 때에는 피고인의 출석없이 공판절차를 진행할 수 있다(제277조의2 제1항). 이 경우에는 출석한 검사 및 변호인의 의견을 들어야 한다(같은 조 제2항). 피고인의 출석없이 진행할 수 있는 것은 그 기일의 공판절차이므로 다음 공판기일의 절차에는 피고인의 출석이 필요하다. 또한 진행할 수 있는 공판절차의 범위에도 제한이 없으므로 모두절차이든 증거조사절차이든 판결선고이든 묻지 않는다.

구속된 피고인이 출석하지 않는 경우에 법원이 위 조문에 따라 피고인의 출석없이 공판절차를 진행하기 위해서는 피고인의 출석거부사유가 정당한 것인지 여부뿐만 아니라 교도관에 의한 인치가 불가능하거나 현저히 곤란하였는지 여부 등 위 조문에 규정된 사유가 존재하는가의 여부를 조사하여야 한다(대판 2001.6.12. 2001도114).

(2) 피고인의 소재불명

제1심 공판절차에서 피고인에 대한 송달불능보고서가 접수된 때로부터 6월이 경과하도록 피고인의 소재가 확인되지 아니한 때에는 피고인에 대해 공시송달의 방법에 의해 송달하여야 하고, 피고인이 이러한 공시송달에 의한 소환을 2회 이상 받고도 출석하지 아니한 때에는 피고인의 진술없이 재판할 수 있다(소송촉진 등에 관한 특례법 제23조, 특례규칙 제19조). 다만 사형·무기 또는 장기 10년을 넘는 징역이나 금고에 해당하는 사건의 경우에는 그러하지 아니하다(소송촉진 등에 관한 특례법 제23조 단서).

소송촉진등에 관한 특례법 제23조(제1심 공판의 특례) 제1심 공판절차에서 피고인에 대한 송달불능보고서가 접수된 때부터 6개월이 지나도록 피고인의 소재(所在)를 확인할 수 없는 경우에는 대법원규칙으로 정하는 바에 따라 피고인의 진술 없이 재판할 수 있다. 다만, 사형, 무기 또는 장기(長期) 10년이 넘는 징역이나 금고에 해당하는 사건의 경우에는 그러하지 아니하다.

소송촉진 등에 관한 특례규칙 제19조(불출석피고인에 대한 재판) ① 피고인에 대한 송달불능보고서가 접수된 때로부터 6월이 경과하도록 제18조제2항 및 제3항의 규정에 의한 조치에도 불구하고 피고인의 소재가 확인되지 아니한 때에는 그 후 피고인에 대한 송달은 공시송달의 방법에 의한다.
② 피고인이 제1항의 규정에 의한 공판기일의 소환을 2회이상 받고도 출석하지 아니한 때에는 법 제23조의 규정에 의하여 피고인의 진술없이 재판할 수 있다.

소송촉진등에 관한 특례법 제23조의2(재심) ① 제23조 본문에 따라 유죄판결을 받고 그 판결이 확정된 자가 책임을 질 수 없는 사유로 공판절차에 출석할 수 없었던 경우「형사소송법」제424조에 규정된 자는 그 판결이 있었던 사실을 안 날부터 14일 이내[재심청구인(再審請求人)이 책임을 질 수 없는 사유로 위 기간에 재심청구를 하지 못한 경우에는 그 사유가 없어진 날부터 14일 이내]에 제1심 법원에 재심을 청구할 수 있다.
② 제1항에 따른 청구가 있을 때에는 법원은 재판의 집행을 정지하는 결정을 하여야 한다.
③ 제2항에 따른 집행정지 결정을 한 경우에 피고인을 구금할 필요가 있을 때에는 구속영장을 발부하여야 한다. 다만,「형사소송법」제70조의 요건을 갖춘 경우로 한정한다.
④ 재심청구인은 재심청구서에 송달 장소를 적고, 이를 변경하는 경우에는 지체 없이 그 취지를 법원에 신고하여야 한다.
⑤ 재심청구인이 제4항에 따른 기재 또는 신고를 하지 아니하여 송달을 할 수 없는 경우에는「형사소송법」제64조에 따른 공시송달(公示送達)을 할 수 있다.
⑥ 재심 개시 결정이 확정된 후 공판기일에 재심청구인이 출석하지 아니한 경우에는「형사소송법」제365조를 준용한다.
⑦ 이 법에 따른 재심에 관하여는「형사소송법」제426조, 제427조, 제429조부터 제434조까지, 제435조 제1항, 제437조부터 제440조까지의 규정을 준용한다.

① 공시송달의 방법으로 소환한 피고인이 불출석하는 경우 다시 공판기일을 지정하고 공시송달의 방법으로 피고인을 재소환한 후 그 기일에도 피고인이 불출석하여야 비로소 피고인의 불출석 상태에서 재판절차를 진행할 수 있다(대판 2011.5.13. 2011도1094).

② [1] 사형, 무기 또는 장기 10년이 넘는 징역이나 금고에 해당하지 아니하는 사건에 대하여는 소송촉진 등에 관한 특례법 제23조에 의하여 제1심 공판절차에 관한 특례가 인정되어, 피고인에 대한 송달불능보고서가 접수된 때부터 6개월이 지나도록 피고인의 소재를 확인할 수 없는 경우에는 대법원규칙으로 정하는 바에 따라 피고인의 진술없이 재판할 수 있다. 다만 특례 규정에 따라 유죄판결을 받고 판결이 확정된 피고인이 책임을 질 수 없는 사유로 공판절차에 출석할 수 없었던 경우에는, 피고인 등이 소송촉진법 제23조의2 제1항에 의하여 판결이 있었던 사실을 안 날부터 14일 이내에 제1심법원에 재심을 청구할 수 있으며, 만약 책임을 질 수 없는 사유로 위 기간에 재심청구를 하지 못한 경우에는 사유가 없어진 날부터 14일 이내에 제1심법원에 재심을 청구할 수 있다. [2] 특례 규정에 따라 피고인의 진술없이 유죄를 선고하여 확정된 제1심판결에 대하여, 피고인이 재심 규정에 의하여 재심을 청구하지 아니하고 피고인 또는 대리인이 책임질 수 없는 사유로 항소 제기기간 내에 항소를 제기할 수 없었음을 이유로 항소권회복을 청구하여 인용된 경우에, 사유 중에 피고인이 책임을 질 수 없는 사유로 공판절차에 출석할 수 없었던 사정을 포함하고 있다면, 재심 규정에 의하여 재심청구의 사유가 있음을 주장한 것으로서 형사소송법 제361조의5 제13호에서 정한 '재심청구의 사유가 있는 때'에 해당하는 항소이유를 주장한 것으로 봄이 타당하다. 따라서 항소심으로서는 재심 규정에 의한 재심청구의 사유가 있는지를 살펴야 하고 사유가 있다고 인정된다면 다시 공소장 부본 등을 송달하는 등 새로 소송절차를 진행한 다음 제1심판결을 파기하고 새로운 심리 결과에 따라 다시 판결하여야 한다(대판 2015.11.26. 2015도8243).

③ 소송촉진 등에 관한 특례법 제23조에 따라 진행된 제1심의 불출석 재판에 대하여 검사만 항소하고 항소심도 불출석 재판으로 진행한 후에 제1심판결을 파기하고 새로 또는 다시 유죄판결을 선고하여 유죄판결이 확정된 경우에도, 재심 규정을 유추 적용하여 귀책사유 없이 제1심과 항소심의 공판절차에 출석할 수 없었던 피고인은 재심 규정이 정한 기간 내에 항소심 법원에 유죄판결에 대한 재심을 청구할 수 있다. 그리고 피고인이 재심을 청구하지 않고 상고권회복에 의한 상고를 제기하여 위 사유를 상고이유로 주장한다면, 이는 형사소송법 제383조 제3호에서 상고이유로 정한 원심판결에 '재심청구의 사유가 있는 때'에 해당한다고 볼 수 있으므로 원심판결에 대한 파기사유가 될 수 있다. 나아가 위 사유로 파기되는 사건을 환송받아 다시 항소심 절차를 진행하는 원심으로서는 피고인의 귀책사유 없이 특례 규정에 의하여 제1심이 진행되었다는 파기환송 판결 취지에 따라, 제1심판결에 형사소송법 제361조의5 제13호의 항소이유에 해당하는 재심 규정에 의한 재심청구의 사유가 있어 직권 파기 사유에 해당한다고 보고, 다시 공소장 부본 등을 송달하는 등 새로 소송절차를 진행한 다음 새로운 심리 결과에 따라 다시 판결을 하여야 한다(대판 2015.6.25. 2014도17252 전원합의체).

(3) 항소심에서의 특칙

항소심에서 피고인이 공판기일에 출정하지 아니한 때에는 다시 기일을 정하여야 하며, 피고인이 다시 정한 기일에 출석하지 아니한 때에는 피고인의 진술없이 판결할 수 있다(제365조). 이 경우에도 판결뿐만 아니라 심리도 할 수 있다고 해석된다.

① 피고인의 진술 없이 판결하기 위해서는 피고인이 적법한 공판기일소환장을 받고서 정당한 이유 없이 출정하지 아니할 것을 요건으로 한다. 그리고 형사소송법 제63조 제1항에 의하면, 피고인에 대한 공시송달은 피고인의 주거, 사무소, 현재지를 알 수 없는 때에 한하여 할 수 있으므로, 기록에 나타나는 피고인의 주거 등을 파악하기 위해 필요한 조치를 취하지 아니한 채 곧바로 공시송달의 방법에 의한 송달을 하고 피고인의 진술 없이 판결을 하는 것은 형사소송법 제63조 제1항, 제365조에 위반되어 허용되지 아니한다(대판 2015.2.12. 2014도16822).

② 형사소송법 제365조에 따라 피고인의 출석 없이 개정하려면 불출석이 2회 이상 계속된 바가 있어야 한다(대판 2016.4.29. 2016도2210).

③ 항소심에서도 피고인의 출석 없이 개정하지 못하는 것이 원칙이지만(형사소송법 제370조, 제276조), 피고인이 항소심 공판기일에 출정하지 않아 다시 기일을 정하였는데도 정당한 사유 없이 그 기일에도 출정하지 않은 때에는 피고인의 진술 없이 판결할 수 있다(형사소송법 제365조). 이와 같이 피고인이 불출석한 상태에서 그 진술 없이 판결하기 위해서는 피고인이 적법한 공판기일 통지를 받고서도 2회 연속으로 정당한 이유 없이 출정하지 않은 경우에 해당하여야 한다. 이때 '적법한 공판기일 통지'란 소환장의 송달(형사소송법 제76조) 및 소환장 송달의 의제(형사소송법 제268조)의 경우에 한정되는 것이 아니라 적어도 피고인의 이름·죄명·출석 일시·출석 장소가 명시된 공판기일 변경명령을 송달받은 경우(형사소송법 제270조)도 포함된다(대판 2022.11.10. 2022도7940).

(4) 정식재판청구에 의한 공판절차의 특칙

약식명령에 대하여 정식재판을 청구한 피고인이 정식재판절차의 공판기일에 2회 출석하지 아니한 경우에는 피고인의 출석없이 심판할 수 있다(제458조 제2항).

① 약식명령에 불복하여 정식재판을 청구한 피고인이 정식재판절차에서 2회 불출정하여 법원이 피고인의 출정 없이 증거조사를 하는 경우에 형사소송법 제318조 제2항에 따른 피고인의 증거동의가 간주된다(대판 2010.7.15. 2007도5776).

② 형사소송법 제458조, 제365조가 적용되는 약식명령에 대한 정식재판청구사건에서 제1심은 소촉법 제23조 및 그 시행규칙 제19조가 정하는 "피고인에 대한 송달불능보고서가 접수된 때로부터 6개월이 지나도록 피고인의 소재를 확인할 수 없는 경우"에까지 이르지 아니하더라도 공시송달의 방법에 의하여 피고인의 진술 없이 재판을 할 수 있다고 할 것이다(대판 2013.3.28. 2012도12843).

5) 피고인의 출석이 부적당한 경우

상고심의 공판기일에는 피고인의 소환을 요하지 않는다(제389조의2). 치료감호법에 의한 피치료감호청구인이 심신장애로 공판기일에 출석이 불가능한 경우에도 법원은 피치료감호청구인의 출석없이 개정할 수 있다(치료감호법 제9조).

3. 전문심리위원의 참여

법원은 소송관계를 분명하게 하거나 소송절차를 원활하게 진행하기 위하여 필요한 경우에는 직권으로 또는 검사, 피고인 또는 변호인의 신청에 의하여 결정으로 전문심리위원을 지정하여 공판준비 및 공판기일 등 소송절차에 참여하게 할 수 있다(제279조의2 제1항). 전문심리위원은 전문적인 지식에 의한 설명 또는 의견을 기재한 서면을 제출하거나 기일에 전문적인 지식에 의하여 설명이나 의견을 진술할 수 있다. 다만, 재판의 합의에는 참여할 수 없다(같은 조 제2항). 전문심리위원은 기일에 재판장의 허가를 받아 피고인 또는 변호인, 증인 또는 감정인 등 소송관계인에게 소송관계를 분명하게 하기 위하여 필요한 사항에 관하여 직접 질문할 수 있다(같은 조 제3항). 법원은 제2항에 따라 전문심리위원이 제출한 서면이나 전문심리위원의 설명 또는 의견의 진술에 관하여 검사, 피고인 또는 변호인에게 구술 또는 서면에 의한 의견진술의 기회를 주어야 한다(같은 조 제4항).

> 형사재판의 담당 법원은 전문심리위원에 관한 위 각각의 규정들을 지켜야 하고 이를 준수함에 있어서도 적법절차원칙을 특별히 강조하고 있는 헌법 제12조 제1항을 고려하여 전문심리위원과 관련된 절차 진행 등에 관한 사항을 당사자에게 적절한 방법으로 적시에 통지하여 당사자의 참여 기회가 실질적으로 보장될 수 있도록 세심한 배려를 하여야 한다. 그렇지 않을 경우, 헌법 제12조 제1항의 적법절차원칙을 구현하기 위하여 형사소송법 등에서 입법한 위 각각의 적법절차 조항을 위반한 것임과 동시에 헌법 제27조가 보장하고 있는 공정한 재판을 받을 권리로서 '법관의 면전에서 모든 증거자료가 조사되고 이에 대하여 피고인이 방어할 수 있는 기회가 실질적으로 부여되는 재판을 받을 권리'의 침해로 귀결될 수 있다(대판 2019.6.20. 2018도19051).

Ⅱ. 소송지휘권

소송지휘권이란 소송의 진행을 질서 있게 하고 심리를 원활하게 하기 위한 법원의 합목적적 활동을 말한다. 공판기일의 소송지휘는 재판장이 한다(제279조). **재판장의 소송지휘권 행사에 법령의 위반이 있는 경우에는 법원에 이의신청을 할 수 있으나**(제304조, 규칙 제136조), **법원의 소송지휘권의 행사에 대해서는 불복할 수 없다**(제403조).

Ⅲ. 법정경찰권

법정의 질서유지는 재판장이 행한다(제281조, 법원조직법 제58조 제1항).

제5절 | 공판기일의 절차

Ⅰ. 모두절차

모두절차는 ① 진술거부권의 고지(제283조의2 제2항), ② 인정신문(제284조), ③ 검사의 모두진술(제285조), ④ 피고인의 모두진술(제286조 제1항, 이 단계에서 피고인이 자백하는 경우 간이공판절차가 개시된다), ⑤ 재판장의 쟁점정리 및 검사·피고인의 증거관계 등에 대한 진술의 순서대로 이루어진다.

Ⅱ. 사실심리절차

1. 증거조사

1) 증거조사의 의의

증거조사란 법원이 피고사건의 사실인정과 형의 양정에 관한 심증을 얻기 위하여 인증·서증·물증 등 각종의 증거방법을 조사하여 그 내용을 감지하는 소송행위를 말한다. 증거조사의 주체는 법원이다. 증거조사는 공판기일에 공판정에서 법원이 직접 행하는 것이 원칙이나, 공판정 외에서의 증거조사도 허용된다.

2) 증거조사의 절차

증거조사는 검사가 신청한 증거를 먼저 조사한 후 피고인 또는 변호인이 신청한 증거를 조사하고, 법원은 검사와 피고인 또는 변호인이 신청한 증거의 조사가 끝난 후에 직권으로 결정한 증거를 조사한다(제291조의2 제1항, 제2항). 다만 법원은 직권이나 검사·피고인 또는 변호인의 신청에 따라 증거조사의 순서를 변경할 수 있다(같은 조 제3항). 제312조 및 법 제313조에 따라 증거로 할 수 있는 피고인 또는 피고인 아닌 자의 진술을 기재한 조서 또는 서류가 피고인의 자백 진술을 내용으로 하는 경우에는 범죄사실에 관한 다른 증거를 조사한 후에 이를 조사하여야 한다(규칙 제135조).

(1) 당사자의 신청에 의한 증거조사

① 증거조사의 신청 : 검사, 피고인 또는 변호인은 서류나 물건을 증거로 제출할 수 있고, 증인·감정인·통역인 또는 번역인의 신문을 신청할 수 있다(제294조 제1항). 증거조사를 신청하는 시기에는 제한이 없으나, 다만 법원은 검사·피고인 또는 변호인이 고의로 증거를 뒤늦게 신청함으로써 공판의 완결을 지연하는 것으로 인정할 때에는 직권 또는 상대방의 신청에 따라 결정으로 이를 각하할 수 있다(같은 조 제2항).

② 증거결정 : 법원은 증거신청에 대하여 결정을 하여야 한다(제295조). 증거결정을 함에 있어서 필요하다고 인정할 때에는 그 증거에 대한 검사·피고인 또는 변호인의 의견을 들을 수 있다(규칙 제134조 제1항). 법원이 증거신청을 기각·각하하거나 그 신청에 대한 결정을 보류하는 경우에는 당해 증거서류 또는 증거물을 제출받아서는 아니 된다.

쟁점 | 증거결정의 법적 성질

법원의 증거결정의 법적 성질에 대하여 견해가 대립하는바, ① 자유재량설과 ② 기속재량설이 대립하고, 판례는 자유재량설의 입장에서 '변호인의 증거신청을 채택하지 아니한 원심의 조치가 반드시 위법하다고 할 수는 없다.'고 판시한 바 있다(대판 1995.6.13. 95도826). 생각건대, 당사자주의 소송구조에서 중요한 참여권인 증거신청권의 침해 방지를 위해 기속재량설이 타당하다(사례에서는 재량권 남용에 대한 구체적인 검토가 필요하다).

① 당사자의 증거신청에 대한 법원의 채택 여부의 결정은 판결 전의 소송절차에 관한 결정으로서 이의신청을 하는 외에는 달리 불복할 수 있는 방법이 없고, 다만 그로 말미암아 사실을 오인하여 판결에 영향을 미치기에 이른 경우에만 이를 상소의 이유로 삼을 수 있을 뿐이다(대판 1990.6.8. 90도646).

② 증거신청의 채택 여부는 법원의 재량으로서 법원이 필요하지 아니하다고 인정할 때에는 이를 조사하지 아니할 수 있는 것이고, 법원이 적법하게 공판의 심리를 종결한 뒤에 피고인이 증인신청을 하였다 하여 반드시 공판의 심리를 재개하여 증인신문을 하여야 하는 것은 아니다(대판 2014.2.27. 2013도12155).

(2) 직권에 의한 증거조사

법원은 직권으로 증거조사를 할 수 있다(제295조 후단).

쟁점 | 직권에 의한 증거조사의 법적 성질

직권증거조사의 법적 성질에 대하여는 ① 권한설과 ② 권한 및 의무설이 대립하고, 판례는 권한 및 의무설의 입장에서 '원심이 중요한 자료가 될 수 있는 증거에 대하여 그 심리를 다하지 아니하였다는 비난을 받을 수 있다고 아니할 수 없다.'고 판시하였다(대판 1974.1.15. 73도2522). 생각건대, 실체진실주의와 공정한 재판을 받을 권리 모두를 고려하는 권한 및 의무설이 타당하다. 따라서 법원이 직권에 의한 증거조사를 다하지 아니한 경우 심리미진의 위법을 인정할 수 있다.

① 증인은 법원이 직권에 의하여 신문할 수도 있고 증거의 채부는 법원의 직권에 속하는 것이므로 피고인이 철회한 증인을 법원이 직권신문하고 이를 채증하더라도 위법이 아니다(대판 1983.7.12. 82도3216).

② 법원은 범죄의 구성요건이나 법률상 규정된 형의 가중·감면의 사유가 되는 경우를 제외하고는, 법률이 규정한 증거로서의 자격이나 증거조사방식에 구애됨이 없이 상당한 방법으로 조사하여 양형의 조건이 되는 사항을 인정할 수 있다. 나아가 형의 양정에 관한 절차는 범죄사실을 인정하는 단계와 달리 취급하여야 하므로, 당사자가 직접 수집하여 제출하기 곤란하거나 필요하다고 인정되는 경우 등에는 직권으로 양형조건에 관한 형법 제51조의 사항을 수집·조사할 수 있다(대판 2010.4.29. 2010도750).

3) 증거조사의 방법

증거조사의 방법은 증거방법의 성질에 따라 차이가 있다. 증인의 조사방법은 신문이고, 증거서류의 조사방법은 내용의 낭독 또는 고지이며, 증거물의 조사는 제시에 의한다. 증거물과 증거서류의 성질을 동시에 가지는 증거물인 서면의 경우 내용의 낭독 또는 고지와 제시가 함께 이루어져야 한다.

> 본래 증거물이지만 증거서류의 성질도 가지고 있는 이른바 '증거물인 서면'을 조사하기 위해서는 증거서류의 조사방식인 낭독·내용고지 또는 열람의 절차와 증거물의 조사방식인 제시의 절차가 함께 이루어져야 하므로, 원칙적으로 증거신청인으로 하여금 그 서면을 제시하면서 낭독하게 하거나 이에 갈음하여 그 내용을 고지 또는 열람하도록 하여야 한다(대판 2013.7.26. 2013도2511).

(1) 증거조사의 순서

법원은 검사가 신청한 증거를 먼저 조사한 후 피고인 또는 변호인이 신청한 증거를 조사하며, 당사자가 신청한 증거에 대한 조사가 끝난 후 직권으로 채택한 증거를 조사한다(제291조의2).

(2) 영상녹화물의 조사

법원은 공판준비 또는 공판기일에서 봉인을 해제하고 영상녹화물의 전부 또는 일부를 재생하는 방법으로 조사하여야 한다. 이때 영상녹화물은 그 재생과 조사에 필요한 전자적 설비를 갖춘 법정 외의 장소에서 이를 재생할 수 있다(규칙 제134조의4 제3항).

(3) 정보저장매체 조사

컴퓨터용디스크 그 밖에 이와 비슷한 정보저장매체에 기억된 문자정보를 증거자료로 하는 경우에는 읽을 수 있도록 출력하여 인증한 등본을 낼 수 있다(규칙 제134조의7 제1항).

(4) 녹음·녹화매체 등 조사

녹음·녹화매체 등에 대한 증거조사는 녹음·녹화매체 등을 재생하여 청취 또는 시청하는 방법으로 한다(규칙 제134조의8 제3항).

> 검사가 피고인들의 체포장면이 녹화된 동영상 CD를 별도의 증거로 제출하지 아니하고 CD의 내용을 간략히 요약한 수사보고서에 CD를 첨부하여 수사보고서만을 서증으로 제출한 경우, 이는 형사소송규칙 제134조의8에서 정한 증거조사절차를 거치지 아니한 것으로서 위법하다(대판 2011.10.13. 2009도13846).

4) 증거조사결과 및 증거조사에 대한 이의신청

검사, 피고인 또는 변호인은 증거조사에 관하여 이의신청을 할 수 있고, 법원은 위 신청에 대하여 결정을 하여야 한다(제296조). 이의신청의 대상은 증거조사의 절차뿐만 아니라 증거조사단계에서 행하여지는 모든 처분을 포함하고, 이의신청은 법령의 위반이 있는 경우뿐만 아니라 상당하지 아니함을 이유로 하는 경우에도 허용된다. 다만 재판장의 증거신청의 결정에 대한 이의신청은 법령의 위반이 있음을 이유로 한 때에만 할 수 있다(규칙 제135조의2).

시기에 늦은 이의신청, 소송지연만을 목적으로 하는 것임이 명백한 이의신청은 결정으로 이를 기각하여야 한다. 다만, 시기에 늦은 이의신청이 중요한 사항을 대상으로 하고 있는 경우에는 시기에 늦은 것만을 이유로 하여 기각하여서는 아니 된다(규칙 제139조 제1항).

증거조사를 마친 증거가 증거능력이 없음을 이유로 한 이의신청을 이유 있다고 인정할 경우에는 그 증거의 전부 또는 일부를 배제한다는 취지의 결정을 하여야 한다(규칙 제139조 제4항, 증거배제결정).

5) 증거조사결과와 피고인의 의견

재판장은 피고인에게 각 증거조사의 결과에 대한 의견을 묻고 권리를 보호함에 필요한 증거조사를 신청할 수 있음을 고지하여야 한다(제293조).

2. 피고인신문

검사 또는 변호인은 증거조사 종료 후에 순차로 피고인에게 공소사실 및 정상에 관하여 필요한 사항을 신문할 수 있다. 다만, 재판장은 필요하다고 인정하는 때에는 증거조사가 완료되기 전이라도 이를 허가할 수 있다(제296조의2 제1항). 피고인신문의 순서는 증인신문에 관한 규정이 준용된다(같은 조 제3항). 피고인신문을 하는 때에는 피고인은 증인석에 좌석한다(제275조 제3항).

3. 최종변론

증거조사가 끝나면 당사자의 의견진술이 행하여진다. 최종의견 진술의 기회는 피고인과 변호인에게 모두 주어진다. 의견진술은 검사의 의견진술(제302조)과 피고인과 변호인의 최후진술(제303조)의 순서로 진행된다.

1) 검사의 의견진술

피고인 신문과 증거조사가 종료한 때에는 검사는 사실과 법률적용에 관하여 의견을 진술하여야 한다. 다만 제278조에 따라 검사의 출석없이 개정한 경우에는 공소장의 기재사항에 의하여 검사의 의견진술이 있는 것으로 간주한다(제302조). 이를 검사의 논고라고 하며, 특히 검사의 양형에 대한 의견을 구형이라고 한다.

법원은 검사의 구형에 구속되지 않으므로 구형을 초과하는 형을 선고할 수 있다. 검사에게 의견진술의 기회를 주지 않고 변론을 종결하는 것은 위법하나, 그 기회를 주는 것으로 족하므로 검사가 의견진술을 실제로 하지 않았더라도 공판절차가 무효로 되는 것은 아니다(대판 1977.5.10. 74도3293).

> ① 법원은 공소장에 기재된 적용법조나 검사의 구형과 관계없이 심리·확정한 사실에 대하여 재량으로 벌금형의 병과 여부를 정할 수 있다(대판 2011.2.24. 2010도7404).
>
> ② 결심공판에 출석한 검사가 사실과 법률적용에 관하여 의견을 진술하지 않더라도 공판절차가 무효로 되는 것은 아니며 위 공판조서에 검사의 의견진술이 누락되어 있다 하여도 이로써 판결에 영향을 미친 법률위반이 있는 경우에 해당한다고는 볼 수 없다(대판 1977.5.10. 74도3293).

2) 피고인과 변호인의 의견진술

재판장은 검사의 의견을 들은 후 피고인과 변호인에게 최종의견을 진술할 기회를 주어야 한다(제303조). 최종의견 진술의 기회는 **피고인과 변호인 모두에게 주어져야 한다**. 그러나 변호인이 공판기일통지서를 받고도 공판기일에 출석하지 아니하여 변호인 없이 변론을 종결한 경우에는 변호인에게 변론의 기회를 주지 않았다고 할 수 없다.

> ① 피고인과 변호인에게 최종의견 진술의 기회를 주지 않은 채 심리를 마치고 선고한 판결은 위법이다(대판 1975.11.11. 75도1010).
> ② 형사소송법 제303조는 "재판장은 검사의 의견을 들은 후 피고인과 변호인에게 최종의 의견을 진술할 기회를 주어야 한다."라고 정하고 있으므로, 최종의견 진술의 기회는 피고인과 변호인 모두에게 주어져야 한다. 이러한 최종의견 진술의 기회는 피고인과 변호인의 소송법상 권리로서 피고인과 변호인이 사실관계의 다툼이나 유리한 양형사유를 주장할 수 있는 마지막 기회이므로, 피고인이나 변호인에게 최종의견 진술의 기회를 주지 아니한 채 변론을 종결하고 판결을 선고하는 것은 소송절차의 법령위반에 해당한다(대판 2018.3.29. 2018도327).

4. 변론의 종결 및 재개

피고인의 최종진술을 끝으로 **변론을 종결(결심)**하면 판결만을 기다리는 상태에 있게 된다. 그러나 법원은 필요하다고 인정한 때에는 직권 또는 검사·피고인이나 변호인의 신청에 의하여 결정으로 종결한 변론을 재개할 수 있다(제305조).

Ⅲ. 판결의 선고

판결선고절차는 공판절차의 최종단계이다. 판결의 선고에 의하여 당해 심급의 공판절차는 종료되고, 상소기간이 진행한다. 판결을 선고한 사실은 공판조서에 기재하여야 한다(제51조 제2항 제14호). 판결의 선고는 제1심에서는 공소가 제기된 날부터 6개월 이내에, 상소심에서는 기록을 송부받은 날부터 4개월 이내에 하여야 한다(소송촉진 등에 관한 특례법 제21조).

판결의 선고는 변론을 종결한 기일에 하여야 한다(즉일선고원칙). 다만, 특별한 사정이 있는 때에는 따로 선고기일을 정할 수 있다(제318조의4 제1항). 이 경우 선고기일은 **변론종결 후 14일 이내로 지정되어야 한다**(같은 조 제3항). 판결은 공판정에서 재판서에 의하여 선고한다(제42조 본문). 판결의 선고는 재판장이 하며, 주문을 낭독하고 이유의 요지를 설명하여야 한다(제43조). 다만, **변론을 종결하는 기일에 판결을 선고하는 경우에는 판결의 선고 후에 판결서를 작성할 수 있다**(제318조의4 제2항). 이 경우에는 **선고 후 5일 내에 판결서를 작성하여야 한다**(규칙 제146조). 법원은 피고인에 대하여 판결을 선고한 때에는 선고일로부터 7일 이내에 피고인에게 그 판결서 등본을 송달하여야 한다.

형을 선고하는 경우에는 재판장은 피고인에게 **상소할 기간과 상소할 법원을 고지하여야 한다**(제324조). 판결을 선고하는 기일에도 피고인이 출석하여야 한다. 다만 피고인이 진술하지 아니하거나 재판장의 허가 없이 퇴정하거나 재판장의 질서유지를 위한 퇴정명령을 받은 때에는 피고인의 진술 없이 판결할 수 있다(제330조). 피고인의 출석 없이 개정할 수 있는 경우에도 같다.

제6절 | 증인신문·감정과 검증

I. 증인신문

1. 증인신문 및 증인의 의의

증인신문이란 증인이 실험한 사실을 내용으로 하는 진술을 얻는 증거조사, 즉 증인에 대한 증거조사를 의미한다. 증인이란 법원 또는 법관에 대하여 자기가 과거에 실험한 사실을 진술하는 제3자를 말한다.

2. 증인적격

(1) 증인적격의 의의

형사소송법 제146조는 「법원은 법률에 다른 규정이 없으면 누구든지 증인으로 신문할 수 있다」고 규정하고 있으므로 원칙적으로 누구든지 증인적격이 있다.

(2) 법관·검사·변호인의 증인적격

당해 사건을 심판하는 법관과 당사자인 검사, 그리고 피고인의 보호자인 변호인은 증인적격이 부정된다. 다만 공소유지에 관여하지 않는 수사검사는 증인적격을 인정할 수 있다. 검찰주사나 사법경찰관은 소송당사자가 아니므로 증인적격이 인정된다.

> ① 현행범을 체포한 경찰관의 진술이라 하더라도 범행을 목격한 부분에 관하여는 여느 목격자의 진술과 다름없이 증거능력이 있다(대판 1995.5.9. 95도535).
>
> ② 피고인을 피의자로 조사한 사법경찰관사무취급자라 하더라도 그가 조사과정에서의 실험사실에 대하여서는 증인으로서 증언할 수 있다(대판 1967.5.16. 67도437).

(3) 피고인의 증인적격

당사자인 피고인 역시 증인적격이 부정된다. 다만, 공동피고인의 증인적격의 인정여부에 대하여는 견해가 대립한다.

쟁점 공동피고인의 증인적격

1. 쟁점의 정리

공동피고인의 증인적격을 인정할 것인가에 대해 견해가 대립한다.

2. 견해의 대립

① **부정설**은 공동피고인은 변론이 분리되지 않는 한 증인적격이 없다고 보고, ② **긍정설**은 공동피고인은 다른 피고인과의 관계에서는 제3자이므로 증인적격이 있다고 보며, ③ **절충설**은 공범인 공동피고인은 증인적격이 없지만, 자기의 피고사건과 실질적 관련이 없는 공범 아닌 공동피고인은 증인적격이 있다고 본다.

3. 판례의 태도

판례는 절충설의 입장에서 공범인 공동피고인과 공범 아닌 공동피고인을 나누어 후자의 경우에만 증인적격을 인정하고 있다(대판 1979.3.27. 78도1031).

4. 검토

단순히 병합심리 여부에 따라 공동피고인의 증인적격이 좌우된다고 하는 것은 불합리한바, 실질적인 제3자성을 고려하는 절충설이 타당하다. 따라서 공범인 공동피고인의 경우에는 변론을 분리하여야만 증인으로서 증언을 할 수 있다.

5. 추가쟁점 – '공범'인 공동피고인의 의미

판례는 여기에서 말하는 공범에 공동정범(대판 1963.7.25. 63도185), 합동범(대판 1990.12.26. 90도2362), 필요적 공범이 포함되는 것으로 보고, 실무는 그 밖에 교사범 및 종범과 정범도 여기에 포함되는 것으로 보고 있다. 그러나 본범과 장물범의 경우(대판 2006.1.12. 2005도7601), 서로 싸움을 한 경우 등은 여기에서 말하는 공범에 포함되지 않는 것으로 보고 있다.

① 피고인과 별개의 범죄사실로 기소되어 병합심리중인 공동피고인은 피고인의 범죄사실에 관하여는 증인의 지위에 있다 할 것이므로 선서없이 한 공동피고인의 법정진술이나 피고인이 증거로 함에 동의한 바 없는 공동피고인에 대한 피의자 신문조서는 피고인의 공소 범죄사실을 인정하는 증거로 할 수 없다(대판 1982.9.14. 82도1000).

② 공범인 공동피고인은 당해 소송절차에서는 피고인의 지위에 있으므로 다른 공동피고인에 대한 공소사실에 관하여 증인이 될 수 없으나, 소송절차가 분리되어 피고인의 지위에서 벗어나게 되면 다른 공동피고인에 대한 공소사실에 관하여 증인이 될 수 있다(대판 2008.6.26. 2008도3300).

③ 증뢰자인 공동피고인의 자백은 이에 대한 수뢰자인 피고인의 반대신문권이 보장되어 있어 증인으로 신문한 경우와 다를 바 없으므로 독립한 증거능력이 있다(대판 1985.6.25. 85도691).

④ 공동피고인인 절도범과 그 장물범은 서로 다른 공동피고인의 범죄사실에 관하여는 증인의 지위에 있다 할 것이므로, 피고인이 증거로 함에 동의한 바 없는 공동피고인에 대한 피의자 신문조서는 공동피고인의 증언에 의하여 그 성립의 진정이 인정되지 아니하는 한 피고인의 공소 범죄사실을 인정하는 증거로 할 수 없다(대판 2006.1.12. 2005도7601).

3. 증인의 의무와 권리

1) 증인의 소송법상 의무

(1) 출석의 의무

① 증인의 출석의무 : 증인에게는 출석의 의무가 있다. 증인거부권자(제147조)에게는 출석의무가 없지만, 증언거부권자(제148조, 제149조)는 증언을 거부할 수 있을 뿐 출석 자체를 거부할 수는 없다.

② 증인의 소환 : 법원은 소환장의 송달, 전화, 전자우편, 그 밖의 상당한 방법으로 증인을

소환한다(제150조의2 제1항). 증인에 대한 소환장은 늦어도 출석일시 24시간 이전에 송달하여야 한다. 다만 급속을 요하는 때에는 그러하지 아니하다(규칙 제70조). 증인의 출석의무는 소환이 적법한 경우에 한하여 인정된다. 따라서 소환의 방법이 위법하거나 무효인 때에는 증인에게 출석의무가 없다.

③ 출석의무위반의 제재 : 증인이 출석요구를 받고 기일에 출석할 수 없을 경우에는 법원에 바로 그 사유를 밝혀 신고하여야 한다(규칙 제68조의2). 정당한 사유없이 소환에 응하지 아니하는 증인은 구인할 수 있다(형사소송법 제152조). 법원은 소환장을 송달받은 증인이 정당한 사유없이 출석하지 아니한 때에는 결정으로 당해 불출석으로 인한 소송비용을 증인이 부담하도록 명하고, 500만 원 이하의 과태료를 부과할 수 있다(제151조 제1항). 증인이 위 과태료 재판을 받고도 정당한 사유없이 다시 출석하지 아니한 때에는 결정으로 증인을 7일 이내의 감치에 처한다(같은 조 제2항). 법원의 소송비용 부담·과태료 및 감치결정에 대하여는 즉시항고할 수 있으나, 이 경우 집행정지의 효력은 인정되지 않는다(같은 조 제8항).

> 형사소송법이 증인의 법정 출석을 강제할 수 있는 권한을 법원에 부여한 취지는, 다른 증거나 증인의 진술에 비추어 굳이 추가 증인신문을 할 필요가 없다는 등 특별한 사정이 없는 한 사건의 실체를 규명하는 데 가장 직접적이고 핵심적인 증인으로 하여금 공개된 법정에 출석하여 선서 후 증언하도록 하고, 법원은 출석한 증인의 진술을 토대로 형성된 유죄·무죄의 심증에 따라 사건의 실체를 규명하도록 하기 위함이다. 따라서 다른 증거나 증인의 진술에 비추어 굳이 추가 증거조사를 할 필요가 없다는 등 특별한 사정이 없고, 소재탐지나 구인장 발부가 불가능한 것이 아님에도 불구하고, 불출석한 핵심 증인에 대하여 소재탐지나 구인장 발부 없이 증인채택 결정을 취소하는 것은 법원의 재량을 벗어나는 것으로서 위법하다(대판 2020.12.10. 2020도2623).

(2) 선서의 의무

① 선서의 의의 : 출석한 증인은 신문 전에 선서를 하여야 한다. 선서한 후 거짓말을 하면 위증죄로 처벌받게 된다. 선서능력 있는 증인이 선서없이 증언한 때에는 그 증언은 증거능력이 없다.

② 선서의 방법 : 선서는 신문 전에 선서서에 의하여 하여야 한다(제156조, 제157조 제1항). 재판장은 선서할 증인에 대하여 선서 전에 위증의 벌을 경고하여야 한다(제158조). 선서는 각 증인마다 하여야 하며, 다만 동일심급에 대한 선서는 1회의 선서로 족하다. 그러나 새로운 증거결정에 의하여 동일증인을 신문할 때에는 별개의 증인신문이므로 다시 선서하여야 한다.

③ 선서무능력자 : 선서무능력자에게는 선서의 의무가 없다. 즉 ① 16세 미만의 자와 ② 선서의 취지를 이해하지 못하는 자에 대하여는 선서를 하게 하지 아니하고 신문하여야 한다(제159조). 선서무능력자에게 선서를 시키고 증언한 때에는 선서의 효력이 없다. 다만 이 경우 증언 자체가 효력이 없는 것은 아니다.

④ 선서의무위반에 대한 제재 : 증인이 정당한 이유없이 선서를 거부한 때에는 결정으로 50만 원 이하의 과태료에 처할 수 있다. 이 결정에 대하여는 즉시항고를 할 수 있다(제161조 제1항, 제2항).

(3) 증언의 의무

증인은 신문받은 사항에 대하여 증언할 의무가 있다. 증인이 정당한 이유없이 증언을 거부한 경우에는 50만 원 이하의 과태료에 처할 수 있다(제161조). 증인이 주신문에 대하여만 증언하고 반대신문에 대하여는 증언을 거부한 때에는 반대신문의 기회가 없기 때문에 증거능력이 없다. 증인이 증인적격이 있는 자라 할지라도 증언능력(증인능력)이 없는 때에는 그 증언을 증거로 할 수 없다.

> ① 유아의 증언능력에 관해서도 그 유무는 단지 공술자의 연령만에 의할 것이 아니라 그의 지적수준에 따라 개별적이고 구체적으로 결정되어야 함은 물론 공술의 태도 및 내용 등을 구체적으로 검토하고, 경험한 과거의 사실이 공술자의 이해력, 판단력 등에 의하여 변식될 수 있는 범위 내에 속하는가의 여부도 충분히 고려하여 판단하여야 한다(대판 2004.9.13. 2004도3161).
>
> ② 사고 당시 만 3년 3월 남짓, 증언 당시는 만 3년 6월 남짓된 강간치상죄의 피해자인 여아는 증언능력이 있다(대판 1991.5.10. 91도579).
>
> ③ 사고 당시 10세 남짓한 초등학교 5학년생으로서 비록 선서무능력자라 하더라도 그 증언 내지 진술의 전후 사정으로 보아 의사판단능력이 있다고 인정된다면 증언능력이 있다(대판 1984.9.25. 84도619).

2) 증인의 소송법상 권리

(1) 증언거부권

① 증언거부권의 의의 : 증언거부권은 증언의무의 존재를 전제로 하여 증언의무의 이행을 거절할 수 있는 권리를 말한다. 이는 증인거부권와 구별되는 개념인바, 공무원 또는 공무원이었던 자가 그 직무에 관하여 알게 된 사실에 관하여 본인 또는 당해 공무소가 직무상 비밀에 속한 사항임을 신고한 때에는 그 소속공무소 또는 감독관공서의 승낙 없이는 증인으로 신문하지 못한다. 다만 그 소속공무소 또는 당해 감독관공서는 국가에 중대한 이익을 해하는 경우를 제외하고는 승낙을 거부하지 못한다(제147조, 증인거부권).

> '국회에서의 증언·감정 등에 관한 법률'은 형사소송법 제160조와 같은 증언거부권의 고지에 관한 규정을 두고 있지 아니한데, 증언거부권을 고지받을 권리가 형사상 자기에게 불리한 진술을 강요당하지 아니함을 규정한 헌법 제12조 제2항에 의하여 바로 국민의 기본권으로 보장받아야 한다고 볼 수는 없고, 증언거부권의 고지를 규정한 형사소송법 제160조 규정이 '국회에서의 증언·감정 등에 관한 법률'에도 유추적용되는 것으로 인정할 근거가 없다(대판 2012.10.25. 2009도13197).

② 자기 또는 근친자의 형사책임과 증언거부권 : 누구든지 자기나 ① 친족 또는 친족관계가 있었던 자 또는 ② 법정대리인·후견감독인에 해당하는 관계있는 자가 형사소추 또는 공소제기를 당하거나 유죄판결을 받을 사실이 발로될 염려 있는 증언을 거부할 수 있다(제148조).

> ① 형사소송법 제148조에서 '형사소추'는 증인이 이미 저지른 범죄사실에 대한 것을 의미

한다고 할 것이므로, 증인의 증언에 의하여 비로소 범죄가 성립하는 경우는 증언거부권 고지의 대상이 되지 아니한다(대판 2011.12.9. 2010도2816).

② 자신에 대한 유죄판결이 확정된 증인은 공범에 대한 사건에서 증언을 거부할 수 없고, 설령 증인이 자신에 대한 형사사건에서 시종일관 범행을 부인하였더라도 그러한 사정만으로 증인이 진실대로 진술할 것을 기대할 수 있는 가능성이 없는 경우에 해당한다고 할 수 없으므로 허위의 진술에 대하여 위증죄 성립을 부정할 수 없다. 이는 자신에 대한 유죄판결이 확정된 증인이 공범에 대한 피고사건에서 증언할 당시 앞으로 재심을 청구할 예정이라고 하여도 마찬가지이다(대판 2011.11.24. 2011도11994).

③ 업무상 비밀과 증언거부권 : 변호사, 변리사, 공증인, 공인회계사, 세무사, 대서업자, 의사, 한의사, 치과의사, 약사, 약종상, 조산사, 간호사, 종교의 직에 있는 자 또는 이러한 직에 있던 자가 그 업무상 위탁을 받은 관계로 알게 된 사실로서 타인의 비밀에 관한 것은 증언을 거부할 수 있다. 단, 본인의 승낙이 있거나 중대한 공익상 필요있는 때에는 예외로 한다(제149조).

④ 증언거부권의 고지 : 증인이 증언거부권자에 해당하는 경우에는 재판장은 신문 전에 증언을 거부할 수 있음을 설명하여야 한다(제160조). 다만 판례는 위 고지를 하지 않고 신문한 경우에도 증언의 효력에는 영향이 없다는 태도를 취하고 있다.

[1] 선서 무능력자에 대하여 선서케 하고 신문한 경우라 할지라도 그 선서만이 무효가 되고 그 증언의 효력에 관하여는 영향이 없고 유효하다. [2] 증인신문에 당하여 증언거부권 있음을 설명하지 아니한 경우라 할지라도 증인이 선서하고 증언한 이상 그 증언의 효력에 관하여는 역시 영향이 없고 유효하다고 해석함이 타당하다(대판 1957.3.8. 4290형상23).

⑤ 증언거부권의 행사와 포기 : 증언거부권자도 증언거부권을 포기하고 증언을 할 수 있다. 증인이 주신문에 대하여 증언을 한 후에는 반대신문에 대하여 증언을 거부할 수 없다. 증언을 거부하는 자는 거부사유를 소명하여야 한다(제150조). 증인은 증언을 거부할 수 있을 뿐 출석 자체를 거부할 수는 없다.

(2) 비용청구권

소환받은 증인은 법률의 규정한 바에 의하여 여비, 일당과 숙박료를 청구할 수 있다. 단, 정당한 사유없이 선서 또는 증언을 거부한 자는 예외로 한다(제168조). 소환받은 증인에게만 비용청구권이 인정되므로 재정증인에게는 비용청구권이 없다.

4. 증인신문의 방법

1) 당사자의 참여권

검사·피고인 또는 변호인은 증인신문에 참여할 권리를 가진다. 따라서 증인신문의 일시와 장소는 검사·피고인 또는 변호인에게 미리 통지하여야 한다. 다만 참여하지 않는다는 의사를 명시한 때에는 예외로 한다(제163조).

> 법원이 피고인에게 증인신문의 시일과 장소를 미리 통지함이 없이 증인들의 신문을 시행하였음은 위법이나 그 후 동 증인등 신문결과를 동 증인등 신문조서에 의하여 소송관계인에게 고지하였던바, 피고인이나 변호인이 이의를 하지 않았다면 위의 하자는 책문권의 포기로 치유된다(대판 1974.1.15. 73도2967).

2) 증인에 대한 신문방법

(1) 개별신문과 대질

증인신문은 개별신문을 원칙으로 한다. 즉 증인신문은 각 증인에 대하여 신문하여야 하며, 신문하지 아니한 증인이 재정한 때에는 퇴정을 명하여야 한다(제162조 제1항, 제2항). 그러나 필요한 때에는 다른 증인 또는 피고인과 대질하게 할 수 있다(같은 조 제3항).

(2) 증인의 신문방법

증인에 대한 신문은 원칙적으로 구두로 해야 한다. 재판장은 증인 또는 감정인이 피고인 또는 어떤 재정인의 면전에서 충분한 진술을 할 수 없다고 인정한 때에는 그를 퇴정하게 하고 진술하게 할 수 있다(제297조 제1항). 이 경우 증인 또는 감정인의 진술이 종료한 때에는 퇴정한 피고인을 입정하게 한 후 법원사무관등으로 하여금 진술의 요지를 고지하게 하여야 한다(같은 조 제2항).

> 형사소송법 제297조에 따라 변호인이 없는 피고인을 일시 퇴정하게 하고 증인신문을 한 다음 피고인에게 실질적인 반대신문의 기회를 부여하지 아니한 채 이루어진 증인의 법정진술은 위법한 증거로서 증거능력이 없다고 볼 여지가 있으나, 그 다음 공판기일에서 재판장이 증인신문결과 등을 공판조서(증인신문조서)에 의하여 고지하였는데 피고인이 '변경할 점과 이의할 점이 없다.'고 진술하여 책문권 포기 의사를 명시한 경우라면 실질적인 반대신문의 기회를 부여받지 못한 하자가 치유되었다(대판 2010.1.14. 2009도9344).

3) 교호신문제도

(1) 교호신문제도의 의의

증인신문도 인정신문과 사실에 대한 신문으로 나눌 수 있다. 인정신문은 재판장이 행하지만, 사실에 대한 신문은 증인을 신청한 검사·변호인 또는 피고인이 먼저 신문하고 다음에 다른 당사자가 신문한다. 법원은 당사자가 신문이 끝난 뒤에 신문할 수 있다(제161조의2 제1항, 제2항). 이와 같이 증인신문을 주신문-반대신문-재주신문의 순서로 행하는 제도를 교호신문제도라 한다.

(2) 교호신문의 방식

① 주신문 : 주신문이란 증인을 신청한 당사자가 하는 신문을 말하고, 그 목적은 신청 당사자가 유리한 증언을 얻으려는 데 있다. 주신문은 증명할 사항과 이와 관련된 사항에 관하여 하고(규칙 제75조 제1항), 주신문에 있어서는 유도신문이 금지된다. 다만 ① 준비사항에 대한 신문, ② 다툼이 없는 명백한 사항에 관한 신문의 경우, ③ 증인이 주신문을 하는 자에 대하여 적의 또는 반감을 보일 경우, ④ 증인이 종전의 진술과 상반되는 진술을 하는 때에 그 종전진술에 관한 신문의 경우, ⑤ 기타 유도신문을 필요로 하는 특별한 사정이

있는 경우에는 주신문에 있어서도 유도신문이 허용된다(규칙 제75조).

> 검사가 제1심 증인신문 과정에서 증인 갑 등에게 주신문을 하면서 형사소송규칙상 허용되지 않는 유도신문을 하였다고 볼 여지가 있었는데, 그 다음 공판기일에 재판장이 증인신문 결과 등을 각 공판조서(증인신문조서)에 의하여 고지하였음에도 피고인과 변호인이 '변경할 점과 이의할 점이 없다.'고 진술한 경우, 피고인이 책문권 포기 의사를 명시함으로써 유도신문에 의하여 이루어진 주신문의 하자가 치유되었다(대판 2012.7.26. 2012도2937).

주신문 또는 반대신문의 경우에는 증언의 증명력을 다투기 위하여 필요한 사항에 관한 신문을 할 수 있다(규칙 제77조).

② 반대신문 : 반대신문이란 주신문 후에 반대당사자가 하는 신문을 말하고, 그 목적은 주신문의 모순점을 지적하고 반대당사자에게 유리한 사항을 이끌어 내며, 증인의 신용성을 탄핵하여 증언의 증명력을 감쇄하려는 데 있다. 반대신문에서는 ① 주신문에서 나타난 사항과 ② 이와 관련된 사항 및 ③ 증언의 증명력을 다투기 위한 사항에 대하여 할 수 있다(규칙 제76조 제1항, 제77조). 따라서 반대신문에 의하여 새로운 사항을 신문하는 것은 재판장의 허가가 있는 경우(재판장의 허가가 있는 때에는 주신문이 된다)가 아니면 허용되지 않는다(규칙 제76조 제4항). 반대신문에 있어서는 원칙적으로 유도신문이 허용된다(제76조 제2항).

③ 재주신문·재반대신문 : 반대신문 후에 반대신문에서 나타난 사항과 이와 관련된 사항에 관하여 주신문자가 행하는 신문을 재주신문이라고 한다. 재주신문은 주신문의 예에 의하여 행하며, 주신문에서 빠뜨린 사항에 대한 신문은 재판장의 허가가 있을 것을 요한다(규칙 제78조). 재주신문 후에 반대당사자는 재판장의 허가를 얻어 재반대신문을 할 수 있다(규칙 제79조). 재판장의 허가가 있는 때에는 재재주신문과 재재반대신문도 허용된다.

(3) 교호신문제도의 수정

재판장은 필요하다고 인정하면 어느 때나 증인을 신문할 수 있고 신문의 순서를 변경할 수 있다(제161조의2 제3항). 법원이 직권으로 신문할 증인이나 범죄로 인한 피해자의 신청에 의하여 신문할 증인의 신문방식은 재판장이 정하는 바에 의한다(같은 조 제4항). 따라서 직권에 의하여 증인을 신문할 때에는 당사자의 신문을 반대신문의 예에 의하도록 하고 있다(규칙 제81조).

(4) 증인신문사항의 제출

재판장은 피해자·증인의 인적사항의 공개 또는 누설을 방지하거나 그 밖에 피해자·증인의 안전을 위하여 필요하다고 인정할 때에는 증인의 신문을 청구한 자에 대하여 사전에 신문사항을 기재한 서면의 제출을 명할 수 있고(규칙 제66조), 그 명을 받은 자가 신속히 서면을 제출하지 아니한 경우에는 증거결정을 취소할 수 있다(규칙 제67조).

4) 공판정 외의 증인신문

법원은 증인의 연령, 직업, 건강상태 기타의 사정을 고려하여 검사, 피고인 또는 변호인의 의견을 묻고 법정 외에 소환하거나 현재지에서 신문할 수 있다(제165조). 법원은 필요한 때에는 결정으로 지정한 장소에 증인의 동행을 명할 수 있고, 증인이 정당한 사유없이 동행을 거부하는 때에는 구인할 수 있다(제166조). 법원은 합의부원에게 법정 외의 증인신문을 명할 수 있고 또는 증인 현재지의 지방법원판사에게 그 신문을 촉탁할 수 있고, 수탁판사는 증인이 관할구역 내에 현재하지 아니한 때에는 그 현재지의 지방법원판사에게 전촉할 수 있다(제167조 제1항, 제2항). 수명법관 또는 수탁판사는 증인의 신문에 관하여 법원 또는 재판장에 속한 처분을 할 수 있다(같은 조 제3항).

5) 비디오 등 중계장치 등에 의한 증인신문

법원은 ① 아동복지법 제71조 제1항 제1호부터 제3호까지에 해당하는 죄의 피해자, ② 아동·청소년의 성보호에 관한 법률 제7조, 제8조, 제11조부터 제15조까지 및 제17조 제1항의 규정에 해당하는 죄의 대상이 되는 아동·청소년 또는 피해자, ③ 범죄의 성질, 증인의 연령, 심신의 상태, 피고인과의 관계, 그 밖의 사정으로 인하여 피고인 등과 대면하여 진술하는 경우 심리적인 부담으로 정신의 평온을 현저하게 잃을 우려가 있다고 인정되는 자를 증인으로 신문하는 경우 상당하다고 인정하는 때에는 검사와 피고인 또는 변호인의 의견을 들어 비디오 등 중계장치에 의한 중계시설을 통하여 신문하거나 차폐시설 등을 설치하고 신문할 수 있다(제165조의2 제1항).

> 형사소송법 제165조의2 제3호에서 정하는 증인이 대면하여 진술함에 있어 심리적인 부담으로 정신의 평온을 현저하게 잃을 우려가 있는 상대방은 피고인인 경우가 대부분일 것이지만, 증인이나 피고인과의 관계에 따라서는 방청인 등 다른 사람도 상대방이 될 수 있다. 이에 따라 법원은 형사소송법 제165조의2 제3호의 요건이 충족될 경우 **피고인뿐만 아니라 검사, 변호인, 방청인 등에 대하여도 차폐시설 등을 설치하는 방식으로 증인신문을 할 수 있으며**, 이는 형사소송규칙 제84조의9에서 피고인과 증인 사이의 차폐시설 설치만을 규정하고 있다고 하여 달리 볼 것이 아니다. 다만 피고인뿐만 아니라 변호인에 대해서까지 차폐시설을 설치하는 방식으로 증인신문이 이루어지는 경우 피고인과 변호인 모두 증인이 증언하는 모습이나 태도 등을 관찰할 수 없게 되어 그 한도에서 반대신문권이 제한될 수 있으므로, 변호인에 대한 차폐시설의 설치는 이미 인적사항에 관하여 비밀조치가 취해진 증인이 변호인을 대면하여 진술함으로써 자신의 신분이 노출되는 것에 대하여 심한 심리적인 부담을 느끼는 등의 특별한 사정이 있는 경우에 예외적으로 허용될 수 있을 뿐이다(대판 2015.5.28. 2014도18006).

5. 피해자의 진술권

1) 피해자 진술권의 의의 및 제한

법원은 범죄로 인한 피해자 또는 그 법정대리인(피해자가 사망한 경우에는 배우자·직계친족·형제자매를 포함한다)의 신청이 있는 때에는 그 피해자등을 증인으로 신문하여야 한다. 다만 ① 피해자등이 이미 당해 사건에 관하여 공판절차에서 충분히 진술하여 다시 진술할 필요가 없다고 인정되는 경우 및 ② 피해자등의 진술로 인하여 공판절차가 현저하게 지연될 우려가 있는 경우에는 그러하지 아니한다(제294조의2 제1항).

법원은 제1항에 따라 피해자등을 신문하는 경우 피해의 정도 및 결과, 피고인의 처벌에 관한 의견, 그 밖에 당해 사건에 관한 의견을 진술할 기회를 주어야 하고, 피해자가 수사절차에서 진술하였다는 이유로 진술을 제한할 수는 없다(제294조의2 제2항). 동일한 범죄사실에 대하여 신청인이 여러 명인 경우에는 증인으로 신문할 자의 수를 제한할 수 있다(같은 조 제3항).

2) 법원의 결정 및 진술방법

피해자의 신청이 있을 때에는 법원의 결정이 있을 것을 요한다(제295조). 다만 신청인이 소환을 받고도 정당한 이유 없이 출석하지 아니한 때에는 그 신청을 철회한 것으로 본다(제294조의2 제4항).

피해자에 대한 증인의 신문방식은 재판장이 정하는 바에 의하고(제161조의2 제4항), 법원은 범죄로 인한 피해자를 증인으로 신문하는 경우 당해 피해자·법정대리인 또는 검사의 신청에 따라 피해자의 사생활의 비밀이나 신변보호를 위하여 필요하다고 인정하는 때에는 결정으로 심리를 공개하지 아니할 수 있다(제294조의3 제1항). 또한 피해자의 진술시에는 신뢰관계 있는 자를 동석케 할 수 있다(제163조의2 제1항). 다만 피해자가 13세 미만이거나 사물을 변별하거나 의사를 결정할 능력이 미약한 경우에는 부득이한 경우가 아닌 한 피해자와 신뢰관계 있는 자를 동석케 하여야 한다(같은 조 제2항).

3) 증인신문에 의하지 아니하는 의견진술

법원은 필요하다고 인정하는 경우에는 직권으로 또는 제294조의2 제1항에 정한 피해자등의 신청에 따라 피해자등을 공판기일에 출석하게 하여 법 제294조의2 제2항에 정한 사항으로서 범죄사실의 인정에 해당하지 않는 사항에 관하여 증인신문에 의하지 아니하고 의견을 진술하게 할 수 있다(규칙 제134조의10 제1항). 재판장은 재판의 진행상황, 그 밖의 사정을 고려하여 피해자등에게 제134조의10 제1항의 의견진술에 갈음하여 의견을 기재한 서면을 제출하게 할 수 있다(규칙 제134조의11 제1항). 위 진술과 진술에 갈음한 서면은 범죄사실의 인정을 위한 증거로 할 수 없다(규칙 제134조의12).

II. 감정·통역·번역

1. 감정의 의의

감정이란 특수한 지식·경험을 가진 제3자가 그 지식·경험에 의하여 알 수 있는 법칙 또는 그 법칙을 적용하여 얻은 판단을 법원에 보고하는 것을 말한다. 법원 또는 법관으로부터 감정의 명을 받은 자를 **감정인**이라고 한다(수사기관으로부터 감정을 위촉받은 감정수탁자는 여기서 말하는 감정인이 아니다). 감정인도 일종의 증거방법일 뿐만 아니라 그 진술은 증거가 되며, 감정인의 신문은 증거조사의 성질을 가진다. 따라서 증인신문에 관한 규정은 구인에 관한 규정을 제한 외에는 감정에 대하여 준용된다(제177조). 다만 감정증인은 증인에 해당하므로 증인신문의 규정이 적용된다.

2. 감정의 절차

1) 감정의 방법

법원은 학식·경험 있는 자에게 감정을 명할 수 있다(제169조). 감정인에게는 감정 전에 선서서에 의하여 선서하게 하여야 한다(제170조). 감정인에 대하여는 증인신문의 경우와 같은 예외가 인정되지 아니하고, 선서하지 않고 한 감정은 증거능력이 없다. 법원은 필요한 때에는 감정인으로 하여금 법원 외에서 감정하게 할 수 있다. 이 경우에는 감정을 요하는 물건을 감정인에게 교부할 수 있다(제172조).

2) 감정유치

피고인의 정신 또는 신체에 관한 감정에 필요한 때에는 법원은 기간을 정하여 병원 기타 적당한 장소에 피고인을 유치하게 할 수 있고 감정이 완료되면 즉시 유치를 해제하여야 한다(제172조 제3항). 감정유치를 함에는 **감정유치장을 발부하여야 한다**(같은 조 제4항). 구속에 관한 규정은 특별한 규정이 없는 경우에는 유치에 관하여 준용한다. 다만 보석에 관한 규정은 그러하지 아니한다(같은 조 제7항). 유치는 미결구금일수의 산입에 있어서는 이를 구속으로 간주한다(같은 조 제8항). 구속 중인 피고인에 대하여 감정유치장이 집행되었을 때에는 피고인이 유치되어 있는 기간 구속은 그 집행이 정지된 것으로 간주한다(제172조의2 제1항).

3) 감정에 필요한 처분

감정인은 감정에 관하여 필요한 때에는 법원의 허가를 얻어 타인의 주거, 간수자 있는 가옥, 건조물, 항공기, 선차 내에 들어 갈 수 있고 신체의 검사, 사체의 해부, 분묘발굴, 물건의 파괴를 할 수 있다. 이러한 처분의 허가에는 피고인의 성명, 죄명, 들어갈 장소, 검사할 신체, 해부할 사체, 발굴할 분묘, 파괴할 물건, 감정인의 성명과 유효기간을 기재한 **허가장을 발부하여야 하고, 감정인은 제1항의 처분을 받는 자에게 허가장을 제시하여야 한다**(제173조). 법원은 수명법관으로 하여금 감정에 관하여 필요한 처분을 하게 할 수 있다(제175조).

4) 감정인의 참여권·신문권과 당사자의 참여권

감정인은 감정에 관하여 필요한 경우에는 재판장의 허가를 얻어 서류와 증거물을 열람 또는 등사하고 피고인 또는 증인의 신문에 참여할 수 있다. 감정인은 피고인 또는 증인의 신문을 구하거나 재판장의 허가를 얻어 직접 발문할 수 있다(제174조). 검사·피고인 또는 변호인은 감정에 참여할 수 있다(제176조 제1항).

5) 감정의 보고

감정의 경과와 결과는 감정인으로 하여금 **서면으로 제출하게 하여야 한다**. 감정인이 수인인 때에는 각각 또는 공동으로 제출하게 할 수 있다. 감정의 결과에는 그 판단의 이유를 명시하여야 하며, 필요한 때에는 감정인에게 설명하게 할 수 있다(제178조).

3. 통역과 번역

법정에서는 국어를 사용한다(법원조직법 제62조). 국어에 통하지 아니한 자의 진술에는 통역인으로 하여금 통역하게 하여야 한다(형사소송법 제180조). 농자 또는 아자의 진술에는 통역인으로 하여금 통역하게 할 수 있다(제181조). 국어 아닌 문자 또는 부호는 번역하게 하여야 한다(제182조).

Ⅲ. 검증

1. 검증의 의의 및 절차

검증이란 법관이 오관의 작용에 의하여 사물의 존재와 상태를 직접 실험·인식하는 증거조사를 말한다.

1) 검증의 방법

법원은 사실을 발견함에 필요한 때에는 검증을 할 수 있다(제139조). 수사기관의 검증과 달리 법원의 검증에는 영장을 요하지 않는다. 법원은 검증을 수명법관에게 명하거나 수탁판사에게 촉탁할 수 있고(제145조, 제136조), 필요한 때에는 사법경찰관리에게 보조를 명할 수 있다(제144조). 군사상 비밀을 요하는 장소는 책임자의 승낙을 요하고(제145조, 제110조), 검사·피고인·변호인의 참여권(제145조, 제121조)과 책임자의 참여권(제145조, 제123조)이 인정되는 것은 압수·수색의 경우와 같다.

2) 검증에 필요한 처분

검증을 함에는 신체의 검사, 사체의 해부, 분묘의 발굴, 물건의 파괴 기타 필요한 처분을 할 수 있다(제140조). 검증 중에는 그 장소에 출입을 금하고(제145조, 제119조), 검증을 중지한 때에는 집행이 종료될 때에는 그 장소를 폐쇄하거나 간수자를 둘 수 있다(제145조, 제127조). 법원은 피고인의 신체를 검사하기 위하여 소환할 수 있으며(제68조), 경우에 따라 구속할 수도 있다. 피고인 아닌 자도 법원 기타 지정한 장소에 소환할 수 있다(제142조). 신체의 검사에 관하여는 검사를 당하는 자의 성별, 연령, 건강상태 기타 사정을 고려하여 그 사람의 건강과 명예를 해하지 아니하도록 주의하여야 한다. 피고인 아닌 자의 신체검사는 증적의 존재를 확인할 수 있는 현저한 사유가 있는 경우에 한하여 할 수 있다. 여자의 신체를 검사하는 경우에는 의사나 성년의 여자를 참여하게 하여야 한다. 사체의 해부 또는 분묘의 발굴을 하는 때에는 예를 잊지 아니하도록 주의하고 미리 유족에게 통지하여야 한다(제141조).

3) 검증시각의 제한

일출 전, 일몰 후에는 가주, 간수자 또는 이에 준하는 자의 승낙이 없으면 검증을 하기 위하여 타인의 주거, 간수자 있는 가옥, 건조물, 항공기, 선차 내에 들어가지 못한다. 단, 일출 후에는 검증의 목적을 달성할 수 없을 염려가 있는 경우에는 예외로 한다. 일몰 전에 검증에 착수한 때에는 일몰 후라도 검증을 계속할 수 있다. 그러나 야간의 압수·수색이 허용되는 장소에 관하여는 그러하지 않다(제143조).

2. 검증조서

검증, 압수 또는 수색에 관하여는 조서를 작성하여야 한다. 검증조서에는 검증목적물의 현상을 명확하게 하기 위하여 도화나 사진을 첨부할 수 있다(제49조). **법원 또는 법관의 검증의 결과를 기재한 검증조서는 무조건 증거능력이 있다**(제311조).

제7절 | 공판절차의 특칙

Ⅰ. 간이공판절차

1. 간이공판절차의 의의 및 요건

간이공판절차란 피고인이 공판정에서 **자백**하는 때에 형사소송법이 규정하는 증거조사절차를 간이화하고 증거능력의 제한을 완화하여 심리를 신속하게 하기 위하여 마련된 공판절차를 의미한다.

간이공판절차의 개시는 ① 제1심 관할사건에 대하여, ② 피고인이 공판정에서 자백하는 경우를 요건으로 한다. 자백은 공판절차가 개시된 때로부터 **변론종결시까지** 하면 족하고, 위법성조각사유나 책임조각사유를 주장하는 것은 자백이 아니다. 일부에 대하여만 자백한 경우에도 자백한 공소사실에 대하여 간이공판절차가 가능하다.

> ① 피고인이 공소사실에 대하여 검사가 신문할 때에는 공소사실을 모두 사실과 다름없다고 진술하였으나 변호인이 신문할 때에는 범의나 공소사실을 부인하였다면 그 공소사실은 간이공판절차에 의하여 심판할 대상이 아니다(대판 1998.2.27. 97도3421).
>
> ② 피고인이 법정에서 "공소사실은 모두 사실과 다름없다."고 하면서 술에 만취되어 기억이 없다는 취지로 진술한 경우에, 피고인은 적어도 공소사실을 부인하거나 심신상실의 책임조각사유를 주장하고 있는 것으로 볼 여지가 충분하므로 간이공판절차에 의하여 심판할 대상이 아니다(대판 2004.7.9. 2004도2116).
>
> ③ 형사소송법 제286조의2가 규정하는 공소사실의 자백은 공소장 기재 사실을 인정하고 나아가 위법성이나 책임의 조각사유가 되는 사실을 진술하지 아니하는 것으로 충분하고 명시적으로 유죄임을 자인하는 진술이 있어야 하는 것은 아니라고 하여야 할 것이다(대판 1981.11.24. 81도2422).

간이공판절차개시의 요건이 구비된 때에는 법원은 간이공판절차에 의하여 심판할 것을 결정할 수 있다(제286조의2). 간이공판절차의 개시결정은 판결 전 소송절차에 대한 결정이므로 독립하여 항고할 수 없다(제403조 제1항). 다만 간이공판절차에 의할 수 없는 경우인데도 이에 의하여 심리한 경우에는 소송절차의 법령위반에 해당하여 항소이유가 된다(제361조의5 제1호).

2. 간이공판절차의 특칙

1) 증거능력에 대한 특칙

간이공판절차의 증거에 관하여는 전문법칙이 적용되는 증거에 대하여 제318조 제1항의 동의가 있는 것으로 간주한다. 다만 검사·피고인 또는 변호인이 증거로 함에 이의가 있는 때에는 그러하지 아니하다(제318조의3 단서). 전문법칙 이외의 증거법칙은 간이공판절차에서도 배제되지 않고, **자백보강법칙은 적용된다**.

> 피고인이 공소사실에 대하여 자백하여 제1심법원이 이에 대하여 간이공판절차에 의하여 심판할 것을 결정하고, 이에 따라 제1심법원이 형사소송법 제318조의3의 규정에 따라 증거들을 증거능력이 있다고 보고 상당하다고 인정하는 방법으로 증거조사를 한 이상, 가사 항소심에 이르러 범행을 부인하였다고 하더라도 제1심법원에서 이미 증거능력이 있었던 증거는 항소심에서도 증거능력이 그대로 유지되어 심판의 기초가 될 수 있고 다시 증거조사를 할 필요가 없다(대판 2005.3.11. 2004도8313).

2) 증거조사에 대한 특칙

간이공판절차에서도 증거조사를 생략할 수는 없으나, 법원이 상당하다고 인정하는 방법으로 증거조사를 하면 족하다(제297조의2). 간이공판절차의 증거조사에 있어서는 증인신문의 방식(제161조의2), 증거조사의 시기와 방식(제290조 내지 제292조), 증거조사결과와 피고인의 의견(제293조), 증인신문시의 피고인의 퇴정(제297조)에 관한 규정의 적용이 배제된다.

> 피고인이 공판정에서 공소사실을 자백한 때에 법원이 취하는 심판의 간이공판절차에서 법원이 증거방법을 표시하고 증거조사내용을 "증거조사함"이라고 표시하는 방법으로 증거조사를 한 경우라면, 이는 간이절차에서 가능한 상당한 방법에 의한 것으로서 적법하다(대판 1980.4.22. 80도333).

3) 공판절차에 관한 규정의 적용

간이공판절차에서는 증거능력과 증거조사에 대한 특칙이 인정되는 이외에는 공판절차에 대한 일반규정이 그대로 적용된다.

3. 간이공판절차의 취소

법원은 ① 피고인의 자백이 신빙할 수 없다고 인정되거나, ② 간이공판절차로 심리하는 것이 현저히 부당하다고 인정된 때에는 그 결정을 취소하여야 한다(제286조의3). 간이공판절차의 취소는 법원의 직권에 의하고, 취소하기 전 검사의 의견을 들어야 한다(제286조의3).

간이공판절차 결정이 취소된 때에는 **공판절차를 갱신해야 한다.** 그러나 검사·피고인 또는 변호인이 이의가 없는 때에는 갱신을 필요로 하지 않는다(제301조의2). 공판절차를 갱신하면 증거조사절차를 다시 하여야 하나, 이의가 없는 경우에는 기존의 증거조사가 그대로 효력을 유지하고 이미 조사된 전문증거도 증거능력이 인정된다.

II. 공판절차의 정지와 갱신

1. 공판절차의 정지

공판절차의 정지란 심리의 진행을 방해할 중대한 사유가 발생한 경우에 그 사유가 없어질 때까지 공판절차를 법률상 진행할 수 없게 하는 것이다. 정지되는 것은 협의의 공판절차, 즉 공판기일의 절차에 한한다. 공판절차정지의 결정을 취소하거나 정지기간이 경과한 경우에는 법원은 공판절차를 다시 진행해야 한다. 다만 피고인의 심신상실을 이유로 공판절차가 정지된 경우에는 그 정지사유가 소멸된 후의 공판기일에 공판절차를 갱신하여야 한다(규칙 제143조).

1) 피고인의 심신상실과 질병

피고인이 사물의 변별 또는 의사의 결정을 할 능력이 없는 상태에 있는 때에는 법원은 검사와 변호인의 의견을 들어 결정으로 그 상태가 계속되는 기간 공판절차를 정지하여야 한다(제306조 제1항). 피고인이 질병으로 인하여 출정할 수 없는 때에도 법원은 검사와 변호인의 의견을 들어서 결정으로 출정할 수 있을 때까지 공판절차를 정지하여야 한다(같은 조 제2항). 그러나 피고사건에 대하여 무죄·면소·형의 면제 또는 공소기각의 재판을 할 것이 명백한 때에는 피고인의 출정없이 재판할 수 있다(같은 조 제4항). 경미사건에 대하여 대리인이 출정할 수 있는 경우에는 공판절차를 정지하지 아니한다(같은 조 제5항).

2) 공소장의 변경

법원은 공소사실 또는 적용법조의 추가·철회 또는 변경이 피고인의 불이익을 증가할 염려가 있다고 인정한 때에는 직권 또는 피고인이나 변호인의 청구에 의하여 피고인으로 하여금 필요한 방어의 준비를 하도록 하기 위하여 결정으로 필요한 기간 공판절차를 정지할 수 있다(제298조 제4항).

> 공소사실의 일부 변경이 있더라도 공판절차의 진행상황에 비추어 피고인의 방어권 행사에 실질적 불이익을 주지 않는 것으로 인정될 때에는 법원이 공소장변경을 이유로 한 공판절차정지신청을 받아들이지 않았다 하더라도 이를 위법하다고 할 수 없다(대판 1991.10.25. 91도2085).

3) 소송절차의 정지

① 기피신청 : 기피신청이 있는 때에는 기피신청이 부적법하여 기각하는 경우 이외에는 소송진행을 정지하여야 한다. 단 급속을 요하는 경우에는 예외로 한다(제22조).

② 병합심리신청 등이 있는 경우 : 법원은 계속 중인 사건에 관하여 토지관할의 병합심리신청, 관할지정신청 또는 관할이전신청이 제기된 경우에는 그 신청에 대한 결정이 있기까지 소송절차를 정지하여야 한다. 다만 급속을 요하는 경우에는 그러하지 아니하다(규칙 제7조).

③ 재심청구의 경우 : 재심청구가 경합된 경우에 항소법원 또는 상고법원은 하급법원의 소송절차가 종료할 때까지 소송절차를 정지하여야 한다(규칙 제169조).

> 헌법소원이 제기되어 헌법재판소로부터 그 통지를 받았다고 하더라도 재판의 진행을 정지하여야 하는 것은 아니다(대판 2002.6.25. 2002도45).

2. 공판절차의 갱신

공판절차의 갱신이라 함은 공판절차를 진행한 법원이 이전에 이미 진행된 공판절차를 일단 무시하고 다시 그 절차를 진행하는 것을 의미한다.

1) 판사의 경질

공판개정 후 판사의 경질이 있는 때에는 공판절차를 갱신하여야 한다(제301조 본문). 따라서 재판이 내부적으로 성립하고 판결의 선고만을 하는 때에는 갱신을 요하지 않는다(같은 조 단서). 판사 경질의 이유는 묻지 않으므로 전보·퇴임·질환을 불문한다. 판사의 경질이 있음에도 불구하고 갱신하지 않은 때에는 절대적 항소이유가 된다(제361조의5 제8호).

2) 간이공판절차의 취소

간이공판절차의 결정이 취소된 때에는 공판절차를 갱신하여야 한다. 다만 검사·피고인 또는 변호인의 이의가 없는 때에는 그러하지 아니하다(제301조의2). 공판절차를 갱신하지 않고 판결을 선고한 때에는 상대적 항소이유가 된다(제361조의5 제1호).

3) 심신상실로 인한 공판절차의 정지

피고인의 심신상실로 인하여 공판절차가 정지된 경우에는 그 정지사유가 소멸한 후의 공판기일에 공판절차를 갱신하여야 한다(규칙 제143조).

Ⅲ. 변론의 병합·분리·재개

법원은 필요하다고 인정한 때에는 직권 또는 검사·피고인이나 변호인의 신청에 의하여 결정으로 변론을 분리하거나 병합할 수 있다(제300조). 법원은 필요하다고 인정한 때에는 직권 또는 검사·피고인이나 변호인의 신청에 의하여 결정으로 종결한 변론을 재개할 수 있다(제305조). 변론의 병합·분리·재개는 모두 법원의 재량이다.

> ① 검사가 다수인의 집합에 의하여 구성되는 집합범이나 2인 이상이 공동하여 죄를 범한 공범의 관계에 있는 피고인들에 대하여 여러 개의 사건으로 나누어 공소를 제기한 경우에, 법원이 변론을 병합하지 아니하였다고 하여 형사소송절차에서의 구두변론주의와 직접심리주의에 위반한 것이라고 볼 수 없다(대판 1990.6.22. 90도764).
> ② 변론종결 후 변론재개신청이 있는 경우에도 종결한 변론을 재개하느냐의 여부는 법원의 재량에 속하므로, 검사나 피고인에게 주장 및 입증을 위한 충분한 기회를 부여하였다가 변론을 종결한 이상 다른 특별한 사정이 없는 한 그 후에 이루어진 변론재개신청을 법원이 받아들이지 아니하였다고 하여 이를 위법하다고 할 수는 없다(대판 2014.4.24. 2014도1414).

Ⅳ. 국민참여재판의 공판절차

1. 의의 및 대상

국민참여재판이란 「국민의 형사재판 참여에 관한 법률」(이하 국민참여재판의 공판절차 파트에서는 법명 생략)에 의하여 배심원이 참여하는 형사재판을 의미한다.

국민참여재판의 대상사건은 ① 법원조직법 제32조 제1항(제2호 및 제5호 제외)에 따른 합의부 관할 사건, ② ①에 해당하는 사건의 미수·교사·방조·예비·음모죄에 해당하는 사건, ③ ① 또는 ②에 해당하는 사건과 형사소송법 제11조에 따른 관련 사건으로서 병합하여 심리하는 사건이다 (제5조 제1항, 제1심 절차에 한하여 국민참여재판이 인정된다). 다만, **피고인이 국민참여재판을 원하지 아니하거나 법원의 배제결정이 있는 경우에는 국민참여재판을 하지 아니한다**(같은 조 제2항).

2. 의사의 확인

법원은 대상사건의 피고인에 대하여 국민참여재판을 원하는지 여부에 관한 의사를 서면 등의 방법으로 반드시 확인하여야 한다(제8조 제1항). 피고인은 공소장 부본을 송달받은 날부터 7일 이내에 국민참여재판을 원하는지 여부에 관한 의사가 기재된 서면을 제출하여야 한다(같은 조 제2항). 피고인이 위 서면을 제출하지 아니한 때에는 국민참여재판을 원하지 아니하는 것으로 본다(같은 조 제3항). 피고인은 법원의 배제결정(제9조)이나 회부결정(제10조)이 있거나, 공판준비기일이 종결되거나 제1회 공판기일이 열린 이후에는 종전의 의사를 바꿀 수 없다(제8조 제4항).

> ① [1] 국민의 형사재판 참여에 관한 법률 규정에도 불구하고 법원에서 피고인이 국민참여재판을 원하는지에 관한 의사 확인절차를 거치지 아니한 채 통상의 공판절차로 재판을 진행하였다면, 이는 피고인의 국민참여재판을 받을 권리에 대한 중대한 침해로서 그 절차는 위법하고 이러한 위법한 공판절차에서 이루어진 소송행위도 무효라고 보아야 한다. [2] 국민참여재판은 그 실시를 희망하는 의사의 번복에 관하여 국민의 형사재판 참여에 관한 법률 제8조 제4항에 따른 시기적·절차적 제한이 있는 외에는 피고인의 의사에 반하여 할 수 없으므로, 제1심법원이 국민참여재판 대상이 되는 사건임을 간과하여 이에 관한 피고인의 의사를 확인하지 아니한 채 통상의 공판절차로 재판을 진행하였더라도, 피고인이 항소심에서 국민참여재판을 원하지 아니한다고 하면서 위와 같은 제1심의 절차적 위법을 문제삼지 아니할 의사를 명백히 표시하는 경우에는 하자가 치유되어 제1심 공판절차는 전체로서 적법하게 된다고 보아야 하고, 다만 국민참여재판제도의 취지와 피고인의 국민참여재판을 받을 권리를 실질적으로 보장하고자 하는 관련 규정의 내용에 비추어 위 권리를 침해한 제1심 공판절차의 하자가 치유된다고 보기 위해서는 같은 법 제8조 제1항, 국민의 형사재판 참여에 관한 규칙 제3조 제1항에 준하여 피고인에게 국민참여재판절차 등에 관한 충분한 안내와 그 희망 여부에 관하여 숙고할 수 있는 상당한 시간이 사전에 부여되어야 한다. [3] 제1심법원이 국민참여재판 대상사건의 피고인에게 국민참여재판을 원하는지 확인하지 아니한 채 통상의 공판절차에 따라 재판을 진행하였는데, 원심법원이 제1회 공판기일에 피고인과 변호인이 이에 대하여 이의가 없다고 진술하자 같은 날 변론을 종결한 후 제2회 공판기일에 피고인의 항소를 기각하는 판결을 선고한 사안에서, 원심이 피고인에게 국민의 형사재판 참여에 관한 법률 제8조 제1항, 국민의 형사재판 참여에 관한 규칙 제3조 제1항에 준하여 사전에 국민참여재판절차 등에 관한 충분한 안내와 그 희망 여부에 관하여 숙고할 수 있는 상당한 시간을 부여함이 없이 단지 피고인과 변호인이 제1심에서 통상의 공판절차에 따라 재판을 받은 것에 대하여 이의가 없다고 진술한 사실만으로 제1심의 공판절차상 하자가 모두 치유되어 그에 따른 판결이 적법하게 된다고 볼 수 없는데도, 제1심의 공판절차상 하자가 원심에서

적법하게 치유되었음을 전제로 피고인의 항소를 기각한 원심판결에 법리오해의 위법이 있다고 한 사례(대판 2012.4.26. 2012도1225)

② [1] 국민의 형사재판 참여에 관한 법률에 의하면 제1심법원이 국민참여재판 대상사건을 피고인의 의사에 따라 국민참여재판으로 진행함에 있어 **별도의 국민참여재판 개시결정을 할 필요는 없고**, 그에 관한 이의가 있어 제1심법원이 국민참여재판으로 진행하기로 하는 결정에 이른 경우 이는 판결 전의 소송절차에 관한 결정에 해당하며, 그에 대하여 특별히 즉시항고를 허용하는 규정이 없으므로 위 결정에 대하여는 항고할 수 없다. [2] 공소장 부본을 송달받은 날부터 7일 이내에 의사확인서를 제출하지 아니한 피고인도 제1회 공판기일이 열리기 전까지는 국민참여재판 신청을 할 수 있고, 법원은 그 의사를 확인하여 국민참여재판으로 진행할 수 있다고 봄이 상당하다(대결 2009.10.23. 2009모1032).

3. 배제결정과 지방법원 지원 관할 사건의 특례 등

1) 국민참여재판의 배제결정

법원은 공소제기 후 공판준비기일이 종결된 다음 날까지 ① 배심원·예비배심원·배심원후보자 또는 그 친족의 생명·신체·재산에 대한 침해 또는 침해의 우려가 있어서 출석의 어려움이 있거나 이 법에 따른 직무를 공정하게 수행하지 못할 염려가 있다고 인정되는 경우, ② 공범 관계에 있는 피고인들 중 일부가 국민참여재판을 원하지 아니하여 국민참여재판의 진행에 어려움이 있다고 인정되는 경우, ③ 성폭력범죄 피해자 또는 법정대리인이 국민참여재판을 원하지 아니하는 경우, ④ 그 밖에 국민참여재판으로 진행하는 것이 적절하지 아니하다고 인정되는 경우 **국민참여재판을 하지 아니하기로 하는 결정을 할 수 있다**(제9조 제1항). 이러한 배제결정에 대하여는 즉시항고할 수 있다(같은 조 제3항).

① 국민참여재판을 신청하였는데도 법원이 배제결정도 하지 않은 채 통상의 공판절차로 재판을 진행하는 것은 위법하고, 위법한 공판절차에서 이루어진 소송행위는 무효이나(대판 2011.9.8. 2011도7106), 다만 피고인이 항소심에서 국민참여재판을 원하지 아니한다고 하면서 위와 같은 제1심의 절차적 위법을 문제삼지 아니할 의사를 명백히 표시한 경우에는 그 하자가 치유되어 제1심 공판절차가 적법하게 된다(대판 2013.1.31. 2012도13896).

② 피고인이 국민참여재판을 원하는 사건에서 국민의 형사재판 참여에 관한 법률 제9조 제1항 제3호를 근거로 국민참여재판 배제결정을 하기 위해서는 성폭력범죄 피해자나 법정대리인이 국민참여재판을 원하지 아니하는 구체적인 이유가 무엇인지, 피고인과 피해자의 관계, 피해자의 나이나 정신상태, 국민참여재판을 할 경우 형사소송법과 성폭력범죄의 처벌 등에 관한 특례법 및 아동·청소년의 성보호에 관한 법률 등에서 피해자 보호를 위해 마련한 제도를 활용하더라도 피해자에 대한 추가적인 피해를 방지하기에 부족한지 등 여러 사정을 고려하여 신중하게 판단하여야 한다. 따라서 이러한 사정을 고려함이 없이 성폭력범죄 피해자나 법정대리인이 국민참여재판을 원하지 아니한다는 이유만으로 국민참여재판 배제결정을 하는 것은 바람직하다고 할 수 없다(대결 2016.3.16. 2015모2898).

2) 지방법원 지원 관할 사건의 특례

피고인이 국민참여재판을 원하는 의사를 표시한 경우 지방법원 지원 합의부가 배제결정을 하지 아니하는 경우에는 국민참여재판절차 회부결정을 하여 사건을 **지방법원 본원 합의부로 이송하여야 한다**(제10조 제1항). 지방법원 지원 합의부가 심판권을 가지는 사건 중 지방법원 지원 합의부가 제1항의 회부결정을 한 사건에 대하여는 지방법원 본원 합의부가 관할권을 가진다(같은 조 제2항).

3) 통상절차 회부

법원은 피고인의 질병 등으로 공판절차가 장기간 정지되거나 피고인에 대한 구속기간의 만료, 성폭력범죄 피해자의 보호, 그 밖에 심리의 제반 사정에 비추어 국민참여재판을 계속 진행하는 것이 부적절하다고 인정하는 경우에는 직권 또는 검사·피고인·변호인이나 성폭력범죄 피해자 또는 법정대리인의 신청에 따라 결정으로 사건을 지방법원 본원 합의부가 국민참여재판에 의하지 아니하고 심판하게 할 수 있다(제11조 제1항). 이러한 결정에 대하여는 불복할 수 없다(같은 조 제3항).

4) 공소사실의 변경과 국민참여재판

법원은 공소사실의 일부 철회 또는 변경으로 인하여 대상사건에 해당하지 아니하게 된 경우에도 이 법에 따른 재판을 계속 진행한다. 다만, 법원은 심리의 상황이나 그 밖의 사정을 고려하여 국민참여재판으로 진행하는 것이 적당하지 아니하다고 인정하는 때에는 결정으로 당해 사건을 지방법원 본원 합의부가 국민참여재판에 의하지 아니하고 심판하게 할 수 있다(제6조 제1항).

4. 배심원

1) 배심원의 선정

(1) 배심원의 수

법정형이 사형·무기징역 또는 무기금고에 해당하는 대상사건에 대한 국민참여재판에는 9인의 배심원이 참여하고, 그 외의 대상사건에 대한 국민참여재판에는 7인의 배심원이 참여한다. 다만, 법원은 피고인 또는 변호인이 공판준비절차에서 공소사실의 주요내용을 인정한 때에는 5인의 배심원이 참여하게 할 수 있다(제13조 제1항). 법원은 사건의 내용에 비추어 특별한 사정이 있다고 인정되고 검사·피고인 또는 변호인의 동의가 있는 경우에 한하여 결정으로 배심원의 수를 7인과 9인 중에서 제1항과 달리 정할 수 있다(같은 조 제2항). 법원은 배심원의 결원 등에 대비하여 5인 이내의 예비배심원을 둘 수 있다(제14조 제1항).

(2) 배심원의 선정

배심원은 만 20세 이상의 대한민국 국민 중에서 **무작위의 방법으로 선정된다**(제16조). 결격사유(제17조), 직업 등에 따른 제외사유(제18조), 제척사유(제19조) 있는 자는 배심원으로 선정될 수 없고, 면제사유(제20조) 있는 자에 대해서는 배심원 직무의 수행을 면제할 수 있다. 지방법원은 **배심원후보예정자명부를 작성하고**(제22조), 그 명부에서 후보자를 정하여 배심원과 예비배심원의 선정기일을 통지해야 한다(제23조 제1항). 선정기일에서 법원은 배심원후보자에게 질문할 수 있고, 검사·피고인 또는 변호인은 법원으로 하여금 필요한 질문을 하도록 요청할 수 있다(제28조 제1항). 법원은 후보자에게 결격사유 등이 있거나 불공평한 판단을 할 우려가 있다고 인정되는 때에는 직권 또는 신청에 의하여 **불선정결정해야 한다**(같은 조 제3항). **검사**와 **변호인**은 배심원이 9인인 경우에는 5인, 7인인 경우에는 4인, 5인인 경우에는 3인의 범위에서 무이유부기피신청을 할 수 있고, 무이유부기피신청이 있는 때에는 당해 배심원후보자를 배심원으로 선정할 수 없다(제30조). 법원은 불선정결정 절차 등을 거쳐 절차를 거쳐 필요한 수의 배심원과 예비배심원 후보자가 확정되면 무작위의 방법으로 배심원과 예비배심원을 선정한다(제31조). 법원은 배심원과 예비배심원에게 누가 배심원으로 선정되었는지 여부를 알리지 아니할 수 있다(같은 조 제4항).

2) 배심원의 해임 및 사임

법원은 배심원 또는 예비배심원이 의무를 위반하거나 불공평한 판단을 할 우려가 있는 등 일정한 사유가 있는 때에는 직권 또는 신청에 의하여 해임할 수 있고(제32조), 배심원과 예비배심원은 직무를 계속 수행하기 어려운 사정이 있는 때에는 법원에 사임을 신청할 수 있다(제33조).

5. 국민참여재판의 절차

1) 공판전 준비절차

국민참여재판에 있어서는 제1회 공판기일 이전에 **반드시 공판준비절차를 거쳐야 한다**(제36조 제1항). 국민참여재판에 관하여 변호인이 없는 때에 법원은 **직권으로 변호인을 선정하여야 하고**(제7조), 공판준비절차에 부친 후 피고인이 국민참여재판을 원치 아니하는 의사를 표시하거나 배제결정이 있는 때에는 공판준비절차를 종결할 수 있다(제36조 제1항).

2) 공판정의 구성

공판정은 판사·배심원·예비배심원·검사·변호인이 출석하여 개정한다(제39조 제1항).

3) 배심원의 권리와 의무

배심원은 사건에 관하여 사실의 인정, 법령의 적용 및 형의 양정에 관한 의견을 제시할 권한이 있다(제12조). 다만 증거능력에 관한 심리에는 관여할 수 없다(제44조). 배심원과 예비배심원은 피고인 또는 증인에 대하여 필요한 사항을 신문하여 줄 것을 재판장에게 요청할 수 있고(제41조 제1항 제1호), 필요하다고 인정되는 경우 재판장의 허가를 받아 각자 필기를 하여 이를 평의에 사용할 수 있다(같은 항 제2호). 배심원과 예비배심원은 국민참여재판이 원활하게 진행되도록 협력하고 평결의 공정성과 공평성을 해하는 행동을 하지 않아야 할 의무를 진다(같은 조 제2항). 재판장은 배심원과 예비배심원에 대하여 배심원과 예비배심원의 권한·의무·재판절차 그 밖에 직무수행을 원활히 하는 데 필요한 사항을 **설명해야 한다**(제42조 제2항, 최초 설명의무).

국민의 형사재판 참여에 관한 법률은 제42조 제2항에서 재판장의 공판기일에서의 최초 설명의무를 규정하고 있는데, 이러한 재판장의 최초 설명에는 원칙적으로 설명의 대상에 검사가 아직 공소장에 의하여 낭독하지 아니한 공소사실 등이 포함된다고 볼 수 없다(대판 2014.11.13. 2014도8377).

4) 배심원등의 보호를 위한 조치

누구든지 배심원·예비배심원 또는 배심원후보자인 사실을 이유로 해고하거나 그 밖의 불이익한 처우를 하여서는 아니 되고(제50조), 당해 재판에 영향을 미치거나 배심원 또는 예비배심원이 직무상 취득한 비밀을 알아낼 목적으로 배심원 또는 예비배심원과 접촉하여서는 아니 되며(제51조 제1항), 배심원 또는 예비배심원이 직무상 취득한 비밀을 알아낼 목적으로 배심원 또는 예비배심원의 직무에 종사하였던 사람과 접촉하여서는 아니 된다(같은 조 제2항). 또한 법령으로 정하는 경우를 제외하고는 배심원·예비배심원 또는 배심원후보자의 성명·주소와 그 밖의 개인정보를 공개하여서는 아니 된다(제52조 제1항). 재판장은 배심원 또는 예비배심원이 위해를 받거나 받을 염려가 있다고 인정하는 때 또는 공정한 심리나 평의에 지장을 초래하거나 초래할 염려가 있다고 인정하는 때에는 신변안전을 위하여 보호, 격리, 숙박, 그 밖에 필요한 조치를 취할 수 있다(제53조 제1항).

5) 간이공판절차 규정의 배제

국민참여재판에는 간이공판절차에 관한 규정이 적용되지 않는다(제43조).

6) 공판절차의 갱신

공판절차가 개시된 후 새로 재판에 참여하는 배심원 또는 예비배심원이 있는 때에는 공판절차를 갱신하여야 한다(제45조 제1항).

6. 평의·평결·토의 및 판결의 선고

1) 평의와 평결·토의

① 재판장은 변론이 종결된 후 법정에서 배심원에게 공소사실의 요지와 적용법조, 피고인과 변호인 주장의 요지, 증거능력, 그 밖에 유의할 사항에 관하여 설명하여야 한다(제46조 제1항, 최후설명의무). 이 경우 필요한 때에는 증거의 요지에 관하여 설명할 수 있다. ② 심리에 관여한 배심원은 제1항의 설명을 들은 후 유·무죄에 관하여 평의하고, 전원의 의견이 일치하면 그에 따라 평결한다(같은 조 제2항). 다만, 배심원 과반수의 요청이 있으면 심리에 관여한 판사의 의견을 들을 수 있다. ③ 배심원은 유·무죄에 관하여 전원의 의견이 일치하지 아니하는 때에는 평결을 하기 전에 심리에 관여한 판사의 의견을 들어야 한다. 이 경우 유·무죄의 평결은 다수결의 방법으로 한다(같은 조 제3항). 심리에 관여한 판사는 평의에 참석하여 의견을 진술한 경우에도 평결에는 참여할 수 없다. ④ 위 제2항 및 제3항의 평결이 유죄인 경우 배심원은 심리에 관여한 판사와 함께 양형에 관하여 토의하고 그에 관한 의견을 개진한다. 재판장은 양형에 관한 토의 전에 처벌의 범위와 양형의 조건 등을 설명하여야 한다(같은 조 제4항).

⑤ 위 제2항부터 제4항까지의 평결과 의견은 법원을 기속하지 아니한다(같은 조 제5항).

> 재판장이 법 제46조 제1항, 규칙 제37조 제1항에 따라 설명의무가 있는 사항을 설명하지 않는 것은 원칙적으로 위법한 조치이다. 다만 이를 두고 소송행위 전부를 무효로 할 정도로 판결에 영향을 미친 위법이라고 쉽게 단정할 것은 아니고, 위와 같은 잘못이 배심원의 평결에 직접적인 영향을 미쳐 피고인의 국민참여재판을 받을 권리 등을 본질적으로 침해하고 판결의 정당성마저 인정받기 어려운 정도에 이른 것인지를 신중하게 판단하여야 한다(대판 2014.11.13. 2014도8377).

2) 판결의 선고

판결의 선고는 변론을 종결한 기일에 함이 원칙이다(제48조 제1항). 변론을 종결한 기일에 판결을 선고하는 경우에는 판결서를 선고 후에 작성할 수 있다(같은 조 제2항). 재판장은 판결 선고시 피고인에게 배심원의 평결결과를 고지하여야 하며, 배심원의 평결결과와 다른 판결을 선고하는 때에는 피고인에게 그 이유를 설명하여야 한다(같은 조 제4항).

판결서에는 배심원이 재판에 참여하였다는 취지를 기재하여야 하고, 배심원의 의견을 기재할 수 있다. 다만 배심원의 평결결과와 다른 판결을 선고하는 때에는 판결서에 그 이유를 기재하여야 한다(제49조).

> [1] 배심원이 증인신문 등 사실심리의 전 과정에 함께 참여한 후 증인이 한 진술의 신빙성 등 증거의 취사와 사실의 인정에 관하여 만장일치의 의견으로 내린 무죄의 평결이 재판부의 심증에 부합하여 그대로 채택된 경우라면, 이러한 절차를 거쳐 이루어진 증거의 취사 및 사실의 인정에 관한 제1심의 판단은 실질적 직접심리주의 및 공판중심주의 취지와 정신에 비추어 항소심에서의 새로운 증거조사를 통해 그에 명백히 반대되는 충분하고도 납득할 만한 현저한 사정이 나타나지 않는 한 한층 더 존중될 필요가 있다. [2] 제1심에서 배심원이 만장일치로 한 평결결과대로 강도상해의 공소사실을 무죄로 판단하였으나, 항소심에서는 피해자에 대한 증인신문만을 추가로 실시한 다음 제1심의 판단을 뒤집어 이를 유죄로 인정한 사안에서, 항소심 판단에 공판중심주의와 실질적 직접심리주의 원칙의 위반 및 증거재판주의에 관한 법리오해의 위법이 있다고 판시한 사례(대판 2010.3.25. 2009도14065)

CHAPTER 02 | 증거

제1절 | 증거의 의의와 종류

I. 증거의 의의 및 종류

증거란 사실인정의 근거가 되는 자료를 의미하고, 증거방법과 증거자료의 두 가지 의미를 포함하는 개념이다. **증거방법**은 사실인정의 자료가 되는 유형물 자체를, **증거자료**란 증거방법을 조사함에 의하여 알게 된 내용을 말한다.

> ① 상해사건 발생 직후 피해자를 진찰한 바 있는 의사의 진술 및 상해진단서를 발행한 의사의 진술이나 진단서는 가해자의 상해 사실 자체에 대한 직접적인 증거가 되는 것은 아니고, 다른 증거에 의하여 상해의 가해행위가 인정되는 경우에 그에 대한 상해의 부위나 정도의 점에 대한 증거가 된다(대판 1995.9.29. 95도852).
>
> ② 형사재판에서 유죄의 인정은 법관으로 하여금 합리적인 의심을 할 여지가 없을 정도로 공소사실이 진실한 것이라는 확신을 가지게 하는 증명력을 가진 증거에 의하여야 하고, 이러한 정도의 심증을 형성하는 증거가 없다면 설령 피고인에게 유죄의 의심이 간다 하더라도 피고인의 이익으로 판단할 수밖에 없으나, 다만 그와 같은 심증이 반드시 직접증거에 의하여 형성되어야만 하는 것은 아니고, 경험칙과 논리법칙에 위반되지 아니하는 한 간접증거에 의하여 형성되어도 되는 것이며, 간접증거가 개별적으로는 범죄사실에 대한 완전한 증명력을 가지지 못하더라도, 전체 증거를 상호 관련하여 종합적으로 고찰할 경우 그 단독으로는 가지지 못하는 종합적 증명력이 있을 수 있고, 이러한 경우에는 그에 의하여도 범죄사실을 인정할 수 있다(대판 2000.11.10. 2000도2524).
>
> ③ [1] (전략) 범행에 관한 간접증거만이 존재하고 더구나 그 간접증거의 증명력에 한계가 있는 경우, 범인으로 지목되고 있는 자에게 범행을 저지를 만한 동기가 발견되지 않는다면, 만연히 무엇인가 동기가 분명히 있는데도 이를 범인이 숨기고 있다고 단정할 것이 아니라 반대로 간접증거의 증명력이 그만큼 떨어진다고 평가하는 것이 형사증거법의 이념에 부합하는 것이다. [2] 유전자검사나 혈액형검사 등 과학적 증거방법은 전제로 하는 사실이 모두 진실임이 증명되고 추론의 방법이 과학적으로 정당하여 오류의 가능성이 없거나 무시할 정도로 극소하다고 인정되는 경우에는 법관이 사실인정을 할 때 상당한 정도로 구속력을 가진다. 그러나 이 경우 법관은 과학적 증거방법이 증명하는 대상이 무엇인지, 즉 증거방법과 쟁점이 어떠한 관련성을 갖는지를 면밀히 살펴 신중하게 사실인정을 하여야 한다(대판 2022.6.16. 2022도2236).

II. 증거능력과 증명력

증거능력이란 증거가 엄격한 증명의 자료로 사용될 수 있는 법률상의 자격을 의미하고, **증명력**은 증거의 실질적 가치를 의미한다. 증거능력은 법률에 의하여 형식적으로 결정되어 있으나, 증명력은 법관의 자유심증에 맡겨져 있다.

제2절 | 증명의 기본원칙

Ⅰ. 증거재판주의

1. 증거재판주의의 의의

1) 형사소송법 제307조의 취지

사실의 인정은 증거에 의하여야 한다(제307조 제1항). 제307조 제1항에서 말하는 '사실'은 범죄될 사실을 의미하고, '증거'란 증거능력 있고 적법한 증거조사를 거친 증거만을 의미한다.

2) 엄격한 증명과 자유로운 증명

엄격한 증명이란 **법률상 증거능력 있고 적법한 증거조사를 거친 증거에 의한 증명**을 말하고, 이를 요하지 않는 증거에 의한 증명을 자유로운 증명이라 한다. 엄격한 증명과 자유로운 증명은 증거능력의 유무와 증거조사의 방법에 **차이가 있을 뿐**이고, 심증의 정도에 있어서는 모두 합리적 의심 없는 증명 또는 확신을 요하는 점에서 동일하다. 형사소송법 제307조 제2항은 「범죄사실의 인정은 합리적인 의심이 없는 정도의 증명에 이르러야 한다」고 규정하고 있다.

> ① 형사재판에서 공소가 제기된 범죄사실에 대한 증명책임은 검사에게 있고, 유죄의 인정은 법관으로 하여금 합리적인 의심을 할 여지가 없을 정도로 공소사실이 진실한 것이라는 확신을 가지게 하는 증명력을 가진 증거에 의하여야 하므로, 그와 같은 증거가 없다면 설령 피고인에게 유죄의 의심이 간다 하더라도 피고인의 이익으로 판단할 수밖에 없다(대판 2010.7.22. 2009도1151).
>
> ② 간접증거가 개별적으로 범죄사실에 대한 완전한 증명을 가지지 못하더라도 전체 증거를 상호 관련하에 종합적으로 고찰할 경우 그 단독으로는 가지지 못하는 종합적 증명력이 있는 것으로 판단되면 그에 의하여도 범죄사실을 인정할 수 있다(대판 2001.11.27. 2001도4392).

2. 엄격한 증명의 대상

1) 공소범죄사실

(1) 구성요건해당사실

구성요건에 해당하는 사실은 객관적 구성요건요소인가 또는 주관적 구성요건요소인가를 불문하고 엄격한 증명의 대상이 된다. 범죄의 **일시**(대판 2011.4.28. 2010도14487), 뇌물죄의 **수뢰액**(대판 2011.5.26. 2009도2453), **범의**(대판 2002.3.12. 2001도2064), **공모관계**(대판 2011.12.22. 2011도9721), 교사자의 **교사행위**(대판 2000.2.25. 99도1252), 상습범에 있어서의 **상습성**, 죄수를 결정짓는 사실, 야간주거침입절도죄 등과 같이 범행이 야간에 이루어질 것이 요구되는 범죄에 있어서의 일출·일몰시각 등도 엄격한 증명의 대상이다. 구성요건의 존부를 알아내기 위해 경험칙을 이용하는 경우 그 법칙 적용의 전제가 되는 개별적이고 구체적인 사실에 대하여도 엄격한 증명이 필요하다(대판 2000.6.27. 99도128).

① 알선수재죄는 '공무원의 직무에 속한 사항을 알선한다는 명목'으로 '금품 등을 수수'함으로써 성립하고 '공무원의 직무에 속한 사항을 알선한다는 명목'으로 수수하였다는 범의는 범죄사실을 구성하는 것으로서 이를 인정하기 위해서는 엄격한 증명이 요구되지만, 피고인이 '금품 등을 수수'한 사실을 인정하면서도 **범의를 부인하는 경우에는**, 이러한 주관적 요소로 되는 사실은 사물의 성질상 범의와 상당한 관련성이 있는 간접 사실을 증명하는 방법에 의하여 이를 입증할 수밖에 없고, 무엇이 상당한 관련성이 있는 간접 사실에 해당할 것인가는 정상적인 경험칙에 바탕을 두고 치밀한 관찰력이나 분석력에 의하여 사실의 연결상태를 합리적으로 판단하는 방법에 의하여야 한다(대판 2002.3.12. 2001도2064).

② 피고인이 **범죄구성요건의 주관적 요소인 고의를 부인하는 경우**, 범의 자체를 객관적으로 증명할 수는 없으므로 사물의 성질상 범의와 관련성이 있는 간접사실 또는 정황사실을 증명하는 방법으로 이를 증명할 수밖에 없다. 이때 무엇이 관련성이 있는 간접사실 또는 정황사실에 해당하는지는 정상적인 경험칙에 바탕을 두고 치밀한 관찰력이나 분석력으로 사실의 연결상태를 합리적으로 판단하는 방법에 의하여 판단하여야 한다(대판 2017.1.12. 2016도15470).

③ **불법영득의 의사는 내심의 의사에 속하여 피고인이 이를 부인하는 경우**, 이러한 주관적 요소로 되는 사실은 사물의 성질상 그와 상당한 관련이 있는 간접사실 또는 정황사실을 증명하는 방법에 의하여 증명할 수밖에 없다. 불법영득의사를 실현하는 행위로서의 횡령행위가 있다는 사실은 검사가 증명하여야 하고, 그 증명은 법관으로 하여금 합리적인 의심을 할 여지가 없을 정도의 확신을 생기게 하는 증명력을 가진 엄격한 증거에 의하여야 한다. 이와 같은 증거가 없다면 설령 피고인에게 유죄의 의심이 간다 하더라도 피고인의 이익으로 판단할 수밖에 없다(대판 2017.2.15. 2013도14777).

④ 공모관계를 인정하기 위해서는 엄격한 증명이 요구되지만, 피고인이 범죄의 주관적 요소인 **공모관계를 부인하는 경우**에는 사물의 성질상 이와 상당한 관련성이 있는 간접사실 또는 정황사실을 증명하는 방법으로 이를 증명할 수밖에 없다. 이때 무엇이 상당한 관련성이 있는 간접사실에 해당할 것인지는 정상적인 경험칙에 바탕을 두고 치밀한 관찰력이나 분석력으로 사실의 연결 상태를 합리적으로 판단하는 방법으로 하여야 한다(대판 2018.4.19. 2017도14322 전원합의체).

(2) 위법성과 책임의 기초사실

위법성과 책임을 기초지우는 사실도 엄격한 증명의 대상이 된다. 다만 명예훼손죄에 있어서의 위법성조각사유인 이른바 사실증명이 엄격한 증명의 대상인지에 대해 견해가 대립하고, 판례는 행위자가 증명하여야 하며 그 방법은 자유로운 증명으로 족하다는 입장이다(대판 2004.5.28. 2004도1497).

> 공연히 사실을 적시하여 사람의 명예를 훼손한 행위가 형법 제310조의 규정에 따라서 위법성이 조각되어 처벌 대상이 되지 않기 위하여는 그것이 진실한 사실로서 오로지 공공의 이익에 관한 때에 해당된다는 점을 행위자가 증명하여야 하는 것이고, 법원이 적법하게 증거를 채택하여 조사한 다음 형법 제310조 소정의 위법성조각사유의 요건이 입증되지 않는다면 그 불이익은 피고인이 부담하는 것이다(대판 2004.5.28. 2004도1497).

(3) 처벌조건

처벌조건은 공소범죄사실 자체는 아니지만, 형벌권 발생에 직접 기초가 되는 사실이므로 엄격한 증명의 대상이 된다. 따라서 **친족상도례에 있어서 일정한 친족관계의 부존재에 관한 사실**은 엄격한 증명의 대상이다.

2) 법률상 형의 가중·감면의 이유되는 사실

법률상 형의 가중의 이유되는 누범전과, 형의 감경 또는 감면의 이유되는 **심신미약 또는 중지미수**, 형의 면제의 이유되는 자수·자복의 사실은 범죄 될 사실 그 자체는 아니지만 범죄사실에 준하여 엄격한 증명의 대상이 된다. 전과의 경우 법률상 형의 가중사유인 **누범전과는 엄격한 증명을 요하지만, 그 이외의 전과는 정상관계사실로서 자유로운 증명으로 족하다.**

3) 간접사실 · 경험법칙 · 법규

(1) 간접사실

간접사실이란 주요사실의 존부를 간접적으로 추인하는 사실을 말한다. 요증사실이 주요사실인 때에는 간접사실도 엄격한 증명의 대상이 되어야 한다.

(2) 경험법칙

일반적인 경험법칙은 증명을 요하지 않으나, 경험법칙의 **내용이 명백하지 아니한 때에는 증명의 필요가 있으며,** 그것이 엄격한 증명의 대상인 사실의 인정에 필요한 때에는 엄격한 증명의 대상이 된다.

> [1] 범죄구성요건사실을 인정하기 위하여 과학공식 등의 경험칙을 이용하는 경우에 그 법칙 적용의 전제가 되는 개별적·구체적 사실에 대하여는 엄격한 증명을 요한다. 위드마크 공식은 알코올을 섭취하면 최고 혈중알코올농도가 높아지고, 흡수된 알코올은 시간의 경과에 따라 일정하게 분해된다는 과학적 사실에 근거한 수학적인 방법에 따른 계산결과를 통해 운전 당시 혈중알코올농도를 추정하는 경험칙의 하나이므로, 그 적용을 위한 자료로 섭취한 알코올의 양·음주시각·체중 등이 필요하고 이에 관하여는 엄격한 증명이 필요하다. (중략) 만일 위드마크 공식의 적용에 관해서 불확실한 점이 남아 있고 그것이 피고인에게 불이익하게 작용한다면, 그 계산결과는 합리적인 의심을 품게 하지 않을 정도의 증명력이 있다고 할 수 없다. [2] 혈중알코올농도 측정 없이 위드마크 공식을 사용해 피고인이 마신 술의 양을 기초로 피고인의 운전 당시 혈중알코올농도를 추산하는 경우로서 알코올의 분해소멸에 따른 혈중알코올농도의 감소기(위드마크 제2공식, 하강기)에 운전이 이루어진 것으로 인정되는 경우에는 피고인에게 가장 유리한 음주 시작 시점부터 곧바로 생리작용에 의하여 분해소멸이 시작되는 것으로 보아야 한다. 이와 다르게 음주 개시 후 특정 시점부터 알코올의 분해소멸이 시작된다고 인정하려면 알코올의 분해소멸이 시작되는 시점이 다르다는 점에 관한 과학적 증명 또는 객관적인 반대 증거가 있거나, 음주 시작 시점부터 알코올의 분해소멸이 시작된다고 보는 것이 그렇지 않은 경우보다 피고인에게 불이익하게 작용되는 특별한 사정이 있어야 한다(대판 2022.5.12. 2021도14074).

(3) 법규

법규의 존부와 그 내용은 법원의 직권조사사항에 속하므로 원래 증명의 대상이 되지 않는다. 그러나 외국법·관습법·자치법규와 같이 **법규의 내용이 명백하지 아니한 때에는** 법규에 대하여도 증명을 요한다. 판례는 외국법규의 존재는 엄격한 증명의 대상이 된다고 판시한 바 있다(대판 1973.5.1. 73도289).

> 형법 제6조 본문에 의하여 외국인이 대한민국 영역 외에서 대한민국 국민에 대하여 범죄를 저지른 경우 우리 형법이 적용되지만, 같은 조 단서에 의하여 행위지 법률에 의하여 범죄를 구성하지 아니하거나 소추 또는 형의 집행을 면제할 경우에는 우리 형법을 적용하여 처벌할 수 없고, 이 경우 행위지 법률에 의하여 범죄를 구성하는지는 엄격한 증명에 의하여 검사가 이를 증명하여야 한다(대판 2011.8.25. 2011도6507).

3. 자유로운 증명의 대상

1) 정상관계사실

양형은 그 성질상 법원의 재량에 맡길 것이므로 자유로운 증명으로 족하다. 따라서 피고인의 경력(전과)·성격·환경·범죄 후의 정황 등 형의 선고유예·집행유예 또는 작량감경 및 양형의 조건이 되는 사실은 자유로운 증명으로 족하다.

> 몰수대상이 되는지 여부나 추징액의 인정 등 몰수·추징의 사유는 범죄구성요건 사실에 관한 것이 아니어서 엄격한 증명은 필요 없지만 역시 증거에 의하여 인정되어야 한다(대판 2006.4.7. 2005도9858 전원합의체).

2) 소송법적 사실

순수한 소송법적 사실이 자유로운 증명으로 족하다는 점에는 이론이 없다. 따라서 친고죄에 있어서 고소의 유무, 피고인의 구속기간·공소제기·공판개시 및 적법한 피고인신문이 행하여졌는지의 여부는 엄격한 증명을 요하지 않는다. 자백의 임의성에 관한 사실도 소송법적 사실인 이상 자유로운 증명으로 족하다.

> ① 반의사불벌죄에서 피고인 또는 피의자의 처벌을 희망하지 않는다는 의사표시 또는 처벌희망 의사표시 철회의 유무나 그 효력 여부에 관한 사실은 엄격한 증명의 대상이 아니라 증거능력이 없는 증거나 법률이 규정한 증거조사방법을 거치지 아니한 증거에 의한 증명, 이른바 자유로운 증명의 대상이다(대판 2010.10.14. 2010도5610).
> ② 검사 작성의 피의자신문조서에 기재된 피의자의 진술에 관하여 공판정에서 그 임의성 유무가 다투어지는 경우에는 법원은 구체적인 사건에 따라 증거조사의 방법이나 증거능력의 제한을 받지 아니하고 제반사정을 종합 참작하여 적당하다고 인정되는 방법에 의하여 **자유로운 증명으로 그 임의성 유무를 판단하면 된다**(대판 1986.11.25. 83도1718).
> ③ 피고인의 자필로 작성된 진술서의 경우에는 서류의 작성자가 동시에 진술자이므로 진정하게 성립된 것으로 인정되어 형사소송법 제313조 단서에 의하여 그 진술이 특히 신

빙할 수 있는 상태 하에서 행하여진 때에는 증거능력이 있고, 이러한 특신상태는 증거능력의 요건에 해당하므로 검사가 그 존재에 대하여 구체적으로 주장·입증하여야 하는 것이지만, 이는 소송상의 사실에 관한 것이므로, 엄격한 증명을 요하지 아니하고 자유로운 증명으로 족하다(대판 2001.9.4. 2000도1743).

3) 보조사실

보조사실이란 증거의 증명력에 영향을 미치는 사실을 말한다. 여기에는 증거의 증명력을 탄핵하는 사실과 보강하는 사실이 포함된다. 증거의 증명력을 탄핵하는 사실은 자유로운 증명으로 족하다. 그러나 주요사실을 인정하는 증거의 증명력을 보강하는 자료가 되는 사실은 그 주요사실이 엄격한 증명의 대상이 되는 이상 엄격한 증명을 요한다고 해야 한다.

> 구성요건에 해당하는 사실은 엄격한 증명에 의하여 이를 인정하여야 하고, 증거능력이 없는 증거는 구성요건 사실을 추인하게 하는 간접사실이나 구성요건 사실을 입증하는 직접증거의 증명력을 보강하는 보조사실의 인정자료로도 사용할 수 없다(대판 2008.12.11. 2008도7112).

4. 증명을 요하지 않는 사실(불요증사실)

공지의 사실, 법률상 또는 사실상 추정된 사실은 증명을 요하지 아니한다.

II. 거증책임

1. 거증책임 및 거증책임분배의 원칙

거증책임이란 요증사실의 존부에 대하여 증명이 불충분한 경우에 불이익을 받을 당사자의 법적 지위를 의미한다. 형사소송에서는 원칙적으로 **검사가 거증책임**을 부담한다.

> ① [1] 도로교통법 제148조의2 제1항 제1호의 문언 내용과 입법 취지 등을 종합하면, 위 조항 중 '제44조 제1항을 2회 이상 위반한 사람'은 문언 그대로 2회 이상 음주운전 금지규정을 위반하여 음주운전을 하였던 사실이 인정되는 사람으로 해석해야 하고, 그에 대한 형의 선고나 유죄의 확정판결 등이 있어야만 하는 것은 아니다. [2] 위 법 제148조의2 제1항 제1호를 적용할 때 위와 같은 음주운전 금지규정 위반자의 위반전력 유무와 그 횟수는 법원이 관련 증거를 토대로 자유심증에 따라 심리·판단해야 한다. 다만 이는 공소가 제기된 범죄의 구성요건을 이루는 사실이므로, 그 증명책임은 검사에게 있다(대판 2018.11.15. 2018도11378).
>
> ② 자백의 임의성에 다툼이 있을 때에는 그 임의성을 의심할 만한 합리적이고, 구체적인 사실을 피고인이 입증할 것이 아니고 검사가 그 임의성의 의문점을 해소하는 입증을 하여야 한다(대판 1998.4.10. 97도3234).
>
> ③ 법원이 검사에게 공소장변경을 촉구하지 아니하였다 하여 위법이라 할 수 없고 서증의 증거능력을 부여하기 위한 입증책임은 그 서증을 증거로 제출한 검사에게 있다(대판 1970.11.24. 70도2109).
>
> ④ 개정된 도로교통법 제148조의2 제1항에서 정한 '도로교통법 제44조 제1항 또는 제2항을 2회 이상 위반한 사람'에 위와 같이 개정된 도로교통법이 시행된 2019. 6. 25. 이전에 구 도로교통법

제44조 제1항 또는 제2항을 위반한 전과가 포함된다고 보아야 한다. 이와 같이 해석하더라도 형벌불소급의 원칙이나 일사부재리의 원칙에 위배되지 않는다(대판 2020.8.20. 2020도7154).

⑤ 양심에 따른 병역거부, 이른바 양심적 병역거부는 종교적·윤리적·도덕적·철학적 또는 이와 유사한 동기에서 형성된 양심상 결정을 이유로 집총이나 군사훈련을 수반하는 병역의무의 이행을 거부하는 행위를 말한다. 양심적 병역거부자에게 병역의무의 이행을 일률적으로 강제하고 그 불이행에 대하여 형사처벌 등 제재를 하는 것은 양심의 자유를 비롯한 헌법상 기본권 보장체계와 전체 법질서에 비추어 타당하지 않을 뿐만 아니라 소수자에 대한 관용과 포용이라는 자유민주주의 정신에도 위배된다. 따라서 진정한 양심에 따른 병역거부라면, 이는 병역법 제88조 제1항의 '정당한 사유'에 해당한다. 구체적인 병역법 위반 사건에서 피고인이 양심적 병역거부를 주장할 경우, 그 양심이 과연 깊고 확고하며 진실한 것인지를 가려내는 일이 무엇보다 중요하다. 인간의 내면에 있는 양심을 직접 객관적으로 증명할 수는 없으므로 사물의 성질상 양심과 관련성이 있는 간접사실 또는 정황사실을 증명하는 방법으로 판단하여야 한다. (중략) 정당한 사유가 없다는 사실은 범죄구성요건이므로 검사가 증명하여야 한다. 다만 진정한 양심의 부존재를 증명한다는 것은 마치 특정되지 않은 기간과 공간에서 구체화되지 않은 사실의 부존재를 증명하는 것과 유사하다. 위와 같은 불명확한 사실의 부존재를 증명하는 것은 사회통념상 불가능한 반면 그 존재를 주장·증명하는 것이 좀 더 쉬우므로, 이러한 사정은 검사가 증명책임을 다하였는지를 판단할 때 고려하여야 한다. 따라서 양심적 병역거부를 주장하는 피고인은 자신의 병역거부가 그에 따라 행동하지 않고서는 인격적 존재가치가 파멸되고 말 것이라는 절박하고 구체적인 양심에 따른 것이며 그 양심이 깊고 확고하며 진실한 것이라는 사실의 존재를 수긍할 만한 소명자료를 제시하고, 검사는 제시된 자료의 신빙성을 탄핵하는 방법으로 진정한 양심의 부존재를 증명할 수 있다. 이때 병역거부자가 제시하여야 할 소명자료는 적어도 검사가 그에 기초하여 정당한 사유가 없다는 것을 증명하는 것이 가능할 정도로 구체성을 갖추어야 한다(대판 2020.7.9. 2019도17322).

⑥ 진정한 양심에 따른 예비군훈련 거부의 경우에도 예비군법 제15조 제9항 제1호에서 정한 '정당한 사유' 에 해당한다고 보아야 한다(대판 2021.1.28. 2018도4708).

⑦ 정보통신망 이용촉진 및 정보보호 등에 관한 법률 제70조 제2항은 "사람을 비방할 목적으로 정보통신망을 통하여 공공연하게 거짓의 사실을 드러내어 다른 사람의 명예를 훼손한 자는 7년 이하의 징역, 10년 이하의 자격정지 또는 5천만 원 이하의 벌금에 처한다."라고 정하고 있다. 이 규정에 따른 범죄가 성립하려면 피고인이 공공연하게 드러낸 사실이 거짓이고 그 사실이 거짓임을 인식하여야 할뿐만 아니라 사람을 비방할 목적이 있어야 한다. 비방할 목적이 있는지 여부는 피고인이 드러낸 사실이 거짓인지 여부와 별개의 구성요건으로서, 드러낸 사실이 거짓이라고 해서 비방할 목적이 당연히 인정되는 것은 아니다. 그리고 이 규정에서 정한 모든 구성요건에 대한 증명책임은 검사에게 있다(대판 2020.12.10. 2020도11471).

2. 거증책임의 전환

1) 형법 제263조

형법 제263조는 「원인된 행위가 판명되지 아니한 때에는 공동정범의 예에 의한다」고 규정하여 상해죄에 대하여 동시범의 특례를 규정하여 거증책임의 전환을 규정하고 있다.

2) 형법 제310조

형법 제310조는 명예에 관한 죄에 대하여 「형법 제307조 제1항의 행위가 진실한 사실로서 오로지 공공의 이익에 관한 때에는 처벌하지 아니한다」고 규정하고 있다.

> **쟁점** 형법 제310조와 거증책임전환
>
> 형법 제310조의 진실성과 공공성에 대하여 누구에게 입증책임이 있는지, 즉 제310조가 거증책임의 전환을 규정한 것인지 문제된다. 이에 대해 ① 형법 제310조는 피고인에게 입증상의 부담을 부과하여 개인의 명예를 보호하는 입법자의 정책적 배려규정으로 보는 **피고인부담설**과 ② 형법 제310조는 거증책임전환과는 무관하다는 전제에서 피고인이 위법성조각을 주장하면 검사가 적시사실의 비진실성과 비공익성에 관한 입증책임을 진다고 보는 **검사부담설**이 대립하고, 판례는 형법 제310조에 따라 위법성이 조각되어 처벌대상이 되지 않기 위하여는 그것이 진실한 사실로서 오로지 공공의 이익에 관한 때에 해당한다는 점을 **행위자가 증명해야 한다**고 하였지만, 그 증명방법은 **자유로운 증명으로 족하다**고 보았다(대판 1996.10.25. 95도1473). 생각건대, 형법 제310조는 명예훼손죄에 관한 특수한 위법성조각사유를 규정한 것이며 거증책임전환에 관한 규정은 아니라 할 것이므로 **검사부담설**이 타당하다.

III. 자유심증주의

1. 자유심증주의의 의의 및 내용

자유심증주의란 증거의 증명력을 적극적 또는 소극적으로 법정하지 아니하고 **법관의 자유로운 판단**에 맡기는 주의를 의미한다(제308조). 자유심증주의에 의하여 법관이 자유롭게 판단할 수 있는 것은 증거의 **증명력**이다. 증거의 증명력이란 사실인정을 위한 증거의 실질적 가치, 즉 증거가치를 의미한다.

> ① 피고인의 법정진술을 믿을 수 없는 사정 아래에서 피고인이 법정에서 검찰진술을 번복하였다는 이유만으로 검찰진술의 신빙성이 부정될 수는 없고, 검찰진술의 신빙성이 인정되는 이상 피고인의 검찰진술 등을 종합하여 공소사실을 유죄로 인정할 수 있다(대판 2015.8.20. 2013도11650 전원합의체).
>
> ② 형사재판에서 이와 관련된 다른 형사사건 등의 확정판결에서 인정된 사실은 특별한 사정이 없는 한 유력한 증거자료가 되는 것이나, 당해 형사재판에서 제출된 다른 증거내용에 비추어 관련 형사사건의 확정판결에서의 사실판단을 그대로 채용하기 어렵다고 인정될 경우에는 이를 배척할 수 있다(대판 2005.12.8. 2003도7655).

③ 유전자검사나 혈액형검사 등 과학적 증거방법은 그 전제로 하는 사실이 모두 진실임이 입증되고 그 추론의 방법이 과학적으로 정당하여 오류의 가능성이 전무하거나 무시할 정도로 극소한 것으로 인정되는 경우에는 법관이 사실인정을 함에 있어 상당한 정도로 구속력을 가지므로, 비록 사실의 인정이 사실심의 전권이라 하더라도 아무런 합리적 근거 없이 함부로 이를 배척하는 것은 자유심증주의의 한계를 벗어나는 것으로서 허용될 수 없다. 과학적 증거방법이 당해 범죄에 관한 적극적 사실과 이에 반하는 소극적 사실 모두에 존재하는 경우에는 각 증거방법에 의한 분석결과에 발생할 수 있는 오류가능성 및 그 정도, 그 증거방법에 의하여 증명되는 사실의 내용 등을 종합적으로 고려하여 범죄의 유무 등을 판단하여야 하고, 여러 가지 변수로 인하여 반증의 여지가 있는 소극적 사실에 관한 증거로써 과학적 증거방법에 의하여 증명되는 적극적 사실을 쉽사리 뒤집어서는 안 된다(대판 2009.3.12. 2008도8486).

④ 형사사건에서 상해진단서는 피해자의 진술과 함께 피고인의 범죄사실을 증명하는 유력한 증거가 될 수 있다. 그러나 상해 사실의 존재 및 인과관계 역시 합리적인 의심이 없는 정도의 증명에 이르러야 인정할 수 있으므로, 상해진단서의 객관성과 신빙성을 의심할 만한 사정이 있는 때에는 그 증명력을 판단하는 데 매우 신중하여야 한다. 특히 상해진단서가 주로 통증이 있다는 피해자의 주관적인 호소 등에 의존하여 의학적인 가능성만으로 발급된 때에는 그 진단 일자 및 진단서 작성일자가 상해 발생 시점과 시간상으로 근접하고 상해진단서 발급 경위에 특별히 신빙성을 의심할 만한 사정은 없는지, 상해진단서에 기재된 상해 부위 및 정도가 피해자가 주장하는 상해의 원인 내지 경위와 일치하는지, 피해자가 호소하는 불편이 기왕에 존재하던 신체 이상과 무관한 새로운 원인으로 생겼다고 단정할 수 있는지, 의사가 그 상해진단서를 발급한 근거 등을 두루 살피는 외에도 피해자가 상해 사건 이후 진료를 받은 시점, 진료를 받게 된 동기와 경위, 그 이후의 진료 경과 등을 면밀히 살펴 논리와 경험법칙에 따라 그 증명력을 판단하여야 한다(대판 2016.11.25. 2016도15018).

⑤ 피고인이 선행차량에 충격되어 도로에 쓰러진 피해자를 다시 역과함으로써 사망에 이르게 하였다는 범죄사실로 기소된 경우, 피고인이 일으킨 후행 교통사고 당시에 피해자가 생존해 있었다는 증거가 없다면 설령 피고인에게 유죄의 의심이 있다고 하더라도 피고인의 이익으로 판단할 수밖에 없다(대판 2014.6.12. 2014도3163).

⑥ [1] 증거의 증명력은 법관의 자유판단에 맡겨져 있으나 그 판단은 논리와 경험칙에 합치하여야 하고, 형사재판에 있어서 유죄로 인정하기 위한 심증형성의 정도는 합리적인 의심을 할 여지가 없을 정도여야 하나, 이는 모든 가능한 의심을 배제할 정도에 이를 것까지 요구하는 것은 아니며, 증명력이 있는 것으로 인정되는 증거를 합리적인 근거가 없는 의심을 일으켜 이를 배척하는 것은 자유심증주의의 한계를 벗어나는 것으로 허용될 수 없다. 피해자 등의 진술은 그 진술 내용의 주요한 부분이 일관되며, 경험칙에 비추어 비합리적이거나 진술 자체로 모순되는 부분이 없고, 또한 허위로 피고인에게 불리한 진술을 할 만한 동기나 이유가 분명하게 드러나지 않는 이상, 그 진술의 신빙성을 특별한 이유 없이 함부로 배척해서는 아니 된다. [2] 법원이 성폭행이나 성희롱 사건의 심리를 할 때에는 그 사건이 발생한 맥락에서 성차별 문제를 이해하고 양성평등을 실현할 수 있도록 '성인지 감수성'을 잃지 않도록 유의하여야 한다(양성평등기본법 제5조 제1항 참조). (중략) 따라서 개별적, 구체적인 사건에서 성폭행 등의 피해자가 처하여

있는 특별한 사정을 충분히 고려하지 않은 채 피해자 진술의 증명력을 가볍게 배척하는 것은 정의와 형평의 이념에 입각하여 논리와 경험의 법칙에 따른 증거판단이라고 볼 수 없다. [3] 강간죄가 성립하기 위한 가해자의 폭행·협박이 있었는지 여부는 그 폭행·협박의 내용과 정도는 물론 유형력을 행사하게 된 경위, 피해자와의 관계, 성교 당시와 그 후의 정황 등 모든 사정을 종합하여 피해자가 성교 당시 처하였던 구체적인 상황을 기준으로 판단하여야 하며, 사후적으로 보아 피해자가 성교 이전에 범행 현장을 벗어날 수 있었다거나 피해자가 사력을 다하여 반항하지 않았다는 사정만으로 가해자의 폭행·협박이 피해자의 항거를 현저히 곤란하게 할 정도에 이르지 않았다고 섣불리 단정하여서는 아니 된다. [4] 강간죄에서 공소사실을 인정할 증거로 사실상 피해자의 진술이 유일한 경우에 피고인의 진술이 경험칙상 합리성이 없고 그 자체로 모순되어 믿을 수 없다고 하여 그것이 공소사실을 인정하는 직접증거가 되는 것은 아니지만, 이러한 사정은 법관의 자유판단에 따라 피해자 진술의 신빙성을 뒷받침하거나 직접증거인 피해자 진술과 결합하여 공소사실을 뒷받침하는 간접정황이 될 수 있다(대판 2018.10.25. 2018도7709).

⑦ 미성년자인 피해자가 자신을 보호·감독하는 지위에 있는 친족으로부터 강간이나 강제추행 등 성범죄를 당하였다고 진술하는 경우에 그 진술의 신빙성을 판단함에 있어서, 피해자가 자신의 진술 이외에는 달리 물적 증거 또는 직접 목격자가 없음을 알면서도 보호자의 형사처벌을 무릅쓰고 스스로 수치스러운 피해 사실을 밝히고 있고, 허위로 그와 같은 진술을 할 만한 동기나 이유가 분명하게 드러나지 않을 뿐만 아니라, 진술 내용이 사실적·구체적이고, 주요 부분이 일관되며, 경험칙에 비추어 비합리적이거나 진술 자체로 모순되는 부분이 없다면, 그 진술의 신빙성을 함부로 배척해서는 안 된다. 특히 친족관계에 의한 성범죄를 당하였다는 미성년 피해자의 진술은 피고인에 대한 이중적인 감정, 가족들의 계속되는 회유와 압박 등으로 인하여 번복되거나 불분명해질 수 있는 특수성을 갖고 있으므로, 피해자가 법정에서 수사기관에서의 진술을 번복하는 경우, 수사기관에서 한 진술 내용 자체의 신빙성 인정 여부와 함께 법정에서 진술을 번복하게 된 동기나 이유, 경위 등을 충분히 심리하여 어느 진술에 신빙성이 있는지를 신중하게 판단하여야 한다(대판 2020.5.14. 2020도2433).

⑧ [1] 성폭행 피해자의 대처 양상은 피해자의 성정이나 가해자와의 관계 및 구체적인 상황에 따라 다르게 나타날 수밖에 없다. 따라서 개별적, 구체적인 사건에서 성폭행 등의 피해자가 처하여 있는 특별한 사정을 충분히 고려하지 않은 채 피해자 진술의 증명력을 가볍게 배척하는 것은 정의와 형평의 이념에 입각하여 논리와 경험의 법칙에 따른 증거판단이라고 볼 수 없다. 피고인의 친딸로 가족관계에 있던 피해자가 '마땅히 그러한 반응을 보여야만 하는 피해자'로 보이지 않는다는 이유만으로 피해자 진술의 신빙성을 함부로 배척할 수 없다. 그리고 친족관계에 의한 성범죄를 당하였다는 피해자의 진술은 피고인에 대한 이중적인 감정, 가족들의 계속되는 회유와 압박 등으로 인하여 번복되거나 불분명해질 수 있는 특수성이 있다는 점을 고려해야 한다. [2] 대법원 양형위원회 제정 양형기준상 특별감경인자인 '처벌불원'이란 피고인이 자신의 범행에 대하여 진심으로 뉘우치고 합의를 위한 진지한 노력을 기울여 피해에 대한 상당한 보상이 이루어졌으며, 피해자가 처벌불원의 법적·사회적 의미를 정확히 인식하면서 이를 받아들여 피고인의 처벌을 원하지 않는 경우를 의미한다(대판 2020.8.20. 2020도6965 등).

⑨ [1] 성폭행 피해자의 대처 양상은 피해자의 성정이나 가해자와의 관계 및 구체적인 상

황에 따라 다르게 나타날 수밖에 없다. 따라서 개별적, 구체적인 사건에서 성폭행 등의 피해자가 처하여 있는 특별한 사정을 충분히 고려하지 않은 채 피해자 진술의 증명력을 가볍게 배척하는 것은 정의와 형평의 이념에 입각하여 논리와 경험의 법칙에 따른 증거판단이라고 볼 수 없다. 피고인의 친딸로 가족관계에 있던 피해자가 '마땅히 그러한 반응을 보여야만 하는 피해자'로 보이지 않는다는 이유만으로 피해자 진술의 신빙성을 함부로 배척할 수 없다. 그리고 친족관계에 의한 성범죄를 당하였다는 피해자의 진술은 피고인에 대한 이중적인 감정, 가족들의 계속되는 회유와 압박 등으로 인하여 번복되거나 불분명해질 수 있는 특수성이 있다는 점을 고려해야 한다. [2] 대법원 양형위원회 제정 양형기준상 특별감경인자인 '처벌불원'이란 피고인이 자신의 범행에 대하여 진심으로 뉘우치고 합의를 위한 진지한 노력을 기울여 피해에 대한 상당한 보상이 이루어졌으며, 피해자가 처벌불원의 법적·사회적 의미를 정확히 인식하면서 이를 받아들여 피고인의 처벌을 원하지 않는 경우를 의미한다(대판 2020.8.20. 2020도6965 등).

⑩ 인접한 시기에 같은 피해자를 상대로 저질러진 동종 범죄라도 각각의 범죄에 따라 범행의 구체적인 경위, 피해자와 피고인 사이의 관계, 피해자를 비롯한 관련 당사자의 진술 등이 다를 수 있다. 따라서 사실심 법원은 인접한 시기에 같은 피해자를 상대로 저질러진 동종 범죄에 대해서도 각각의 범죄에 따라 피해자 진술의 신빙성이나 그 신빙성 유무를 기초로 한 범죄 성립 여부를 달리 판단할 수 있고, 이것이 실체적 진실발견과 인권보장이라는 형사소송의 이념에 부합한다(대판 2022.3.31. 2018도19472).

⑪ 성폭력 사건에서 피고인이 공소사실을 부인하고 있고 공소사실에 부합하는 직접증거로 사실상 피해자의 진술이 유일한 경우, 피해자의 진술이 합리적인 의심을 배제할 만한 신빙성이 있는지 여부는 그 진술 내용의 주요한 부분이 일관되고 구체적인지, 진술 내용이 논리와 경험칙에 비추어 합리적이고, 진술 자체로 모순되거나 객관적으로 확인된 사실이나 사정과 모순되지는 않는지, 또는 허위로 피고인에게 불리한 진술을 할 만한 동기나 이유가 있는지 등을 종합적으로 고려하여 신중하게 판단하여야 한다. (중략) 따라서 피해자의 진술 내용이 논리와 경험칙에 비추어 합리적인지 여부는 개별적, 구체적인 사건에서 성폭력 피해자가 처하여 있는 상황에 기초하여 판단하여야 하고, 그러한 사정을 충분히 고려하지 아니한 채 통상의 성폭력 피해자라면 마땅히 보여야 할 반응을 상정해 두고 이러한 통념에 어긋나는 행동을 하였다는 이유로 섣불리 경험칙에 어긋난다거나 합리성이 없다고 판단하는 것은 정의와 형평의 이념에 입각하여 논리와 경험의 법칙에 따른 증거판단이라고 볼 수 없다. 그리고 공소사실을 인정할 증거로 사실상 피해자의 진술이 유일한 경우에 피고인의 진술이 경험칙상 합리성이 없고 그 자체로 모순되어 믿을 수 없다고 하여 그것이 공소사실을 인정하는 직접증거가 되는 것은 아니지만, 이러한 사정은 법관의 자유판단에 따라 피해자 진술의 신빙성을 뒷받침하거나 직접증거인 피해자 진술과 결합하여 공소사실을 뒷받침하는 간접정황이 될 수 있다(대판 2022.8.19. 2021도3451).[12]

---

12) 채팅 어플을 통해 채팅을 주고받다가 피해자를 만나게 된 피고인이 피해자에게 중요하게 할 얘기가 있다며 피해자를 모텔에 데리고 들어가 저항하는 피해자의 옷을 벗긴 후 강제로 추행하였다는 공소사실로 기소된 사안에서, 피해자의 진술은 그 진술 내용의 주요한 부분이 일관되고 구체적이며, 진술 자체로 모순되는 부분이 없는 점, 피해자는 최초 진술 당시부터 자신에게 불리할 수 있는 내용들까지 숨김없이 진술하였고 사건 전후에 피해자가 피고인 및 친구와 주고받은 메시지의 내용 등 객관적인 정황들도 피해자의 진술에 부합하

⑫ [1] (중략) 누구든지 일정 수준의 신체접촉을 용인하였더라도 자신이 예상하거나 동의한 범위를 넘어서는 신체접촉을 거부할 수 있다. 그런데 피해자는 동의 범위를 벗어난 신체접촉을 당한 피해상황에서 명확한 판단이나 즉각적인 대응을 하는 데에 어려움을 겪을 수 있다. 따라서 시간적, 장소적으로 근접한 신체접촉 행위들 중 강제성이 인정되는 일부 행위가 기소된 경우, 그 이전의 신체접촉 행위에 대하여 피해자가 용인하였다는 이유로 공소사실 기재 추행행위까지도 용인하였으리라는 막연한 추측 하에 피해자 진술 전체의 신빙성을 평가하여서는 아니 된다. [2] 피해자의 증언은 단편적인 부분만을 떼어서 판단할 것이 아니라 전체적인 취지를 살펴야 하고, 특히 피해자의 증언이 질문에 대한 답변인 경우 질문 내용은 물론, 다른 질문에 대한 답변 내용과 비교 등을 통해 피해자 증언의 전체적인 취지를 파악하여야 한다. [3] 피해자라도 본격적으로 문제제기를 하게 되기 전까지는 피해사실이 알려지기를 원하지 아니하고 가해자와 종전의 관계를 계속 유지하는 경우도 적지 아니하다. 이러한 양상은 결속력이 강하고 폐쇄적인 군부대 내에서 벌어진 성폭력 범행의 경우 더욱 현저할 수 있으므로 범행 후 피해자의 행동을 가지고 범행에 대한 피해자 진술의 신빙성을 판단함에 있어서는 이러한 점이 충분히 고려되어야 한다. [4] 성적 자유를 침해당했을 때 느끼는 성적 수치심은 부끄럽고 창피한 감정만으로 나타나는 것이 아니라 다양한 형태로 나타날 수 있고, 혐오감 또한 추행 피해자가 느낄 수 있는 감정에 해당한다. [5] 성폭력범죄의 처벌 등에 관한 특례법 제13조는 "자기 또는 다른 사람의 성적 욕망을 유발하거나 만족시킬 목적으로 전화, 우편, 컴퓨터, 그 밖의 통신매체를 통하여 '성적 수치심이나 혐오감을 일으키는 말, 음향, 글, 그림, 영상 또는 물건'을 상대방에게 도달하게 한 사람"을 처벌한다. '자기 또는 다른 사람의 성적 욕망을 유발하거나 만족시킬 목적'이 있는지 여부는 피고인과 피해자의 관계, 행위의 동기와 경위, 행위의 수단과 방법, 행위의 내용과 태양, 상대방의 성격과 범위 등 여러 사정을 종합하여 사회통념에 비추어 합리적으로 판단하여야 한다. 또한 '성적 수치심이나 혐오감을 일으키는 것'은 피해자에게 단순한 부끄러움이나 불쾌감을 넘어 인격적 존재로서의 수치심이나 모욕감을 느끼게 하거나 싫어하고 미워하는 감정을 느끼게 하는 것으로서 사회 평균인의 성적 도의관념에 반하는 것을 의미한다. 이와 같은 성적 수치심 또는 혐오감의 유발 여부는 일반적이고 평균적인 사람들을 기준으로 하여 판단함이 타당하고, 특히 성적 수치심의 경우 피해자와 같은 성별과 연령대의 일반적이고 평균적인 사람들을 기준으로 하여 그 유발 여부를 판단하여야 한다(대판 2022.9.29. 2020도11185).

는 점, 사건 당시 피고인의 신체에 대한 피해자의 진술은 그 진술 자체로 다분히 주관적이고 감정적인 것임을 알 수 있고 법원의 검증 결과를 토대로 피해자 진술의 증명력을 배척하는 것은 합리적이라고 보기 어려운 점, 원심이 '강제추행을 당한 피해자라고 하기에는 수긍하기 어려운 측면'이라고 판단한 피해자의 태도는 여러 사정을 고려할 때 충분히 납득할 만하고, 이러한 사정을 들어 피해자 진술의 신빙성을 배척하는 것은 잘못된 통념에 따라 통상의 성폭력 피해자라면 마땅히 보여야 할 반응을 상정해 두고 이에 어긋나는 행동을 하였다는 이유로 피해자 진술의 합리성을 부정한 것으로 정의와 형평의 이념에 입각하여 논리와 경험의 법칙에 따른 증거판단이라고 볼 수 없는 점 등을 종합하면, 피해자 진술의 신빙성을 인정할 수 있음에도, 이와 달리 본 원심판결에 진술의 신빙성 판단의 기준이 되는 경험법칙과 증거법칙을 위반하여 자유심증주의의 한계를 벗어남으로써 판결에 영향을 미친 잘못이 있다고 한 사례(위 판결 이유 중 발췌).

2. 자유심증주의의 예외

① **자백보강법칙**(제310조), ② **공판조서의 배타적 증명력**(제56조) 및 ③ 피고인의 진술거부권 행사를 피고인에게 불이익한 증거로 사용할 수 없다는 **진술거부권 행사의 효과**(불이익추정 금지) 등이 자유심증주의의 예외에 해당한다.

> ① 유전자검사 결과 주사기에서 마약성분과 함께 피고인의 혈흔이 확인됨으로써 피고인이 필로폰을 투약한 사정이 적극적으로 증명되는 경우, 반증의 여지가 있는 소변 및 모발검사에서 마약성분이 검출되지 않았다는 소극적 사정에 관한 증거만으로 이를 쉽사리 뒤집을 수 없다(대판 2009.3.12. 2008도8486).
>
> ② 과학적 증거방법이 사실인정에 있어서 상당한 정도로 구속력을 갖기 위해서는 감정인이 전문적인 지식·기술·경험을 가지고 공인된 표준 검사기법으로 분석한 후 법원에 제출하였다는 것만으로는 부족하고, 시료의 채취·보관·분석 등 모든 과정에서 시료의 동일성이 인정되고 인위적인 조작·훼손·첨가가 없었음이 담보되어야 하며 각 단계에서 시료에 대한 정확한 인수·인계 절차를 확인할 수 있는 기록이 유지되어야 한다(대판 2018.2.8. 2017도14222).

제3절 | 위법수집증거배제법칙

Ⅰ. 위법수집증거배제법칙의 의의

형사소송법은 제308조의2는 「적법한 절차에 따르지 아니하고 수집한 증거는 증거로 할 수 없다」고 하여 위법수집증거배제법칙을 명문으로 규정하고 있다.

Ⅱ. 위법수집증거배제법칙의 적용범위

1. 배제의 기준

위법수집증거배제법칙이라 하여 어떤 절차의 위법이라도 있으면 증거로서 배제된다는 것을 의미하는 것은 아니다. 배제법칙이 적용되는 범위는 침해된 이익과 위법의 정도를 고려하여 구체적·개별적으로 판단하지 않으면 안 된다. 일반적으로는 단순히 훈시규정의 위반만으로는 족하지 않고 본질적 증거절차규정을 위반한 때, 즉 중대한 위법이 있는 때에 한하여 증거능력이 배제된다고 해야 한다.

2. 배제의 예외

다만 판례는 수사기관의 절차위반행위가 적법절차의 실질적인 내용을 침해하는 경우에 해당하지 않고 그 증거능력을 배제하는 것이 형사사법 정의를 실현하려고 한 취지에 반하는 결과를 초래하는 것으로 평가되는 때에는 위법수집증거라 하더라도 유죄증거로 사용할 수 있다고 판시하여 그 예외를 인정하고 있다(대판 2007.11.15. 2007도3061 전원합의체).

> ① 수사기관의 절차위반행위가 적법절차의 실질적인 내용을 침해하는 경우에 해당하지 않고 그 증거능력을 배제하는 것이 형사사법 정의를 실현하려고 한 취지에 반하는 결과를 초래하는 것으로 평가되는 때에는 유죄증거로 사용할 수 있다(대판 2007.11.15. 2007도3061 전원합의체).
>
> ② 이 사건 강판조각은 형사소송법 제218조에 규정된 유류물에, 이 사건 차량에서 탈거 또는 채취된 이 사건 보강용 강판과 페인트는 위 차량의 보관자가 감정을 위하여 임의로 제출한 물건에 각 해당함을 알 수 있다. 따라서 이 사건 강판조각과 보강용 강판 및 차량에서 채취된 페인트는 형사소송법 제218조에 의하여 영장 없이 압수할 수 있으므로 위 각 증거의 수집 과정에 영장주의를 위반한 잘못이 있다 할 수 없고, 나아가 이 사건 공소사실과 위 각 증거와의 관련성 및 그 내용 기타 이 사건 수사의 개시 및 진행 과정 등에 비추어, 비록 상고이유의 주장처럼 위 각 증거의 압수 후 압수조서의 작성 및 압수목록의 작성·교부 절차가 제대로 이행되지 아니한 잘못이 있다 하더라도, 그것이 적법절차의 실질적인 내용을 침해하는 경우에 해당한다거나 앞서 본 위법수집증거의 배제법칙에 비추어 그 증거능력의 배제가 요구되는 경우에 해당한다고 볼 수는 없다(대판 2011.5.26. 2011도1902).
>
> ③ [1] (전략) 이 사건 영장은 법관의 서명날인란에 서명만 있고 날인이 없으므로, 형사소송법이 정한 요건을 갖추지 못하여 적법하게 발부되었다고 볼 수 없다. [2] 수사기관의 절차 위반행위가 적법절차의 실질적인 내용을 침해하는 경우에 해당하지 않고, 오히려 증거능력을 배제하는

것이 헌법과 형사소송법이 형사소송에 관한 절차 조항을 마련하여 적법절차의 원칙과 실체적 진실 규명의 조화를 도모하고 이를 통하여 형사 사법 정의를 실현하려 한 취지에 반하는 결과를 초래하는 것으로 평가되는 예외적인 경우라면, 법원은 그 증거를 유죄 인정의 증거로 사용할 수 있다고 보아야 한다. (중략) 이러한 법리는 적법한 절차에 따르지 않고 수집한 증거를 기초로 하여 획득한 2차적 증거에 대해서도 마찬가지로 적용되므로, 절차에 따르지 않은 증거 수집과 2차적 증거 수집 사이 인과관계의 희석이나 단절 여부를 중심으로 2차적 증거 수집과 관련된 모든 사정을 전체적·종합적으로 고려하여 예외적인 경우에는 유죄 인정의 증거로 사용할 수 있다(해당 판례는 이에 따라 이 사건 영장에 따라 수집한 이 사건 파일 출력물의 증거능력을 인정하고, 그에 기초하여 획득한 2차적 증거인 위 각 증거 역시 증거능력을 인정하였다)(대판 2019.7.11. 2018도20504).

④ [1] 영사관계에 관한 비엔나협약(Vienna Convention on Consular Relations, 조약 제594호) 제36조 제1항은 "파견국의 국민에 관련되는 영사기능의 수행을 용이하게 할 목적으로 다음의 규정이 적용된다."라고 하면서, (b)호에서 "파견국의 영사관할구역 내에서 파견국의 국민이 체포되는 경우, 재판에 회부되기 전에 구금되거나 유치되는 경우, 또는 그 밖의 방법으로 구속되는 경우에, 그 국민이 파견국의 영사기관에 통보할 것을 요청하면 접수국의 권한 있는 당국은 지체 없이 통보하여야 한다. 체포, 구금, 유치되거나 구속되어 있는 자가 영사기관에 보내는 어떠한 통신도 위 당국에 의하여 지체 없이 전달되어야 한다. 위 당국은 관계자에게 (b)호에 따른 그의 권리를 지체 없이 통보하여야 한다."라고 정하고 있다. (중략) 따라서 수사기관이 외국인을 체포하거나 구속하면서 지체 없이 영사통보권 등이 있음을 고지하지 않았다면 체포나 구속 절차는 국내법과 같은 효력을 가지는 협약 제36조 제1항 (b)호를 위반한 것으로 위법하다. [2] 적법한 절차에 따르지 아니하고 수집한 증거는 증거로 할 수 없다(형사소송법 제308조의2). 다만 수사기관의 절차 위반행위가 적법절차의 실질적인 내용을 침해하는 경우에 해당하지 않고, 오히려 그 증거의 증거능력을 배제하는 것이 헌법과 형사소송법이 형사소송에 관한 절차 조항을 마련하여 적법절차의 원칙과 실체적 진실 규명의 조화를 도모하고 이를 통하여 형사 사법 정의를 실현하려고 한 취지에 반하는 결과를 초래하는 것으로 평가되는 예외적인 경우라면 법원은 그 증거를 유죄 인정의 증거로 사용할 수 있다. (중략) [3] 사법경찰관이 인도네시아 국적의 외국인인 피고인을 출입국관리법 위반의 현행범인으로 체포하면서 소변과 모발을 임의제출 받아 압수하였고, 소변검사 결과에서 향정신성의약품인 MDMA(일명 엑스터시) 양성반응이 나오자 피고인은 출입국관리법 위반과 마약류 관리에 관한 법률 위반(향정) 범행을 모두 자백한 후 구속되었는데, 피고인이 검찰 수사 단계에서 자신의 구금 사실을 자국 영사관에 통보할 수 있음을 알게 되었음에도 수사기관에 영사기관 통보를 요구하지 않은 사안에서, 사법경찰관이 체포 당시 피고인에게 영사통보권 등을 지체 없이 고지하지 않았으므로 체포나 구속 절차에 영사관계에 관한 비엔나협약(Vienna Convention on Consular Relations, 조약 제594호) 제36조 제1항 (b)호를 위반한 위법이 있으나, 제반 사정을 종합하면 피고인이 영사통보권 등을 고지받았더라도 영사의 조력을 구하였으리라고 보기 어렵고, 수사기관이 피고인에게 영사통보권 등을 고지하지 않았더라도 그로 인해 피고인에게 실질적인 불이익이 초래되었다고 볼 수 없어 피고인에게 영사통보권 등을 고지하지 않은 사정이 수사기관의 증거 수집이나 이후 공판절차에 상당한 영향을 미쳤다고 보기 어려우므로, 절차 위반의 내용과 정도가 중대하거나 절차 조항이 보호하고자 하는 외국인 피고인

의 권리나 법익을 본질적으로 침해하였다고 볼 수 없어 체포나 구속 이후 수집된 증거와 이에 기초한 증거들은 유죄 인정의 증거로 사용할 수 있다고 한 사례(대판 2022.4.28. 2021도17103).

⑤ [1] 수사기관이 전자정보를 담은 매체를 피의자로부터 임의제출 받아 압수하면서 거기에 담긴 정보 중 무엇을 제출하는지 명확히 확인하지 않은 경우, 임의제출의 동기가 된 범죄혐의사실과 관련되고 이를 증명할 수 있는 최소한의 가치가 있는 정보여야 압수의 대상이 되는데, 범행 동기와 경위, 수단과 방법, 시간과 장소 등에 관한 간접증거나 정황증거로 사용될 수 있는 정보도 그에 포함될 수 있다. 수사기관이 피의자로부터 범죄혐의사실과 관련된 전자정보와 그렇지 않은 전자정보가 섞인 매체를 임의제출 받아 사무실 등지에서 정보를 탐색·복제·출력하는 경우 피의자나 변호인에게 참여의 기회를 보장하고 압수된 전자정보가 특정된 목록을 교부해야 하나, 그러한 조치를 하지 않았더라도 절차 위반행위가 이루어진 과정의 성질과 내용 등에 비추어 피의자의 절차상 권리가 실질적으로 침해되지 않았다면 압수·수색이 위법하다고 볼 것은 아니다. [2] 피고인이 휴대전화로 성명 불상 피해자들의 신체를 그 의사에 반하여 촬영하거나(이하 '1~7번 범행'), 짧은 치마를 입고 횡단보도 앞에서 신호를 기다리던 피해자의 다리를 몰래 촬영하여(이하 '8번 범행') 성폭력범죄의 처벌 등에 관한 특례법 위반(카메라등이용촬영)으로 기소되었는데, 8번 범행 피해자의 신고를 받고 출동한 경찰관이 현장에서 피고인으로부터 임의제출 받아 압수한 휴대전화를 사무실에서 탐색하는 과정에서 1~7번 범행의 영상을 발견한 사안에서, 1~7번 범행에 관한 동영상은 촬영 기간이 8번 범행 일시와 가깝고, 8번 범행과 마찬가지로 버스정류장 등 공공장소에서 촬영되어 임의제출의 동기가 된 8번 범죄혐의사실과 관련성 있는 증거인 점, 경찰관은 임의제출 받은 휴대전화를 피고인이 있는 자리에서 살펴보고 8번 범행이 아닌 영상을 발견하였으므로 피고인이 탐색에 참여하였다고 볼 수 있는 점, 경찰관이 피의자신문 시 1~7번 범행 영상을 제시하자 피고인은 그 영상이 언제 어디에서 찍은 것인지 쉽게 알아보고 그에 관해 구체적으로 진술하였으므로, 비록 피고인에게 압수된 전자정보가 특정된 목록이 교부되지 않았더라도 절차 위반행위가 이루어진 과정의 성질과 내용 등에 비추어 절차상 권리가 실질적으로 침해되었다고 보기 어려운 점 등을 종합하면, 1~7번 범행으로 촬영한 영상의 출력물과 파일 복사본을 담은 시디(CD)는 임의제출에 의해 적법하게 압수된 전자정보에서 생성된 것으로서 증거능력이 인정된다고 한 사례(대판 2022.2.17. 2019도4938).

3. 위법수집증거의 유형

1) 헌법정신에 반하여 수집한 증거

(1) 영장주의의 위반

영장주의에 위반하여 수집한 증거물의 증거능력은 부정된다. 따라서 ① 영장 없이 압수·수색·검증한 증거물뿐만 아니라, ② 영장 자체에 하자가 있는 경우, ③ 영장기재의 압수물건에 포함되지 않은 다른 증거물의 압수·수색, ④ 체포현장의 요건을 결한 압수·수색, ⑤ 체포현장에서 영장 없이 압수하고 압수·수색영장을 발부받지 않은 경우, ⑥ 직무질문에 수반하여 한 동의 없는 소지품검사 등에 의하여 수집한 증거의 증거능력은 부정되어야 한다. 같은 이유로 감청과 비밀녹음의 결과도 증거능력이 없다고 할 것이다. 영장이 발부된 경우에도 압수대상물이 특정되지 않은 경우에는 실질적으로 영장주의에 위반한 경우이므로 압수된 증거능력은 부정되어야 한다. 그러나 영장의 방식 또는 집행방식의 단순한 위법은 증거능력에 영향이 없다.

> ① 수사기관이 피의자 갑의 공직선거법 위반 범행을 영장 범죄사실로 하여 발부받은 압수·수색영장의 집행 과정에서 을, 병 사이의 대화가 녹음된 녹음파일을 압수하여 을, 병의 공직선거법 위반 혐의사실을 발견한 경우, 압수·수색영장에 기재된 '피의자'인 갑이 녹음파일에 의하여 의심되는 혐의사실과 무관한 이상, 수사기관이 별도의 압수·수색영장을 발부받지 아니한 채 압수한 녹음파일은 형사소송법 제219조에 의하여 수사기관의 압수에 준용되는 형사소송법 제106조 제1항이 규정하는 '피고사건' 내지 같은 법 제215조 제1항이 규정하는 '해당 사건'과 '관계가 있다고 인정할 수 있는 것'에 해당하지 않으며, 이와 같은 압수에는 헌법 제12조 제1항 후문, 제3항 본문이 규정하는 영장주의를 위반한 절차적 위법이 있으므로, 녹음파일은 형사소송법 제308조의2에서 정한 '적법한 절차에 따르지 아니하고 수집한 증거'로서 증거로 쓸 수 없고, 그 절차적 위법은 헌법상 영장주의 내지 적법절차의 실질적 내용을 침해하는 중대한 위법에 해당하여 예외적으로 증거능력을 인정할 수도 없다(대판 2014.1.16. 2013도7101).

> ② [1] 헌법과 형사소송법이 정한 절차에 따르지 아니하고 수집한 증거는 물론, 이를 기초로 하여 획득한 2차적 증거 역시 기본적 인권 보장을 위해 마련된 적법한 절차에 따르지 않은 것으로서 원칙적으로 유죄 인정의 증거로 삼을 수 없다. 다만, 위법하게 수집한 압수물의 증거능력 인정 여부를 최종적으로 판단함에 있어서는 수사기관의 절차 위반행위가 적법절차의 실질적인 내용을 침해하는 경우에 해당하지 아니하고, 오히려 그 증거의 증거능력을 배제하는 것이 헌법과 형사소송법이 형사소송에 관한 절차 조항을 마련하여 적법절차의 원칙과 실체적 진실 규명의 조화를 도모하고 이를 통하여 형사 사법 정의를 실현하려고 한 취지에 반하는 결과를 초래하는 것으로 평가되는 예외적인 경우에 한해 그 증거를 유죄 인정의 증거로 사용할 수 있을 뿐이다. [2] 구 정보통신망 이용촉진 및 정보보호 등에 관한 법률상 음란물 유포의 범죄혐의를 이유로 압수·수색영장을 발부받은 사법경찰리가 피고인의 주거지를 수색하는 과정에서 대마를 발견하자, 피고인을 마약류관리에 관한 법률 위반죄의 현행범으로 체포하면서 대마를 압수하였으나, 그 다음날 피고인을 석방하였음에도 사후 압수·수색영장을 발부받지 않은 사안에서, 위 압수물과 압수조서는 형사소송법상 영장주의를 위반하여 수집한 증거로서 증거능력이 부정된다고 한 사례(대판 2009.5.14. 2008도10914)

(2) 적정절차의 위반

야간압수·수색금지규정(제125조, 제219조)에 위반한 압수·수색, 당사자의 참여권을 보장하지 않은 검증(제121조, 제145조)과 감정(제176조, 제183조), 의사나 성년의 여자를 참여시키지 않은 여자의 신체검사(제141조 제3항)의 결과도 증거로 할 수 없다. 당사자의 참여권과 신문권을 침해한 증인신문(제163조, 제161조의2)의 결과도 증거능력이 없다고 해야 한다. 위법한 함정수사의 결과로 수집한 증거도 증거로 할 수 없다.

> ① 헌법 제27조 제3항 후문, 제109조와 법원조직법 제57조 제1항, 제2항의 취지에 비추어 보면, 헌법 제109조, 법원조직법 제57조 제1항에서 정한 공개금지사유가 없음에도 불구하

고 재판의 심리에 관한 공개를 금지하기로 결정하였다면 그러한 공개금지결정은 피고인의 공개재판을 받을 권리를 침해한 것으로서 그 절차에 의하여 이루어진 증인의 증언은 증거능력이 없고, 변호인의 반대신문권이 보장되었더라도 달리 볼 수 없으며, 이러한 법리는 공개금지결정의 선고가 없는 등으로 공개금지결정의 사유를 알 수 없는 경우에도 마찬가지이다(대판 2013.7.26. 2013도2511).

② 선거관리위원회 직원이 관계인에게 사전에 설명할 '조사의 목적과 이유'에는 조사할 선거범죄혐의의 요지, 관계인에 대한 조사가 필요한 이유뿐만 아니라 관계인의 진술을 기록 또는 녹음·녹화한다는 점도 포함된다. 따라서 선거관리위원회 위원·직원이 관계인에게 진술이 녹음된다는 사실을 미리 알려 주지 아니한 채 진술을 녹음하였다면, 그와 같은 조사절차에 의하여 수집한 녹음파일 내지 그에 터잡아 작성된 녹취록은 형사소송법 제308조의2에서 정하는 '적법한 절차에 따르지 아니하고 수집한 증거'에 해당하여 원칙적으로 유죄의 증거로 쓸 수 없다(대판 2014.10.15. 2011도3509).

③ 범죄의 피해자인 검사가 그 사건의 수사에 관여하거나, 압수·수색영장의 집행에 참여한 검사가 다시 수사에 관여하였다는 이유만으로 바로 그 수사가 위법하다거나 그에 따른 참고인이나 피의자의 진술에 임의성이 없다고 볼 수는 없다(대판 2013.9.12. 2011도12918).

④ [1] 도로교통법 규정들이 음주운전에 대한 수사방법으로서의 혈액 채취에 의한 측정의 방법을 운전자가 호흡측정 결과에 불복하는 경우에만 한정하여 허용하려는 취지의 규정이라고 해석할 수는 없다. [2] 음주운전에 대한 수사 과정에서 음주운전 혐의가 있는 운전자에 대하여 구 도로교통법 제44조 제2항에 따른 호흡측정이 이루어진 경우에는 그에 따라 과학적이고 중립적인 호흡측정 수치가 도출된 이상 다시 음주측정을 할 필요성은 사라졌으므로 운전자의 불복이 없는 한 다시 음주측정을 하는 것은 원칙적으로 허용되지 아니한다. 그러나 호흡측정 결과에 오류가 있다고 인정할 만한 객관적이고 합리적인 사정이 있는 경우라면 그러한 호흡측정 수치를 얻은 것만으로는 수사의 목적을 달성하였다고 할 수 없어 추가로 음주측정을 할 필요성이 있으므로, 경찰관이 음주운전 혐의를 제대로 밝히기 위하여 운전자의 자발적인 동의를 얻어 혈액 채취에 의한 측정의 방법으로 다시 음주측정을 하는 것을 위법하다고 볼 수는 없다. 이 경우 운전자가 일단 호흡측정에 응한 이상 재차 음주측정에 응할 의무까지 당연히 있다고 할 수는 없으므로, 운전자의 혈액 채취에 대한 동의의 임의성을 담보하기 위하여는 경찰관이 미리 운전자에게 혈액 채취를 거부할 수 있음을 알려주었거나 운전자가 언제든지 자유로이 혈액 채취에 응하지 아니할 수 있었음이 인정되는 등 운전자의 자발적인 의사에 의하여 혈액 채취가 이루어졌다는 것이 객관적인 사정에 의하여 명백한 경우에 한하여 혈액 채취에 의한 측정의 적법성이 인정된다(대판 2015.7.9. 2014도16051).

2) 형사소송법의 효력규정에 위반하여 수집한 증거

증거조사절차가 위법하여 무효인 경우에도 이로 인하여 수집한 증거는 증거능력이 없다. 따라서 거절권(제110조 내지 제112조, 제219조)을 침해한 압수·수색, 선서 없는 증인신문(제156조)·감정·통역·번역(제170조, 제183조)의 결과 및 증언거부권을 증인에게 고지하지 않은 경우는 증거로 할 수 없다. 이에 반하여 증인의 소환절차에 잘못이 있거나 위증의 벌을 경고하지 않고 선서한 증인의 증언은 증거능력에 영향이 없다고 하겠다.

3) 자백배제법칙과의 관계

자백배제법칙의 근거를 위법배제에 있다고 볼 때에는 **자백배제법칙은 위법수집증거배제법칙의 특칙에 지나지 않는다.**

4. 독수의 과실이론

독수의 과실이론이란 위법하게 수집된 증거에 의하여 발견된 **제2차 증거의 증거능력을 배제**하는 이론을 의미한다. 판례 역시 '위법수집증거에 의하여 획득한 2차적 증거도 유죄 인정의 증거로 삼을 수 없다'는 입장이다(대판 2007.11.15. 2007도3061 전원합의체). 다만, 독수의 과실이론을 엄격하게 관철할 경우 국가형벌권의 무력화를 초래할 수 있다는 점에서 독수의 과실이론에 대한 예외가 인정된다.

> 범행 현장에서 지문채취 대상물에 대한 지문채취가 먼저 이루어진 이상, 수사기관이 그 이후에 지문채취 대상물을 적법한 절차에 의하지 아니한 채 압수하였다고 하더라도, 위와 같이 채취된 지문은 위법하게 압수한 지문채취 대상물로부터 획득한 2차적 증거에 해당하지 아니함이 분명하여, 이를 가리켜 위법수집증거라고 할 수 없다(대판 2008.10.23. 2008도7471).

1) 오염순화에 의한 예외

오염순화에 의한 예외이론은 후에 피고인이 자의에 의하여 행한 행위는 위법성의 오염을 희석한다는 것을 말한다. 판례는 ① 강도 현행범으로 체포된 피고인에게 진술거부권을 고지하지 아니한 채 강도범행에 대한 자백을 받은 후 **40여 일이 지난 후에 피고인이 변호인의 충분한 조력을 받으면서 공개된 법정에서 임의로 자백한 경우**(대판 2009.3.12. 2008도11437), ② 수사기관이 사전에 영장을 제시하지 아니한 채 구속영장을 집행하였으나 **구속 중 변호인과의 충분한 상의를 거친 후 공소사실 전부에 대하여 자백한 피고인의 법정진술은 유죄인정의 증거로 할 수 있다고 판시하였다**(대판 2009.4.23. 2009도526).

> ① 적법한 절차에 따르지 아니한 증거 수집과 2차적 증거 수집 사이 인과관계의 희석 또는 단절 여부를 중심으로 2차적 증거 수집과 관련된 모든 사정을 전체적·종합적으로 고려하여 예외적인 경우에는 유죄 인정의 증거로 사용할 수 있다. 이러한 법리는 수사기관이 위법한 압수물을 기초로 하여 피고인의 자백을 얻은 경우에도 마찬가지이다(대판 2012.3.29. 2011도10508).
>
> ② [1] 형사소송법 제308조의2는 '적법한 절차에 따르지 아니하고 수집한 증거는 증거로 할 수 없다.'고 규정하고 있는바, 수사기관이 헌법과 형사소송법이 정한 절차에 따르지 아니하고 수집한 증거는 물론, 이를 기초로 하여 획득한 2차적 증거 역시 유죄 인정의 증거로 삼을 수 없는 것이 원칙이다. 다만, 수사기관의 절차 위반 행위가 적법절차의 실질적인 내용을 침해하는 경우에 해당하지 아니하고, 오히려 그 증거의 증거능력을 배제하는 것이 헌법과 형사소송법이 형사소송에 관한 절차 조항을 마련하여 적법절차의 원칙과 실체적 진실 규명의 조화를 도모하고, 이를 통하여 형사 사법 정의를 실현하려 한 취지에 반하는 결과를 초래하는 것으로 평가되는 예외적인 경우라면, 법원은 그 증거를 유죄 인정의 증거로 사용할 수 있다. (중략) 주로 인과관계 희석 또는 단절 여부를 중심으로 전체적·종합적으로 고려하여야 한다. 수사기관이 헌법

제12조 제3항, 형사소송법 제85조 제1항, 제209조에 반하여 사전에 영장을 제시하지 아니한 채 구속영장을 집행한 경우, 그 구속 중 수집한 2차적 증거들인 구속 피고인의 진술증거가 유죄 인정의 증거로 사용될 수 있는지 역시 위와 같은 법리에 의하여 판단되어야 하고, 이는 형사소송법 제81조 제3항, 제209조에 따라 검사의 지휘에 의하여 교도관리가 구속영장을 집행하는 경우에도 마찬가지이다. [2] 사전에 구속영장을 제시하지 아니한 채 구속영장을 집행하고, 그 구속 중 수집한 피고인의 진술증거 중 피고인의 제1심 법정진술은, 피고인이 구속집행절차의 위법성을 주장하면서 청구한 구속적부심사의 심문 당시 구속영장을 제시받은 바 있어 그 이후에는 구속영장에 기재된 범죄사실에 대하여 숙지하고 있었던 것으로 보이고, 구속 이후 원심에 이르기까지 구속적부심사와 보석의 청구를 통하여 구속집행절차의 위법성만을 다투었을 뿐, 그 구속중 이루어진 진술증거의 임의성이나 신빙성에 대하여는 전혀 다투지 않았을 뿐만 아니라, 변호인과의 충분한 상의를 거친 후 공소사실 전부에 대하여 자백한 것이라면, 유죄 인정의 증거로 삼을 수 있는 예외적인 경우에 해당한다고 한 사례(대판 2009.4.23. 2009도526)

2) 불가피한 발견의 예외

위법한 행위와 관계없이 합법적인 수단에 의할지라도 증거를 불가피하게 발견하였을 것임을 증명할 수 있는 때에는 증거로 허용될 수 있다.

3) 독립된 오염원의 예외

위법한 압수·수색과 관계없는 독립된 근원에 의하여 수집될 수 있었던 증거임을 증명할 수 있을 때에는 증거로 허용된다.

① 수사기관의 절차 위반행위가 적법절차의 실질적인 내용을 침해하는 경우에 해당하지 아니하고, 오히려 그 증거의 증거능력을 배제하는 것이 헌법과 형사소송법이 형사소송에 관한 절차 조항을 마련하여 적법절차의 원칙과 실체적 진실 규명의 조화를 도모하고 이를 통하여 형사 사법 정의를 실현하려 한 취지에 반하는 결과를 초래하는 것으로 평가되는 예외적인 경우라면, 법원은 그 증거를 유죄 인정의 증거로 사용할 수 있다고 보아야 한다. 이는 적법한 절차에 따르지 아니하고 수집한 증거를 기초로 하여 획득한 2차적 증거의 경우에도 마찬가지여서, 절차에 따르지 아니한 증거 수집과 2차적 증거 수집 사이 인과관계의 희석 또는 단절 여부를 중심으로 2차적 증거 수집과 관련된 모든 사정을 전체적·종합적으로 고려하여 예외적인 경우에는 유죄 인정의 증거로 사용할 수 있다(대판 2007.11.15. 2007도3061 전원합의체).

② 마약 투약 혐의를 받고 있던 피고인이 임의동행을 거부하겠다는 의사를 표시하였는데도 경찰관들이 피고인을 영장 없이 강제로 연행한 상태에서 마약 투약 여부의 확인을 위한 1차 채뇨절차가 이루어졌는데, 그 후 피고인의 소변 등 채취에 관한 압수영장에 기하여 2차 채뇨절차가 이루어지고 그 결과를 분석한 소변 감정서 등이 증거로 제출된 사안에서, (중략) 위와 같은 2차적 증거 수집이 위법한 체포·구금절차에 의하여 형성된 상태를 직접 이용하여 행하여진 것으로는 쉽사리 평가할 수 없으므로, 이와 같은 사정은 체포과정에서의 절차적 위법과 2차적 증거 수집 사이의 인과관계를 희석하게 할 만한 정황에 속하고, 메스암페타민 투약 범행의 중대성도 아울러 참작될 필요가 있는 점 등 제반 사정을 고려할 때 2차적 증거인 소변 감정서 등은 증거능력이

인정된다고 한 사례(대판 2013.3.14. 2012도13611)

③ 위법한 강제연행 상태에서 호흡측정 방법에 의한 음주측정을 한 다음 강제연행 상태로부터 시간적·장소적으로 단절되었다고 볼 수도 없고 피의자의 심적 상태 또한 강제연행 상태로부터 완전히 벗어났다고 볼 수 없는 상황에서 피의자가 호흡측정 결과에 대한 탄핵을 하기 위하여 스스로 혈액채취 방법에 의한 측정을 할 것을 요구하여 혈액채취가 이루어졌다고 하더라도 그 사이에 위법한 체포 상태에 의한 영향이 완전하게 배제되고 피의자의 의사결정의 자유가 확실하게 보장되었다고 볼 만한 다른 사정이 개입되지 않은 이상 불법체포와 증거수집 사이의 인과관계가 단절된 것으로 볼 수는 없다. 따라서 그러한 혈액채취에 의한 측정 결과 역시 유죄 인정의 증거로 쓸 수 없다고 보아야 한다. 그리고 이는 수사기관이 위법한 체포 상태를 이용하여 증거를 수집하는 등의 행위를 효과적으로 억지하기 위한 것이므로, 피고인이나 변호인이 이를 증거로 함에 동의하였다고 하여도 달리 볼 것은 아니다(대판 2013.3.14. 2010도2094).

④ 수사기관이 법관의 영장에 의하지 아니하고 매출전표의 거래명의자에 관한 정보를 획득한 경우, 이에 터 잡아 수집한 2차적 증거들, 예컨대 피의자의 자백이나 범죄 피해에 대한 제3자의 진술 등이 유죄 인정의 증거로 사용될 수 있는지를 판단할 때, 수사기관이 의도적으로 영장주의의 정신을 회피하는 방법으로 증거를 확보한 것이 아니라고 볼 만한 사정, 위와 같은 정보에 기초하여 범인으로 특정되어 체포되었던 피의자가 석방된 후 상당한 시간이 경과하였음에도 다시 동일한 내용의 자백을 하였다거나 그 범행의 피해품을 수사기관에 임의로 제출하였다는 사정, 2차적 증거 수집이 체포 상태에서 이루어진 자백 등으로부터 독립된 제3자의 진술에 의하여 이루어진 사정 등은 통상 2차적 증거의 증거능력을 인정할 만한 정황에 속한다고 볼 수 있다(대판 2013.3.28. 2012도13607).

Ⅲ. 관련문제

1. 위법수집증거와 증거동의

> **쟁점** 위법수집증거에 대한 증거동의 가부
>
> 위법수집증거에 대한 증거동의가 허용되는지 여부가 문제된다. ① 개인의 이익보호를 목적으로 하는 절차에 위반한 경우에는 동의에 의하여 증거능력을 인정하여야 한다는 견해도 있으나, ② 증거수집절차의 중대한 위법으로 인하여 그 사용이 허용되지 않는 증거는 증거동의 역시 인정되지 않는다고 해야 한다. 판례 역시 소극설의 입장에서 영장주의에 위반한 압수물은 유죄 인정의 증거로 사용할 수 없고, 피고인이나 변호인이 이를 증거로 함에 동의하였더라도 마찬가지라고 판시하였다(대판 2009.12.24. 2009도11401).

2. 위법수집증거와 탄핵증거

증거능력 없는 위법수집증거를 탄핵증거로 사용하는 것도 허용되지 않는다.

3. 배제신청적격 인정 여부

쟁점 배제신청적격의 문제

① 수사기관 등의 위법행위로 인하여 기본권이 침해된 자만이 위법수집증거배제법칙을 주장할 수 있다는 견해가 있다. ② 그러나 우리 형사소송법상 배제신청적격을 인정할 명문의 근거가 없으므로 위법수집증거배제법칙의 적용범위를 제한할 이유가 없다. 판례 역시 배제신청적격을 부정하는 입장에서 진술거부권을 고지하지 않은 채 공범으로부터 획득한 진술은 설령 임의성이 있더라도 위법하게 수집된 증거로서 다른 공범에 대하여 증거로 사용될 수 없다고 판시하였다(대판 1992.6.23. 92도682).

경찰이 피고인 아닌 갑, 을을 사실상 강제연행하여 불법체포한 상태에서 갑, 을 간의 성매매행위나 피고인들의 유흥업소 영업행위를 처벌하기 위하여 갑, 을에게서 자술서를 받고 갑, 을에 대한 진술조서를 작성한 경우, 위 각 자술서와 진술조서는 헌법과 형사소송법이 규정한 체포·구속에 관한 영장주의 원칙에 위배하여 수집된 것으로서 수사기관이 피고인 아닌 자를 상대로 적법한 절차에 따르지 아니하고 수집한 증거에 해당하여 형사소송법 제308조의2에 따라 증거능력이 부정되므로, 이를 피고인들에 대한 유죄 인정의 증거로 삼을 수 없다(대판 2011.6.30. 2009도6717).

4. 사인의 위법수집증거

쟁점 사인의 위법수집증거

1. 쟁점의 정리

국가기관이 아닌 사인이 위법하게 수집한 증거에 대해서도 위법수집증거배제법칙이 적용되는지 문제된다(다만 판례는 사인이 통신비밀보호법을 위반하여 비밀녹음한 경우에는 통신비밀보호법이나 전문법칙에 근거하여 증거능력을 제한할 뿐, 위법수집증거배제법칙을 적용하지 아니한다(대판 1997.3.28. 96도2417)).

2. 견해의 대립

① (증거능력)긍정설은 실체법적 불법과 소송법적 불법을 구별하는 입장에서 사인의 불법은 증거능력을 부정할 만한 위법이 아니라고 보고, ② 부정설은 국가기관이 사인의 불법을 이용하는 것은 국가기관의 불법과 실질적으로 동일하다고 보며, ③ 절충설은 증거사용의 필요성과 불법의 정도를 비교형량하여 증거사용 여부를 결정한다.

3. 판례의 태도

판례는 제3자가 공갈 목적을 숨기고 피고인의 동의 하에 나체사진을 찍은 경우, 피고인에 대한 간통죄에 있어 위법수집증거로서 증거능력이 배제되는지 여부와 관련하여 **절충설의 입장에서 '효과적인 형사소추 및 형사소송에서의 진실발견이라는 공익과 개인의 사생활의 보호이익을 비교형량하여 그 허용 여부를 결정'**하여야 한다고 판시하였다(소송사기의 피해자가 제3자로부터 대가를 지급하고 취득한 절취한 업무일지를 사기죄에 대한 유죄의 증거로 사용할 수 있다고 판시한 사안(대판 1997.9.30. 97도1230)).

4. 검토

> 헌법상 기본권 보호의무에 비추어 국가기관은 사인 간의 기본권 충돌시 이를 규제할 필요성이 있다는 점과 개인의 자율영역에 국가가 지나치게 개입하는 것은 지양하여야 한다는 점을 고려할 때 절충설이 타당하다.

5. 선행행위의 위법성이론

선행행위 위법성이론이란 선행행위가 위법하게 이루어진 경우 후행행위 자체는 적법절차를 거쳤다 하더라도, 선행행위의 위법성이 후행행위에 미쳐 그 후행행위 역시 위법하다는 것을 말한다. 판례 역시 위법한 임의동행에 이은 긴급체포는 당연히 위법하다는 전제에서, 위법한 긴급체포로 불법하게 구금된 자는 도주죄의 주체가 아니라거나(대판 2006.7.6. 2005도6810), 위법한 임의동행에 이은 음주측정은 그 자체로 위법하다(대판 2013.3.14. 2010도2094)고 판시한 바 있다.

> ① 긴급체포의 요건을 갖추었는지 여부는 사후에 밝혀진 사정을 기초로 판단하는 것이 아니라 체포 당시의 상황을 기초로 판단하여야 하고, 이에 관한 검사나 사법경찰관 등 수사주체의 판단에는 상당한 재량의 여지가 있다고 할 것이나, 긴급체포 당시의 상황으로 보아서도 그 요건의 충족 여부에 관한 검사나 사법경찰관의 판단이 경험칙에 비추어 현저히 합리성을 잃은 경우에는 그 체포는 위법한 체포라 할 것이고, 이러한 위법은 영장주의에 위배되는 중대한 것이니 그 체포에 의한 유치 중에 작성된 피의자신문조서는 위법하게 수집된 증거로서 특별한 사정이 없는 한 이를 유죄의 증거로 할 수 없다(대판 2008.3.27. 2007도11400).
>
> ② 위법한 체포 상태에서 음주측정요구가 이루어진 경우, 음주측정요구를 위한 위법한 체포와 그에 이은 음주측정요구는 주취운전이라는 범죄행위에 대한 증거 수집을 위하여 연속하여 이루어진 것으로서 개별적으로 그 적법 여부를 평가하는 것은 적절하지 않으므로 그 일련의 과정을 전체적으로 보아 위법한 음주측정요구가 있었던 것으로 볼 수밖에 없고, 운전자가 주취운전을 하였다고 인정할 만한 상당한 이유가 있다 하더라도 그 운전자에게 경찰공무원의 이와 같은 위법한 음주측정요구에 대해서까지 그에 응할 의무가 있다고 보아 이를 강제하는 것은 부당하므로 그에 불응하였다고 하여 음주측정거부에 관한 도로교통법 위반죄로 처벌할 수 없다(대판 2006.11.9. 2004도8404).

제4절 자백배제법칙

I. 자백과 자백배제법칙의 의의

피고인의 자백이 고문, 폭행, 협박, 신체구속의 부당한 장기화 또는 기망 기타의 방법으로 임의로 진술한 것이 아니라고 의심할 만한 이유가 있는 때에는 이를 유죄의 증거로 하지 못한다(제309조).

> **쟁점** 자백배제법칙의 이론적 근거
>
> 제309조의 적용범위와 관련하여 자백배제법칙의 이론적 근거가 문제된다. 이에 대해 ① 임의성 없는 자백에는 허위일 가능성이 높고 진실의 발견을 저해하므로 증거능력이 부정된다는 **허위배제설**, ② 피고인의 인권보장을 위해 강제 등에 의한 자백이 배제된다는 **인권옹호설**, ③ 허위배제설과 인권옹호설 모두가 자백의 증거능력을 제한하는 근거로 타당하다는 **절충설** 및 ④ 자백법칙은 자백취득과정의 위법성으로 인하여 위법수집증거배제법칙에 의하여 증거능력이 부정된다는 위법배제설이 대립하고, 판례는 종래 허위배제설의 입장이었으나, 최근 임의성 없는 자백의 증거능력을 부정하는 이유가 오판의 소지와 기본적 인권의 침해를 막기 위한 것이라고 판시하여 절충설의 입장을 취하고 있다(대판 1999.1.29. 98도3584). 생각건대, 자백배제법칙의 적용범위를 확대할 수 있고, 증거능력의 표준을 객관화할 수 있다는 점에서 위법배제설이 타당하다.

① 피고인의 검찰에서의 자백이 잠을 재우지 아니한 채 폭언과 강요, 회유한 끝에 받아낸 것으로 임의로 진술한 것이 아니라고 의심할 만한 상당한 이유가 있는 때에 해당한다면 형사소송법 제309조의 규정에 의하여 그 피의자신문조서는 증거능력이 없고, 임의성 없는 자백의 증거능력을 부정하는 취지가 허위진술을 유발 또는 강요할 위험성이 있는 상태하에서 행하여진 자백은 그 자체가 실체적 진실에 부합하지 아니하여 오판의 소지가 있을 뿐만 아니라 그 진위 여부를 떠나서 자백을 얻기 위하여 피의자의 기본적 인권을 침해하는 위법 부당한 압박이 가하여지는 것을 사전에 막기 위한 것이므로, 그 임의성에 다툼이 있을 때에는 그 임의성을 의심할 만한 합리적이고, 구체적인 사실을 피고인이 입증할 것이 아니고 검사가 그 임의성의 의문점을 해소하는 입증을 하여야 한다(대판 1999.1.29. 98도3584).

② 형사소송법 제309조에서 규정된 피고인의 진술의 자유를 침해하는 위법사유는 원칙적으로 예시사유로 보아야 한다(대판 1985.2.26. 82도2413).

II. 자백배제법칙의 적용범위

1. 고문·폭행·협박·신체구속의 부당한 장기화로 인한 자백

1) 고문·폭행·협박에 의한 자백

고문이란 신체에 대하여 위해를 가하는 것을 말하며, 폭행은 이에 대한 유형력의 행사를 의미하고, 협박은 해악을 고지하여 공포심을 일으키는 것을 말한다. 피의자가 경찰에서 고문에 의하여 자백을 한 후 검사에게 동일한 자백을 한 경우에 검사 앞에서 한 자백의 증거능력을 인정할 수 있는지가 문제된다.

> ① 경찰에서의 자백이 폭행이나 신체구속의 부당한 장기화에 의하여 임의로 진술한 것이 아니라고 의심할 만한 상당한 이유가 있어서 경찰에서 피고인을 조사한 경찰관이 검사 앞에까지 피고인을 데려간 경우 검사 앞에서의 자백도 그 임의성이 없는 심리상태가 계속된 경우라고 할 수밖에 없어 검사 작성의 피고인에 대한 제1회 피의자신문조서는 증거능력이 없다(대판 1992.3.10. 91도1).
> ② 본건 제1회 피의자신문조서가 사건의 송치를 받은 당일에 작성된 것이었다 하여 그와 같은 조서의 작성시기만으로 그 조서에 기재된 피고인의 자백진술이 임의성이 없거나 특히 신빙할 수 없는 상태에서 된 것이라 의심하여 증거능력을 부정할 수 없다(대판 1984.5.29. 84도378).

2) 신체구속의 부당한 장기화로 인한 자백

신체구속의 부당한 장기화로 인한 자백이란 부당하게 장기간에 걸친 구속 후의 자백을 의미한다. 부당한 장기간의 구속으로 인한 자백인가는 구속 자체의 위법성을 기준으로 결정해야 한다.

> 구속영장 없이 13여 일 동안 불법구속되어 있으면서 고문이나 잠을 재우지 않는 등 진술의 자유를 침해하는 위법사유가 있는 경우라면 그 증거의 증거능력은 부정된다(대판 1985.2.26. 82도2413).

2. 기망 기타 방법에 의한 임의성에 의심 있는 자백

1) 기망과 약속에 의한 자백

(1) 기망에 의한 자백

기망의 대상에는 사실뿐만 아니라 법률문제도 포함된다. 다만 기망이라고 하기 위하여는 적극적인 사술이 있을 것을 요하고 단순히 착오를 이용하는 것으로는 족하지 않다.

(2) 약속에 의한 자백

이익의 약속은 자백에 영향을 미치는 데 적합한 것이어야 하고, 약속은 구체적이고 특수한 것임을 요하며, 단순히 진실을 말하는 것이 유리하다는 일반적인 약속으로는 족하지 않다. 그러나 약속의 내용이 반드시 형사처벌과 관계있는 것임을 요하지 않고 일반적·세속적 이익도 포함된다.

약속에 의한 자백에 해당하는 경우로는 검사가 자백을 하면 기소유예를 해 주겠다고 하여 이를 믿고 한 자백, 특정범죄가중처벌 등에 관한 법률을 적용하지 않고 가벼운 수뢰죄로 처벌받게 해 주겠다고 약속하거나(대판 1984.5.9. 83도2782), 보호감호를 청구하지 않겠다는 약속에 의하여 자백한 경우(대판 1985.12.10. 85도2182)를 들 수 있다. 이에 반하여 증거가 발견되면 자백하겠다는 약속만으로는 이익과 교환된 것이 아니므로 임의성에 의심 있는 자백이라고 할 수 없다(대판 1983.9.13. 83도712).

(3) 위법한 신문방법에 의한 자백

법적으로 허용될 수 없는 방법에 의한 신문은 위법하지만 어느 정도의 추궁은 수사의 본질상 당연히 허용된다. 야간신문도 그 자체가 위법한 것은 아니고, 피의자가 피로로 인하여 정상적인 판단능력을 잃을 정도에 이를 때에는 자백의 증거능력이 부정된다. 판례 역시 검찰에서 30시간 동안 잠을 재우지 않은 상태에서 받은 피고인의 자백의 증거능력을 부정하였고(대판 1997.6.27. 95도1964), 위법한 긴급체포에 의하여 유치 중인 피의자에 대하여 작성된 피의자신문조서의 증거능력 역시 부정한 바 있다(대판 2002.6.11. 2000도5701).

III. 관련문제

1. 인과관계 요부

> **쟁점** 인과관계의 요부
>
> 1. 쟁점의 정리
>
>   고문·폭행·협박·신체구속의 부당한 장기화와 임의성 없는 자백 사이에 인과관계를 요하는가에 대하여 견해가 대립한다.
>
> 2. 견해의 대립
>
>   ① 필요설은 증거능력이 부정되는 임의성 없는 자백은 고문·폭행 등에 의한 것이므로 양자 사이에는 당연히 인과관계가 있어야 한다는 견해이고, ② 불요설은 위법행위는 절대로 방지되어야 하며, 인과관계의 입증이 곤란하다는 점에 비추어 인과관계를 요하지 아니한다.
>
> 3. 판례의 태도
>
>   판례는 필요설의 입장에서 임의성이 없다고 의심하게 된 사유들과 피고인의 자백과의 사이에 인과관계가 존재하지 않은 것이 명백한 때에는 그 자백은 임의성이 있는 것으로 인정된다고 판시하였다(대판 1984.11.27. 84도2252).
>
> 4. 검토
>
>   자백배제법칙의 이론적 근거에 대한 위법배제설의 입장에서 고문 등의 위법사유와 자백 사이의 인과관계는 필요하나, 임의성에 대한 인과관계는 불필요하다고 함이 타당하다(불요설).

2. 임의성의 입증

자백의 임의성에 대한 거증책임은 검사에게 있고, 자백의 임의성은 소송법적 사실에 불과하므로 자유로운 증명으로 족하다. 임의성에 다툼이 있는 경우에는 검사가 임의성의 의문점을 해소하여 입증하여야 한다(대판 1998.4.10. 97도3234).

3. 위법하게 취득된 자백에 의하여 수집된 증거의 증거능력

제309조에 위반하여 취득한 자백은 피고인의 증거동의가 있더라도 증거능력이 부정되고, 탄핵증거로도 사용할 수 없으며, 위법수집 자백에 기초하여 수집된 증거 역시 이른바 독수의 과

실로서 증거능력이 부정된다.

Ⅳ. 진술의 임의성

1. 제317조의 의의 및 제309조

제317조 역시 임의성 없는 진술 등의 증거능력을 부정하고 있다. 다만 제309조 역시 자백의 임의성에 대해 규정하고 있으므로, 자백의 임의성이 인정되지 아니하는 경우에는 제309조에 의해, 자백 외의 진술의 임의성이 인정되지 아니하는 경우에는 제317조에 의하여 증거능력이 부정된다.

> **제317조(진술의 임의성)** ① 피고인 또는 피고인 아닌 자의 진술이 임의로 된 것이 아닌 것은 증거로 할 수 없다.
> ② 전항의 서류는 그 작성 또는 내용인 진술이 임의로 되었다는 것이 증명된 것이 아니면 증거로 할 수 없다.
> ③ 검증조서의 일부가 피고인 또는 피고인 아닌 자의 진술을 기재한 것인 때에는 그 부분에 한하여 전2항의 예에 의한다.

2. 임의성의 조사와 증명

진술의 임의성에 대해서는 **법원이 직권으로** 조사하여야 한다. 다만 당사자가 증거로 함에 동의한 경우에는 상당하다고 인정되면 임의성을 조사할 필요가 없다.

임의성에 관하여는 증거조사 전에 조사하는 것이 원칙이나, 증거조사와 임의성조사를 병행하여도 무방하다. 진술의 임의성은 **자유로운 증명**으로 족하다. 임의성에 대한 **거증책임은 증거를 제출하는 당사자**에게 있다. 임의성이 인정되지 아니하여 증거능력이 없는 진술증거는 피고인이 증거로 함에 동의하더라도 증거로 삼을 수 없다(대판 2006.11.23. 2004도7900).

제5절 | 전문법칙

I. 전문증거 및 형사소송법의 전문법칙

1. 전문증거 및 전문법칙

전문증거란 사실인정의 기초가 되는 경험적 사실을 경험자 자신이 직접 법원에 진술하지 않고 다른 형태에 의하여 간접적으로 보고하는 것을 말하고, 전문법칙이란 전문증거는 증거가 아니며, 그 증거능력 또한 인정될 수 없다는 원칙을 말한다. 형사소송법 역시 제310조의2에서 「제311조 내지 제316조에 규정한 것 이외에는 공판준비 또는 공판기일에서의 진술에 대신하여 진술을 기재한 서류나 공판준비 또는 공판기일 외에서의 타인의 진술을 내용으로 하는 진술은 이를 증거로 할 수 없다」고 규정하고 있다.

2. 전문법칙의 적용범위

전문증거는 원진술자가 피고인이건 제3자이건 불문한다. 전문법칙은 진술증거에 대하여만 적용되며, 증거물과 같은 비진술증거에는 적용되지 않는다. 전문증거는 원진술 내용에 의하여 요증사실을 증명하는 경우, 즉 타인의 진술 또는 서류에 포함된 원진술자의 진술내용의 진실성이 요증사실로 된 경우에 제한된다. 따라서 ① 진술내용 자체가 요증사실의 구성요소를 이루는 경우, ② 진술이 어떠한 행위나 언동의 의미가 애매한 경우에 오로지 그 의미를 설명할 목적으로 제출되는 경우, ③ 진술을 원진술자의 심리적·정신적 상태를 증명하기 위한 정황증거로 사용하는 경우, ④ 증인의 증언의 신용성을 탄핵하기 위해서 공판정 외에서의 자기모순의 진술을 증거로 제출하는 경우 등은 전문법칙이 적용되지 않는다.

> ① 피고인이 수표를 발행하였으나 예금부족 또는 거래정지처분으로 지급되지 아니하게 하였다는 부정수표단속법위반의 공소사실을 증명하기 위하여 제출되는 수표는 그 서류의 존재 또는 상태 자체가 증거가 되는 것이어서 증거물인 서면에 해당하고 어떠한 사실을 직접 경험한 사람의 진술에 갈음하는 대체물이 아니므로, 증거능력은 증거물의 예에 의하여 판단하여야 하고, 이에 대하여는 형사소송법 제310조의2에서 정한 전문법칙이 적용될 여지가 없다. 이때 수표 원본이 아니라 전자복사기를 사용하여 복사한 사본이 증거로 제출되었고 피고인이 이를 증거로 하는 데 부동의한 경우 위 수표 사본을 증거로 사용하기 위해서는 수표 원본을 법정에 제출할 수 없거나 제출이 곤란한 사정이 있고 수표 원본이 존재하거나 존재하였으며 증거로 제출된 수표 사본이 이를 정확하게 전사한 것이라는 사실이 증명되어야 한다(대판 2015.4.23. 2015도2275).
>
> ② 형사소송법은 제310조의2에서 원칙적으로 전문증거의 증거능력을 인정하지 않고, 제311조부터 제316조까지 정한 요건을 충족하는 경우에만 예외적으로 증거능력을 인정한다. 다른 사람의 진술을 내용으로 하는 진술이 전문증거인지는 요증사실이 무엇인지에 따라 정해진다. 다른 사람의 진술, 즉 원진술의 내용인 사실이 요증사실인 경우에는 전문증거이지만, 원진술의 존재 자체가 요증사실인 경우에는 본래증거이지 전문증거가 아니다. 어떤 진술이 기재된 서류가 그 내용의 진실성이 범죄사실에 대한 직접증거로 사용될 때는 전문증거가

되지만, 그와 같은 진술을 하였다는 것 자체 또는 진술의 진실성과 관계없는 간접사실에 대한 정황증거로 사용될 때는 반드시 전문증거가 되는 것이 아니다. 그러나 어떠한 내용의 진술을 하였다는 사실 자체에 대한 정황증거로 사용될 것이라는 이유로 서류의 증거능력을 인정한 다음 그 사실을 다시 진술 내용이나 그 진실성을 증명하는 간접사실로 사용하는 경우에 그 서류는 전문증거에 해당한다. 서류가 그곳에 기재된 원진술의 내용인 사실을 증명하는 데 사용되어 원진술의 내용인 사실이 요증사실이 되기 때문이다. 이러한 경우 형사소송법 제311조부터 제316조까지 정한 요건을 충족하지 못한다면 증거능력이 없다(대판 2019.8.29. 2018도2738).

③ 정보통신망을 통하여 공포심이나 불안감을 유발하는 글을 반복적으로 상대방에게 도달하게 하는 행위를 하였다는 공소사실에 대하여 휴대전화기에 저장된 문자정보가 그 증거가 되는 경우, 그 문자정보는 범행의 직접적인 수단이고 경험자의 진술에 갈음하는 대체물에 해당하지 않으므로, 형사소송법 제310조의2에서 정한 전문법칙이 적용되지 않는다(대판 2008.11.13. 2006도2556).

④ 타인의 진술을 내용으로 하는 진술이 전문증거인지 여부는 요증사실과의 관계에서 정하여지는바, 원진술의 내용인 사실이 요증사실인 경우에는 전문증거이나, 원진술의 존재 자체가 요증사실인 경우에는 본래증거이지 전문증거가 아니다. 공소외 2는 전화를 통하여 피고인으로부터 2005. 8.경 건축허가 담당 공무원이 외국연수를 가므로 사례비를 주어야 한다는 말과 2006. 2.경 건축허가 담당 공무원이 4,000만 원을 요구하는데 사례비로 2,000만 원을 주어야 한다는 말을 들었다는 취지로 수사기관, 제1심 및 원심 법정에서 진술하였음을 알 수 있는데, 피고인의 위와 같은 원진술의 존재 자체가 이 사건 알선수재죄에 있어서의 요증사실이므로, 이를 직접 경험한 공소외 2가 피고인으로부터 위와 같은 말들을 들었다고 하는 진술들은 전문증거가 아니라 본래증거에 해당된다(대판 2008.11.13. 2008도8007).

⑤ 공소외 1은 제1심 법정에서 '피고인 1이 88체육관 부지를 공시지가로 매입하게 해 주고 KBS와의 시설이주 협의도 2개월 내로 완료하겠다고 말하였다.'고 진술하였고, 공소외 2, 6도 피고인의 진술을 내용으로 한 진술을 하였음을 알 수 있는데, 피고인 1의 위와 같은 원진술의 존재 자체가 이 부분 각 사기죄 또는 변호사법 위반죄에 있어서의 요증사실이므로, 이를 직접 경험한 공소외 1 등이 피고인으로부터 위와 같은 말을 들었다고 하는 진술은 전문증거가 아니라 본래증거에 해당한다(대판 2012.7.26. 2012도2937).

⑥ 어떤 진술이 기재된 서류가 그 내용의 진실성이 범죄사실에 대한 직접증거로 사용될 때는 전문증거가 된다고 하더라도, 그와 같은 진술을 하였다는 것 자체 또는 그 진술의 진실성과 관계없는 간접사실에 대한 정황증거로 사용될 때는 반드시 전문증거가 되는 것은 아니다(대판 2013.6.13. 2012도16001).

II. 전문법칙의 예외이론

전문법칙을 지나치게 엄격하게 적용할 때에는 재판의 지연을 초래할 뿐만 아니라, 재판에 필요한 증거를 잃어버리게 됨으로써 진실발견을 저해할 염려가 있다. 이에 따라 형사소송법은 제311조에서 제316조에 걸쳐 전문법칙의 예외를 규정하고 있다.

Ⅲ. 법원 또는 법관의 조서

1. 형사소송법 제311조의 취지 및 성질

제311조는 「공판준비 또는 공판기일에 피고인이나 피고인 아닌 자의 진술을 기재한 조서와 법원 또는 법관의 검증의 결과를 기재한 조서는 증거로 할 수 있다. 제184조(증거보전절차) 및 제221조의2(증인신문의 청구)의 규정에 의하여 작성한 조서도 또한 같다」고 규정하고 있다.

2. 피고인 아닌 자의 진술을 기재한 서류

1) 공판준비 또는 공판기일에서의 피고인 아닌 자의 진술을 기재한 서류

공판준비에서의 진술을 기재한 조서란 당해 사건의 공판준비절차에서 증인·감정인·통역인·번역인 등을 신문한 조서를 말한다. 공판기일에서의 진술을 기재한 조서란 공판조서를 의미한다(공판기일에서의 증인의 증언은 인증이므로 본조에 해당할 여지가 없다). 즉 공판절차갱신 전의 공판조서, 상소심에 의한 파기환송 전의 공판조서, 이송된 사건의 이송 전 공판조서, 관할위반 재판이 확정된 후에 재기소된 경우의 공판조서를 말한다.

2) 다른 사건의 공판준비조서와 공판조서

제311조의 공판준비 또는 공판조서는 당해 사건의 조서에 한정되고, 다른 사건의 공판조서는 제311조가 아닌 제315조 제3호의 문서로서 당연히 증거능력이 있다는 것이 판례의 입장이다(대판 2005.4.28. 2004도4428).

3) '피고인 아닌 자'의 의미

'피고인 아닌 자'란 피고인을 제외한 제3자, 즉 증인·감정인뿐만 아니라 공범인 공동피고인을 포함한다. 그러나 피고인과는 별개의 범죄사실로 기소되고 다만 병합심리된 것에 불과한 공범 아닌 공동피고인은 피고인에 대한 관계에서 증인의 지위에 있음에 불과하므로 선서없이 한 공동피고인의 피고인으로서 한 공판정에서의 진술을 피고인에 대한 공소사실을 인정하는 증거로 쓸 수는 없다.

3. 피고인의 진술을 기재한 조서

공판준비에 있어서 피고인의 진술을 기재한 조서란 공판준비절차에서 공판기일 전에 피고인을 신문한 조서(제273조 제1항)나 공판준비기일조서(제266조의10 제2항), 공판기일 전의 법원의 검증조서 중 피고인의 진술을 기재한 부분을 말한다. 공판기일에 피고인의 진술을 기재한 조서란 공판조서를 의미한다. 여기서 피고인의 진술을 기재한 조서는 공판조서가 증거로 되는 경우이므로 공판절차갱신 전의 공판조서나 파기환송·이송 전의 공판조서 등을 의미한다. 피고인의 진술을 기재한 공판조서 역시 당해 사건에 제한된다.

4. 법관의 검증조서

법원 또는 법관의 검증의 결과를 기재한 조서 역시 제311조에 의하여 당연히 증거능력이 인정된다.

5. 증거보전절차 또는 증인신문청구절차에서 작성한 조서

증거보전절차(제184조)에서 작성한 조서와 검사의 증인신문청구(제221조의2)에 의하여 작성한 조서도 선서와 법관의 직권신문에 의한 강한 신용성이 인정되므로 공판조서와 같이 취급된다.

> 증인신문조서가 증거보전절차에서 피고인이 증인으로 증언한 것을 기재한 것이 아니라 피고인이 당사자로 참여하여 반대신문한 것에 지나지 않는다면 피고인의 진술부분에 대하여는 제311조에 의하여 증거능력을 인정할 수 없다(대판 1984.5.15. 84도508).

Ⅳ. 피의자신문조서

1. 피의자신문조서의 증거능력

1) 피의자신문조서의 의의

피의자신문조서란 수사기관, 즉 검사 또는 사법경찰관이 피의자를 신문하여 그 진술을 기재한 조서를 말한다. 수사기관의 조사과정에서 작성된 것이라면 진술조서, 진술서, 자술서의 어떤 형식을 취했는가는 문제되지 않는다(대판 2009.8.20. 2008도8213).

> ① 검사가 甲을 소환·조사한 것은 甲의 범죄혐의가 있다고 보아 수사를 개시하는 행위를 한 것이므로, 그 진술조서는 실질적으로 피의자신문조서와 같다고 볼 것임에도 진술거부권을 고지하지 않은 이상 위법수집증거로서 증거능력이 없다(대판 2011.11.10. 2010도8294).
> ② 검찰에 송치되기 전에 구속피의자로부터 받은 검사 작성의 피의자신문조서는 극히 이례에 속하는 것으로, 그와 같은 상태에서 작성된 피의자신문조서는 특별한 사정이 없는 한 송치후에 작성된 피의자신문조서와 마찬가지로 취급하기는 어렵다(대판 1994.8.9. 94도1228).

2) 피의자신문조서의 증거능력 인정을 위한 전제요건

피의자신문조서의 증거능력을 인정하기 위하여는 조서에 기재된 진술의 임의성이 인정되어야 한다. 즉 진술내용이 자백인 때에는 제309조에 의하여, 자백 이외의 진술인 때에는 제317조에 의하여 임의성이 인정될 것을 요한다.

2. 검사 작성의 피고인이 된 피의자의 진술을 기재한 서류

1) 검사 작성 피의자신문조서의 의의

검사가 피고인이 된 피의자의 진술을 기재한 조서는 적법한 절차와 방식에 따라 작성된 것으로서 공판준비, 공판기일에 그 피의자였던 피고인 또는 변호인이 그 내용을 인정할 때에 한하여 증거능력이 인정된다(제312조 제1항).

> ① 외관상 검사가 작성한 것으로 되어 있는 피고인에 대한 피의자신문조서가 검찰주사와 검찰주사보가 담당 검사가 임석하지 아니한 상태에서 피의자였던 피고인을 번갈아가며 신문한 끝에 작성된 것으로, 담당 검사는 검찰주사 등이 피고인에 대한 조사를 끝마치고 자백하는 취지의 진술을 기재한 피의자신문조서를 작성하여 가져오자 이를 살펴본 후 비로소 피고인이 조사를 받고 있던 방으로 와서 피의자신문조서를 손에 든 채 그에게

"이것이 모두 사실이냐"는 취지로 개괄적으로 질문한 사실이 있을 뿐, 피의사실에 관하여 위 피고인을 직접·개별적으로 신문한 바 없는 경우, 위 피의자신문조서를 형사소송법 제312조 제1항 소정의 '검사가 피의자나 피의자 아닌 자의 진술을 기재한 조서'로 볼 수 없으므로 그 증거능력 유무는 검사 이외의 수사기관이 작성한 피의자신문조서와 마찬가지 기준에 의하여 결정되어야 할 것이어서, 결국 위 피의자신문조서는 피고인이 그 내용을 부인하는 이상 유죄의 증거로 삼을 수 없다고 한 원심의 판단을 정당하다고 한 사례(대판 2003.10.9. 2002도4372).

② 검찰주사가 검사의 지시에 따라 검사가 참석하지 않은 상태에서 피의자였던 피고인을 신문하여 작성하고 검사는 검찰주사의 조사직후 피고인에게 개괄적으로 질문한 사실이 있을 뿐인데도 검사가 작성한 것으로 되어 있는 피고인에 대한 피의자신문조서와 검찰주사가 참고인의 주거지에서 그의 진술을 받아 작성한 것인데도 검사가 작성한 것으로 되어 있는 참고인에 대한 진술조서는 검사의 서명·날인이 되어 있다고 하더라도 검사가 작성한 것이라고는 볼 수 없으므로, 형사소송법 제312조 제1항 소정의 "검사가 피의자나 피의자 아닌 자의 진술을 기재한 조서"에 해당하지 않는 것임이 명백하다(대판 1990.9.28. 90도1483).

③ 검사가 피의사실에 관하여 전반적 핵심적 사항을 질문하고 이를 토대로 그 신문에 참여한 검찰주사보가 직접 문답하여 피의자 신문조서를 작성함에 있어 검사가 신문한 사항중에 다소 불분명한 사항이나 또는 보조적 사항(행위일시, 장소 등)에 관하여 피의자에게 직접 질문하여 이를 조서에 기재하였다 하여도 참여주사보가 문답할 때 검사가 동석하여 이를 지켜보면서 문제점이 있을 때에는 재차 직접 묻고 참여주사보가 조서에 기재하고, 조서작성 후에는 검사가 이를 검토하여 검사의 신문결과와 일치한다고 인정하여 서명날인 하였다면 참여주사보가 불분명 또는 보조적 사항을 직접 질문하여 기재하였다 하여 이를 검사작성의 피의자 신문조서가 아니라고는 볼 수 없다(대판 1984.7.10. 84도846).

기존 형사소송법 제312조 제1항은 검사 작성 피의자신문조서는 적법한 절차와 방식에 따라 작성된 것으로서 피고인이 진술한 내용과 동일하게 기재되어 있음이 공판준비 또는 공판기일에서의 피고인의 진술에 의하여 인정되고 특신상태가 증명된 때에 한하여 증거능력을 인정하였고(구 형사소송법 제312조 제1항), 피고인이 조서의 성립의 진정을 부인하는 경우라도 조서에 기재된 진술이 피고인이 진술한 내용과 동일하게 기재되어 있음이 영상녹화물이나 그 밖의 객관적인 방법에 의하여 증명되고 그 조서에 기재된 진술이 특히 신빙할 수 있는 상태 하에서 행하여졌음이 증명된 때에 위 조서의 증거능력을 인정하였다(같은 조 제2항).

그러나 2020. 2. 4. 개정된 형사소송법은 위 제2항을 삭제하고, 제1항을 사법경찰관 작성 피의자신문조서와 마찬가지로 내용인정 등을 요건으로 개정하였고, 이러한 개정 제312조 제2항은 2021. 1. 1.부터 시행되었고, 같은 조 제1항은 2022. 1. 1.부터 시행되었으며, 제1항은 시행일 이후 기소된 사건부터 적용된다(법률 제16908호 검찰청법 일부개정법률 및 법률 제16924호 형사소송법 일부개정법률의 시행일에 관한 규정 제2조, 형사소송법 부칙 제1조의2 제2항).

따라서 공소제기일이 2022. 1. 1. 이전인지 이후인지에 따라 검사 작성 피의자신문조서에 대한 전문법칙 예외요건이 달라지는바, 이하에서는 개정 전·후 제312조 제1항의 요건을 함께 검토한다.

> **구 형사소송법 제312조(검사 또는 사법경찰관의 조서 등)** ① 검사가 피고인이 된 피의자의 진술을 기재한 조서는 적법한 절차와 방식에 따라 작성된 것으로서 피고인이 진술한 내용과 동일하게 기재되어 있음이 공판준비 또는 공판기일에서의 피고인의 진술에 의하여 인정되고, 그 조서에 기재된 진술이 특히 신빙할 수 있는 상태하에서 행하여졌음이 증명된 때에 한하여 증거로 할 수 있다.
>
> ② 제1항에도 불구하고 피고인이 그 조서의 성립의 진정을 부인하는 경우에는 그 조서에 기재된 진술이 피고인이 진술한 내용과 동일하게 기재되어 있음이 영상녹화물이나 그 밖의 객관적인 방법에 의하여 증명되고, 그 조서에 기재된 진술이 특히 신빙할 수 있는 상태 하에서 행하여졌음이 증명된 때에 한하여 증거로 할 수 있다.
>
> **법률 제16908호 검찰청법 일부개정법률 및 법률 제16924호 형사소송법 일부개정법률의 시행일에 관한 규정 제2조(형사소송법 일부개정법률의 시행일)** 법률 제16924호 형사소송법 일부개정법률은 2021년 1월 1일부터 시행한다. 다만, 제312조제1항의 개정규정은 2022년 1월 1일부터 시행한다.
>
> **부칙 〈법률 제16924호, 2020. 2. 4.〉 제1조의2(검사가 작성한 피의자신문조서의 증거능력에 관한 적용례 및 경과조치)** ① 제312조제1항의 개정규정은 같은 개정규정 시행 후 공소제기된 사건부터 적용한다.
>
> ② 제312조제1항의 개정규정 시행 전에 공소제기된 사건에 관하여는 종전의 규정에 따른다.

2) 증거능력 인정을 위한 요건

(1) 구법상 요건

① **적법한 절차와 방식**: 검사가 피고인이 된 피의자의 진술을 기재한 조서는 적법한 절차와 방식에 따라 작성된 것이어야 한다. 따라서 위 조서는 제255조에 따라 피의자가 간인한 후 기명날인 또는 서명하는 등 형식적 진정성립을 갖추어야 하고(제244조 이하), 그 조서 작성 과정에서 피의자신문과 참여자(제243조), 변호인의 참여(제243조의2), 수사과정의 기록(제244조의4) 등의 규정을 준수하였을 것을 요한다.

> ① 조서말미에 피고인의 기명만 있고 날인이 없거나, 간인이 없는 검사 작성 피의자신문조서는 증거능력이 없다(대판 1999.4.13. 99도237).
>
> ② 검사 작성의 피의자신문조서에 작성자인 검사의 서명날인이 되어 있지 아니한 경우 그 피의자신문조서는 공무원이 작성하는 서류로서의 요건을 갖추지 못한 것으로서 제57조 제1항에 위반되어 무효이고 따라서 이에 대하여 증거능력을 인정할 수 없다고 보아야 할 것이며, 그 피의자신문조서에 진술자인 피고인의 서명날인이 되어 있다거나, 피고인이 법정에서 그 피의자신문조서에 대하여 진정성립과 임의성을 인정하였다고 하여 달리 볼 것은 아니다(대판 2001.9.28. 2001도4091).

② **실질적 진정성립 인정 등**: 조서의 기재내용이 피고인이 진술한 내용과 동일하게 기재되어 있음이 인정되어야 한다. 이러한 실질적 진정성립은 공판준비 또는 공판기일에서의 피고인의 진술에 의하여 인정되어야 한다(제312조 제1항). 피고인의 진술에 의하여 성립의 진정이 인정되는 이상 피고인이 동의할 것을 요하지는 아니하고(대판 1968.12.6. 67도657), 조서의 일

부에 대해서만 피고인이 성립의 진정을 인정하는 때에는 그 부분에 대하여만 증거능력이 인정된다.

> ① 검사나 피의자가 피의자 아닌 자의 진술을 기재한 조서는 공판준비 또는 공판기일에서 원진술자의 진술에 의하여 형식적 진정성립뿐만 아니라 실질적 진정성립까지 인정된 때에 한하여 비로소 그 성립의 진정함이 인정되어 증거로 사용할 수 있다(대판 2004.12.16. 2002도537 전원합의체).
>
> ② 피고인 본인의 진술에 의한 실질적 진정성립의 인정은 공판준비 또는 공판기일에서 한 명시적인 진술에 의하여야 하고, 단지 피고인이 실질적 진정성립에 대하여 이의하지 않았다거나 조서 작성절차와 방식의 적법성을 인정하였다는 것만으로 실질적 진정성립까지 인정한 것으로 보아서는 아니 된다. 또한 특별한 사정이 없는 한 이른바 '입증취지 부인'이라고 진술한 것만으로 이를 조서의 진정성립을 인정하는 전제에서 그 증명력만을 다투는 것이라고 가볍게 단정해서도 안 된다(대판 2013.3.14. 2011도8325).
>
> ③ 수사기관이 작성한 조서의 내용이 원진술자가 진술한 대로 기재된 것이라 함은 조서 작성 당시 원진술자의 진술대로 기재되었는지의 여부만을 의미하는 것으로, 그와 같이 진술하게 된 연유나 그 진술의 신빙성 여부는 고려할 것이 아니며, 한편 검사가 피의자나 피의자 아닌 자의 진술을 기재한 조서 중 일부에 관하여만 원진술자가 공판준비 또는 공판기일에서 실질적 진정성립을 인정하는 경우에는 법원은 당해 조서 중 어느 부분이 원진술자가 진술한 대로 기재되어 있고 어느 부분이 달리 기재되어 있는지 여부를 구체적으로 심리한 다음 진술한 대로 기재되어 있다고 하는 부분에 한하여 증거능력을 인정하여야 하고, 그 밖에 실질적 진정성립이 부정되는 부분에 대해서는 증거능력을 부정하여야 한다(대판 2005.6.10. 2005도1849).
>
> ④ 피고인이나 그 변호인이 검사 작성의 당해 피고인에 대한 피의자신문조서의 성립의 진정함을 인정하는 진술을 하였다 하더라도, 그 피의자신문조서에 대하여 증거조사가 완료되기 전에는 최초의 진술을 번복함으로써 그 피의자신문조서를 유죄 인정의 자료로 사용할 수 없도록 할 수 있으나, 그 피의자신문조서에 대하여 위의 증거조사가 완료된 뒤에는 그와 같은 번복의 의사표시에 의하여 이미 인정된 조서의 증거능력이 당연히 상실되는 것은 아니다. 다만, 적법절차 보장의 정신에 비추어 성립의 진정함을 인정한 최초의 진술에 그 효력을 그대로 유지하기 어려운 중대한 하자가 있고 그에 관하여 진술인에게 귀책사유가 없는 경우에 한하여 예외적으로 증거조사 절차가 완료된 뒤에도 그 진술을 취소할 수 있고, 그 취소 주장이 이유 있는 것으로 받아들여지게 되면 법원은 증거배제결정을 통하여 그 조서를 유죄 인정의 자료에서 제외하여야 한다(대판 2008.7.10. 2007도7760).

개정 전 형사소송법상 피고인이 성립의 진정을 부인하는 경우에도 영상녹화물이나 그 밖의 객관적 방법으로 실질적 진정성립이 증명될 수 있었다(구 형사소송법 제312조 제2항). 영상녹화물에 의하여 실질적 진정성립을 증명하기 위하여는 조사의 개시부터 종료까지의 전과정 및 객관적 정황을 영상녹화한 것이어야 하는 등 피의자진술의 영상녹화에 관한 규정(형사소송법 제244조의2)을 준수한 것이어야 한다(다만, 제312조 제2항이 개정·삭제됨으로써 이 부분 논의는 제312조 제4항이 적용되는 조서에 있어서만 의미를 갖게 되었다).

검사 작성의 피의자신문조서에 대한 실질적 진정성립을 증명할 수 있는 수단으로서 '영상녹화물이나 그 밖의 객관적인 방법'이란 형사소송법 및 형사소송규칙에 규정된 방식과 절차에 따라 제작된 영상녹화물 또는 그러한 영상녹화물에 준할 정도로 피고인의 진술을 과학적·기계적·객관적으로 재현해 낼 수 있는 방법만을 의미하고, 그 외에 조사관 또는 조사 과정에 참여한 통역인 등의 증언은 이에 해당한다고 볼 수 없다(대판 2016.2.18. 2015도16586).

③ 특히 신빙할 수 있는 상태: 조서에 기재된 진술이 특히 신빙할 수 있는 상태에서 행하여졌음이 증명되어야 한다. 특히 신빙할 수 있는 상태라 함은 그 진술내용이나 조서 또는 서류의 작성에 허위개입의 여지가 거의 없고 그 진술내용의 신용성이나 임의성을 담보할 구체적이고 외부적인 정황이 있는 경우를 말한다.

이는 구체적인 사안에 따라 판단하여야 하고, 외부적 부수사정뿐만 아니라 진술의 내용을 참작하여 판단한다. 예를 들어 피의자신문시에 변호인이 참여한 때에는 일반적으로 그 진술이 특히 신빙할 수 있는 상태에서 행하여졌다고 할 수 있다. 이에 반하여 **피고인의 검찰에서의 자백과 공범자에 대한 형사기록검증결과가 다르고 피고인이 부인하는 경우**(대판 1981.3.10. 81도68)나, **진술내용이 모순되는 경우**(대판 1967.4.25. 67도322)에는 신빙성에 의문이 있다고 할 수 있다.

피고인이 된 피의자의 진술을 기재한 검사 작성의 피의자신문조서가 그 실질적 진정성립이 인정되지 아니한다면 그 조서에 기재된 피고인의 진술이 특히 신빙할 수 있는 상태 하에서 행하여졌다고 하더라도 이를 증거로 사용할 수 없다(대판 2007.1.25. 2006도7342).

(2) 현행법상 요건

적법한 절차와 방식에 따라 작성된 것이어야 한다는 것은 개정 후에도 동일하다.

내용의 인정이란 조서의 기재내용이 객관적 진실에 부합한다는 조서내용의 진실성을 의미한다. 구체적인 내용은 검사 이외의 수사기관 작성 피의자신문조서에 대한 전문법칙 예외에서 검토한다.

(3) 제314조의 적용 여부

검사 작성 피의자신문조서의 경우 제314조는 적용되지 아니한다.

3. 사법경찰관 작성의 피의자신문조서

검사 이외의 수사기관 작성의 피의자신문조서는 적법한 절차와 방식에 따라 작성된 것으로서 공판준비 또는 공판기일에 그 피의자였던 피고인이나 변호인이 그 내용을 인정할 때에 한하여 증거로 할 수 있다(제312조 제3항). 사법경찰관뿐만 아니라 사법경찰리가 작성한 피의자신문조서도 여기에 해당한다. 피고인이 수사과정에서 자백하였다는 내용의 외국의 권한 있는 수사기관이 작성한 수사보고서나 피의자신문조서도 같다.

사법경찰관리 또는 특별사법경찰관리에 대하여는 헌법과 형사소송법 등 법령에 따라 국민의 생명·신체·재산 등을 보호하기 위하여 광범위한 기본권 제한조치를 할 수 있는 권한이 부여되어 있으므로, 소관 업무의 성질이 수사업무와 유사하거나 이에 준하는 경우에도 명문의 규정이 없는 한 함부로 그 업무를 담당하는 공무원을 사법경찰관리 또는 특별사법경찰관리에 해당한다고 해석할 수 없다. (중략) 조세범 처벌절차법 등 관련 법령에 조세범칙조사를 담당하는 세무공무원에게 압수·수색 및 혐의자 또는 참고인에 대한 심문권한이 부여되어 있어 그 업무의 내용과 실질이 수사절차와 유사한 점이 있고, 이를 기초로 수사기관에 고발하는 경우에는 형사절차로 이행되는 측면이 있다 하여도, 달리 특별한 사정이 없는 한 이를 형사절차의 일환으로 볼 수는 없다. 그러므로 조세범칙조사를 담당하는 세무공무원이 피고인이 된 혐의자 또는 참고인에 대하여 심문한 내용을 기재한 조서는 검사·사법경찰관 등 수사기관이 작성한 조서와 동일하게 볼 수 없으므로 형사소송법 제312조에 따라 증거능력의 존부를 판단할 수는 없고, 피고인 또는 피고인이 아닌 자가 작성한 진술서나 그 진술을 기재한 서류에 해당하므로 형사소송법 제313조에 따라 공판준비 또는 공판기일에서 작성자·진술자의 진술에 따라 성립의 진정함이 증명되고 나아가 그 진술이 특히 신빙할 수 있는 상태 아래에서 행하여진 때에 한하여 증거능력이 인정된다. 이때 '특히 신빙할 수 있는 상태'란 조서 작성 당시 그 진술내용이나 조서 또는 서류의 작성에 허위 개입의 여지가 거의 없고, 그 진술내용의 신빙성과 임의성을 담보할 구체적이고 외부적인 정황이 있는 경우를 의미하는데, 조세범 처벌절차법 및 이에 근거한 시행령·시행규칙·훈령(조사사무처리규정) 등의 조세범칙조사 관련 법령에서 구체적으로 명시한 진술거부권 등 고지, 변호사 등의 조력을 받을 권리 보장, 열람·이의제기 및 의견진술권 등 심문조서의 작성에 관한 절차규정의 본질적인 내용의 침해·위반 등도 '특히 신빙할 수 있는 상태' 여부의 판단에 있어 고려되어야 한다(대판 2022.12.15. 2022도8824).

1) 적법한 절차와 방식

적법한 절차와 방식의 의미는 검사가 피고인이 된 피의자의 진술을 기재한 조서에 있어서와 같다.

> [1] 형사소송법 제244조의3 제2항에 규정한 방식에 위반하여 진술거부권 행사 여부에 대한 피의자의 답변이 자필로 기재되어 있지 아니하거나 그 답변 부분에 피의자의 기명날인 또는 서명이 되어 있지 아니한 사법경찰관 작성의 피의자신문조서는 특별한 사정이 없는 한 형사소송법 제312조 제3항에서 정한 '적법한 절차와 방식'에 따라 작성된 조서라 할 수 없으므로 그 증거능력을 인정할 수 없다. [2] 피의자가 변호인의 참여를 원한다는 의사를 명백하게 표시하였음에도 수사기관이 정당한 사유 없이 변호인을 참여하게 하지 아니한 채 피의자를 신문하여 작성한 피의자신문조서는 형사소송법 제312조에 정한 '적법한 절차와 방식'에 위반된 증거일 뿐만 아니라, 형사소송법 제308조의2에서 정한 '적법한 절차에 따르지 아니하고 수집한 증거'에 해당하므로 이를 증거로 할 수 없다(대판 2013.3.28. 2010도3359).

2) 내용의 인정

내용의 인정이란 조서의 기재내용이 객관적 진실에 부합한다는 조서내용의 진실성을 의미한다.

> ① 형사소송법 제312조 제3항에서 '그 내용을 인정할 때'라 함은 피의자신문조서의 기재

내용이 진술 내용대로 기재되어 있다는 의미가 아니고 그와 같이 진술한 내용이 실제 사실과 부합한다는 것을 의미한다(대판 2010.6.24. 2010도5040).

② 피고인이 새마을금고 이사장 선거와 관련하여 대의원 甲에게 자신을 지지해 달라고 부탁하면서 현금 50만 원을 제공하였다고 하여 새마을금고법 위반으로 기소되었는데, 검사는 사법경찰관 작성의 공범 甲에 대한 피의자신문조서 및 진술조서를 증거로 제출하고, 검사가 신청한 증인 乙은 법정에 출석하여 '甲으로부터 피고인에게서 50만 원을 받았다는 취지의 말을 들었다'고 증언한 사안에서, 甲이 법정에 출석하여 위 피의자신문조서 및 진술조서의 성립의 진정을 인정하였더라도 피고인이 공판기일에서 그 조서의 내용을 모두 부인한 이상 이는 증거능력이 없고, 한편 제1심 및 원심 공동피고인인 甲은 원심에 이르기까지 일관되게 피고인으로부터 50만 원을 받았다는 취지의 공소사실을 부인한 사실에 비추어 원진술자 甲이 사망, 질병, 외국거주, 소재불명 그 밖에 이에 준하는 사유로 인하여 진술할 수 없는 때에 해당하지 아니하여 甲의 진술을 내용으로 하는 乙의 법정증언은 전문증거로서 증거능력이 없으며, 나아가 피고인은 일관되게 甲에게 50만 원 자체를 교부한 적이 없다고 주장하면서 적극적으로 다툰 점, 이에 따라 사법경찰관 작성의 甲에 대한 피의자신문조서 및 진술조서의 내용을 모두 부인한 점, 乙의 법정증언이 전문증거로서 증거능력이 없다는 사정에 대하여 피고인 또는 변호인에게 의견을 묻는 등의 적절한 방법으로 고지가 이루어지지 않은 채 증인신문이 진행된 다음 증거조사 결과에 대한 의견진술이 이루어진 점, 乙이 위와 같이 증언하기에 앞서 원진술자 甲이 피고인으로부터 50만 원을 제공받은 적이 없다고 이미 진술한 점 등을 종합하면 피고인이 乙의 법정증언을 증거로 삼는 데에 동의하였다고 볼 여지는 없고, 乙의 증언에 따른 증거조사 결과에 대하여 별 의견이 없다고 진술하였더라도 달리 볼 수 없으므로, 결국 사법경찰관 작성의 甲에 대한 피의자신문조서 및 진술조서와 乙의 전문진술은 증거능력이 없다고 한 사례(대판 2019.11.14. 2019도11552)

> **쟁점** 사법경찰관이 작성한 공범인 공동피고인에 대한 피의자신문조서 증거능력 인정 요건

1. 쟁점의 정리

사법경찰관이 작성한 공범인 공동피고인에 대한 피의자신문조서의 증거능력을 인정하기 위한 요건이 문제된다. 구체적으로는 적용규정과 제312조 제3항이 적용되는 경우에 내용인정을 누가 하여야 하는지에 대한 것이다.

2. 견해의 대립

① 제312조 제4항설은 공범에 대한 조서는 제312조 제4항의 '피고인 아닌 자의 진술을 기재한 서류'에 해당한다고 보고, ② 원진술자 내용인정설(제312조 제3항설)은 제312조 제3항이 적용된다고 보면서 그 내용인정의 주체를 원진술자인 공범으로 보며, ③ 피고인 내용인정설(제312조 제3항설)은 제312조 제3항이 적용된다고 보면서도 그 내용인정의 주체를 공범이 아닌 유죄판결의 위험 있는 당해 피고인으로 본다.

3. 판례의 태도

판례는 피고인 내용인정설의 입장에서 '당해 피고인과 공범관계에 있는 공동피고인에 대해

검사 이외의 수사기관이 작성한 피의자신문조서는 그 공동피고인의 법정진술에 의하여 성립의 진정이 인정되더라도 당해 피고인이 공판기일에서 그 조서의 내용을 부인하면 증거능력이 부정된다.'고 판시하였다(대판 2009.10.15. 2009도1889).

4. 검토

수사기관의 위법수사방지를 목적으로 하는 제312조 제3항의 입법취지를 고려할 때 피고인 내용인정설이 타당하다.

피고인이 제1심 법정 이래 공소사실을 계속 부인하는 경우, 증거목록에 피고인이 경찰 작성 피의자신문조서의 내용을 인정한 것으로 기재되었더라도 이는 착오 기재이거나 조서를 잘못 정리한 것이므로 위 피의자신문조서가 증거능력을 가지게 되는 것은 아니다(대판 2006.5.26. 2005도6271).

3) 제314조의 적용 여부

사법경찰관이 작성한 피의자신문조서 역시 제314조가 적용되지 아니한다.

V. 참고인 진술조서

1. 참고인 진술조서의 의의

진술조서란 검사 또는 사법경찰관이 피의자 아닌 자(참고인)의 진술을 기재한 조서를 말한다. 위 '피의자 아닌 자'에는 당해 피고인과 공범인 공동피고인이 포함되고, 피의자신문시 동석한 신뢰관계인의 진술이 기재된 조서 부분 역시 진술조서에 해당한다.

> ① 형사소송법 제244조의5에 따라 동석한 신뢰관계인이 피의자를 대신하여 진술한 부분이 조서에 기재되어 있다면 그 부분은 피의자의 진술을 기재한 것이 아니라 동석한 사람의 진술을 기재한 조서에 해당하므로, 그 사람에 대한 진술조서로서의 증거능력을 취득하기 위한 요건을 충족하지 못하는 한 이를 유죄 인정의 증거로 사용할 수 없다(대판 2009.6.23. 2009도1322).
>
> ② 외국에 거주하는 참고인과의 전화 대화내용을 문답형식으로 기재한 검찰주사보 작성의 수사보고서는 전문증거로서 형사소송법 제310조의2에 의하여 제311조 내지 제316조에 규정된 것 이외에는 이를 증거로 삼을 수 없는 것인데, 위 수사보고서는 제311조, 제312조, 제315조, 제316조의 적용대상이 되지 아니함이 분명하므로, 결국 제313조의 진술을 기재한 서류에 해당하여야만 제314조의 적용 여부가 문제될 것인바, 제313조가 적용되기 위하여는 그 진술을 기재한 서류에 그 진술자의 서명 또는 날인이 있어야 한다(대판 1999.2.26. 98도2742).

2. 증거능력 인정 요건

진술조서는 적법한 절차와 방식에 따라 작성된 것으로서 그 조서가 검사 또는 사법경찰관 앞에서 진술한 내용과 동일하게 기재되어 있음이 원진술자의 공판준비 또는 공판기일에서의 진술이나 영상녹화물 또는 그 밖의 객관적인 방법에 의하여 증명되고, 피고인 또는 변호인이 공판준비 또는 공판기일에 그 기재 내용에 관하여 원진술자를 신문할 수 있었던 때에는 증거로 할 수 있다. 다만, 그 조서에 기재된 진술이 특히 신빙할 수 있는 상태 하에서 행하여졌음이 증명된 때에 한한다(제312조 제4항).

1) 적법한 절차와 방식

검사 또는 사법경찰관이 작성한 진술조서도 적법한 절차와 방식에 따라 작성된 것이어야 한다.

> ① 형사소송법 제312조 제4항에서 정하는 적법한 절차와 방식에 따라 작성한다는 것은 형사소송법이 피고인 아닌 사람의 진술에 대한 조서 작성 과정에서 지켜야 한다고 정한 여러 절차를 준수하고 조서의 작성 방식에도 어긋나지 않아야 한다는 것을 의미한다(대판 2017.7.18. 2015도12981).
>
> ② 피고인이 아닌 자가 수사과정에서 진술서를 작성하였지만 수사기관이 그에 대한 조사과정을 기록하지 아니하여 형사소송법 제244조의4 제3항, 제1항에서 정한 절차를 위반한 경우에는, 특별한 사정이 없는 한 '적법한 절차와 방식'에 따라 수사과정에서 진술서가 작성되었다 할 수 없으므로 증거능력을 인정할 수 없다(대판 2015.4.23. 2013도3790).
>
> ③ 진술자와 피고인의 관계, 범죄의 종류, 진술자 보호의 필요성 등 여러 사정으로 볼 때 상당한 이유가 있는 경우에는 수사기관이 진술자의 성명을 가명으로 기재하여 조서를 작성하였다고 하여 그 이유만으로 그 조서가 '적법한 절차와 방식'에 따라 작성되지 않았다고 할 것은 아니다(대판 2012.5.24. 2011도7757).
>
> ④ 사법경찰리 작성 피해자에 대한 진술조서가 피해자의 화상으로 인한 서명불능을 이유로 입회하고 있던 피해자의 동생에게 대신 읽어주고 그 동생으로 하여금 서명날인하게 하는 방법으로 작성된 경우, 이는 형사소송법 제312조 제4항에서 정하는 형식적 요건을 결여한 서류로서 증거로 사용할 수 없다(대판 1997.4.11. 96도2865).

2) 실질적 진정성립

조서가 검사 또는 사법경찰관 앞에서 진술한 내용과 동일하게 기재되어 있음이 인정되어야 한다. 이러한 진술조서의 실질적 진정성립은 원진술자의 공판준비 또는 공판기일에서의 진술이나, 영상녹화물 기타 객관적 방법으로 증명될 수 있다. 다만 원진술자가 사실대로 진술하고 서명날인한 사실이 있다고 진술하거나(대판 1976.4.13. 76도500), 검찰·경찰에서 진술한 내용이 틀림없다는 증언에 의하여는 진정성립을 인정할 수 없다(대판 1976.9.28. 76도2118).

> ① 피의자의 진술을 기재한 서류가 수사기관의 수사과정에서 작성된 것이라면 진술조서의 형식을 취한 경우에도 피의자신문조서로 볼 것이므로 사법경찰관이 작성한 피의자에 대한 진술조서는 피고인이 공판정에서 내용을 부인하면 증거능력이 없다(대판 1983.7.26. 82도385).
>
> ② 원진술자가 법정에서 검사 신문에 대하여 단지 검찰·경찰에서 사실대로 진술하고 그 진술조서에 서명무인한 사실이 있다는 진술을 한 것만 가지고는 그 진술조서의 진정성립이 증명되었다고 보기 어렵고 진술조서에 기재된 진술내용이 사실과 틀림없다는 것까지 진술되어야 할 것이다(대판 1982.10.12. 82도1865).
>
> ③ 증인이 법정에서 이 건으로 검찰·경찰에서 진술한 내용이 틀림없다는 증언을 하고 있을 뿐인 경우에는 위 진술만으로는 동인에 대한 검찰 또는 경찰에서 작성한 진술조서의 진정성립을

인정하기 부족하다(대판 1979.11.27. 76도3962).

④ 형사소송법 제312조 제4항에 따라 사법경찰관이 작성한 피고인 아닌 자의 진술을 기재한 조서의 증거능력을 인정하기 위해서는 실질적 진정성립이 증명되어야 하고, 그 증명의 정도는 합리적인 의심을 배제할 정도에 이르러야 한다(대판 2015.1.22. 2014도10978).

⑤ 공범이나 제3자에 대한 검사 작성의 피의자신문조서등본이 증거로 제출된 경우 피고인이 위 공범 등에 대한 피의자신문조서를 증거로 함에 동의하지 않는 이상, 원진술자인 공범이나 제3자가 각기 자신에 대한 공판절차나 다른 공범에 대한 형사공판의 증인신문절차에서 위 수사서류의 진정성립을 인정해 놓은 것만으로는 증거능력을 부여할 수 없고, 반드시 공범이나 제3자가 현재의 사건에 증인으로 출석하여 그 서류의 성립의 진정을 인정하여야 증거능력이 인정된다(대판 1999.10.8. 99도3063).

3) 반대신문의 기회보장

피고인 또는 변호인이 공판준비 또는 공판기일에서 그 기재내용에 관하여 원진술자를 신문할 수 있었어야 한다. 다만 반대신문의 기회가 보장되면 족하며, 반드시 반대신문이 실제로 행해져야 하는 것은 아니다.

① [1] 형사소송법 제297조의 규정에 따라 재판장은 증인이 피고인의 면전에서 충분한 진술을 할 수 없다고 인정한 때에는 피고인을 퇴정하게 하고 증인신문을 진행함으로써 피고인의 직접적인 증인 대면을 제한할 수 있지만, 이러한 경우에도 피고인의 반대신문권을 배제하는 것은 허용될 수 없다. [2] 형사소송법 제297조에 따라 변호인이 없는 피고인을 일시 퇴정하게 하고 증인신문을 한 다음 피고인에게 실질적인 반대신문의 기회를 부여하지 아니한 채 이루어진 증인의 법정진술은 위법한 증거로서 증거능력이 없다고 볼 여지가 있으나, 그 다음 공판기일에서 재판장이 증인신문 결과 등을 공판조서(증인신문조서)에 의하여 고지하였는데 피고인이 '변경할 점과 이의할 점이 없다.'고 진술하여 책문권 포기 의사를 명시함으로써 실질적인 반대신문의 기회를 부여받지 못한 하자가 치유되었다고 한 사례(대판 2010.1.14. 2009도9344).

② [1] 반대신문권의 보장은 피고인에게 불리한 주된 증거의 증명력을 탄핵할 수 있는 기회가 보장되어야 한다는 점에서 형식적·절차적인 것이 아니라 실질적·효과적인 것이어야 한다. 따라서 피고인에게 불리한 증거인 증인이 주신문의 경우와 달리 반대신문에 대하여는 답변을 하지 아니하는 등 진술 내용의 모순이나 불합리를 그 증인신문 과정에서 드러내어 이를 탄핵하는 것이 사실상 곤란하였고, 그것이 피고인 또는 변호인에게 책임 있는 사유에 기인한 것이 아닌 경우라면, 관계 법령의 규정 혹은 증인의 특성 기타 공판절차의 특수성에 비추어 이를 정당화할 수 있는 특별한 사정이 존재하지 아니하는 이상, 이와 같이 실질적 반대신문권의 기회가 부여되지 아니한 채 이루어진 증인의 법정진술은 위법한 증거로서 증거능력을 인정하기 어렵다. 이 경우 피고인의 책문권 포기로 그 하자가 치유될 수 있으나, 책문권 포기의 의사는 명시적인 것이어야 한다. [2] (중략) 피해자에 대한 증인신문절차에서 피고인 또는 변호인에게 이 사건 진술조서의 기재 내용에 대하여 피해자를 신문할 기회가 실질적으로 주어졌다고 볼 수 없으므로, 이 사건 진술조서는 형사소송법 제312조 제4항에서 규정한 '피고인 또는 변호인이

공판기일에 그 기재 내용에 관하여 피해자를 신문할 수 있었던 때'의 요건을 갖추지 못하여 이를 근거로 전문법칙의 예외를 인정할 수 없다(대판 2022.3.17. 2016도17054).

4) 특히 신빙할 수 있는 상태

조서에 기재된 진술이 특히 신빙할 수 있는 상태에서 행하여졌음이 증명되어야 한다. 특히 신빙할 수 있는 상태라 함은 그 진술내용이나 조서 또는 서류의 작성에 허위개입의 여지가 거의 없고 그 진술내용의 신용성이나 임의성을 담보할 구체적이고 외부적인 정황이 있는 경우를 말한다. 진술내용이 모순되는 경우(대판 1967.4.25. 67도322)에는 신빙성에 의문이 있다고 할 수 있다.

① 형사소송법 제312조 제4항에서 '특히 신빙할 수 있는 상태'란 진술 내용이나 조서 작성에 허위개입의 여지가 거의 없고, 진술 내용의 신용성이나 임의성을 담보할 구체적이고 외부적인 정황이 있는 것을 말한다. 그리고 이러한 특신상태는 검사가 그 존재에 대하여 구체적으로 주장·증명하여야 하지만, 이는 소송상의 사실에 관한 것이므로 엄격한 증명을 요하지 아니하고 자유로운 증명으로 족하다(대판 2012.7.26. 2012도2937).

② 시내버스에 승차하여 가던 중 소매치기 범행을 목격하고 버스 안의 승객들에게 주의를 준 다음 버스를 파출소 앞에 정차시켜 범인을 지목하였고 그 직후 경찰에서 범인과의 대질신문을 통해 소매치기 범행내용을 구체적으로 명확하게 진술하였다면 진술 또는 서류의 작성이 특히 신빙할 수 있는 상태하에서 행하여진 경우에 해당한다(대판 1995.6.13. 95도523).

③ 검찰관이 피고인을 뇌물수수 혐의로 기소한 후, 형사사법공조절차를 거치지 아니한 채 과테말라공화국에 현지출장하여 그곳 호텔에서 뇌물공여자 갑을 상대로 참고인 진술조서를 작성한 사안에서, 갑이 자유스러운 분위기에서 임의수사 형태로 조사에 응하였고 조서에 직접 서명·무인하였다는 사정만으로 특신상태를 인정하기에 부족할 뿐만 아니라, 검찰관이 군사법원의 증거조사절차 외에서, 그것도 형사사법공조절차나 과테말라공화국 주재 우리나라 영사를 통한 조사 등의 방법을 택하지 않고 직접 현지에 가서 조사를 실시한 것은 수사의 정형적 형태를 벗어난 것이라고 볼 수 있는 점 등 제반 사정에 비추어 볼 때, 진술이 특별히 신빙할 수 있는 상태에서 이루어졌다는 점에 관한 증명이 있다고 보기 어려워 갑의 진술조서는 증거능력이 인정되지 아니하므로, 이를 유죄의 증거로 삼을 수 없다고 한 사례 (대판 2011.7.14. 2011도3809)

3. 제314조에 의한 증거능력의 인정

검사 또는 사법경찰관이 작성한 진술조서는 ① 공판준비 또는 공판기일에서 진술을 요할 자가 사망·질병·외국거주·소재불명 그 밖에 이에 준하는 사유로 인하여 진술할 수 없고 ② 신용성의 정황적 보장이 인정되는 때에는 원진술자에 의하여 성립의 진정이 인정되지 않아도 증거로 할 수 있다(제314조).

4. 관련문제

> **쟁점** 검사 작성 공범인 공동피고인에 대한 피의자신문조서의 증거능력 인정요건

검사가 작성한 공범인 공동피고인에 대한 피의자신문조서를 다른 공동피고인에 대한 증거로 사용하는 경우의 적용규정이 문제되는바, 개정 전 형사소송법 제312조와 관련하여 판례는 제312조 제4항설의 입장에서 공범인 공동피고인에 대한 검사 작성 피의자신문조서의 증거능력을 제312조 제4항에 따라 판단하였다(대판 2014.8.26. 2011도6035).

그러나 2020. 2. 4. 개정되고, 2022. 1. 1.부터 시행되는 형사소송법 제312조 제1항은 검사 작성 피의자신문조서의 증거능력을 같은 조 제3항의 사법경찰관 작성 피의자신문조서와 같이 규정하고 있다. 따라서 개정된 형사소송법상 검사 작성 공범인 공동피고인에 대한 피의자신문조서의 증거능력 인정요건에 대하여는 기존 사법경찰관 작성 공범인 공동피고인에 대한 피의자신문조서의 증거능력 인정요건에 대한 논의가 적용된다 할 것이다.

VI. 수사기관 작성의 검증조서

1. 검증조서의 의의

수사기관 작성의 검증조서란 검사 또는 사법경찰관이 영장에 의하거나(제215조) 영장에 의하지 아니한 강제처분(제216조)에 의하여 검증의 결과를 기재한 서면을 말한다.

2. 증거능력 인정의 요건

1) 적법한 절차와 방식

수사기관 작성의 검증조서가 증거능력을 갖기 위해서는 그 조서가 적법한 절차와 방식에 따라 작성되어야 한다.

2) 실질적 성립의 진정

수사기관 작성 검증조서가 증거능력을 갖추기 위해서는 공판준비 또는 공판기일에서 작성자의 진술에 의해 그 성립의 진정이 인정되어야 한다. 검사 작성 피의자신문조서와 달리 작성자가 성립의 진정을 부인하는 경우라도 영상녹화물이나 기타 객관적인 방법에 의해 보충적으로 증거능력을 인정하는 것은 허용되지 아니한다.

3. 검증조서에 기재된 참여인 진술의 증거능력

> **쟁점** 수사기관의 검증조서에 기재된 참여자 진술의 증거능력

1. 쟁점의 정리

수사기관이 작성한 검증조서에 검증에 참여한 자의 진술이 기재되어 있는 경우, 그 진술부분에 대한 증거능력 인정 요건이 문제된다.

2. 견해의 대립

① **비구별설**은 현장지시와 현장진술의 구별 없이 원진술자의 기명날인 등이 있으면 피의자의 경우에는 제312조 제3항, 참고인의 경우에는 제313조 제1항을 적용하고, ② **구별설**(개별검토설)은 현장지시는 검증조서와 일체를 이루고 있으므로 검증조서로서 증거능력이 인정되고(제312조 제6항), 현장진술인 때에는 제312조 제1항 내지 제4항에 따라 증거능력을 인정하여야 한다고 보며, ③ **수정구별설**은 구별설의 입장을 기본으로 하면서 현장지시를 세분하여 그것이 범죄사실의 인정을 위한 진술증거로 사용되는 때에는 현장진술과 같이 제312조 제1항 내지 제4항을 적용하여야 한다고 본다.

3. 판례의 태도

판례는 구별설의 입장에서 검증조서에 대하여 증거로 함에 동의하였을 뿐, 공판조서에 검증조서에 기재된 진술내용 및 범행을 재연한 부분에 대하여 그 '성립의 진정' 및 '내용을 인정'한 흔적을 찾아볼 수 없고 오히려 이를 부인하고 있는 경우에는 그 증거능력을 인정할 수 없다고 판시하였다(대판 1998.3.13. 98도159).

4. 검토

현장진술은 진술증거로서 검증주체와 진술자에 따라 제312조 각 항이 적용되어야 하고, 현장지시가 비진술증거로 이용되는 때에는 검증조서와 일체성을 가지지만, 현장지시 자체가 범죄사실을 인정하기 위한 진술증거로 이용되는 때에는 현장진술과 같이 취급해야 한다. 따라서 수정구별설이 타당하다.

---

① 사법경찰관이 작성한 검증조서에 피의자이던 피고인이 검사 이외의 수사기관 앞에서 자백한 범행내용을 현장에 따라 진술·재연한 내용이 기재되고 그 재연 과정을 촬영한 사진이 첨부되어 있다면, 그러한 기재나 사진은 피고인이 공판정에서 그 진술내용 및 범행재연의 상황을 모두 부인하는 이상 증거능력이 없다(대판 2006.1.13. 2003도6548).
② 사법경찰관 작성의 검증조서 중 피고인의 진술기재 부분과 범행재연의 사진영상에 관한 부분에 대하여 원진술자이며 행위자인 피고인에 의하여 진술 및 범행재연의 진정함이 인정되지 아니하는 경우 그 부분은 증거능력이 없다(대판 1988.3.8. 87도2692).

4. 실황조사서의 증거능력

> **쟁점** 실황조사서의 증거능력

1. 쟁점의 정리

실황조사서란 임의수사인 실황조사 결과를 기재한 서면을 의미하는바, 실황조사서도 제312조 제6항에 의하여 증거능력이 인정되는지 문제된다.

2. 견해의 대립

① **긍정설**은 실황조사서를 검증조서에 준하는 것으로 보아 제312조 제6항을 적용하여 증거

능력을 긍정하고, ② 부정설은 실황조사는 임의수사에 불과하므로 실황조사서에는 제312조 제6항이 적용되지 않는 것으로 보아 증거능력을 부정한다.

3. 판례

판례는 부정설의 입장에서 '사법경찰관 사무취급이 작성한 실황조서가 사고발생 직후 사고 장소에서 긴급을 요하여 판사의 영장 없이 시행된 것으로서 형사소송법 제216조 제3항에 의한 검증에 따라 작성된 것이라면 사후영장을 받지 않는 한 유죄의 증거로 삼을 수 없다.'고 판시한 바 있다(대판 1989.3.14. 88도1399).

4. 검토

피의자의 동의에 의한 임의수사로서 검증이 가능하고, 승낙에 의한 검증의 결과가 정확성에 있어 실질적으로 검증조서와 다르지 않은 이상 긍정설이 타당하다. 따라서 수사기관의 실황조사서도 제312조 제6항에 따라 성립의 진정이 인정되면 증거능력이 있다.

수사보고서에 검증의 결과에 해당하는 기재가 있는 경우, 그 기재 부분은 검찰사건사무규칙이나 사법경찰관리집무규칙에서 정하는 실황조사나 실황조사서에 해당하지 아니하고 단지 수사의 경위 및 결과를 내부적으로 보고하기 위하여 작성된 서류에 불과하므로, 이를 형사소송법 제312조 제1항의 '검사 또는 사법경찰관이 검증의 결과를 기재한 조서'라고 할 수 없을 뿐만 아니라 이를 같은 법 제313조 제1항의 '피고인 또는 피고인이 아닌 자가 작성한 진술서나 그 진술을 기재한 서류'라고 할 수도 없고, 같은 법 제311조, 제315조, 제316조의 적용대상이 되지 아니함이 분명하므로 그 기재 부분은 증거로 할 수 없다(대판 2001.5.29. 2000도2933).

Ⅶ. 진술서

1. 진술서의 의의 및 종류

진술서란 피고인·피의자 또는 참고인이 스스로 자기의 의사·사상·관념 및 사실관계 등을 기재한 서면을 말한다. 진술서·자술서·시말서 등 명칭의 여하는 불문하고, 작성의 장소도 묻지 않는다.

2. 수사과정에서의 진술서

제312조 제5항은 피고인 또는 피고인이 아닌 자가 수사과정에서 작성한 진술서에 관하여 피의자신문조서 또는 참고인 진술조서로 취급하여 제1항 내지 제4항의 규정을 준용하고 있다. 따라서 피의자 신분에서 작성한 진술서는 제312조 제1항 내지 제3항에 의해, 참고인 신분에서 작성한 진술서는 제4항에 의해 증거능력이 인정된다.

① 피고인이 아닌 자가 수사과정에서 진술서를 작성하였지만 수사기관이 그에 대한 조사과정을 기록하지 아니하여 형사소송법 제244조의4 제3항, 제1항에서 정한 절차를 위반한 경우에는, 특별한 사정이 없는 한 '적법한 절차와 방식'에 따라 수사과정에서 진술서가 작성되었다 할 수 없으므로 증거능력을 인정할 수 없다(대판 2015.4.23. 2013도3790).

② [1] 피고인이 지하철역 에스컬레이터에서 휴대전화기의 카메라를 이용하여 성명불상 여성 피해자의 치마 속을 몰래 촬영하다가 현행범으로 체포되어 성폭력범죄의 처벌 등에 관한 특례법 위반(카메라등이용촬영)으로 기소된 사안에서, 피고인은 공소사실에 대해 자백하고 검사가 제출한 모든 서류에 대하여 증거로 함에 동의하였는데, 그 서류들 중 체포 당시 임의제출 방식으로 압수된 피고인 소유 휴대전화기(이하 '휴대전화기'라고 한다)에 대한 압수조서의 '압수경위'란에 '지하철역 승강장 및 게이트 앞에서 경찰관이 지하철범죄 예방·검거를 위한 비노출 잠복근무 중 검정 재킷, 검정 바지, 흰색 운동화를 착용한 20대가량 남성이 짧은 치마를 입고 에스컬레이터를 올라가는 여성을 쫓아가 뒤에 밀착하여 치마 속으로 휴대폰을 집어넣는 등 해당 여성의 신체를 몰래 촬영하는 행동을 하였다'는 내용이 포함되어 있고, 그 하단에 피고인의 범행을 직접 목격하면서 위 압수조서를 작성한 사법경찰관 및 사법경찰리의 각 기명날인이 들어가 있으므로, 위 압수조서 중 '압수경위'란에 기재된 내용은 피고인이 범행을 저지르는 현장을 직접 목격한 사람의 진술이 담긴 것으로서 형사소송법 제312조 제5항에서 정한 '피고인이 아닌 자가 수사과정에서 작성한 진술서'에 준하는 것으로 볼 수 있고, 이에 따라 휴대전화기에 대한 임의제출절차가 적법하였는지에 영향을 받지 않는 별개의 독립적인 증거에 해당하여, 피고인이 증거로 함에 동의한 이상 유죄를 인정하기 위한 증거로 사용할 수 있을 뿐 아니라 피고인의 자백을 보강하는 증거가 된다고 볼 여지가 많다. [2] 현행범 체포현장이나 범죄 현장에서도 소지자 등이 임의로 제출하는 물건은 형사소송법 제218조에 의하여 영장 없이 압수하는 것이 허용되고, 이 경우 검사나 사법경찰관은 별도로 사후에 영장을 받을 필요가 없다(대판 2019.11.14. 2019도13290).

③ 형사소송법 제312조 제5항은 피고인 또는 피고인이 아닌 자가 수사과정에서 작성한 진술서의 증거능력에 관하여 형사소송법 제312조 제1항부터 제4항까지 준용하도록 규정하고 있으므로, 검사 또는 사법경찰관이 피고인이 아닌 자의 진술을 기재한 조서의 증거능력이 인정되려면 '적법한 절차와 방식에 따라 작성된 것'이어야 한다는 법리가 피고인이 아닌 자가 수사과정에서 작성한 진술서의 증거능력에 관하여도 적용된다. (중략) 따라서 수사기관이 수사에 필요하여 피의자가 아닌 자로부터 진술서를 작성·제출받는 경우에도 그 절차는 준수되어야 하므로, 피고인이 아닌 자가 수사과정에서 진술서를 작성하였지만 수사기관이 조사과정의 진행경과를 확인하기 위하여 필요한 사항을 그 진술서에 기록하거나 별도의 서면에 기록한 후 수사기록에 편철하는 등 적절한 조치를 취하지 아니하여 형사소송법 제244조의4 제1항, 제3항에서 정한 절차를 위반한 경우에는, 그 진술증거 취득과정의 절차적 적법성의 제도적 보장이 침해되지 않았다고 볼 만한 특별한 사정이 없는 한 '적법한 절차와 방식'에 따라 수사과정에서 진술서가 작성되었다고 할 수 없어 증거능력을 인정할 수 없다. 이러한 형사소송법 규정 및 문언과 그 입법 목적 등에 비추어 보면, 형사소송법 제312조 제5항의 적용대상인 '수사과정에서 작성한 진술서'란 수사가 시작된 이후에 수사기관의 관여 아래 작성된 것이거나, 개시된 수사와 관련하여 수사과정에 제출할 목적으로 작성한 것으로, 작성 시기와 경위 등 여러 사정에 비추어 그 실질이 이에 해당하는 이상 명칭이나 작성된 장소 여부를 불문한다(대판 2022.10.27. 2022도9510).

3. 수사과정 외에서 작성된 진술서

1) 제313조의 진술서와 진술녹취서의 의의

진술서란 피고인·피의자 또는 참고인이 스스로 자기의 의사·사상·관념 및 사실관계 등을 기재한 서면을 말하고, **진술녹취서**란 피고인·피의자 또는 참고인이 자기의 의사·사상·관념 및 사실관계 등을 진술하는 것을 제3자가 기록한 서면을 말한다. 제313조 제1항의 대상이 되는 진술서와 진술녹취서는 제312조와의 관계상 수사기관 작성 피의자신문조서와 진술조서 및 수사과정에서 작성된 진술서(수사기관이 작성한 검증조서를 포함한다)를 제외한 것을 의미한다.

2) 피고인 아닌 자의 진술서와 피고인 아닌 자의 진술을 기재한 서류

(1) 전제요건

피고인 아닌 자의 진술서와 피고인 아닌 자의 진술을 기재한 서류는 제313조 제1항 본문에 따라 그 작성자 또는 진술자의 자필이거나 그 서명 또는 날인이 있어야 한다. 개정된 형사소송법은 작성자 또는 진술자의 자필이거나 그 서명 또는 날인이 있는 것뿐만 아니라 피고인 또는 피고인 아닌 자가 작성하였거나 진술한 내용이 포함된 문자·사진·영상 등의 정보로서 컴퓨터용디스크, 그 밖에 이와 비슷한 정보저장매체에 저장된 것을 포함한다고 규정하고 있다.

(2) 증거능력 인정 요건

피고인 아닌 자의 진술서와 피고인 아닌 자의 진술을 기재한 서류가 증거능력을 인정받기 위해서는 공판준비나 공판기일에서 ① 진술서의 경우에는 작성자가 ② 진술녹취서의 경우에는 진술자가 성립의 진정을 인정하여야 한다. 성립의 진정이란 형식적 성립의 진정과 실질적 성립의 진정을 모두 의미한다(제313조 제1항).

> 수사기관이 아닌 사인이 피고인 아닌 사람과의 대화 내용을 촬영한 비디오테이프는 형사소송법 제311조, 제312조의 규정 이외에 피고인 아닌 자의 진술을 기재한 서류와 다를 바 없으므로, 피고인이 그 비디오테이프를 증거로 함에 동의하지 아니하는 이상 그 진술 부분에 대하여 증거능력을 부여하기 위하여는, 첫째 비디오테이프가 원본이거나 원본으로부터 복사한 사본일 경우에는 복사과정에서 편집되는 등 인위적 개작 없이 원본의 내용 그대로 복사된 사본일 것, 둘째 형사소송법 제313조 제1항에 따라 공판준비나 공판기일에서 원진술자의 진술에 의하여 그 비디오테이프에 녹음된 각자의 진술내용이 자신이 진술한 대로 녹음된 것이라는 점이 인정되어야 할 것인바, 비디오테이프는 촬영대상의 상황과 피촬영자의 동태 및 대화가 녹화된 것으로서, 녹음테이프와는 달리 피촬영자의 동태를 그대로 재현할 수 있기 때문에 비디오테이프의 내용에 인위적인 조작이 가해지지 않은 것이 전제된다면, 비디오테이프에 촬영, 녹음된 내용을 재생기에 의해 시청을 마친 원진술자가 비디오테이프의 피촬영자의 모습과 음성을 확인하고 자신과 동일인이라고 진술한 것은 비디오테이프에 녹음된 진술내용이 자신이 진술한 대로 녹음된 것이라는 취지의 진술을 한 것으로 보아야 한다(대판 2004.9.13. 2004도3161).

진술서의 작성자가 공판준비나 공판기일에서 그 성립의 진정을 부인하는 경우에는 과학적 분석결과에 기초한 디지털포렌식 자료, 감정 등 객관적 방법으로 성립의 진정함이 증명되는 때에는 증거로 할 수 있다. 다만 피고인 아닌 자가 작성한 진술서는 피고인 또는 변호인이 공판준비 또는 공판기일에 그 기재 내용에 관하여 작성자를 신문할 수 있었을 것을 요한다(제313조 제2항).

3) 피고인의 진술서 및 피고인의 진술을 기재한 서류

(1) 전제요건

피고인 아닌 자의 진술서와 피고인 아닌 자의 진술을 기재한 서류의 경우와 같다.

(2) 작성자에 의한 진정성립 인정

> **쟁점** 제313조 제1항 단서 '작성자'의 의미
>
> 1. 쟁점의 정리
>
> 제313조 제1항 단서에서 성립의 진정을 인정하는 '작성자'가 진술녹취서의 경우 작성자인지 진술자인지에 대해 견해가 대립한다.
>
> 2. 견해의 대립
>
> ① 작성자설은 법조문에 충실하여 성립의 진정은 원진술자가 아닌 녹취자인 작성자가 성립의 진정을 인정하여야 한다는 견해이고, ② 진술자설은 피고인 아닌 자의 진술녹취서의 증거능력 인정요건보다 피고인의 진술녹취서의 증거능력을 인정함에 있어 보다 엄격한 요건이 필요하다는 점에서 진술자가 성립의 진정을 인정하여야 한다는 견해이다.
>
> 3. 판례의 태도
>
> 판례는 작성자설의 입장에서 고소인이 피고인과의 대화를 녹음한 녹음테이프가 증거능력을 갖기 위해서는 제313조 제1항 단서에 따라 공판준비 또는 공판기일에서의 그 작성자인 고소인의 진술에 의하여 녹음테이프에 녹음된 피고인의 진술내용이 피고인이 진술한 대로 녹음된 것이라는 점이 증명되어야 한다고 판시하였다(대판 2001.10.9. 2001도3106).
>
> 4. 검토
>
> 제313조 제1항 단서의 문리해석과 피고인인 진술자의 불리한 진술을 현실적으로 수집하기 어렵다는 점을 고려할 때 작성자설이 타당하다.
>
> ......
>
> 피고인이 피고인의 진술을 기재한 서류를 증거로 할 수 있음에 동의하지 않은 이상 그 서류에 기재된 피고인의 진술 내용을 증거로 사용하려면 형사소송법 제313조 제1항 단서에 따라 공판준비 또는 공판기일에서 작성자의 진술에 의하여 그 서류에 기재된 피고인의 진술 내용이 피고인이 진술한 대로 기재된 것임이 증명되고 나아가 진술이 특히 신빙할 수 있는 상태 하에서 행하여진 것임이 인정되어야 한다(대판 2022.4.28. 2018도3914).

진술서의 작성자가 공판준비나 공판기일에서 그 성립의 진정을 부인하는 경우에는 과학적 분석결과에 기초한 디지털포렌식 자료, 감정 등 객관적 방법으로 성립의 진정함이 증명되는 때에는 증거로 할 수 있다(제313조 제2항). 피고인의 경우에는 피고인 아닌 자와 달리 반대신문권의 보장을 추가요건으로 하지 아니한다.

(3) 특히 신빙할 수 있는 상태

피고인의 진술서가 증거능력을 갖기 위해서는 제313조 제1항 단서에 따라 그 진술이 특

히 신빙할 수 있는 상태 하에서 행하여진 것이라는 점이 인정되어야 한다.

피고인 자필로 작성된 진술서의 경우에는 서류의 작성자가 동시에 진술자이므로 진정하게 성립된 것으로 인정되어 형사소송법 제313조 단서에 의하여 그 진술이 특히 신빙할 수 있는 상태 하에서 행하여진 때에는 증거능력이 있고, 이러한 특신상태는 검사가 그 존재에 대하여 구체적으로 주장·입증하여야 하는 것이지만, 이는 엄격한 증명을 요하지 아니하고 자유로운 증명으로 족하다(대판 2001.9.4. 2000도1743).

> **쟁점** 피고인의 진술서에도 제313조 제1항 단서가 적용되는지 여부
>
> 1. 쟁점의 정리
>
> 피고인의 진술서에 대하여도 제313조 제1항 단서가 적용되어 특신상태를 요건으로 하는지 여부가 문제된다.
>
> 2. 견해의 대립
>
> ① 긍정설은 제313조 제1항 단서는 피고인의 진술을 기재한 서류에 대하여만 적용되는 것이므로 피고인의 진술서에는 적용되지 않는다고 보고, ② 부정설은 피고인의 진술을 내용으로 하는 점에서 진술서와 진술기재서류에 차이가 없으므로 피고인의 진술서에 대하여도 제313조 제1항 단서가 적용되어 특신상태의 증명이 있어야 한다고 한다.
>
> 3. 판례의 태도
>
> 판례는 긍정설의 입장에서 피고인 자필로 작성된 진술서의 경우에는 서류의 작성자가 동시에 진술자이므로 진정하게 성립된 것으로 인정되어 형사소송법 제313조 제1항 단서에 의하여 그 진술이 특히 신빙할 수 있는 상태 하에서 행하여진 때에는 증거능력이 있다고 판시하였다(대판 2001.9.4. 2000도1743).
>
> 4. 검토
>
> 제313조 제1항 단서의 문리해석상 피고인의 진술서에는 위 단서가 적용되지 않는다고 보는 부정설이 타당하다.

Ⅷ. 감정서

감정서란 감정인이 감정의 경과와 결과를 기재한 서류를 말한다. 감정서는 일반 진술서에 준하여 증거능력이 인정된다(제313조 제3항).

Ⅸ. 제314조에 의한 증거능력 인정

1. 제314조에 의한 증거능력 인정 요건

제312조 및 제313조에 규정된 각종 조서나 서류에 대해 공판준비 또는 공판기일에 진술을 요하는 자가 사망·질병·외국거주·소재불명 그 밖에 이에 준하는 사유로 인하여 진술할 수 없고, 그 진술 또는 작성이 특히 신빙할 수 있는 상태 하에서 행하여졌음이 증명된 때에는 그 조서

및 그 밖의 서류를 증거로 할 수 있다(제314조).

1) 원진술자의 진술불능(필요성)

여기서 질병·외국거주·소재불명 그 밖에 이에 준하는 사유로 진술할 수 없을 때라 함은 정신적·신체적 고장 또는 소재가 불명하거나 국외에 있기 때문에 임상신문이 불가능한 경우를 말한다. 소재불명이 인정되기 위해서는 소환장이 송달불능된 것으로는 족하지 않고, 송달불능 되어 소재수사를 하였어도 소재를 확인할 수 없을 것을 요한다. 따라서 소재불명이 되어 소재를 탐지할 수 없거나(대판 1985.5.14. 80도2973), 일정한 주거를 가지고 있더라도 구인영장을 발부하였으나 소재불명으로 집행되지 않은 때(대판 1986.2.5. 85도2788)에는 여기에 해당하지만, 단순히 소환을 받고 출석하지 않았다는 것만으로는 족하지 않다. 즉 소재탐사를 하지 않았거나, 주거지 아닌 곳에 소재탐사를 한 경우에는 제314조에 의하여 증거능력을 인정할 수 없다(대판 1969.5.13. 69도364).

> ① 녹음테이프는 성질상·작성자나 진술자의 서명이나 날인이 없을 뿐만 아니라 녹음자의 의도나 특정한 기술에 의하여 내용이 편집·조작될 위험이 있으므로, 그 대화내용을 녹음한 원본이거나 혹은 원본으로부터 복사한 사본일 경우에는 복사과정에서 편집되는 등의 인위적 개작 없이 원본의 내용 그대로 복사된 사본임이 증명되어야만 하고, 그러한 증명이 없는 경우에는 쉽게 증거능력을 인정할 수 없으며, 녹음테이프에 수록된 대화내용이 이를 풀어쓴 녹취록의 기재와 일치한다거나 녹음테이프의 대화내용이 중단되었다고 볼 만한 사정이 없다는 점만으로는 위와 같은 증명이 있다고 할 수 없다(대판 2014.8.26. 2011도6035).
>
> ② 피해자는 제1심에서 증인으로 소환당할 당시부터 노인성 치매로 인한 기억력 장애, 분별력 상실 등으로 인하여 진술할 수 없는 상태 하에 있었고 나아가 위 각 진술이 그 내용에 있어서 시종 일관되며 특히 검사 및 사법경찰리 작성의 각 피의자신문조서상의 각 진술부분은 피고인과의 대질하에서 이루어진 것인 점 등에 비추어 그 각 진술내용의 신용성이나 임의성을 담보할 만한 구체적인 정황이 있는 경우에 해당되어 특히 신빙할 수 있는 상태 하에서 행하여진 것이라고 보여지므로, 각 형사소송법 제314조에 의하여 증거능력이 있는 증거라 할 것이다(대판 1992.3.13. 91도2281).
>
> ③ 수사기관에서 진술한 피해자인 유아가 공판정에서 진술을 하였더라도 증인신문 당시 일정한 사항에 관하여 기억이 나지 않는다는 취지로 진술하여 그 진술의 일부가 재현 불가능하게 된 경우, 형사소송법 제314조, 제316조 제2항에서 말하는 '원진술자가 진술을 할 수 없는 때'에 해당한다고 한 사례(대판 2006.4.14. 2005도9561)
>
> ④ 만 5세 무렵에 당한 성추행으로 인하여 외상 후 스트레스 증후군을 앓고 있다는 등의 이유로 공판정에 출석하지 아니한 약 10세 남짓의 성추행 피해자에 대한 진술조서가 형사소송법 제314조에 정한 필요성의 요건과 신용성 정황적 보장의 요건을 모두 갖추지 못하여 증거능력이 없다고 본 원심의 판단을 수긍한 사례(대판 2006.5.25. 2004도3619)
>
> ⑤ 공판기일에 증인으로 소환받고도 출산을 앞두고 있다는 이유로 출석하지 아니한 것은 특별한 사정이 없는 한 사망, 질병, 외국거주 기타 사유로 인하여 진술을 할 수 없는 때에 해당하지 아니한다(대판 1999.4.23. 99도915).

⑥ 구 형사소송법 제314조의 '외국거주'라 함은 진술을 요할 자가 외국에 있다는 것만으로는 부족하고, 수사 과정에서 수사기관이 그 진술을 청취하면서 그 진술자의 외국거주 여부와 장래 출국 가능성을 확인하고 만일 그 진술자의 거주지가 외국이거나 그가 가까운 장래에 출국하여 장기간 외국에 체류하는 등의 사정으로 향후 공판정에 출석하여 진술을 할 수 없는 경우가 발생할 개연성이 있다면 그 진술자의 외국 연락처를, 일시 귀국할 예정이 있다면 그 귀국 시기와 귀국시 체류 장소와 연락 방법 등을 사전에 미리 확인하고 그 진술자에게 공판정 진술을 하기 전에는 출국을 미루거나, 출국한 후라도 공판 진행 상황에 따라 일시 귀국하여 공판정에 출석하여 진술하게끔 하는 방안을 확보하여 그 진술자로 하여금 공판정에 출석하여 진술할 기회를 충분히 제공하며, 그 밖에 그를 공판정에 출석시켜 진술하게 할 모든 수단을 강구하는 등 가능하고 상당한 수단을 다하더라도 그 진술을 요할 자를 법정에 출석하게 할 수 없는 사정이 있어야 예외적으로 그 요건이 충족된다(대판 2008.2.28. 2007도10004).

⑦ 법원이 수회에 걸쳐 진술을 요할 자에 대한 증인소환장이 송달되지 아니하여 그 소재탐지촉탁까지 하였으나 그 소재를 알지 못하게 된 경우 또는 진술을 요할 자가 일정한 주거를 가지고 있더라도 법원의 소환에 계속 불응하고 구인하여도 구인장이 집행되지 아니하는 등 법정에서의 신문이 불가능한 상태의 경우에는 형사소송법 제314조 소정의 "공판정에 출정하여 진술을 할 수 없는 때"에 해당한다고 할 것이므로, 그 진술내용이나 조서의 작성에 허위개입의 여지가 거의 없고 그 진술내용의 신빙성이나 임의성을 담보할 구체적이고 외부적인 정황이 있는 경우에는 그 진술조서의 증거능력이 인정된다(대판 2005.9.30. 2005도2654).

⑧ 형사소송법 제314조에서 말하는 "공판기일에 진술을 요할 자가 사망, 질병 기타 사유로 인하여 진술할 수 없을 때"라 함은 단순히 소환장이 주소불명 등으로 송달불능된 것만으로는 부족하고, 송달불능이 되어 소재탐지촉탁까지 하여 소재수사를 하였음에도 불구하고, 그 소재를 확인할 수 없어 출석하지 아니한 경우에 비로소 이에 해당한다고 할 것이며, 증인의 주소지가 아닌 곳으로 소환장을 보내 송달불능이 되자 그 곳을 중심으로 소재탐지를 한 끝에 소재탐지불능 회보를 받은 경우에는 이에 해당한다고 볼 수 없다(대판 2006.12.22. 2006도7479).

⑨ [1] 형사소송법 제314조에 의하여 법원이 증인이 소재불명이거나 그 밖에 이에 준하는 사유로 인하여 진술할 수 없는 때에 해당한다고 인정할 수 있으려면, 증인의 법정 출석을 위한 가능하고도 충분한 노력을 다하였음에도 불구하고 부득이 증인의 법정 출석이 불가능하게 되었다는 사정을 검사가 증명한 경우여야 한다. [2] 제1심법원이 증인 갑의 주소지에 송달한 증인소환장이 송달되지 아니하자 갑에 대한 소재탐지를 촉탁하여 소재탐지 불능 보고서를 제출받은 다음 갑이 '소재불명'인 경우에 해당한다고 보아 갑에 대한 경찰 및 검찰 진술조서를 증거로 채택한 사안에서, 검사가 제출한 증인신청서에 휴대전화번호가 기재되어 있고, 수사기록 중 갑에 대한 경찰 진술조서에는 집 전화번호도 기재되어 있으며, 그 이후 작성된 검찰 진술조서에는 위 휴대전화번호와 다른 휴대전화번호가 기재되어 있는데도, 검사가 직접 또는 경찰을 통하여 위 각 전화번호로 갑에게 연락하여 법정 출석의사가 있는지 확인하는 등의 방법으로 갑의 법정 출석을 위하여 상당한 노력을 기울였다는 자료가 보이지 않는 사정에 비추어, 갑의 법정 출석을 위한 가능하고도 충분한 노력을 다하였음에도 부득이 갑의 법정 출석이 불가능하게 되었다는 사정이 증명된 경우라고 볼 수 없어 형사

소송법 제314조의 '소재불명 그 밖에 이에 준하는 사유로 인하여 진술할 수 없는 때'에 해당한다고 인정할 수 없다고 한 사례(대판 2013.4.11. 2013도1435)

⑩ [1] 형사소송법 제314조의 '외국거주'란 진술을 요하는 자가 외국에 있다는 것만으로는 부족하고, 수사 과정에서 수사기관이 진술을 청취하면서 진술자의 외국거주 여부와 장래 출국 가능성을 확인하고, 만일 진술자의 거주지가 외국이거나 그가 가까운 장래에 출국하여 장기간 외국에 체류하는 등의 사정으로 향후 공판정에 출석하여 진술을 할 수 없는 경우가 발생할 개연성이 있다면 진술자의 외국 연락처를, 일시 귀국할 예정이 있다면 귀국 시기와 귀국 시 체류 장소와 연락 방법 등을 사전에 미리 확인하고, 진술자에게 공판정 진술을 하기 전에는 출국을 미루거나, 출국한 후라도 공판 진행 상황에 따라 일시 귀국하여 공판정에 출석하여 진술하게끔 하는 방안을 확보하여 진술자가 공판정에 출석하여 진술할 기회를 충분히 제공하며, 그 밖에 그를 공판정에 출석시켜 진술하게 할 모든 수단을 강구하는 등 가능하고 상당한 수단을 다하더라도 진술을 요할 자를 법정에 출석하게 할 수 없는 사정이 있어야 예외적으로 적용이 있다. [2] 진술을 요하는 자가 외국에 거주하고 있어 공판정 출석을 거부하면서 공판정에 출석할 수 없는 사정을 밝히고 있더라도 증언 자체를 거부하는 의사가 분명한 경우가 아닌 한 거주하는 외국의 주소나 연락처 등이 파악되고, 해당 국가와 대한민국 간에 국제형사사법공조조약이 체결된 상태라면 우선 사법공조의 절차에 의하여 증인을 소환할 수 있는지를 검토해 보아야 하고, 소환을 할 수 없는 경우라도 외국의 법원에 사법공조로 증인신문을 실시하도록 요청하는 등의 절차를 거쳐야 하고, 이러한 절차를 전혀 시도해 보지도 아니한 것은 가능하고 상당한 수단을 다하더라도 진술을 요하는 자를 법정에 출석하게 할 수 없는 사정이 있는 때에 해당한다고 보기 어렵다(대판 2016.2.18. 2015도17115).

원진술자가 법정에 출석하였으나 증언거부권을 행사하여 증언을 거절한 때나 피고인으로서 진술거부권을 행사한 경우는 기타 사유로 진술할 수 없는 때에 해당하지 아니함이 원칙이나, 피고인이 증언거부 상황을 초래하였다는 등의 특별한 사정이 있는 경우에는 예외적으로 해당할 수 있다.

① 수사기관에서 진술한 참고인이 법정에서 증언을 거부하여 피고인이 반대신문을 하지 못한 경우에는 정당하게 증언거부권을 행사한 것이 아니라도, 피고인이 증인의 증언거부 상황을 초래하였다는 등의 특별한 사정이 없는 한 형사소송법 제314조의 '그 밖에 이에 준하는 사유로 인하여 진술할 수 없는 때'에 해당하지 않는다고 보아야 한다. 다만 피고인이 증인의 증언거부 상황을 초래하였다는 등의 특별한 사정이 있는 경우에는 형사소송법 제314조의 적용을 배제할 이유가 없다(대판 2019.11.21. 2018도13945).

② 형사소송법 제314조의 문언과 개정 취지, 진술거부권 관련 규정의 내용 등에 비추어 보면, 피고인이 증거서류의 진정성립을 묻는 검사의 질문에 대하여 진술거부권을 행사하여 진술을 거부한 경우는 형사소송법 제314조의 '그 밖에 이에 준하는 사유로 인하여 진술할 수 없는 때'에 해당하지 아니한다(대판 2013.6.13. 2012도16001).

2) 특신상태

'진술 또는 작성이 특히 신빙할 수 있는 상태하에서 행해진 때'라 함은 그 진술내용이나 조서 또는 서류의 작성에 허위의 개입여지가 없고 그 진술내용의 신용성이나 임의성을 담보할 구체적이고 외부적인 정황이 있는 경우를 말한다. 이에 대한 증명은 단지 그러할 개연성이 있다는 정도로는 부족하고 합리적인 의심의 여지를 배제할 정도에 이르러야 한다(대판 2014.2.21. 2013도12652).

> [1] 형사소송법 제314조에서 '그 진술이 특히 신빙할 수 있는 상태 하에서 행하여졌음'이라 함은 그 진술 내용이나 조서의 작성에 허위개입의 여지가 거의 없고, 그 진술 내용의 신빙성이나 임의성을 담보할 구체적이고 외부적인 정황이 있는 경우를 가리키고, 이에 대한 증명은 단지 그러할 개연성이 있다는 정도로는 부족하며, 합리적 의심의 여지를 배제할 정도에 이르러야 한다. 형사소송법은 수사기관에서 작성된 조서 등 서면증거에 대하여 일정한 요건 아래 증거능력을 인정하는데, 이는 실체적 진실발견의 이념과 소송경제의 요청을 고려하여 예외적으로 허용하는 것이므로, 그 증거능력 인정 요건에 관한 규정은 엄격하게 해석·적용하여야 한다. 형사소송법 제312조, 제313조는 진술조서 등에 대하여 피고인 또는 변호인의 반대신문권이 보장되는 등 엄격한 요건이 충족될 경우에 한하여 증거능력을 인정할 수 있도록 함으로써 직접심리주의 등 기본원칙에 대한 예외를 정하고 있는데, 형사소송법 제314조는 원진술자 또는 작성자가 사망·질병·외국거주·소재불명 등의 사유로 공판준비 또는 공판기일에 출석하여 진술할 수 없는 경우에 그 진술이 특히 신빙할 수 있는 상태 하에서 행하여졌다는 점이 증명되면 원진술자 등에 대한 반대신문의 기회조차도 없이 증거능력을 부여할 수 있도록 함으로써 보다 중대한 예외를 인정한 것이므로, 그 요건을 더욱 엄격하게 해석·적용하여야 한다. [2] 피고인이 수사기관에서부터 원심에 이르기까지 일관하여 피해자의 진술과 정면으로 배치되는 취지로 주장하며 이 사건 공소사실을 극렬히 다투어 온 점, 피해자의 수사기관에서의 진술 중 피해자가 피고인으로부터 폭행당하였다는 점에 관하여는 진술이 대체로 일관되나, 폭행의 일시, 수단 및 방법, 상해 부위 및 정도 등에 관하여는 다소 변경되었으므로, 피고인으로서는 반대신문을 통하여 피해자의 진술을 탄핵할 필요성이 있는 점, 그러나 피해자는 제1심 제2회 공판기일 이후부터 증인신문을 의도적으로 회피한 것으로 보이는 점 등을 고려하면 피해자의 수사기관에서의 각 진술이 법정에서의 반대신문 등을 통한 검증을 거치지 않더라도 진술의 신빙성과 임의성을 충분히 담보할 수 있는 구체적이고 외부적인 정황이 있다는 점을 검사가 증명한 것으로 볼 수 없다(대판 2022.3.17. 2016도17054).

2. 적용범위

① 제312조 및 제313조의 규율대상이 되는 조서나 서류 가운데 원진술자의 진술에 의하여 진정성립이 인정되지 않는 진술조서, 검증조서, 감정서 등이 이에 포함된다. ② 또한 공범이지만 공동피고인이 아닌 자에 대한 검사 작성의 피의자신문조서(대판 1984.1.24. 83도2945)나 공범관계에 있지 아니한 자에 대한 피의자신문조서에 대하여는 본 조가 적용된다. ③ 그러나 당해피고인과 공범관계가 있는 다른 피의자에 대한 검사 이외의 수사기관 작성의 피의자신문조서는 그 피의자의 법정진술에 의하여 그 성립의 진정이 인정되더라도 당해 피고인이 공판기일

에서 그 조서의 내용을 부인하면 증거능력이 부정되므로, 그 당연한 결과로 그 피의자신문조서에 대하여는 원진술자가 사망 등의 사유로 인하여 법정에서 진술할 수 없는 때에도 본 조에 의하여 증거능력이 인정될 수 없다(대판 2004.7.15. 2003도7185 전원합의체). ④ 외국의 권한 있는 수사기관 등이 작성한 조서나 서류도 제314조가 정하는 요건을 모두 갖춘 것이라면 유죄의 증거로 삼을 수 있다(대판 1997.7.25. 97도1351).

X. 당연히 증거능력이 있는 서류

제315조 각 호가 규정하는 아래 서류는 당연히 증거능력이 인정된다.

1. 직무상 증명할 수 있는 사실에 관한 공무원 작성문서(제1호)

가족관계 기록사항에 관한 증명서, 공정증서등본 기타 공무원 또는 외국공무원의 직무상 증명할 수 있는 사항에 관하여 작성한 문서는 당연히 증거능력이 있다. 판례는 세관공무원이 세관에 비치된 기준과 수입신고서에 기재된 가격을 참작하여 작성한 감정서(대판 1985.4.9. 85도225), 군의관이 작성한 진단서(대판 1972.6.13. 72도922), 국립과학수사연구소장 작성 감정의뢰회보서(대판 1982.9.14. 82도1504), 일본하관 세관서 통관심리관 작성 범칙물건감정서등본과 분석의뢰서 및 분석회답서등본(대판 1984.2.28. 83도3145)의 증거능력을 인정한 바 있다. 그러나 육군과학수사연구소 실험분석관이 작성한 감정서(대판 1976.10.12. 76도2960), 검사의 공소장(대판 1978.5.23. 78도575)은 피고인이 증거로 함에 동의하지 않는 이상 증거로 할 수 없다고 판시하였다.

2. 업무의 통상과정에서 작성된 문서(제2호)

출납부·전표·통계표 등이 여기에 속한다. 적법한 업무에 한정하지 아니하고, 전자기록도 포함된다.

> ① 상업장부나 항해일지, 진료일지 또는 이와 유사한 금전출납부 등과 같이 범죄사실의 인정 여부와는 관계없이 자기에게 맡겨진 사무를 처리한 내역을 그때그때 계속적, 기계적으로 기재한 문서는 사무처리 내역을 증명하기 위하여 존재하는 문서로서 형사소송법 제315조 제2호에 의하여 당연히 증거능력이 인정된다. 그리고 이러한 문서는 업무의 기계적 반복성으로 인하여 허위가 개입될 여지가 적고, 또 문서의 성질에 비추어 고도의 신용성이 인정되어 반대신문의 필요가 없거나 작성자를 소환해도 서면제출 이상의 의미가 없는 것들에 해당하기 때문에 당연히 증거능력이 인정된다는 것이 형사소송법 제315조의 입법 취지인 점과 아울러, 전문법칙과 관련된 형사소송법 규정들의 체계 및 규정 취지에 더하여 '기타'라는 문언에 의하여 형사소송법 제315조 제1호와 제2호의 문서들을 '특히 신용할 만한 정황에 의하여 작성된 문서'의 예시로 삼고 있는 형사소송법 제315조 제3호의 규정형식을 종합하여 보면, 형사소송법 제315조 제3호에서 규정한 '기타 특히 신용할 만한 정황에 의하여 작성된 문서'는 형사소송법 제315조 제1호와 제2호에서 열거된 공권적 증명문서 및 업무상 통상문서에 준하여 '굳이 반대신문의 기회 부여 여부가 문제 되지 않을 정도로 고도의 신용성의 정황적 보장이 있는 문서'를 의미한다. 따라서 사무처리 내역을 계속적, 기계적으로 기재한 문서가 아니라 범죄사실의 인정 여부와 관련 있는 어떠한 의견을 제시하는 내용을 담고 있는 문서는

> 형사소송법 제315조 제3호에서 규정하는 당연히 증거능력이 있는 서류에 해당한다고 볼 수 없으므로, 이른바 보험사기 사건에서 건강보험심사평가원이 수사기관의 의뢰에 따라 그 보내온 자료를 토대로 입원진료의 적정성에 대한 의견을 제시하는 내용의 '건강보험심사평가원의 입원진료 적정성 여부 등 검토의뢰에 대한 회신'은 형사소송법 제315조 제3호의 '기타 특히 신용할 만한 정황에 의하여 작성된 문서'에 해당하지 않는다(대판 2017.12.5. 2017도12671).
>
> ② 성매매업소에 고용된 여성들이 성매매를 업으로 하면서 영업에 참고하기 위하여 성매매 상대방의 아이디와 전화번호 및 성매매방법 등을 메모지에 적어두었다가 직접 메모리카드에 입력하거나 업주가 고용한 다른 여직원이 그 내용을 입력한 경우, 위 메모리카드의 내용은 제315조 제2호의 문서로서 당연히 증거능력 있다(대판 2007.7.26. 2007도3219).

3. 기타 특히 신용할 만한 정황 아래 작성된 문서(제3호)

공공기록·보고서·역서·정기간행물의 시장가격표·스포츠기록·공무소작성의 각종 통계와 연감 등이 여기에 속한다. 판례는 다른 피고 사건의 공판조서(대판 1966.7.12. 66도617), 사법경찰관 작성 새세대 16호에 대한 수사보고서(대판 1992.8.14. 92도1211), 군법회의판결사본(대판 1981.11.24. 81도2591), 구속적부심문조서(대판 2004.1.16. 2003도5693)의 증거능력을 인정하였으나, 외국수사기관이 수사결과를 얻은 정보를 회답하여 온 문서(대판 1979.9.25. 79도1852), 사인인 의사가 작성한 진단서(대판 1969.3.31. 69도179), 국가정보원 심리전단 직원의 이메일 계정에서 압수한 전자문서(대판 2015.7.16. 2015도2625), 체포·구속인접견부(대판 2012.10.25. 2011도5459), 주민들의 진정서사본(대판 1983.12.13. 83도2613)의 증거능력은 부정하였다.

> ① 대한민국 주중국 대사관 영사가 작성한 사실확인서 중 공인 부분을 제외한 나머지 부분이 비록 영사의 공무수행 과정 중 작성되었지만 공적인 증명보다는 상급자 등에 대한 보고를 목적으로 하는 것인 경우, 제315조 제1호 또는 제3호의 문서라고 볼 수 없으므로 증거능력이 없다(대판 2007.12.13. 2007도7257).
>
> ② 형사소송법 제315조 제3호에서 규정한 '기타 특히 신용할 만한 정황에 의하여 작성된 문서'는 제1호와 제2호에서 열거된 공권적 증명문서 및 업무상 통상문서에 준하여 '굳이 반대신문의 기회 부여 여부가 문제되지 않을 정도로 고도의 신용성의 정황적 보장이 있는 문서'를 의미한다고 할 것이다(대판 2015.7.16. 2015도2625 전원합의체).

XI. 전문진술

1. 전문진술의 의의 및 전문법칙

전문진술이란 공판준비 또는 공판기일 외에서의 타인의 진술을 내용으로 하는 진술, 즉 경험자로부터 경험사실을 들은 타인이 그 전문한 사실을 공판정에서 진술하는 것을 말한다.

2. 제316조 제1항의 예외

피고인 아닌 자(공소제기 전에 피고인을 피의자로 조사하였거나 그 조사에 참여하였던 자를 포함한다)의 공판준비 또는 공판기일에서의 진술이 피고인의 진술을 그 내용으로 하는 때에는 그 진술이 특히 신빙할 수 있는 상태 하에서 행하여진 때에 한하여 이를 증거로 할 수 있다(제316조 제1항).

'피고인 아닌 자'에는 공소제기 전에 피고인을 피의자로 조사하였거나 그 조사에 참여하였던 자를 포함하고(이른바 조사자증언), '피고인의 진술'이란 피고인의 지위에서 행하여진 것임을 요하지 아니하고, 당해 피고인만을 의미하므로 공동피고인이나 공범자는 제316조 제2항의 '피고인 아닌 자'에 해당한다.

> ① 전문의 진술을 증거로 함에 있어서는 전문진술자가 원진술자로부터 진술을 들을 당시 원진술자가 증언능력에 준하는 능력을 갖춘 상태에 있어야 할 것이다(대판 2006.4.14. 2005도9561).
> ② 피고인이 경찰에서 작성한 자술서가 진정성립을 인정할 자료가 없을 뿐만 아니라 피고인이 경찰에서 엄문을 당하면서 작성한 것이라고 보여진다면 그 자술서에 임의성을 인정하기 어렵다 할 것이고 경찰관이 증인 갑의 증언내용이 피고인이 경찰에서 피의자로서 조사받을 때 담당수사경찰이 없는 자리에서 자기에게 자백진술을 하였다는 내용이라면 이는 전문증거라고 할 것이므로 원진술자의 진술이 특히 신빙할 수 있는 상태에서 이루어진 것이라고 보기 어렵다면 이러한 증거들을 유죄의 증거로 삼을 수 없다(대판 1980.8.12. 80도1289).

3. 제316조 제2항의 예외

피고인 아닌 자의 공판준비 또는 공판기일에서의 진술이 피고인 아닌 타인의 진술을 그 내용으로 하는 것인 때에는 ① 원진술자가 사망, 질병, 외국거주, 소재불명 그 밖에 이에 준하는 사유로 인하여 진술할 수 없고, ② 그 진술이 특히 신빙할 수 있는 상태하에서 행하여졌음이 증명된 때에 한하여 이를 증거로 할 수 있다(제316조 제2항). '피고인 아닌 자'에는 역시 공소제기 전에 피고인 아닌 자를 조사하였거나 그 조사에 참여하였던 자가 포함된다.

> ① [1] 형사소송법 제316조 제2항에 의하면 피고인 아닌 자의 공판준비 또는 공판기일에서의 진술이 피고인 아닌 타인의 진술을 그 내용으로 하는 것인 때에는 원진술자가 사망, 질병 기타 사유로 인하여 진술할 수 없고 그 진술이 특히 신빙할 수 있는 상태 하에서 행하여진 때에 한하여 이를 증거로 할 수 있다고 규정하고 있는데 여기서 말하는 피고인 아닌 자라고 함은 제3자는 말할 것도 없고 공동피고인이나 공범자를 모두 포함한다고 해석된다. [2] 전문진술의 원진술자가 공동피고인이어서 형사소송법 제316조 제2항 소정의 '피고인 아닌 타인'에는 해당하나 법정에서 공소사실을 부인하고 있어서 '원진술자가 사망, 질병 기타 사유로 인하여 진술할 수 없는 때'에는 해당되지 않는다는 이유로 그 증거능력을 부정한 사례(대판 2000.12.27. 99도5679)
> ② 원진술자가 법정에 출석하여 수사기관에서 한 진술을 부인하는 취지로 증언한 이상 원진술자의 진술을 내용으로 하는 조사자의 증언은 증거능력이 없다(대판 2008.9.25. 2008도6985).
> ③ 전문의 진술을 증거로 함에 있어서는 전문진술자가 원진술자로부터 진술을 들을 당시 원진술자가 증언능력에 준하는 능력을 갖춘 상태에 있어야 할 것이다. 그런데 증인의 증언능력은 증인 자신이 과거에 경험한 사실을 그 기억에 따라 공술할 수 있는 정신적인 능력이라 할 것이므로, 유아의 증언능력에 관해서도 그 유무는 단지 공술자의 연령만에 의할 것이 아니라 그

의 지적수준에 따라 개별적이고 구체적으로 결정되어야 함은 물론 공술의 태도 및 내용 등을 구체적으로 검토하고, 경험한 과거의 사실이 공술자의 이해력, 판단력 등에 의하여 변식될 수 있는 범위 내에 속하는가의 여부도 충분히 고려하여 판단하여야 한다(대판 2006.4.14. 2005도9561).

④ 형사소송법 제314조의 특신상태와 관련된 법리는 마찬가지로 원진술자의 소재불명 등을 전제로 하고 있는 제316조 제2항의 특신상태에 관한 해석에도 그대로 적용된다(대판 2014.4.30. 2012도725).

⑤ 피고인을 조사하였던 경찰관 공소외인의 법정진술은 '피고인이 이 사건 공소사실 기재와 같은 범행을 저질렀다'는 피고인의 진술을 그 내용으로 하고 있는바, 이를 증거로 사용할 수 있기 위해서는 피고인의 위와 같은 진술이 특히 신빙할 수 있는 상태하에서 행하여졌음이 증명되어야 하는데, 피고인이 그 진술 경위나 과정에 관하여 치열하게 다투고 있는 점, 위와 같은 진술이 체포된 상태에서 변호인의 동석없이 이루어진 점 등을 고려해 보면, 피고인의 위와 같은 진술이 특히 신빙할 수 있는 상태하에서 행하여졌다는 점이 증명되었다고 보기 어려우므로, 피고인의 위와 같은 진술을 내용으로 한 공소외인의 법정에서의 진술은 증거능력이 없다(대판 2012.10.25. 2011도5459).

⑥ 피고인이 새마을금고 이사장 선거와 관련하여 대의원 甲에게 자신을 지지해 달라고 부탁하면서 현금 50만 원을 제공하였다고 하여 새마을금고법 위반으로 기소되었는데, 검사는 사법경찰관 작성의 공범 甲에 대한 피의자신문조서 및 진술조서를 증거로 제출하고, 검사가 신청한 증인 乙은 법정에 출석하여 '甲으로부터 피고인에게서 50만 원을 받았다는 취지의 말을 들었다'고 증언한 경우, 甲이 법정에 출석하여 위 피의자신문조서 및 진술조서의 성립의 진정을 인정하였더라도 피고인이 공판기일에서 그 조서의 내용을 모두 부인한 이상 이는 증거능력이 없고, 한편 제1심 및 원심 공동피고인인 甲은 원심에 이르기까지 일관되게 피고인으로부터 50만 원을 받았다는 취지의 공소사실을 부인한 사실에 비추어 원진술자 甲이 사망, 질병, 외국거주, 소재불명 그 밖에 이에 준하는 사유로 인하여 진술할 수 없는 때에 해당하지 아니하여 甲의 진술을 내용으로 하는 乙의 법정증언은 전문증거로서 증거능력이 없으며, 나아가 피고인은 일관되게 甲에게 50만 원 자체를 교부한 적이 없다고 주장하면서 적극적으로 다툰 점, 이에 따라 사법경찰관 작성의 甲에 대한 피의자신문조서 및 진술조서의 내용을 모두 부인한 점, 乙의 법정증언이 전문증거로서 증거능력이 없다는 사정에 대하여 피고인 또는 변호인에게 의견을 묻는 등의 적절한 방법으로 고지가 이루어지지 않은 채 증인신문이 진행된 다음 증거조사 결과에 대한 의견진술이 이루어진 점, 乙이 위와 같이 증언하기에 앞서 원진술자 甲이 피고인으로부터 50만 원을 제공받은 적이 없다고 이미 진술한 점 등을 종합하면 피고인이 乙의 법정증언을 증거로 삼는 데에 동의하였다고 볼 여지는 없고, 乙의 증언에 따른 증거조사 결과에 대하여 별 의견이 없다고 진술하였더라도 달리 볼 수 없으므로, 결국 사법경찰관 작성의 甲에 대한 피의자신문조서 및 진술조서와 乙의 전문진술은 증거능력이 없다(대판 2019.11.14. 2019도11552).

XII. 재전문증거

> **쟁점** 재전문의 증거능력

1. 쟁점의 정리

전문법칙 예외의 법리에 따라 증거능력이 인정되는 전문증거가 그 내용에서 다시 전문증거를 포함하는 경우, 즉 이중의 전문이 되는 경우를 재전문이라 한다. 재전문증거에 대하여 증거능력을 인정할 것인지 견해가 대립한다.

2. 견해의 대립

① 부정설은 재전문은 이중의 예외로서 그 증거능력을 인정하는 규정이 없으므로 증거능력을 부정하고, ② 긍정설은 법정 외의 진술 하나하나가 전문법칙의 예외의 요건을 충족하는 때에는 증거로 할 수 있다고 해석한다.

3. 판례의 태도

판례는 ① 전문진술이 기재된 조서는 제312조 내지 제314조의 규정과 제316조 제2항의 요건을 충족하면 증거능력이 인정되지만, ② 재전문진술이나 재전문진술을 기재한 조서는 증거능력을 인정할 수 없다고 판시하고 있다(대판 2000.3.10. 2000도159).

4. 검토

소송경제와 실체진실발견을 위해서는 긍정설이 타당하나, 동종형태 전문의 반복은 신용성을 크게 저하시킨다는 점에서 구체적인 사안에 따라 증거능력 유무를 구별하는 판례의 태도가 타당하다. 다만 증거능력이 부정되는 재전문증거라도 피고인 측의 증거동의는 가능하고, 증거동의가 없더라도 탄핵증거로의 사용은 가능하다.

---

[1] 전문진술이나 재전문진술을 기재한 조서는 형사소송법 제310조의2의 규정에 의하여 원칙적으로 증거능력이 없는 것인데, 다만 전문진술은 형사소송법 제316조 제2항의 규정에 따라 원진술자가 사망, 질병, 외국거주 기타 사유로 인하여 진술할 수 없고 그 진술이 특히 신빙할 수 있는 상태 하에서 행하여진 때에 한하여 예외적으로 증거능력이 있다고 할 것이고, 전문진술이 기재된 조서는 형사소송법 제312조 또는 제314조의 규정에 의하여 각 그 증거능력이 인정될 수 있는 경우에 해당하여야 함을 물론 나아가 형사소송법 제316조 제2항의 규정에 따른 위와 같은 요건을 갖추어야 예외적으로 증거능력이 있다고 할 것인바, 여기서 '그 진술이 특히 신빙할 수 있는 상태하에서 행하여진 때'라 함은 그 진술을 하였다는 것에 허위개입의 여지가 거의 없고, 그 진술내용의 신빙성이나 임의성을 담보할 구체적이고 외부적인 정황이 있는 경우를 가리킨다. [2] 형사소송법은 전문진술에 대하여 제316조에서 실질상 단순한 전문의 형태를 취하는 경우에 한하여 예외적으로 그 증거능력을 인정하는 규정을 두고 있을 뿐, 재전문진술이나 재전문진술을 기재한 조서에 대하여는 달리 그 증거능력을 인정하는 규정을 두고 있지 아니하고 있으므로, 피고인이 증거로 하는 데 동의하지 아니하는 한 형사소송법 제310조의2의 규정에 의하여 이를 증거로 할 수 없다(대판 2000.3.10. 2000도159).

XIII. 사진·녹음테이프 및 전자정보의 증거능력

1. 사진의 증거능력

1) 사본으로서의 사진

사진이 본래 증거로 제출되어야 할 자료의 대용물로 제출되는 경우를 말한다. 이 경우에는 최량증거의 법칙에 따라 원본증거를 공판정에 제출할 수 없음이 인정되고, 사진과 사건과의 관련성이 증명된 때에 한하여 증거능력이 인정된다. 진술기재서면의 사진을 증거로 제출하는 경우에는 사진 자체에 서명·날인이 없더라도 원본의 서명·날인이 사진에 찍혀 있는 이상 그 요건을 충족한다.

> ① [1] 구 정보통신망 이용촉진 및 정보보호 등에 관한 법률 제65조 제1항 제3호는 정보통신망을 통하여 공포심이나 불안감을 유발하는 글을 반복적으로 상대방에게 도달하게 하는 행위를 처벌하고 있다. 검사가 위 죄에 대한 유죄의 증거로 문자정보가 저장되어 있는 휴대전화기를 법정에 제출하는 경우, 휴대전화기에 저장된 문자정보 그 자체가 범행의 직접적인 수단으로서 증거로 사용될 수 있다. 또한, 검사는 휴대전화기 이용자가 그 문자정보를 읽을 수 있도록 한 휴대전화기의 화면을 촬영한 사진을 증거로 제출할 수도 있는데, 이를 증거로 사용하려면 문자정보가 저장된 휴대전화기를 법정에 제출할 수 없거나 그 제출이 곤란한 사정이 있고, 그 사진의 영상이 휴대전화기의 화면에 표시된 문자정보와 정확하게 같다는 사실이 증명되어야 한다. [2] 정보통신망을 통하여 공포심이나 불안감을 유발하는 글을 반복적으로 상대방에게 도달하게 하는 행위를 하였다는 공소사실에 대하여 휴대전화기에 저장된 문자정보가 그 증거가 되는 경우, 그 문자정보는 범행의 직접적인 수단이고 경험자의 진술에 갈음하는 대체물에 해당하지 않으므로, 형사소송법 제310조의2에서 정한 전문법칙이 적용되지 않는다. [3] 구 정보통신망 이용촉진 및 정보보호 등에 관한 법률 제65조 제1항 제3호 위반죄와 관련하여 문자메시지로 전송된 문자정보를 휴대전화기 화면에 띄워 촬영한 사진에 대하여, 피고인이 성립 및 내용의 진정을 부인한다는 이유로 증거능력을 부정한 것은 위법하다고 한 사례(대판 2008.11.13. 2006도2556)
>
> ② '공소외인의 상해부위를 촬영한 사진'은 비진술증거로서 전문법칙이 적용되지 않는다(대판 2007.7.26. 2007도3906).
>
> ③ 피고인에 대한 검사 작성의 피의자신문조서가 그 내용 중 일부를 가린 채 복사를 한 다음 원본과 상위없다는 인증을 하여 초본의 형식으로 제출된 경우에, 위와 같은 피의자신문조서초본은 피의자신문조서원본 중 가려진 부분의 내용이 가려지지 않은 부분과 분리 가능하고 당해 공소사실과 관련성이 없는 경우에만, 그 피의자신문조서의 원본이 존재하거나 존재하였을 것, 피의자신문조서의 원본 제출이 불능 또는 곤란한 사정이 있을 것, 원본을 정확하게 전사하였을 것 등 3가지 요건을 전제로 피고인에 대한 검사 작성의 피의자신문조서원본과 동일하게 취급할 수 있다(대판 2002.10.22. 2000도5461).

2) 진술의 일부인 사진

검증조서나 감정서에 사진이 첨부되는 경우, ① 진술증거의 일부를 이루는데 불과한 사진은 진술증거의 보조수단에 불과하므로 그 증거능력은 진술증거인 검증조서나 감정서와 일체적으로 판단된다. 그러나 ② 범행 재연 사진 등과 같이 진술증거로부터 독립성을 갖는 경우에는 별도의 진술증거로서 요건을 갖추어야 증거능력이 인정된다.

> '사법경찰관이 작성한 검증조서'에는 이 사건 범행에 부합되는 피의자이었던 피고인의 진술기재 부분이 포함되어 있고 또한 범행을 재연하는 사진이 첨부되어 있으나, 기록에 의하면 피고인이 위 검증조서에 대하여 증거로 함에 동의만 하였을 뿐 공판정에서 검증조서에 기재된 진술내용 및 범행을 재연한 부분에 대하여 그 성립의 진정 및 내용을 인정한 흔적을 찾아 볼 수 없고 오히려 이를 부인하고 있으므로 그 증거능력을 인정할 수 없는바, 원심으로서는 위 검증조서 중 이 사건 범행에 부합되는 피고인의 진술을 기재한 부분과 범행을 재연한 부분을 제외한 나머지 부분만을 증거로 채용하여야 함에도 이를 구분하지 아니한 채 그 전부를 유죄의 증거로 인용한 조치는 위법하다고 할 것이다(대판 1998.3.13. 98도159).

3) 현장사진

쟁점 현장사진의 증거능력

1. 쟁점의 정리

현장사진이란 범인의 행동에 중점을 두어 **범행상황과 그 전후 상황을 촬영한 사진으로서 독립증거로 이용되는 경우**를 의미하는바, 현장사진의 증거능력에 관하여 견해가 대립한다.

2. 견해의 대립

① 비진술증거설은 현장사진은 사람의 지각에 의한 진술이 아니므로 독립된 비진술증거라고 해석하여 전문법칙의 적용이 없는 것으로 해석하는 견해이고, ② 진술증거설은 사진은 인위적인 수정의 위험이 있으므로 현장사진을 검증조서에 준하여 전문법칙을 적용하는 견해이다(진술증거설은 다시 검증조서유추적용설과 작성주체에 따라 적용규정을 세분하는 진술증거설로 나눌 수 있다).

3. 판례의 태도

명시적인 판례는 없으나, 판례는 공갈목적으로 간통현장 나체사진을 찍은 사건에서 그 사진의 증거제출을 허용한 바 있다(대판 1997.9.30. 97도1230).

4. 검토

현장사진은 현장검증과 동일한 기능을 가지는 것이므로 전문법칙이 적용된다는 진술증거설이 타당하다. 따라서 제312조 제6항에 의해 촬영자의 진술에 따라 진정성립이 증명된 때에 한하여 증거능력이 인정된다. 다만 촬영자가 진술할 수 없는 특별한 사정이 있는 때에는 제314조의 요건을 충족하는 때에 한하여 증거로 할 수 있고, 그 촬영이 업무의 통상 과정에서 이루어진 경우에는 제315조 제2호에 의하여 증거능력이 인정된다.

2. 녹음테이프의 증거능력

녹음테이프에 사람의 진술이 녹음되어 있고 그 진술내용의 진실성이 증명의 대상이 된 때에는 녹음테이프가 진술증거로 사용되는 것이며, 이 경우 전문법칙이 적용되어 제311조 내지

제313조를 준용하여 증거능력을 판단하여야 한다. 녹음테이프를 증거로 하기 위하여 서명 또는 날인을 필요로 하는가에 대하여 견해가 대립하였으나, 개정 형사소송법 제313조는 제1항에 따라 녹음테이프와 같은 정보저장매체에는 서명 또는 날인을 필요로 하지 않게 되었다. 현장녹음의 증거능력에 대해서는 현장사진의 증거능력과 동일한 논의가 있다.

> ① 수사기관이 아닌 사인이 피고인 아닌 자와의 전화대화를 녹음한 녹음테이프에 대하여 법원이 실시한 검증의 내용이 녹음테이프에 녹음된 전화대화의 내용이 검증조서에 첨부된 녹취서에 기재된 내용과 같다는 것에 불과한 경우에는 증거자료가 되는 것은 여전히 녹음테이프에 녹음된 대화 내용이므로, 그 중 피고인 아닌 자와의 대화의 내용은 실질적으로 형사소송법 제311조, 제312조 규정 이외의 피고인 아닌 자의 진술을 기재한 서류와 다를 바 없어서, 피고인이 그 녹음테이프를 증거로 할 수 있음에 동의하지 않은 이상 그 녹음테이프 검증조서의 기재 중 피고인 아닌 자의 진술내용을 증거로 사용하기 위해서는 형사소송법 제313조 제1항에 따라 공판준비나 공판기일에서 원진술자의 진술에 의하여 그 녹음테이프에 녹음된 진술내용이 자신이 진술한 대로 녹음된 것이라는 점이 인정되어야 하는 것이지만, 이와는 달리 녹음테이프에 대한 검증의 내용이 그 진술 당시 진술자의 상태 등을 확인하기 위한 것인 경우에는, 녹음테이프에 대한 검증조서의 기재 중 진술내용을 증거로 사용하는 경우에 관한 위 법리는 적용되지 아니하고, 따라서 위 검증조서는 법원의 검증의 결과를 기재한 조서로서 형사소송법 제311조에 의하여 당연히 증거로 할 수 있다(대판 2008.7.10. 2007도10755).
>
> ② 녹음자의 서명 또는 날인이 없더라도 그것이 대화내용을 녹음한 원본이거나 원본의 내용을 그대로 복사한 사본임이 입증되면 증거능력을 인정할 수 있다(대판 2005.12.23. 2005도2945).
>
> ③ 대화 내용을 녹음한 파일 등의 전자매체는 성질상 작성자나 진술자의 서명 혹은 날인이 없을 뿐만 아니라, 녹음자의 의도나 특정한 기술에 의하여 내용이 편집·조작될 위험성이 있음을 고려하여 대화 내용을 녹음한 원본이거나 혹은 원본으로부터 복사한 사본일 경우에는 복사 과정에서 편집되는 등 인위적 개작 없이 원본의 내용 그대로 복사된 사본임이 입증되어야만 하고, 그러한 입증이 없는 경우에는 쉽게 그 증거능력을 인정할 수 없다. 그리고 증거로 제출된 녹음파일이 대화 내용을 녹음한 원본이거나 혹은 복사 과정에서 편집되는 등 인위적 개작 없이 원본 내용을 그대로 복사한 사본이라는 점은 녹음파일의 생성과 전달 및 보관 등의 절차에 관여한 사람의 증언이나 진술, 원본이나 사본 파일 생성 직후의 해쉬(Hash)값과의 비교, 녹음파일에 대한 검증·감정 결과 등 제반 사정을 종합하여 판단할 수 있다(대판 2015.1.22. 2014도10978).
>
> ④ 녹음테이프에 수록된 대화내용이 이를 풀어쓴 녹취록의 기재와 일치한다거나 녹음테이프의 대화 내용이 중단되었다고 볼 만한 사정이 없다는 점만으로는 위와 같은 증명이 있다고 할 수 없다(대판 2014.8.26. 2011도6035).
>
> ⑤ 법원이 녹음테이프에 대하여 실시한 검증의 내용이 녹음테이프에 녹음된 전화대화 내용이 녹취서에 기재된 것과 같다는 것에 불과한 경우 증거자료가 되는 것은 여전히 녹음테이프에 녹음된 대화 내용임에는 변함이 없으므로, 그와 같은 녹음테이프의 녹음 내용이나 검증조서의 기재는 실질적으로는 공판준비 또는 공판기일에서의 진술에 대신하여 진술을 기재한 서

류와 다를 바 없어서 형사소송법 제311조 내지 제315조에 규정한 것이 아니면 이를 유죄의 증거로 할 수 없다(대판 1996.10.15. 96도1669).

⑥ 피고인과의 대화내용을 녹음한 보이스펜 자체의 청취 결과 피고인의 변호인이 피고인의 음성임을 인정하고 이를 증거로 함에 동의하였고, 보이스펜의 녹음내용을 재녹음한 녹음테이프, 녹음테이프의 음질을 개선한 후 재녹음한 시디 및 녹음테이프의 녹음내용을 풀어쓴 녹취록 등에 대하여는 증거로 함에 부동의하였으나, 극히 일부의 청취가 불가능한 부분을 제외하고는 보이스펜, 녹음테이프 등에 녹음된 대화내용과 녹취록의 기재가 일치하는 것으로 확인된 사안에서, 원본인 보이스펜이나 복제본인 녹음테이프 등에 대한 검증조서(녹취록)에 기재된 진술은 그 성립의 진정을 인정하는 작성자의 법정진술은 없었으나, 피고인의 변호인이 보이스펜을 증거로 함에 동의하였고, 보이스펜, 녹음테이프 등에 녹음된 대화내용과 녹취록의 기재가 일치함을 확인하였으므로, 결국 그 진정성립이 인정된다고 할 것이고, 나아가 녹음의 경위 및 대화내용에 비추어 그 진술이 특히 신빙할 수 있는 상태하에서 행하여진 것으로 인정되므로 이를 증거로 사용할 수 있다고 한 사례(대판 2008.3.13. 2007도10804).

⑦ 피고인과 상대방 사이의 대화내용에 관한 녹취서가 공소사실의 증거로 제출되어 그 녹취서의 기재내용과 녹음테이프의 녹음내용이 동일한지 여부에 대하여 법원이 검증을 실시한 경우에, 증거자료가 되는 것은 녹음테이프에 녹음된 대화내용 그 자체이고, 그 중 피고인의 진술내용은 실질적으로 형사소송법 제311조, 제312조의 규정 이외에 피고인의 진술을 기재한 서류와 다름없어, 피고인이 그 녹음테이프를 증거로 할 수 있음에 동의하지 않은 이상 그 녹음테이프 검증조서의 기재 중 피고인의 진술내용을 증거로 사용하기 위해서는 형사소송법 제313조 제1항 단서에 따라 공판준비 또는 공판기일에서 그 작성자인 상대방의 진술에 의하여 녹음테이프에 녹음된 피고인의 진술내용이 피고인이 진술한 대로 녹음된 것임이 증명되고 나아가 그 진술이 특히, 신빙할 수 있는 상태하에서 행하여진 것임이 인정되어야 하며, 또한 녹음테이프는 그 성질상 작성자나 진술자의 서명 혹은 날인이 없을 뿐만 아니라, 녹음자의 의도나 특정한 기술에 의하여 그 내용이 편집, 조작될 위험성이 있음을 고려하여, 그 대화내용을 녹음한 원본이거나 혹은 원본으로부터 복사한 사본일 경우에는 복사과정에서 편집되는 등의 인위적 개작 없이 원본의 내용 그대로 복사된 사본임이 증명되어야만 하고, 그러한 증명이 없는 경우에는 쉽게 그 증거능력을 인정할 수 없다고 할 것이며, 녹음테이프에 수록된 대화내용이 이를 풀어쓴 녹취록의 기재와 일치한다거나 녹음테이프의 대화 내용이 중단되었다고 볼 만한 사정이 없다는 녹음테이프에 대한 법원의 검증 결과만으로는 위와 같은 증명이 있다고는 할 수 없을 것이다(대판 2008.12.24. 2008도9414).

3. 전자정보의 증거능력

정보저장매체에 저장되어 있는 정보의 내용이 증거로 사용되는 경우 그 기재내용의 진실성에 관하여는 전문법칙이 적용된다. 다만 정보저장매체에 저장된 정보의 내용의 진실성이 아닌 그러한 정보의 존재 자체가 직접 증거로 되는 경우에는 전문법칙이 적용되지 아니한다.

① 컴퓨터 디스켓에 들어 있는 문건이 증거로 사용되는 경우 그 컴퓨터 디스켓은 그 기재의 매체가 다를 뿐 실질에 있어서는 피고인 또는 피고인 아닌 자의 진술을 기재한 서류와 크게 다를 바 없고, 압수 후의 보관 및 출력과정에 조작의 가능성이 있으며, 기본적으로 반

대신문의 기회가 보장되지 않는 점 등에 비추어 그 기재내용의 진실성에 관하여는 전문법칙이 적용된다고 할 것이고, 따라서 형사소송법 제313조 제1항에 의하여 그 작성자 또는 진술자의 진술에 의하여 그 성립의 진정함이 증명된 때에 한하여 이를 증거로 사용할 수 있다(대판 1999.9.3. 99도2317).

② 압수물인 컴퓨터용 디스크 그 밖에 이와 비슷한 정보저장매체에 입력하여 기억된 문자정보 또는 그 출력물을 증거로 사용하기 위해서는 정보저장매체 원본에 저장된 내용과 출력 문건의 동일성이 인정되어야 하고, 이를 위해서는 정보저장매체 원본이 압수 시부터 문건 출력 시까지 변경되지 않았다는 사정, 즉 무결성이 담보되어야 한다. 특히 정보저장매체 원본을 대신하여 저장매체에 저장된 자료를 '하드카피' 또는 '이미징'한 매체로부터 출력한 문건의 경우에는 정보저장매체 원본과 '하드카피' 또는 '이미징'한 매체 사이에 자료의 동일성도 인정되어야 할 뿐만 아니라, 이를 확인하는 과정에서 이용한 컴퓨터의 기계적 정확성, 프로그램의 신뢰성, 입력·처리·출력의 각 단계에서 조작자의 전문적인 기술능력과 정확성이 담보되어야 한다. 이 경우 출력 문건과 정보저장매체에 저장된 자료가 동일하고 정보저장매체 원본이 문건 출력 시까지 변경되지 않았다는 점은, 피압수·수색 당사자가 정보저장매체 원본과 '하드카피' 또는 '이미징'한 매체의 해쉬(Hash) 값이 동일하다는 취지로 서명한 확인서면을 교부받아 법원에 제출하는 방법에 의하여 증명하는 것이 원칙이나, 그와 같은 방법에 의한 증명이 불가능하거나 현저히 곤란한 경우에는, 정보저장매체 원본에 대한 압수, 봉인, 봉인해제, '하드카피' 또는 '이미징' 등 일련의 절차에 참여한 수사관이나 전문가 등의 증언에 의해 정보저장매체 원본과 '하드카피' 또는 '이미징'한 매체 사이의 해쉬 값이 동일하다거나 정보저장매체 원본이 최초 압수 시부터 밀봉되어 증거 제출 시까지 전혀 변경되지 않았다는 등의 사정을 증명하는 방법 또는 법원이 그 원본에 저장된 자료와 증거로 제출된 출력 문건을 대조하는 방법 등으로도 그와 같은 무결성·동일성을 인정할 수 있으며, 반드시 압수·수색 과정을 촬영한 영상녹화물 재생 등의 방법으로만 증명하여야 한다고 볼 것은 아니다(대판 2013.7.26. 2013도2511).

③ 압수물인 디지털 저장매체로부터 출력한 문건을 증거로 사용하기 위해서는 디지털 저장매체 원본에 저장된 내용과 출력한 문건의 동일성이 인정되어야 하고, 이를 위해서는 디지털 저장매체 원본이 압수시부터 문건 출력시까지 변경되지 않았음이 담보되어야 한다. 특히 디지털 저장매체 원본을 대신하여 저장매체에 저장된 자료를 '하드카피' 또는 '이미징'한 매체로부터 출력한 문건의 경우에는 디지털 저장매체 원본과 '하드카피' 또는 '이미징'한 매체 사이에 자료의 동일성도 인정되어야 할 뿐만 아니라, 이를 확인하는 과정에서 이용한 컴퓨터의 기계적 정확성, 프로그램의 신뢰성, 입력·처리·출력의 각 단계에서 조작자의 전문적인 기술능력과 정확성이 담보되어야 한다. 그리고 압수된 디지털 저장매체로부터 출력한 문건을 진술증거로 사용하는 경우, 그 기재 내용의 진실성에 관하여는 **전문법칙이 적용되므로** 형사소송법 제313조 제1항에 따라 그 작성자 또는 진술자의 진술에 의하여 그 성립의 진정함이 증명된 때에 한하여 이를 증거로 사용할 수 있다(대판 2007.12.13. 2007도7257).

XIV. 공범 자백의 증거능력

1. 서설

공범의 진술은 형사증거법상 여러 문제점을 안고 있다. 먼저 증거능력에 관하여 보면 **공범의 진술이 어느 단계에서 이루어졌는가**, 다시 말하면 공범의 법정에서의 진술, 검찰에서의 진술, 경찰에서의 진술 등이 각각의 상황에 따라 문제로 되고, 또 **공범이 병합기소되었는지 분리기소되었는지**에 따라 문제상황을 달리한다.

2. 공범의 범위

판례는 여기에서 말하는 공범에 **공동정범, 합동범, 필요적 공범**이 포함되는 것으로 보고 있고, 실무는 그 밖에 교사범 및 종범과 정범도 공범에 포함시키고 있다. 그러나 본범과 장물범의 경우, 서로 싸움을 한 경우 등은 공범에 포함되지 않는 것으로 보고 있다. 판례는 공동피고인인 절도범과 장물범은 서로 다른 공동피고인의 범죄사실에 관하여는 증인의 지위에 있으므로, 피고인이 증거로 함에 동의하지 아니한 검사 작성의 공동피고인에 대한 피의자신문조서가 증거능력을 갖기 위해서는 공동피고인의 증언에 의하여 그 성립의 진정이 인정되어야 한다고 판시하였다(대판 2006.1.12. 2005도7601).

> 형사소송법 제312조 제3항은 검사 이외의 수사기관이 작성한 해당 피고인에 대한 피의자신문조서를 유죄의 증거로 하는 경우뿐만 아니라 검사 이외의 수사기관이 작성한 해당 피고인과 공범관계에 있는 다른 피고인이나 피의자에 대한 피의자신문조서를 해당 피고인에 대한 유죄의 증거로 채택할 경우에도 적용된다. 따라서 해당 피고인과 공범관계가 있는 다른 피의자에 대하여 검사 이외의 수사기관이 작성한 피의자신문조서는 그 피의자의 법정진술에 의하여 성립의 진정이 인정되는 등 형사소송법 제312조 제4항의 요건을 갖춘 경우라도 해당 피고인이 공판기일에서 그 조서의 내용을 부인한 이상 이를 유죄 인정의 증거로 사용할 수 없고, 그 당연한 결과로 위 피의자신문조서에 대하여는 사망 등 사유로 인하여 법정에서 진술할 수 없는 때에 예외적으로 증거능력을 인정하는 규정인 형사소송법 제314조가 적용되지 아니한다. 그리고 이러한 법리는 공동정범이나 교사범, 방조범 등 공범관계에 있는 자들 사이에서뿐만 아니라, 법인의 대표자나 법인 또는 개인의 대리인, 사용인, 그 밖의 종업원 등 행위자의 위반행위에 대하여 행위자가 아닌 법인 또는 개인이 양벌규정에 따라 기소된 경우, 이러한 법인 또는 개인과 행위자 사이의 관계에서도 마찬가지로 적용된다고 보아야 한다(대판 2020.6.11. 2016도9367).

3. 공범 진술의 증거능력

1) 공동피고인 법정진술의 증거능력

판례는 ① **공범인 공동피고인의 법정진술은 당해 피고인에 대한 반대신문권이 보장되어 있음을 이유로 그대로 증거능력을 인정하고**(대판 1992.7.28. 92도917, 반대신문이 실제로 충분히 행하여졌는지는 따지지 아니한다), 반면 ② **공범 아닌 공동피고인의 법정진술에 대하여는 증거능력을 부정한다**(대판 1963.7.25. 63도185). 즉 공범 아닌 공동피고인에 대해 피고인신문의 형식으로 얻어 낸 법정진술은 그 자체로 증거능력이 없다.

2) 공동피고인 법정 외 진술의 증거능력

(1) 당해 사건에서 법원 또는 법관의 면전에서의 공동피고인의 진술을 기재한 공판조서 또는 증인신문조서의 증거능력(제311조)

판례는 제311조의 해석에 있어 공범이나 공동피고인은 '피고인 아닌 자'에 해당하는 것으로 보고 있고, 제311조의 조서는 당해 사건의 조서에 한한다고 보면서(대판 1988.11.8. 86도1646), 당해 사건에 있어서 ① 공범인 공동피고인의 검찰진술은 그에 대한 증거결정에 관한 의견진술 과정에서 진정성립 및 임의성이 인정되고(그러나 2020. 2. 4. 개정된 형사소송법 제312조 제1항에 대하여는 이러한 결론을 유지하기 어렵고, 이에 대한 판례나 실무례는 현재 정리되어 있지 아니하다), 당해 피고인 측에서 공동피고인에 대한 반대신문의 기회를 부여받은 경우(제312조 제4항)에는 증거능력이 있다고 할 것이며, ② 공범 아닌 공동피고인의 증인이 아닌 피고인으로서의 법정진술을 기재한 공판조서는 그 자체로는 증거능력이 없다고 보고 있다(대판 1966.5.17. 66도316).

(2) 공동피고인 검찰진술의 증거능력

① 공범인 공동피고인의 검찰진술은 그에 대한 증거결정에 관한 의견진술 과정에서 진정성립 및 임의성이 인정되고, 당해 피고인 측에서 공동피고인에 대한 반대신문의 기회를 부여받은 경우(제312조 제4항)에는 증거능력이 있다고 할 것이며, ② 공범 아닌 공동피고인의 검찰진술은 당해 피고인이 증거로 함에 동의하지 않는 한 그 공동피고인을 **증인으로 신문**하여 진정성립이 인정되어야 증거능력이 생긴다(제312조 제4항).

(3) 공동피고인 경찰진술의 증거능력

① 공범인 공동피고인의 경찰진술은 당해 피고인이 그 내용을 인정하여야 증거능력이 있고(제312조 제3항), 공범인 공동피고인이 피고인신문 과정에서든 증인신문 과정에서는 그 진정성립 및 내용을 인정하더라도 당해 피고인의 내용인정이 없는 한 증거능력이 없다. ② 공범 아닌 공동피고인의 경찰진술은 제3자의 진술과 다를 바 없으므로 공동피고인이 피고인의 지위에서 진정성립 또는 내용을 인정하더라도 당해 피고인이 증거로 함에 동의하지 않는 한 공동피고인을 증인으로 신문하여 진정성립이 증명된 경우에 한하여 증거능력이 있다(제312조 제4항).

3) 다른 사건에서 공범 또는 공범 아닌 제3자의 진술을 기재한 공판조서의 증거능력

판례는 공범의 법정진술을 기재한 다른 피고사건의 공판조서와 공범 아닌 제3자에 대한 다른 피고사건에서의 증인신문조서는 각 증거능력이 있다고 판시하고 있다(대판 1964.4.28. 64도135).

공범이 아닌 제3자가 다른 피고사건에서 증인이 아닌 피고인으로서 한 진술을 기재한 공판조서의 증거능력에 대하여는 이의 인정 여부에 관한 명확한 대법원 판례가 없는 것으로 보인다.

4) 다른 사건에서 공범 또는 공범 아닌 제3자의 검찰 또는 경찰에서 진술의 증거능력
(1) 다른 사건에서 공범 또는 제3자 검찰진술의 증거능력

공범 또는 제3자가 그의 사건에서 임의성 및 진정성립을 인정하였다 하더라도 현재의 피고인에게는 반대신문의 기회가 없었으므로 공범 또는 제3자가 현재 피고사건의 증인으로 나와 진정성립을 인정하여야만 증거능력이 있다(제312조 제4항).

(2) 다른 사건에서 공범 또는 제3자 경찰진술의 증거능력

① 공범의 경찰진술은 당해 피고인의 내용인정이 없는 한 증거능력이 없다(제312조 제3항). ② 공범 아닌 제3자의 경찰진술은 당해 피고인이 증거로 함에 동의하지 않는 한 제3자를 증인으로 신문하여 진정성립이 증명된 경우에 한하여 증거능력이 있다(제312조 제4항).

≪증거방법별 증거능력 부여요건≫

증거방법		법원	검찰	경찰	증거능력 부여방법 등	
공판조서[1] (증인신문조서)	당해	311조			당연취득	
	별건	315조 3호				
피의자신문조서 (수사과정 피의자진술서)			312조 1항 (312조 5항)	312조 3항 (312조 5항)	검찰	적법 + 내용인정
					경찰	적법 + 내용인정(진정성립[2] 전제) ⇒ 자백허위주장 = 내용부인 ⇒ 타사건 피신/공범 피신 포함
진술조서 (수사과정 진술서)			312조 4항 (312조 5항)		적법 + 진정성립(원진술자의 법정진술 or 영상물) + 반대신문권 + 특신 ⇒ 증언번복 진술조서 = 증X	
검증조서, 압수조서 (압수경과)	당해	311조	312조 6항 (실황조사서 동일)[3]		법원	당연 취득
	별건	315조 3호			검경	적법 + 작성자 성립인정 ⇒ 타사건 포함
진술서, 진술기재서면 (수사이외)[4]	피고인		313조 1항 본문[5]		자필이거나 서명 또는 날인 + 원진술자 성립인정[6]	
			313조 1항 단서 (진술기재서면 중 피고인 부인시)		자필이거나 서명 또는 날인 + 작성자[7] 성립인정 + 특신	
	제3자		313조 1항 본문		자필이거나 서명 또는 날인 + 원진술자 성립인정	
감정서			313조 3항, 1항 본문		자필이거나 서명 또는 날인 + 작성자 성립인정	
조회회보서, 수사자료카드 등			315조 1호		당연취득	
기타 (일기장, 메모, 진단서 등)			313조 1항 본문		자필이거나 서명 또는 날인 + 작성자 성립인정	
312조, 313조 규율대상 조서, 서류 중 진정성립 인정 안 된 것					314조(진술불능 + 특신) ⇒ 공범 사경피신 및 수사과정 자술서 제외	
전문진술 (기재 조서)			피고인의 진술내용		316조 1항(특신) (+ 312조 ~ 314조 요건) ⇒ 조사자 증언 포함	
			제3자의 진술내용 ⇒ 공범과 공동피고인 포함		316조 2항(진술불능 + 특신) (+ 312조 ~ 314조 요건)	

[비고]
1) 증거보전절차에 의한 조서와 제1회 공판기일 전 증인신문절차에 의한 증인신문조서는 제311조가 적용된다.

2) 형식적 진정성립을 포함하는 개념이다(이하 동일).
3) 피고인 범행재연 내용(사경)은 제312조 제3항이 적용된다(내용부인시 증거능력 X).
4) 피고인 또는 피고인 아닌 자가 작성하였거나 진술한 내용이 포함된 문자·사진·영상 등의 정보로서 컴퓨터용 디스크, 그 밖에 이와 비슷한 정보저장매체에 저장된 것을 포함한다. 이 경우 자필 또는 서명, 날인을 요건으로 하지 아니한다.
5) 진술서의 작성자가 그 성립의 진정을 부인하는 경우 객관적 방법으로 성립의 진정함이 증명되는 때에는 증거로 할 수 있다. 다만, 피고인 아니 자가 작성한 진술서는 반대신문권 보장을 전제로 한다(제313조 제2항).
6) 형식적 진정성립과 실질적 진정성립을 포함하는 의미이다(이하 동일).
7) 위 작성자가 원진술자와 작성자(녹취자) 중 누구를 의미하는지 견해가 대립하나, 판례는 녹음테이프의 경우 녹음테이프 작성자를 의미하는 것으로 보고 있다.

≪당해 피고인(甲)에 대한 관계에서 공범·공동피고인 등(乙) 진술의 증거능력≫

진술 \ 乙	공범			공범 아닌 자		
	병합기소(공동피고인)	분리기소(별건 피고인)	불기소	병합기소(공동피고인)	분리기소(별건 피고인)	불기소
법정진술	○	-	-	피고인진술 : × 증언 : ○ (변론을 분리하여 증인으로 신문)	-	-
공판조서	○ (제311조)	○ (제315조 제3호)	-	피고인진술부분 : × 증언부분 : ○ (제311조)	피고인진술부분 : 판례 無 증언부분 : ○ (제315조 제3호)	-
검찰조서 (진술서)	진정성립을 인정하는 역진술자의 진술을 증거정함에 관한 乙의 의견진술로 가능	제312조 제4항 요건 구비[1] → ○		제312조 제4항 요건 구비 → ○		
		진정성립을 인정하는 乙의 진술은 증인신문에 의하여야 함		진정성립을 인정하는 乙의 진술은 증인신문(변론분리)에 의하여야 함	진정성립을 인정하는 乙의 진술은 증인신문에 의하여야 함	
경찰조서 (진술서)	甲이 내용부인하면 증거능력 없음 (제312조 제3항 적용. 乙이 당해 사건 또는 분리기소 사건에서 내용인정하였더라도 마찬가지임)			제312조 제4항 요건 구비 → ○		
				진정성립을 인정하는 乙의 진술은 증인신문(변론분리)에 의하여야 함	진정성립을 인정하는 乙의 진술은 증인신문에 의하여야 함	

[1] 이 부분은 2020.2.4. 개정된 형사소송법 제312조 제1항에 의하면 명확한 판례 및 실무례가 존재하지 아니한다.

제6절 　당사자의 동의와 증거능력

Ⅰ. 동의의 의의와 성질

검사와 피고인이 증거로 할 수 있음을 동의한 서류 또는 물건은 진정한 것으로 인정한 때에는 증거로 할 수 있다(제318조 제1항). 동의에 의해 증거능력이 인정되는 것은 반대신문권 보장과 관련된 증거이어야 하며, 임의성 없는 자백은 물론 위법하게 수집된 증거는 동의의 대상이 될 수 없다. 결국 전문증거만이 동의의 대상이 된다.

> 형사소송법 제318조 제1항은 전문증거금지의 원칙에 대한 예외로서 반대신문권을 포기하겠다는 피고인의 의사표시에 의하여 서류 또는 물건의 증거능력을 부여하려는 규정이므로 피고인의 의사표시가 위와 같은 내용을 적극적으로 표시하는 것이라고 인정되는 경우이면 증거동의로서의 효력이 있다(대판 1983.3.8. 82도2873).

Ⅱ. 동의의 방법

1. 동의의 주체와 상대방

동의의 주체는 당사자, 즉 검사와 피고인이다. 변호인은 피고인의 명시의 의사에 반하지 않는 한 피고인을 대리하여 동의할 수 있다.

> ① 변호인은 피고인의 명시한 의사에 반하지 아니하는 한 피고인을 대리하여 증거로 함에 동의할 수 있고, 이 경우 변호인의 동의에 대하여 피고인이 즉시 이의하지 아니하는 경우에는 변호인의 동의로 증거능력이 인정된다(대판 1988.11.8. 88도1628).
>
> ② [1] 형사소송법 제318조에 규정된 증거동의의 의사표시는 증거조사가 완료되기 전까지 취소 또는 철회할 수 있으나, 일단 증거조사가 완료된 뒤에는 취소 또는 철회가 인정되지 아니하므로 제1심에서 한 증거동의를 제2심에서 취소할 수 없고, 일단 증거조사가 종료된 후에 증거동의의 의사표시를 취소 또는 철회하더라도 취소 또는 철회 이전에 이미 취득한 증거능력이 상실되지 않는다. [2] 증거로 함에 대한 동의의 주체는 소송주체인 당사자라 할 것이지만 변호인은 피고인의 명시한 의사에 반하지 아니하는 한 피고인을 대리하여 이를 할 수 있음은 물론이므로 피고인이 증거로 함에 동의하지 아니한다고 명시적인 의사표시를 한 경우 이외에는 변호인은 서류나 물건에 대하여 증거로 함에 동의할 수 있고 이 경우 변호인의 동의에 대하여 피고인이 즉시 이의하지 아니하는 경우에는 변호인의 동의로 증거능력이 인정되고 증거조사 완료 전까지 앞서의 동의가 취소 또는 철회하지 아니한 이상 일단 부여된 증거능력은 그대로 존속한다(대판 1999.8.20. 99도2029).
>
> ③ 피고인이 출석한 공판기일에서 증거로 함에 부동의한다는 의견이 진술된 경우에는 그 후 피고인이 출석하지 아니한 공판기일에 변호인만이 출석하여 종전 의견을 번복하여 증거로 함에 동의하였다 하더라도 이는 특별한 사정이 없는 한 효력이 없다(대판 2013.3.28. 2013도3).

2. 동의의 대상

1) 서류 또는 물건

형사소송법은 동의의 대상으로 서류 또는 물건을 규정하고 있으나, 서류 외의 전문증거가 되는 진술도 동의의 대상에 포함된다. 조서의 일부나 사본에 대한 동의도 가능하다. 증거물이 동의의 대상이 되는지가 문제되나, 판례는 포함설의 입장에서 상해부위를 촬영한 사진을 비진술증거로 보면서도 이를 동의의 대상으로 인정한 바 있다(대판 2007.7.26. 2007도3906).

2) 증거능력 없는 증거

동의의 대상이 되는 것은 증거능력 없는 증거에 한한다. 판례는 유죄증거에 대하여 반대증거로 제출된 서류는 성립의 진정이 증명되지 않거나 동의가 없어도 증거판단의 자료로 삼을 수 있으므로 동의의 대상이 되지 않는다고 판시하였다(대판 1972.1.31. 71도2060).

> 검사가 유죄의 자료로 제출한 증거들이 그 진정성립이 인정되지 아니하고 이를 증거로 함에 상대의 동의가 없더라도, 이는 유죄사실을 인정하는 증거로 사용하는 것이 아닌 이상 공소사실과 양립할 수 없는 사실을 인정하는 자료로 쓸 수 있다(대판 1994.11.11. 94도1159).

3. 동의의 시기와 방식

1) 동의의 시기

동의는 원칙적으로 증거조사 전에 하여야 한다. 그러나 증거조사 후에 동의가 있는 때에도 그 하자가 치유되어 증거능력이 소급적으로 인정된다. 이 경우의 사후동의는 **변론종결시까지** 가능하다. 동의는 반드시 공판기일에서 할 것을 요하지 않고 공판준비기일에서도 할 수 있다.

2) 동의의 방식

동의는 명시적일 것을 요하지 않고 피고인의 발언태도에 비추어 반대신문권을 포기하였다고 해석할 수 있을 정도의 묵시의 동의로도 족하다. 동의의 의사표시는 개개의 증거에 대하여 함이 원칙이나, 포괄적인 증거동의 역시 허용된다.

> ① 개개의 증거에 대하여 개별적인 증거조사방식을 거치지 아니하고 검사가 제시한 모든 증거에 대하여 피고인이 증거로 함에 동의한다는 방식으로 이루어진 것이라 하여도 증거동의로서의 효력을 부정할 이유가 되지 못한다(대판 1983.3.8. 82도2873).
>
> ② 증거에 대한 동의는 증거능력을 부여하는 중요한 소송행위이므로 원칙적으로 명시적으로 이루어져야 할 것이고, 피고인 또는 변호인이 수사서류에 관한 의견을 진술하는 경우 1개의 문서 내에 성질을 달리하는 것, 예컨대 참고인의 대질진술이나 전문진술 등이 함께 들어 있을 경우에는 구분하여 인부 등 증거에 대한 의견을 진술하는 것이 원칙인 점 등에 비추어 보면, 피고인들이 이 부분 공소사실을 부인하고 위 진술자들의 진술조서에 모두 부동의하고 있는 이상, 위 각 진술 기재 부분과 청취 내용에 관한 부분까지 동의한 것으로 보기는 어렵다(대판 2007.7.13. 2004도3995).
>
> ③ 검사 작성의 피고인 아닌 자에 대한 진술조서에 관하여 피고인이 공판정 진술과 배치되는 부분

> 은 부동의한다고 진술한 것은 조서내용의 특정부분에 대하여 증거로 함에 동의한다는 특별한 사정이 있는 때와는 달리 그 조서를 증거로 함에 동의하지 아니한다는 취지로 해석하여야 한다(대판 1984.10.10. 84도1552).

Ⅲ. 증거의 의제

1. 피고인의 불출석

피고인의 출정 없이 증거조사를 할 수 있는 경우에 피고인이 출정하지 아니한 때에는 피고인의 대리인 또는 변호인이 출정한 때를 제외하고 피고인이 증거로 함에 동의한 것으로 간주한다(제318조 제2항). 피고인이 법인인 경우에 대리인이 출석하지 아니한 때(제276조 단서)와 경미사건과 공소기각 또는 면소의 재판을 할 것이 명백한 사건에 피고인이 출석하지 아니한 때(제277조)가 여기에 해당한다. 또한 판례는 소송촉진 등에 관한 특례법 제23조에 의하여 피고인의 진술없이 재판할 경우에도 동의의제를 긍정하고 있다.

> [1] 형사소송법 제458조 제2항, 제365조에 의해 약식명령에 불복하여 정식재판을 청구한 피고인이 정식재판절차에서 2회 불출정하여 법원이 피고인의 출정없이 증거조사를 하는 경우에 제318조 제2항에 따른 피고인의 증거동의가 간주된다. [2] 약식명령에 불복하여 정식재판을 청구한 피고인이 정식재판절차의 제1심에서 2회 불출정하여 형사소송법 제318조 제2항에 따른 증거동의가 간주된 후 증거조사를 완료한 이상, 비록 피고인이 항소심에 출석하여 공소사실을 부인하면서 간주된 증거동의를 철회 또는 취소한다는 의사표시를 하더라도 그로 인하여 적법하게 부여된 증거능력이 상실되는 것이 아니다(대판 2010.5.27. 2007도5776).

쟁점 임의퇴정 또는 퇴정명령의 경우 증거동의 의제

1. 쟁점의 정리

피고인이 재판장의 허가 없이 퇴정하거나, 재판장의 퇴정명령에 의하여 출석하지 않은 때(제330조, 제365조, 제438조)에도 동의가 의제될 것인지 문제된다.

2. 견해의 대립

① **소극설**은 동의의 의제는 소송진행의 편의를 위한 것이지 불출석에 대한 제재는 아니며 피고인의 권리행사에 대한 의사를 인정해야 한다는 이유로 동의의제를 부정하고, ② **적극설**은 피고인의 방어권의 남용이 인정되는 경우로서 증거동의 의제를 긍정하며, ③ **절충설**은 피고인이 출석하지 않거나 허가 없이 퇴정한 때에는 반대신문권을 포기한 것으로 볼 수 있으므로 동의를 의제할 수 있으나, 퇴정명령에 의하여 출석하지 아니한 때에는 동의를 의제할 수 없다고 본다.

3. 판례의 태도

판례는 피고인이 임의로 퇴정한 사안에서 동의의제를 인정한 바 있다(대판 1991.6.28. 91도865).

> **4. 검토**
>
> 피고인이 임의로 퇴정한 경우에는 반대신문권의 포기를 인정할 수 있으나, 퇴정명령을 받은 경우까지 동의를 의제하는 것은 피고인에게 지나치게 가혹한 제재수단이 된다. 따라서 절충설이 타당하다.

2. 간이공판절차에서의 특칙

간이공판절차의 결정(제286조의2)이 있는 사건의 증거에 관하여는 전문증거에 대하여도 동의가 있는 것으로 간주한다. 다만 검사·피고인 또는 변호인이 증거로 함에 이의가 있는 때에는 그러하지 아니하다(제318조의3).

Ⅳ. 동의의 효과

1. 전문증거의 증거능력

당사자가 동의한 서류 또는 물건은 제311조 내지 제316조의 요건을 갖추지 않은 때에도 진정성이 인정되면 증거능력이 부여된다.

1) 물적 범위

동의의 효력은 원칙적으로 동의의 대상으로 특정된 서류 또는 물건의 전체에 미치며, 일부에 대한 동의는 허용되지 않는다. 다만 동의한 서류 또는 물건의 내용이 가분인 때에는 그 일부에 대하여도 동의할 수 있다.

2) 인적 범위

피고인이 수인인 경우에 피고인은 각자가 독립하여 반대신문권을 가지므로 동의의 효력은 동의한 피고인에게만 미치고 다른 피고인에게는 미치지 않는다. 따라서 공동피고인 중의 1인이 동의한 경우에도 다른 공동피고인에 대하여는 동의의 효력이 미치지 않는다.

3) 시적 범위

동의의 효력은 공판절차의 갱신이 있거나 심급을 달리한다고 하여 소멸되지 않는다.

2. 진정성의 조사

당사자가 증거로 함에 동의한 경우에도 법원이 진정한 것으로 인정한 때에 한하여 증거로 할 수 있다. 진정성은 증거능력의 요건에 불과하므로 자유로운 증명에 의하여 인정하면 족하다.

> ① 피고인이 작성한 진술서에 관하여 피고인과 변호인이 공판기일에서 증거로 함에 동의하였고 그 진술서에 피고인의 서명과 무인이 있는 것으로 보아 진정한 것으로도 인정된다면, 그 진술서는 증거로 할 수 있는 것임에도 불구하고 원심이 피고인이 그 내용을 부인하기 때문에 증거로 할 수 없다고 판단한 것은 잘못이다(대판 1990.10.26. 90도1229).
>
> ② 진술조서의 말미의 진술자란의 서명 옆에 날인이 없고 진술자란의 서명이 그의 필적이라고 단정하기는 분명하지 않다 하더라도 위 조서에는 진술자의 간인이 되어 있고 그 인영이 압수물

가환부청구서와 압수물영수증 중의 인영과 동일한 것으로 인정되는 등의 정황에 비추어 위 날인이 없는 것은 단순한 착오에 의한 누락이라고 보여질 뿐 위 조서는 진정한 것으로 인정된다(대판 1982.3.9. 82도63).

V. 동의의 철회

동의는 절차형성행위이므로 절차의 안정성을 해하지 않는 범위에서는 철회가 허용된다.

> **쟁점** 동의 철회의 시기
>
> 언제까지 동의의 철회가 허용되는가에 대하여 ① 증거조사시행 전까지 가능하다는 견해와 ② 증거조사완료 전까지 해야 한다는 견해 및 ③ 구두변론종결시까지 가능하다는 견해가 대립하고, 판례는 증거조사완료시설의 입장에 있다(대판 1996.12.10. 96도2507). 생각건대, 절차의 확실성과 소송경제를 고려할 때 증거조사완료 후에는 동의의 철회가 허용될 수 없다고 봄이 타당하다.

① 형사소송법 제318조에 규정된 증거동의의 의사표시는 증거조사가 완료되기 전까지 취소 또는 철회할 수 있으나, 일단 증거조사가 완료된 뒤에는 취소 또는 철회가 인정되지 아니하므로 제1심에서 한 증거동의를 제2심에서 취소할 수 없고, 일단 증거조사가 종료된 후에 증거동의의 의사표시를 취소 또는 철회하더라도 취소 또는 철회 이전에 이미 취득한 증거능력이 상실되지 않는다(대판 1996.12.10. 96도2507).

② [1] 피고인이나 그 변호인이 검사 작성의 당해 피고인에 대한 피의자신문조서의 성립의 진정함을 인정하는 진술을 하였다 하더라도, 그 피의자신문조서에 대하여 증거조사가 완료되기 전에는 최초의 진술을 번복함으로써 그 피의자신문조서를 유죄 인정의 자료로 사용할 수 없도록 할 수 있으나, 그 피의자신문조서에 대하여 위의 증거조사가 완료된 뒤에는 그와 같은 번복의 의사표시에 의하여 이미 인정된 조서의 증거능력이 당연히 상실되는 것은 아니다. 다만, 적법절차 보장의 정신에 비추어 성립의 진정함을 인정한 최초의 진술에 그 효력을 그대로 유지하기 어려운 중대한 하자가 있고 그에 관하여 진술인에게 귀책사유가 없는 경우에 한하여 예외적으로 증거조사 절차가 완료된 뒤에도 그 진술을 취소할 수 있고, 그 취소 주장이 이유 있는 것으로 받아들여지게 되면 법원은 증거배제결정을 통하여 그 조서를 유죄 인정의 자료에서 제외하여야 한다. [2] 검사 작성의 당해 피고인에 대한 피의자신문조서에 기재된 진술의 임의성에 다툼이 있을 때에는 그 임의성을 의심할 만한 합리적이고 구체적인 사실을 피고인이 증명할 것이 아니라 **검사가 그 임의성의 의문점을 없애는 증명을 하여야** 하고, 검사가 그 임의성의 의문점을 없애는 증명을 하지 못한 경우에는 그 조서는 유죄 인정의 증거로 사용할 수 없는데, 이러한 법리는 피고인이나 그 변호인이 검사 작성의 당해 피고인에 대한 피의자신문조서의 임의성을 인정하는 진술을 하였다가 이를 번복하는 경우에도 마찬가지로 적용되어야 한다. 따라서 증거조사를 마친 조서의 임의성을 다투는 주장이 받아들여지게 되면, 그 조서는 **증거배제결정을 통하여 유죄 인정의 자료에서 제외하여야 한다**(대판 2008.7.10. 2007도7760).

제7절 | 탄핵증거

Ⅰ. 탄핵증거의 의의

탄핵증거란 진술의 증명력을 다투기 위한 증거를 말한다. 탄핵증거는 범죄사실을 인정하는 증거가 아니므로 소송법상의 엄격한 증거능력을 요하지 아니하며, 전문법칙에 의하여 증거능력이 없는 전문증거라 하더라도 증거로 사용될 수 있다.

형사소송법 제318조의2 역시 「제312조부터 제316조까지의 규정에 의하여 증거로 할 수 없는 서류나 진술이라도 공판준비 또는 공판기일에서의 피고인 또는 피고인이 아닌 자(공소제기 전에 피고인을 피의자로 조사하였거나 그 조사에 참여하였던 자를 포함한다)의 진술의 증명력을 다투기 위하여 증거로 할 수 있다」고 규정하고 있다.

Ⅱ. 탄핵증거의 범위

> **[쟁점] 탄핵증거의 범위**
>
> 탄핵증거로 제출할 수 있는 증거의 범위에 관하여 견해가 대립하는바, ① **한정설**은 탄핵증거로 제출될 수 있는 증거를 자기모순의 진술에 제한하고, ② **비한정설**은 증명력을 다투기 위한 증거에는 널리 전문증거를 사용할 수 있다고 보고, ③ **절충설**은 자기모순의 진술일 것을 요하지는 않지만 증인의 신빙성에 대한 순수한 보조사실의 입증을 위한 증거에 제한되어야 한다고 보며, ④ **이원설**은 피고인은 모든 전문증거를 제출할 수 있으나, 검사는 자기모순의 진술만을 제출할 수 있다는 견해이다. 생각건대, 전문법칙에 따라 **탄핵증거의 범위**를 제한할 필요가 있고, 범죄사실 인정을 위한 보조사실 역시 엄격한 증명을 요하며, 탄핵증거의 범위에 있어 검사와 피고인측 증거를 구별해야 하는 이론적 근거가 없다는 점에서 **한정설**이 타당하다.

Ⅲ. 탄핵의 범위와 대상

1. 증명력을 다투기 위하여의 의의

> **[쟁점] 탄핵의 범위**
>
> 전문증거라도 증명력을 다투기 위해서는 증거로 할 수 있는바, 감쇄된 증명력을 회복하는 경우도 탄핵의 범위에 해당하는지 문제된다. 이에 대해 ① 회복증거는 증거의 증명력을 보강하는 것에 지나지 않다는 점에서 감쇄된 증명력을 회복하는 경우는 포함되지 않는다는 **부정설**과, ② 회복증거가 탄핵되기 이전의 증명력을 회복하기 위한 것이라면 탄핵증거에서 제외해야 할 이유가 없다는 점에서 포함된다는 **긍정설**이 대립한다. 생각건대, 탄핵증거에 의하여 감쇄된 증명력을 회복하기 위한 경우는 범죄사실 또는 간접사실을 전문증거에 의해 입증하는 경

우에 해당하지 아니하고, 이를 인정하는 것이 공평의 원칙에도 부합하다 할 것이므로 긍정설이 타당하다. 다만 일치진술의 회복증거로서의 제출은 증인의 증언이 탄핵된 경우에 그 증인이 동일내용의 진술을 하였다는 사실을 증명력의 회복을 위하여 입증하는 경우에 한하여 인정되는 것이며, 다른 사람의 일치진술을 회복증거로 제출하는 것은 범죄사실에 관한 증거이므로 전문법칙에 의하여 허용되지 않는다.

2. 탄핵의 대상

탄핵의 대상은 공판준비 또는 공판기일에서의 피고인 또는 피고인 아닌 자의 **진술의 증명력**이다. 여기의 진술에 진술이 기재된 **서면이 포함됨**은 물론이다. 자기 측 증인의 증언 역시 탄핵의 대상이 될 수 있고, 수사절차에서 피의자를 조사하였거나 그 조사에 참여하였던 자의 법정 증언도 증거능력이 없는 서류나 진술로써 탄핵할 수 있는 대상에 포함된다.

> **쟁점** 피고인 진술의 탄핵 대상 여부
>
> 피고인의 진술이 탄핵의 대상이 될 수 있는가에 대하여 ① 부정설과 ② 긍정설이 대립하고, 판례는 긍정설의 입장에서 피고인이 공판정에서 내용을 부인하는 사법경찰관 작성의 피고인에 대한 피의자신문조서도 피고인 진술을 탄핵하는 증거가 될 수 있다고 판시하였다(대판 2005.8.19. 2005도2617). 생각건대, 제318조의2가 피고인의 진술의 증명력을 다툴 수 있다고 규정하고 있는 이상 **긍정설**이 타당하다.

[1] 검사가 유죄의 자료로 제출한 사법경찰리 작성의 피고인에 대한 피의자신문조서는 피고인이 그 내용을 부인하는 이상 증거능력이 없으나, 그것이 임의로 작성된 것이 아니라고 의심할 만한 사정이 없는 한 피고인의 법정에서의 진술을 탄핵하기 위한 반대증거로 사용할 수 있으며, 또한 탄핵증거는 범죄사실을 인정하는 증거가 아니므로 엄격한 증거조사를 거쳐야 할 필요가 없음은 형사소송법 제318조의2의 규정에 따라 명백하나 법정에서 이에 대한 탄핵증거로서의 증거조사는 필요한 것이고, 한편 증거신청의 방식에 관하여 규정한 형사소송규칙 제132조 제1항의 취지에 비추어 보면 탄핵증거의 제출에 있어서도 상대방에게 이에 대한 공격방어의 수단을 강구할 기회를 사전에 부여하여야 한다는 점에서 그 증거와 증명하고자 하는 사실과의 관계 및 입증취지 등을 미리 구체적으로 명시하여야 할 것이므로, 증명력을 다투고자 하는 증거의 어느 부분에 의하여 진술의 어느 부분을 다투려고 한다는 것을 사전에 상대방에게 알려야 한다. [2] 피고인이 내용을 부인하여 증거능력이 없는 사법경찰리 작성의 피의자신문조서에 대하여 비록 당초 증거제출 당시 탄핵증거라는 입증취지를 명시하지 아니하였지만 피고인의 법정 진술에 대한 탄핵증거로서의 증거조사절차가 대부분 이루어졌다고 볼 수 있는 점 등의 사정에 비추어 위 피의자신문조서를 피고인의 법정 진술에 대한 탄핵증거로 사용할 수 있다고 한 사례(대판 2005.8.19. 2005도2617).

Ⅳ. 증거로 할 수 있는 범위

1. 입증취지와의 관계

제318조의2에 의하여 증거로 할 수 있는 것은 진술의 증명력을 다투기 위하여 인정되는 것이고, 그 증거를 범죄사실 또는 간접사실의 인정증거로 허용할 수는 없다(대판 1996.9.6. 95도2945).

> [1] 범죄사실의 인정은 합리적인 의심이 없는 정도의 증명에 이르러야 하나(형사소송법 제307조 제2항), 사실인정의 전제로 행하여지는 증거의 취사선택 및 증명력에 대한 판단은 자유심증주의의 한계를 벗어나지 않는 한 사실심 법원의 재량에 속한다(형사소송법 제308조). 그리고 탄핵증거는 진술의 증명력을 감쇄하기 위하여 인정되는 것이고 범죄사실 또는 그 간접사실의 인정의 증거로서는 허용되지 않는다. [2] 검사가 탄핵증거로 신청한 체포·구속인접견부 사본은 피고인의 부인진술을 탄핵한다는 것이므로 결국 검사에게 입증책임이 있는 공소사실 자체를 입증하기 위한 것에 불과하므로 형사소송법 제318조의2 제1항 소정의 피고인의 진술의 증명력을 다투기 위한 탄핵증거로 볼 수 없다(대판 2012.10.25. 2011도5459).

2. 임의성 없는 자백과 성립의 진정

임의성 없는 자백은 탄핵증거로도 사용할 수 없다. 또한 탄핵증거에 관하여는 성립의 진정이 인정될 것을 요하지 아니한다(대판 1972.1.31. 71도2060).

3. 피고인 또는 피고인 아닌 자의 진술을 기재한 영상녹화물

영상녹화물은 탄핵증거로도 사용될 수 없고, 단지 피고인 또는 피고인 아닌 자의 기억환기를 위하여 사용할 수 있을 뿐이다.

Ⅴ. 탄핵증거의 조사방법

탄핵증거에 관하여는 엄격한 증거조사를 거칠 필요가 없으나, 법정에서 이에 대한 탄핵증거로서의 증거조사 자체는 필요하다.

제8절 자백과 보강증거

I. 자백의 보강법칙

1. 보강법칙의 의의

자백의 보강법칙이란 피고인이 임의로 한 증거능력과 신용성 있는 자백에 의하여 법관이 유죄의 심증을 얻었다 할지라도 보강증거가 없으면 유죄로 인정할 수 없다는 원칙으로 자유심증주의에 대한 예외가 된다. 형사소송법 제310조는 「피고인의 자백이 그 피고인에게 불이익한 유일의 증거인 때에는 이를 유죄의 증거로 하지 못한다」고 규정하여 자백의 보강법칙을 선언하고 있다.

2. 보강법칙의 적용범위

자백의 보강법칙은 일반 형사소송절차에서 적용된다. 즉결심판에 관한 절차법의 적용을 받는 즉결심판과 소년법의 적용을 받는 소년보호사건에는 보강법칙이 적용되지 아니한다. 그러나 형사사건인 이상 간이공판절차에 있어서는 물론 약식명령절차에 있어서도 자백의 보강법칙이 적용된다.

II. 보강을 필요로 하는 자백

1. 피고인의 자백

보강법칙은 피고인의 자백에 대하여 적용된다. 피고인의 자백이란 반드시 피고인이 피고인의 지위에서 한 자백에 한하지 않는다. 피의자의 지위에서 수사기관에 대하여 한 자백이나 참고인 또는 증인으로서 한 자백도 그가 후에 피고인이 되었을 때에는 피고인의 자백이 된다. 수사기관 이외의 사인에 대하여 한 자백도 포함된다. 구두에 의한 자백뿐만 아니라 서면에 기재된 진술서나 일기장·수첩·비망록 등도 포함한다.

다만 자백의 보강법칙은 증거능력 있는 자백을 전제로 한다. 따라서 임의성 없는 자백은 보강증거가 있다고 하여도 유죄의 증거로 할 수 없다. 보강법칙이 적용되기 위하여는 자백에 증거능력이 있어야 할 뿐만 아니라 자백의 신용성(증명력)도 긍정되어야 한다.

2. 공판정에서의 자백

> **쟁점 공판정에서의 자백과 보강법칙**
>
> 공판정에서의 피고인의 자백에도 보강법칙이 적용되는가 문제된다. 생각건대 공판정에서의 자백이라고 하여 언제나 진실이라고 할 수는 없고, 영미법과 달리 우리 형사소송법은 기소사실인부제도를 채택하지 않고 있다는 점을 고려할 때 공판정에서의 자백에도 보강법칙이 적용된다 할 것이다. 판례 역시 제310조의 자백은 공판정의 자백과 공판정 외의 자백을 불문한다고 판시하고 있다(대판 1966.7.26. 66도634 전원합의체).

3. 공범자의 자백

> **쟁점** 공범자의 자백과 보강법칙
>
> **1. 쟁점의 정리**
>
> 피고인의 자백에 공범자의 자백이 포함되어 공범자의 자백이 있는 때에도 보강증거가 있어야 유죄로 인정할 수 있는가에 대해 견해가 대립한다.
>
> **2. 견해의 대립**
>
> ① **긍정설(포함설)**은 공범 간 처벌의 균형과 공범자 자백을 공범자 자신의 자백과 다른 공범에 대한 진술로 분리할 수 없다는 점을 이유로 공범자의 자백에도 보강증거가 있어야 한다고 해석하고, ② **부정설(불포함설)**은 자유심증주의의 예외인 자백의 보강법칙을 엄격히 해석하고 공범자의 자백은 당해 피고인에 대한 관계에서는 증언에 지나지 않는다는 점을 근거로 공범자의 자백에 보강증거를 요하지 않는다고 해석하며, ③ **절충설**은 공동피고인인 공범자의 자백에는 보강증거가 필요하지 않으나 공동피고인 아닌 공범자의 자백에는 보강증거가 필요하다고 해석한다.
>
> **3. 판례의 태도**
>
> 판례는 '제310조의 피고인의 자백에는 공범인 공동피고인의 진술은 포함되지 않으며, 이러한 공동피고인의 진술에 대하여는 피고인의 반대신문권이 보장되어 있어 독립한 증거능력이 있다.'고 하여 부정설의 입장에 있다(대판 1992.7.28. 92도917).
>
> **4. 검토**
>
> 공범자는 피고인에 대한 관계에서 제3자에 불과하므로 부정설이 타당하다. 결국 공범자의 자백은 독립된 증거로서 가치를 가진다.

Ⅲ. 보강증거의 성질(자격)

1. 독립증거

자백을 보강하는 증거는 자백과는 독립된 증거여야 한다. 따라서 피고인의 공판정에서의 자백을 공판정 외의 자백, 즉 수사기관에서의 자백에 의하여 보강하는 것은 허용되지 않으며, 자백은 아무리 반복되더라도 피고인의 자백만 있는 경우에 해당한다. 보강증거는 증거가치에 있어서 자백과 독립된 증거여야 하므로 자백의 내용이 서면화되었거나(조서, 진술서), 소송서류화된 경우(공판조서)는 물론, 피고인의 자백을 내용으로 하는 피고인이 아닌 자의 진술도 보강증거가 될 수 없다.

> **쟁점** 상업장부·수첩·일기장 등의 보강증거성
>
> **1. 쟁점의 정리**
>
> 보강증거의 독립성과 관련하여 피고인이 범인으로 검거되기 전 **범죄혐의와 관계없이 작성한**

일기장·수첩·자술서·메모 또는 상업장부가 보강증거가 될 수 있는지 여부가 문제된다.

2. 견해의 대립

① 부정설은 상업장부 등이 피고인의 진술을 내용으로 하는 이상 보강증거가 될 수 없다고 보고, ② 긍정설은 상업장부 등이 업무의 통상과정에서 기계적·연속적으로 작성되었다면 독립하여 보강증거가 될 수 있다고 본다.

3. 판례의 태도

판례는 상업장부나 항해일지 등과 같이 '범죄사실의 인정 여부와는 관계없이 자기에게 맡겨진 사무를 처리한 사무내역을 그때그때 기계적으로 기재한 문서 등의 경우는 별개의 독립된 증거자료'라고 하여 긍정설의 입장에 있다(대판 1996.10.17. 94도2865 전원합의체).

4. 검토

피고인의 자백은 보강증거가 될 수 없고, 이 때 피고인의 자백이 분리된 것이든 언제 이루어진 것이든 불문한다는 점에서 부정설이 타당하다.

① 자백에 대한 보강증거는 피고인의 임의적인 자백사실이 가공적인 것이 아니고 진실하다고 인정될 정도의 증거이면 직접증거이거나 간접증거이거나 보강증거능력이 있다 할 것이고, 반드시 그 증거만으로 객관적 구성요건에 해당하는 사실을 인정할 수 있는 정도의 것임을 요하는 것이 아니라 할 것이므로, 피고인이 위조신분증을 제시행사한 사실을 자백하고 있고, 위 제시행사한 신분증이 현존한다면 그 자백이 임의성이 없는 것이 아닌 한 위 신분증은 피고인의 위 자백사실의 진실성을 인정할 간접증거가 된다(대판 1983.2.22. 82도3107).

② 2010. 2. 18. 01:35경 자동차를 타고 온 피고인으로부터 필로폰을 건네받은 후 피고인이 위 차량을 운전해 갔다고 한 갑의 진술과 2010. 2. 20. 피고인으로부터 채취한 소변에서 나온 필로폰 양성 반응은, 피고인이 2010. 2. 18. 02:00경의 필로폰 투약으로 정상적으로 운전하지 못할 우려가 있는 상태에 있었다는 공소사실 부분에 대한 자백을 보강하는 증거가 되기에 충분하다(대판 2010.12.23. 2010도11272).

③ 피고인이 범행을 자인하는 것을 들었다는 피고인 아닌 자의 진술내용은 형사소송법 제310조의 피고인의 자백에는 포함되지 아니하나 이는 피고인의 자백의 보강증거로 될 수 없다(대판 2008.2.14. 2007도10937).

④ 자백에 대한 보강증거는 범죄사실의 전부 또는 중요 부분을 인정할 수 있는 정도가 되지 아니하더라도 피고인의 자백이 가공적인 것이 아닌 진실한 것임을 인정할 수 있는 정도만 되면 족한 것으로서, 자백과 서로 어울려서 전체로서 범죄사실을 인정할 수 있으면 유죄의 증거로 충분하다. 따라서 피고인을 현행범으로 체포한 피해자 공소외 2의 수사기관에서의 진술과 앞서 본 현장사진이 첨부된 수사보고서는 피고인의 자백의 진실성을 담보하기에 충분한 보강증거가 된다(대판 2011.9.29. 2011도8015).

2. 정황증거

자백에 대한 보강증거는 반드시 직접 범죄사실을 증명하는 직접증거에 한하지 않고 간접증거 내지 정황증거로도 족하다.

> ① [1] 자백에 대한 보강증거는 자백사실이 가공적인 것이 아니고 진실한 것이라고 인정할 수 있는 정도이면 족한 것이지 범죄사실 전부나 그 중요부분의 전부에 일일이 그 보강증거를 필요로 하는 것이 아니고, 이러한 증거는 직접증거뿐만 아니라 간접증거 내지 정황증거라도 족하다. [2] 히로뽕 6g를 소지하며 그 중에서 0.15g를 투약하고 0.85g를 매매한 죄로 기소된 사안에서, 구체적 사정에 비추어 히로뽕, 주사기, 상당량의 자기앞수표 등에 대한 압수조서가 투약에 소비된 양과 압수된 양(4.8g)을 넘는 부분의 히로뽕 소지 및 매매사실에 관하여도 자백의 보강증거가 될 수 있다고 본 사례(대판 1997.4.11. 97도470)
> ② 직접증거가 아닌 간접증거나 정황증거도 보강증거가 될 수 있으며, 또한 자백과 보강증거가 서로 어울려서 전체로서 범죄사실을 인정할 수 있으면 유죄의 증거로 충분하다(대판 2002.1.8. 2001도1897).

3. 공범자의 자백

공범자의 자백이나 공범자인 공동피고인의 자백은 보강증거가 될 수 있다. 공범자 전원이 자백한 경우뿐만 아니라, 공동피고인의 일부가 부인한 경우에도 자백한 공동피고인의 자백은 피고인의 자백에 대하여 보강증거가 될 수 있다.

> 형사소송법 제310조 소정의 "피고인의 자백"에 공범인 공동피고인의 진술은 포함되지 아니하므로 공범인 공동피고인의 진술은 다른 공동피고인에 대한 범죄사실을 인정하는 증거로 할 수 있는 것일 뿐만 아니라 공범인 공동피고인들의 각 진술은 상호간에 서로 보강증거가 될 수 있다(대판 1990.10.30. 90도1939).

IV. 보강증거의 범위

1. 보강증거의 범위에 대한 견해대립

보강증거는 범죄사실 전부에 대한 증거임을 요하지 않고 그 일부에 대한 증거로도 족하다고 하지 않을 수 없다.

쟁점 보강증거의 범위

보강증거가 어느 범위까지 자백을 보강해야 하는지 문제된다(자백한 범죄사실의 전부에 대하여 보강증거를 필요로 하는 것은 사실상 불가능할 뿐만 아니라 자백의 증거가치를 완전히 부정하는 결과가 되기 때문이다). 이에 대해 ① 객관적 구성요건요소인 죄체의 중요부분에 보강증거가 필요하다고 보는 죄체설, ② 자백에 대한 보강증거는 자백의 진실성을 담보하는 정도면 족하다고 보는 진실성담보설이 대립하고, 판례는 진실성담보설의 입장에서 '자백에 대한 보강증거는 자백사실이 가공적인 것이 아니고 진실한 것이라고 담보할 수 있는 정도이면 족한 것이지 범죄사실의 전부나 그 중요부분의 전부에 일일이 그 보강증거를 필요로 하는 것이 아니다.'고 판시하였다(대판 2000.9.26. 2000도2365). 생각건대, 보강법칙의 직접적 근거가 오판의 위험을 방지하는 데 있으므로 진실성담보설이 타당하다.

자백에 대한 보강증거는 범죄사실의 전부 또는 중요부분을 인정할 수 있는 정도가 되지 아니하더라도 피고인의 자백이 가공적인 것이 아닌 진실한 것임을 인정할 수 있는 정도만 되면 족한 것으로서, 자백과 서로 어울려서 전체로서 범죄사실을 인정할 수 있으면 유죄의 증거로 충분하고, 나아가 사람의 기억에는 한계가 있는 만큼 자백과 보강증거 사이에 어느 정도의 차이가 있어도 중요부분이 일치하고 그로써 진실성이 담보되면 보강증거로서의 자격이 있다고 보아야 할 것이다(대판 2008.5.29. 2008도2343).

2. 보강증거의 요부

1) 범죄의 주관적 요소

고의나 목적과 같은 범죄의 주관적 요소에 대하여는 보강증거를 요하지 않는다. 판례 역시 「범의는 피고인의 자백만으로 인정할 수 있다」고 판시하고 있다(대판 1961.8.16. 4294형상171).

2) 범죄구성요건사실 이외의 사실

처벌조건인 사실 또는 전과에 관한 사실은 엄격한 의미에서의 범죄사실과는 구별되는 것이므로 피고인의 자백에 의하여 인정하면 족하며, 보강증거를 필요로 하지 않는다.

3) 죄수와 보강증거

(1) 경합범

경합범은 수죄이므로 독립된 범죄에 대하여 각각 보강증거가 필요하다.

(2) 상상적 경합

상상적 경합은 실체법상 수죄인 이상 각 범죄에 대하여 보강증거가 필요하다.

(3) 포괄일죄

포괄일죄 경우 ① 접속범 등과 같이 개별적인 행위가 독립된 의미를 가지지 아니한 때에는 개개의 행위에 대한 보강증거를 요하지 않지만, ② 상습범 등과 같이 그것이 구성요건상 독립된 의미를 가지는 경우에는 보강증거를 요한다.

3. 보강증거성 인정 여부에 대한 구체적 판례

1) 인정한 사례

① 피고인이 위조신분증을 제시·행사한 사실을 자백하고 있고, 제시·행사한 신분증이 현존한다면, 그 신분증은 피고인의 위 자백사실의 진실성을 인정할 간접증거(보강증거)가 된다고 보아야 한다(대판 1983.2.22. 82도3107). ② 공소사실 기재의 간통범행 일시경에 피고인의 가출과 외박이 잦아 의심을 하게 되었다는 취지의 피고인의 남편에 대한 진술조서 기재는 피고인의 간통사실 자백에 대한 보강증거가 될 수 있다(대판 1983.5.10. 83도686). ③ 압

수된 피해품의 현존사실도 자백의 보강증거가 될 수 있다(대판 1985.6.25. 85도848). ④ 검사의 피고인에 대한 피의자신문조서 기재에 피고인이 성명불상자로부터 반지 1개를 편취한 후 이 반지를 공소외 甲에게 매도하였다는 취지로 진술하고 있고, 검사의 甲에 대한 진술조서의 기재에 위 일시경 피고인으로부터 금반지 1개를 매입하였다고 진술하고 있다면, 위 甲의 진술은 피고인이 자백하고 있는 편취물품의 소재 내지 행방에 부합하는 진술로서 형식적으로 피고인의 자백의 진실성을 보강하는 증거가 될 수 있다(대판 1985.11.12. 85도1838). ⑤ 국가보안법상 회합죄를 피고인이 자백하는 경우 회합 당시 상대방으로부터 받았다는 명함의 현존은 보강증거로 될 수 있다(대판 1990.6.22. 90도741). ⑥ 오토바이를 절취당한 피해자로부터 오토바이가 세워져 있다는 신고를 받고 그곳에 출동한 경찰관이 잠복근무하다가 피고인이 오토바이의 시동을 걸려는 것을 보고 그를 즉시 체포하면서 그로부터 오토바이를 압수하였다는 사법경찰리 작성의 압수조서의 기재는 피고인이 운전면허 없이 운전하였다는 전체 범죄사실의 보강증거로 충분하고(대판 1994.9.30. 94도1146), 자동차등록증에 차량의 소유자가 피고인으로 등록·기재된 것이 피고인이 그 차량을 운전하였다는 사실의 자백 부분에 대한 보강증거가 될 수 있고, 결과적으로 피고인의 무면허운전이라는 전체 범죄사실의 보강증거로 충분하다(대판 2000.9.26. 2000도2365). ⑦ 뇌물공여의 상대방인 공무원이 뇌물을 수수한 사실을 부인하면서도 그 일시경에 뇌물공여자를 만났던 사실 및 공무에 관한 청탁을 받기도 한 사실 자체는 시인하였다면, 이는 뇌물을 공여하였다는 뇌물공여자의 자백에 대한 보강증거가 될 수 있고(대판 1995.6.30. 94도993), 뇌물수수자가 무자격자인 뇌물공여자로 하여금 건축공사를 하도급 받도록 알선하고 그 하도급계약을 승인받을 수 있도록 하였으며 공사대금도 하도급업자인 뇌물공여자측에 직접 지불하는 등 각종 편의를 보아주었다면, 이러한 사실들은 뇌물공여자의 자백에 대한 보강증거가 될 수 있다(대판 1998.12.22. 98도2890). ⑧ 히로뽕 6g을 소지하고, 그 중에서 0.15g을 투약하고, 0.85g을 매매한 죄로 기소된 사안에서, 매매한 바로 다음 날 체포된 피고인으로부터 10만원권 자기앞수표 44매 1회용 주사기, 고무줄 등을 압수하였다는 점은 위 투약에 소비된 양과 압수된 양(4.8g)을 넘는 부분의 히로뽕 소지 및 위 0.85g을 매매한 사실에 관하여도 자백의 보강증거가 될 수 있고(대판 1997.4.11. 97도470), 피고인이 검문 당시 매우 짧은 시간 전에 메스암페타민 투약에 사용되었음이 분명한 주사기들을 소지하고 있었던 사실은 메스암페타민 투약사실에 대한 보강증거로서 충분하다(대판 1999.3.23. 99도338). ⑨ 피고인이 제1심 법정에서 공문서변조 및 동행사의 공소범죄사실을 모두 자백하고, 이에 관하여 제출된 증거자료 중 형사민원사무처리부에 피고인이 변조하였다는 내용이 기재되어 있고 피고인은 제1심에서 위 증거자료를 증거로 함에 동의하였다면, 위 형사민원사무처리부는 피고인의 자백에 대한 보강증거로 삼기에 족하다(대판 2001.9.28. 2001도4091). ⑩ 2010. 2. 18. 01:35경 자동차를 타고 온 피고인으로부터 필로폰을 건네받은 후 피고인이 위 차량을 운전해 갔다고 한 갑의 진술과 2010. 2. 20. 피고인으로부터 채취한 소변에서 나온 필로폰 양성 반응은, 피고인이 2010. 2. 18. 02:00경의 필로폰 투약으로 정상적으로 운전하지 못할 우려가 있는 상태에 있었다는 공소사실 부분에 대한 자백을 보강하는 증거가 되기에 충분하다(대판 2010.12.23. 2010도11272). ⑪ 피고인이 마약류취급자가 아님에도 향정신성의 약품인 러미라를 갑에게 제공하고, 스스로 투약하였다고 하여 마약류 관리에 관한 법률 위반(향정)으로 기소된 사안에서, 피고인이 을로부터 수수한 러미라를 투약하고 갑에게 제공하였다는 자백의 임의성이 인정되고, 을에 대한 검찰 진술조서 등은 자백의 진실성을 담보하기에 충분하다(대판 2018.3.15. 2017도20247).

2) 부정한 사례

① 자기 집 앞에 세워둔 봉고화물차 1대를 도난당하였다는 공소외인의 진술은, 피고인이 위 차를 타고 그 무렵 충주까지 가서 소매치기 범행을 하였다고 자백하고 있는 사건에서 그 자백이 그 차량을 범행의 수단·방법으로 사용하였다는 취지가 아니고 피고인이 범행장소인 충주까지 가기 위한 교통수단으로 이용하였다는 취지에 불과한 경우, 위 소매치기 범행과는 직접적으로나 간접적으로 아무런 관계가 없어 소매치기 범행에 대한 보강증거가 될 수 없다(대판 1986.2.25. 85도2656). ② 검사가 보강증거로서 제출한 증거의 내용이 피고인과 공소외 甲이 현대자동차 춘천영업소를 점거했다가 甲이 처벌받았다는 것이고, 피고인의 자백내용은 현대자동차 점거로 甲이 처벌받은 것은 학교 측의 제보 때문이라 하여 피고인이 그 보복목적으로 학교 총장실을 침입·점거했다는 것이라면, 위 증거는 공소사실의 객관적 부분인 주거침입, 점거 사실과는 관련이 없는 범행의 침입동기에 관한 정황증거에 지나지 않으므로 위 증거와 피고인의 자백을 합쳐보아도 자백사실이 가공적인 것이 아니고 진실한 것이라 인정하기에 족하다고 볼 수 없으므로 검사 제출의 위 증거는 자백에 대한 보강증거가 될 수 없다(대판 1990.12.7. 90도2010). ③ 소변검사결과는 1995. 1. 17.자 투약행위로 인한 것일 뿐 그 이전의 4회에 걸친 투약행위와는 무관하고, 압수된 약물도 이전의 투약행위에 사용되고 남은 것이 아닌 경우, 위 소변검사결과와 압수된 약물은 결국 피고인이 투약습성이 있다는 점에 관한 정황증거에 불과하고, 이와 같은 투약습성에 관한 정황증거만으로 향정신성의약품관리법위반죄의 객관적 구성요건인(1999.1.17. 이전 4회) 각 투약행위가 있었다는 점에 관한 보강증거로 삼을 수 없다(대판 1996.2.13. 95도1794). 단 판례는 2000. 10. 19. 21:50경 피고인으로부터 채취한 소변을 검사한 결과 메스암페타민 성분이 검출되었다는 취지의 검사결과를 기재한 시험성적서가 2000. 10. 17.과 같은 달 13.의 각 투약사실에 대한 보강증거가 된다고 하였다(대판 2002.1.8. 2001도1897).

V. 자백보강법칙 적용 및 위반의 효과

자백보강법칙이 적용되는 경우 법원은 형사소송법 제325조 후단의 무죄판결을 선고하여야 한다.

보강법칙을 위반한 경우 항소이유 및 상고이유가 된다는 점에는 의문이 없다. 유죄판결이 확정된 후에는 비상상고이유가 된다는 견해가 있다.

제9절 | 공판조서의 증명력

Ⅰ. 공판조서의 배타적 증명력

공판기일의 소송절차로서 공판조서에 기재된 것은 그 조서만으로써 증명한다(제56조). 여기서 '조서만으로써 증명한다'의 의미는 그 기재가 명백한 오기인 경우를 제외하고는 공판기일의 소송절차로서 기재된 것은 조서만으로써 증명하여야 하고, 공판조서 이외의 자료에 의한 반증이 허용되지 않는 절대적인 것이라는 의미이다(대판 2003.10.10. 2003도3282).

Ⅱ. 증명력의 인정범위

공판조서에 의하여 배타적으로 증명할 수 있는 것은 공판기일의 절차에 한정된다. 이에 반하여 피고인의 진술이나 증인의 증언과 같이 피고사건의 실체면에 관련된 사항에 대하여는 배타적 증명력이 인정되지 아니한다. 여기서 공판조서는 당해 사건의 공판조서만을 의미하고, 다른 사건의 공판조서에는 배타적 증명력이 인정되지 않는다.

Ⅲ. 배타적 증명력 있는 공판조서

공판조서의 배타적 증명력은 유효한 공판조서의 존재를 전제로 하므로, 공판조서가 처음부터 작성되지 아니하였거나 도중에 멸실된 경우 또는 공판조서가 무효인 경우에는 공판조서의 배타적 증명력이 없다. 또한 공판조서에 기재된 사항이라 할지라도 기재가 불명확하거나 모순이 있는 경우에는 배타적 증명력이 인정되지 않고, 공판조서의 기재에 명백한 오기가 있는 경우에도 올바른 내용에 따라 판단할 수 있다(대판 1995.4.14. 95도110).

> ① 공판조서의 기재가 명백한 오기인 경우를 제외하고는 공판기일의 소송절차로서 공판조서에 기재된 것은 조서만으로써 증명하여야 하고, 그 증명력은 공판조서 이외의 자료에 의한 반증이 허용되지 않는 절대적인 것이다(대판 2002.7.12. 2002도2134).
> ② 제1심 공판조서의 일부인 증거목록의 기재가 명백한 오기라고 볼 만한 자료가 없으므로, 공판조서의 기재내용을 다투는 상고이유의 주장은 받아들일 수 없다(대판 2018.5.11. 2018도4075).
> ③ 공판기일에 열석하지 아니한 판사가 재판장으로서 서명날인한 공판조서는 적식의 공판조서라고 할 수 없어 이와 같은 공판조서는 소송법상 무효라 할 것이므로 공판기일에 있어서의 소송절차를 증명할 공판조서로서의 증명력이 없다(대판 1983.2.8. 82도2940).

CHAPTER 03 | 재판

제1절 | 재판의 기본개념

Ⅰ. 재판의 의의와 종류

협의의 재판이란 피고사건의 실체에 대한 법원의 공권적 판단, 즉 유죄와 무죄에 대한 실체적 종국재판을 말한다. 그러나 소송법적 의미에서 재판이란 널리 법원 또는 법관의 법률행위적 소송행위를 총칭하는 것이다.

재판은 ① 기능에 따라 소송을 해당 심급에서 종결시키는 **종국재판**과 **종국 전의 재판**, ② 형식에 따라 법원의 종국재판인 **판결**, 법원의 종국 전 재판인 **결정**, 재판장·수명법관·수탁판사의 재판인 **명령**, ③ 내용에 따라 유·무죄의 종국재판인 **실체재판**, 모든 종국 전 재판과 면소·공소기각 재판을 포함하는 **형식재판**으로 나눌 수 있다.

Ⅱ. 재판의 성립과 방식

재판은 법원 또는 법관의 의사표시이므로 의사의 결정에 대한 내부적 성립과 결정된 의사의 표시라는 외부적 성립의 단계로 나눌 수 있다. 재판은 주문과 이유로 구성되고, 재판을 할 때에는 **판결서**를 작성하여야 하지만, 결정이나 명령을 고지하는 경우에는 조서에만 기재할 수 있다(제38조). 재판서에 잘못된 계산이나 기재, 그 밖에 이와 비슷한 잘못이 있음이 분명한 때에는 법원은 직권 또는 당사자의 신청에 따라 **경정결정**을 할 수 있고(규칙 제25조), **상고법원**은 그 판결 내용에 오류가 있음을 발견한 때에는 직권 또는 검사·상고인이나 변호인의 신청에 의하여 **판결로써 정정**할 수 있다(제400조 제1항).

① 법관의 서명날인이 없는 재판서에 의한 판결은 제383조 제1호에서 정하는 판결에 영향을 미친 법률위반으로서 파기사유가 된다(대판 1990.2.27. 90도145).

② 판결은 그 선고에 의하여 효력을 발생하고 판결원본의 기재에 의하여 효력을 발생하는 것이 아니므로 양자의 형이 다른 경우에는 검사는 선고된 형을 집행하여야 한다(대결 1981.5.14. 81모8).

③ [1] 상고장에 상고이유 기재가 있음에도 불구하고 상고이유서의 제출이 없고, 또 상고장에 이유의 기재가 없다 하여 상고기각결정을 한 것은 그 결정내용에 오류가 있음이 명백하므로 판결정정을 할 수 있다. [2] 상고기각결정을 판결정정할 경우에 원심판결 파기의 판결로 그 내용을 변경할 수 있다. [3] 직권에 의하여 판결정정을 하는 경우에는 10일간의 신청기간의 제한을 받지 아니한다(대판 1979.11.30. 79도952).

④ 법원은 '재판서에 잘못된 계산이나 기재, 그 밖에 이와 비슷한 잘못이 있음이 분명한 때'에는 경정결정을 통하여 위와 같은 재판서의 잘못을 바로잡을 수 있다(형사소송규칙 제25조 제1항). 그러나 이미 선고된 판결의 내용을 실질적으로 변경하는 것은 위 규정에서 예정하

고 있는 경정의 범위를 벗어나는 것으로서 허용되지 않는다. 그리고 경정결정은 이를 주문에 기재하여야 하고, 판결 이유에만 기재한 경우 경정결정이 이루어졌다고 할 수 없다(대판 2021.1.28. 2017도18536).

제2절 종국재판

Ⅰ. 종국재판의 구성

피고사건에 대한 당해 소송을 그 심급에서 종결시키는 재판을 종국재판이라고 한다. 제1심 판결의 주문은 유죄, 무죄, 면소, 공소기각 및 치료감호처분, 배상명령 등의 순서로 기재한다. 그 중 유죄에 관한 부분은 주형, 부가형, 및 부수처분으로 크게 구별할 수 있다.

구체적인 배열순서는 ① 형 및 형기 또는 금액(주형), ② 노역장 유치, ③ 형의 집행유예, 선고유예, 형의 면제, ④ 몰수(폐기), 추징 등, ⑤ 피해자 환부(교부), ⑥ 가납·유치명령, ⑦ 무죄·면소·공소기각 등, ⑧ 치료감호처분, ⑨ 배상명령, ⑩ 소송비용의 순서대로 한다.

Ⅱ. 유죄의 판결

1. 유죄판결의 의의

피고사건에 대하여 범죄의 증명이 있는 때에 선고하는 실체재판을 유죄판결이라 하고, 유죄판결에는 형의 선고의 판결과 형의 면제와 선고유예의 판결이 포함된다. 피고사건에 대하여 범죄의 증명이 있는 때에는 형의 면제 또는 선고유예의 경우 외에는 **판결로써 형을 선고하여야 하고**(제321조 제1항), 피고사건에 대하여 형의 면제 또는 선고유예를 하는 때에도 판결로써 선고하여야 한다(제322조). 형의 집행유예, 판결 전 구금의 산입일수, 노역장유치기간 및 가납명령도 형의 선고와 동시에 판결로써 선고하여야 한다(제334조).

2. 유죄판결에 명시할 이유

형의 선고를 하는 때에는 판결이유에 범죄될 사실, 증거의 요지와 법령의 적용을 명시하여야 한다(제323조 제1항). 법률상 범죄의 성립을 조각하는 이유 또는 형의 가중, 감면의 이유되는 사실의 진술이 있는 때에는 이에 대한 판단을 명시하여야 한다(같은 조 제2항).

> 유죄판결을 선고하면서 판결이유에 이 중 어느 하나를 전부 누락한 경우에는 제383조 제1호에 정한 판결에 영향을 미친 법률위반으로서 파기사유가 된다(대판 2012.6.28. 2012도4701).

1) 범죄될 사실

범죄될 사실이란 특정한 구성요건에 해당하는 위법하고 유책한 구체적 사실을 말한다. 범죄될 사실은 법적 구성요건과의 관계에서 **구체적으로 명시할 것**을 요한다. 판례는 범죄의 일시는 형벌법규가 개정된 경우 그 적용법령을 결정하고 행위자의 책임능력을 명확히 하고 공소시효의 완성 여부를 명확히 할 수 있는 정도로 판시하면 된다고 하고 있다(대판 1971.3.9. 70도2536). 공범인 교사범과 방조범의 범죄사실을 적시함에 있어서는 그 전제조건이 되는 정범의 범죄구성요건이 되는 사실도 적시하여야 한다.

범죄의 일시는 형벌법규 개정에 있어서의 그 적용법령을 결정하고, 행위자의 책임능력을 명확히 하며, 또 공소의 시효 완성 여부를 명확히 할 수 있는 정도로 판시하면 족한 것이다(대판 1971.3.9. 70도2536).

2) 증거의 요지

증거의 요지란 범죄될 사실을 인정하는 자료가 된 증거의 요지를 말한다. 적시할 것을 요하는 것은 범죄사실의 내용을 이루는 사실에 제한된다. 증거의 요지를 적시함에 있어서는 어떤 증거로부터 어떤 사실을 인정하였는가를 알 수 있도록 당해 증거를 구체적·개별적으로 표시하여야 한다. 적시한 증거는 적법한 증거조사를 거친 증거능력 있는 증거에 한한다. 공소사실에 부합하는 증거를 배척하는 경우에도 그 이유를 설명해야 하는 것도 아니다(대판 1979.10.16. 79도1384).

> ① 형사소송법 제323조 제1항의 '증거의 요지'는 어느 증거의 어느 부분에 의하여 범죄사실을 인정하였냐 하는 이유 설명까지 할 필요는 없지만 적어도 어떤 증거에 의하여 어떤 범죄사실을 인정하였는가를 알아볼 정도로 증거의 중요부분을 표시하여야 하고, 피고인의 자백이 그 피고인에게 불이익한 유일의 증거인 때에는 이를 유죄의 증거로 하지 못하는 것이므로, "피고인의 법정 진술과 적법하게 채택되어 조사된 증거들"로만 기재된 제1심판결의 증거의 요지를 그대로 인용한 항소심판결은 증거 없이 그 범죄사실을 인정하였거나 형사소송법 제323조 제1항을 위반한 위법을 저지른 것이라고 아니할 수 없다(대판 2000.3.10. 99도5312).
> ② 사실인정에 배치되는 증거에 대한 판단을 반드시 유죄판결의 이유에 기재하여야 하는 것은 아니므로 피고인이 알리바이를 내세우는 증인들의 증언에 관한 판단을 하지 아니하였다 하여 위법이라 할 수 없다(대판 1982.9.28. 82도1798).

3) 법령의 적용

법령의 적용이란 인정된 범죄사실에 대하여 실체형벌법규를 적용하는 것을 말한다. 이 역시 어떤 범죄사실에 대하여 어떤 법령을 적용하였는가를 객관적으로 알 수 있도록 분명하게 기재하여야 한다. 법령의 적용은 반드시 공소장에 기재된 적용법조에 구속되지 아니하고, 공소장변경의 필요성이 없는 범위에서 법원은 공소장에 기재된 적용법조와 다른 법령을 적용할 수 있다.

> ① 공동정범의 성립을 인정한 이상 적용법조에 형법 제30조를 적시하지 않은 잘못만으로는 위법이라 할 수 없다(대판 1983.10.11. 83도1942).
> ② 몰수와 압수장물의 환부를 선고하면서 적용법조를 표시하지 않은 경우에도 이 규정을 적용한 취지가 인정되는 이상 위법이라고는 할 수 없다(대판 1971.4.30. 71도510).
> ③ 적용 법령의 일부를 적시하지 않았으나 판결문상 그 규정을 적용한 취지가 인정되는 경우 그 판결에 위법이 있다고 할 수 없다(대판 1995.12.12. 95도1893).

4) 소송관계인의 주장에 대한 판단

법률상 범죄의 성립을 조각하는 이유 또는 형의 가중·감면의 이유되는 사실의 진술이 있은 때에는 이에 대한 판단을 명시하여야 한다(제323조 제2항). ① 법률상 범죄의 성립을 조각하는 이유되는 사실이란 위법성조각사유와 책임조각사유를 의미한다. 또한 ② 법률상 형의 가중·감면의 이유되는 사실이란 누범·심신장애·중지미수의 경우와 같은 **필요적 가중·감면**만을 의미하고 누범·심신장애·중지미수와 같은 임의적 감면사유는 해당하지 아니한다(대판 1985.3.12. 84도3042).

> ① 자수에 의한 형의 감경은 법원의 재량에 의한 것으로서 자수의 주장은 형사소송법 제323조 제2항 소정의 형의 가중 감면의 이유되는 사실의 진술이라고 할 수 없으므로 원심이 이를 인정하지 아니하거나 또 이에 의하여 감경할 것이라고 인정하지 않는 이상 이에 대한 판단을 표시하지 아니하였다고 하더라도 위법이 아니다(대판 1980.6.24. 80도905).
>
> ② 공정증서원본부실기재죄 및 그 행사죄로 공소가 제기된 경우 피고인이 당해 등기가 실체적 권리관계에 부합하는 유효한 등기라고 주장하는 것은 공소사실에 대한 적극부인에 해당할 뿐, 범죄의 성립을 조각하는 사유에 관한 주장이라고는 볼 수 없으므로 그 주장이 받아들여지지 아니한다면 그대로 유죄의 선고를 함으로써 족하고 반드시 그에 대한 판단을 판결이유에 명시하여야만 하는 것은 아니다(대판 1997.7.11. 97도1180).
>
> ③ 형사소송법 제323조 제2항에서 '형의 가중, 감면의 이유되는 사실'이란 형의 필요적 가중, 감면의 이유되는 사실을 말하고 형의 감면이 법원의 재량에 맡겨진 경우, 즉 임의적 감면사유는 이에 해당하지 않는다. 따라서 피해회복에 관한 주장이 있었더라도 이는 작량감경 사유에 해당하여 형의 양정에 영향을 미칠 수 있을지언정 유죄판결에 반드시 명시하여야 하는 것은 아니다(대판 2017.11.9. 2017도14769).

Ⅲ. 무죄판결

피고인이 범죄로 되지 않거나, 범죄사실의 증명이 없는 때에는 판결로써 무죄의 선고를 하여야 한다(제325조). 피고사건이 범죄로 되지 않는 때라 함은 공소사실이 범죄를 구성하지 않는 경우를 의미하고(전단무죄), 범죄사실의 증명이 없는 때란 공소사실의 부존재가 적극적으로 증명된 경우뿐만 아니라 그 사실의 존부에 관하여 증거가 불충분하여 법관이 충분한 심증을 얻을 수 없었을 때를 포함한다(후단무죄).

> ① 위헌결정으로 인하여 형벌에 관한 법률 또는 법률조항이 소급하여 그 효력을 상실한 경우에는 당해 법조를 적용하여 기소한 피고사건이 범죄로 되지 아니한 때에 해당한다고 할 것이고, 범죄 후의 법령의 개폐로 형이 폐지 되었을때에 해당한다거나, 혹은 공소장에 기재된 사실이 진실하다 하더라도 범죄가 될 만한 사실이 포함되지 아니하는 때에 해당한다고는 할 수 없다(대판 1992.5.8. 91도2825).
>
> ② [1] 형벌에 관한 법령이 헌법재판소의 위헌결정으로 인하여 소급하여 그 효력을 상실하였거나 법원에서 위헌·무효로 선언된 경우, 당해 법령을 적용하여 공소가 제기된 피고사건에 대하여는 형사소송법 제325조에 따라 무죄를 선고하여야 한다. 나아가 재심이 개시된 사건에서 형벌에 관한 법령이 재심판결 당시 폐지되었다 하더라도 그 폐지가 당초부터 헌법에 위배되어 효력이 없는 법령에 대한 것이었다면 형사소송법 제325조 전단이 규정하는 '범죄로 되지 아니한 때'의 무죄사유에 해당하는 것이지, 형사소송법 제326조 제4호에서 정한 면소사유에 해당한다

고 할 수 없다. [2] 구 대한민국헌법(1980. 10. 27. 헌법 제9호로 전부 개정되기 전의 것, 이하 '유신헌법'이라 한다) 제53조에 기한 대통령긴급조치 제4호는 그 발동 요건을 갖추지 못한 채 목적상 한계를 벗어나 민주주의의 본질적 요소인 표현의 자유를 침해하고, 영장주의에 위배되며, 법관에 의한 재판을 받을 권리와 학문의 자유 및 대학의 자율성 등 헌법상 보장된 국민의 기본권을 침해하는 것이므로, 그것이 폐지되기 이전부터 유신헌법은 물론 현행 헌법에 비추어 보더라도 위헌·무효이다(대판 2013.5.16. 2011도2631 전원합의체).

③ 헌법재판소의 헌법불합치결정은 헌법과 헌법재판소법이 규정하고 있지 않은 변형된 형태이지만 법률조항에 대한 위헌결정에 해당하고, 집회 및 시위에 관한 법률(2007. 5. 11. 법률 제8424호로 전부 개정된 것, 이하 '집시법'이라 한다) 제23조 제1호는 집회 주최자가 집시법 제10조 본문을 위반할 것을 구성요건으로 삼고 있어 집시법 제10조 본문은 집시법 제23조 제1호와 결합하여 형벌에 관한 법률조항을 이루게 되므로, 집시법의 위 조항들(이하 '이 사건 법률조항'이라 한다)에 대하여 선고된 **헌법불합치결정**(헌재결 2009.9.24. 2008헌가25, 이하 '이 사건 헌법불합치결정'이라 한다)은 형벌에 관한 법률조항에 대한 위헌결정이다. 그리고 헌법재판소법 제47조 제2항 단서는 형벌에 관한 법률조항에 대하여 위헌결정이 선고된 경우 그 조항이 소급하여 효력을 상실한다고 규정하고 있으므로, 형벌에 관한 법률조항이 소급하여 효력을 상실한 경우에 당해 조항을 적용하여 공소가 제기된 피고사건은 범죄로 되지 아니한 때에 해당하고, 법원은 이에 대하여 형사소송법 제325조 전단에 따라 무죄를 선고하여야 한다(대판 2011.6.23. 2008도7562 전원합의체).

④ 피고인이 간통죄로 유죄의 확정판결을 받은 후 헌법재판소가 구 형법(2016. 1. 6. 법률 제13719호로 개정되기 전의 것, 이하 같다) 제241조에 대하여 2008. 10. 30. 합헌결정(이하 '종전 합헌결정'이라 한다)을 하였다가 2015. 2. 26. 위헌결정을 하게 되자 재심을 청구하였는데, (중략) 개정된 헌법재판소법 제47조 제3항 단서는 형벌에 관한 해당 법률 또는 법률의 조항에 대하여 종전에 합헌으로 결정한 사건이 있는 경우에는 그 결정이 있는 날의 다음 날로 소급하여 효력을 상실한다고 정하여 소급효를 제한하고 있고, (중략) 공소사실 기재 범행일이 종전 합헌결정일 이전이고, 구 형법 제241조가 위 위헌결정으로 인하여 종전 합헌결정일의 다음 날인 2008. 10. 31.로 소급하여 효력을 상실하므로 공소사실을 심판하는 제1심은 형사소송법 제326조 제4호에 따라 면소판결을 선고하여야 한다(대판 2019.12.27. 2015도10570).

⑤ 어느 법률조항의 개정이 자구만 형식적으로 변경된 데 불과하여 개정 전후 법률조항들 자체의 의미내용에 아무런 변동이 없고, 개정 법률조항이 해당 법률의 다른 조항이나 관련 다른 법률과의 체계적 해석에서도 개정 전 법률조항과 다른 의미로 해석될 여지가 없어 양자의 동일성이 그대로 유지되고 있는 경우에는 '개정 전 법률조항'에 대한 위헌결정의 효력은 그 주문에 개정 법률조항이 표시되어 있지 아니하더라도 '개정 법률조항'에 대하여도 미친다. 그러나 이와 달리 '개정 법률조항'에 대한 위헌결정이 있는 경우에는, 비록 그 법률조항의 개정이 자구만 형식적으로 변경된 것에 불과하여 개정 전후 법률조항들 사이에 실질적 동일성이 인정된다 하더라도, '개정 법률조항'에 대한 위헌결정의 효력이 '개정 전 법률조항'에까지 그대로 미친다고 할 수는 없다. (중략) 헌법재판소가 합헌결정을 한 바 있는 '개정 전 법률조항'에 대하여 법원이 이와 다른 판단을 할 수는 없으며, 이는 헌법재판소가 '개정 법률조항'에 대한 위헌결정의 이유에서 '개정 전 법률조항'에 대하여 한 종전 합헌결정의 견해를 변경한다는 취지를 밝히는 경우

에도 마찬가지이다(대결 2020.2.21. 2015모2204).

⑥ 형사소송법 제194조의2 제1항에서 정하는 비용보상제도는 국가의 잘못된 형사사법권 행사로 인하여 피고인이 무죄를 선고받기 위하여 부득이 변호사 보수 등을 지출한 경우, 국가로 하여금 피고인에게 그 재판에 소요된 비용을 보상하도록 함으로써 국가의 형사사법작용에 내재한 위험성 때문에 불가피하게 비용을 지출한 비용보상청구권자의 방어권 및 재산권을 보장하려는 데 목적이 있다. 이러한 입법 취지와 규정의 내용 등에 비추어 볼 때 판결 주문에서 무죄가 선고된 경우뿐만 아니라 판결 이유에서 무죄로 판단된 경우에도 재판에 소요된 비용 가운데 무죄로 판단된 부분의 방어권 행사에 필요하였다고 인정된 부분에 관하여는 보상을 청구할 수 있다고 보아야 한다. 다만 법원은 이러한 경우 형사소송법 제194조의2 제2항 제2호를 유추적용하여 재량으로 보상청구의 전부 또는 일부를 기각할 수 있다(대결 2019.7.5. 2018모906).

Ⅳ. 관할위반과 공소기각의 재판

1. 관할위반의 판결

피고사건이 법원의 관할에 속하지 아니한 때에는 판결로써 관할위반의 선고를 하여야 한다(제319조). 이는 형식적 종국재판이므로 형식적 확정력과 내용적 구속력을 가지지만 일사부재리의 효력을 가질 수는 없다.

2. 공소기각의 재판

1) 공소기각재판의 의의

공소기각의 재판은 피고사건에 대하여 관할권 이외의 형식적 소송조건이 결여된 경우에 절차상의 하자를 이유로 공소를 부적법하다고 인정하여 사건의 실체에 대한 심리를 하지 않고 소송을 종결시키는 형식재판이다. 공소기각재판에는 공소기각의 결정(제328조)과 공소기각의 판결(제327조)이 있다.

2) 공소기각의 결정

결정으로 공소를 기각하여야 하는 사유는 절차상의 하자가 중대하고 명백한 경우이다. 구체적으로는 ① 공소가 취소되었을 때, ② 피고인이 사망하거나 피고인인 법인이 존속하지 아니하게 되었을 때, ③ 관할의 경합(제12조, 제13조)으로 인하여 재판할 수 없는 때, ④ 공소장에 기재된 사실이 진실하다고 하더라도 범죄가 될 만한 사실이 포함되지 아니한 때에는 결정으로 공소를 기각하여야 한다(제328조 제1항).

① 형사소송법 제328조 제1항 제4호는 공소장 기재사실 자체에 대한 판단으로 그 사실 자체가 죄가 되지 아니함이 명백한 경우를 말한다(대판 2014.5.16. 2012도12867).

② 교통사고처리 특례법 제3조 제1항, 제2항 단서, 형법 제268조를 적용하여 공소가 제기된 사건에서, 심리 결과 교통사고처리 특례법 제3조 제2항 단서에서 정한 사유가 없고 같은 법 제3조 제2항 본문이나 제4조 제1항 본문의 사유로 공소를 제기할 수 없는 경우에 해당하면 공소기각의

판결을 하는 것이 원칙이다. 그런데 사건의 실체에 관한 심리가 이미 완료되어 교통사고처리특례법 제3조 제2항 단서에서 정한 사유가 없는 것으로 판명되고 달리 피고인이 같은 법 제3조 제1항의 죄를 범하였다고 인정되지 않는 경우, 같은 법 제3조 제2항 본문이나 제4조 제1항 본문의 사유가 있더라도, 사실심법원이 피고인의 이익을 위하여 교통사고처리특례법 위반의 공소사실에 대하여 무죄의 실체판결을 선고하였다면, 이를 위법이라고 볼 수는 없다(대판 2015.5.14. 2012도11431).

3) 공소기각의 판결

① 피고인에 대하여 재판권이 없는 때, ② 공소제기의 절차가 법률의 규정에 위반하여 무효인 때, ③ 공소가 제기된 사건에 대하여 다시 공소가 제기되었을 때, ④ 공소취소 후 다른 중요한 증거를 발견하지 않았음에도 불구하고 공소가 제기되었을 때, ⑤ 친고죄에 대하여 고소의 취소가 있는 때, ⑥ 반의사불벌죄에 대하여 처벌을 희망하지 아니하는 의사표시가 있거나 처벌을 희망하는 의사표시가 철회되었을 때에는 판결로서 공소기각하여야 한다(제327조).

① 소년법 제30조의 보호처분을 받은 사건과 동일한 사건에 대하여 다시 공소제기가 되었다면 동조의 보호처분은 확정판결이 아니고 따라서 기판력도 없으므로 이에 대하여 면소판결을 할 것이 아니라 공소제기절차가 동법 제47조의 규정에 위배하여 무효인 때에 해당한 경우이므로 공소기각의 판결을 하여야 한다(대판 1985.5.28. 85도21).

② 가정폭력처벌법에 따른 보호처분의 결정 또는 불처분결정에 확정된 형사판결에 준하는 효력을 인정할 수 없다. 가정폭력처벌법에 따른 보호처분의 결정이 확정된 경우에는 원칙적으로 가정폭력행위자에 대하여 같은 범죄사실로 다시 공소를 제기할 수 없으나(가정폭력처벌법 제16조), 보호처분은 확정판결이 아니고 따라서 기판력도 없으므로, 보호처분을 받은 사건과 동일한 사건에 대하여 다시 공소제기가 되었다면 이에 대해서는 면소판결을 할 것이 아니라 공소제기의 절차가 법률의 규정에 위배하여 무효인 때에 해당한 경우이므로 형사소송법 제327조 제2호의 규정에 의하여 공소기각의 판결을 하여야 한다. 그러나 가정폭력처벌법은 불처분결정에 대해서는 그와 같은 규정을 두고 있지 않을 뿐만 아니라, 가정폭력범죄에 대한 공소시효에 관하여 불처분결정이 확정된 때에는 그때부터 공소시효가 진행된다고 규정하고 있으므로(가정폭력처벌법 제17조 제1항), 가정폭력처벌법은 불처분결정이 확정된 가정폭력범죄라 하더라도 일정한 경우 공소가 제기될 수 있음을 전제로 하고 있다. 따라서 가정폭력처벌법 제37조 제1항 제1호의 불처분결정이 확정된 후에 검사가 동일한 범죄사실에 대하여 다시 공소를 제기하였다거나 법원이 이에 대하여 유죄판결을 선고하였더라도 이중처벌금지의 원칙 내지 일사부재리의 원칙에 위배된다고 할 수 없다(대판 2017.8.23. 2016도5423).

③ 이른바 반의사불벌죄에 있어서 처벌불원의 의사표시의 부존재는 소위 소극적 소송조건으로서 직권조사사항이라 할 것이므로 당사자가 항소이유로 주장하지 아니하였다고 하더라도 원심은 이를 직권으로 조사·판단하여야 한다. 부정수표단속법 제2조 제4항에서 부정수표가 회수된 경우 공소를 제기할 수 없도록 하는 취지는 부정수표가 회수된 경우에는 수표소지인이 부정수표 발행자 또는 작성자의 처벌을 희망하지 아니하는 것과 마찬가지로

보아 같은 조 제2항 및 제3항의 죄를 이른바 반의사불벌죄로 규정한 취지로서 부도수표 회수나 수표소지인의 처벌을 희망하지 아니하는 의사의 표시가 제1심판결 선고 이전까지 이루어지는 경우에는 공소기각의 판결을 선고하여야 할 것이고, 이는 부정수표가 공범에 의하여 회수된 경우에도 마찬가지이다(대판 2009.12.10. 2009도9939).

④ 피고인이 신호를 위반하여 차량을 운행함으로써 사람을 상해에 이르게 한 교통사고로서 교통사고처리특례법 제3조 제1항, 제2항 단서 제1호의 사유가 있다고 하여 공소가 제기된 사안에 대하여, 공판절차에서의 심리 결과 피고인이 신호를 위반하여 차량을 운행한 사실이 없다는 점이 밝혀지게 되고, 한편 위 교통사고 당시 피고인이 운행하던 차량은 교통사고처리특례법 제4조 제1항 본문 소정의 자동차종합보험에 가입되어 있었으므로, 결국 교통사고처리특례법 제4조 제1항 본문에 따라 공소를 제기할 수 없음에도 불구하고 이에 위반하여 공소를 제기한 경우에 해당하고, 따라서 위 공소제기는 형사소송법 제327조 제2호 소정의 공소제기 절차가 법률의 규정에 위반하여 무효인 때에 해당하는바, 이러한 경우 법원으로서는 위 교통사고에 대하여 피고인에게 아무런 업무상 주의의무위반이 없다는 점이 증명되었다 하더라도 바로 무죄를 선고할 것이 아니라, 형사소송법 제327조의 규정에 의하여 소송조건의 흠결을 이유로 공소기각의 판결을 선고하여야 한다(대판 2004.11.26. 2004도4693).

⑤ 교통사고처리 특례법 제3조 제1항, 제2항 단서, 형법 제268조를 적용하여 공소가 제기된 사건에서, 심리 결과 교통사고처리 특례법 제3조 제2항 단서에서 정한 사유가 없고 같은 법 제3조 제2항 본문이나 제4조 제1항 본문의 사유로 공소를 제기할 수 없는 경우에 해당하면 공소기각의 판결을 하는 것이 원칙이다. 그런데 사건의 실체에 관한 심리가 이미 완료되어 교통사고처리 특례법 제3조 제2항 단서에서 정한 사유가 없는 것으로 판명되고 달리 피고인이 같은 법 제3조 제1항의 죄를 범하였다고 인정되지 않는 경우, 같은 법 제3조 제2항 본문이나 제4조 제1항 본문의 사유가 있더라도, 사실심법원이 피고인의 이익을 위하여 교통사고처리특례법 위반의 공소사실에 대하여 무죄의 실체판결을 선고하였다면, 이를 위법이라고 볼 수는 없다(대판 2015.5.14. 2012도11431).

⑥ 형사소송법 제329조는 공소취소에 의한 공소기각의 결정이 확정된 때에는 공소취소 후 그 범죄사실에 대한 다른 중요한 증거를 발견한 경우에 한하여 다시 공소를 제기할 수 있다고 규정하고 있는바, 이는 단순일죄인 범죄사실에 대하여 공소가 제기되었다가 공소취소에 의한 공소기각결정이 확정된 후 다시 종전 범죄사실 그대로 재기소하는 경우뿐만 아니라 범죄의 태양, 수단, 피해의 정도, 범죄로 얻은 이익 등 **범죄사실의 내용을 추가 변경하여 재기소하는 경우에도 마찬가지로 적용된다.** 따라서 단순일죄인 범죄사실에 대하여 공소취소로 인한 공소기각결정이 확정된 후에 종전의 범죄사실을 변경하여 재기소하기 위하여는 변경된 범죄사실에 대한 다른 중요한 증거가 발견되어야 한다(대판 2009.8.20. 2008도9634).

⑦ 부정수표단속법 제2조 제4항에 따라 부도수표 회수나 수표소지인의 처벌을 희망하지 아니하는 의사표시가 제1심판결선고 이전까지 이루어지는 경우에는 공소기각의 판결을 선고하여야 할 것이고, 이는 부정수표가 공범에 의하여 회수된 경우에도 마찬가지이다(대판 2009.12.10. 2009도9939).

V. 면소의 판결

면소의 판결은 형식재판이면서도 일사부재리의 효력이 인정되는 재판이다. ① 확정판결이 있은 때, ② 사면이 있은 때, ③ 공소시효가 완성되었을 때, ④ 범죄 후의 법령개폐로 형이 폐지되었을 때에는 면소판결을 선고하여야 한다(제326조). 면소사유 역시 제한적 열거 규정으로 해석하여야 한다.

> ① 형사소송법 제326조 제1호에 정한 면소사유인 '확정판결이 있는 때'에는 공소가 제기된 공소사실을 확정판결이 있는 종전 사건의 공소사실과 비교해서 그 사실의 기초가 되는 자연적·사회적 사실관계가 기본적인 점에서 동일한 경우도 포함된다(대판 2008.11.13. 2006도4885).
>
> ② 형사판결은 국가주권의 일부분인 형벌권 행사에 기초한 것이어서 피고인이 외국에서 형사처벌을 과하는 확정판결을 받았더라도 그 외국 판결은 우리나라 법원을 기속할 수 없고 우리나라에서는 기판력도 없어 일사부재리의 원칙이 적용되지 않으므로, 피고인이 동일한 행위에 관하여 우리나라 형벌법규에 따라 다시 처벌받을 수 있다(대판 2017.8.24. 2017도5977 전원합의체).
>
> ③ [1] 상상적 경합은 1개의 행위가 수개의 죄에 해당하는 경우를 말한다(형법 제40조). 여기에서 1개의 행위란 법적 평가를 떠나 사회관념상 행위가 사물자연의 상태로서 1개로 평가되는 것을 의미한다. 그리고 상상적 경합 관계의 경우에는 그중 1죄에 대한 확정판결의 기판력은 다른 죄에 대하여도 미친다. [2] 피고인이 '2015. 4. 16. 13:10경부터 14:30경까지 갑 업체 사무실에서 직원 6명가량이 있는 가운데 직원들에게 행패를 하면서 피해자 을의 업무를 방해하였다.'는 공소사실로 기소되었는데, 피고인은 '2015. 4. 16. 13:30경부터 15:00경 사이에 갑 업체 사무실에 찾아와 피해자 병, 정과 일반직원들이 근무를 하고 있음에도 피해자들에게 욕설을 하는 등 큰소리를 지르고 돌아다니며 위력으로 업무를 방해하였다.'는 등의 범죄사실로 이미 유죄판결을 받아 확정된 사안에서, 업무방해의 공소사실과 확정판결 중 업무방해죄의 범죄사실은 범행일시와 장소가 동일하고, 범행시간에 근소한 차이가 있으나 같은 시간대에 있었던 일이라고 보아도 무리가 없으며, 각 범행내용 역시 업무방해의 공소사실은 '직원들을 상대로 행패를 부렸다.'는 것이고, 확정판결의 범죄사실은 '직원들이 근무를 하고 있는데도 욕설을 하는 등 큰소리를 지르고 돌아다녔다.'는 것으로 본질적으로 다르지 않아, 결국 양자는 동일한 기회에, 동일한 장소에서 다수의 피해자를 상대로 한 위력에 의한 업무방해행위로서 사회관념상 1개의 행위로 평가할 여지가 충분하므로 상상적 경합 관계에 있고, 확정판결의 기판력이 업무방해의 공소사실에 미침에도, 이를 간과하여 업무방해의 공소사실을 유죄로 인정한 원심판결에 상상적 경합 관계, 확정판결의 기판력 등에 관한 법리오해의 잘못이 있다고 한 사례(대판 2017.9.21. 2017도11687)
>
> ④ [1] 특별사면으로 형 선고의 효력이 상실된 유죄의 확정판결도 형사소송법 제420조의 '유죄의 확정판결'에 해당하여 재심청구의 대상이 될 수 있다. [2] 면소판결 사유인 형사소송법 제326조 제2호의 '사면이 있는 때'에서 말하는 '사면'이란 일반사면을 의미할 뿐, 형을 선고받아 확정된 자를 상대로 이루어지는 특별사면은 여기에 해당하지 않으므로, 재심대상판결 확정 후에 형 선고의 효력을 상실케 하는 특별사면이 있었다고 하더라도, 재심개시결정이

확정되어 재심심판절차를 진행하는 법원은 그 심급에 따라 다시 심판하여 실체에 관한 유·무죄 등의 판단을 해야지, 특별사면이 있음을 들어 면소판결을 하여서는 아니 된다(대판 2015.5.21. 2011도1932 전원합의체).

⑤ 구 형법 제304조는 '혼인을 빙자하거나 기타 위계로써 음행의 상습 없는 부녀를 기망하여 간음한 자는 2년 이하의 징역 또는 500만 원 이하의 벌금에 처한다.'고 규정하고 있으나, 이는 2012. 12. 18. 개정 삭제되었다. 이는 법률이념의 변천에 따라 과거에 범죄로 본 음행의 상습 없는 부녀에 대한 위계간음 행위에 관하여 현재의 평가가 달라짐에 따라 이를 처벌대상으로 삼는 것이 부당하다는 반성적 고려에서 비롯된 것으로 봄이 타당하므로, 이는 범죄 후의 법령개폐로 범죄를 구성하지 않게 되어 형이 폐지되었을 때에 해당한다. 그렇다면 구 형법 제304조에 해당하는 위계간음 행위는 형사소송법 제326조 제4호에 의하여 면소판결의 대상이 될 뿐이다(대판 2014.4.24. 2012도14253).

⑥ 재심이 개시된 사건에서 범죄사실에 대하여 적용하여야 할 법령은 재심판결 당시의 법령이므로, 법원은 재심대상판결 당시의 법령이 변경된 경우에는 그 범죄사실에 대하여 재심판결 당시의 법령을 적용하여야 하고, 폐지된 경우에는 형사소송법 제326조 제4호를 적용하여 그 범죄사실에 대하여 면소를 선고하는 것이 원칙이다. 그러나 법원은, 형벌에 관한 법령이 헌법재판소의 위헌결정으로 인하여 소급하여 그 효력을 상실하였거나 법원에서 위헌·무효로 선언된 경우, 당해 법령을 적용하여 공소가 제기된 피고사건에 대하여 같은 법 제325조에 따라 무죄를 선고하여야 한다. 나아가 형벌에 관한 법령이 재심판결 당시 폐지되었다 하더라도 그 '폐지'가 당초부터 헌법에 위배되어 효력이 없는 법령에 대한 것이었다면 같은 법 제325조 전단이 규정하는 '범죄로 되지 아니한 때'의 무죄사유에 해당하는 것이지, 같은 법 제326조 제4호의 면소사유에 해당한다고 할 수 없다. 따라서 면소판결에 대하여 무죄판결인 실체판결이 선고되어야 한다고 주장하면서 상고할 수 없는 것이 원칙이지만, 위와 같은 경우에는 이와 달리 면소를 할 수 없고 피고인에게 무죄의 선고를 하여야 하므로 면소를 선고한 판결에 대하여 상고가 가능하다(대판 2010.12.16. 2010도5986).

Ⅵ. 종국재판의 부수효과

1. 구속에 미치는 효과

무죄, 면소, 형의 면제, 형의 선고유예, 형의 집행유예, 공소기각 또는 벌금이나 과료를 과하는 판결이 선고된 때에는 구속영장은 효력을 잃는다(제331조).

2. 압수물의 처분관계

압수한 서류 또는 물품에 대하여 몰수의 선고가 없는 때에는 압수를 해제한 것으로 간주한다(제332조). 압수한 장물로서 피해자에게 환부할 이유가 명백한 것은 판결로써 피해자에게 환부하는 선고를 하여야 한다. 이 경우에 장물을 처분하였을 때에는 판결로써 그 대가로 취득한 것을 피해자에게 교부하는 선고를 하여야 한다. 가환부한 장물에 대하여 별단의 선고가 없는 때에는 환부의 선고가 있는 것으로 간주한다. 이러한 경우에 이해관계인이 민사소송절차에 의하여 그 권리를 주장함에 영향을 미치지 않는다(제333조).

3. 가납의 재판

법원은 벌금, 과료 또는 추징의 선고를 하는 경우에 판결의 확정 후에는 집행할 수 없거나 집행하기 곤란할 염려가 있다고 인정한 때에는 직권 또는 검사의 청구에 의하여 피고인에게 벌금, 과료 또는 추징에 상당한 금액의 가납을 명할 수 있다. 위 재판은 형의 선고와 동시에 판결로써 선고하여야 하고, 즉시 집행할 수 있다(제334조). 약식명령에 대하여도 가납명령을 할 수 있고(제448조, 제451조), 벌금 또는 과료를 선고하는 즉결심판에도 가납명령을 할 수 있다(즉결심판절차법 제17조 제3항). 부정수표단속법에 의하여 벌금을 선고하는 경우에는 필요적으로 가납을 명하여야 한다(부정수표단속법 제6조, 필요적 가납명령).

제3절 재판의 효력

Ⅰ. 재판의 확정

재판이 통상의 불복방법에 의하여는 다툴 수 없게 되어 그 내용을 변경할 수 없게 된 상태를 재판의 확정이라 하며, 이러한 상태에 있는 재판을 확정재판이라 한다. 재판은 확정에 의하여 그 본래의 효력이 발생한다.

> 상고심에서 상고이유의 주장이 이유없다고 판단되어 배척된 부분은 그 판결선고와 동시에 확정력이 발생하여 이 부분에 대하여는 피고인은 더 이상 다툴 수 없고, 또한 환송받은 법원으로서도 이와 배치되는 판단을 할 수 없다고 할 것이므로 피고인으로서는 더 이상 이 부분에 대한 주장을 상고이유로 삼을 수 없다(대판 2006.6.9. 2006도2017).

Ⅱ. 재판의 확정력

1. 형식적 확정력

형식적 확정이란 재판이 통상의 불복방법에 의하여 다툴 수 없게 된 상태를 말한다. 특히 종국재판에 있어서는 형식적 확정에 의하여 소송계속이 종결된다. 형식적 확정력은 종국재판이건 종국 전의 재판이건, 실체적 재판이건 형식적 재판이건 불문하고 모든 재판에 대하여 발생한다.

2. 내용적 확정력

재판의 내용적 확정에 의해 그 판단내용인 법률관계를 확정하게 하는 효력을 재판의 내용적 확정력(실질적 확정력)이라고 한다. 또한 유·무죄의 실체재판이 확정되면 형벌권의 존부와 범위가 확정되는바, 이러한 실체재판의 내용적 확정력을 실체적 확정력이라 한다. 실체적 확정력을 사건의 측면에서 볼 때 광의의 기판력이라 한다.

3. 내용적 구속력

기판력은 확정재판의 후소에 대한 내용적 구속력과 일사부재리의 효력을 내용으로 한다. 형식재판에 대해서도 내용적 구속력은 인정된다. 재판의 내용적 구속력은 법원이 현실적으로 심판한 사실의 범위에서만 발생하고, 사정의 변경이 있는 경우까지 기판력이 미치는 것은 아니다.

Ⅲ. 일사부재리의 효력

1. 일사부재리의 효력의 의의

일사부재리의 효력이란 유죄·무죄의 실체판결이나 면소판결이 확정된 때에 동일사건에 대하여 다시 심리·판단하는 것이 허용되지 않는다는 것을 말한다.

2. 일사부재리의 효력이 인정되는 재판

유·무죄의 실체재판뿐만 아니라 약식명령과 즉결심판도 확정되면 일사부재리의 효력이 발생한다. 다만 행정법상의 징계처분이나 관세법상의 통고처분에는 인정되지 아니한다. 공소기각과 관할위반의 형식재판에 대하여는 일사부재리의 효력이 인정되지 아니하나, **면소판결에 대해서는 인정된다.** 당연무효판결에 대해서는 견해가 대립한다.

① 경범죄처벌법 제7조 제2항에 범칙자가 통고처분을 받고 범칙금을 납부한 경우에는 그 범칙행위에 대하여 다시 벌받지 아니한다고 규정하고 있음은 위 범칙금의 납부에 확정재판의 효력에 준하는 효력을 인정하는 취지로 해석할 것이므로 이에 위반하여 공소가 제기된 경우에는 면소의 판결을 하여야 한다(대판 1986.2.25. 85도2664).

② 도로교통법 제119조 제3항은 그 법 제118조에 의하여 범칙금 납부통고서를 받은 사람이 그 범칙금을 납부한 경우 그 범칙행위에 대하여 다시 벌받지 아니한다고 규정하고 있는바, 이는 범칙금의 납부에 확정재판의 효력에 준하는 효력을 인정하는 취지로 해석하여야 한다(대판 2002.11.22. 2001도849).

③ 행정법상의 질서벌인 과태료의 부과처분과 형사처벌은 그 성질이나 목적을 달리하는 별개의 것이므로 행정법상의 질서벌인 과태료를 납부한 후에 형사처벌을 한다고 하여 이를 일사부재리의 원칙에 반하는 것이라고 할 수는 없다(대판 1996.4.12. 96도158).

④ 피고인이 행형법에 의한 징벌을 받아 그 집행을 종료하였다고 하더라도 **행형법상의 징벌은** 수형자의 교도소 내의 준수사항위반에 대하여 과하는 행정상의 질서벌의 일종으로서 형법 법령에 위반한 행위에 대한 형사책임과는 그 목적, 성격을 달리하는 것이므로 징벌을 받은 뒤에 형사처벌을 한다고 하여 일사부재리의 원칙에 반하는 것은 아니다(대판 2000.10.27. 2000도3874).

⑤ 피고인이 동일한 행위에 관하여 외국에서 형사처벌을 과하는 확정판결을 받았다 하더라도 이런 외국판결은 우리나라에서는 기판력이 없으므로 여기에 일사부재리의 원칙이 적용될 수 없다(대판 1983.10.25. 83도2366).

⑥ 특정 성폭력범죄자에 대한 위치추적 전자장치 부착에 관한 법률에 의한 전자감시제도는, 성폭력범죄자의 재범방지와 성행교정을 통한 재사회화를 위하여 그의 행적을 추적하여 위치를 확인할 수 있는 전자장치를 신체에 부착하게 하는 부가적인 조치를 취함으로써 성폭력범죄로부터 국민을 보호함을 목적으로 하는 일종의 보안처분이다. 이러한 전자감시제도의 목적과 성격, 그 운영에 관한 위 법률의 규정 내용 및 취지 등을 종합해 보면, 전자감시제도는 범죄행위를 한 자에 대한 응보를 주된 목적으로 그 책임을 추궁하는 사후적 처분인 형벌과 구별되어 그 본질을 달리하는 것으로서 형벌에 관한 일사부재리의 원칙이 그대로 적용되지 않으므로, 위 법률이 형 집행의 종료 후에 부착명령을 집행하도록 규정하고 있다 하더라도 그것이 일사부재리의 원칙에 반한다고 볼 수 없다(대판 2009.9.10. 2009도6061).

⑦ 소년법 제30조의 보호처분을 받은 사건과 동일한 사건에 대하여 다시 공소제기가 되었다면 동조의 보호처분은 확정판결이 아니고 따라서 기판력도 없으므로 이에 대하여 면소판결을 할 것이 아니라 공소제기절차가 동법 제47조의 규정에 위배하여 무효인 때에 해당한 경

우이므로 공소기각의 판결을 하여야 한다(대판 1985.5.28. 85도21).

⑧ 지방국세청장 또는 세무서장이 조세범 처벌절차법 제17조 제1항에 따라 통고처분을 거치지 아니하고 즉시 고발하였다면 이로써 조세범칙사건에 대한 조사 및 처분 절차는 종료되고 형사사건 절차로 이행되어 지방국세청장 또는 세무서장으로서는 동일한 조세범칙행위에 대하여 더 이상 통고처분을 할 권한이 없다. 따라서 지방국세청장 또는 세무서장이 조세범칙행위에 대하여 고발을 한 후에 동일한 조세범칙행위에 대하여 통고처분을 하였더라도, 이는 법적 권한 소멸 후에 이루어진 것으로서 특별한 사정이 없는 한 효력이 없고, 조세범칙행위자가 이러한 통고처분을 이행하였더라도 조세범 처벌절차법 제15조 제3항에서 정한 일사부재리의 원칙이 적용될 수 없다(대판 2016.9.28. 2014도10748).

⑨ 경찰서장이 범칙행위에 대하여 통고처분을 한 이상, 범칙자의 위와 같은 절차적 지위를 보장하기 위하여 통고처분에서 정한 범칙금 납부기간까지는 원칙적으로 경찰서장은 즉결심판을 청구할 수 없고, 검사도 동일한 범칙행위에 대하여 공소를 제기할 수 없다고 보아야 한다(대판 2020.4.29. 2017도13409).

3. 일사부재리의 효력이 미치는 범위

1) 객관적 범위

일사부재리의 효력이 미치는 객관적 범위는 법원의 현실적 심판대상인 당해 공소사실은 물론 그 공소사실과 단일하고 동일한 관계에 있는 사실의 전부에 미친다.

① 약식명령이 확정된 위 사문서위조 및 그 행사죄의 범죄사실과 피고인이 동일한 합의서를 임의로 작성·교부하여 회사에 재산상 손해를 가하였다는 위 공소사실은 그 객관적 사실관계가 하나의 행위라고 할 것이어서 1개의 행위가 수개의 죄에 해당하는 경우로서 형법 제40조에 정해진 상상적 경합관계에 있다고 할 것이다. 따라서 위 확정된 약식명령의 기판력이 위 공소사실에도 미친다(대판 2009.4.9. 2008도5634).

② 행정법상의 질서벌인 과태료의 부과처분과 형사처벌은 그 성질이나 목적을 달리하는 별개의 것이므로 행정법상의 질서벌인 과태료를 납부한 후에 형사처벌을 한다고 하여 이를 일사부재리의 원칙에 반하는 것이라고 할 수는 없다(대판 1996.4.12. 96도158).

③ [1] 도로교통법 제119조 제3항은 그 법 제118조에 의하여 범칙금 납부통고서를 받은 사람이 그 범칙금을 납부한 경우 그 범칙행위에 대하여 다시 벌받지 아니한다고 규정하고 있는바, 이는 범칙금의 납부에 확정재판의 효력에 준하는 효력을 인정하는 취지로 해석하여야 한다. [2] 범칙자가 경찰서장으로부터 범칙행위를 하였음을 이유로 범칙금의 통고를 받고 납부기간 내에 그 범칙금을 납부한 경우 범칙금의 납부에 확정판결에 준하는 효력이 인정됨에 따라 다시 벌받지 아니하게 되는 행위사실은 범칙금 통고의 이유에 기재된 당해 범칙행위 자체 및 그 범칙행위와 동일성이 인정되는 범칙행위에 한정된다. [3] 범칙행위와 같은 일시, 장소에서 이루어진 행위라 하더라도 범칙행위의 동일성을 벗어난 형사범죄행위에 대하여는 범칙금의 납부에 따라 확정판결의 효력에 준하는 효력이 미치지 아니한다. [4] 같은 일시, 장소에서 이루어진 안전운전의무 위반의 범칙행위와 중앙선을 침범한 과실로 사고를 일으켜 피해자에게 부상을 입혔다는 교통사고처리특례법위반죄의 범죄행위사실

은 시간, 장소에 있어서는 근접하여 있는 것으로 볼 수 있으나 범죄의 내용이나 행위의 태양, 피해법익 및 죄질에 있어 현격한 차이가 있어 동일성이 인정되지 아니하고 별개의 행위라고 할 것이어서 피고인이 안전운전의 의무를 불이행하였음을 이유로 통고처분에 따른 범칙금을 납부하였다고 하더라도 피고인을 교통사고처리특례법 제3조 위반죄로 처벌한다고 하여 도로교통법 제119조 제3항에서 말하는 이중처벌에 해당한다고 볼 수 없다(대판 2002.11.22. 2001도849).

④ [1] 경범죄처벌법상 범칙금의 납부에 따라 확정판결에 준하는 효력이 인정되는 범위는 범칙금 통고의 이유에 기재된 당해 범칙행위 자체 및 범칙행위와 동일성이 인정되는 범칙행위에 한정된다. 따라서 범칙행위와 같은 시간과 장소에서 이루어진 행위라 하더라도 범칙행위의 동일성을 벗어난 형사범죄행위에 대하여는 범칙금의 납부에 따라 확정판결에 준하는 일사부재리의 효력이 미치지 아니한다. [2] 피고인이 경범죄처벌법상 '음주소란' 범칙행위로 범칙금 통고처분을 받아 이를 납부하였는데, 이와 근접한 일시·장소에서 위험한 물건인 과도를 들고 피해자를 쫓아가며 "죽여 버린다."고 소리쳐 협박하였다는 내용의 폭력행위 등 처벌에 관한 법률 위반으로 기소된 사안에서, 피고인에게 적용된 경범죄처벌법 제1조 제25호(음주소란 등)의 범칙행위와 폭력행위 등 처벌에 관한 법률 위반 공소사실인 흉기휴대협박행위는, 범죄사실의 내용이나 행위의 수단 및 태양, 각 행위에 따른 피해법익이 다르고, 죄질에도 현저한 차이가 있으며, 범칙행위의 내용이나 수단 및 태양 등에 비추어 그 행위과정에서나 이로 인한 결과에 통상적으로 흉기휴대협박행위까지 포함된다거나 이를 예상할 수 있다고 볼 수 없으므로 기본적 사실관계가 동일한 것으로 평가할 수 없다는 이유로, 범칙행위에 대한 범칙금 납부의 효력이 공소사실에 미치지 않는다(대판 2012.9.13. 2012도6612).

⑤ 과실로 교통사고를 발생시켰다는 각 '교통사고처리 특례법 위반죄'와 고의로 교통사고를 낸 뒤 보험금을 청구하여 수령하거나 미수에 그쳤다는 '사기 및 사기미수죄'는 서로 행위 태양이 전혀 다르고, 각 교통사고처리 특례법 위반죄의 피해자는 교통사고로 사망한 사람들이나, 사기 및 사기미수죄의 피해자는 피고인과 운전자보험계약을 체결한 보험회사들로서 역시 서로 다르며, 따라서 위 각 교통사고처리 특례법 위반죄와 사기 및 사기미수죄는 그 기본적 사실관계가 동일하다고 볼 수 없으므로, 위 전자에 관한 확정판결의 기판력이 후자에 미친다고 할 수 없다(대판 2010.2.25. 2009도14263).

⑥ [1] 음주운전으로 인한 도로교통법 위반죄의 보호법익과 처벌방법을 고려할 때, 혈중알콜농도 0.05% 이상의 음주상태로 동일한 차량을 일정기간 계속하여 운전하다가 1회 음주측정을 받았다면 이러한 음주운전행위는 동일 죄명에 해당하는 연속된 행위로서 단일하고 계속된 범의하에 일정기간 계속하여 행하고 그 피해법익도 동일한 경우이므로 포괄일죄에 해당한다. [2] 음주상태로 자동차를 운전하다가 제1차 사고를 내고 그대로 진행하여 제2차 사고를 낸 후 음주측정을 받아 도로교통법 위반(음주운전)죄로 약식명령을 받아 확정되었는데, 그 후 제1차 사고 당시의 음주운전으로 기소된 사안에서 위 공소사실이 약식명령이 확정된 도로교통법 위반(음주운전)죄와 포괄일죄 관계에 있다고 본 사례(대판 2007.7.26. 2007도4404)

⑦ 형법 제40조 소정의 상상적 경합 관계의 경우에는 그 중 1죄에 대한 확정판결의 기판력은 다

른 죄에 대하여도 미치는 것이고, 여기서 1개의 행위라 함은 법적 평가를 떠나 사회 관념상 행위가 사물자연의 상태로서 1개로 평가되는 것을 의미한다(대판 2007.2.23. 2005도10233).

⑧ 피고인이 유사석유제품을 판매하였다는 석유 및 석유대체연료 사업법(이하 '석유사업법'이라 한다) 위반죄의 범죄사실로 유죄판결을 받아 확정되었는데, 위와 같은 유사석유제품을 제조하여 판매하고도 그에 관한 부가가치세 등을 신고·납부하지 않고 조세를 포탈하였다는 공소사실로 기소된 사안에서, 석유사업법 위반죄의 범죄사실은 내용이나 행위 태양, 피해법익이 조세 포탈 행위로 인한 공소사실과 서로 달라 석유사업법 위반죄의 범죄사실과 공소사실 사이에 기본적 사실관계의 동일성을 인정할 수 없다는 이유로, 같은 취지에서 확정판결의 기판력이 공소사실에 미치지 않는다(대판 2017.12.5. 2013도7649).

⑨ 인터넷 성형쇼핑몰 형태의 통신판매 사이트를 운영하는 피고인들이 '병원 시술상품을 판매하는 배너광고를 게시하면서 배너의 구매 개수와 시술후기를 허위로 게시하였다.'는 표시·광고의 공정화에 관한 법률 위반죄의 범죄사실로 각 벌금형의 약식명령을 받아 확정되었는데, '영리를 목적으로 병원 시술상품을 판매하는 배너광고를 게시하는 방법으로 병원에 환자들을 소개·유인·알선하고, 그 대가로 환자들이 지급한 진료비 중 일정 비율을 수수료로 의사들로부터 지급받았다.'는 의료법 위반 공소사실로 기소된 사안에서, 공소사실에 따른 의료법 위반죄는 유죄로 확정된 표시·광고의 공정화에 관한 법률 위반죄의 범죄사실과 동일성이 있다고 보기 어렵고, 1죄 내지 상상적 경합관계에 있다고 볼 수도 없으므로, 표시·광고의 공정화에 관한 법률 위반죄의 약식명령이 확정되었다고 하여 그 기판력이 공소사실에까지 미치는 것은 아니라고 한 사례(대판 2019.4.25. 2018도20928)

⑩ 17개월 동안 피해자의 휴대전화로 거의 동일한 내용을 담은 문자메세지를 발송함으로써 이루어진 정보통신망 이용촉진 및 정보보호 등에 관한 법률 위반행위 중 일부 기간의 행위에 대하여 먼저 유죄판결이 확정된 후, 판결확정 전의 다른 일부 기간의 행위가 다시 기소된 사안에서, 이는 판결이 확정된 위 법률 위반죄와 포괄일죄의 관계이므로 확정판결의 기판력이 미친다고 한 사례(대판 2009.2.26. 2009도39)

쟁점 포괄일죄 일부에 대한 기판력의 범위

1. 쟁점의 정리
포괄일죄의 일부 범죄가 단순일죄로 공소제기되어 유죄판결이 확정된 후, 나머지 포괄일죄 부분에 대하여 공소가 제기된 경우 법원이 어떠한 판단을 하여야 하는지 견해가 대립한다.

2. 견해의 대립
① **면소판결설**은 판결이 확정된 일부 범죄는 나머지 포괄일죄 범죄와 일죄이므로 면소판결을 하여야 한다는 견해이고, ② **실체판결설**은 판결이 확정된 일부 범죄는 나머지 포괄일죄 범죄와 별개이므로 실체판결을 하여야 한다는 견해이다.

3. 판례의 태도
판례는 상습범으로 포괄일죄 관계에 있는 여러 개의 범죄사실 중 일부에 대하여 유죄판결이 확정된 경우에, 그 확정판결의 사실심판결 선고 전에 저질러진 나머지 범죄에 대하여 새로이 공소가 제기되었다면 이에 대하여는 **판결로써 면소의 선고를 하여야** 하는 것이지만, 다만 이러한 법리가 적용되기 위해서는 전의 확정판결에서 당해 피고인이 **상습범으로 기소되어 처단되었을 것**을 필요로 하는 것이고, 상습범 아닌 기본 구성요건의 범죄로 처단되는 데 그친 경우에는 앞의 확정판결을 상습범의 일부에 대한 확정판결이라고 보아 그 기판력이 그 사실심판결 선고 전의 나머지 범죄에 미친다고 보아서는 아니 된다고 판시하였다(대판 2004.9.16. 2001도3206).

4. **검토**

포괄일죄를 일죄로 보는 이상 원칙적으로는 **면소판결설**이 일응 타당하나, 전소에서 상습범이 아닌 단순일죄로 처벌됨에 그친 경우에는 실체판결을 하여야 한다는 점에서 **판례의 태도**가 타당하다.

---

① 특정범죄가중처벌 등에 관한 법률 제5조의4 제5항은 위 조항에 정한 범죄전력 및 누범가중의 요건을 갖춘 경우에는 상습성이 인정되지 않는 경우에도 상습범에 관한 제1항 내지 제4항에 정한 법정형에 의하여 처벌한다는 취지로서, 위 조항으로 기소되어 처벌받은 경우를 상습범으로 기소되어 처벌받은 경우라고 볼 수는 없으므로, 설령 피고인에게 절도의 습벽이 인정되더라도 위 조항으로 처벌받은 확정판결의 기판력은 그 판결확정 전에 범한 다른 절도범행에 대하여는 미치지 않는다(대판 2008.11.27. 2008도7270).

② 사기죄에 있어서 동일한 피해자에 대하여 수회에 걸쳐 기망행위를 하여 금원을 편취한 경우, 그 범의가 단일하고 범행 방법이 동일하다면 사기죄의 포괄일죄만이 성립한다 할 것이고, 포괄일죄는 그 중간에 별종의 범죄에 대한 확정판결이 끼어 있어도 그 때문에 포괄적 범죄가 둘로 나뉘는 것은 아니라 할 것이고, 또 이 경우에는 그 확정판결 후의 범죄로서 다루어야 한다(대판 2002.7.12. 2002도2029).

③ 상습범에 있어서 공소제기의 효력은 공소가 제기된 범죄사실과 동일성이 인정되는 범죄사실의 전체에 미치는 것이므로 상습범의 범죄사실에 대한 공판심리중에 그 범죄사실과 동일한 습벽의 발현에 의한 것으로 인정되는 범죄사실이 추가로 발견된 경우에는 검사는 공소장변경절차에 의하여 그 범죄사실을 공소사실로 추가할 수 있다고 할 것이나, 공소제기된 범죄사실과 추가로 발견된 범죄사실 사이에 그것들과 동일한 습벽에 의하여 저질러진 또다른 범죄사실에 대한 유죄의 확정판결이 있는 경우에는 전후 범죄사실의 일죄성은 그에 의하여 분단되어 공소제기된 범죄사실과 판결이 확정된 범죄사실만이 포괄하여 하나의 상습범을 구성하고, 추가로 발견된 확정판결 후의 범죄사실은 그것과 경합범 관계에 있는 별개의 상습범이 되므로, 검사는 공소장변경절차에 의하여 이를 공소사실로 추가할 수는 없고 어디까지나 별개의 독립된 범죄로 공소를 제기하여야 한다(대판 2000.3.10. 99도2744).

④ [1] 포괄일죄의 관계에 있는 범행 일부에 대하여 판결이 확정된 경우에는 사실심 판결선고 시를 기준으로 그 이전에 이루어진 범행에 대하여는 확정판결의 기판력이 미쳐 면소의 판결을 선고하여야 할 것인데, 동일 죄명에 해당하는 여러 개의 행위 혹은 연속된 행위를 단일하고 계속된 범의하에 일정 기간 계속하여 행하고 피해법익도 동일한 경우에는 이들 각 행위

> 를 통틀어 포괄일죄로 처단하여야 할 것이나, 범의의 단일성과 계속성이 인정되지 아니하거나 범행방법 및 장소가 동일하지 않은 경우에는 각 범행은 실체적 경합범에 해당한다. [2] 피고인이 자기 소유의 건물을 2017. 8. 31. 甲에게 월 70만 원에, 2018. 6. 18. 乙에게 월 100만 원에 성매매장소로 제공하였다는 범죄사실로 각 약식명령이 확정되었는데, 위 건물을 2014. 6.경부터 2016. 4.경까지, 2018. 3.경부터 2018. 5. 13.경까지 丙에게 월 300만 원에 임대하는 등 성매매장소로 제공하여 성매매알선 등 행위를 하였다는 공소사실로 기소된 사안에서, 확정된 각 약식명령의 범죄사실과 공소사실이 포괄일죄 관계에 있다고 보아 각 약식명령의 기판력이 공소사실에 미친다는 이유로 면소를 선고한 원심판결에 성매매장소 제공에 의한 성매매알선 등 행위의 처벌에 관한 법률 위반(성매매알선등)죄에서 포괄일죄와 경합범의 구별 기준에 관한 법리오해 등의 잘못이 있다고 한 사례(대판 2020.5.14. 2020도1355).

2) 주관적 범위

일사부재리의 효력은 공소가 제기된 피고인에 대하여만 발생한다. 공동피고인의 경우에도 공동피고인 중 1인에 대한 판결의 효력은 다른 피고인에게 미치지 않는다.

3) 시간적 범위

일사부재리의 효력은 사실심판결선고시를 표준으로 한다. 따라서 계속범·상습범 등이 확정판결 전후에 걸쳐서 행하여진 경우 판결선고에 의하여 판결선고 전후의 포괄일죄 등은 2개의 범죄로 나누어지는 결과가 된다. 다만 약식명령에 있어서는 그 명령의 발령시가 기준이 된다.

> ① 무면허 의료행위는 그 범죄구성요건의 성질상 동종 범죄의 반복이 예상되는 것이므로, **영리를 목적으로 무면허 의료행위를 업으로 하는 자가 반복적으로 여러 개의 무면허 의료행위를 단일하고 계속된 범의 아래 일정 기간 계속하여 행하고 그 피해법익도 동일한 경우라면 이들 각 행위를 통틀어 포괄일죄로 처단하여야 할 것이다**. 한편 포괄일죄의 관계에 있는 범행 일부에 대하여 판결이 확정된 경우에는 사실심 판결선고시를 기준으로 그 이전에 이루어진 범행에 대하여는 확정판결의 기판력이 미쳐 면소의 판결을 선고하여야 하고, 이러한 법리는 영리를 목적으로 무면허 의료행위를 업으로 하는 자의 여러 개의 무면허 의료행위가 포괄일죄의 관계에 있고 그 중 일부에 대하여 판결이 확정된 경우에도 마찬가지로 적용되며, 그 확정판결의 범죄사실이 '보건범죄 단속에 관한 특별조치법' 제5조 제1호 위반죄가 아니라 단순히 의료법 제27조 제1호 위반죄로 공소제기된 경우라고 하여 달리 볼 것이 아니다(대판 2014.1.16. 2013도11649).
> ② 항소이유서를 제출하지 아니하여 결정으로 항소가 기각된 경우에도 사실심리의 가능성이 있는 최후시점은 항소기각 결정시라고 보는 것이 옳다(대판 1993.5.25. 93도836).

IV. 확정력의 배제

형사소송법은 확정력을 배제하기 위한 제도로 상소권의 회복(제345조), 재심(제420조) 및 비상상고(제441조)를 인정하고 있다.

 MEMO

PART 05
상소·비상구제절차·재판의 집행·특별절차

CHAPTER 01 | 상소

제1절 | 상소통칙

Ⅰ. 상소의 의의와 종류

상소란 미확정의 재판에 대하여 상급법원에 구제를 구하는 불복신청제도를 의미한다. 상소에는 항소·상고 및 항고가 있다. 항고에는 일반항고와 항고법원이나 고등법원의 결정에 대한 대법원에의 즉시항고인 **특별항고(재항고)**가 있으며, 일반항고에는 보통항고와 즉시항고가 있다. 항소심은 사실심에, 상고심은 법률심에 해당한다.

Ⅱ. 상소권

1. 상소권

검사와 피고인은 당사자로서 당연히 상소권을 가진다(제338조 제1항). 검사는 공익의 대표자로서 피고인을 위하여도 상소할 수 있다. 피고인의 법정대리인은 피고인을 위하여 상소할 수 있다(제340조). 피고인의 배우자·직계친족·형제자매 또는 원심의 대리인이나 변호인은 피고인의 명시한 의사에 반하지 않는 한 피고인을 위하여 상소할 수 있다(제341조, 독립대리권).

> 형사소송법 제341조 제1항은 변호인에게 고유의 상소권을 인정한 것이 아니고 피고인의 상소권을 대리하여 행사하게 한 것에 불과하므로, 변호인은 피고인의 상소권이 소멸된 후에는 상소를 제기할 수 없다(대판 1998.3.27. 98도253).

2. 상소권의 발생·소멸·회복

상소권은 재판의 선고 또는 고지에 의하여 발생하고, 상소기간의 경과·상소의 포기 또는 취하에 의하여 소멸된다. **항소와 상고는 7일**(제358조, 제374조), **즉시항고 역시 7일**(제405조) 내에 제기하여야 한다. 다만 보통항고에는 기간의 제한이 없고, 항고의 이익이 있는 한 언제든지 할 수 있다(제404조).

상소기간 내에 상소를 포기하거나 제기한 상소를 취하한 자는 그 사건에 관하여 다시 상소하지 못한다(제354조).

3. 상소권의 회복

상소권자 또는 대리인이 책임질 수 없는 사유로 인하여 상소제기기간 내에 상소하지 못한 때에는 **상소권회복의 청구**를 할 수 있다(제345조). 책임질 수 없는 사유란 상소권자 본인 또는 대리인의 고의·과실에 기하지 아니한 것을 말한다.

① 제1심판결에 대하여 피고인 또는 검사가 항소하여 항소법원이 판결을 선고한 후에는 상고법원으로부터 사건이 환송 또는 이송되는 경우 등을 제외하고는 항소법원이 다시 항소심 소송절차를 진행하여 판결을 선고할 수 없다. 따라서 항소심판결이 선고되면 제1심판결에 대한 항소권이 소멸되어 제1심판결에 대한 항소권 회복청구와 항소는 적법하다고 볼 수 없다. 이는 제1심 재판 또는 항소심 재판이 소송촉진 등에 관한 특례법이나 형사소송법 등에 따라 피고인이 출석하지 않은 가운데 불출석 재판으로 진행된 경우에도 마찬가지이다. 따라서 제1심판결에 대하여 검사의 항소에 의한 항소심판결이 선고된 후 피고인이 동일한 제1심판결에 대하여 항소권 회복청구를 하는 경우 이는 적법하다고 볼 수 없어 형사소송법 제347조 제1항에 따라 결정으로 이를 기각하여야 한다(대결 2017.3.30. 2016모2874).

② 재판계속 중인 형사피고인이 자기의 새로운 주소지에 대한 신고 등의 조치를 취하지 않음으로써 소송서류 등이 송달되지 않아 공판기일에 출석하지 못하거나 판결선고 사실을 알지 못한 경우에는 상소권회복청구를 할 수 없다(대결 2008.3.10. 2007모795).

③ 피고인이 소송이 계속 중인 사실을 알면서도 법원에 거주지 변경 신고를 하지 않았다 하더라도, 잘못된 공시송달에 터잡아 피고인의 진술없이 공판이 진행되고 피고인이 출석하지 않은 기일에 판결이 선고된 이상, 피고인은 자기 또는 대리인이 책임질 수 없는 사유로 상소제기기간 내에 상소를 하지 못한 것으로 봄이 타당하다(대결 2014.10.16. 2014모1557).

④ 상소권회복신청의 요건을 규정한 형사소송법 제345조의 "대리인"이란 피고인을 대신하여 상소에 필요한 행위를 할 수 있는 지위에 있는 자를 말하는 것이고 교도소장은 피고인을 대리하여 결정정본을 수령할 수 있을 뿐이고 상소권 행사를 돕거나 대신할 수 있는 자가 아니어서 이에 포함되지 아니하므로, 만일 교도소장이 결정정본을 송달받고 1주일이 지난 뒤에 그 사실을 피고인에게 알렸기 때문에 피고인이나 그 배우자가 소정 기간 내에 항고장을 제출할 수 없게된 것이라면 상소권회복신청은 인용할 여지가 있을 것이다(대결 1991.5.6. 91모21).

⑤ 형사소송법 제345조에 의한 상소권회복은 피고인 등이 책임질 수 없는 사유로 상소제기기간을 준수하지 못하여 소멸한 상소권을 회복하기 위한 것일 뿐, 상소의 포기로 인하여 소멸한 상소권까지 회복하는 것이라고 볼 수는 없다(대결 2002.7.23. 2002모180).

1) 청구권자

상소권자는 상소권회복을 청구할 수 있다. 고유의 상소권자뿐만 아니라 상소권의 대리행사자도 포함된다(제345조).

2) 청구의 방식

상소권회복의 청구는 사유가 종지한 날로부터 상소제기기간에 상당한 기간 내에 서면으로 원심법원에 제출하여야 한다(제346조 제1항). **상소권의 회복을 청구하는 자는 그 청구와 동시에 상소를 제기하여야 한다**(같은 조 제3항). 교도소 또는 구치소에 있는 피고인이 교도소장 또는 구치소장 또는 그 직무를 대리하는 자에게 상소권회복청구서를 제출한 때에는 그 기간 내에 상소권의 회복청구를 한 것으로 간주한다(제355조, 제344조 제1항).

① [1] 상소권회복 청구기간을 준수하지 못한 것이 법률의 부지로 인한 것이라는 사유는 동 청구 기각 결정에 대한 적법한 재항고 사유가 될 수 없다. [2] 피고인의 불출석하에 확정된 항소심 판결인 1년의 징역형의 집행으로 교도소에 수감된 날로부터 3개월여 후에 제출된 상소권 회복청구는 확정판결이 있음을 안 날로부터 상소제기 기간에 상당한 기간이 경과한 후에 제출된 것으로 그 귀책사유의 존부에 관계없이 이유 없다(대결 1983.11.24. 83모50).

② [1] 사형, 무기 또는 장기 10년이 넘는 징역이나 금고에 해당하지 아니하는 사건에 대하여는 소송촉진 등에 관한 특례법 제23조에 의하여 제1심 공판절차에 관한 특례가 인정되어, 피고인에 대한 송달불능보고서가 접수된 때부터 6개월이 지나도록 피고인의 소재를 확인할 수 없는 경우에는 대법원규칙으로 정하는 바에 따라 피고인의 진술없이 재판할 수 있다. 다만 특례 규정에 따라 유죄판결을 받고 판결이 확정된 피고인이 책임을 질 수 없는 사유로 공판절차에 출석할 수 없었던 경우에는, 피고인 등이 소송촉진법 제23조의2 제1항에 의하여 판결이 있었던 사실을 안 날부터 14일 이내에 제1심법원에 재심을 청구할 수 있으며, 만약 책임을 질 수 없는 사유로 위 기간에 재심청구를 하지 못한 경우에는 사유가 없어진 날부터 14일 이내에 제1심법원에 재심을 청구할 수 있다. [2] 특례 규정에 따라 피고인의 진술없이 유죄를 선고하여 확정된 제1심판결에 대하여, 피고인이 재심 규정에 의하여 재심을 청구하지 아니하고 피고인 또는 대리인이 책임질 수 없는 사유로 항소 제기기간 내에 항소를 제기할 수 없었음을 이유로 항소권회복을 청구하여 인용된 경우에, 사유 중에 피고인이 책임을 질 수 없는 사유로 공판절차에 출석할 수 없었던 사정을 포함하고 있다면, 재심 규정에 의하여 재심청구의 사유가 있음을 주장한 것으로서 형사소송법 제361조의5 제13호에서 정한 '재심청구의 사유가 있는 때'에 해당하는 항소이유를 주장한 것으로 봄이 타당하다. 따라서 항소심으로서는 재심 규정에 의한 재심청구의 사유가 있는지를 살펴야 하고 사유가 있다고 인정된다면 다시 공소장 부본 등을 송달하는 등 새로 소송절차를 진행한 다음 제1심판결을 파기하고 새로운 심리 결과에 따라 다시 판결하여야 한다(대판 2015.11.26. 2015도8243).

③ [1] 피고인이 재판이 계속 중인 사실을 알면서도 새로운 주소지 등을 법원에 신고하는 등 조치를 하지 않아 소환장이 송달불능되었더라도, 법원은 기록에 주민등록지 이외의 주소가 나타나 있고 피고인의 집 전화번호 또는 휴대전화번호 등이 나타나 있는 경우에는 위 주소지 및 전화번호로 연락하여 송달받을 장소를 확인하여 보는 등의 시도를 해 보아야 하고, 그러한 조치 없이 곧바로 공시송달 방법으로 송달하는 것은 형사소송법 제63조 제1항, 소송촉진 등에 관한 특례법 제23조에 위배되어 허용되지 아니하는데, 이처럼 허용되지 아니하는 잘못된 공시송달에 터 잡아 피고인의 진술 없이 공판이 진행되고 피고인이 출석하지 않은 기일에 판결이 선고된 경우에는, 피고인은 자기 또는 대리인이 책임질 수 없는 사유로 상소 제기기간 내에 상소를 하지 못한 것으로 봄이 타당하다. [2] (중략) 소송촉진 등에 관한 특례법 제23조, 소송촉진 등에 관한 특례규칙 제19조에 의하여 예외적으로 제1심 공판절차에서 피고인 불출석 상태에서의 재판이 허용되지만, 이는 피고인에게 공판기일 소환장이 적법하게 송달되었음을 전제로 하기 때문에 공시송달에 의한 소환을 함에 있어서도 공시송달 요건의 엄격한 준수가 요구된다(대결 2022.5.26. 2022모439).

3) 청구의 효력

상소권회복청구가 있는 경우 법원은 지체없이 상대방에게 그 사유를 통지해야 한다(제356조). 상소권회복의 청구가 있는 때에는 그 청구의 허부에 관한 결정을 할 때까지 **재판의 집행을 정지하는 결정을 할 수 있다**(제348조 제1항). 이러한 집행정지 결정을 한 경우 피고인의 구금을 요하는 때에는 구속요건이 구비된 때에 한하여 구속영장을 발부하여야 한다(같은 조 제2항).

4) 청구에 대한 결정

상소권회복의 청구를 받은 **청구의 허부에 관한 결정을 하여야 한다.** 이 결정에 대하여는 즉시항고를 할 수 있다(제347조). 상소권회복청구를 인용하는 결정이 확정된 때에는 상소권회복청구와 동시에 한 상소제기가 적법하게 되며, 기존에 발생한 재판의 확정력이 배제된다.

Ⅲ. 상소의 이익

1. 상소이익의 의의

상소이유에 해당하는 사유가 있는 때에 상소권자는 상소를 할 수 있다. 그러나 **상소권자가 상소를 하기 위하여는 상소의 이익이 있어야 한다.** 이러한 의미에서 상소의 이익은 상소의 적법요건이 된다.

2. 검사의 상소의 이익

검사는 피고인에게 대립되는 당사자로서 피고인에게 불이익한 상소를 할 수 있고, 공익의 대표자로서 피고인의 이익을 위한 상소도 할 수 있다(검사의 객관의무).

- 검사는 공익의 대표자로서 법령의 정당한 적용을 청구할 임무를 가지므로 반대당사자에게 불이익한 재판에 대하여도 그것이 위법일 때에는 위법을 시정하기 위하여 상소로써 불복할 수 있지만 불복은 재판의 주문에 관한 것이어야 하고 재판의 이유만을 다투기 위하여 상소하는 것은 허용되지 않는다(대결 1993.3.4. 92모21).

3. 상소이익의 판단기준

피고인은 자기에게 불이익한 상소를 할 수 없으며 이익인 재판을 구하는 경우에 한하여 상소를 할 수 있다.

> **쟁점** 상소이익의 판단기준
>
> 상소이익의 판단기준에 관하여 견해가 대립하는바, ① **주관설**, ② **사회통념설**, ③ **객관설**이 대립한다. 생각건대, 상소이익에 대한 판단기준이 되는 원판결에 의한 피고인의 불이익이란 재판에 의한 법익 박탈의 대소를 의미하므로 객관설이 타당하다. 따라서 형의 범위에서는 형의 경중을 정한 형법 제50조와 불이익변경금지의원칙에 있어서의 이익과 불이익의 판단기준이 상소의 이익에 대한 기준이 된다.

> 피고인에게 누범에 해당하는 전과가 있음에도 누범가중을 하지 아니한 것은 위법하나, 피고인으로서 위와 같은 위법을 주장하는 것은 자기에게 불이익을 주장하는 것이 되므로 이는 적법한 상고이유가 될 수 없다(대판 1994.8.12. 94도1591).

4. 상소이익의 구체적 내용

1) 유죄판결에 대한 상소

유죄판결은 피고인에게 가장 불이익한 재판이다. 따라서 유죄판결에 대하여 무죄를 주장하거나 경한 형을 선고할 것을 주장하여 상소하는 경우에는 당연히 상소의 이익이 있다. 그러나 유죄판결에 대한 상소취지가 피고인에게 이익이 되지 않거나 불이익한 경우에는 상소의 이익이 없으므로 부적법한 상소가 된다. 형면제 판결도 유죄판결의 일종이므로 피고인은 무죄를 주장하여 상소할 수 있다. 제3자의 소유물을 몰수하는 재판에 대한 상소 역시 가능하다.

2) 무죄판결에 대한 상소

무죄판결은 피고인에게 가장 이익인 재판이므로, 원심의 무죄판결에 대하여 유죄판결을 구하는 상소는 물론 면소·공소기각 또는 관할위반의 재판을 구하는 상소도 허용되지 않는다.

> **쟁점** 무죄판결의 이유에 대한 상소 가부
>
> 무죄판결의 이유를 다투는 상소가 허용될 수 있는가에 대하여 ① 긍정설과 ② 부정설이 대립하나, 판례는 부정설의 입장에서 재판의 이유만을 다투기 위하여 상소하는 것은 허용되지 않는다고 판시하고 있다(대결 1993.3.4. 92모21). 생각건대, 무죄판결의 경우에는 그 이유를 불문하고 재판에 의한 피고인의 법익박탈은 없다고 하여야 하므로 부정설이 타당하다.
>
> ---
>
> 무죄판결은 피고인에게 가장 유리한 판결로서 피고인에게 불리한 재판이라고 할 수 없어 이 부분에 대하여는 피고인에게 상고권이 없으므로 이 부분의 상고는 부적법하다(대판 1994.7.29. 93도1091).

3) 공소기각·관할위반 및 면소재판에 대한 상소

> **쟁점** 공소기각·관할위반·면소판결에 대한 상소 가부
>
> 형식재판에 대하여 무죄를 주장하여 상소할 수 있는가에 대하여 ① 긍정설과 ② 부정설이 대립하고, 판례는 공소기각판결에 대하여는 상소의 이익이 없다는 이유로 피고인이 무죄를 주장하여 상소할 수 없다고 한 반면(대판 1997.8.22. 97도1211), 면소판결에 대하여는 피고인에게 무죄판결청구권이 없다는 이유로 상소가 허용되지 않는다고 판시하였다(대판 1984.11.27. 84도2106). 생각건대, 형식재판은 유죄판결이 아니고, 피고인이 무죄판결을 희망한다는 것은 주관적 이익에 지나

지 아니하므로 부정설이 타당하다.

다만 판례는 최근 전원합의체에서 형벌에 관한 법령이 재심판결 당시 폐지되었다 하더라도 그 '폐지'가 당초부터 헌법에 위배되어 효력이 없는 법령에 대한 것이었다면, 이러한 경우에는 면소판결에 대하여 무죄를 주장하며 상소할 수 있다고 판시하였다(대판 2010.12.16. 2010도5986 전원합의체).

재심이 개시된 사건에서 범죄사실에 대하여 적용하여야 할 법령은 재심판결 당시의 법령이므로, 법원은 재심대상판결 당시의 법령이 변경된 경우에는 그 범죄사실에 대하여 재심판결 당시의 법령을 적용하여야 하고, 폐지된 경우에는 형사소송법 제326조 제4호를 적용하여 그 범죄사실에 대하여 면소를 선고하는 것이 원칙이다. 그러나 법원은, 형벌에 관한 법령이 헌법재판소의 위헌결정으로 인하여 소급하여 그 효력을 상실하였거나 법원에서 위헌·무효로 선언된 경우, 당해 법령을 적용하여 공소가 제기된 피고사건에 대하여 같은 법 제325조에 따라 무죄를 선고하여야 한다. 나아가 형벌에 관한 법령이 재심판결 당시 폐지되었다 하더라도 그 '폐지'가 당초부터 헌법에 위배되어 효력이 없는 법령에 대한 것이었다면 같은 법 제325조 전단이 규정하는 '범죄로 되지 아니한 때'의 무죄사유에 해당하는 것이지, 같은 법 제326조 제4호의 면소사유에 해당한다고 할 수 없다. 따라서 면소판결에 대하여 무죄판결인 실체판결이 선고되어야 한다고 주장하면서 상고할 수 없는 것이 원칙이지만, 위와 같은 경우에는 이와 달리 면소를 할 수 없고 피고인에게 무죄의 선고를 하여야 하므로 면소를 선고한 판결에 대하여 상고가 가능하다(대판 2010.12.16. 2010도5986 전원합의체).

4) 항소기각 판결에 대한 상고

항소기각 판결에 대하여 항소인에게 상고의 이익이 있다는 점에는 의문이 없다. 다만 제1심의 유죄판결에 대하여 피고인은 항소를 포기하고 검사만 양형이 가볍다는 이유로 항소하였다가 이유없다고 기각된 항소심판결은 피고인에게 불이익한 판결이라고 할 수 없으므로 이러한 항소기각 판결에 대하여 피고인은 상고의 이익이 없다.

- 제1심판결에 대하여 검사만이 양형부당을 이유로 항소하였을 뿐 피고인은 항소하지 아니한 경우, 피고인으로서는 사실오인이나 법령위반 사유를 들어 상고할 수 없다(대판 1991.12.24. 91도1796).

5. 상소이익이 없는 경우의 재판

상소의 이익은 상소의 적법요건이므로 상소의 이익이 없는 상소가 있는 때에는 상소를 기각하지 않으면 안 된다. 다만 무죄·면소·공소기각·관할위반의 재판에 대한 상소와 같이 상소의 이유 없음이 상소장의 기재에 의하여 명백한 경우에는 결정으로 상소를 기각해야 한다. 이에 반하여 유죄판결에 대한 상소의 경우와 같이 상소의 이익이 없다는 것이 상소이유에 의하여 비로소 밝혀지는 경우에는 판결에 의하여 상소를 기각해야 한다.

Ⅳ. 상소의 제기와 포기·취하

1. 상소의 제기

1) 상소제기의 방법

상소는 상소제기기간 내에 상소장을 원심법원에 제출함으로써 한다(제343조 제1항, 제359조, 제375조, 제406조). 다만 교도소 또는 구치소에 있는 피고인이 상소제기기간 내에 상소장을 교도소장 또는 구치소장 또는 그 직무를 대리하는 자에게 제출한 때에는 상소의 제기기간 내에 상소한 것으로 간주한다(제344조). 상소의 제기가 있는 때에는 법원은 지체없이 그 사유를 상대방에게 통지하여야 한다(제356조).

> ① 형사소송법 제355조에서 재소자에 대한 특칙 규정이 준용되는 경우 중에 상소이유서 제출의 경우를 빠뜨리고 있다고 하더라도 위에서 본 바와 같은 제344조 제1항의 재소자에 대한 특칙 규정의 취지와 그 준용을 규정한 제355조의 법리에 비추어 **상소이유서 제출에 관하여도 위 재소자에 대한 특칙 규정이 준용되는 것으로 해석함이 상당하다**(대판 2006.3.16. 2005도9729 전원합의체).
>
> ② 형사소송법 제344조 제1항의 재소자에 대한 특칙 규정의 취지와 상소권회복청구에 관하여 그 준용을 규정한 같은 법 제355조의 법리에 비추어 **정식재판청구서의 제출에 관하여도 위 재소자에 대한 특칙 규정이 준용되는 것으로 해석함이 상당하다**(대결 2006.10.13. 2005모552).

2) 상소제기의 효과

상소의 제기에 의하여 재판의 확정과 집행이 정지되고, 소송계속은 원심을 떠나 상소심으로 옮겨진다.

> **쟁점 이심의 효력발생시기**
>
> 이심의 효력발생시기에 대하여 ① 원심판결선고시설, ② 상소제기시설, ③ 소송기록송부시설이 대립하고, 판례는 상소제기시설의 입장에 있다(대결 1985.7.23. 85모12). 생각건대, 원심판결선고시설에 의하면 상소기간도과나 상소포기의 경우를 설명하지 못하고, 소송기록송부시설은 이심의 효력발생시점이 소송기록의 송부라는 우연한 사정에 의해 좌우되어 부당하므로 **상소제기시설이 타당하다**.
>
> ---
>
> 형사사건에 있어 항소법원의 소송계속은 제1심판결에 대한 항소에 의하여 사건이 이심된 때로부터 그 법원의 판결에 대하여 상고가 제기되거나 그 판결이 확정되는 때까지 유지된다(대결 1985.7.23. 85모12).

3) 상소기각 결정 등

항소와 상고에 있어서는 상소의 제기가 법률상의 방식에 위반하거나 상소권의 소멸 후인 것이 명백한 때에는 원심법원이 결정으로 상소를 기각하며(제360조, 제376조), 항고의 제기가 법률상의 방식에 위반하거나 항고권 소멸 후인 것이 명백한 때에는 원심법원이 결정으로 이를 기각하고(제407조 제1항), 원심법원이 항고의 이유가 있는 것으로 인정한 때에는 원심법원이 결정을 경정하여야 한다(제408조 제1항).

2. 상소의 포기·취하

고유의 상소권자는 상소의 포기 또는 취하를 할 수 있다. 단 피고인 또는 상소권의 대리행사자는 사형 또는 무기징역이나 무기금고가 선고된 판결에 대하여는 상소의 포기를 할 수 없다(제349조). 법정대리인이 있는 피고인이 상소의 포기 또는 취하를 함에는 법정대리인의 동의를 얻어야 한다. 다만 법정대리인의 사망 기타 사유로 인하여 그 동의를 얻을 수 없는 때에는 예외로 한다(제350조). 피고인의 상소권의 대리행사자는 피고인의 동의를 얻어 상소를 취하할 수 있다(제351조).

> ① 미성년자인 피고인이 상고제기 후 바로 상고취하를 하였다 하여도 친권자의 동의가 없었으면 그 효력이 없다(대판 1983.9.13. 83도1774).
>
> ② 변호인의 상소취하에 피고인의 동의가 없다면 그 효력은 발생하지 아니한다. 이러한 피고인의 동의는 서면에 의함이 원칙이나, 공판정에서 명시적인 구술로써 할 수도 있다. 다만 상소를 취하하거나 상소의 취하에 동의한 자는 다시 상소를 하지 못하는 제한을 받게 되므로(형사소송법 제354조), **상소취하에 대한 피고인의 구술 동의는 명시적으로 이루어져야 한다**(대판 2015.9.10. 2015도7821).

3. 상소의 포기·취하의 방법

상소의 포기 또는 취하는 서면으로 하여야 한다. 단 공판정에서는 구술로써 할 수 있다(제352조 제1항). 구술로써 상소의 포기 또는 취하를 한 경우에는 그 사유를 조서에 기재하여야 한다(같은 조 제2항). 상소의 포기는 원심법원에, 상소의 취하는 상소법원에 하여야 한다. 단 소송기록이 상소법원에 송부되지 아니한 때에는 상소의 취하도 원심법원에 할 수 있다(제353조). 교도소 또는 구치소에 있는 피고인에 대하여는 특칙이 인정된다(제355조). 상소의 포기는 상소기간 내에 언제나 할 수 있으며, 상소의 취하는 상소심의 종국판결까지 할 수 있다.

4. 상소의 포기·취하의 효력

상소취하의 효력은 상소취하서의 접수시에 발생한다. 상소의 포기나 취하가 있는 때에는 법원은 지체 없이 그 사유를 상대방에게 통지하여야 한다(제356조). 상소를 취하한 자 또는 상소의 포기나 취하에 동의한 자는 그 사건에 대하여 다시 상소하지 못한다(제354조).

> ① 상소포기가 착각이라고 하더라도 형사소송법 제354조에 의하여 다시 상소할 수 없다(대결 1980.4.4. 80모11).
>
> ② 상소를 포기한 자는 형사소송법 제354조에 의하여 그 사건에 대하여 다시 상소를 할 수 없으며 피고인의 상소권이 소멸된 후에는 변호인은 상소를 제기할 수 없다(대결 1986.7.12. 86모24).

5. 절차속행신청

상소의 포기 또는 취하가 부존재 또는 무효(착오 등을 이유로)임을 주장하는 자는 그 포기 또는 취하 당시 소송기록이 있었던 법원에 절차속행을 신청할 수 있다(규칙 제154조 제1항). 절차속행의 신청을 받은 법원은 신청이 이유 있다 인정하는 때에는 신청을 인용하는 결정을 하고 절차를 속행해야 하며 신청이 이유없다고 인정하는 때에는 결정으로 신청을 기각하여야 한다. 기각결정에 대해서는 즉시항고가 허용된다(같은 조 제2항, 제3항).

> ① [1] 상고를 포기한 후 그 포기가 무효라고 주장하는 경우 상고제기기간이 경과하기 전에는 상고포기의 효력을 다투면서 상고를 제기하여 그 상고의 적법 여부에 대한 판단을 받으면 되고, 별도로 상소권회복청구를 할 여지는 없다. [2] 피고인이 상고를 포기한 후 상고를 제기한 경우에는 피고인으로서는 그 상고에 의하여 계속된 상고절차나 원심법원의 상고기각결정에 대한 즉시항고절차 등에서 피고인의 상고포기가 부존재하거나 무효임을 주장하여 구제받을 수 있으므로, 위 규정에 의한 상소절차속행신청을 할 수는 없다(대결 1999.5.18. 99모40).
>
> ② 상소권을 포기한 후 상소제기기간이 도과하기 전에 상소포기의 효력을 다투면서 상소를 제기한 자는 원심 또는 상소심에서 그 상소의 적법 여부에 대한 판단을 받으면 되고, 별도로 상소권회복청구를 할 여지는 없다고 할 것이나, 상소권을 포기한 후 상소제기기간이 도과한 다음에 상소포기의 효력을 다투는 한편, 자기 또는 대리인이 책임질 수 없는 사유로 인하여 상소제기기간 내에 상소를 하지 못하였다고 주장하는 사람은 상소를 제기함과 동시에 상소권회복청구를 할 수 있고, 그 경우 상소포기가 부존재 또는 무효라고 인정되지 아니하거나 자기 또는 대리인이 책임질 수 없는 사유로 인하여 상소제기기간을 준수하지 못하였다고 인정되지 아니한다면 상소권회복청구를 받은 원심으로서는 상소권회복청구를 기각함과 동시에 상소기각 결정을 하여야 한다(대결 2004.1.13. 2003모451).

V. 일부상소

1. 일부상소의 의의

상소는 재판의 일부에 대하여 할 수 있다(제342조 제1항). 이러한 일부상소에 있어 재판의 일부란 한 개의 사건의 일부가 아닌 수개의 사건이 병합심판된 경우 그 재판의 일부를 말한다.

2. 일부상소의 범위

일부상소가 허용되기 위하여는 재판의 내용이 가분이고 독립된 판결이 가능할 것을 요한다. 일부상소가 허용되는 범위에서는 일부에 대한 상소의 포기와 취하도 인정된다. 일부상소가 허용되지 않는 경우임에도 불구하고 일부상소가 있는 때에는 전부상소가 있는 것으로 해석해야 한다. 즉 일부에 대한 상소는 그 일부와 불가분의 관계에 있는 부분에 대하여도 효력이 미친다(제342조 제2항).

① [1] 형사소송법 제342조는 제1항에서 일부 상소를 원칙적으로 허용하면서, 제2항에서 이른바 상소불가분의 원칙을 선언하고 있다. 따라서 불가분의 관계에 있는 재판의 일부만을 불복대상으로 삼은 경우 그 상소의 효력은 상소불가분의 원칙상 피고사건 전부에 미쳐 그 전부가 상소심에 이심되고, 이러한 경우로는 일부 상소가 피고사건의 주위적 주문과 불가분적 관계에 있는 주문에 대한 것, 일죄의 일부에 대한 것, 경합범에 대하여 1개의 형이 선고된 경우 경합범의 일부 죄에 대한 것 등에 해당하는 경우를 들 수 있다. [2] 피고사건의 주위적 주문과 몰수 또는 추징에 관한 주문은 상호 불가분적 관계에 있어 상소불가분의 원칙이 적용되는 경우에 해당한다. 따라서 피고사건의 재판 가운데 몰수 또는 추징에 관한 부분만을 불복대상으로 삼아 상소가 제기되었다 하더라도, 상소심으로서는 이를 적법한 상소제기로 다루어야 하고, 그 부분에 대한 상소의 효력은 그 부분과 불가분의 관계에 있는 본안에 관한 판단 부분에까지 미쳐 그 전부가 상소심으로 이심된다(대판 2008.11.20. 2008도5596 전원합의체).

② 검사와 피고인 양쪽이 상소를 제기한 경우, 어느 일방의 상소는 이유 없으나 다른 일방의 상소가 이유 있어 원판결을 파기하고 다시 판결하는 때에는 이유 없는 상소에 대해서는 판결이유 중에서 그 이유가 없다는 점을 적으면 충분하고 주문에서 그 상소를 기각해야 하는 것은 아니다(대판 2020.6.25. 2019도17995).

1) 일부상소의 허용범위

수죄, 즉 경합범의 각 부분에 대하여 각각 다른 수개의 판결이 선고된 때에는 재판내용이 가분인 경우에 해당하므로 일부상소가 가능하다. 구체적으로 ① 일부유죄·일부무죄 등의 경우, ② 2개 이상의 다른 형이 병과된 경우, ③ 수개의 공소사실이 금고 이상의 확정판결 전후에 범한 죄로서 수개의 형이 선고된 경우, ④ 전부무죄의 경우 모두 일부상소 가능하다.

2) 일부상소의 제한

재판의 내용이 불가분인 때에는 일부상소가 허용되지 않는다. ① 일죄의 일부에 대한 상소는 허용되지 않고(과형상의 일죄 역시 일부상소가 인정되지 않는다), ② 경합범 전부에 대하여 한 개의 형이 선고된 경우에도 일부상소가 허용되지 않으며, ③ 주형과 일체가 되어 있는 부가형 등도 주형과 분리하여 상소할 수 없다.

① 제1심법원이 공소사실의 동일성이 인정되는 범위 내에서 공소가 제기된 범죄사실에 포함된 보다 가벼운 범죄사실을 유죄로 인정하면서 법정형이 보다 가벼운 다른 법조를 적용하여 피고인을 처벌하고, 유죄로 인정된 부분을 제외한 나머지 부분에 대하여는 범죄의 증명이 없다는 이유로 판결 이유에서 무죄로 판단한 경우, 그에 대하여 피고인만이 유죄 부분에 대하여 항소하고 검사는 무죄로 판단된 부분에 대하여 항소하지 아니하였다면, 비록 그 죄 전부가 피고인의 항소와 상소불가분의 원칙으로 인하여 항소심에 이심되었다고 하더라도 무죄 부분은 심판대상이 되지 않는다(대판 2008.9.25. 2008도4740).

② 환송 전 원심에서 상상적 경합관계에 있는 수죄에 대하여 모두 무죄가 선고되었고, 이에 검사가 무죄 부분 전부에 대하여 상고하였으나 그 중 일부 무죄 부분(A)에 대하여는 이를 상고이유로 삼지 않은 경우, 비록 상고이유로 삼지 아니한 무죄 부분(A)도 상고심에 이심되지만 그 부분

은 이미 당사자 간의 공격방어의 대상으로부터 벗어나 사실상 심판대상에서 이탈하게 되므로, 상고심으로서도 그 무죄 부분에까지 나아가 판단할 수 없다(대판 2008.12.11. 2008도8922).

③ 단순일죄의 관계에 있는 공소사실의 일부에 대하여만 유죄로 인정하고 나머지 부분에 대하여는 무죄로 판단한 제1심판결에 대하여 피고인만이 항소하였더라도, 상소불가분의 원칙상 항소의 효력이 제1심판결의 유죄부분과 무죄부분을 전부에 대하여 미치는 것이므로, 무죄부분을 포함한 공소사실 전부가 항소심에 이심되어 그 심판대상이 된다(대판 1990.1.25. 89도478).

④ 원심이 두 개의 죄를 경합범으로 보고 한 죄는 유죄, 다른 한 죄는 무죄를 각 선고하자 검사가 무죄부분만에 대하여 불복상고 하였다고 하더라도 위 두 죄가 상상적 경합관계에 있다면 유죄부분도 상고심의 심판대상이 된다(대판 1980.12.9. 80도384 전원합의체).

⑤ 상상적 경합관계에 있는 두 죄에 대하여 한 죄는 무죄, 한 죄는 유죄가 선고되어 검사만이 무죄부분에 대하여 상고하였다 하여도 유죄 부분도 상고심의 심판대상이 되는 것이고, 공소사실 중 일부에 대하여는 유죄를, 실체적 경합관계에 있는 일부에 대하여는 무죄를 각 선고하고, 그 유죄부분과 상상적 경합관계에 있는 다른 일부에 대하여는 무죄임을 판시하면서 주문에 별도의 선고를 하지 않은 항소심판결에 대하여, 검사가 무죄 부분 전체에 대하여 상고를 한 경우 그 유죄 부분은 형식상 검사 및 피고인 어느 쪽도 상고한 것 같아 보이지 않지만 그 부분과 상상적 경합관계에 있는 무죄 부분에 대하여 검사가 상고함으로써 그 유죄 부분은 그 무죄 부분의 유·무죄 여하에 따라서 처단될 죄목과 양형을 좌우하게 되므로, 결국 그 유죄 부분도 함께 상고심의 판단대상이 된다(대판 2007.6.1. 2005도7523).

⑥ 제1심법원이 공소사실의 동일성이 인정되는 범위 내에서 공소가 제기된 범죄사실에 포함된 보다 가벼운 범죄사실을 유죄로 인정하면서 법정형이 보다 가벼운 다른 법조를 적용하여 피고인을 처벌하고, 유죄로 인정된 부분을 제외한 나머지 부분에 대하여는 범죄의 증명이 없다는 이유로 판결 이유에서 무죄로 판단한 경우, 그에 대하여 피고인만이 유죄 부분에 대하여 항소하고 검사는 무죄로 판단된 부분에 대하여 항소하지 아니하였다면, 비록 그 죄 전부가 피고인의 항소와 상소불가분의 원칙으로 인하여 항소심에 이심되었다고 하더라도 무죄 부분은 심판대상이 되지 않는다. 따라서 그 부분에 관한 제1심판결의 위법은 형사소송법 제361조의4 제1항 단서의 '직권조사사유' 또는 같은 법 제364조 제2항에 정한 '항소법원은 판결에 영향을 미친 사유에 관하여는 항소이유서에 포함되지 아니한 경우에도 직권으로 심판할 수 있다.'는 경우에 해당하지 않으므로, 항소심법원이 직권으로 심판대상이 아닌 무죄 부분까지 심리한 후 이를 유죄로 인정하여 법정형이 보다 무거운 법조를 적용하여 처벌하는 것은 피고인의 방어권 행사에 불이익을 초래하는 것으로서 허용되지 않는다. 이는 제1심판결에 무죄로 판단된 부분에 대한 이유를 누락한 잘못이 있다고 하더라도 동일하다(대판 2008.9.25. 2008도4740).

⑦ 원래 주위적·예비적 공소사실의 일부에 대한 상소제기의 효력은 나머지 공소사실 부분에 대하여도 미치는 것이고, 동일한 사실관계에 대하여 서로 양립할 수 없는 적용법조의 적용을 주위적·예비적으로 구하는 경우에는 예비적 공소사실만 유죄로 인정되고 그 부분에 대하여 피고인만 상소하였다고 하더라도 주위적 공소사실까지 함께 상소심의 심판대상에 포함된다(대판 2006.5.25. 2006도1146).

⑧ 주문이 단일한 경합죄의 일부에 대한 상소가 있을 때에는 경합죄의 전부에 대한 상소가 있는 것으로 보아야 한다(대판 1961.10.5. 4293형상403).

⑨ 피고사건 본안에 관한 판단에 따른 주형 등에 부가하여 한 번에 선고되고 이와 일체를 이루어 동시에 확정되어야 하고 본안에 관한 주형 등과 분리되어 이심되어서는 아니 되는 것이 원칙이다. 따라서 상소심에서 원심의 주형 부분을 파기하는 경우 부가형인 몰수 또는 추징 부분도 함께 파기하여야 하고, 몰수 또는 추징을 제외한 나머지 주형 부분만을 파기할 수는 없다(대판 2009.6.25. 2009도2807).

⑩ 특정 범죄자에 대한 위치추적 전자장치 부착 등에 관한 법률(이하 '법'이라 한다) 제4장에서는 '형의 집행유예와 부착명령'에 관하여 규정하고 있는데, 그 장에 포함된 법 제28조 제1항에서 정한 부착명령은 법원이 형의 집행을 유예하면서 보호관찰을 받을 것을 명하는 때에만 가능한 것으로서, 법 제2장에서 정하고 있는 '징역형 종료 이후의 부착명령'과는 성질과 요건이 다르다. 또한 법 제4장의 부착명령에 관하여는 법 제31조가 부착명령 '청구사건'의 판결에 대한 상소에 관한 규정들인 법 제9조 제8항과 제9항은 준용하지 아니하고 있는 점, 보호관찰부 집행유예의 경우 보호관찰명령 부분만에 대한 일부상소는 허용되지 않는 점 등에 비추어 볼 때, 위와 같은 부착명령은 보호관찰부 집행유예와 서로 불가분의 관계에 있는 것으로서 독립하여 상소의 대상이 될 수 없다(대판 2012.8.30. 2011도14257, 2011전도233).

3. 일부상소의 방식과 상소심의 심판범위

1) 일부상소의 방식

일부상소를 함에는 일부상소를 한다는 취지를 명시하고 불복부분을 특정하여야 한다. 불복부분을 특정하지 아니한 상소는 전부상소로 보아야 한다.

> **쟁점** 일부상소의 판단 근거
>
> 일부상소인지 여부는 상소장을 기준으로 판단함이 원칙이다. 다만, 그 취지가 명확하지 아니한 경우, 상소이유서를 참작하여 판단할 수 있는지 문제된다. 이에 대해 ① 상소이유서를 참조할 수 있다는 긍정설과 ② 상소장만을 기준으로 하여야 한다는 부정설이 대립하고, 판례는 긍정설의 입장에서 항소장에 경합범으로서 2개의 형이 선고된 죄 중 일죄에 대한 형만을 기재하였으나 항소이유서에서 그 나머지 일죄에 대하여도 항소이유를 개진한 경우, 판결전부에 대한 항소로 판단하였다(대판 2004.12.10. 2004도3515). 생각건대, 긍정설에 의할 경우 상소이유서 제출시까지 재판의 확정 여부가 불명확하게 되므로 부정설이 타당하다.

> **쟁점** 포괄일죄의 일부에 대한 상소에 대한 판례의 태도
>
> 판례는 포괄적 일죄의 관계에 있는 공소사실 중 일부 유죄, 나머지 무죄의 판결에 대하여 ① 피고인만이 상소한 경우에는 상소불가분의 원칙에 의하여 무죄부분도 상고심에 이심되기는 하나 그 부분은 이미 당사자 간의 공격방어의 대상으로부터 벗어나 사실상 심판대상에서부터도

> 벗어나게 되어 상고심으로서도 그 무죄부분에까지 나아가 판단할 수 없다고 판시하면서도(대판 1991.3.12. 90도2820, 따라서 상고심으로부터 위 유죄판결부분 항소심 판결이 잘못되었다는 이유로 사건을 파기환송하더라도 항소심은 무죄부분에 대하여는 다시 판단할 수 없다), ② **검사만이 상소한 경우**(일부 무죄부분을 특정하여 상소한 경우이다)에는 상소불가분의 원칙상 검사의 상고는 그 판결의 유죄부분과 무죄부분 전부에 미치는 것이므로 유죄부분도 상고심에 이전되어 그 심판대상이 된다고 판시하고 있다(대판 1989.4.11. 86도1629, 이러한 판례의 태도를 편면적 공방대상론으로 평가하는 견해가 있다). 생각건대, 판례의 위와 같은 태도는 논리적인 일관성은 부족하나 피고인의 방어권을 실질적으로 보장한다는 점에서 타당하다고 생각된다.

① [1] 검사가 제출한 항소장의 불복의 범위란에 재판의 일부에 대하여서만 상소한다는 기재가 없는 한 검사의 청구대로 되지 아니한 판결전부에 대하여 상소한 것이라고 보아야 할 것이다. [2] 검사가 불복의 범위란에 아무런 기재를 아니하고, 판결주문란에 유죄부분의 형만을 기재하고 무죄의 주문은 기재하지 아니한 항소장을 제출하였으나 항소이유서에 무죄부분에 대하여도 항소이유를 개진한 경우, 판결전부에 대한 항소로 본 사례(대판 1991.11.26. 91도1937)

② 형법 제37조 전단 경합범 관계에 있는 공소사실 중 일부에 대하여 유죄, 나머지 부분에 대하여 무죄를 선고한 제1심판결에 대하여 검사만이 항소하면서 무죄 부분에 관하여는 항소이유를 기재하고 유죄 부분에 관하여는 이를 기재하지 않았으나 항소 범위는 '전부'로 표시하였다면, 이러한 경우 제1심판결 전부가 이심되어 원심의 심판대상이 되므로, 원심이 제1심판결 무죄 부분을 유죄로 인정하는 때에는 제1심판결 전부를 파기하고 경합범 관계에 있는 공소사실 전부에 대하여 하나의 형을 선고하여야 한다(대판 2014.3.27. 2014도342).

③ 형법 제37조 전단의 경합범으로 동시에 기소된 수 개의 공소사실에 대하여 일부 유죄, 일부 무죄를 선고하거나 수 개의 공소사실이 금고 이상의 형에 처한 확정판결 전후의 것이어서 형법 제37조 후단, 제39조 제1항에 의하여 각기 따로 유·무죄를 선고하거나 형을 정하는 등으로 판결주문이 수 개일 때에는 그 1개의 주문에 포함된 부분을 다른 부분과 분리하여 일부상소를 할 수 있고, 이때 당사자 쌍방이 상소하지 아니한 부분은 분리확정된다. 그러므로 확정판결 전의 공소사실과 확정판결 후의 공소사실에 대하여 따로 유죄를 선고하여 두 개의 형을 정한 제1심판결에 대하여 피고인만이 확정판결 전의 유죄판결 부분에 대하여 항소한 경우, 피고인과 검사가 항소하지 아니한 확정판결 후의 유죄판결 부분은 항소기간이 지남으로써 확정되어 항소심에 계속된 사건은 확정판결 전의 유죄판결 부분뿐이고, 그에 따라 항소심이 심리·판단하여야 할 범위는 확정판결 전의 유죄판결 부분에 한정된다(대판 2018.3.29. 2016도18553).

2) 일부상소와 상소심의 심판범위

(1) 일부상소의 심판범위

상소심의 심판범위는 상소인이 주장하는 상소이유에 제한되는 것이 원칙이다. 일부상소의 경우에 상소심의 심판범위는 상소를 제기한 범위에만 미치므로 상소가 없는 부분의 재판은 분리·확정되고, 상소법원은 일부상소된 부분에 한하여 심판하여야 하며, 상소심의 파기환송에 의하여 사건을 환송받은 법원도 일부상소된 사건에 대하여만 한다. 상소불가분의 원칙에 의하여 일부에 대한 상소는 그 일부와 불가분의 관계에 있는 부분에 대하여도 효력이 미치는 것은 물론이다(제342조 제2항).

> **쟁점** 경합범에 대한 일부상소시 파기범위
>
> **1. 쟁점의 정리**
>
> 일부상소의 경우 불복하지 않은 나머지 부분에 대해서는 확정되는 것이 원칙이나, 피고인에 대한 양형상의 불이익 등을 이유로 이심범위에 대한 제342조의 예외를 인정하여야 하는지가 문제된다.
>
> **2. 견해의 대립**
>
> ① 전부파기설은 형법 제37조 전단 경합범으로 수개의 형이 선고된 경우에는 무죄부분뿐만 아니라 유죄부분까지 전부 파기되어야 한다고 보고, ② 일부파기설은 과형상 불이익은 사실적인 것에 불과한 것이라는 점을 근거로 불복 부분에 대해서만 파기 가능하다고 본다.
>
> **3. 판례의 태도**
>
> 판례는 경합범으로 공소제기된 수개의 범죄사실 중 일부 무죄부분에 대해 검사만이 상고한 경우, 그 유죄부분은 상소기간의 도과로 확정되므로 무죄 부분만이 파기되어야 한다고 하여 일부파기설의 입장에 있다(대판 1992.1.21. 91도1402, 다만 위 판례는 일부 무죄부분에 대해 검사만이 상소한 사례임에 주의를 요한다. 일부 유죄부분에 대하여는 피고인이, 일부 무죄부분에 대하여는 검사가 상소한 경우에 있어서 판례는 무죄부분과 유죄부분도 함께 파기되어야 한다고 판시하였다(대판 2002.6.20. 2002도807 전원합의체)).
>
> **4. 검토**
>
> 일부상소의 경우에도 불이익변경금지원칙은 적용되고 형법이 개정됨에 따라 양형상의 불이익도 존재하지 않는다는 점을 고려할 때 일부파기설이 타당하다.

유죄부분과 상상적 경합관계에 있는 다른 일부에 대하여 무죄임을 판시하면서 주문에 별도의 선고를 하지 않은 항소심 판결에 대하여 검사가 무죄부분 전체에 대하여 상고를 한 경우에는 그 유죄부분도 함께 상고심의 판단대상이 된다.

(2) 죄수판단의 변경과 심판범위

> **쟁점** 죄수판단의 변경과 심판범위
>
> **1. 쟁점의 정리**
>
> 원심법원에서 경합범으로 판단하여 일부유죄·일부무죄를 선고하였으나, 상소법원이 단순일죄나 과형상 일죄로 죄수판단을 달리한 경우, 상소심 법원의 심판범위가 문제된다.
>
> **2. 견해의 대립**
>
> ① 면소판결설은 일부판결이 확정되어 그 기판력이 미치는 이상 면소판결을 하여야 한다고

보고, ② 전부이심설은 상소불가분원칙에 의해 유죄부분과 무죄부분 모두가 상소심에 계속된다고 보며, ③ 일부이심설은 확정되지 않은 나머지 판결만 상소심의 심판대상이 된다고 본다.

3. 판례의 태도

판례는 원심이 경합범으로 판단하고 일부유죄·일부무죄로 판결을 선고하자 검사가 무죄부분에 대해 상소한 경우, 양 죄가 상상적 경합관계에 있다면 유죄부분도 상소심의 심판대상이 된다고 하여 전부이심설의 입장에 있다(대판 1980.12.9. 80도384 전원합의체).

4. 검토

경합범으로 판시된 수개의 범죄라도 상상적 경합관계에 있는 이상 상소불가분의 원칙이 적용된다고 할 것인바, 전부이심설이 타당하다.

VI. 불이익변경금지의 원칙

1. 불이익변경금지원칙의 의의

불이익변경금지의 원칙이란 피고인이 항소 또는 상고한 사건과 피고인을 위하여 항소 또는 상고한 사건에 관하여 상소심은 원심판결의 형보다 중한 형을 선고하지 못한다는 원칙을 의미한다(제368조, 제396조 제2항).

2. 불이익변경금지원칙의 적용범위

1) 피고인이 상소한 사건

피고인이 제338조 제1항에 의하여 상소한 사건을 말한다. 여기서 피고인이 상소한 사건이란 피고인만 상소한 사건을 뜻한다. 따라서 검사만 상소한 사건이나, 검사와 피고인 쌍방이 상소한 사건에 대하여는 불이익변경금지의 원칙이 적용되지 않는다.

여기서 피고인만 항소한 제2심판결에 대하여 검사가 상고한 때에 이 원칙이 적용되는지 문제된다. 항소심의 잘못 때문에 항소한 피고인이 불이익을 받는다는 것은 피고인의 상소권을 보장한다는 이 원칙의 취지에 반하므로 상고심에서는 제1심판결의 형보다 중한 형을 선고할 수 없다고 해야 한다(대결 1957.10.4. 4290형비상1). 검사와 피고인의 쌍방이 상소한 경우에도 검사의 상소가 기각된 때에는 피고인만 상소한 경우와 같으므로 이 원칙이 적용된다(대판 1969.3.31. 68도1870).

> 피고인과 검사 쌍방이 상소한 결과 검사의 상소가 받아들여져 원심판결 전부가 파기됨으로써 피고인에 대한 형량 전체를 다시 정해야 하는 경우에는 불이익변경금지원칙이 적용되지 않고, 사건이 경합범에 해당한다고 하여 개개 범죄별로 불이익변경의 여부를 판단할 것은 아니다(대판 2007.6.28. 2005도7473).

2) 피고인을 위하여 상소한 사건

피고인을 위하여 상소한 사건이란 형사소송법 제340조와 제341조가 규정하는 당사자 이외의 상소권자가 상소한 사건을 말한다. 검사가 피고인의 이익을 위하여 상소한 경우도 피고인을 위하여 상소한 사건으로 보아 이 원칙을 적용할 것인지에 대해 판례는 긍정설의 입장에서 판시하고 있다(대결 1993.3.4. 92모21).

3) 상소한 사건

불이익변경금지의 원칙은 피고인이 또는 피고인을 위하여 상소한 사건에 적용된다. 따라서 이는 항소심의 경우뿐만 아니라 상고심에서도 적용된다. 다만 항소심에서 다른 사건이 병합되어 경합범으로 처단되는 때에는 불이익변경이 금지되지 않는다.

> ① 피고인이 약식명령에 대하여 정식재판을 청구한 사건과 공소가 제기된 다른 사건을 병합하여 심리한 결과 형법 제37조 전단의 경합범 관계에 있어 하나의 벌금형으로 처단하는 경우에는 약식명령에서 정한 벌금형보다 중한 벌금형을 선고하더라도 형사소송법 제457조의2에 정하여진 불이익변경금지의 원칙에 어긋나는 것이 아니다(대판 2004.8.20. 2003도4732).
> ② 3개의 공소사실을 제1심법원에서 유죄로 인정하여 징역 8월을 선고하고 피고인만이 항소한 사건에서 제2심 법원이 2개의 공소사실만을 유죄로 인정하여 징역 6월에 1년간 집행유예선고를 하고, 1개의 공소사실을 무죄선고하였는데 그 후 무죄부분만이 상고되어 파기환송된 경우 제2심 법원이 이 무죄부분을 다시 유죄로 인정하여 징역 6월에 1년간 집행유예 선고를 한 것은 피고인만이 항소한 사건에서 환송전후의 형을 합산하면 징역 1년을 선고한 셈이 되어 위법하다(대판 1984.3.13. 83도1735).
> ③ 벌금 150만 원의 약식명령을 고지받고 정식재판을 청구한 '당해 사건'과 정식 기소된 '다른 사건'을 병합·심리한 후 두 사건을 경합범으로 처단하여 벌금 900만 원을 선고한 제1심판결에 대해, 피고인만이 항소한 원심에서 다른 사건의 공소사실 전부와 당해 사건의 공소사실 일부에 대하여 무죄를 선고하고 '당해 사건'의 나머지 공소사실은 유죄로 인정하면서 그에 대하여 벌금 300만 원을 선고한 경우, 원심판결에 형사소송법 제457조의2에서 규정한 불이익변경금지의 원칙을 위반한 위법이 있다(대판 2009.12.24. 2009도10754).

(1) 항고사건

형사소송법은 피고인만 항고한 항고사건에 대해서는 이 원칙을 규정하고 있지 아니하는바, 항고사건에는 적용되지 않는다고 봄이 타당하다.

(2) 파기환송 또는 파기이송사건

상소심이 피고인의 상소를 이유 있다 하여 원심판결을 파기하고 환송 또는 이송한 경우(제397조)에 환송 또는 이송받은 법원에 있어서도 종전의 원판결과의 사이에 이 원칙이 적용된다.

> [1] 피고인만의 상고에 의하여 상고심에서 원심판결을 파기하고 사건을 항소심에 환송한 경우에는 환송전 원심판결과의 관계에서도 불이익변경금지의 원칙이 적용되어 그 파기된 항소심판결보다 중한 형을 선고할 수 없다. [2] 환송 후 원심판결이 환송 전 원심판결에서 선고하지 아니한 몰수를 새로이 선고하는 것은 불이익변경금지의 원칙에 위배된다(대판 1992.12.8. 92도2020).

(3) 정식재판의 청구

형사소송법은 「피고인이 정식재판을 청구한 사건에 대하여는 약식명령의 형보다 중한 종류의 형을 선고하지 못한다」고 규정하여(제457조의2) 약식명령에 대한 정식재판의 청구의 경우에 불이익변경금지의 원칙을 적용하고 있다. 개정 전 형사소송법에서는 '중한 형'이라 규정하고 있었으나, 현행 형사소송법은 약식명령에 대한 정식재판의 경우에만 '중한 종류의 형'이라 규정하고 있으므로, 정식재판에서 벌금액수를 상향하는 것은 불이익변경금지 원칙에 위반되지 아니한다.

> [1] 형사소송법 제457조의2에서 규정한 불이익변경금지의 원칙은 피고인이 약식명령에 불복하여 정식재판을 청구한 사건에서 약식명령의 주문에서 정한 형보다 중한 형을 선고할 수 없다는 것이므로, 그 죄명이나 적용법조가 약식명령의 경우보다 불이익하게 변경되었다고 하더라도 선고한 형이 약식명령과 같거나 약식명령보다 가벼운 경우에는 불이익변경금지의 원칙에 위배된 조치라고 할 수 없다. [2] 약식명령에 대하여 피고인만이 정식재판을 청구하였는데, 검사가 당초 사문서위조 및 위조사문서행사의 공소사실로 공소제기하였다가 제1심에서 사서명위조 및 위조사서명행사의 공소사실을 예비적으로 추가하는 내용의 공소장변경을 신청한 사안에서, 두 공소사실은 기초가 되는 사회적 사실관계가 범행의 일시와 장소, 상대방, 행위 태양, 수단과 방법 등 기본적인 점에서 동일할 뿐만 아니라, 주위적 공소사실이 유죄로 되면 예비적 공소사실은 주위적 공소사실에 흡수되고 주위적 공소사실이 무죄로 될 경우에만 예비적 공소사실의 범죄가 성립할 수 있는 관계에 있어 규범적으로 보아 공소사실의 동일성이 있다고 보이고, 나아가 피고인에 대하여 사서명위조와 위조사서명행사의 범죄사실이 인정되는 경우에는 비록 사서명위조죄와 위조사서명행사죄의 법정형에 유기징역형만 있다 하더라도 형사소송법 제457조의2에서 규정한 불이익변경금지 원칙이 적용되어 벌금형을 선고할 수 있으므로, 위와 같은 불이익변경금지 원칙 등을 이유로 공소장변경을 불허할 것은 아닌데도, 이를 불허한 채 원래의 공소사실에 대하여 무죄를 선고한 제1심판결을 그대로 유지한 원심의 조치에 공소사실의 동일성이나 공소장변경에 관한 법리오해의 위법이 있다고 한 사례(대판 2013.2.28. 2011도14986).

판례는 즉결심판에 대하여 정식재판을 청구한 사건에 있어서도 불이익변경금지의 원칙이 적용된다고 하고 있다(대판 1999.1.15. 98도2550).

(4) 재심

재심의 경우에도 불이익변경금지의 원칙이 적용된다. 즉, 확정판결에 대한 재심개시의 결정이 확정된 사건에 대하여 재심이 개시된 경우에 그 재심에는 원심판결의 형보다 중한 형을 선고하지 못한다(제439조).

(5) 병합사건의 경우

항소심이 ① 원심과 다른 사건을 병합하여 심리한 결과 경합범으로 처단하면서 제1심의 각 형량보다 중한 형을 선고하는 경우에는 불이익변경금지 원칙에 반하지 않지만, ② 병합·심리 결과 다른 사건에 대하여 무죄가 선고됨으로써 당해 사건과 다른 사건이 경합범으로 처단되지 않고 당해 사건에 대하여만 형이 선고된 경우에는, 다른 사건에 대한 법정형, 선고형 등 피고인의 법률상 지위를 결정하는 객관적 사정까지 고려할 필요는 없으므로 원래대로 돌아가 당해 사건에 대하여 고지받은 약식명령의 형과 그 선고받은 형만 전체적으로 비교하여 피고인에게 실질적으로 불이익한 변경이 있었는지 여부를 판단하면 된다는 것이 판례의 태도이다.

① 항소심이 제1심에서 별개의 사건으로 따로 두 개의 형을 선고받고 항소한 피고인에 대하여 사건을 병합 심리한 후 경합범으로 처단하면서 제1심의 각 형량보다 중한 형을 선고한 것은 불이익변경금지의 원칙에 어긋나지 아니한다(대판 2001.9.18. 2001도3448).

② 피고인이 약식명령에 대하여 정식재판을 청구한 사건에서 다른 사건을 병합심리한 후 경합범으로 처단하면서 약식명령의 형량보다 중한 형을 선고한 것은 형사소송법 제457조의2가 규정하는 불이익변경금지의 원칙에 어긋나지 아니한다(대판 2003.5.13. 2001도3212).

③ [1] 피고인이 정식재판을 청구한 당해 사건이 다른 사건과 병합·심리된 후 경합범으로 처단되는 경우에는 당해 사건에 대하여 고지받은 약식명령의 형과 병합·심리되어 선고받은 형을 단순 비교할 것이 아니라, 병합된 다른 사건에 대한 법정형, 선고형 등 피고인의 법률상 지위를 결정하는 객관적 사정을 전체적·실질적으로 고찰하여 병합·심판된 선고형이 불이익한 변경에 해당하는지를 판단하여야 한다. 다만 그 병합·심리 결과 다른 사건에 대하여 무죄가 선고됨으로써 당해 사건과 다른 사건이 경합범으로 처단되지 않고 당해 사건에 대하여만 형이 선고된 경우에는, 다른 사건에 대한 법정형, 선고형 등 피고인의 법률상 지위를 결정하는 객관적 사정까지 고려할 필요는 없으므로 원래대로 돌아가 당해 사건에 대하여 고지받은 약식명령의 형과 그 선고받은 형만 전체적으로 비교하여 피고인에게 실질적으로 불이익한 변경이 있었는지 여부를 판단하면 된다. [2] 벌금 150만 원의 약식명령을 고지받고 정식재판을 청구한 '당해 사건'과 정식 기소된 '다른 사건'을 병합·심리한 후 두 사건을 경합범으로 처단하여 벌금 900만 원을 선고한 제1심판결에 대해, 피고인만이 항소한 원심에서 다른 사건의 공소사실 전부와 당해 사건의 공소사실 일부에 대하여 무죄를 선고하고 '당해 사건'의 나머지 공소사실은 유죄로 인정하면서 그에 대하여 벌금 300만 원을 선고한 사안에서, 원심판결은 당해 사건에 대하여 당초 피고인이 고지받은 약식명령의 형보다 중한 형을 선고하였음이 명백하므로, 형사소송법 제457조의2에서 규정한 불이익변경금지의 원칙을 위반한 위법이 있다고 한 사례(대판 2009.12.24. 2009도10754)

④ 피고인과 검사 쌍방이 항소하였으나 검사가 항소 부분에 대한 항소이유서를 제출하지 아니하여 결정으로 항소를 기각하여야 하는 경우에는 실질적으로 피고인만이 항소한 경우와 같게 되므로 항소심은 불이익변경금지의 원칙에 따라 제1심판결의 형보다 중한 형을 선고하지 못한다(대판 1998.9.25. 98도2111).

⑤ [1] 불이익변경금지의 원칙은 피고인의 상소권 또는 약식명령에 대한 정식재판청구권을 보장하려는 것으로, 피고인만이 또는 피고인을 위하여 상소한 상급심 또는 정식재판청구사건에서 법원은 피고인이 같은 범죄사실에 대하여 이미 선고 또는 고지받은 형보다 중한 형을 선고하지 못한다는 원칙이며, 선고된 형이 피고인에게 불이익하게 변경되었는지에 관한 판단은 형법상 형의 경중을 일응의 기준으로 하되, 병과형이나 부가형, 집행유예, 미결구금일수의 통산, 노역장 유치기간 등 주문 전체를 고려하여 피고인에게 실질적으로 불이익한가의 여부에 의하여 판단하여야 할 것이고, 더 나아가 피고인이 상소 또는 정

식재판을 청구한 사건과 다른 사건이 병합·심리된 후 경합범으로 처단되는 경우에는 당해 사건에 대하여 선고 또는 고지받은 형과 병합·심리되어 선고받은 형을 단순 비교할 것이 아니라, 병합된 다른 사건에 대한 법정형, 선고형 등 피고인의 법률상 지위를 결정하는 객관적 사정을 전체적·실질적으로 고찰하여 병합심판된 선고형이 불이익한 변경에 해당하는지를 판단하여야 한다. [2] 벌금형의 약식명령을 고지받아 정식재판을 청구한 사건과 공소가 제기된 사건을 병합·심리한 후 경합범으로 처단하면서 징역형을 선고한 것이 불이익한 변경에 해당한다고 한 사례(대판 2004.11.11. 2004도6784, 제1심이 피고인에 대한 판시 도로교통법위반(음주운전) 등 사건에, 피고인이 판시 교통사고처리특례법위반죄에 대하여 벌금 350만 원의 약식명령을 고지받아 정식재판을 청구한 사건을 병합하여 심리한 후 판시 교통사고처리특례법위반죄에 대하여는 금고형을 나머지 판시 각 죄에 대하여는 각 징역형을 선택한 다음 판시 각 죄를 경합범으로 처단하면서 피고인에게 징역 6월을 선고하였고, 원심은 이러한 제1심의 조치를 유지한 사안)

3. 불이익변경금지의 내용

1) 불이익변경금지의 대상

불이익변경이 금지되는 것은 형의 선고에 한한다. 중한 형을 선고하지 않는 한 이 원칙에 반하는 것이 아니므로 상소심에서 원심이 인정한 범죄사실의 일부를 인정하지 않거나, 원심의 경합범 인정을 파기하고 일죄로 처단하면서 같은 형을 선고하여도 이 원칙에 반하는 것은 아니다.

> [1] 피고인만이 상소한 사건에서 상소심이 원심법원이 인정한 범죄사실의 일부를 무죄로 인정하면서도 피고인에 대하여 원심법원과 동일한 형을 선고하였다고 하여 그것이 불이익변경금지 원칙을 위반하였다고 볼 수 없다. [2] 피고인만의 상고에 의한 상고심에서 원심판결을 파기하고 사건을 항소심에 환송한 경우 불이익변경금지 원칙은 환송 전 원심판결과의 관계에서도 적용되어 환송 후 원심법원은 파기된 환송 전 원심판결보다 중한 형을 선고할 수 없다(대판 2021.5.6. 2021도1282).

여기서 형이란 형법 제41조가 규정하고 있는 형의 종류에 엄격히 제한되지 않고, 실질적으로 피고인에게 형벌과 같은 불이익을 주는 처분은 모두 포함된다. 추징이나 미결구금일수의 산입 또는 벌금형에 대한 노역장유치기간은 여기의 형에 해당한다. 소송비용의 부담에 대해서는 견해가 대립하나 판례는 적용을 부정하고 있다(대판 2001.4.24. 2001도872).

> ① 제1심이 약식명령에서 정한 벌금형과 동일한 벌금형을 선고하면서 새로 성폭력범죄의 처벌 등에 관한 특례법상 이수명령을 병과한 것은 전체적·실질적으로 볼 때 피고인에게 불이익하게 변경한 것이므로 허용되지 않는다(대판 2015.9.15. 2015도11362).
> ② 추징도 몰수에 대신하는 처분으로서 몰수와 마찬가지로 형에 준하여 평가하여야 할 것이므로 그에 관하여도 형사소송법 제368조의 불이익변경금지의 원칙이 적용된다(대판 2006.11.9. 2006도4888).
> ③ 소송비용의 부담은 형이 아니고 실질적인 의미에서 형에 준하여 평가되어야 할 것도 아니므로 불이익변경금지원칙의 적용이 없다(대판 2001.4.24. 2001도872).
> ④ 원심이 개정된 아동·청소년의 성보호에 관한 법률의 시행 전에 아동·청소년 대상 성범죄를

범한 피고인에 대하여 같은 법 부칙 제3조에 따라 개정규정을 적용하여 피고인에게 제1심과 동일한 형을 선고하면서 동시에 5년간의 취업제한 명령을 선고하였지만 제1심판결을 그대로 유지하는 것보다 피고인에게 특별히 신분상의 불이익이 없어 불이익변경금지원칙에 반하지 않는다고 한 사례(대판 2018.10.25. 2018도13367)

⑤ 불이익변경금지원칙을 적용할 때에는 주문을 개별적·형식적으로 고찰할 것이 아니라 전체적·실질적으로 고찰하여 판단하여야 한다. 취업제한명령은 범죄인에 대한 사회내 처우의 한 유형으로서 형벌 그 자체가 아니라 보안처분의 성격을 가지는 것이지만, 실질적으로 직업선택의 자유를 제한하는 것이다. 따라서 원심이 제1심판결에서 정한 형과 동일한 형을 선고하면서 제1심에서 정한 취업제한기간보다 더 긴 취업제한명령을 부가하는 것은 전체적·실질적으로 피고인에게 불리하게 변경한 것이므로, 피고인만이 항소한 경우에는 허용되지 않는다(대판 2019.10.17. 2019도11540).

2) 불이익변경판단의 기준

불이익변경의 여부를 판단함에 있어서는 형법 제50조를 기준으로 하면서, 전체적 판단방법에 의하여 피고인에게 과하여지는 자유구속과 법익박탈의 정도를 전체적·실질적으로 비교하여 결정하여야 한다(대판 1977.3.22. 77도67).

3) 구체적인 형의 경중 비교

(1) 형의 추가와 종류의 변경

① 징역형과 금고형 : 징역형과 금고형의 관계는 형법 제50조에 따라 해결한다.

② 자유형과 벌금형 : 벌금형을 자유형으로 변경하는 것은 불이익변경이 된다. 반면 자유형을 벌금형으로 변경하는 경우에 벌금에 대한 노역장유치기간이 자유형을 초과하더라도 불이익변경이 아니다(대판 1980.5.13. 80도765).

③ 부정기형을 정기형으로 변경하는 경우 : 종래 대법원은 부정기형의 단기를 표준으로 하여 형의 경중을 정한다는 입장이었으나, 최근 그 견해를 변경하여 '부정기형의 장기와 단기의 정중앙에 해당하는 형'을 표준으로 하여 형의 경중을 정하고 있다(대판 2020.10.22. 2020도4140).

① 수죄로 무기징역을 선고받은 피고인만이 항소하였는데 항소심이 유죄확정판결 전의 범행이 있다는 이유로 동 확정판결 전의 범행에 대하여 징역 6월, 그 후의 범행에 대하여 무기징역을 각 선고한 것은 불이익변경금지원칙에 위배되어 위법하다(대판 1981.9.8. 81도1945).

② [1] 피고인만의 상고에 의하여 원심판결을 파기하고 사건을 항소심에 환송한 경우, 환송 전 원심판결과의 관계에서도 불이익변경금지의 원칙이 적용된다. [2] 두 개의 벌금형을 선고한 환송 전 원심판결에 대하여 피고인만이 상고하여 파기 환송되었는데, 환송 후 원심이 징역형의 집행유예와 사회봉사명령을 선고한 것은 불이익변경금지의 원칙에 위배된다(대판 2006.5.26. 2005도8607).

③ 피고인에 대하여 제1심이 징역 1년 6월에 집행유예 3년의 형을 선고하고, 이에 대하여 피고인만이 항소하였는데, 환송 전 원심은 제1심판결을 파기하고 징역 1년 형의 선고를

유예하였으며, 이에 대하여 피고인만이 상고하여 당원이 원심판결을 파기하고 사건을 원심에 환송하자, 환송 후 원심은 제1심판결을 파기하고, 벌금 40,000,000원 형과 금 16,485,250원 추징의 선고를 모두 유예하였다면, 환송 후 원심이 제1심이나 환송 전 원심보다 가볍게 그 주형을 징역 1년 6월 형의 집행유예 또는 징역 1년 형의 선고유예에서 벌금 40,000,000원 형의 선고유예로 감경한 점에 비추어, 그 선고를 유예한 금 16,485,250원의 추징을 새로이 추가하였다고 하더라도, 전체적·실질적으로 볼 때 피고인에 대한 형이 제1심판결이나 환송 전 원심판결보다 불이익하게 변경되었다고 볼 수는 없다(대판 1998.3.26. 97도1716).

④ [1] 제1심에서 부정기형을 선고받은 피고인이 항소심 선고 이전에 19세에 도달하는 경우 정기형이 선고되어야 한다. 이 경우 피고인만이 항소하거나 피고인을 위하여 항소하였다면 형사소송법 제368조가 규정한 불이익변경금지원칙이 적용되어 항소심은 제1심판결의 부정기형보다 무거운 정기형을 선고할 수 없다. (중략) 피고인이 항소심 선고 이전에 19세에 도달하여 제1심에서 선고한 부정기형을 파기하고 정기형을 선고함에 있어 불이익변경금지원칙 위반 여부를 판단하는 기준은 부정기형의 장기와 단기의 중간형이 되어야 한다. [2] 제1심이 당시 소년에 해당하는 피고인에 대하여 살인죄 및 사체유기죄를 유죄로 인정하면서 소년법 제60조 제1항 단서에 대한 특칙에 해당하는 특정강력범죄의 처벌에 관한 특례법 제4조 제2항에서 정한 장기와 단기의 최상한인 징역 장기 15년, 단기 7년의 부정기형을 선고하였고, 이에 대하여 피고인만이 항소하였는데, 피고인이 원심 선고 이전에 성년에 도달하자 원심이 직권으로 제1심판결을 파기하고 정기형을 선고하면서 불이익변경금지원칙상 제1심이 선고한 부정기형의 단기인 징역 7년을 초과하는 징역형을 선고할 수 없다는 이유로 피고인에게 징역 7년을 선고한 사안에서, 원심이 제1심에서 선고한 부정기형 대신 정기형을 선고함에 있어 불이익변경금지원칙 위반 여부를 판단하는 기준은 부정기형의 장기와 단기의 중간형, 즉 징역 11년이 되어야 한다는 이유로, 이와 달리 판단한 원심판결에 법리오해의 잘못이 있다고 한 사례(대판 2020.10.22. 2020도4140)

(2) 집행유예와 선고유예

① 집행유예와 형의 경중 : 집행유예를 붙인 자유형판결에 대하여 집행유예만 없애거나 유예기간만을 연장한 경우에는 불이익변경에 해당한다. 징역형 또는 금고형을 줄이면서 집행유예를 박탈한 경우에도 불이익변경이 된다(집행유예의 경우에는 형의 집행을 받을 필요가 없고 유예기간을 경과한 때에는 형의 선고는 효력을 잃게 되기 때문이다).

징역형을 늘리면서 집행유예를 붙인 경우에도 불이익변경이 된다. 징역형에 집행유예를 붙이면서 벌금형을 병과하거나, 벌금액을 늘린 경우 또는 금고형을 징역형으로 바꾸면서 집행유예를 선고한 때에도 불이익변경에 해당한다.

② 집행유예·선고유예와 벌금형의 경중 : 자유형에 대한 집행유예판결을 벌금형으로 변경하는 것은 불이익변경이 될 수 없다. 그러나 자유형에 대한 선고유예를 벌금형으로 변경하는 것은 불이익변경이 된다(대판 1999.11.26. 99도3776). 반면 항소심에서 1심이 징역형에 대하여는 집행유예를 하고 1심에서 선고를 유예한 벌금형을 병과한 것은 피고인에게 불이익하다고 할 수 없다(대판 1976.10.12. 74도1785).

③ 형의 집행유예와 집행면제 : 형의 집행면제의 판결을 집행유예로 변경하는 것은 불이익 변경에 해당하지 않는다(대판 1985.9.24. 84도2972 전원합의체, 집행유예는 유예기간이 경과한 때에 형의 선고의 효력이 상실되나, 전자의 경우에는 그 형의 집행만을 면제하는 것이기 때문이다).

> ① 제1심이 뇌물수수죄를 인정하여 피고인에게 징역 1년 6월 및 추징 26,150,000원을 선고한 데 대해 피고인만이 항소하였는데, 원심이 제1심이 누락한 필요적 벌금형 병과규정인 특정범죄 가중처벌 등에 관한 법률 제2조 제2항을 적용하여 피고인에게 징역 1년 6월에 집행유예 3년, 추징 26,150,000원 및 벌금 50,000,000원을 선고한 사안에서, 집행유예의 실효나 취소가능성, 벌금 미납 시 노역장 유치 가능성과 그 기간 등을 전체적·실질적으로 고찰할 때 원심이 선고한 형은 제1심이 선고한 형보다 무거워 피고인에게 불이익하다고 한 사례(대판 2013.12.12. 2012도7198)
> ② 징역 1년에 3년간 집행유예가 선고된 제1심판결에 대하여 피고인 및 검사가 제기한 항소를 기각하고 직권으로 제1심판결의 형이 중하다는 이유로 이를 파기한 후 징역 10월의 실형을 선고한 경우에는 불이익변경의 금지규정에 위배된다(대판 1965.12.10. 65도826 전원합의체).
> ③ 제1심에서 징역 6월의 선고를 받고 피고인만이 항소한 사건에서 징역 8월에 집행유예 2년을 선고한 것은 제1심 형보다 중하고 따라서 불이익변경의 금지원칙에 위반된다(대판 1966.12.8. 66도1319 전원합의체).
> ④ 형기의 변경 없이 금고형을 징역형으로 바꾸어 집행유예를 선고하더라도 불이익변경금지원칙에 위배되지 않는다(대판 2013.12.12. 2013도6608).
> ⑤ 징역 10월에 집행유예 2년을 선고한 제1심판결을 파기하고 벌금 1천만 원을 선고한 항소심판결은 불이익변경금지원칙에 위배되지 않는다(대판 1990.9.25. 90도1534).

(3) 몰수·추징과 미결구금일수 산입

① 주형과 몰수·추징 : 원심의 징역형을 그대로 두면서 새로 몰수 또는 추징을 추가하거나 원심보다 무거운 추징을 병과하는 것은 불이익변경이 된다. 추징을 몰수로 변경하는 것은 불이익변경에 해당하지 않는다(대판 2005.10.28. 2005도5822, 추징은 몰수에 갈음하는 처분으로 몰수와 차이가 없기 때문이다).

> ① 벌금 18만 원을 선고한 판결에 대하여 벌금을 54,000원으로 감하고 89,583원 상당의 물건을 다시 몰수하였다는 것만으로는 불이익변경이 되지 않는다(대판 1963.10.10. 63도224).
> ② 자유형의 형기를 감축하고 원판결에서 선고하지 아니한 압수장물환부선고를 한 경우 역시 불이익변경이 되지 않는다(대판 1990.4.10. 90도16).

② 미결구금일수의 산입 : 미결구금일수의 산입을 박탈하거나 감소하면 불이익변경이 된다. 다만 본형이 경하게 변경되거나 본형의 집행을 유예한 때에는 불이익변경이 되지 아니하며, 미결구금일수의 축소로 원심보다 형의 집행기간이 길어진 때에는 불이익변경이 된다.

(4) 압수물의 환부

상소심이 자유형의 형기를 감축하면서 원판결이 선고치 아니한 압수물의 피해자환부를 선고

하는 것은 불이익변경이 아니라는 것이 판례의 태도이다(대판 1990.4.10. 90도16).

(5) 전자장치부착명령

피고인만이 항소한 경우라도 항소법원이 부착명령을 선고하는 것은 불이익변경이 아니고(대판 2010.11.25. 2010도9013), 자유형의 형기를 줄이고 전자장치 부착명령의 기간을 늘인 것은 불이익변경이 아니라는 것(대판 2010.11.11. 2010도7955)이 판례의 태도이다.

(6) 성폭력치료프로그램 이수명령

아동·청소년의 성보호에 관한 법률위반 범행에 대하여 제1심이 약식명령에서 정한 벌금형과 동일한 벌금형을 선고하면서 새로 이수명령을 병과한 것은 불이익변경에 해당한다는 것이 판례의 태도이다(대판 2014.8.20. 2014도3390). 성폭력범죄의 처벌 등에 관한 특례법에 의한 이수명령의 경우에도 마찬가지이다(대판 2015.9.15. 2015도11362).

> 2018. 12. 11. 법률 제15904호로 개정되어 2019. 6. 12. 시행된 장애인복지법의 시행 전에 아동·청소년 대상 성범죄를 범한 피고인에 대하여, 제1심이 개정법 시행일 이전에 유죄를 인정하여 징역 7년과 80시간의 성폭력 치료프로그램 이수명령, 아동·청소년 관련기관 등에 10년간의 취업제한명령을 선고하였고, 이에 대하여 피고인만이 양형부당으로 항소하였는데, 개정법 시행일 이후에 판결을 선고한 원심이 제1심판결을 직권으로 파기하고 유죄를 인정하면서 제1심보다 가벼운 징역 6년과 80시간의 성폭력 치료프로그램 이수명령, 아동·청소년 관련기관 등에 10년간의 취업제한명령과 함께 개정법 부칙 제2조와 개정법 제59조의3 제1항 본문에 따라 장애인복지시설에 10년간의 취업제한명령을 선고한 사안에서, 원심판결에 불이익변경금지원칙을 위반한 잘못이 없다고 한 사례(대판 2019.10.17. 2019도11609)

(7) 형과 치료감호

제1심판결에서 치료감호만 선고되고 피고인만 항소한 경우에 항소심에서 징역형을 선고하는 것은 불이익변경이 된다.

Ⅶ. 파기판결의 구속력

1. 구속력의 의의

법원조직법 제8조는 「상급법원의 재판에 있어서의 판단은 당해 사건에 관하여 하급심을 기속한다」고 하여 이를 명문으로 규정하고 있다.

2. 구속력의 범위

1) 구속력이 미치는 법원

파기판결은 하급법원을 구속한다. 파기판결의 구속력은 환송 또는 이송받은 하급법원뿐만 아니라 파기판결을 한 상급심 자신도 구속한다(대판 2006.1.26. 2004도517). 다만, 항소심의 파기판결의 구속력은 상급법원인 상고심에는 미치지 아니한다.

> 원칙적으로 하급심법원뿐만 아니라 상고법원 자신도 동일 사건의 재상고심에서 환송판결의 법률상 판단에 기속된다고 할 것이다. 그러나 대법원의 전원합의체가 종전의 환송판결의 법률상

판단을 변경할 필요가 있다고 인정하는 경우에는, 그에 기속되지 아니하고 통상적인 법령의 해석적용에 관한 의견의 변경절차에 따라 이를 변경할 수 있다고 보아야 할 것이다(대판 2001.3.15. 98두15597 전원합의체).

2) 구속력이 미치는 판단

(1) 법률판단과 사실판단

파기판결의 구속력이 법률판단뿐만 아니라 사실상의 판단에 대하여도 미친다.

> 법률심을 원칙으로 하는 상고심은 형사소송법 제383조 또는 제384조에 의하여 사실인정에 관한 원심판결의 당부에 관하여 제한적으로 개입할 수 있는 것이므로 조리상 상고심판결의 파기이유가 된 사실상의 판단도 기속력을 가진다(대판 2009.4.9. 2008도10572).

(2) 적극적·긍정적 판단

쟁점 적극적·긍정적 판단에의 파기판결의 구속력

구속력이 파기판결의 직접적 이유인 소극적·부정적 판단에만 미치는가 또는 그 이면에 있는 적극적·긍정적 판단에 대하여도 미치는가에 대하여 ① 적극적·긍정적 판단은 파기이유에 대한 연유에 불과하므로 구속력이 미치지 않는다는 부정설과 ② 사실판단에 있어 부정적 판단과 긍정적 판단은 일체불가분의 관계에 있다는 점에 비추어 적극적·긍정적 판단에도 구속력이 미친다는 긍정설이 대립하고, 판례는 부정설의 입장에서 '파기판결의 기속력은 파기의 직접 이유가 된 원심판결에 대한 소극적인 부정 판단에 한하여 생긴다.'고 하여 출판물에 의한 명예훼손의 공소사실을 유죄로 인정한 환송 전 원심판결에 위법이 있다고 한 파기환송판결의 사실판단의 기속력은 파기의 직접 이유가 된 환송 전 원심에 이르기까지 조사한 증거들 만에 의하여서는 출판물에 의한 명예훼손의 공소사실이 인정되지 아니한다는 소극적인 부정 판단에만 미치는 것이므로, 환송 후 원심에서 이 부분 공소사실이 형법 제307조 제2항의 명예훼손죄의 공소사실로 변경되었다면 환송 후 원심은 이에 대하여 새롭게 사실인정을 할 재량권을 가지게 되는 것이고 더 이상 파기환송판결이 한 사실판단에 기속될 필요는 없다고 판시하였다(대판 2004.4.9. 2004도340). 생각건대, 법률심인 상고심은 제한된 자료로만 재판하고, 적극적·긍정적 판단에 구속력을 긍정할 경우 **사실심 재판의 독립성을 해치게 될 우려가 있다는 점에서 부정설이 타당하다.**

3) 구속력의 배제

환송 후에 새로운 사실과 증거에 의하여 사실관계가 변경된 경우에는 파기판결의 구속력은 배제된다. 파기판결 이후에 법령이 변경되거나 판례가 변경된 경우에도 구속력은 배제된다.

> 환송판결의 하급심에 대한 구속력은 파기의 이유가 된 원심판결의 사실상 및 법률상의 판단이 정당하지 않다는 소극적인 면에서만 발생하는 것이므로 환송 후의 심리과정에서 새로운 증거가 제시되어 기속적 판단의 기초가 된 증거관계에 변동이 있었다면 그 구속력은 이에 미치지 아니한다(대판 1984.9.11. 84도1379).

제2절 항소

Ⅰ. 항소의 의의와 항소심의 구조

항소란 제1심판결에 대한 제2심법원에의 상소를 의미한다. 항소는 제1심판결에 대한 상소이므로 결정이나 명령에 대하여는 항소할 수 없다. 제1심판결에 대하여 대법원에 상소하는 것(비약적 상고)은 항소가 아니다.

> **쟁점** 항소심의 구조
>
> **1. 쟁점의 정리**
>
> 현행 형사소송법상 항소심의 구조에 대해 명문의 규정이 없고, 속심적 규정과 사후심적 규정이 혼재되어 있어, 항소심의 구조에 대해 견해가 대립한다.
>
> **2. 견해의 대립**
>
> ① **사후심설**은 제1심에서 밝혀진 실체진실을 항소심에서 반복하여 심리하는 것은 소송의 신속과 경제의 이념에 반하므로 항소심을 사후심으로 보는 견해이고, ② **절충설**은 항소심은 원칙적으로 사후심이지만 파기자판하는 경우에 한하여 속심의 성질을 갖는다는 견해이며, ③ **속심설**은 항소심은 원칙적으로 실체진실의 발견에 최고의 이념을 두는 속심으로 보는 견해이다.
>
> **3. 판례의 태도**
>
> 판례는 속심설의 입장에서 항소심은 원칙적으로 속심이고, 사후심적 요소를 가진 조문들은 남상소의 폐해를 억제하고, 소송경제상의 필요에서 항소심의 속심적 성격에 제한을 가한 것에 불과하다고 판시하였다(대판 1983.4.26. 82도2829, 82감도612).
>
> **4. 검토**
>
> 항소심이 속심인가 사후심인가를 판단함에 있어서는 형식적 측면이 아닌 기능적 측면에 중점을 두어야 하는바, 항소심은 실체진실의 발견을 최고 이념으로 하는 사실심이라는 점에서 속심설이 타당하다.

1) 항소심에서의 공소장변경

항소심에서 공소장변경이 허용되는가에 대해 견해가 대립하나 항소심의 구조를 속심으로 보는 이상 항소심에서도 당연히 공소장변경이 **허용**된다(대판 1995.12.5. 94도1520).

2) 기판력의 시적 범위

항소심을 속심이라고 보는 이상 항소심에서는 **항소심 판결선고시**를 기준으로 판단하여야 한다. 기판력의 시적 범위도 항소심 판결선고시가 된다.

> 항소심판결 선고 당시 성년이 되었음에 불구하고 정기형을 선고함이 없이 부정기형을 선고한 제1심판결을 인용하여 항소를 기각한 것은 위법이다(대판 1966.3.3. 65도1229 전원합의체).

II. 항소이유

항소이유는 제361조의5에 제한적으로 열거되어 있다.

> **제361조의5(항소이유)** 다음 사유가 있을 경우에는 원심판결에 대한 항소이유로 할 수 있다.
> 1. 판결에 영향을 미친 헌법·법률·명령 또는 규칙의 위반이 있는 때
> 2. 판결 후 형의 폐지나 변경 또는 사면이 있는 때
> 3. 관할 또는 관할위반의 인정이 법률에 위반한 때
> 4. 판결법원의 구성이 법률에 위반한 때
> 5. 〈삭제〉
> 6. 〈삭제〉
> 7. 법률상 그 재판에 관여하지 못할 판사가 그 사건의 심판에 관여한 때
> 8. 사건의 심리에 관여하지 아니한 판사가 그 사건의 판결에 관여한 때
> 9. 공판의 공개에 관한 규정에 위반한 때
> 10. 〈삭제〉
> 11. 판결에 이유를 붙이지 아니하거나 이유에 모순이 있는 때
> 12. 〈삭제〉
> 13. 재심청구의 사유가 있는 때
> 14. 사실의 오인이 있어 판결에 영향을 미칠 때
> 15. 형의 양정이 부당하다고 인정할 사유가 있는 때

III. 항소심의 절차

1. 항소의 제기

1) 항소제기의 방식

항소를 함에는 7일의 항소제기기간 이내에 항소장을 **원심법원에 제출**하여야 한다(제358조, 제359조). 항소장에는 항소를 한다는 취지와 항소의 대상인 판결을 기재하면 족하다. 항소이유를 기재할 것은 요하지 않는다.

2) 원심법원과 항소법원의 조치

(1) 원심법원의 조치

원심법원은 항소장을 심사하여 항소의 제기가 법률상의 방식에 위반하거나 항소권이 소멸된 후인 것이 명백한 때에는 **결정으로 항소를 기각**하여야 한다. 이 결정에 대하여는 즉시항고할 수 있다(제360조). 항소기각의 결정을 하는 경우 이외에는 원심법원은 항소장을 받은 날로부터 14일 이내에 소송기록과 증거물을 항소법원에 송부하여야 한다(제361조).

(2) 항소법원의 조치

항소법원이 기록의 송부를 받은 때에는 즉시 항소인과 상대방에게 그 사유를 통지하여야 하고, 기록접수 통지 전에 변호인의 선임이 있는 때에는 변호인에게도 통지하여야 한다(제361조의2).

[1] 피고인에게 소송기록접수통지를 한 다음에 변호인이 선임된 경우에는 변호인에게 다시 같은 통지를 할 필요가 없다. 이는 필요적 변호사건에서 항소법원이 국선변호인을 선정하고 피고인과 그 변호인에게 소송기록접수통지를 한 다음 피고인이 사선변호인을 선임함에 따라 항소법원이 국선변호인의 선정을 취소한 경우에도 마찬가지이다. 이러한 경우 항소이유서 제출기간은 국선변호인 또는 피고인이 소송기록접수통지를 받은 날부터 계산하여야 한다. [2] 한편 형사소송규칙 제156조의2 제3항은 항소이유서 제출기간 내에 피고인이 책임질 수 없는 사유로 국선변호인이 변경되면 그 국선변호인에게도 소송기록접수통지를 하여야 한다고 정하고 있는데, 이 규정을 새로 선임된 사선변호인의 경우까지 확대해서 적용하거나 유추적용할 수는 없다. 결국, 형사소송법이나 그 규칙을 개정하여 명시적인 근거규정을 두지 않는 이상 현행 법규의 해석론으로는 필요적 변호사건에서 항소법원이 국선변호인을 선정하고 피고인과 국선변호인에게 소송기록접수통지를 한 다음 피고인이 사선변호인을 선임함에 따라 국선변호인의 선정을 취소한 경우 항소법원은 사선변호인에게 다시 소송기록접수통지를 할 의무가 없다고 보아야 한다(대판 2018.11.11. 2015도10651 전원합의체).

3) 항소이유서와 답변서의 제출

항소인 또는 변호인은 항소법원의 소송기록의 접수통지를 받은 날로부터 20일 이내에 항소이유서를 항소법원에 제출하여야 한다(제361조의3 제1항). 항소이유서의 제출을 받은 항소법원은 지체없이 그 부본 또는 등본을 상대방에게 송달하여야 한다(제361조의3 제2항). 상대방은 그 송달을 받은 날로부터 10일 이내에 답변서를 항소법원에 제출하여야 한다(같은 조 제3항). 답변서의 제출을 받은 항소법원은 지체 없이 그 부본 또는 등본을 항소인 또는 변호인에게 송달하여야 한다. 항소이유서 제출기간 전에 심리하는 것은 허용되지 아니하고, 송달을 하지 않은 하자는 상대방의 진술 또는 항소이유서 제출에 의하여 치유될 수 있다. 또한 항소이유의 철회도 가능하며, 다만 그 철회는 명백히 이루어져야만 그 효력이 있다(대판 2013.3.28. 2013도1473).

① [1] 피고인에게 소송기록접수통지를 한 후에 사선변호인이 선임된 경우, 항소이유서 제출기간의 기산일은 피고인이 소송기록접수통지를 받은 날이다. [2] 피고인에게 소송기록접수통지가 되기 전에 변호인이 선임된 경우, 변호인의 항소이유서 제출기간의 기산일은 변호인이 소송기록접수통지를 받은 날이다(대결 2011.5.13. 2010모1741).

② 항소이유서 제출기간 내에 피고인이 이미 이유서를 제출하였더라도 항소이유를 추가·변경·철회할 수 있으므로, 항소이유서 제출기간의 경과를 기다리지 않고는 항소사건을 심판할 수 없다. 따라서 항소이유서 제출기간 내에 변론이 종결되었는데 그 후 위 제출기간 내에 항소이유서가 제출되었다면, 특별한 사정이 없는 한 항소심법원으로서는 변론을 재개하여 항소이유의 주장에 대해서도 심리를 해 보아야 한다(대판 2015.4.9. 2015도1466).

③ 형사소송법 제355조에서 재소자에 대한 특칙 규정이 준용되는 경우 중에 상소이유서 제출의 경우를 빠뜨리고 있다고 하더라도, 상소이유서 제출에 관하여도 위 재소자에 대한 특칙 규정이 준용되는 것으로 해석함이 상당하다(대판 2006.3.16. 2005도9729 전원합의체).

④ 항소이유서 제출기간 도과 전 국선변호인선정청구에 따라 변호인을 선정한 경우, 항소법원은

그 변호인에게 소송기록 접수통지를 하여야 하며, 이러한 통지를 하지 아니한 채 판결을 선고하는 것은 위법하다(대판 2011.2.10. 2008도4558).

⑤ [1] 항소법원이 피고인에게 소송기록 접수통지를 함에 있어 2회에 걸쳐 그 통지서를 송달하였다고 하더라도, 항소이유서 제출기간의 기산일은 최초 송달의 효력이 발생한 날의 다음 날부터라고 보아야 한다. [2] 국선변호인 선정의 효력은 선정 이후 병합된 다른사건에도 미친다. [3] 항소법원이 국선변호인 선정 이후 병합된 사건에 관하여 국선변호인에게 소송기록 접수통지를 하지 아니함으로써 항소이유서 제출기회를 주지 아니한 채 판결을 선고한 것은 위법하다(대판 2010.5.27. 2010도3377).

⑥ 피고인이 항소이유서 제출기간이 도과한 후에야 비로소 국선변호인 선정청구를 하고 법원이 국선변호인 선정결정을 한 경우에는 그 국선변호인에게 소송기록접수통지를 할 필요 없고, 설령 국선변호인에게 위 통지를 하였다고 하더라도 항소이유서 제출기간은 피고인이 소송기록접수통지를 받은 날로부터 계산된다(대판 2013.6.27. 2013도4114).

⑦ 국선변호인에게도 국선변호인의 항소이유서 제출기간 만료 시까지 항소이유서를 제출하거나 수정·추가할 수 있는 권리가 있다(대판 2014.8.28. 2014도4496).

⑧ 형사소송법 제361조의3, 제364조 등의 규정에 의하면 항소심의 구조는 피고인 또는 변호인이 법정기간 내에 제출한 항소이유서에 의하여 심판되는 것이고, 이미 항소이유서를 제출하였더라도 항소이유를 추가·변경·철회할 수 있으므로, 항소이유서 제출기간의 경과를 기다리지 않고는 항소사건을 심판할 수 없다. 따라서 항소이유서 제출기간 내에 변론이 종결되었는데 그 후 위 제출기간 내에 항소이유서가 제출되었다면, 특별한 사정이 없는 한 항소심법원으로서는 변론을 재개하여 항소이유의 주장에 대해서도 심리를 해 보아야 한다(대판 2015.4.9. 2015도1466).

⑨ 항소이유서 부제출을 이유로 항소기각의 결정을 하기 위해서는 항소인이 적법한 소송기록접수통지서를 받고서도 정당한 이유 없이 20일 이내에 항소이유서를 제출하지 않았어야 한다. 피고인의 항소대리권자인 배우자가 피고인을 위하여 항소한 경우(형사소송법 제341조)에도 소송기록접수통지는 항소인인 피고인에게 하여야 하는데(형사소송법 제361조의2), 피고인이 적법하게 소송기록접수통지서를 받지 못하였다면 항소이유서 제출기간이 지났다는 이유로 항소기각결정을 하는 것은 위법하다(대결 2018.3.29. 2018모642).

⑩ [1] 형사소송법 제361조의4 제1항은 항소인 또는 변호인이 그 법 제361조의3 제1항의 기간 내에 항소이유서를 제출하지 아니한 때에는 직권조사사유가 있거나 항소장에 항소이유의 기재가 있는 경우를 제외하고 결정으로 항소를 기각하여야 한다고 규정하고 있으므로 항소인 또는 변호인이 항소이유서에 추상적으로 제1심판결이 부당하다고만 기재함으로써 항소이유를 특정하여 구체적으로 명시하지 아니하였다고 하더라도 항소이유서가 법정의 기간 내에 적법하게 제출된 경우에는 이를 항소이유서가 법정의 기간 내에 제출되지 아니한 것과 같이 보아 형사소송법 제361조의4 제1항에 의하여 결정으로 항소를 기각할 수는 없다. [2] 형사소송법은 상고이유를 엄격히 제한함과 동시에 상고이유서에는 소송기록과 원심법원의 증거조사에 표현된 사실을 인용하여 그 이유를 명시하도록 규정하고 있음에 반하여 항소이유서에 대하여는 그와 같은 규정을 두고 있지 아니할 뿐 아니라, 상고심은

원칙적으로 법률심으로서 사후심인 데 반하여, 항소심은 사후심적 성격이 가미된 속심인 점에 비추어 항소인들이 항소이유서에 '위 사건에 대한 원심판결은 도저히 납득할 수 없는 억울한 판결이므로 항소를 한 것입니다'라고 기재하였다고 하더라도 항소심으로서는 이를 제1심판결에 사실의 오인이 있거나 양형부당의 위법이 있다는 항소이유를 기재한 것으로 선해하여 그 항소이유에 대하여 심리를 하여야 한다(대결 2002.12.3. 2002모265).

2. 항소심의 심리

1) 항소법원의 심판범위

항소법원은 항소이유에 포함된 사유에 관하여 심판하여야 한다(제364조 제1항). 그러나 판결에 영향을 미친 사유에 관하여는 항소이유서에 포함되지 아니한 경우에도 직권으로 심판할 수 있다(같은 조 제2항).

① 제1심이 경합범 관계에 있는 공소사실 중 일부에 대하여 재판을 누락한 경우 원심으로서는 당사자의 주장이 없더라도 직권으로 제1심의 누락 부분을 파기하고 그 부분에 대하여 재판하여야 한다(대판 2013.3.14. 2011도7259).

② 항소심이 항소이유에 포함되지 않은 사유를 들어 제1심판결을 파기하고 자판할 때에는 별도로 그 항소이유의 당부에 대한 판단을 명시하지 아니하여도 적법하다(대판 2007.6.29. 2007도3035).

③ 항소법원은 직권조사사유에 관하여는 항소제기가 적법하다면 항소이유서가 제출되었는지 여부나 항소이유서에 포함되었는지 여부를 가릴 필요 없이 반드시 심판하여야 할 것이지만, 직권조사사유가 아닌 것에 관하여는 그것이 항소장에 기재되었거나 그렇지 아니하면 소정 기간 내에 제출된 항소이유서에 포함된 경우에 한하여 심판의 대상으로 할 수 있고, 다만 판결에 영향을 미친 사유에 한하여 예외적으로 항소이유서에 포함되지 아니하였다 하더라도 직권으로 심판할 수 있다 할 것이고, 한편 피고인이나 변호인이 항소이유서에 포함시키지 아니한 사항을 항소심 공판정에서 진술한다 하더라도 그 진술에 포함된 주장과 같은 항소이유가 있다고 볼 수 없다(대판 1998.9.22. 98도1234).

④ 공소사실과 적용법조가 택일적으로 기재되어 공소가 제기된 경우에 그 중 어느 하나의 범죄사실만에 관하여 유죄의 선고가 있은 제1심판결에 대하여 항소가 제기되었을 때 항소심에서 항소이유 있다고 인정하여 제1심판결을 파기하고 자판을 하는 경우에는 다시 사건 전체에 대하여 판결을 하는 것이어서 택일적으로 공소제기된 범죄사실 가운데 제1심판결에서 유죄로 인정된 이외의 다른 범죄사실이라도 그것이 철회되지 아니하는 한 당연히 항소심의 심판의 대상이 된다(대판 1975.6.24. 70도2660).

⑤ [1] 형사소송법 제361조의5 제15호가 "형의 양정이 부당하다고 인정할 사유가 있는 때"를 항소이유로 규정하고 있고, 형사소송규칙 제155조가 "항소이유서 또는 답변서에는 항소이유 또는 답변내용을 구체적으로 간결하게 명시하여야 한다."고 규정하고 있는 점 등에 비추어, 다른 구체적인 이유의 기재 없이 단순히 항소장의 '항소의 범위'란에 '양형부당'이라는 문구가 기재되어 있다고 하여 이를 적법한 항소이유의 기재라고 볼 수는 없다. [2] 일부 유죄, 일부 무죄가 선고된 제1심판결 전부에 대하여 검사가 항소하였더라도 검사가 유죄 부분에 대하여는 아무런 항소이유도 주장하지 아니하였다면 유죄 부분에 대하여는 법정기간 내에 항소

이유서를 제출하지 아니한 경우에 해당하므로, 가사 제1심의 양형에 잘못이 있더라도 그러한 사유는 형사소송법 제361조의4 제1항 단서의 직권조사사유나 같은 법 제364조 제2항의 직권심판사항에 해당한다고 볼 수 없다(대판 2008.1.31. 2007도8117).

⑥ 항소법원은 제1심의 형량이 너무 가벼워서 부당하다는 검사의 항소이유에 대한 판단에 앞서 직권으로 제1심판결에 양형이 부당하다고 인정할 사유가 있는지 여부를 심판할 수 있고, 그러한 사유가 있는 때에는 제1심판결을 파기하고 제1심의 양형보다 가벼운 형을 정하여 선고할 수 있다(대판 2010.12.9. 2008도1092).

⑦ [1] 공판중심주의를 실현하고 이를 통하여 피고인의 방어권을 실질적으로 보장하기 위하여 마련된 형사소송법 제37조 제1항, 제275조의3, 제285조, 제286조 제1항, 제287조, 제370조, 형사소송규칙 제156조의3 제1항, 제2항, 제156조의4, 제156조의7에 비추어 볼 때, 검사가 공판정에서 구두변론을 통해 항소이유를 주장하지 않았고 피고인도 그에 대한 적절한 방어권을 행사하지 못하는 등 검사의 항소이유가 실질적으로 구두변론을 거쳐 심리되지 않았다고 평가될 경우, 항소심법원이 검사의 항소이유 주장을 받아들여 피고인에게 불리하게 제1심판결을 변경하는 것은 허용되지 않는다. [2] 검사가 일부 유죄, 일부 무죄가 선고된 제1심판결 전부에 대하여 항소하면서 유죄 부분에 대하여는 아무런 항소이유도 주장하지 않은 경우에는, 유죄 부분에 대하여 법정기간 내에 항소이유서를 제출하지 않은 것이 되고, 그 경우 설령 제1심의 양형이 가벼워 부당하다 하더라도 그와 같은 사유는 형사소송법 제361조의4 제1항 단서의 직권조사사유나 같은 법 제364조 제2항의 직권심판사항에 해당하지 않으므로, 항소심이 제1심판결의 형보다 중한 형을 선고하는 것은 허용되지 않는데, 이러한 법리는 검사가 유죄 부분에 대하여 아무런 항소이유를 주장하지 않은 경우뿐만 아니라 검사가 항소장이나 법정기간 내에 제출된 항소이유서에서 유죄 부분에 대하여 양형부당 주장을 하였으나, 항소이유 주장이 실질적으로 구두변론을 거쳐 심리되지 아니한 경우에도 마찬가지로 적용된다(대판 2015.12.10. 2015도11696).

2) 심리의 특칙

항소심의 심판에 대하여도 제1심의 공판절차에 관한 규정이 준용된다(형사소송법 제370조). 다만 항소심의 심리에 관하여는 다음과 같은 특칙이 인정된다.

(1) 피고인의 출정

피고인이 공판기일에 출정하지 아니한 때에는 다시 기일을 정하여야 한다. 피고인이 정당한 사유없이 다시 정한 기일에도 출정하지 아니한 때에는 피고인의 진술없이 판결할 수 있다(제365조).

① 약식명령에 대해 피고인만이 정식재판을 청구한 사건에서, 원심법원이 제1회 공판기일에 변론을 종결하고 제2회 공판기일인 선고기일을 지정·고지하였는데, 피고인이 출석하지 아니하자 선고기일을 연기하고 제3회 공판기일을 지정하였으나 피고인에게 따로 공판기일 통지를 하지 않은 경우, 피고인의 출석 없이 제3회 공판기일을 열어 판결을 선고한 원심의 조치는 위법하다(대판 2012.6.28. 2011도16166).

② 형사소송법 제365조에 의해 피고인의 출석 없이 개정하려면 불출석이 2회 이상 계속된 바가 있어야 한다(대판 2016.4.29. 2016도2210).

(2) 증거에 대한 특칙

제1심법원에서 증거로 할 수 있었던 증거는 항소심에서도 증거로 할 수 있으며(제364조 제3항), 따라서 재판장은 증거조사절차에 들어가기에 앞서 제1심의 증거관계와 증거조사결과의 요지를 고지하여야 한다(규칙 제156조의5 제1항). 제1심법원에서 증거능력이 있었던 증거는 항소심에서도 증거능력이 그대로 유지되어 심판의 기초가 될 수 있고 다시 증거조사를 할 필요는 없다.

항소심 법원은 ① 제1심에서 조사하지 아니한 데에 대하여 고의나 중대한 과실이 없고 그 신청으로 인하여 소송을 현저히 지연시키지 아니하는 경우, ② 제1심에서 증인으로 신문하였으나 새로운 중요한 증거의 발견 등으로 항소심에서 다시 신문하는 것이 부득이하다고 인정되는 경우, ③ 그 밖에 항소의 당부에 관한 판단을 위하여 반드시 필요하다고 인정되는 경우의 하나에 해당하는 경우에 한하여 증인을 신문할 수 있다(규칙 제156조의5 제2항).

> ① 제1심 증인신문조서 기재 자체에 의하여 증인의 진술을 믿기 어려운 사정이 보이는 경우에는 항소심은 그 증인을 다시 신문하여야 한다(대판 2005.5.26. 2005도130).
> ② 제1심 증인의 진술에 대한 제1심과 항소심의 신빙성 평가 방법의 차이에, 우리 형사소송법이 채택하고 있는 실질적 직접심리주의의 취지 및 정신을 함께 고려해 보면, 제1심 판결 내용과 제1심에서 적법하게 증거조사를 거친 증거들에 비추어 제1심 증인이 한 진술의 신빙성 유무에 대한 제1심의 판단이 명백히 잘못되었다고 볼 특별한 사정이 있거나, 제1심의 증거조사 결과와 항소심 변론종결시까지 추가로 이루어진 증거조사 결과를 종합하면 제1심 증인이 한 진술의 신빙성 유무에 대한 제1심의 판단을 그대로 유지하는 것이 현저히 부당하다고 인정되는 등의 예외적인 경우가 아니라면, 항소심으로서는 제1심 증인이 한 진술의 신빙성 유무에 대한 제1심의 판단이 항소심의 판단과 다르다는 이유를 들어 제1심의 판단을 함부로 뒤집어서는 아니 된다. 특히 공소사실을 뒷받침하는 증인의 진술의 신빙성을 배척한 제1심의 판단을 뒤집는 경우에는, 무죄추정의 원칙 및 형사증명책임의 원칙에 비추어 이를 수긍할 수 없는 충분하고도 납득할 만한 현저한 사정이 나타나는 경우라야 한다(대판 2010.3.25. 2009도14065).

(3) 피고인신문

검사 또는 변호인은 항소심의 증거조사가 종료한 후 항소이유의 당부를 판단함에 필요한 사항에 한하여 피고인을 심문할 수 있다(규칙 제156조의6 제1항). 재판장은 이 경우에 제1심의 피고인신문과 중복되거나 항소이유의 당부를 판단하는 데 필요 없다고 인정하는 때에는 그 신문의 전부 또는 일부를 제한할 수 있다(같은 조 제2항). 재판장도 필요하다고 인정하는 때에는 피고인을 신문할 수 있다(같은 조 제3항).

> 변호인의 피고인신문권은 변호인의 소송법상 권리이다. 한편 재판장은 검사 또는 변호인이 항소심에서 피고인신문을 실시하는 경우 제1심의 피고인신문과 중복되거나 항소이유의 당부를 판단하는 데 필요 없다고 인정하는 때에는 그 신문의 전부 또는 일부를 제한할 수 있으나(형사소송규칙 제156조의6 제2항) 변호인의 본질적 권리를 해할 수는 없다(형사소송법 제370조, 제299조 참조). 따라

서 재판장은 변호인이 피고인을 신문하겠다는 의사를 표시한 때에는 피고인을 신문할 수 있도록 조치하여야 하고, 변호인이 피고인을 신문하겠다는 의사를 표시하였음에도 변호인에게 일체의 피고인신문을 허용하지 않은 것은 변호인의 피고인신문권에 관한 본질적 권리를 해하는 것으로서 소송절차의 법령위반에 해당한다(대판 2020.12.24. 2020도10778).

(4) 최후진술

항소심의 증거조사와 피고인 신문절차가 종료한 때에는 검사는 원심판결의 당부와 항소이유에 대한 의견을 구체적으로 진술하여야 하고, 재판장은 검사의 의견을 들은 후 피고인과 변호인에게도 제1항의 의견을 진술할 기회를 주어야 한다(규칙 제156조의7).

3. 항소심의 재판

항소심에서도 심리가 끝나면 종국재판에 의하여 절차를 종결시킨다. 항소심의 종국재판에는 다음과 같은 것이 있다.

1) 공소기각의 결정

공소기각의 결정(제328조)에 해당하는 사유가 있는 때에 항소법원은 결정으로 공소를 기각하여야 한다. 이 결정에 대하여는 즉시항고를 할 수 있다(제363조).

2) 항소기각의 재판

(1) 항소기각의 결정

항소의 제기가 법률상의 방식에 위반하거나 항소권 소멸 후인 것이 명백한 때에 원심법원이 항소기각의 결정(제360조)을 하지 아니한 때에는 항소법원은 **결정으로 항소를 기각하여야 한다**. 이 결정에 대하여는 즉시항고를 할 수 있다(제362조). 또한 항소인이나 변호인이 항소이유서제출기간 내에 항소이유서를 제출하지 아니한 때에는 **결정으로 항소를 기각하여야 한다**. 단 직권조사사유가 있거나 항소장에 항소이유의 기재가 있는 때에는 예외로 한다. 이 결정에 대하여도 즉시항고를 할 수 있다(제361조의4).

> ① 형사소송법 제361조의4 제1항은 항소인이나 변호인이 같은 법 제361조의3 제1항의 기간 내에 항소이유서를 제출하지 아니한 때에는 직권조사사유가 있거나 항소장에 항소이유의 기재가 있는 경우를 제외하고 결정으로 항소를 기각하여야 한다고 규정하고 있으므로, 항소인이나 변호인이 항소이유서에 항소이유를 특정하여 구체적으로 명시하지 아니하였다고 하더라도 항소이유서가 법정의 기간 내에 적법하게 제출된 경우에는 이를 항소이유서가 법정의 기간 내에 제출되지 아니한 것과 같이 보아 형사소송법 제361조의4 제1항에 의하여 결정으로 항소를 기각할 수는 없다(대결 2006.3.30. 2005모564).
>
> ② [1] 헌법상 보장되는 '변호인의 조력을 받을 권리'는 변호인의 '충분한 조력'을 받을 권리를 의미하므로, 일정한 경우 피고인에게 국선변호인의 조력을 받을 권리를 보장하여야 할 국가의 의무에는 형사소송절차에서 단순히 국선변호인을 선정하여 주는 데 그치지 않고 한 걸음 더 나아가 피고인이 국선변호인의 실질적인 조력을 받을 수 있도록 필요한 업무 감독과 절차적 조치를 취할 책무까지 포함된다고 할 것이다. [2] 피고인과 국선변호인이 모두 법정

기간 내에 항소이유서를 제출하지 아니하였더라도, 국선변호인이 항소이유서를 제출하지 아니한 데 대하여 피고인에게 귀책사유가 있음이 특별히 밝혀지지 않는 한, 항소법원은 종전 국선변호인의 선정을 취소하고 새로운 국선변호인을 선정하여 다시 소송기록접수통지를 함으로써 새로운 국선변호인으로 하여금 그 통지를 받은 때로부터 형사소송법 제361조의3 제1항의 기간 내에 피고인을 위하여 항소이유서를 제출하도록 하여야 한다(대결 2012.2.16. 2009모1044 전원합의체).

③ 변호인의 조력을 받을 위와 같은 피고인의 권리는 필요적 변호사건에서 법원이 정당한 이유 없이 국선변호인을 선정하지 않고 있는 사이에 피고인 스스로 변호인을 선임하였으나 그 때는 이미 피고인에 대한 항소이유서 제출기간이 도과해버린 후이어서 그 변호인이 피고인을 위하여 항소이유서를 작성·제출할 시간적 여유가 없는 경우에도 마찬가지로 보호되어야 한다고 할 것이므로, 그 경우에는 법원은 사선변호인에게도 형사소송규칙 제156조의2를 유추적용하여 소송기록접수통지를 함으로써 그 변호인이 통지를 받은 날로부터 기산하여 소정의 기간 내에 피고인을 위하여 항소이유서를 작성·제출할 수 있는 기회를 주어야 한다(대판 2000.12.22. 2000도4694).

④ 피고인이 빈곤 등을 이유로 국선변호인의 선정을 청구하면서, 국선변호인의 조력을 받아 항소이유서를 작성·제출하는 데 필요한 충분한 시간 여유를 두고 선정청구를 하였는데도 법원이 정당한 이유 없이 그 선정을 지연하여 항소이유서 제출기간이 경과한 후에야 비로소 국선변호인이 선정됨으로써 항소이유서의 작성·제출에 필요한 변호인의 조력을 받지도 못한 상태로 피고인에 대한 항소이유서 제출기간이 도과해 버렸다면 이는 변호인의 조력을 받을 피고인의 권리가 법원에 의하여 침해된 것과 다를 바 없으므로, 설사 항소이유서 제출기간 내에 그 피고인으로부터 적법한 항소이유서의 제출이 없었다고 하더라도 그러한 사유를 들어 곧바로 결정으로 피고인의 항소를 기각하여서는 아니된다고 할 것이며, 그와 같은 경우에는 형사소송규칙 제156조의2를 유추적용하여 그 국선변호인에게도 별도로 소송기록접수통지를 하여 국선변호인이 그 통지를 받은 날로부터 기산하여 소정의 기간 내에 피고인을 위하여 항소이유서를 제출할 수 있는 기회를 주어야 하며, 그와 같은 기회의 부여에도 불구하고 그 국선변호인마저 정해진 기간 내에 항소이유서를 제출하지 아니하는 경우에 한하여 비로소 결정으로 항소를 기각할 수 있을 뿐이라고 보는 것이 형사피고인에 대하여 변호인의 조력을 받을 권리를 국민의 기본적 권리로 규정한 헌법의 정신에 합치하는 해석이다(대결 2000.11.28. 2000모66).

⑤ 피고인과 국선변호인이 모두 법정기간 내에 항소이유서를 제출하지 아니하였더라도, 국선변호인이 항소이유서를 제출하지 아니한 데 대하여 피고인에게 귀책사유가 있음이 특별히 밝혀지지 않는 한, 항소법원은 종전 국선변호인의 선정을 취소하고 새로운 국선변호인을 선정하여 다시 소송기록접수통지를 함으로써 새로운 변호인으로 하여금 그 통지를 받은 때로부터 형사소송법 제361조의3 제1항의 기간 내에 피고인을 위하여 항소이유서를 제출하도록 하여야 한다. 그리고 이러한 법리는 항소법원이 종전 국선변호인의 선정을 취소하고 새로운 국선변호인을 선정하여 소송기록접수통지를 하기 이전에 피고인 스스로 변호인을 선임한 경우 그 사선변호인에 대하여도 마찬가지로 적용되어야 한다(대판 2019.7.10. 2019도4221).

(2) 항소기각의 판결

항소이유 없다고 인정한 때에는 판결로써 항소를 기각하여야 한다(제364조 제4항). 항소이유가 없음이 명백한 때에는 판결로써 항소를 기각하여야 하고, 이 경우 구두변론을 거칠 필요가 없다(같은 조 제5항, 무변론기각).

3) 원심판결 파기의 판결

항소이유가 있다고 인정한 때에는 원심판결을 파기하여야 한다(제364조 제6항). 항소이유에 포함된 사항에 관하여는 항소이유가 인정되지 않더라도 직권조사 결과 판결에 영향을 미친 사유가 있다고 인정할 때에는 원심판결을 파기하여야 한다.

① 현행 형사소송법상 항소심은 속심을 기반으로 하되 사후심적 요소도 상당 부분 들어 있는 이른바 사후심적 속심의 성격을 가지므로 항소심에서 제1심판결의 당부를 판단할 때에는 그러한 심급구조의 특성을 고려하여야 한다. 그러므로 항소심이 심리과정에서 심증의 형성에 영향을 미칠 만한 객관적 사유가 새로 드러난 것이 없음에도 제1심의 판단을 재평가하여 사후심적으로 판단하여 뒤집고자 할 때에는, 제1심의 증거가치 판단이 명백히 잘못되었다거나 사실인정에 이르는 논증이 논리와 경험법칙에 어긋나는 등으로 그 판단을 그대로 유지하는 것이 현저히 부당하다고 볼 만한 합리적인 사정이 있어야 하고, 그러한 예외적 사정도 없이 제1심의 사실인정에 관한 판단을 함부로 뒤집어서는 안 된다. 그것이 형사사건의 실체에 관한 유죄·무죄의 심증은 법정 심리에 의하여 형성하여야 한다는 공판중심주의, 그리고 법관의 면전에서 직접 조사한 증거만을 재판의 기초로 삼는 것을 원칙으로 하는 실질적 직접심리주의의 정신에 부합한다(대판 2017.3.22. 2016도18031).

② [1] 경합범 관계에 있는 공소사실 중 일부 유죄, 일부 무죄를 선고하여 판결주문이 수 개일 때 검사가 판결 전부에 대하여 상소하였는데 상소심에서 이를 파기할 때에는 유죄 부분과 파기되는 무죄 부분이 형법 제37조 전단의 경합범 관계에 있어 하나의 형이 선고되어야 하므로, 유죄 부분과 파기되는 무죄 부분을 함께 파기하여야 한다. 그러나 위와 같이 하나의 형을 선고하기 위해서 파기하는 경우를 제외하고는 경합범의 관계에 있는 공소사실이라고 하더라도 개별적으로 파기되는 부분과 불가분의 관계에 있는 부분만을 파기하여야 한다. [2] 피해자 학부모들 및 대한민국에 대한 사기로 기소된 피고인에 대하여 제1심법원이 피해자 대한민국에 대한 사기 부분에 대하여 무죄를 선고하고 피해자 학부모들에 대한 사기 부분에 대하여 공소를 기각하자 검사가 제1심판결 전부에 대하여 항소를 제기한 사안에서, 제1심은 경합범 관계에 있는 공소사실 중 피해자 대한민국에 대한 사기 부분을 주문 무죄로, 피해자 학부모들에 대한 사기 부분을 주문 공소기각으로 각 판단하였으므로, 검사가 제1심판결 전부에 대하여 항소하였더라도 그 판결 전체가 불가분의 관계에 있다고 볼 수 없고, 원심으로서는 각 부분에 관한 항소이유를 개별적으로 판단했어야 함에도, 공소사실 전체가 경합범 관계에 있어 불가분의 관계에 있다는 이유로 제1심판결 중 공소기각 부분을 파기하는 이상 제1심판결 중 무죄 부분도 함께 파기하여야 한다고 본 원심판단에 법리오해의 잘못이 있다고 한 사례(대판 2022.1.13. 2021도13108).

피고인을 위하여 원심판결을 파기하는 경우에 파기의 이유가 항소한 공동피고인에게 공통되는 때에는 그 **공동피고인**에 대하여도 원심판결을 **파기하여야 한다**(제364조의2).

> ① 형사소송법 제364조의2는 "피고인을 위하여 원심판결을 파기하는 경우에 파기의 이유가 항소한 공동피고인에게 공통되는 때에는 그 공동피고인에 대하여도 원심판결을 파기하여야 한다."라고 정하고 있고, 이는 공동피고인 상호 간의 재판의 공평을 도모하려는 취지이다. 위와 같은 형사소송법 제364조의2의 규정 내용과 입법 목적을 고려하면, 위 규정은 공동피고인 사이에서 파기의 이유가 공통되는 해당 범죄사실이 동일한 소송절차에서 병합심리된 경우에만 적용된다고 보는 것이 타당하다(대판 2019.8.29. 2018도14303 전원합의체).
>
> ② 형사소송법 제364조의2의 규정 내용과 입법 목적·취지를 고려하면, 위 조항에서 정한 '항소한 공동피고인'은 제1심의 공동피고인으로서 자신이 항소한 경우는 물론 그에 대하여 검사만 항소한 경우까지도 포함한다(대판 2022.7.28. 2021도10579).

4) 파기 후의 조치

(1) 파기자판

항소심은 원칙적으로 파기자판하여야 한다(제364조 제6항). 자판하는 경우에는 제37조 제1항에 의하여 변론을 거칠 것을 요한다. 자판하는 경우의 판결에는 유죄·무죄의 실체판결과 공소기각 및 면소판결이 포함된다. 형을 선고하는 경우에는 불이익변경금지의 원칙이 적용된다(제368조).

> ① 공시송달 방법에 의한 피고인 소환이 부적법하여 피고인이 공판기일에 출석하지 않은 가운데 진행된 제1심의 절차가 위법하고 그에 따른 제1심판결이 파기되어야 한다면, 항소심으로서는 다시 적법한 절차에 의하여 소송행위를 새로이 한 후 항소심에서의 진술과 증거조사 등 심리 결과에 기초하여 다시 판결하여야 한다(대판 2012.4.26. 2012도986).
>
> ② 항소법원은 제1심의 형량이 너무 가벼워서 부당하다는 검사의 항소이유에 대한 판단에 앞서 직권으로 제1심판결에 양형이 부당하다고 인정할 사유가 있는지 여부를 심판할 수 있고, 그러한 사유가 있는 때에는 제1심판결을 파기하고 제1심의 양형보다 가벼운 형을 정하여 선고할 수 있다(대판 2010.12.9. 2008도1092).
>
> ③ 항소심이 제1심의 양형이 과중하다고 인정하여 피고인의 항소이유를 받아들여 제1심판결을 파기하면서 제1심 그대로의 형을 선고하면, 판결의 이유와 주문이 저촉·모순되는 위법이 있고 이러한 위법은 판결 결과에 영향이 있다(대판 2009.4.9. 2008도11718).
>
> ④ [1] 제1심과 비교하여 양형의 조건에 변화가 없고 제1심의 양형이 재량의 합리적인 범위를 벗어나지 아니하는 경우에는 이를 존중함이 타당하며, 제1심의 형량이 재량의 합리적인 범위 내에 속함에도 항소심의 견해와 다소 다르다는 이유만으로 제1심판결을 파기하여 제1심과 별로 차이 없는 형을 선고하는 것은 자제함이 바람직하다. 그렇지만 제1심의 양형심리 과정에서 나타난 양형의 조건이 되는 사항과 양형기준 등을 종합하여 볼 때에 제1심의 양형판단이 재량의 합리적인 한계를 벗어났다고 평가되거나, 항소심의 양형심리 과정에서 새로이 현출된 자료를 종합하면 제1심의 양형판단을 그대로 유지하는 것이 부당하다고 인정되는 등의 사정이

있는 경우에는, 항소심은 형의 양정이 부당한 제1심판결을 파기하여야 한다. [2] 항소심은 제1심에 대한 사후심적 성격이 가미된 속심으로서 제1심과 구분되는 고유의 양형재량을 가지고 있으므로, 항소심이 자신의 양형판단과 일치하지 아니한다고 하여 양형부당을 이유로 제1심판결을 파기하는 것이 바람직하지 아니한 점이 있다고 하더라도 이를 두고 양형심리 및 양형판단 방법이 위법하다고까지 할 수는 없다. 그리고 원심의 판단에 근거가 된 양형자료와 그에 관한 판단 내용이 모순 없이 설시되어 있는 경우에는 양형의 조건이 되는 사유에 관하여 일일이 명시하지 아니하여도 위법하다고 할 수 없다(대판 2015.7.23. 2015도3260 전원합의체).

(2) 파기환송의 판결

공소기각 또는 관할위반의 재판이 법률에 위반됨을 이유로 원심판결을 파기하는 때에는 판결로써 원심법원에 환송하여야 한다(제366조).

(3) 파기이송의 판결

관할인정이 법률에 위반됨을 이유로 원심판결을 파기하는 때에는 판결로써 사건을 관할법원에 이송하여야 한다. 단 항소법원이 그 사건의 제1심 관할권이 있는 때에는 제1심으로 심판하여야 한다(제367조).

5) 재판서의 기재방법

항소법원의 재판서에는 항소이유에 대한 판단을 기재하여야 하며, 원심판결에 기재한 사실과 증거를 인용할 수 있다(제369조). 항소를 기각하는 경우에는 항소이유에 대한 판단으로 족하며, 범죄될 사실과 증거의 요지를 기재할 것을 요하지 않는다.

① 항소심 판결에서 제1심판결에 기재한 범죄될 사실과 증거의 요지는 인용할 수 있으나 법령이 적용은 인용할 수 없다(대판 2000.6.23. 2000도1660).

② 양형부당의 항소를 기각하는 경우에는 이유 없다고만 기재한 판결도 적법하다(대판 1982.12.28. 82도2642).

③ 원판결을 파기하여 유죄의 선고를 하는 경우에는 증거의 요지를 기재하여야 한다(대판 1987.2.24. 86도2660).

제3절 | 상고

Ⅰ. 상고의 의의와 상고심의 구조

상고란 판결에 대한 대법원에의 상소를 말한다. 상고는 원칙적으로 제2심판결에 대하여 이용되나(제371조), 예외적으로 제1심판결에 대하여 상고가 인정되는 경우도 있다(제372조, 비약적 상고). 상고심은 법률문제를 심리·판단하는 **법률심**이고, **사후심**이다.

> ① 상고심의 심판대상은 원심판결 당시를 기준으로 하여 그 당부를 심사하는 것으로 원심판결 당시 미성년으로서 부정기형을 선고받은 자가 그 후 상고심계속중 가까운 시일 안에 성년이 된다 하여 원심의 부정기형 선고가 위법이 될 수 없고 위와 같은 사유는 적법한 상고이유가 되지 아니한다(대판 1985.10.8. 85도1721).
>
> ② 상고심은 항소법원 판결에 대한 사후심이므로 항소심에서 심판대상이 되지 않은 사항은 상고심의 심판범위에 들지 않는 것이어서 피고인이 항소심에서 항소이유로 주장하지 아니하거나 항소심이 직권으로 심판대상으로 삼은 사항 이외의 사유에 대하여 이를 상고이유로 삼을 수는 없다(대판 2013.4.11. 2013도1079).
>
> ③ 피고인이 양형부당만을 이유로 항소를 하였고 이에 대하여 항소심이 제1심판결을 직권으로 파기한 후 제1심과 같은 형을 선고한 사건에서 피고인은 항소심판결에 대하여 법리오해나 사실오인의 점을 상고이유로 삼을 수 없다(대판 2000.11.10. 2000도3483).
>
> ④ 제1심판결에 대하여 검사만이 양형부당을 이유로 항소하였을 뿐 피고인은 항소하지 아니한 경우, 피고인으로서는 사실오인이나 법령위반 사유를 들어 상고할 수 없다(대판 1991.12.24. 91도1796).

Ⅱ. 상고이유

형사소송법은 상고이유로 네 가지를 규정하고 있다(제383조). 그 중 제4호의 사유는 특히 중한 형을 선고받은 피고인의 이익을 위하여 피고인이 상고하는 경우에만 적용되는 것이다.

> **제383조(상고이유)** 다음 사유가 있을 경우에는 원심판결에 대한 상고이유로 할 수 있다.
> 1. 판결에 영향을 미친 헌법·법률·명령 또는 규칙의 위반이 있을 때
> 2. 판결 후 형의 폐지나 변경 또는 사면이 있는 때
> 3. 재심청구의 사유가 있는 때
> 4. 사형, 무기 또는 10년 이상의 징역이나 금고가 선고된 사건에 있어서 중대한 사실의 오인이 있어 판결에 영향을 미친 때 또는 형의 양정이 심히 부당하다고 인정할 현저한 사유가 있는 때

> ① 피고인에 대하여 사형, 무기 또는 10년 이상의 징역이나 금고가 선고된 사건에 있어서도 형사소송법 제383조 제4호의 해석상 검사는 그 형이 심히 가볍다는 이유로는 상고할 수 없다(대판 1987.10.13. 87도1240).

② 검사는 피고인에게 불리하게 원심의 양형이 가볍다거나 원심이 양형의 전제사실을 인정하는 데 자유심증주의의 한계를 벗어난 잘못이 있다는 사유를 상고이유로 주장할 수 없다(대판 2022.4.28. 2021도16719 등).

③ 사후심인 상고심은 원심판결에 형사소송법 제383조 제1호의 상고이유인 '판결에 영향을 미친 헌법·법률·명령 또는 규칙의 위반이 있을 때' 여부를 원심판결 당시를 기준으로 판단하는 것이 원칙이므로, 원심판결 선고 후에 비로소 별개의 범죄에 대하여 금고 이상의 형을 선고한 판결이 확정되었다면 원심판결이 형법 제39조 제1항을 적용하지 않은 것을 위법하다고 볼 수 없는 것이고, 형사소송법 제383조 제2호의 상고이유인 '판결 후 형의 폐지나 변경이 있는 때'는 원심판결 후 법령의 개폐로 인하여 형이 폐지되거나 변경된 경우를 뜻하는 것이고 법령의 개폐 없이 단지 형을 감경하거나 면제할 수 있는 사유가 되는 사실이 발생한 것에 불과한 경우는 이에 포함되지 않는 것이다(대판 2007.1.12. 2006도5696).

④ [1] 양형부당은 원심판결의 선고형이 구체적인 사안의 내용에 비추어 너무 무겁거나 너무 가벼운 경우를 말한다. 제1심과 비교하여 양형의 조건에 변화가 없고 제1심의 양형이 재량의 합리적인 범위를 벗어나지 아니하는 경우에는 이를 존중함이 타당하며, 제1심의 형량이 재량의 합리적인 범위 내에 속함에도 항소심의 견해와 다소 다르다는 이유만으로 제1심판결을 파기하여 제1심과 별로 차이 없는 형을 선고하는 것은 자제함이 바람직하다. 그렇지만 제1심의 양형심리 과정에서 나타난 양형의 조건이 되는 사항과 양형기준 등을 종합하여 볼 때에 제1심의 양형판단이 재량의 합리적인 한계를 벗어났다고 평가되거나, 항소심의 양형심리 과정에서 새로이 현출된 자료를 종합하면 제1심의 양형판단을 그대로 유지하는 것이 부당하다고 인정되는 등의 사정이 있는 경우에는, 항소심은 형의 양정이 부당한 제1심판결을 파기하여야 한다. [2] 항소심은 제1심에 대한 사후심적 성격이 가미된 속심으로서 제1심과 구분되는 고유의 양형재량을 가지고 있으므로, 항소심이 자신의 양형판단과 일치하지 아니한다고 하여 양형부당을 이유로 제1심판결을 파기하는 것이 바람직하지 아니한 점이 있다고 하더라도 이를 두고 양형심리 및 양형판단 방법이 위법하다고까지 할 수는 없다. 그리고 원심의 판단에 근거가 된 양형자료와 그에 관한 판단 내용이 모순 없이 설시되어 있는 경우에는 양형의 조건이 되는 사유에 관하여 일일이 명시하지 아니하여도 위법하다고 할 수 없다(대판 2015.7.23. 2015도3260 전원합의체).

⑤ 형사소송법 제308조는 증거의 증명력은 법관의 자유판단에 의하도록 자유심증주의를 규정하고 있으므로, 원심의 증거의 증명력에 관한 판단과 증거취사 판단에 그와 달리 볼 여지가 상당히 있는 경우라고 하더라도, 원심의 판단이 논리법칙이나 경험법칙에 따른 자유심증주의의 한계를 벗어나지 아니하는 한 그것만으로 바로 형사소송법 제383조 제1호가 상고이유로 규정하고 있는 법령 위반에 해당한다고 단정할 수 없다. 또한, 원심의 구체적인 논리법칙 위반이나 경험법칙 위반의 점 등을 지적하지 아니한 채 단지 원심의 증거취사와 사실인정만을 다투는 것은 특별한 사정이 없는 한 사실오인의 주장에 불과하다(대판 2008.5.29. 2007도1755).

⑥ 하나의 사건에서 징역형이나 금고형이 여럿 선고된 경우에는 이를 모두 합산한 형기가 10년 이상이면 위 규정에서 정하는 '10년 이상의 징역이나 금고의 형을 선고한 경우'에 해당한다고 할 것이다(대판 2010.1.28. 2009도13411).

Ⅲ. 상고심의 절차

1. 상고의 제기

1) 상고제기의 방식

상고를 할 때에는 상고기간 내에 상고장을 원심법원에 제출하여야 한다(제375조). 상고법원은 대법원이며(제371조), 상고기간은 **7일**이다(제374조).

2) 원심법원과 상고법원의 조치

(1) 원심법원의 조치

상고의 제기가 법률상의 방식에 위반하거나 상고권 소멸 후인 것이 명백한 때에는 **결정으로 상고를 기각**하여야 한다. 이 결정에 대하여는 즉시항고를 할 수 있다(제376조). 상고기각의 결정을 하는 외에는 원심법원은 상고장을 받은 날로부터 14일 이내에 소송기록과 증거물을 상고법원에 송부하여야 한다(제377조).

(2) 상고법원의 소송기록접수통지

상고법원이 소송기록의 송부를 받은 때에는 즉시 상고인과 상대방에 대하여 그 사유를 통지하여야 한다. 통지 전에 변호인의 선임이 있는 때에는 변호인에 대하여도 이를 통지하여야 한다(제378조).

3) 상고이유서와 답변서의 제출

상고인 또는 변호인은 소송기록접수의 통지를 받은 날로부터 20일 이내에 상고이유서를 상고법원에 제출하여야 한다. 이 경우에도 재소자의 특칙에 관한 규정이 준용된다(제344조). 상고이유서에는 소송기록과 원심법원의 증거조사에 표현된 사실을 인용하여 그 이유를 명시하여야 한다. 상고이유서의 제출을 받은 상고법원은 지체 없이 그 부본 또는 등본을 상대방에게 송달하여야 한다. 상대방은 이 송달을 받은 날로부터 10일 이내에 답변서를 상고법원에 제출할 수 있다. 답변서의 제출을 받은 상고법원은 지체 없이 그 부본 또는 등본을 상고인 또는 변호인에게 송달하여야 한다(제379조).

2. 상고심의 심리

항소심의 규정은 특별한 규정이 없는 한 상고심의 심판에 준용된다(제399조). 그러나 상고심은 법률심이라는 점에서 여러 가지 특칙이 인정된다.

1) 상고심의 변론

상고심에서는 **변호사 아닌 자를 변호인으로 선임하지 못한다**(제386조). 또 변호인이 아니면 피고인을 위하여 변론하지 못한다(제387조). 피고인 자신은 변론을 할 수 없다. 따라서 상고심의 공판기일에는 피고인을 소환할 필요가 없으며(제389조의2), 공판기일을 지정하는 경우에도 피고인의 이감을 필요로 하지 않는다. 다만 법원사무관 등은 피고인에게 공판기일통지서를 송달하여야 한다(규칙 제161조 제1항).

검사와 변호인은 **상고이유서에 의하여 변론**하여야 한다(제388조). 변호인의 선임이 없거나 변호인이 공판기일에 출정하지 아니한 때에는 직권으로 변호인을 선정해야 하는 경우를 제외하고는 검사의 진술을 듣고 판결할 수 있다. 이 경우 적법한 상고이유서의 제출이 있는 때에는 그 진술이 있는 것으로 간주한다(제389조).

2) 상고심의 심판범위

상고심은 상고이유서에 포함된 사유에 관하여 심판하여야 하나, 제383조 제1호 내지 제3호의 경우에는 상고이유서에 포함되지 아니한 때에도 직권으로 심판할 수 있다(제384조).

> ① 환송 전 원심에서 상상적 경합 관계에 있는 수죄에 대하여 모두 무죄가 선고되었고, 이에 검사가 무죄 부분 전부에 대하여 상고하였으나 그 중 일부 무죄 부분(A)에 대하여는 이를 상고이유로 삼지 않은 경우, 비록 상고이유로 삼지 아니한 무죄 부분(A)도 상고심에 이심되지만 그 부분은 이미 당사자 간의 공격방어의 대상으로부터 벗어나 사실상 심판대상에서 이탈하게 되므로, 상고심으로서도 그 무죄 부분에까지 나아가 판단할 수 없다. 따라서 상고심으로부터 다른 무죄 부분(B)에 대한 원심판결이 잘못되었다는 이유로 사건을 파기환송 받은 원심은 그 무죄 부분(A)에 대하여 다시 심리·판단하여 유죄를 선고할 수 없다(대판 2008.12.11. 2008도8922).
>
> ② 상고심은 항소심판결에 대한 사후심으로서 항소심에서 심판대상으로 되었던 사항에 한하여 상고이유의 범위 내에서 그 당부만을 심사하여야 한다. 그 결과 항소인이 항소이유로 주장하거나 항소심이 직권으로 심판대상으로 삼아 판단한 사항 이외의 사유는 상고이유로 삼을 수 없고 이를 다시 상고심의 심판범위에 포함시키는 것은 상고심의 사후심 구조에 반한다. (중략) 양형이 원칙적으로 재량 판단이라는 점을 감안한다면, 항소심이 검사의 양형부당에 관한 항소를 받아들임으로써 제1심판결을 파기하고 보다 높은 형을 선고한 것은 심급제도하에서 양형 요소라는 동일한 심판대상에 관해 서로 다른 법원에서 고유의 권한으로 반복하여 심사가 이루어짐에 따라 부득이하게 발생된 결과라고 봄이 타당하다. 따라서 제1심과 항소심 사이의 양형 판단이 피고인에게 불리한 내용으로 달라졌다는 사정변경이 사후심 구조에 따른 상고이유 제한 법리의 타당성 등에 영향을 미칠 만한 것이라고 보기는 어렵다(대판 2019.3.21. 2017도16593-1 전원합의체).

3) 서면심리

상고법원은 상고장·상고이유서 기타의 소송기록에 의하여 **변론없이 판결할 수 있다**(제390조 제1항). 서면심리주의는 상고기각의 경우뿐만 아니라 원심판결을 파기하는 경우에도 적용된다. 다만, 필요한 경우에는 특정한 사항에 관하여 변론을 열어 참고인의 진술을 들을 수 있다(같은 조 제2항).

3. 상고심의 재판

1) 공소기각의 결정

공소가 취소되었을 때 또는 피고인이 사망하거나 피고인인 법인이 존속하지 아니하게 되었을 때에는 결정으로 공소를 기각하여야 한다(제382조).

2) 상고기각의 재판

(1) 상고기각의 결정

상고인이나 변호인이 상고이유서 제출기간 내에 상고이유서를 제출하지 아니한 때에는 결정으로 상고를 기각하여야 한다. 다만 상고장에 이유의 기재가 있는 때에는 예외로 한다(제380조). 상고의 제기가 법률상의 방식에 위반하거나 상고권소멸 후인 것이 명백함에도 불구하고 원심법원이 상고기각의 결정을 하지 아니한 때에는 상고법원은 결정으로 상고를 기각하여야 한다(제381조).

> ① [1] 상고인이나 변호인이 '상고이유서'라는 제목의 서면을 제출하였다고 하더라도 위 법조에서 상고이유로 들고 있는 어느 하나에라도 해당하는 사유를 포함하고 있지 않은 때에는 적법한 상고이유서를 제출한 것이라고 할 수 없고, 이 경우 상고법원은 같은 법 제380조에 의하여 결정으로 상고를 기각할 수 있다. [2] 피고인이 제출한 '상고장'에 상고이유의 기재가 없고, '상고이유서'에는 벌금을 감액하여 달라는 뜻이 기재되어 있을 뿐이어서 형사소송법 제383조 각 호에 규정된 사유의 어느 것에도 해당하지 아니함이 명백하고, 달리 원심판결에 직권으로 심판할 수 있는 사유가 있다고도 인정되지 아니한 사안에서, 같은 법 제380조에 의하여 결정으로 상고를 기각할 수 있다고 한 사례(대판 2010.4.20. 2010도759)
>
> ② 상고인이 제출한 상고이유서에 구체적이고도 명시적인 이유의 설시가 없이 상고이유로 단순히 원심판결에 사실오인 내지 법리오해의 위배가 있다고만 기재한 경우는 어느 증거에 대한 취사조치가 채증법칙에 위배되었다는 것인지, 또 어떠한 법령적용의 잘못이 있고 어떠한 점이 부당하다는 것인지 구체적 사유를 전혀 주장하지 않은 것이어서 **적법한 상고이유가 제출된 것으로 볼 수 없다**(대판 2009.4.9. 2008도5634).

(2) 상고기각의 판결

상고가 이유 없다고 인정한 때에는 **판결로써 상고를 기각하여야 한다**(제399조, 제364조 제4항).

3) 원심판결 파기의 판결

상고이유가 있는 때에는 **판결로써 원심판결을 파기하여야 한다**(제391조). 피고인의 이익을 위하여 원심판결을 파기하는 경우에 파기의 이유가 상고한 공동피고인에 공통되는 때에는 그 공동피고인에 대하여도 원심판결을 파기하여야 한다(제392조). 원심판결을 파기하는 경우에는 **파기와 동시에 환송·이송 또는 자판**을 하여야 한다.

> ① 피고인이 범행에 사용한 도구가 스카프가 아니라 피고인이 신고 있던 양말임에도 원심이 이를 스카프로 잘못 인정한 위법이 있다 하더라도, 이는 원심판결을 파기하여야 할 위법에 속하지 아니한다(대판 1994.12.22. 94도2511).
>
> ② 업무상과실선박파괴죄와 해양오염방지법 위반 및 선원법 위반(일부)을 실체적 경합범으로 보아 업무상과실선박파괴죄와 해양오염방지법 위반에 대하여는 하나의 징역형을 선고하고 선원법 위반에 대하여는 이와 별개로 벌금형을 병과한 경우, 하나의 징역형이 선고된 업무상과실선박파괴죄와 해양오염방지법 위반은 소송상 일체로 취급되어야 하므로 업무상과실선박파괴죄에 관한 원심판단에 위법이 있는 이상 해양오염방지법 위반 부분까지 함께 파

기를 면할 수 없으나, 별개의 벌금형이 병과된 선원법 위반 부분은 소송상 별개로 분리 취급되어야 하므로 이 부분은 파기 범위에 속하지 아니한다(대판 2009.4.23. 2008도11921).

(1) 파기환송

적법한 공소를 기각하였다는 이유로 원심판결 또는 제1심판결을 파기하는 경우에는 판결로써 사건을 원심법원 또는 제1심법원에 환송하여야 한다(제393조). 관할위반의 인정이 법률에 위반됨을 이유로 원심판결 또는 제1심판결을 파기하는 경우에는 판결로써 사건을 원심법원 또는 제1심법원에 환송하여야 한다(제395조). 이 이외의 이유로 원심판결을 파기하는 때에도 자판하는 경우 이외에는 환송 또는 이송하여야 한다(제397조).

> 종전 상고심이 피고인들의 상고이유를 받아들여 환송 전 원심판결을 전부 파기·환송하면서 피고인들이 상고이유로 삼지 아니한 부분에 대한 상고가 이유없다는 판단을 따로 한 바 없다면, 그 환송판결의 선고로 그 부분에 대한 유죄판단이 실체적으로 확정되는 것은 아니므로, 이를 환송받은 원심이 그 부분에 대하여 다시 심리·판단하여 그 중 일부를 무죄로 선고하였다고 하여 환송판결과 배치되는 판단을 하였다고 볼 수 없다(대판 2009.8.20. 2007도7042).

(2) 파기이송

관할의 인정이 법률에 위반됨을 이유로 원심판결 또는 제1심판결을 파기하는 경우에는 판결로써 사건을 관할 있는 법원에 이송하여야 한다(제394조).

(3) 파기자판

상고법원은 원심판결을 파기한 경우에 그 소송기록과 원심법원과 제1심법원이 조사한 증거에 의하여 판결하기 충분하다고 인정한 때에는 피고사건에 대하여 직접 판결할 수 있다. 이 경우에는 불이익변경금지의 원칙이 적용된다(제396조).

4) 재판서의 기재방법

상고심의 재판서에는 재판서의 일반적 기재사항 이외에 상고의 이유에 관한 판단을 기재하여야 한다(제398조). 뿐만 아니라 합의에 관여한 모든 대법관의 의견도 기재할 것을 요한다(법원조직법 제15조).

Ⅳ. 비약적 상고

1. 비약적 상고의 의의

비약적 상고란 법령해석에 관한 중요한 사항을 포함한다고 인정되는 사건에 관하여 제1심판결에 대하여 직접 상고하게 하는 것을 의미한다. 그러나 그 사건에 대하여 항소가 제기된 때에는 비약적 상고는 효력을 잃는다. 단 항소의 취하 또는 항소기각의 결정이 있는 때에는 예외로 한다(제373조).

> ① 피고인의 항소제기가 있으면 검사의 비약적 상고는 상고로서의 효력뿐 아니라 항소로서의 효력도 유지되지 않는다(대판 1971.2.9. 71도28).

② 형사소송법 제372조, 제373조 및 관련 규정의 내용과 취지, 비약적 상고와 항소가 제1심판결에 대한 상소권 행사로서 갖는 공통성, 이와 관련된 피고인의 불복의사, 피고인의 상소권 보장의 취지 및 그에 대한 제한의 범위와 정도, 피고인의 재판청구권을 보장하는 헌법합치적 해석의 필요성 등을 종합하여 보면, 제1심판결에 대하여 피고인은 비약적 상고를, 검사는 항소를 각각 제기하여 이들이 경합한 경우 피고인의 비약적 상고에 상고의 효력이 인정되지는 않더라도, 피고인의 비약적 상고가 항소기간 준수 등 항소로서의 적법요건을 모두 갖추었고, 피고인이 자신의 비약적 상고에 상고의 효력이 인정되지 않는 때에도 항소심에서는 제1심판결을 다툴 의사가 없었다고 볼 만한 특별한 사정이 없다면, 피고인의 비약적 상고에 항소로서의 효력이 인정된다고 보아야 한다(대판 2022.5.29. 2021도17131 등 전원합의체).

2. 비약적 상고의 이유

① 원심판결이 인정한 사실에 대하여 법령을 적용하지 아니하였거나 법령의 적용에 착오가 있는 때 또는 ② 원심판결이 있은 후 형의 폐지나 변경 또는 사면이 있는 때 제1심 판결에 대하여 상고할 수 있다(제372조). 따라서 제1심 법원의 결정에 대하여는 비약적 상고를 할 수 없다. 법령적용에 착오가 있는 때란 인정한 사실을 전제로 법령의 적용을 잘못한 경우를 의미하는바, 채증법칙의 위배나 중대한 사실오인 또는 양형의 과중은 비약적 상고의 이유가 되지 않는다.

V. 상고심판결의 정정

상고법원은 그 판결의 내용에 오류가 있음을 발견한 때에는 직권 또는 검사, 상고인이나 변호인의 신청에 의하여 판결로써 정정할 수 있다(제400조 제1항). 이 경우 신청은 판결의 선고가 있은 날로부터 서면으로 10일 이내에 하여야 한다(같은 조 제2항, 제3항). 정정의 판결은 변론 없이 할 수 있고, 정정할 필요가 없다고 인정한 때에는 지체없이 결정으로 신청을 기각하여야 한다(제401조). 판결의 정정이 인정된다고 하여 대법원판결의 확정시기가 늦어지는 것은 아니고, 판결은 선고와 동시에 확정되는 것이다.

① 형사소송법 제400조에 규정된 판결 정정제도는 상고법원의 판결은 최종적 재판으로 선고와 동시에 확정되고 법률이 허용하는 재심, 비상상고의 방법에 의하지 아니하고는 일반적으로 불복을 할 수 없기 때문에 상고법원의 판결내용에 오류가 있는 것을 발견한 때에 직권 또는 신청에 의하여 정정할 수 있도록 한 취지이므로 상고법원의 판결이 아닌 항소심인 원심판결의 정정을 구함은 부적법하여 각하를 면할 수 없다(대결 1979.9.11. 79초54).

② 형사소송법 제400조 제1항에서 말하는 오류라 함은 명백한 것에 한한다고 할 것이어서 채증법칙위배에 대한 판단을 잘못하였으니 무죄판결로 정정하여 달라는 사유는 이에 해당되지 아니한다(대결 1987.7.31. 87초40).

③ 형사소송법 제400조 소정의 상고심 판결의 정정사유인 "오류"라 함은 판결의 내용에 위산, 오기 기타 이에 유사한 것이 있는 경우를 의미하므로 유죄확정판결(상고기각판결)을 무죄판결로 정정하여 달라는 판결정정 신청은 그 이유가 없다(대결 1981.10.5. 81초60).

제4절 항고

Ⅰ. 항고의 의의 및 종류

항고란 결정에 대한 상소를 의미한다. 항고에는 일반항고와 특별항고(또는 재항고)가 있다. 소송법에 의하여 「대법원에 즉시항고할 수 있다」고 명문으로 규정되어 있는 것을 특별항고라 하며, 그 이외의 항고를 일반항고라 한다. 일반항고는 다시 보통항고와 즉시항고로 나누어진다.

1) 일반항고

(1) 즉시항고

즉시항고는 항고의 제기가 있는 때 재판의 집행이 정지되는 효력을 가진 항고를 말하고(제410조), 그 제기기간이 7일로 제한되어 있다(제405조). 즉시항고는 명문의 규정이 있는 때에만 허용된다.

> [1] (중략) 즉시항고 자체가 형사소송법상 명문의 규정이 있는 경우에만 허용되므로 기간 연장으로 인한 폐해가 크다고 볼 수도 없는 점 등을 고려하면, 형사소송법 제405조는 즉시항고 제도를 단지 형식적이고 이론적인 권리로서만 기능하게 함으로써 헌법상 재판청구권을 공허하게 하므로 입법재량의 한계를 일탈하여 재판청구권을 침해하는 규정이다. [2] 심판대상조항을 단순위헌으로 선언하는 경우 즉시항고의 기간 제한이 없어지게 됨에 따라 혼란이 초래될 우려가 있으며, 즉시항고 제기의 적정한 기간에 관하여는 입법자가 충분한 논의를 거쳐 결정할 사항이다. 따라서 심판대상조항에 대하여 헌법불합치결정을 선고하되, 2019. 12. 31.을 시한으로 입법자의 개선입법이 있을 때까지 계속 적용을 명한다(헌재결 2018.12.27. 2015헌바77 등).

(2) 보통항고

법원의 결정에 대하여 불복이 있으면 항고할 수 있다(제402조 본문). 항고는 법원의 결정을 대상으로 하는바, 법원의 결정이 아닌 지방법원판사가 한 압수·수색영장의 발부나, 체포영장 또는 구속영장의 청구에 대한 재판은 항고의 대상이 되지 않는다. 형사소송법에 특별한 규정이 있는 때에는 보통항고가 허용되지 않는바(제402조 단서), 보통항고가 허용되지 않는 경우는 아래와 같다.

① 판결 전 소송절차에 관한 결정 : 법원의 관할 또는 판결 전의 소송절차에 관한 결정에 대하여는 특히 즉시항고를 할 수 있는 경우 이외에는 항고를 하지 못한다(제403조 제1항). 그러나 구금·보석·압수나 압수물의 환부에 관한 결정 또는 감정하기 위한 피고인의 유치에 관한 결정에 대하여는 보통항고를 할 수 있다(같은 조 제2항). 다만 체포·구속적부심사청구에 대한 청구기각결정 또는 구속된 피의자의 석방을 명하는 결정에 대하여는 항고할 수 없다(제214조의2 제8항).

② 성질상 항고가 허용되지 않는 결정 : 대법원의 결정에 대하여는 성질상 항고가 허용되지 않는다. 항고법원 또는 고등법원의 결정에 대하여도 보통항고를 할 수 없다(제415조).

2) 재항고

재항고란 항고법원 또는 고등법원의 결정에 대한 항고를 말한다. 항고법원 또는 고등법원의 결정에 대하여는 재판에 영향을 미친 헌법·법률·명령 또는 규칙의 위반이 있음을 이유로 하는 때에 한하여 대법원에 즉시항고를 할 수 있다(제415조). 재항고는 즉시항고이므로 그 절차는 즉시항고의 경우와 같다.

Ⅱ. 항고심의 절차

1. 항고의 제기

1) 항고의 제기기간

항고는 항고장을 원심법원에 제출하여야 한다(제406조). **보통항고에는 기간의 제한이 없이** 얼마든지 할 수 있으나, 원심결정을 취소하여도 실익이 없게 된 때에는 예외로 한다(제404조). **즉시항고의 제기기간은 7일이다**(제405조).

> 형사소송법은 "교도소 또는 구치소에 있는 피고인이 상소의 제기기간 내에 상소장을 교도소장 또는 구치소장 또는 그 직무를 대리하는 자에게 제출한 때에는 상소의 제기기간 내에 상소한 것으로 간주한다."라는 이른바 **재소자에 대한 특칙**(제344조 제1항)을 두고 이를 상소권회복의 청구에 준용하도록 하고 있다(제355조). 즉시항고도 상소의 일종이므로 위와 같은 특칙은 집행유예취소결정에 대한 즉시항고권회복청구서의 제출에도 마찬가지로 적용된다(대결 2022.10.27. 2022모1004).

2) 원심법원의 조치

(1) **항고기각결정**

항고의 제기가 법률상의 방식에 위반하거나 항고권소멸 후인 것이 명백한 때에는 원심법원은 결정으로 항고를 기각하여야 한다. 항고기각결정에 대하여는 즉시항고를 할 수 있다(제407조).

(2) **경정결정**

원심법원은 항고가 이유 있다고 인정한 때에는 **결정을 경정하여야 한다**(제408조 제1항). 그러나 항고의 전부 또는 일부가 이유 없다고 인정한 때에는 항고장을 받은 날로부터 3일 이내에 의견서를 첨부하여 항고법원에 송부하여야 한다(같은 조 제2항).

> 법원은 '재판서에 잘못된 계산이나 기재, 그 밖에 이와 비슷한 잘못이 있음이 분명한 때'에는 경정결정을 통하여 위와 같은 재판서의 잘못을 바로잡을 수 있다(형사소송규칙 제25조 제1항). 그러나 이미 선고된 판결의 내용을 실질적으로 변경하는 것은 위 규정에서 예정하고 있는 경정의 범위를 벗어나는 것으로서 허용되지 않는다. 그리고 경정결정은 이를 주문에 기재하여야 하고, 판결 이유에만 기재한 경우 경정결정이 이루어졌다고 할 수 없다(대판 2021.1.28. 2017도18536).

(3) 소송기록의 송부

원심법원이 필요하다고 인정한 때에는 소송기록과 증거물을 항고법원에 송부하여야 한다. 항고법원은 소송기록과 증거물의 송부를 요구할 수 있다. 항고법원은 소송기록과 증거물을 송부받은 날로부터 5일 이내에 당사자에게 그 사유를 통지하여야 한다(제411조).

> 항고법원은 제1심법원으로부터 소송기록과 증거물을 받은 날부터 5일 이내에 당사자에게 그 사유를 통지하여야 한다. 그 취지는 당사자에게 항고에 관하여 이유서를 제출하거나 의견을 진술하고 유리한 증거를 제출할 기회를 부여하려는 데 있다(대결 2018.6.22. 2018모1698).

3) 항고제기의 효과

즉시항고의 제기기간 내에 그 제기가 있는 때에는 재판의 집행은 정지된다(제410조). 그러나 보통항고에는 재판의 집행을 정지하는 효력은 없다. 단 원심법원 또는 항고법원은 결정으로 항고에 대한 결정이 있을 때까지 집행을 정지할 수 있다(제409조).

2. 항고심의 심리

항고심은 사실과 법률을 모두 심사할 수 있으며, 심사범위도 항고이유에 한정되지 않는다. 검사는 항고사건에 대하여 의견을 진술할 수 있다.

항고의 제기가 법률상의 방식에 위반하였거나 항고권소멸 후인 것이 명백한 경우에 원심법원이 항고기각의 결정을 하지 아니한 때에는 항고법원은 **결정으로 항고를 기각하여야 한다**(제413조). 항고를 이유없다고 인정한 때에는 **결정으로 항고를 기각하여야 한다**(제414조 제1항). 항고를 이유있다고 인정한 때에는 **결정으로 원심결정을 취소하고** 필요한 경우에는 항고사건에 대하여 직접 **재판을 하여야 한다**(같은 조 제2항). 항고법원의 결정에 대하여는 제415조에 의하여 대법원에 재항고할 수 있다.

> 검사가 제1심 결정에 대해 항고하면서 항고이유서를 첨부하였는데 항고심인 원심법원이 검사에게 소송기록접수통지서를 송달한 다음 날 항고를 기각한 경우, 검사가 항고장에 상세한 항고이유서를 첨부하여 제출함으로써 의견진술을 하였으므로 형사소송법 제412조에 따라 별도로 의견을 진술하지 아니한 상태에서 원심이 항고를 기각하였더라도 그 결정에 위법이 없다(대결 2012.4.20. 2012모459).

III. 준항고

1. 준항고의 의의

준항고는 재판장 또는 수명법관의 재판과 검사 또는 사법경찰관의 처분에 대하여 그 소속법원 또는 관할법원에 취소 또는 변경을 청구하는 불복신청방법이다. 준항고에 대하여는 항고에 관한 규정이 준용된다(제419조).

2. 준항고의 대상

1) 재판장 또는 수명법관의 재판

재판장 또는 수명법관이 ① 기피신청을 기각한 재판, ② 구금, 보석, 압수 또는 압수물환부에 관한 재판, ③ 감정하기 위하여 피고인의 유치를 명한 재판, ④ 증인, 감정인, 통역인 또는 번역인에 대하여 과태료 또는 비용의 배상을 명한 재판을 고지한 경우에 불복이 있으면 그 법관소속의 법원에 재판의 취소 또는 변경을 청구할 수 있다(제416조 제1항). 제4호의 재판에 대하여는 청구기간 내의 청구가 있는 때에는 그 재판의 집행이 정지된다(같은 조 제4항).

2) 수사기관의 처분

검사 또는 사법경찰관의 구금, 압수 또는 압수물의 환부에 관한 처분과 제243조의2에 따른 변호인의 참여 등에 관한 처분에 대하여 불복이 있으면 그 직무집행지의 관할법원 또는 검사의 소속검찰청에 대응한 법원에 그 처분의 취소 또는 변경을 청구할 수 있다(제417조).

> 형사소송법 제417조의 규정은 검사 또는 사법경찰관이 수사단계에서 압수물의 환부에 관하여 처분을 할 권한을 가지고 있을 경우에 그 처분에 불복이 있으면 준항고를 허용하는 취지라고 보는 것이 상당하므로 형사소송법 제332조의 규정에 의하여 압수가 해제된 것으로 되었음에도 불구하고 검사가 그 해제된 압수물의 인도를 거부하는 조치에 대해서는 형사소송법 제417조가 규정하는 준항고로 불복할 대상이 될 수 없다(대결 1984.2.6. 84모3).[13]

> ① 재판의 집행에 관한 검사의 처분에 불복하면서 준항고장을 제출한 것은 형사소송법 제489조의 재판집행에 대한 이의신청으로 보아 판단하여야 한다(대결 1993.8.6. 93모55).
> ② 수사기관의 압수물의 환부에 관한 처분의 취소를 구하는 준항고는 일종의 항고소송이므로, 통상의 항고소송에서와 마찬가지로 그 이익이 있어야 하고, 소송 계속 중 준항고로써 달성하고자 하는 목적이 이미 이루어졌거나 시일의 경과 또는 그 밖의 사정으로 인하여 그 이익이 상실된 경우에는 준항고는 그 이익이 없어 부적법하게 된다(대결 2015.10.15. 2013모1970).

3. 준항고의 절차

준항고의 청구는 서면으로 관할법원에 제출하여야 한다(제418조). 법관의 재판에 대한 준항고의 청구는 재판의 고지가 있는 날로부터 3일 이내에 하여야 하며(제416조 제3항), 지방법원이 청구를 받은 때에는 합의부에서 결정하여야 한다(같은 조 제2항). 보통항고와 집행정지(제409조), 항고기각의 결정(제413조), 항고기각과 항고이유 인정(제414조) 및 재항고(제415조)의 규정은 준항고의 청구에 대하여 적용된다(제419조).

---

[13] 수사기관이 압수영장의 집행기관으로서 압수처분을 한 경우에는 그 처분에 대하여 준항고를 할 수 있으나, 검사가 압수·수색영장의 청구 등 강제처분을 위한 조치를 취하지 않은 것 자체는 압수에 관한 처분으로 볼 수 없기에 고소인이나 고발인이 준항고를 할 수는 없는 것이다.

① 검사가 수사과정에서 증거수집을 위한 압수·수색영장의 청구 등 강제처분을 위한 조치를 취하지 아니하고 그로 인하여 증거를 확보하지 못하고 불기소처분에 이르렀다면, 그 불기소처분에 대하여 형사소송법상의 재정신청이나 검찰청법상의 항고·재항고 등으로써 불복하는 것은 별론으로 하고, 검사가 압수·수색영장의 청구 등 강제처분을 위한 조치를 취하지 아니한 것 그 자체를 형사소송법 제417조 소정의 '압수에 관한 처분'으로 보아 이에 대해 준항고로써 불복할 수는 없다(대결 2007.5.25. 2007모82).

② 형사소송법 제416조, 제417조의 준항고에 관한 결정에 대하여는 재판에 영향을 미친 헌법, 법률, 명령, 규칙의 위반이 있음을 이유로 하는 때에 한하여 대법원에 즉시항고할 수 있는 바, 이는 제419조, 제415조에 의한 재항고에 해당한다(대결 1983.5.12. 83모12).

CHAPTER **02** | 비상구제절차

제1절 | 재심

Ⅰ. 재심의 의의와 구조

재심이란 유죄의 확정판결에 대하여 중대한 사실오인이나 그 오인의 의심이 있는 경우에 판결을 받은 자의 이익을 위하여 판결의 부당함을 시정하는 비상구제절차이다. 재심은 재심의 이유 유무를 심사하여 다시 심판할 것인가를 결정하는 재심개시절차와 개시된 사건을 다시 심판하는 재심심판절차라는 2단계의 구조를 취하게 된다.

Ⅱ. 재심이유

재심은 유죄의 확정판결과 항소 또는 상고의 기각판결에 대하여만 인정되는 비상구제절차이다. 확정된 약식명령이나 즉결심판은 확정된 유죄판결과 동일한 효력이 있으므로 재심의 대상이 된다. 이에 대하여 무죄·면소·공소기각의 판결은 판결에 중대한 하자가 있는 경우에도 재심의 대상이 되지 않는다. 결정에 대한 재심청구는 허용되지 않는다.

① 무죄의 선고를 받은 자가 유죄의 선고를 받기 위하여는 허용되지 아니한다(대결 1983.3.24. 83모5).

② [1] 특별사면으로 형 선고의 효력이 상실된 유죄의 확정판결도 형사소송법 제420조의 '유죄의 확정판결'에 해당하여 재심청구의 대상이 될 수 있다. [2] 재심대상판결 확정 후에 형 선고의 효력을 상실케 하는 특별사면이 있었다고 하더라도, 재심개시결정이 확정되어 재심심판절차를 진행하는 법원은 그 심급에 따라 다시 심판하여 실체에 관한 유·무죄 등의 판단을 해야지, 특별사면이 있음을 들어 면소판결을 하여서는 아니 된다(대판 2015.5.21. 2011도1932 전원합의체).

③ 항소심의 유죄판결에 대하여 상고가 제기되어 상고심 재판이 계속되던 중 피고인이 사망하여 형사소송법 제382조, 제328조 제1항 제2호에 따라 공소기각결정이 확정되었다면 항소심의 유죄판결은 이로써 당연히 그 효력을 상실하게 되므로, 이러한 경우에는 형사소송법상 재심절차의 전제가 되는 '유죄의 확정판결'이 존재하는 경우에 해당한다고 할 수 없다. 그런데 피고인 등이 이와 같이 공소기각결정으로 효력을 상실한 항소심의 유죄판결을 대상으로 하여 재심을 청구를 하였고, 법원이 일단 이를 대상으로 재심개시결정을 한 후 이에 대하여 검사나 피고인 등이 모두 불복하지 아니함으로써 재심개시결정이 확정된 때에는, 재심개시결정에 의하여 재심이 개시된 대상은 항소심의 유죄판결로 확정되고, 재심개시결정에 따라 재심절차를 진행하는 법원이 재심이 개시된 대상을 변경할 수는 없다. 그러나 이 경우 재심개시결정은 재심을 개시할 수 없는 항소심의 유죄판결을 대상으로 한 것이므로, 재심개시결정에 따라 재심절차를 진행하는 법원으로서는 심판의 대상이 없어 아무런 재판을 할 수

없다(대판 2013.6.27. 2011도7931).
④ 약식명령에 대하여 정식재판 청구가 이루어지고 그 후 진행된 정식재판 절차에서 유죄판결이 선고되어 확정된 경우, 재심사유가 존재한다고 주장하는 피고인 등은 효력을 잃은 약식명령이 아니라 유죄의 확정판결을 대상으로 재심을 청구하여야 한다. 그런데도 피고인 등이 약식명령에 대하여 재심의 청구를 하였고, 법원이 심리한 결과 재심청구의 대상이 약식명령이라고 판단하여 그 약식명령을 대상으로 재심개시결정을 한 후 이에 대하여 검사나 피고인 등이 모두 불복하지 아니함으로써 그 결정이 확정된 때에는, 그 재심개시결정에 의하여 재심이 개시된 대상은 약식명령으로 확정되고, 그 재심개시결정에 따라 재심절차를 진행하는 법원이 재심이 개시된 대상을 유죄의 확정판결로 변경할 수는 없다. 이 경우 그 재심개시결정은 이미 효력을 상실하여 재심을 개시할 수 없는 약식명령을 대상으로 한 것이므로, 그 재심개시결정에 따라 재심절차를 진행하는 법원으로서는 심판의 대상이 없어 아무런 재판을 할 수 없다(대판 2013.4.11. 2011도10626).

⑤ 형벌조항에 대하여 헌법재판소의 위헌결정이 있는 경우 헌법재판소법 제47조에 의한 재심은 원칙적인 재심대상판결인 제1심 유죄판결 또는 파기자판한 상급심판결에 대하여 청구하여야 한다. 제1심이 유죄판결을 선고하고, 그에 대하여 불복하였으나, 항소 또는 상고기각판결이 있었던 경우에 헌법재판소법 제47조를 이유로 재심을 청구하려면 재심대상판결은 제1심판결이 되어야 하고, 항소 또는 상고기각판결을 재심대상으로 삼은 재심청구는 법률상의 방식을 위반한 것으로 부적법하다. (중략) 형사소송법은 재심청구 제기기간에 제한을 두고 있지 않으므로(형사소송법 제427조 참조), 법률상의 방식을 위반한 재심청구라는 이유로 기각결정이 있더라도, 청구인이 이를 보정한다면 다시 동일한 이유로 재심청구를 할 수 있다(대결 2022.6.16. 2022모509).

⑥ [1] 형사소송법 제420조, 제421조가 유죄의 확정판결 또는 유죄 판결에 대한 항소 또는 상고의 기각판결에 대하여만 재심을 청구할 수 있도록 규정하고 있는 이상, 항소심에서 파기되어버린 제1심판결에 대해서는 재심을 청구할 수 없는 것이므로, 위 제1심판결을 대상으로 하는 재심청구는 법률상의 방식에 위반하는 것으로 보지 않을 수 없다. [2] 원심이 항소심에서 파기된 제1심판결을 대상으로 하는 재심청구가 법률상의 방식에 위반한 경우에 해당함에도 형사소송법 제433조에 따라 재심청구를 기각하지 아니하고 재심청구의 사유가 없다는 이유를 들어 같은 법 제434조 제1항에 따라 재심청구기각결정을 하였더라도 모두 재심청구를 기각한다는 결정을 하는 점에서 주문의 내용에 차이가 없다는 등의 이유로 위와 같은 원심결정의 위법이 재판에 영향을 끼치지 아니하였다고 한 사례(대결 2004.2.13. 2003모464).

1. 유죄의 확정판결에 대한 재심이유

재심이유는 확정판결의 사실오인에 있다. 구체적으로는 ① 유죄의 확정판결에 의한 재심이유(제420조), ② 상소기각의 확정판결에 대한 재심이유(제421조), ③ 확정판결에 대신하는 증명에 의한 재심이유(제422조)가 있다.

1) 허위증거에 의한 재심이유
⑴ 원판결의 증거된 서류 또는 증거물이 확정판결에 의하여 위조 또는 변조인 것이 증명된 때 (제1호)
⑵ 원판결의 증거된 증언, 감정, 통역 또는 번역이 확정판결에 의하여 허위인 것이 증명된 때 (제2호)

① 제420조 제2호에 규정된 원판결의 증거된 증언이라 함은 법률에 의하여 선서한 증인의 증언을 말하고 공동피고인의 공판정에서의 진술은 여기에 해당하지 않는다(대결 1985.6.1. 85모10).

② 형사소송법 제420조 제2호 소정의 '원판결의 증거된 증언'이라 함은 원판결의 증거로 채택되어 범죄사실을 인정하는 데 사용된 증언을 뜻하는 것이고 단순히 증거 조사의 대상이 되었을 뿐 범죄사실을 인정하는 증거로 사용되지 않은 증언은 위 '증거된 증언'에 포함되지 않는 것이며, '원판결의 증거된 증언이 확정판결에 의하여 허위인 것이 증명된 때'라 함은 그 증인이 위증을 하여 그 죄에 의하여 처벌되어 그 판결이 확정된 경우를 말하는 것이고, 원판결의 증거된 증언을 한 자가 그 재판 과정에서 자신의 증언과 반대되는 취지의 증언을 한 다른 증인을 위증죄로 고소하였다가 그 고소가 허위임이 밝혀져 무고죄로 유죄의 확정판결을 받은 경우는 위 재심사유에 포함되지 아니한다(대판 2005.4.14. 2003도1080).

③ [1] 형사소송법 제420조 제2호의 '원판결의 증거된 증언'이란 원판결의 이유 중에서 증거로 채택되어 죄로 되는 사실(범죄사실)을 인정하는 데 인용된 증언을 뜻하므로, 원판결의 이유에서 증거로 인용된 증언이 '죄로 되는 사실'과 직접 혹은 간접적으로 관련된 내용이라면 위 법조에서 정한 '원판결의 증거된 증언'에 해당하고, 그 증언이 나중에 확정판결에 의하여 허위인 것이 증명된 이상 허위증언 부분을 제외하고도 다른 증거에 의하여 '죄로 되는 사실'이 유죄로 인정될 것인지에 관계없이 형사소송법 제420조 제2호의 재심사유가 있다고 보아야 한다. [2] 원심이 공소사실을 유죄로 인정하면서 채택한 증거에 제1심 증인 갑의 증언이 포함되어 있었는데, 갑이 원심판결 선고 후 위 증언에 관하여 위증죄로 유죄 확정판결을 받은 사안에서, 갑의 증언은 원심판결 이유 중에서 증거로 채택되어 범죄사실을 인정하는 데 인용되었고, 범죄사실과 직접·간접으로 관련된 내용이므로, 위 증언이 확정판결에 의하여 허위로 증명된 이상 원심판결에는 형사소송법 제420조 제2호의 재심사유가 있는 경우로서, 형사소송법 제383조 제3호에서 정한 '재심청구의 사유가 있는 때'에 해당하는 상고이유가 있다는 이유로 직권으로 심판하여 원심판결을 파기한 사례이다(대판 2012.4.13. 2011도8529).

④ [1] 원판결의 이유에서 증거로 인용된 증언이 죄로 되는 사실과 직접 혹은 간접적으로 관련된 내용의 것이라면 '원판결의 증거된 증언'에 해당한다. [2] 원판결의 증거된 증인이 나중에 확정판결에 의하여 허위인 것이 증명된 이상, 그 허위증언 부분을 제외하고서도 다른 증거에 의하여 그 '죄로 되는 사실'이 유죄로 인정될 것인지 여부에 관계없이 제420조 제2호의 재심사유가 있는 것이다(대결 1997.1.16. 95모38).

⑶ 무고로 인하여 유죄의 선고를 받은 경우에 그 무고의 죄가 확정판결에 의하여 증명된 때 (제3호)
⑷ 원판결의 증거된 재판이 확정재판에 의하여 변경된 때(제4호)
⑸ 저작권, 특허권, 실용신안권, 의장권 또는 상표권을 침해한 죄로 유죄의 선고를 받은 사건에 관하여 그 권리에 대한 무효의 심결 또는 무효의 판결이 확정된 때(제6호)
⑹ 원판결, 전심판결 또는 그 판결의 기초 된 조사에 관여한 법관, 공소의 제기 또는 그 공소의 기초 된 수사에 관여한 검사나 사법경찰관이 그 직무에 관한 죄를 범한 것이 확정판결에 의하여 증명된 때(제7호)

직무에 관한 죄의 범위에 관하여는 형법 제2편 7장에 규정된 죄, 즉 뇌물수수·폭행·가혹행위의 죄에 제한된다. 다만 원판결의 선고 전에 법관, 검사 또는 사법경찰관에 대하여 공소의 제기가 있는 경우에는 원판결의 법원이 그 사유를 알지 못한 때에 한한다(제7호 단서).

① 수사과정에서 피고인을 불법감금하였다 하여 기소유예처분을 받은 사법경찰관에 대하여 피고인이 제기한 재정신청이 기각되었더라도, 위 경찰관은 형사소송법 제420조 제7호의 '공소의 기초가 된 수사에 관여'하였으므로 위 법조의 재심사유에 해당한다(대결 2006.5.11. 2004모16).

② [1] 형사재판에서 재심은 형사소송법 제420조, 제421조 제1항의 규정에 의하여 유죄 확정판결 및 유죄판결에 대한 항소 또는 상고를 기각한 확정판결에 대하여만 허용된다. 면소판결은 유죄 확정판결이라 할 수 없으므로 면소판결을 대상으로 한 재심청구는 부적법하다. [2] 형사소송법 제420조 제7호는 재심사유의 하나로서 "원판결, 전심판결 또는 그 판결의 기초된 조사에 관여한 법관, 공소의 제기 또는 그 공소의 기초된 수사에 관여한 검사나 사법경찰관이 그 직무에 관한 죄를 범한 것이 확정판결에 의하여 증명된 때"를 들고 있다. 형법 제124조의 불법체포·감금죄는 위 재심사유가 규정하는 대표적인 직무범죄로서 헌법상 영장주의를 관철하기 위한 것이다. (중략) 따라서 위와 같은 재심제도의 목적과 이념, 형사소송법 제420조 제7호의 취지, 영장주의를 배제하는 위헌적 법령에 따른 체포·구금으로 인한 기본권 침해 결과 등 제반 사정을 종합하여 보면, 수사기관이 영장주의를 배제하는 위헌적 법령에 따라 영장 없는 체포·구금을 한 경우에도 불법체포·감금의 직무범죄가 인정되는 경우에 준하는 것으로 보아 형사소송법 제420조 제7호의 재심사유가 있다고 보아야 한다. 위와 같이 유추적용을 통하여 영장주의를 배제하는 위헌적 법령에 따라 영장 없는 체포·구금을 당한 국민에게 사법적 구제수단 중의 하나인 재심의 문을 열어놓는 것이 헌법상 재판받을 권리를 보장하는 헌법합치적 해석이다(대결 2018.5.2. 2015모3243).

③ [1] 피고인들은 여순사건 당시 진압군이 순천지역을 회복한 후 군경에 의하여 반란군에 가담하거나 협조하였다는 혐의로 체포되어 감금되었다가 내란죄와 국권문란죄로 군법회의에 회부되어 유죄판결을 받았고, 피고인들을 체포·감금한 군경이 법원으로부터 구속영장을 발부받았어야 하는데도 이러한 구속영장 발부 없이 불법 체포·감금하였다고 인정하여 재심대상판결에 형사소송법 제422조, 제420조 제7호의 재심사유가 있다고 본 원심판단이 정당하다고 한 사례 [2] 재심대상판결의 판결서는 발견되지 않았으나 판결의 존재와 판결서의 존재는 구별되는 것이고, 재심대상판결의 존재, 즉 판결의 선고와 확정 사실은 계엄지구사령부 사령관 명의로 작성된 고

등군법회의명령 제3호 문서(이하 '판결집행명령서'라 한다), 당시의 언론보도, 진실·화해를 위한 과거사 정리위원회의 여순사건 진실규명결정서 등 다른 자료를 통하여 인정할 수 있는 점, 재심대상판결의 판결서 원본이 작성되었으나 사변 등으로 멸실·분실되었을 가능성이 있고, 설령 처음부터 판결서가 작성되지 않았더라도 판결이 선고되고 확정되어 집행된 사실이 인정되는 이상 판결의 성립을 인정하는 데에는 영향이 없는 점, 여순사건 당시 선포된 계엄령과 그 계엄령 선포에 따라 설치된 군법회의에 대하여 법적 근거와 절차 등의 위헌·위법 논란이 있으나, 대한민국헌법(1948. 7. 17. 제정된 것, 제헌헌법) 제64조, 제76조 제2항, 제100조 아래 이루어진 계엄선포 상황에서 국가공권력에 의한 사법작용으로서 군법회의를 통한 판결이 선고된 이상 그 근거법령이나 절차, 내용 등이 위헌·위법하다고 평가되어 판결이 당연무효가 되는 것은 별론으로 하고 판결의 성립을 부정할 수는 없는 점, 또한 판결이 위와 같은 위헌·위법 사유로 당연무효라고 하더라도 그것이 성립한 이상 형식적 확정력은 인정되고, 오히려 그러한 중대한 위헌·위법 상태를 바로잡기 위하여 재심의 대상이 될 수 있다고 보아야 하며, 이러한 판결에 대하여 재심을 통한 구제를 긍정하는 것이 유죄의 확정판결에 중대한 하자가 있는 경우 피고인의 이익을 위하여 이를 바로잡는다는 재심제도의 존재 목적에도 부합하는 점 등을 종합하면, 유죄의 확정판결로서 재심의 대상이 되는 재심대상판결이 존재한다고 본 원심판단이 정당하다고 한 사례(대결 2019.3.21. 2015모2229 전원합의체).

2) 새로운 증거에 의한 재심이유
(1) 제420조 제5호의 의의

형사소송법 제420조 제5호는 유죄의 선고를 받은 자에 대하여 무죄 또는 면소를, 형의 선고를 받은 자에 대하여 형의 면제 또는 원판결이 인정한 죄보다 경한 죄를 인정할 명백한 증거가 새로 발견된 때를 재심이유로 규정하고 있다.

유죄의 선고를 받은 자에 대하여 무죄 또는 면소를 선고할 경우에 제한하고 있으므로 공소기각의 판결을 선고할 경우는 포함되지 않는다(대결 1997.1.13. 96모51). 형의 면제는 필요적 면제만을 의미하고 임의적 면제의 경우는 포함하지 않는다(대결 1984.5.30. 84모32). 경한 죄란 법정형이 가벼운 다른 죄를 말하며(대판 2017.11.9. 2017도14769), 양형의 자료에 변동을 가져오는 데 지나지 않는 것은 포함되지 않는다(대판 2007.7.12. 2007도3496).

> ① 조세의 부과처분을 취소하는 행정판결이 확정된 경우 부과처분의 효력은 처분 시에 소급하여 효력을 잃게 되어 그에 따른 납세의무가 없으므로 확정된 행정판결은 조세포탈에 대한 무죄 내지 원심판결이 인정한 죄보다 경한 죄를 인정할 명백한 증거에 해당한다(대판 2015.10.29. 2013도14716).
>
> ② 형사소송법 제420조 제5호의 '원판결이 인정한 죄보다 경한 죄를 인정할 경우'란 원판결에서 인정한 죄와는 별개의 경한 죄를 말하고, 원판결에서 인정한 죄 자체에는 변함이 없고 다만 양형상의 자료에 변동을 가져올 사유에 불과한 것은 여기에 해당하지 않는다(대판 2017.11.9. 2017도14769).

(2) 증거의 신규성

증거의 신규성이란 증거가 새로 발견되었을 것을 요한다는 것을 의미한다.

① 형벌에 관한 법령이 당초부터 헌법에 위반되어 법원에서 위헌·무효라고 선언한 때에도 역시 제420조 제5호의 재심사유에 해당한다(대결 2013.4.18. 2010모363).

② 헌법재판소법 제47조 제4항에 따라 재심을 청구할 수 있는 '위헌으로 결정된 법률 또는 법률의 조항에 근거한 유죄의 확정판결'이란 헌법재판소의 위헌결정으로 인하여 같은 조 제3항의 규정에 의하여 소급하여 효력을 상실하는 법률 또는 법률의 조항을 적용한 유죄의 확정판결을 의미한다. 따라서 위헌으로 결정된 법률 또는 법률의 조항이 같은 조 제3항 단서에 의하여 종전의 합헌결정이 있는 날의 다음 날로 소급하여 효력을 상실하는 경우 합헌결정이 있는 날의 다음 날 이후에 유죄판결이 선고되어 확정되었다면, 비록 범죄행위가 그 이전에 행하여졌더라도 그 판결은 위헌결정으로 인하여 소급하여 효력을 상실한 법률 또는 법률의 조항을 적용한 것으로서 '위헌으로 결정된 법률 또는 법률의 조항에 근거한 유죄의 확정판결'에 해당하므로 이에 대하여 재심을 청구할 수 있다(대결 2016.11.10. 2015모1475).

쟁점 제420조 제5호 신규성의 의미

1. **쟁점의 정리**

재심이유인 제420조 제5호에 있어 증거의 신규성이 법원에 대하여 새로운 증거일 것을 요한다는 점에는 이론이 없으나, 법원 이외의 당사자에 대하여도 신규일 것을 요하는가에 대해 견해가 대립한다.

2. **견해의 대립**

① **필요설**은 신규성은 법원뿐만 아니라 청구하는 당사자에게도 새로울 것을 요한다는 견해이고, ② **불요설**은 신규성은 법원에 대하여 존재하면 족하다는 견해이며, ③ **절충설**은 당사자에 대해서는 신규성을 요하지 않음이 원칙이지만, 당사자가 고의 또는 과실에 의하여 제출하지 않은 증거에 대하여는 신규성을 인정할 수 없다는 견해이다.

3. **판례의 태도**

판례는 절충설의 입장에서 "피고인이 재심을 청구한 경우 재심대상이 되는 확정판결의 소송절차 중에 그러한 증거를 제출하지 못한 데 과실이 있는 경우에는 그 증거는 위 조항에서의 '증거가 새로 발견된 때'에서 제외된다고 해석함이 상당하다."고 판시하였다(대결 2009.7.16. 2005모472 전원합의체).

4. **검토**

재심은 피고인을 구제하는 것을 목적으로 하고, 국가기관이 무고한 자임을 알면서도 처벌하는 것은 실체진실주의에 반하므로 불요설이 타당하다(실체진실주의와 소송경제 양자를 모두 고려하는 절충설이 타당하다).

쟁점 증언 번복 진술의 신규성 인정 여부

확정된 유죄판결의 근거가 된 증언을 한 증인이 그 증언을 번복하는 진술을 한 경우, 제420조 제5호의 재심이유를 인정할 수 있는지에 대해 ① 번복진술을 뒷받침하는 객관적 자료가 있는 등 특별한 사정이 있는 경우 인정하는 긍정설과, ② 종전의 증언이 허위임이 증명되지 않는 한 재심이유를 부정하는 부정설이 대립하고, 판례는 부정설의 입장에서 '소송절차에서 이미 증거로 조사·채택된 증인이 판결 확정 후 전의 진술내용을 번복함과 같은 것은 이에 해당하지 아니하는 것'이라고 판시하였다(대결 1984.2.20. 84모2). 생각건대, 같은 증인이라도 종전 증언과 전혀 다른 내용의 진술을 하는 경우에는 증거의 신규성을 인정하여야 하므로 긍정설이 타당하다.

(3) 증거의 명백성

증거의 명백성은 새로운 증거가 확정판결을 파기할 고도의 가능성 내지 개연성이 인정되는 것을 말한다.

① **명백성의 정도** : 명백성의 정도에 대해 견해가 대립하고, 판례는 개연성설의 입장에서 판시하고 있다.

> 단순히 재심대상이 되는 유죄의 확정판결에 대하여 그 정당성이 의심되는 수준을 넘어 그 판결을 그대로 유지할 수 없을 정도로 고도의 개연성이 인정되는 경우라면 그 새로운 증거는 명백한 증거에 해당한다(대결 2009.7.16. 2005모472 전원합의체).

② **명백성의 대상**

쟁점 제420조 제5호 증거의 명백성의 정도와 대상

1. 쟁점의 정리

제420조 제5호는 '명백한 증거가 새로 발견된 때'를 재심이유로 규정하고 있는바, 그 명백성의 정도와 명백성 판단의 대상 범위가 문제된다.

2. 명백성의 정도

가. 견해의 대립

① **개연성설**은 확정판결을 파기할 고도의 가능성 내지 개연성을 의미한다는 견해이고, ② **무죄추정설**은 확정된 유죄판결의 사실인정에 합리적인 의심을 생기게 하는 정도면 족하다는 견해이며, ③ **절충설**은 확정판결의 사실인정에 대해 '진지한 의문'이 제기될 수 있는 정도면 족하다는 견해이다.

나. 판례의 태도

판례는 개연성설의 입장에서 유죄의 확정판결을 유지할 수 없을 정도의 고도의 개연성이 인정되는 경우 '명백한 증거'에 해당한다고 판시하였다(대결 2009.7.16. 2005모472 전원합의체).

다. 검토

재심은 확정된 판결의 기판력을 배제하는 예외적인 제도임을 고려할 때 개연성설이 타당하다.

3. 명백성판단의 대상 범위

가. 견해의 대립

① **단독평가설**은 새로운 증거만으로 명확성을 판단하여야 한다는 견해이고, ② **심증인계설**은

구증거의 심증을 인계받아 새로운 증거의 증거가치를 판단하여야 한다는 견해이고, ③ **한정적 재평가설**은 새로운 증거와 이와 유기적 관련이 있는 구증거만을 대상으로 하여야 한다는 견해이며, ④ **재평가설**은 원판결의 심증에 구속되지 않고 새로운 증거와 구증거 모두를 전면적으로 평가하여야 한다는 견해이다.

나. 판례의 태도

종전 판례는 단독평가설의 입장이었으나, 최근 견해를 변경하여 한정적 재평가설의 입장에서 '새로 발견된 증거와 유기적으로 밀접하게 관련되고 모순되는 것들은 함께 고려하여 평가하여야 한다.'고 판시하였다(대결 2009.7.16. 2005모472 전원합의체).

다. 검토

단독평가설에 의하는 경우 재심의 대상이 부당하게 축소될 우려가 있고, 심증인계설과 한정적 재평가설에 의하면 새로운 증거 판단이 무의미하게 될 위험이 있다는 점에서 **재평가설**이 타당하다.

③ 공범 사이에 유·무죄의 모순판결이 존재하는 경우

쟁점 공범자 간 유·무죄의 무죄판결과 증거의 명백성

1. 쟁점의 정리

공범자 사이에 유죄와 무죄의 모순된 판결이 있는 경우 무죄판결에 대하여 증거의 명백성을 인정할 수 있는지 문제된다.

2. 견해의 대립

① **긍정설**은 법령의 해석이 아닌 사실인정에 관하여 결론을 달리한 때에는 모순판결이 명백한 증거라는 견해이고, ② **부정설**은 유죄판결과 무죄판결의 증거가 동일한 경우에는 증명력의 문제에 지나지 않아 명백성을 인정할 수 없다는 견해이며, ③ **이분설**은 공범자에 대한 무죄판결이 법령의 개폐나 새로운 법률해석에 따른 것이면 명백한 증거에 해당하지 않지만, 무죄판결에 사용된 증거가 다른 공범자에 대해 먼저 확정된 유죄판결을 파기할 만한 개연성이 있는 경우에는 명백한 증거에 해당한다는 견해이다.

3. 판례의 태도

판례는 '당해 사건의 증거가 아니고 공범자 중 1인에 대하여는 무죄, 다른 1인에 대하여는 유죄의 확정판결이 있는 경우에 무죄확정판결의 증거자료를 자기의 증거자료로 하지 못하였고 또 새로 발견된 것이 아닌 한 무죄확정판결 자체만으로는 유죄확정판결에 대한 새로운 증거로서의 재심사유에 해당한다고 할 수 없다.'고 판시하였다(대결 1984.4.13. 84모14).

4. 검토

긍정설에 의할 경우 재심 대상의 범위가 지나치게 넓어지고, 부정설에 의할 경우 명백히 모순되는 판결이 공존하게 된다는 점에서 **이분설**이 타당하다.

2. 상소기각의 확정판결에 대한 재심이유

항소 또는 상고의 기각판결에 대하여는 제420조 제1호·제2호·제7호의 사유가 있는 경우에 한하여 그 선고를 받은 자의 이익을 위하여 재심을 청구할 수 있다(제421조 제1항). 그러나 ① 제1심 확정판결에 대한 재심청구사건의 판결이 있은 후에는 항소기각판결에 대하여 다시 재심을 청구하지 못하며(제421조 제2항), ② 제1심 또는 제2심의 확정판결에 대한 재심청구사건의 판결이 있은 후에는 상고기각판결에 대하여 다시 재심을 청구하지 못한다(같은 조 제3항). 다만 ③ 하급심의 확정판결에 대하여 재심청구를 기각하는 결정이 있었던 경우에는 상소기각의 확정판결에 대하여도 재심의 청구를 할 수 있다.

> 형사소송법 제421조 제1항에서 항소 또는 상고의 기각판결이라 함은 위 상고기각판결에 의하여 확정된 1심 또는 항소판결을 의미하는 것이 아니고, 항소기각 또는 상고기각판결 자체를 의미한다(대결 1984.7.27. 84모48).

3. 확정판결에 대신하는 증명

확정판결로써 범죄가 증명됨을 재심청구의 이유로 할 경우에 그 확정판결을 얻을 수 없는 때에는 그 사실을 증명하여 재심의 청구를 할 수 있다. 다만 증거가 없다는 이유로 확정판결을 얻을 수 없는 때에는 예외로 한다(제422조).

> [1] 일반인에 대한 수사권한이 없는 육군특무부대 소속 수사관들이 피고인 및 공동피고인 갑을 피의자로 신문한 행위는 구 헌병과 국군정보기관의 수사한계에 관한 법률 제3조 위반죄 및 구 형법 제123조의 타인의 권리행사방해죄를 구성하고, 이들 범죄는 모두 형사소송법 제420조 제7호에 정한 사법경찰관의 직무에 관한 죄에 해당하며, 한편 위 각 죄에 대한 공소시효가 완성되어 같은 법 제422조의 '확정판결을 얻을 수 없는 때'에 해당하므로, 결국 위 대상판결은 그 공소의 기초된 수사에 관여한 사법경찰관이 그 직무에 관한 죄를 범하였고 그러한 사실이 증명되었다고 할 것이어서, 같은 법 제420조 제7호에 정한 재심사유가 있다. [2] 경합범 관계에 있는 수개의 범죄사실을 유죄로 인정하여 1개의 형을 선고한 불가분의 확정판결에서 그 중 일부의 범죄사실에 대하여 재심청구의 이유가 있는 것으로 인정된 경우에는 형식적으로는 1개의 형이 선고된 판결에 대한 것이어서 그 판결 전부에 대하여 재심개시의 결정을 하지 않으면 안 된다(대판 2011.1.20. 2008재도11 전원합의체).

III. 재심개시절차

1. 재심의 관할

재심의 청구는 원판결의 법원이 관할한다(제423조). 재심청구인이 제1심판결을 재심청구의 대상으로 하는 경우에는 제1심법원이, 상소기각판결을 대상으로 하는 경우에는 상소법원이 재심청구사건을 관할한다. 항소심에서 파기된 제1심판결에 대해서는 재심청구가 허용되지 아니하고, 대법원이 제2심판결을 파기하고 자판한 판결에 대한 재심청구는 원판결을 선고한 대법원에 하여야 한다.

① 관할은 재판권을 전제로 하는 것이므로 군법회의판결이 확정된 후 군에서 제적되어 군법회의에 재판권이 없는 경우에는 재심사건이라 할지라도 그 관할은 원판결을 한 군법회의가 아니라 같은 심급의 일반법원에 있다(대판 1985.9.24. 84도2972 전원합의체).

② 재심심판절차는 물론 재심사유의 존부를 심사하여 다시 심판할 것인지를 결정하는 재심개시절차 역시 재판권 없이는 심리와 재판을 할 수 없는 것이므로, 재심청구를 받은 군사법원으로서는 먼저 재판권 유무를 심사하여 군사법원에 재판권이 없다고 판단되면 재심개시절차로 나아가지 말고 곧바로 사건을 군사법원법 제2조 제3항에 따라 같은 심급의 일반법원으로 이송하여야 한다. 이와 달리 군사법원이 재판권이 없음에도 재심개시결정을 한 후에 비로소 사건을 일반법원으로 이송한다면 이는 위법한 재판권의 행사이다. 다만 사건을 이송받은 일반법원으로서는 다시 처음부터 재심개시절차를 진행할 필요는 없고 군사법원의 재심개시결정을 유효한 것으로 보아 후속 절차를 진행할 수 있다(대판 2015.5.21. 2011도1932 전원합의체).

③ 군사법원의 판결이 확정된 후 피고인에 대한 재판권이 더 이상 군사법원에 없게 된 경우에 군사법원의 판결에 대한 재심사건의 관할은 원판결을 한 군사법원과 같은 심급의 일반법원에 있고, 여기에서 '군사법원과 같은 심급의 일반법원'은 법원조직법과 형사소송법에 규정된 추상적 기준에 따라 획일적으로 결정하여야 한다(대결 2020.6.26. 2019모3197).

2. 재심의 청구

1) 재심청구권자

(1) 검사

검사는 공익의 대표자로서 유죄의 선고를 받은 자의 이익을 위하여 재심을 청구할 수 있다(제424조 제1호). 법관·검사 또는 사법경찰관의 직무상 범죄를 이유로 하는 재심의 청구는 유죄의 선고를 받은 자가 그 죄를 범하게 한 경우에는 검사가 아니면 청구하지 못한다(제425조). 검사는 유죄의 선고를 받은 자의 의사에 반하여도 재심을 청구할 수 있다.

(2) 유죄의 선고를 받은 자

유죄의 선고를 받은 자와 그 법정대리인도 재심을 청구할 수 있다(제424조 제2호, 제3호). 본인이 사망하거나 심신장애가 있는 경우에는 그 배우자·직계친족 또는 형제자매가 청구할 수 있다(같은 조 제4호). 검사 이외의 자가 재심의 청구를 하는 경우에는 변호인을 선임할 수 있다(제426조 제1항). 이 경우에 변호인도 대리권에 의하여 재심을 청구할 수 있음은 물론이다. 변호인의 선임은 재심의 판결이 있을 때까지 효력이 있다(같은 조 제2항).

2) 재심청구의 기간

재심청구의 시기에는 제한이 없다. 즉 재심의 청구는 형의 집행을 종료하거나 형의 집행을 받지 아니하게 된 때에도 할 수 있다(제427조). 따라서 유죄의 선고를 받은 자가 사망한 때에도 재심청구를 할 수 있다. 형의 선고가 효력을 잃은 경우에도 재심청구가 가능하다.

3) 재심청구의 방식

재심의 청구를 함에는 재심청구의 취지 및 재심청구의 이유를 구체적으로 기재한 **재심청**

구서에 원판결의 등본 및 증거자료를 첨부하여 관할법원에 제출하여야 한다(규칙 제166조). 따라서 원판결의 판결문 등본을 첨부하지 아니한 재심청구는 재심의 청구가 법률상의 방식에 위배한 경우에 해당하므로 결정에 의하여 기각되지 않을 수 없다(제433조). 재소자는 재심청구서를 교도소장에게 제출하면 재심을 청구한 것으로 간주된다(제430조).

4) 재심청구의 효과

재심의 청구에는 형의 집행을 정지하는 효력이 없다. 다만 관할법원에 대응한 검찰청 검사는 재심청구에 대한 재판이 있을 때까지 형의 집행을 정지할 수 있다(제428조).

5) 재심청구의 취하

재심청구는 서면으로 취하할 수 있다(제429조 제1항). 다만 공판정에서는 구술로 취하할 수 있고, 구술로 재심청구를 취하한 때에는 그 사유를 조서에 기재하여야 한다(규칙 제167조). 재심청구는 재심의 제1심판결 선고시까지 취하할 수 있다. 재심청구를 취하한 자는 동일한 이유로 다시 재심을 청구하지 못한다(제429조 제2항).

3. 재심청구에 대한 심판

1) 재심청구의 심리

재심청구의 심리절차는 판결절차가 아니라 결정절차이므로 구두변론에 의할 필요가 없고 절차를 공개할 필요도 없다. 재심청구를 받은 법원은 필요한 때에는 사실을 조사할 수 있다(제37조 제3항, 제431조). 사실조사의 범위는 재심청구인이 재심청구이유로 주장한 사실의 유무에 제한된다. 즉, 재심청구의 심리에 있어서는 직권조사사항이 없다.

> 재심의 청구를 받은 법원은 필요하다고 인정한 때에는 형사소송법 제431조에 의하여 직권으로 재심청구의 이유에 대한 사실조사를 할 수 있으나, 소송당사자에게 사실조사신청권이 있는 것이 아니니다. 그러므로 당사자가 재심청구의 이유에 관한 사실조사신청을 한 경우에도 이는 단지 법원의 직권발동을 촉구하는 의미밖에 없는 것이므로, 법원은 이 신청에 대하여는 재판을 할 필요가 없고, 설령 법원이 이 신청을 배척하였다고 하여도 당사자에게 이를 고지할 필요가 없다(대결 2021.3.12. 2019모3554).

재심의 청구에 대하여 결정을 함에는 청구한 자와 상대방의 의견을 들어야 한다. 단 유죄의 선고를 받은 자의 법정대리인이 청구한 경우에는 유죄의 선고를 받은 자의 의견을 들어야 한다(제423조). 청구한 자와 상대방의 의견을 들으면 족하고 변호인의 의견을 들을 것은 요하지 않는다. 그러나 의견진술의 기회를 주면 족하며, 반드시 의견진술이 있을 것을 요하는 것은 아니다.

2) 재심청구에 대한 재판

(1) 재심기각의 결정

법원은 ① 재심청구가 법률상의 방식에 위반하거나 청구권의 소멸 후인 것이 명백한 때에는 결정으로 기각하여야 하고(제433조), ② 재심청구가 이유없다고 인정된 때에도 결정으로 기각하여야 한다. 이 결정이 있는 때에는 누구든지 동일한 이유로 다시 재심을 청구하지 못한다(제434조). 동일한 사실의 주장인 이상 법률적 구성을 달리하는 경우에도 다시 재심을 청구할 수 없다.

> 상고기각판결이 사실오인을 간과하였다는 취지의 재심청구는 제421조에서 정하는 사유가 아닌 것을 이유로 한 재심청구이므로 **법률상의 방식을 위반한 경우에 해당한다**(대결 1983.7.16. 83소2).

상소를 기각하는 확정판결과 이에 의하여 확정된 하급심의 판결에 대하여 재심의 청구가 있는 경우에 하급법원이 재심의 판결을 한 때에는 상소기각의 판결을 한 법원은 재심청구를 기각하여야 한다(제436조). 따라서 상소기각의 판결을 한 법원은 제1심법원 또는 항소법원의 소송절차가 종료할 때까지 소송절차를 정지하여야 한다(규칙 제169조).

(2) 재심개시결정

재심의 청구가 이유 있다 인정한 때에는 **재심개시의 결정을 하여야 한다**(제435조 제1항). 이 경우 결정으로 형의 집행을 정지할 수 있다(같은 조 제2항). 법원이 재심청구의 이유를 판단함에 있어서는 청구한 자의 법률적 견해에 구속받지 않고, 재심개시절차에서는 재심사유의 유무만을 판단하여야 하고, 재심사유가 재심대상판결에 영향을 미칠 가능성이 있는가의 실체적 사유는 고려하여서는 아니 된다(대결 2008.4.24. 2008모77).

[쟁점] 경합범의 일부에 대하여 재심사유가 있는 경우 재심개시결정과 법원심판의 범위

1. 쟁점의 정리

경합범 일부에 대하여만 재심사유가 있는 경우 재심개시결정의 범위와 재심법원의 심판범위가 문제된다.

2. 견해의 대립

① 전부설은 수개의 범죄사실이라도 한 개의 형이 선고된 이상 전부에 대하여 심리를 하여야 한다는 견해이고, ② 일부설은 재심사유 있는 사실에 관하여만 재심개시결정을 하여야 한다는 견해이며, ③ 절충설은 재심개시결정은 경합범 전부에 대하여 해야 하지만, 재심법원은 재심사유 없는 사실에 대해서는 유죄판결을 할 수 없고 양형에 필요한 범위 내에서 조사할 수 있을 뿐이라는 견해이다.

3. 판례의 태도

판례는 **절충설**의 입장에서 재심사유 없는 사실도 재심법원이 심리할 수 있지만, 이는 형식적으로 심판 대상에 포함시키는 데 불과하므로 양형을 위해 필요한 범위에서만 심리를 할 수 있을 뿐이라고 판시하였다(대판 1996.6.14. 96도477).

4. 검토

전부설은 재심사유 없는 확정판결을 심판의 대상으로 한다는 점, 일부설은 하나의 형이 선고된 **경합범의 성질에 반한다는** 점에서 부당하므로 **절충설**이 타당하다.

[1] 경합범 관계에 있는 수개의 범죄사실을 유죄로 인정하여 한 개의 형을 선고한 불가분의 확정판결에서 그 중 일부의 범죄사실에 대하여만 재심청구의 이유가 있는 것으로 인정된 경우에는 형식적으로는 1개의 형이 선고된 판결에 대한 것이어서 그 판결 전부에 대하여 재심개시의 결정을 할 수밖에 없지만, 비상구제수단인 재심제도의 본질상 재심사유가 없는 범죄사실에 대하여는 재심개시결정의 효력이 그 부분을 형식적으로 심판의 대상에 포함시키는데 그치므로 재심법원은 그 부분에 대하여는 이를 다시 심리하여 유죄인정을 파기할 수 없고 다만 그 부분에 관하여 새로이 양형을 하여야 하므로 양형을 위하여 필요한 범위에 한하여만 심리를 할 수 있을 뿐이다. [2] 재심사유가 없는 범죄사실에 관한 법령이 재심대상판결 후 개정·폐지된 경우에는 그 범죄사실에 관하여도 **재심판결 당시의 법률을 적용하여야 하고** 양형조건에 관하여도 재심대상판결 후 재심판결시까지의 새로운 정상도 참작하여야 하며, 재심사유 있는 사실에 관하여 심리 결과 만일 다시 유죄로 인정되는 경우에는 재심사유 없는 범죄사실과 경합범으로 처리하여 한 개의 형을 선고하여야 한다(대판 1996.6.14. 96도477).

3) 결정에 대한 불복

재심의 청구를 기각하는 결정과 재심개시결정에 대하여는 즉시항고할 수 있다(제437조). 다만 대법원의 결정에 대하여는 즉시항고를 할 수 없음이 당연하다.

[1] 설령 재심개시결정이 부당하더라도 이미 확정되었다면 법원은 더 이상 재심사유의 존부에 대하여 살펴볼 필요 없이 형사소송법 제436조의 경우가 아닌 한 그 심급에 따라 다시 심판을 하여야 한다. [2] 재심대상사건의 기록의 완전한 복구가 불가능한 경우에는 수집한 잔존자료에 의하여 알 수 있는 원판결의 증거들과 새롭게 제출된 증거들의 증거가치를 종합적으로 평가하여 원판결의 당부를 새로이 판단하여야 한다(대판 2004.9.24. 2004도2154).

Ⅳ. 재심심판절차

1. 재심의 공판절차

재심개시의 결정이 확정한 사건에 대하여는 법원은 그 심급에 따라 다시 심판하여야 한다(제438조 제1항). '심급에 따라'란 제1심의 확정판결에 대한 재심의 경우에는 제1심의 공판절차에 따라, 항소기각 또는 상고기각의 확정판결에 대하여는 항소심 또는 상고심의 절차에 따라 심판한다는 것을 의미한다. 따라서 재심의 판결에 대하여는 일반원칙에 따라 상소가 허용된다. 또한 법령이 변경된 경우 재심판결 당시의 법령을 적용하여야 한다(대판 2011.10.27. 2009도1603).

① 재심사건의 공소사실에 관한 증거취사와 이에 근거한 사실인정도 다른 사건과 마찬가지로 그것이 논리와 경험의 법칙을 위반하거나 자유심증주의의 한계를 벗어나지 아니하는 한 사실심으로서 재심사건을 심리하는 법원의 전권에 속한다(대판 2015.5.14. 2014도2946).

② 특별사면으로 형 선고의 효력이 상실된 유죄의 확정판결에 대하여 재심개시결정이 이루어져 재심심판법원이 심급에 따라 다시 심판한 결과 무죄로 인정되는 경우라면 무죄를 선고하여야 하겠지만, 그와 달리 유죄로 인정되는 경우에는, 피고인에 대하여 다시 형을 선고하거나 피고인의 항소를 기각하여 제1심판결을 유지시키는 것은 이미 형 선고의 효력을 상실하게 하

는 특별사면을 받은 피고인의 법적 지위를 해치는 결과가 되어 이익재심과 불이익변경금지의 원칙에 반하게 되므로, 재심심판법원으로서는 '피고인에 대하여 형을 선고하지 아니한다.'는 주문을 선고할 수밖에 없다(대판 2015.10.29. 2012도2938).

2. 재심심판절차의 특칙

1) 공판절차의 정지와 공소기각의 결정

사망자 또는 회복할 수 없는 심신장애자를 위하여 재심의 청구가 있는 때, 유죄의 선고를 받은 자가 재심의 판결 전에 사망하거나 회복할 수 없는 심신장애자로 된 때에는 공판절차정지(제306조 제1항)와 공소기각의 결정(제328조 제1항 제2호)에 관한 규정이 적용되지 아니한다(제438조 제2항). 이 경우에는 피고인이 출정하지 아니하여도 심판을 할 수 있다. 다만 변호인이 출정하지 아니하면 개정하지 못한다(같은 조 제3항). 이러한 의미에서 필요적 변론에 해당한다고 할 수 있다. 따라서 재심을 청구한 자가 변호인을 선임하지 아니한 때에는 재판장은 직권으로 변호인을 선임하여야 한다(같은 조 제4항).

그러나 재심청구인이 재심의 청구를 한 후 청구에 대한 결정이 확정되기 전에 사망한 경우에는 재심청구절차는 당연히 종료하게 된다(대결 2014.5.30. 2014모739).

2) 공소취소와 공소장변경

제1심판결이 선고되어 확정된 이상 재심소송절차에서 공소취소를 할 수는 없다. 재심의 공판절차에서 원판결보다 중한 죄를 인정하기 위한 공소장변경은 허용되지 않는다고 봄이 타당하다.

> 재심 개시 여부를 심리하는 절차의 성질과 판단 범위, 재심개시결정의 효력 등에 비추어 보면, 유죄의 확정판결 등에 대해 재심개시결정이 확정된 후 재심심판절차가 진행 중이라는 것만으로는 확정판결의 존재 내지 효력을 부정할 수 없고, 재심개시결정이 확정되어 법원이 그 사건에 대해 다시 심리를 한 후 재심의 판결을 선고하고 그 재심판결이 확정된 때에 종전의 확정판결이 효력을 상실한다. 재심의 취지와 특성, 형사소송법의 이익재심 원칙과 재심심판절차에 관한 특칙 등에 비추어 보면, 재심심판절차에서는 특별한 사정이 없는 한 검사가 재심대상사건과 별개의 공소사실을 추가하는 내용으로 공소장을 변경하는 것은 허용되지 않고, 재심대상사건에 일반 절차로 진행 중인 별개의 형사사건을 병합하여 심리하는 것도 허용되지 않는다(대판 2019.6.20. 2018도20698).

3. 재심의 재판

1) 불이익변경의 금지

재심에는 원판결의 형보다 중한 형을 선고하지 못한다(제439조). 검사가 재심을 청구한 경우에도 불이익변경이 금지된다.

> ① [1] 경합범 관계에 있는 수 개의 범죄사실을 유죄로 인정하여 1개의 형을 선고한 불가분의 확정판결에서 그중 일부의 범죄사실에 대하여만 재심청구의 이유가 있는 것으로 인정되었으나 형

식적으로는 1개의 형이 선고된 판결에 대한 것이어서 그 판결 전부에 대하여 재심개시의 결정을 한 경우, 재심법원은 재심사유가 없는 범죄에 대하여는 새로이 양형을 하여야 하는 것이므로 이를 헌법상 이중처벌금지의 원칙을 위반한 것이라고 할 수 없고, 다만 불이익변경의 금지 원칙이 적용되어 원판결의 형보다 중한 형을 선고하지 못할 뿐이다. [2] (중략) 원판결의 효력 상실 그 자체로 인하여 피고인이 어떠한 불이익을 입는다 하더라도 이를 두고 재심에서 보호되어야 할 피고인의 법적 지위를 해치는 것이라고 볼 것은 아니다. 따라서 원판결이 선고한 집행유예가 실효 또는 취소됨이 없이 유예기간이 지난 후에 새로운 형을 정한 재심판결이 선고되는 경우에도, 그 유예기간 경과로 인하여 원판결의 형 선고 효력이 상실되는 것은 원판결이 선고한 집행유예 자체의 법률적 효과로서 재심판결이 확정되면 당연히 실효될 원판결 본래의 효력일 뿐이므로, 이를 형의 집행과 같이 볼 수는 없고, 재심판결의 확정에 따라 원판결이 효력을 잃게 되는 결과 그 집행유예의 법률적 효과까지 없어진다 하더라도 재심판결의 형이 원판결의 형보다 중하지 않다면 불이익변경금지의 원칙이나 이익재심의 원칙에 반한다고 볼 수 없다(대판 2018.2.28. 2015도15782).

② [1] 경합범 관계에 있는 수개의 범죄사실을 유죄로 인정하여 한 개의 형을 선고한 불가분의 확정판결에서 그중 일부의 범죄사실에 대하여만 재심청구의 이유가 있는 것으로 인정된 경우에는 형식적으로는 1개의 형이 선고된 판결에 대한 것이어서 그 판결 전부에 대하여 재심개시의 결정을 할 수밖에 없지만, 비상구제수단인 재심제도의 본질상 재심사유가 없는 범죄사실에 대하여는 재심개시결정의 효력이 그 부분을 형식적으로 심판의 대상에 포함시키는 데 그치므로 재심법원은 그 부분에 대하여는 이를 다시 심리하여 유죄인정을 파기할 수 없고 다만 그 부분에 관하여 새로이 양형을 하여야 하므로 양형을 위하여 필요한 범위에 한하여만 심리를 할 수 있을 뿐이라고 할 것이다. 그리고 그 부분 범죄사실에 관한 법령이 재심대상판결 후 개정·폐지된 경우에는 그 범죄사실에 관하여도 재심판결 당시의 법률을 적용하여야 하고 양형조건에 관하여도 재심대상판결 후 재심판결 시까지의 새로운 정상도 참작하여야 하며, 재심사유 있는 사실에 관하여 심리 결과 만일 다시 유죄로 인정되는 경우에는 재심사유 없는 범죄사실과 경합범으로 처리하여 한 개의 형을 선고하여야 한다. [2] (중략) 제1심에서 징역형의 집행유예를 선고한 데 대하여 제2심이 그 징역형의 형기를 단축하여 실형을 선고하는 것도 불이익변경금지원칙에 위배된다. 마찬가지로 재심대상사건에서 징역형의 집행유예를 선고하였음에도 재심사건에서 원판결보다 주형을 경하게 하고, 집행유예를 없앤 경우는 형사소송법 제439조에 의한 불이익변경금지원칙에 위배된다. 원심판결 이유에 의하면 원심은, ① 피고인이 이 사건 각 범죄사실로 재심대상판결에서 징역 1년 6월, 집행유예 3년의 선처를 받은 이후 한 달도 지나지 않아 상해죄 등을 저질러 징역 2년의 실형을 선고받아 위 집행유예가 실효될 것이 예정되어 있었던 점, ② 그런데 이 사건 일부 범죄사실의 근거규정에 대한 헌법재판소 위헌결정으로 인하여 재심대상판결 전부에 대하여 재심개시의 결정이 이루어진 점, ③ 위 재심대상판결의 징역 1년 6월의 형은 이 사건 각 범죄사실 중 재심청구의 대상이 아닌 폭력행위처벌법위반(집단·흉기등상해)죄에 대한 처단형의 최하한인 점, ④ 결국 피고인은 이 사건 일부 범죄사실의 근거규정에 대한 헌법재판소의 위헌결정으로 인한 재심개시 결정이 없었다면, 위헌결정과 관련 없는 폭력행위처벌법위반(집단·흉기등상해)죄에 대한 처단형의 최하한인 징역 1년 6월

의 형을 복역할 것이 예정되어 있었던 점 등의 사정을 들어, 징역 1년의 형은 피고인에게 실질적으로 불이익하다고 할 수 없다는 이유로 피고인에게 징역 1년의 실형을 선고하였다. 그러나 앞서 본 법리에 비추어 볼 때, 피고인이 재심대상판결 후 다른 사건으로 징역형의 실형을 선고받아 그 판결이 확정되어 집행유예가 실효될 처지에 놓이게 되었다는 사정만으로 재심사건에서 징역형의 집행유예를 선고한 원판결보다 주형이 경한 징역형의 실형을 선고하는 것은 실질적으로 볼 때 피고인에게 불이익하게 변경한 경우에 해당하므로 허용되지 않는다(대판 2016.3.24. 2016도1131).

2) 무죄판결의 공시

재심에서 무죄의 선고를 한 때에는 그 판결을 관보와 그 법원소재지의 신문지에 기재하여 공고하여야 한다(제440조 본문). 다만 일정한 경우 예외가 인정된다(같은 조 단서).

3) 재심판결과 원판결의 효력

재심판결이 확정된 때에는 원판결은 당연히 효력을 잃는다. 재심판결이 확정되었다 하여 원판결에 의한 형의 집행이 무효로 되는 것은 아니다. 따라서 원판결에 의한 자유형의 집행은 재심판결의 자유형에 통산된다.

① [1] 유죄의 확정판결에 대하여 재심개시결정이 확정되어 법원이 그 사건에 대하여 다시 심판을 한 후 재심의 판결을 선고하고 그 재심판결이 확정된 때에는 종전의 확정판결은 당연히 효력을 상실한다. [2] 피고인이 폭력행위등처벌에관한법률위반(집단·흉기등재물손괴 등)죄 등으로 징역 8월을 선고받아 판결이 확정되었는데(이하 '확정판결'이라고 한다), 그 집행을 종료한 후 3년 내에 상해죄 등을 범하였다는 이유로 제1심 및 원심에서 누범으로 가중처벌된 사안에서, 피고인이 누범전과인 확정판결에 대해 재심을 청구하여, 재심개시절차에서 재심대상판결 중 헌법재판소가 위헌결정을 선고하여 효력을 상실한 구 폭력행위등 처벌에 관한 법률(2014. 12. 30. 법률 제12896호로 개정된 것) 제3조 제1항, 제2조 제1항 제1호, 형법 제366조를 적용한 부분에 헌법재판소법 제47조 제4항의 재심사유가 있다는 이유로 재심대상판결 전부에 대하여 재심개시결정이 이루어졌고, 상해죄 등 범행 이후 진행된 재심심판절차에서 징역 8월을 선고한 재심판결이 확정됨으로써 확정판결은 당연히 효력을 상실하였으므로, 더 이상 상해죄 등 범행이 확정판결에 의한 형의 집행이 끝난 후 3년 내에 이루어진 것이 아니라고 한 사례(대판 2017.9.21. 2017도4019)

② [1] 재심판결이 확정됨에 따라 원판결이나 그 부수처분의 법률적 효과가 상실되고 형 선고가 있었다는 기왕의 사실 자체의 효과가 소멸하는 것은 재심의 본질상 당연한 것으로서, 원판결의 효력 상실 그 자체로 인하여 피고인이 어떠한 불이익을 입는다 하더라도 이를 두고 재심에서 보호되어야 할 피고인의 법적 지위를 해치는 것이라고 볼 것은 아니다. [2] 피고인이 재심대상판결에서 정한 집행유예의 기간 중 특정범죄 가중처벌 등에 관한 법률 위반(보복협박 등)죄로 징역 6개월을 선고받아 그 판결이 확정됨으로써 위 집행유예가 실효되고 피고인에 대하여 유예된 형이 집행되었는데, 재심판결인 원심판결에서 새로이 형을 정하고 원심판결 확정일을 기산일로 하는 집행유예를 다시 선고한 사안에서, 재심판결에서 정한 형이 재심대상판결의 형보다 중하지 않은 이상 불이익변경금지원칙이나 이익재심원칙에 반하지 않

는다고 본 원심판결이 정당하다고 한 사례(대판 2019.2.28. 2018도13382)

③ [1] 재심 개시 여부를 심리하는 절차의 성질과 판단 범위, 재심개시결정의 효력 등에 비추어 보면, 유죄의 확정판결 등에 대해 재심개시결정이 확정된 후 재심심판절차가 진행 중이라는 것만으로는 확정판결의 존재 내지 효력을 부정할 수 없고, 재심개시결정이 확정되어 법원이 그 사건에 대해 다시 심리를 한 후 재심의 판결을 선고하고 그 재심판결이 확정된 때에 종전의 확정판결이 효력을 상실한다. 재심의 취지와 특성, 형사소송법의 이익재심 원칙과 재심심판절차에 관한 특칙 등에 비추어 보면, 재심심판절차에서는 특별한 사정이 없는 한 검사가 재심대상사건과 별개의 공소사실을 추가하는 내용으로 공소장을 변경하는 것은 허용되지 않고, 재심대상사건에 일반 절차로 진행 중인 별개의 형사사건을 병합하여 심리하는 것도 허용되지 않는다. [2] 상습범으로 유죄의 확정판결(이하 앞서 저질러 재심의 대상이 된 범죄를 '선행범죄'라 한다)을 받은 사람이 그 후 동일한 습벽에 의해 범행을 저질렀는데(이하 뒤에 저지른 범죄를 '후행범죄'라 한다) 유죄의 확정판결에 대하여 재심이 개시된 경우, 동일한 습벽에 의한 후행범죄가 재심대상판결에 대한 재심판결 선고 전에 저질러진 범죄라 하더라도 재심판결의 기판력이 후행범죄에 미치지 않는다. 재심심판절차에서 선행범죄, 즉 재심대상판결의 공소사실에 후행범죄를 추가하는 내용으로 공소장을 변경하거나 추가로 공소를 제기한 후 이를 재심대상사건에 병합하여 심리하는 것이 허용되지 않으므로 재심심판절차에서는 후행범죄에 대하여 사실심리를 할 가능성이 없다. 또한 재심심판절차에서 재심개시결정의 확정만으로는 재심대상판결의 효력이 상실되지 않으므로 재심대상판결은 확정판결로서 유효하게 존재하고 있고, 따라서 재심대상판결을 전후하여 범한 선행범죄와 후행범죄의 일죄성은 재심대상판결에 의하여 분단되어 동일성이 없는 별개의 상습범이 된다. 그러므로 선행범죄에 대한 공소제기의 효력은 후행범죄에 미치지 않고 선행범죄에 대한 재심판결의 기판력은 후행범죄에 미치지 않는다. [3] 유죄의 확정판결을 받은 사람이 그 후 별개의 후행범죄를 저질렀는데 유죄의 확정판결에 대하여 재심이 개시된 경우, 후행범죄가 재심대상판결에 대한 재심판결 확정 전에 범하여졌다 하더라도 아직 판결을 받지 아니한 후행범죄와 재심판결이 확정된 선행범죄 사이에는 형법 제37조 후단에서 정한 경합범 관계(이하 '후단 경합범'이라 한다)가 성립하지 않는다. 재심판결이 후행범죄 사건에 대한 판결보다 먼저 확정된 경우에 후행범죄에 대해 재심판결을 근거로 후단 경합범이 성립한다고 하려면 재심심판법원이 후행범죄를 동시에 판결할 수 있었어야 한다. 그러나 아직 판결을 받지 아니한 후행범죄는 재심심판절차에서 재심대상이 된 선행범죄와 함께 심리하여 동시에 판결할 수 없었으므로 후행범죄와 재심판결이 확정된 선행범죄 사이에는 후단 경합범이 성립하지 않고, 동시에 판결할 경우와 형평을 고려하여 그 형을 감경 또는 면제할 수 없다(대판 2019.6.20. 2018도20698).

제2절 | 비상상고

Ⅰ. 비상상고의 의의

비상상고란 확정판결에 대하여 그 심판의 법령위반을 이유로 허용되는 비상구제절차를 의미한다. 비상상고는 재심과는 달리 신청권자가 검찰총장에 제한되고 관할법원은 대법원이며, 판결의 효력은 원칙적으로 피고인에게 미치지 않는다는 점에 특색이 있다.

Ⅱ. 비상상고의 대상

비상상고는 모든 확정판결을 대상으로 한다. 재심의 경우와는 달리 유죄의 확정판결에 제한되지 않으므로 공소기각·관할위반·면소의 형식재판도 비상상고의 대상이 되며, 심급의 여하도 묻지 않는다. 확정된 약식명령과 즉결심판, 상고기각 결정, 당연무효의 판결도 비상상고의 대상이 된다. 상고기각 결정은 물론 당연무효의 판결도 비상상고의 대상이 된다.

> 형사소송법 제441조는 "검찰총장은 판결이 확정한 후 그 사건의 심판이 법령에 위반한 것을 발견한 때에는 대법원에 비상상고를 할 수 있다."라고 규정하고 있다. 상급심의 파기판결에 의해 효력을 상실한 재판의 법령위반 여부를 다시 심사하는 것은 무익할 뿐만 아니라, 법령의 해석·적용의 통일을 도모하려는 비상상고 제도의 주된 목적과도 부합하지 않는다. 따라서 상급심의 파기판결에 의해 효력을 상실한 재판은 위 조항에 따른 비상상고의 대상이 될 수 없다(대판 2021.3.11. 2019오1).

Ⅲ. 비상상고의 이유

비상상고의 이유는 사건의 심판이 법령에 위반한 때이다. 심판은 심리와 판결을 포함한다. 따라서 비상상고의 이유에는 판결의 법령위반과 소송절차의 법령위반이 포함된다.

1. 판결의 법령위반과 소송절차의 법령위반

쟁점 판결의 법령위반과 소송절차의 법령위반의 구별기준

1. 쟁점의 정리

   소송조건에 대한 법령위반에 대해 상고심이 파기자판할 수 있는지와 관련하여 **판결의 법령위반과 소송절차의 법령위반의 구별기준**에 대해 견해가 대립한다.

2. 견해의 대립

   ① **판결절차포함설**은 판결의 법령위반은 판결내용의 법령위반과 소송조건 및 판결절차의 법령위반을 포함하고, 소송절차의 법령위반은 판결전 소송절차의 법령위반만을 의미한다는 견해이고, ② **소송조건포함설**은 판결의 법령위반은 실체법령의 적용위반과 소송조건에 관한 법령위반을 의미하고, 소송절차의 법령위반은 판결전 소송절차에 관한 법령위반과 판결절

차 자체에 관한 법령위반을 의미한다는 견해이고, ③ **면소판결포함설**은 판결내용의 법령위반과 면소에 대한 법령위반은 판결의 법령위반이고, 관할위반과 공소기각의 법령위반과 판결절차의 법령위반은 소송절차의 법령위반이라는 견해이며, ④ **판결영향설**은 판결의 법령위반은 판결내용에 직접 영향을 미치는 법령위반을 의미하고, 소송절차의 법령위반은 판결내용에 영향을 미치지 않는 소송절차의 법령위반만을 의미한다는 견해이다.

3. 판례의 태도

판례는 처벌불원의 의사표시를 간과하고 실체판결을 한 사안을 판결의 법령위반으로 파악하여 파기자판한 바 있으나(대판 2010.1.28. 2009오1), 그 이론적 근거는 명확하지 않다.

4. 검토

소송조건은 직권에 의하여 확인하여야 하는 중요한 사항이라 할 것이므로, 소송조건에 관한 법령위반은 실체법령의 위반에 준하여 판결의 법령위반으로 보아야 한다는 점에서 **소송조건포함설**이 타당하다. 따라서 상고심은 소송조건에 대한 법령위반이 있는 경우 원판결을 파기하고 자판할 수 있다.

2. 사실오인과 비상상고

비상상고는 심판의 법령위반을 이유로 하므로 단순한 사실오인에 대하여는 비상상고를 할 수 없다.

[쟁점] 사실오인으로 인한 법령위반의 경우 비상상고 가부

1. 쟁점의 정리

단순한 사실오인은 비상상고의 이유가 될 수 없지만, 전제사실을 오인하여 법령위반이 생긴 경우에 사실오인을 이유로 비상상고를 할 수 있는지 문제된다.

2. 견해의 대립

① **부정설**은 사실오인은 비상상고의 이유가 될 수 없다는 점에서 비상상고를 할 수 없다고 보고, ② **긍정설**은 법령위반의 전제가 된 사실오인이 기록에서 용이하게 인정할 수 있는 사항이면 비상상고를 할 수 있다고 보며, ③ **절충설**은 소송법적 사실이 아닌 **실체법적 사실**을 오인하여 법령위반이 생긴 경우에는 비상상고를 할 수 있다고 본다.

3. 판례의 태도

판례는 부정설의 입장에서 법령 적용의 전제사실을 오인함에 따라 법령위반의 결과를 초래한 것과 같은 경우는 '그 사건이 심판의 법령에 위반한 것'에 해당하지 않는다고 판시하였다(대판 2005.3.11. 2004오2).

4. 검토

비상상고의 목적은 사실오인의 시정이 아닌 법령 해석·적용의 통일에 있다는 점과 **실체법적 사실오인은 재심으로 구제할 수 있다는 점에서 부정설**이 타당하다.

① 법원이 원판결의 선고 전에 피고인이 이미 사망한 사실을 알지 못하여 공소기각의 결정을 하지 않고 실체판결에 나아감으로써 법령위반의 결과를 초래하였다고 하더라도, 이는 형사소송법 제441조에 정한 '그 심판이 법령에 위반한 것'에 해당한다고 볼 수 없다(대판 2005.3.11. 2004오2).

② 비상상고 제도의 의의와 기능은 적법한 비상상고이유의 의미가 무엇인지, 그 범위가 어디까지인지를 해석·판단하는 때에도 중요한 지침이 된다. 형사소송법이 정한 비상상고이유인 '그 사건의 심판이 법령에 위반한 때'란 확정판결에서 인정한 사실을 변경하지 아니하고 이를 전제로 한 실체법의 적용에 관한 위법 또는 그 사건에서의 절차법상의 위배가 있는 경우를 뜻한다. 단순히 그 법령을 적용하는 과정에서 전제가 되는 사실을 오인함에 따라 법령위반의 결과를 초래한 것과 같은 경우에는 이를 이유로 비상상고를 허용하는 것이 법령의 해석·적용의 통일을 도모한다는 비상상고 제도의 목적에 유용하지 않으므로 '그 사건의 심판이 법령에 위반한 때'에 해당하지 않는다고 해석하여야 한다(대판 2021.3.11. 2018오2).

Ⅳ. 비상상고의 절차

1. 비상상고의 신청

1) 신청권자와 관할법원

검찰총장은 판결이 확정된 후 그 사건의 심판이 법령에 위반한 것을 발견한 때에는 대법원에 비상상고를 할 수 있다(제441조).

2) 신청의 방식

비상상고 신청의 기간에는 제한이 없고, 비상상고를 신청함에는 그 이유를 기재한 신청서를 대법원에 제출하여야 한다(제442조). 형의 시효가 완성되었거나, 형이 소멸한 경우 또는 판결을 받은 자가 사망한 경우에도 허용된다. 비상상고는 그 판결이 있을 때까지 취하할 수 있다.

2. 비상상고의 심리

1) 공판

비상상고를 심리하기 위하여는 공판기일을 열어야 한다. 검사는 공판기일에 신청서에 의하여 진술하여야 한다(제443조). 공판기일에 피고인을 소환할 필요는 없다.

2) 사실조사

대법원은 신청서에 포함된 이유에 한하여 조사하여야 한다(제444조 제1항). 비상상고에는 법원의 직권조사사항이란 없으므로 그 이외의 사항에 관하여는 조사할 권한도 의무도 없다. 다만 법원의 관할, 공소의 수리와 소송절차에 관하여는 사실조사를 할 수 있다(같은 조 제2항). 법원은 필요하다고 인정한 때에는 수명법관 또는 수탁판사로 하여금 사실조사를 하게 할 수 있고, 이 경우에 수명법관 또는 수탁판사는 법원 또는 재판장과 같은 권한이 있다(같은 조 제3항, 제431조).

3. 비상상고의 판결

1) 기각판결

비상상고가 이유 없다고 인정한 때에는 판결로써 이를 기각하여야 한다(제445조).

2) 파기판결

비상상고가 이유 있다고 인정한 때에는 다음의 구별에 따라 판결을 하여야 한다(제446조).

(1) 판결의 법령위반

원판결이 법령에 위반한 때에는 그 위반된 부분을 파기하여야 한다. 다만 원판결이 피고인에게 불이익한 때에는 원판결을 파기하고 그 피고사건에 대하여 다시 판결을 한다(제446조 제1호). 대법원이 자판하는 경우의 판결은 유죄·무죄·면소의 판결뿐만 아니라 공소기각의 판결을 포함한다. 그러나 파기판결에 의하여 다른 법원에 환송 또는 이송할 수는 없다. 자판의 경우 원판결시의 법령을 기준으로 하여야 한다.

> 원판결 및 제1심판결이 성폭력범죄를 범한 피고인에게 형의 집행을 유예하면서 보호관찰을 받을 것을 명하지 않은 채 위치추적 전자장치 부착을 명한 것은 법령 위반으로서 피부착명령청구자에게 불이익한 때에 해당하므로, 형사소송법 제446조 제1호 단서에 의하여 원판결 및 제1심판결 중 부착명령사건 부분을 파기하고 검사의 부착명령 청구를 기각하여야 한다(대판 2011.2.24. 2010오1).

(2) 소송절차의 법령위반

원심소송절차가 법령을 위반한 때에는 그 위반된 절차를 파기한다(제446조 제2호). 절차의 법령위반이 판결에 영향을 미쳤는가는 문제되지 않는다.

3) 비상상고의 판결의 효과

비상상고의 판결은 **파기자판의 경우 이외에는 그 효력이 피고인에게 미치지 아니한다**(제447조). 소송절차의 법령위반을 이유로 파기한 경우에 그 사건의 소송절차가 부활되어 소송계속 상태로 돌아가는 것도 아니다(이러한 의미에서 비상상고의 판결은 원칙적으로 이론적 효력 또는 논리적 효력이 있을 뿐이라고 한다).

> [1] 형사재판에서 형면제를 선고하려면 적용법률에 형면제를 선고할 근거가 있거나 형법이 인정하는 자수, 자복 등 형면제 사유가 있어야 한다. [2] 도로교통법 제114조 제6호, 제63조 제3항 제2호와 경범죄처벌법 제1조 제24호 위반사건에서 피고인에게 형면제의 즉결심판을 선고하여 심판이 확정되었으나, 양 죄의 관계는 상상적경합범으로서 형법 제40조에 의하여 도로교통법위반 의 죄에 정한 형으로 처벌하여야 할 것인데, 그 도로교통법위반죄에 대하여는 형 면제를 선고할 근거를 찾아볼 수 없고, 달리 형법상의 형면제 사유도 찾아볼 수 없다는 이유로 검찰총장의 비상상고를 받아들여 원즉결심판 중 형면제 부분을 파기한 사례(대판 1994.10.14. 94오1).

CHAPTER 03 | 특별절차

제1절 | 약식절차

Ⅰ. 약식절차의 의의

약식절차란 지방법원 관할사건에 대하여 검사의 청구가 있는 때 공판절차 없이 검사가 제출한 자료만을 조사하여 약식명령으로 피고인을 벌금, 과료 또는 몰수에 처하는 재판절차를 의미한다(제448조). 약식절차에 의하여 형을 선고하는 재판을 약식명령이라 한다.

Ⅱ. 약식명령의 청구

1. 청구의 대상

약식명령을 청구할 수 있는 사건은 ① 지방법원의 관할에 속하는 사건으로서, ② 벌금·과료 또는 몰수에 처할 수 있는 사건에 한한다(제448조 제1항).

2. 청구의 방식

약식명령은 검사의 청구를 요건으로 한다. 약식명령의 청구는 공소제기와 동시에 서면으로 하여야 하고(제449조), 검사는 약식명령청구와 동시에 약식명령을 하는데 필요한 증거서류 및 증거물을 법원에 제출하여야 한다(규칙 제170조). 즉 약식절차에 있어서는 공소장일본주의의 예외가 인정된다.

Ⅲ. 약식명령의 심판

1. 법원의 사건심사

약식명령의 청구가 있으면 법원은 검사가 제출한 서류 및 증거물에 대한 서면심사를 하게 된다. 약식절차에서도 사실조사와 증거조사는 허용된다. 자백배제법칙이나 자백의 보강법칙은 약식절차에서도 적용되지만, 전문증거에 관한 규정은 약식절차에 적용되지 않으며, 공판절차를 전제로 하는 공소장변경 역시 적용되지 않는다.

2. 공판절차에의 이행

법원은 약식명령의 청구가 있는 경우에 그 사건이 약식명령으로 할 수 없거나 약식명령으로 하는 것이 적당하지 아니하다고 인정한 때에는 공판절차에 의하여 심판하여야 한다(제450조). 이 경우 공소장일본주의의 취지에 비추어 검사가 제출한 증거서류와 증거물은 다시 검사에게 반환하여야 한다.

3. 약식명령

법원은 심사의 결과 공판절차에 이행할 경우가 아니면 약식명령을 하여야 한다. 약식명령은 그 청구가 있은 날로부터 14일 이내에 하여야 한다(소송촉진 등에 관한 법률 제22조).

1) 약식명령의 방식

약식명령에는 범죄사실, 적용법령, 주형, 부수처분과 약식명령의 고지를 받은 날로부터 7일 이내에 정식재판의 청구를 할 수 있음을 명시하여야 한다(제451조). 약식명령의 고지는 검사와 피고인에 대한 재판서의 송달에 의하여야 한다(제452조). 약식명령에 의하여 과할 수 있는 형은 벌금·과료·몰수에 한하며, 약식명령에 의하여 무죄·면소·공소기각 또는 관할위반의 재판을 할 수는 없다.

2) 약식명령의 효력

약식명령은 정식재판의 청구기간이 경과하거나 그 청구의 취하 또는 청구기각의 결정이 확정한 때에는 확정판결과 동일한 효력이 있다(제457조). 약식명령에 대한 기판력의 시적 범위는 약식명령의 발령시를 기준으로 한다(대판 1984.7.24. 84도1129).

> 유죄의 확정판결의 기판력의 시적 범위 즉 어느 때까지의 범죄사실에 관하여 기판력이 미치느냐의 기준시점은 사실심리의 가능성이 있는 최후의 시점인 판결선고시를 기준으로 하여 가리게 되고, 판결절차 아닌 약식명령은 그 고지를 검사와 피고인에 대한 재판서 송달로써 하고 따로 선고하지 않으므로 약식명령에 관하여는 그 기판력의 시적 범위를 약식명령의 송달시를 기준으로 할 것인가 또는 그 발령시를 기준으로 할 것인지 이론의 여지가 있으나 그 기판력의 시적 범위를 판결절차와 달리 하여야 할 이유가 없으므로 그 발령시를 기준으로 하여야 한다(대판 1984.7.24. 84도1129).

Ⅳ. 정식재판의 청구

1. 정식재판의 청구권자

정식재판의 청구권자는 검사와 피고인이다. 피고인은 정식재판의 청구를 포기할 수 없다(제453조 제1항). 피고인의 법정대리인은 피고인의 의사와 관계없이, 피고인의 배우자·직계친족·형제자매·대리인 또는 변호인은 피고인의 명시한 의사에 반하지 않는 한 독립하여 정식재판을 청구할 수 있다(제458조, 제340조, 제341조).

2. 정식재판청구의 절차

정식재판의 청구는 약식명령의 고지를 받은 날로부터 7일 이내에 약식명령을 한 법원에 서면으로 제출하여야 하며, 정식재판의 청구가 있는 때에 법원은 지체없이 검사 또는 피고인에게 그 사유를 통지하여야 한다(제453조).

7일의 기간 내에 정식재판을 청구하지 못한 경우에는 상소권회복의 규정이 준용된다(제458조, 제348조). 다만 정식재판청구권의 회복청구를 하는 경우에는 약식명령이 고지된 사실을 안 날로부터 7일 이내에 정식재판청구권 회복청구를 함과 동시에 정식재판청구를 하여야 하며, 단순히 정식재판청구권 회복청구만을 하여서는 안 된다. 정식재판의 청구는 약식명령의 일부에 대하여도 할 수 있고(제458조, 제342조), 제344조 제1항의 재소자 특칙은 정식재판청구서 제출에 관하여도 준용된다(대결 2006.10.13. 2005모552).

> ① 피고인이 사무소에 나가지 아니하여 사무소로 송달된 약식명령을 송달받지 못하였다는 것은 정식재판청구권회복의 사유가 될 수 없다(대결 2002.9.27. 2002모184).
> ② 정식재판청구권회복결정이 부당하더라도 그 결정이 확정되었다면 통상의 공판절차를 진행하여 본안에 관하여 심판하여야 한다(대결 2005.1.17. 2004모351).
> ③ 정식재판청구서에 청구인의 기명날인이 없는 경우에는 정식재판의 청구가 법령상의 방식을 위반한 것으로서 그 청구를 결정으로 기각하여야 하고, 이는 정식재판의 청구를 접수하는 법원공무원이 청구인의 기명날인이 없는데도 이에 대한 보정을 구하지 아니하고 적법한 청구가 있는 것으로 오인하여 청구서를 접수한 경우에도 마찬가지이다. 다만, 법원공무원의 위와 같은 잘못으로 인하여 적법한 정식재판청구가 제기된 것으로 신뢰한 채 정식재판청구기간을 넘긴 피고인은 자기의 '책임질 수 없는 사유'에 의하여 청구기간 내에 정식재판을 청구하지 못한 때에 해당하여 정식재판청구권의 회복을 구할 수 있을 뿐이다(대결 2008.7.11. 2008모605).

3. 정식재판청구의 취하

정식재판의 청구는 제1심판결 선고 전까지 취하할 수 있다(제454조). 정식재판청구를 취하한 자는 다시 정식재판을 청구하지 못한다(제458조, 제354조).

4. 정식재판청구에 대한 재판

1) 기각결정

정식재판의 청구가 법령상의 방식에 위반하거나 청구권의 소멸 후인 것이 명백한 때에는 결정으로 기각하여야 한다. 이 결정에 대하여는 즉시항고할 수 있다(제455조).

2) 공판절차에 의한 심판

정식재판의 청구가 적법한 때에는 공판절차에 의하여 심판해야 한다(제455조 제3항). 공판절차에서 공소장변경과 공소취소 역시 허용된다. 다만 정식재판절차의 공판기일에 정식재판을 청구한 피고인이 출석하지 아니한 경우에는 다시 기일을 정하여야 하고, 피고인이 정당한 사유없이 다시 정한 기일에 출정하지 아니한 때에는 피고인의 진술없이 판결을 할 수 있다(제458조 제2항).

> ① 약식명령에 대한 정식재판청구사건에서 제1심은 소송촉진 등에 관한 특례법 제23조가 정하는 '피고인에 대한 송달불능보고서가 접수된 때로부터 6개월이 지나도록 피고인의 소재를 확인할 수 없는 경우'에까지 이르지 아니하더라도 제458조 제2항에 의해 준용되는 항소심에서의 피고인 불출석 재판에 관한 제365조에 의해 공시송달의 방법에 의하여 피고인의 진술없이 재판을 할 수 있다(대판 2013.3.28. 2012도12843).
> ② [1] 약식명령에 불복하여 정식재판을 청구한 피고인이 정식재판절차에서 2회 불출정하여 법원이 피고인의 출정없이 증거조사를 하는 경우에 제318조 제2항에 따른 피고인의 증

거동의가 간주된다. [2] 비록 피고인이 항소심에 출속하여 공소사실을 부인하면서 제1심에서 간주된 증거동의를 철회 또는 취소한다는 의사표시를 하더라도 그로 인하여 적법하게 부여된 증거능력이 상실되는 것은 아니다(대판 2010.5.27. 2007도5776).

약식절차에서의 변호인은 당연히 정식재판절차에서도 변호인의 지위를 가지고, 정식재판절차에서도 불이익변경금지의 원칙이 적용된다(제457조의2). 즉 피고인이 정식재판을 청구한 사건에 대하여는 약식명령의 형보다 중한 종류의 형을 선고하지 못한다(형종 상향 금지의 원칙). 개정 전 형사소송법에서는 '중한 형'이라 규정하고 있었으나, 현행 형사소송법은 약식명령에 대한 정식재판의 경우에 '중한 종류의 형'이라 규정하고 있으므로, 정식재판에서 벌금액수를 상향하는 것은 형종 상향금지의 원칙(불이익변경금지의 원칙)에 위반되지 아니한다.

① 형사소송법 제457조의2 제1항은 "피고인이 정식재판을 청구한 사건에 대하여는 약식명령의 형보다 중한 종류의 형을 선고하지 못한다."라고 규정하여, 정식재판청구 사건에서의 형종 상향 금지의 원칙을 정하고 있다. 위 형종 상향 금지의 원칙은 피고인이 정식재판을 청구한 사건과 다른 사건이 병합·심리된 후 경합범으로 처단되는 경우에도 정식재판을 청구한 사건에 대하여 그대로 적용된다(대판 2020.3.26. 2020도355).14)

② 피고인이 절도죄 등으로 벌금 300만 원의 약식명령을 발령받은 후 정식재판을 청구하였는데, 제1심법원이 위 정식재판청구 사건을 통상절차에 의해 공소가 제기된 다른 점유이탈물횡령 등 사건들과 병합한 후 각 죄에 대해 모두 징역형을 선택한 다음 경합범으로 처단하여 징역 1년 2월을 선고하자, 피고인과 검사가 각 양형부당을 이유로 항소한 사안에서, 제1심판결 중 위 정식재판청구 사건 부분은 피고인만이 정식재판을 청구한 사건인데도 약식명령의 벌금형보다 중한 종류의 형인 징역형을 선택하여 형을 선고하였으므로 여기에 형사소송법 제457조의2 제1항에서 정한 형종 상향 금지의 원칙을 위반한 잘못이 있고, 제1심판결에 대한 피고인과 검사의 항소를 모두 기각함으로써 이를 그대로 유지한 원심판결에도 형사소송법 제457조의2 제1항을 위반한 잘못이 있다고 한 사례(대판 2020.1.9. 2019도15700)

3) 약식명령의 실효

약식명령은 정식재판 청구에 의한 판결이 있는 때에는 효력을 잃는다(제456조). 판결에는 공소기각의 결정도 포함되며, 판결이 있는 때란 판결이 확정된 때를 의미한다.

---

14) (1) 서울중앙지방법원은 2019. 9. 5. 피고인에 관한 위 법원 2019고단1760 사건(이하 '제1사건'이라고 한다)에서 각 사기죄, 상해죄, 업무방해죄에 대하여 유죄로 인정하고 징역 1년 2월을 선고하였다. (2) 서울중앙지방법원은 2018. 11. 26. 피고인에 대하여 폭행죄, 모욕죄로 벌금 300만 원의 약식명령을 하였고 이후 피고인의 정식재판회복청구가 받아들여진 위 법원 2019고정1468 사건(이하 '제2사건'이라고 한다)에서 2019. 9. 26. 위 각 죄에 대하여 유죄로 인정되어 벌금 300만 원이 선고되었다. (3) 원심은 2019. 12. 12. 제1사건의 항소사건과 제2사건의 항소사건이 병합되었음을 이유로 위 제1심판결들을 모두 파기한 다음, 위 각 죄에 대하여 유죄로 인정하고 징역형을 각 선택한 후 누범가중과 경합범가중을 하여 그 처단형의 범위 안에서 피고인에게 징역 1년 2월을 선고하였다. (4) 위 사실관계를 앞서 본 법리에 비추어 살펴보면, 제2사건은 피고인만이 정식재판을 청구한 사건이므로 형종 상향 금지의 원칙에 따라 그 각 죄에 대하여는 약식명령의 벌금형보다 중한 종류의 형인 징역형을 선택하지 못하고, 나아가 제2사건이 항소심에서 제1사건과 병합·심리되어 경합범으로 처단되더라도 제2사건에 대하여는 징역형을선고하여서는 아니 된다. 그런데도 원심은 제2사건의 항소심에서 각 죄에 대하여 약식명령의 벌금형보다 중한 종류의 형인 징역형을 선택한 다음 경합범가중 등을 거쳐 제1사건의 각 죄와 제2사건의 각 죄에 대하여 하나의 징역형을 선고하고 말았다. 이러한 원심판결에는 형사소송법 제457조의2 제1항에서 정한 형종 상향 금지의 원칙을 위반한 잘못이 있다.

제2절 | 즉결심판절차

Ⅰ. 즉결심판의 의의 및 성질

즉결심판이란 즉결심판절차에 의한 재판을 말한다. 즉결심판절차란 지방법원, 지방법원 지원 또는 시·군법원의 판사가 20만 원 이하의 벌금·구류 또는 과료에 처할 경미한 범죄에 대하여 공판절차에 의하지 아니하고 즉결하는 심판절차를 의미한다(즉결심판에 관한 절차법 제2조, 이하 즉결심판절차 파트에서 법명 생략). 즉결심판이 확정된 때에는 확정판결과 동일한 효력을 가진다(제16조).

Ⅱ. 즉결심판의 청구

1. 청구권자

즉결심판의 청구자는 경찰서장이다(제3조).

2. 청구의 방식

즉결심판의 청구는 서면에 의한다(제4조). 즉결심판청구서에는 피고인의 성명 기타 피고인을 특정할 수 있는 사항·죄명·범죄사실과 적용법조를 기재하여야 한다(제3조 제2항). 경찰서장은 즉결심판을 함에 필요한 서류 또는 증거물을 판사에게 제출하여야 한다(제4조). 약식절차에서와 마찬가지로 즉결심판절차에서도 공소장일본주의가 배제된다.

3. 관할법원

즉결심판의 관할법원은 지방법원, 지방법원지원 또는 시·군법원의 판사이다(제3조의2).

Ⅲ. 즉결심판청구사건의 심리

1. 판사의 심사와 경찰서장의 송치

즉결심판의 청구가 있는 경우에 판사는 먼저 사건이 즉결심판을 함에 부적당하다고 인정될 때에는 결정으로 즉결심판의 청구를 기각하여야 한다. 이 결정이 있을 때에는 경찰서장은 지체 없이 사건을 검사에게 송치하여야 한다(제5조).

2. 심리상의 특칙

1) 기일의 심리

(1) 즉시심판

판사는 심사결과 즉결심판이 적법하고 상당하다고 인정할 때에는 즉시심판을 한다(제6조).

(2) 개정

즉결심판의 심리는 공개된 장소에서 행한다. 다만 경찰서 이외의 장소임을 요한다(제7조 제1항). 그러나 상당한 이유가 있는 경우에 판사는 피고인의 진술서와 경찰서장이 송부한 서류 또는 증거물에 의하여 개정 없이 심판할 수 있다(같은 조 제3항).

(3) 피고인의 출석

즉결심판에 있어서도 피고인의 출석은 개정의 요건이고(제8조), 다만 벌금 또는 과료를 선고하는 경우에 피고인이 출석하지 아니한 때에는 피고인의 진술을 듣지 아니하고 형을 선고할 수 있다(제8조의2 제1항). 피고인 또는 즉결심판출석통지서를 받은 자는 법원에 불출석심판을 청구할 수 있고, 법원이 이를 허가한 때에는 피고인이 출석하지 아니하더라도 심판할 수 있다(같은 조 제2항). 경찰서장의 출석은 요하지 않는다.

(4) 심리의 방법

판사는 피고인에게 피고사건의 내용과 진술거부권이 있음을 알리고 변명할 기회를 주어야 하고, 필요하다고 인정할 때에는 적당한 방법에 의하여 재정하는 증거에 한하여 조사할 수 있다. 변호인은 기일에 출석하여 위 증거조사에 참여할 수 있으며 의견을 진술할 수 있다(제9조, 임의적 출석).

2) 증거에 대한 특칙

즉결심판절차에는 자백의 보강법칙과 전문법칙이 적용되지 않으나(제10조), 자백배제법칙과 위법수집증거배제법칙은 적용된다.

3. 형사소송법의 준용

즉결심판절차에 있어서 이 법에 특별한 규정이 없는 한 그 성질에 반하지 아니한 것은 형사소송법의 규정을 준용한다(제19조).

Ⅳ. 즉결심판의 선고와 효력

1. 즉결심판의 선고

1) 선고의 방식

즉결심판의 선고는 선고 또는 **즉결심판서의 등본의 교부**에 의한다. 즉결심판으로 유죄를 선고할 때에는 형, 범죄사실과 적용법조를 명시하고 피고인은 **7일 이내에 정식재판을 청구할 수 있다는 것을 고지**하여야 한다(제11조 제1항). 참여한 법원사무관등은 제1항의 선고의 내용을 기록하여야 한다(같은 조 제2항). 개정 없이 심판하는 경우에는 즉결심판서 등본을 피고인에게 **송달하여 고지**한다(같은 조 제4항). 유죄의 즉결심판서에는 피고인의 성명 기타 피고인을 특정할 수 있는 사항, 주문, 범죄사실과 적용법조를 명시하고 판사가 서명·날인하여야 한다. 다만 피고인이 범죄사실을 자백하고 정식재판의 청구를 포기한 경우에는 제11조의 기록작성을 생략하고 즉결심판서에 선고한 주문과 적용법조를 명시하고 판사가 기명·날인한다(제12조).

> [1] 판결 선고는 전체적으로 하나의 절차로서 재판장이 판결의 주문을 낭독하고 이유의 요지를 설명한 다음 피고인에게 상소기간 등을 고지하고, 필요한 경우 훈계, 보호관찰 등

관련 서면의 교부까지 마치는 등 선고절차를 마쳤을 때에 비로소 종료된다. 재판장이 주문을 낭독한 이후라도 선고가 종료되기 전까지는 일단 낭독한 주문의 내용을 정정하여 다시 선고할 수 있다. 그러나 판결 선고절차가 종료되기 전이라도 변경 선고가 무제한 허용된다고 할 수는 없다. 재판장이 일단 주문을 낭독하여 선고 내용이 외부적으로 표시된 이상 재판서에 기재된 주문과 이유를 잘못 낭독하거나 설명하는 등 실수가 있거나 판결 내용에 잘못이 있음이 발견된 경우와 같이 특별한 사정이 있는 경우에 변경 선고가 허용된다. [2] 제1심 재판장이 선고기일에 법정에서 '피고인을 징역 1년에 처한다.'는 주문을 낭독한 뒤 상소기간 등에 관한 고지를 하던 중 피고인이 '재판이 개판이야, 재판이 뭐 이 따위야.' 등의 말과 욕설을 하면서 난동을 부려 교도관이 피고인을 제압하여 구치감으로 끌고 갔는데, 제1심 재판장은 그 과정에서 피고인에게 원래 선고를 듣던 자리로 돌아올 것을 명하였고, 법정경위가 구치감으로 따라 들어가 피고인을 다시 법정으로 데리고 나오자, 제1심 재판장이 피고인에게 '선고가 아직 끝난 것이 아니고 선고가 최종적으로 마무리되기까지 이 법정에서 나타난 사정 등을 종합하여 선고형을 정정한다.'는 취지로 말하며 징역 3년을 선고한 사안에서, 위 변경 선고는 최초 낭독한 주문 내용에 잘못이 있다거나 재판서에 기재된 주문과 이유를 잘못 낭독하거나 설명하는 등 변경 선고가 정당하다고 볼 만한 특별한 사정이 발견되지 않으므로 위법하다고 한 사례(대판 2022.5.13. 2017도3884).

2) 선고할 수 있는 형

즉결심판에 의하여 선고할 수 있는 형은 20만 원 이하의 벌금·구류 또는 과료에 한한다. 사건이 무죄·면소 또는 공소기각을 함이 명백하다고 인정할 때에는 판사는 이를 선고·고지할 수 있다(제11조 제5항).

3) 유치명령과 가납명령

판사는 구류의 선고를 받은 피고인이 일정한 주소가 없거나 또는 도망할 염려가 있을 때에는 5일을 초과하지 아니하는 기간 경찰서유치장에 유치할 것을 명령할 수 있다. 다만, 이 기간은 선고기간을 초과할 수 없고, 집행된 유치기간은 본형의 집행에 산입한다(제17조 제1항, 제2항). 벌금 또는 과료의 선고를 하였을 때에는 노역장유치기간을 선고하여야 하고 가납명령을 할 수 있다(같은 조 제3항).

2. 즉결심판의 효력

즉결심판은 정식재판의 청구기간의 경과, 정식재판청구권의 포기 또는 그 청구의 취하에 의하여 **확정판결과 동일한 효력**이 생긴다. 정식재판청구를 기각하는 재판이 확정된 때에도 같다(제16조).

3. 형의 집행

형의 집행은 **경찰서장**이 하고 그 집행결과를 지체없이 **검사에게 보고**하여야 한다(제18조 제1항). 구류는 경찰서유치장·구치소 또는 교도소에서 집행하며 구치소 또는 교도소에서 집행할 때에는 검사가 이를 지휘한다(같은 조 제2항). 벌금, 과료, 몰수는 그 집행을 종료하면 지체없이 검사에게 이를 인계하여야 한다(같은 조 제3항). 경찰서장이 형의 집행을 정지하고자 할 때에는 사전에 검사의 허가를 얻어야 한다(같은 조 제4항).

V. 정식재판의 청구

1. 청구의 절차

즉결심판을 받은 피고인은 정식재판을 청구할 수 있다. 정식재판을 청구하고자 하는 피고인은 즉결심판이 선고 또는 고지된 날로부터 7일 이내에 정식재판청구서를 경찰서장에게 제출하여야 하고(제14조 제1항), 즉결심판에서 무죄·면소 또는 공소기각의 선고가 있는 때 경찰서장은 선고 또는 고지를 한 날로부터 7일 이내에 정식재판을 청구할 수 있다. 이 경우 경찰서장은 관할지방검찰청 또는 지청의 검사의 승인을 얻어 정식재판청구서를 판사에게 제출하여야 한다(같은 조 제2항). 검사에게는 정식재판청구권이 인정되지 않는다. 정식재판의 청구는 제1심 판결 선고 전까지 취하할 수 있다.

> 구 형사소송법 제59조에서 정한 기명날인의 의미, 이 규정이 개정되어 기명날인 외에 서명도 허용한 경위와 취지 등을 종합하면, 피고인이 즉결심판에 대하여 제출한 정식재판청구서에 피고인의 자필로 보이는 이름이 기재되어 있고 그 옆에 서명이 되어 있어 위 서류가 작성자 본인인 피고인의 진정한 의사에 따라 작성되었다는 것을 명백하게 확인할 수 있으며 형사소송절차의 명확성과 안정성을 저해할 우려가 없으므로, 정식재판청구는 적법하다고 보아야 한다. 피고인의 인장이나 지장이 찍혀 있지 않다고 해서 이와 달리 볼 것이 아니다(대결 2019.11.29. 2017모3458).

2. 경찰서장과 법원 및 검사의 처리

정식재판을 청구하고자 하는 피고인은 즉결심판의 선고·고지를 받은 날부터 7일 이내에 **정식재판청구서를 경찰서장에게 제출하여야 한다.** 정식재판청구서를 받은 경찰서장은 지체없이 판사에게 이를 송부하여야 한다(제14조 제1항). 판사는 정식재판청구서를 받은 날부터 7일 이내에 경찰서장에게 정식재판청구서를 첨부한 사건기록과 증거물을 송부하고, 경찰서장은 지체없이 관할지방검찰청 또는 지청의 장에게 이를 송부하여야 하며, 그 검찰청 또는 지청의 장은 지체없이 관할법원에 이를 송부하여야 한다(같은 조 제3항).

검사의 공소제기가 필요한 것은 아니다. 이 경우에 검사는 정식재판청구서와 즉결심판청구서만을 법원에 송치하여야 하며, 사건기록과 증거물은 공판기일에 제출해야 한다.

3. 청구의 효과

정식재판청구의 효과에 관하여 **약식절차에 관한 형사소송법이 준용된다**(제19조). 따라서 청구가 법령상의 방식에 위반하거나 청구권의 소멸 후인 것이 명백한 때에는 결정으로 기각하여야 하고, 청구가 적법한 때에는 공판절차에 의하여 심판하여야 한다(제455조). 즉결심판에 대한 정식재판 청구에 있어서도 **불이익변경금지 원칙이 적용된다**(제457조의2). 정식재판 청구에 의한 판결이 있는 때에는 즉결심판은 그 효력을 잃는다(제15조). 여기서 판결이란 판결의 확정을 의미한다.

제3절 | 배상명령절차

배상명령절차라 함은 공소가 제기된 범죄로 인하여 범죄피해자에게 손해가 발생한 경우에 법원의 직권 또는 피해자의 신청에 의하여 가해자인 피고인에게 그 손해의 배상을 명하는 절차를 말한다(소송촉진 등에 관한 특례법 제25조).

> **소송촉진 등에 관한 특례법 제25조(배상명령)** ① 제1심 또는 제2심의 형사공판 절차에서 다음 각 호의 죄 중 어느 하나에 관하여 유죄판결을 선고할 경우, 법원은 직권에 의하여 또는 피해자나 그 상속인(이하 "피해자"라 한다)의 신청에 의하여 피고사건의 범죄행위로 인하여 발생한 직접적인 물적(物的) 피해, 치료비 손해 및 위자료의 배상을 명할 수 있다.
> 1. 「형법」 제257조 제1항, 제258조 제1항 및 제2항, 제258조의2 제1항(제257조 제1항의 죄로 한정한다)·제2항(제258조 제1항·제2항의 죄로 한정한다), 제259조 제1항, 제262조(존속폭행치사상의 죄는 제외한다), 같은 법 제26장, 제32장(제304조의 죄는 제외한다), 제38장부터 제40장까지 및 제42장에 규정된 죄
> 2. 「성폭력범죄의 처벌 등에 관한 특례법」 제10조부터 제14조까지, 제15조(제3조부터 제9조까지의 미수범은 제외한다), 「아동·청소년의 성보호에 관한 법률」 제12조 및 제14조에 규정된 죄
> 3. 제1호의 죄를 가중처벌하는 죄 및 그 죄의 미수범을 처벌하는 경우 미수의 죄
>
> ② 법원은 제1항에 규정된 죄 및 그 외의 죄에 대한 피고사건에서 피고인과 피해자 사이에 합의된 손해배상액에 관하여도 제1항에 따라 배상을 명할 수 있다.
> ③ 법원은 다음 각 호의 어느 하나에 해당하는 경우에는 배상명령을 하여서는 아니 된다.
> 1. 피해자의 성명·주소가 분명하지 아니한 경우
> 2. 피해 금액이 특정되지 아니한 경우
> 3. 피고인의 배상책임의 유무 또는 그 범위가 명백하지 아니한 경우
> 4. 배상명령으로 인하여 공판절차가 현저히 지연될 우려가 있거나 형사소송 절차에서 배상명령을 하는 것이 타당하지 아니하다고 인정되는 경우

① 소송촉진 등에 관한 특례법 제25조 제1항의 규정에 의한 **배상명령**은 피고인의 범죄행위로 피해자가 입은 직접적인 재산상 손해에 대하여 피해금액이 특정되고 피고인의 배상책임 범위가 명백한 경우에 한하여 피고인에게 배상을 명함으로써 간편하고 신속하게 피해자의 피해회복을 도모하고자 하는 제도로서, 위 특례법 제25조 제3항 제3호의 규정에 의하면 피고인의 배상책임의 유무 또는 그 범위가 명백하지 아니한 경우에는 배상명령을 하여서는 아니 되고, 그와 같은 경우에는 위 특례법 제32조 제1항에 따라 배상명령신청을 각하하여야 한다. 이러한 취지에 비추어 볼 때, 피고인이 재판과정에서 배상신청인과 민사적으로 합의하였다는 내용의 합의서를 제출하였고, 합의서 기재 내용만으로는 배상신청인이 변제를 받았는지 여부 등 피고인의 민사책임에 관한 구체적인 합의 내용을 알 수 없다면, 사실심법원으로서는 배상신청인이 처음 신청한 금액을 바로 인용할 것이 아니라 구체적인 합의 내용에 관하여 심리하여 피고인의 배상책임의 유무 또는 그 범위에 관하여 살펴보는 것이 합당하다(대판 2013.10.11. 2013도9616).

② 배상명령제도는 범죄행위로 인하여 재산상 이익을 침해당한 피해자로 하여금 당해 형사소송절차 내에서 신속히 그 피해를 회복하게 하려는데 그 주된 목적이 있으므로 **피해자가 이미 그 재산상 피해의 회복에 관한 채무명의를 가지고 있는 경우에는 이와 별도로 배상명령 신청을 할 이익이 없다**(대판 1982.7.27. 82도1217).

③ **소송촉진법 제26조 제7항에 따르면 피해자는 피고사건의 범죄행위로 발생한 피해에 관하여 다른 절차에 따른 손해배상청구가 법원에 계속 중일 때에는 배상신청을 할 수 없다.** 여기에서 '다른 절차에 따른 손해배상청구'는 피고사건의 범죄행위로 인하여 발생한 피해에 관하여 **불법행위를 원인으로 손해배상청구를 하는 경우**를 가리킨다. 그러한 경우에는 같은 법 제32조 제1항이 정하는 바에 따라 법원은 결정으로 배상명령신청을 각하해야 한다(대판 2022.7.28. 2020도12279).

제4절 | 범죄피해자구조제도

타인의 범죄행위로 인하여 생명·신체에 대한 피해를 입은 국민은 법률이 정하는 바에 의하여 국가로부터 구조를 받을 수 있다(헌법 제30조). 이러한 헌법상 권리를 보장하기 위하여 「범죄피해자구조법」이 제정되어 시행되고 있다.

> **헌법 제30조** 타인의 범죄행위로 인하여 생명·신체에 대한 피해를 받은 국민은 법률이 정하는 바에 의하여 국가로부터 구조를 받을 수 있다.
>
> **범죄피해자 보호법 제3조(정의)** ① 이 법에서 사용하는 용어의 뜻은 다음과 같다.
> 1. "범죄피해자"란 타인의 범죄행위로 피해를 당한 사람과 그 배우자(사실상의 혼인관계를 포함한다), 직계친족 및 형제자매를 말한다.
> 2. "범죄피해자 보호·지원"이란 범죄피해자의 손실 복구, 정당한 권리 행사 및 복지 증진에 기여하는 행위를 말한다. 다만, 수사·변호 또는 재판에 부당한 영향을 미치는 행위는 포함되지 아니한다.
> 3. "범죄피해자 지원법인"이란 범죄피해자 보호·지원을 주된 목적으로 설립된 비영리법인을 말한다.
> 4. "구조대상 범죄피해"란 대한민국의 영역 안에서 또는 대한민국의 영역 밖에 있는 대한민국의 선박이나 항공기 안에서 행하여진 사람의 생명 또는 신체를 해치는 죄에 해당하는 행위(「형법」 제9조, 제10조 제1항, 제12조, 제22조 제1항에 따라 처벌되지 아니하는 행위를 포함하며, 같은 법 제20조 또는 제21조 제1항에 따라 처벌되지 아니하는 행위 및 과실에 의한 행위는 제외한다)로 인하여 사망하거나 장해 또는 중상해를 입은 것을 말한다.
> 5. "장해"란 범죄행위로 입은 부상이나 질병이 치료(그 증상이 고정된 때를 포함한다)된 후에 남은 신체의 장해로서 대통령령으로 정하는 경우를 말한다.
> 6. "중상해"란 범죄행위로 인하여 신체나 그 생리적 기능에 손상을 입은 것으로서 대통령령으로 정하는 경우를 말한다.
>
> ② 제1항 제1호에 해당하는 사람 외에 범죄피해 방지 및 범죄피해자 구조 활동으로 피해를 당한 사람도 범죄피해자로 본다.

CHAPTER 04 | 재판의 집행과 형사보상

제1절 | 재판의 집행

Ⅰ. 집행의 의의
재판의 집행이란 재판의 의사표시내용을 국가권력에 의하여 강제적으로 실현하는 것을 말한다.

Ⅱ. 집행의 기본원칙
재판은 확정된 후에 즉시 집행함이 원칙이다(제459조).

Ⅲ. 형의 집행
2 이상의 형의 집행은 자격상실, 자격정지, 벌금, 과료와 몰수 외에는 그 중한 형을 먼저 집행하고(중형 우선의 원칙), 다만 검사는 소속장관의 허가를 얻어 중한 형의 집행을 정지하고 다른 형의 집행을 할 수 있다(제462조).

Ⅳ. 재판집행에 대한 의의신청 등
형의 선고를 받은 자는 집행에 관하여 재판의 해석에 대한 의의가 있는 때에는 재판을 선고한 법원에 의의신청을 할 수 있다(제488조). 재판의 집행을 받은 자 또는 그 법정대리인이나 배우자는 집행에 관한 검사의 처분이 부당함을 이유로 재판을 선고한 법원에 이의신청을 할 수 있다(제489조). 소송비용부담의 재판을 받은 자가 빈곤으로 인하여 이를 완납할 수 없는 때에는 그 재판의 확정 후 10일 이내에 재판을 선고한 법원에 소송비용의 전부 또는 일부에 대한 재판의 집행면제를 신청할 수 있다(제487조).

제2절 │ 형사보상

형사피의자 또는 형사피고인으로서 구금되었던 자가 법률이 정하는 불기소처분을 받거나 무죄판결을 받은 때에는 법률이 정하는 바에 의하여 국가에 정당한 보상을 청구할 수 있다(헌법 제28조). 이에 대해 「형사보상 및 명예회복에 관한 법률」에서 구체적으로 규정하고 있다.

> **헌법 제28조** 형사피의자 또는 형사피고인으로서 구금되었던 자가 법률이 정하는 불기소처분을 받거나 무죄판결을 받은 때에는 법률이 정하는 바에 의하여 국가에 정당한 보상을 청구할 수 있다.
>
> **형사보상 및 명예회복에 관한 법률 제6조(손해배상과의 관계)** ① 이 법은 보상을 받을 자가 다른 법률에 따라 손해배상을 청구하는 것을 금지하지 아니한다.
> ② 이 법에 따른 보상을 받을 자가 같은 원인에 대하여 다른 법률에 따라 손해배상을 받은 경우에 그 손해배상의 액수가 이 법에 따라 받을 보상금의 액수와 같거나 그보다 많을 때에는 보상하지 아니한다. 그 손해배상의 액수가 이 법에 따라 받을 보상금의 액수보다 적을 때에는 그 손해배상 금액을 빼고 보상금의 액수를 정하여야 한다.
> ③ 다른 법률에 따라 손해배상을 받을 자가 같은 원인에 대하여 이 법에 따른 보상을 받았을 때에는 그 보상금의 액수를 빼고 손해배상의 액수를 정하여야 한다.

① 형사보상 및 명예회복에 관한 법률 제2조 제1항은 무죄재판을 받아 확정된 사건의 피고인이 미결구금을 당하였을 때에는 국가에 대하여 그 구금에 대한 보상을 청구할 수 있다고 규정하고 있다. 이에 따라 판결 주문에서 경합범의 일부에 대하여 유죄가 선고되더라도 다른 부분에 대하여 무죄가 선고되었다면 형사보상을 청구할 수 있다. 그러나 그 경우라도 미결구금 일수의 전부 또는 일부가 유죄에 대한 본형에 산입되는 것으로 확정되었다면, 그 본형이 실형이든 집행유예가 부가된 형이든 불문하고 그 산입된 미결구금일수는 형사보상의 대상이 되지 않는다. 그 미결구금은 유죄에 대한 본형에 산입되는 것으로 확정된 이상 형의 집행과 동일시되므로, 형사보상할 미결구금 자체가 아닌 셈이기 때문이다. 한편 판결 주문에서 무죄가 선고되지 아니하고 판결 이유에서만 무죄로 판단된 경우에도 미결구금 가운데 무죄로 판단된 부분의 수사와 심리에 필요하였다고 인정된 부분에 관하여는 판결 주문에서 무죄가 선고된 경우와 마찬가지로 보상을 청구할 수 있다. 그러나 앞서 본 법리 역시 그대로 적용되어 미결구금 일수의 전부 또는 일부가 선고된 형에 산입되는 것으로 확정되었다면, 그 산입된 미결구금일수는 형사보상의 대상이 되지 않는다(대결 2017.11.28. 2017모1990).

② 형사보상법 조항은 입법 취지와 목적 및 내용 등에 비추어 재판에 의하여 무죄의 판단을 받은 자가 재판에 이르기까지 억울하게 미결구금을 당한 경우 보상을 청구할 수 있도록 하기 위한 것이므로, 판결 주문에서 무죄가 선고된 경우뿐만 아니라 판결 이유에서 무죄로 판단된 경우에도 미결구금 가운데 무죄로 판단된 부분의 수사와 심리에 필요하였다고 인정된 부분에 관하여는 보상을 청구할 수 있고, 다만 형사보상법 제4조 제3호를 유추적용하여 법원의 재량으로 보상청구의 전부 또는 일부를 기각할 수 있을 뿐이다(대결 2016.3.11. 2014모2521).

③ 형벌에 관한 법령이 헌법재판소의 위헌결정으로 소급하여 효력을 상실하였거나 법원

에서 위헌·무효로 선언된 경우, 그 법령이 위헌으로 선언되기 전에 그 법령에 기초하여 수사가 개시되어 공소가 제기되고 유죄판결이 선고되었더라도, 그러한 사정만으로 수사기관의 직무행위나 법관의 재판상 직무행위가 국가배상법 제2조 제1항에서 말하는 공무원의 고의 또는 과실에 의한 불법행위에 해당하여 국가의 손해배상책임이 발생한다고 볼 수는 없다(대판 2014.10.27. 2013다217962).

④ [1] 형벌에 관한 법령이 헌법재판소의 위헌결정으로 소급하여 효력을 상실하였거나 법원에서 위헌·무효로 선언된 경우, 법원은 당해 법령을 적용하여 공소가 제기된 피고사건에 대하여 형사소송법 제325조에 따라 무죄를 선고하여야 한다. 나아가 형벌에 관한 법령이 폐지되었다 하더라도 그 '폐지'가 당초부터 헌법에 위배되어 효력이 없는 법령에 대한 것이었다면 그 피고사건은 형사소송법 제325조 전단이 규정하는 '범죄로 되지 아니한 때'의 무죄사유에 해당하는 것이지, 형사소송법 제326조 제4호에서 정한 면소사유에 해당한다고 할 수 없다. [2] 구 대한민국헌법(1980. 10. 27. 헌법 제9호로 전부 개정되기 전의 것. 이하 '유신헌법'이라 한다) 제53조에 근거하여 발령된 '국가안전과 공공질서의 수호를 위한 대통령긴급조치'(이하 '긴급조치 제9호'라 한다)는 그 발동 요건을 갖추지 못한 채 목적상 한계를 벗어나 국민의 자유와 권리를 지나치게 제한함으로써 헌법상 보장된 국민의 기본권을 침해한 것이므로, 긴급조치 제9호가 해제 내지 실효되기 이전부터 이는 유신헌법에 위배되어 위헌·무효이고, 나아가 긴급조치 제9호에 의하여 침해된 기본권들의 보장 규정을 두고 있는 현행 헌법에 비추어 보더라도 위헌·무효이다. [3] 피고인이 '국가안전과 공공질서의 수호를 위한 대통령긴급조치'(이하 '긴급조치 제9호'라 한다)를 위반하였다는 공소사실로 제1, 2심에서 유죄판결을 선고받고 상고하여 상고심에서 구속집행이 정지된 한편 긴급조치 제9호가 해제됨에 따라 면소판결을 받아 확정된 다음 사망하였는데, 그 후 피고인의 처 갑이 형사보상을 청구한 사안에서, 긴급조치 제9호는 헌법에 위배되어 당초부터 무효이고, 이와 같이 위헌·무효인 긴급조치 제9호를 적용하여 공소가 제기된 경우에는 형사소송법 제325조 전단의 '피고사건이 범죄로 되지 아니한 때'에 해당하므로 법원은 무죄를 선고하였어야 하는데, 피고인이 면소판결을 받은 경위 및 그 이유, 원판결 당시 법원이 긴급조치 제9호에 대한 사법심사를 자제하는 바람에 그 위반죄로 기소된 사람으로서는 재판절차에서 긴급조치 제9호의 위헌성을 다툴 수 없었던 사정 등을 종합하여 보면, 이 결정에서 긴급조치 제9호의 위헌·무효를 선언함으로써 비로소 면소의 재판을 할 만한 사유가 없었더라면 무죄재판을 받을 만한 현저한 사유가 피고인에게 생겼다고 할 것이므로, 갑은 형사보상 및 명예회복에 관한 법률 제26조 제1항 제1호, 제3조 제1항, 제11조를 근거로 긴급조치 제9호 위반으로 피고인이 구금을 당한 데 대한 보상을 청구할 수 있다고 한 사례(대결 2013.4.18. 2011초기689 전원합의체).

⑤ [1] 면소 또는 공소기각의 재판을 받아 확정되었으나, 그 면소 또는 공소기각의 사유가 없었더라면 무죄재판을 받을 만한 현저한 사유가 있음을 이유로 구금에 대한 보상을 청구하는 경우, 보상청구는 면소 또는 공소기각의 재판이 확정된 사실을 안 날부터 3년, 면소 또는 공소기각의 재판이 확정된 때부터 5년 이내에 하는 것이 원칙이다. 다만 면소 또는 공소기각의 재판이 확정된 이후에 비로소 해당 형벌법령에 대하여 위헌·무효 판단이 있는 경우 등과 같이 면소 또는 공소기각의 재판이 확정된 이후에 무죄재판을 받을 만한 현저한 사유가 생겼다고 볼 수 있는 경우에

는 해당 사유가 발생한 사실을 안 날부터 3년, 해당 사유가 발생한 때부터 5년 이내에 보상청구를 할 수 있다. [2] 재항고인이 소요 등 피의사실로 체포·구속되었다가 '국가안전과 공공질서의 수호를 위한 대통령긴급조치'(긴급조치 제9호) 등 위반으로 기소된 후 공소기각결정(원결정)을 받고 석방되었는데, 그 후 대법원 2013. 4. 18. 자 2011초기689 전원합의체 결정으로 긴급조치 제9호에 대하여 위헌·무효 판단이 있게 되자 형사보상 및 명예회복에 관한 법률 제26조 제1항 제1호에 따라 형사보상청구를 한 사안에서, 원결정 확정 이후에 대법원이 긴급조치 제9호에 대하여 위헌·무효라고 선언함으로써 비로소 재항고인에게 공소기각의 사유가 없었더라면 무죄재판을 받을 만한 현저한 사유가 생겼다고 볼 수 있으므로, 재항고인은 위 전원합의체 결정 사실을 안 날부터 3년, 그 결정일부터 5년 이내에 보상청구를 하여야 함에도 그 보상청구 기간을 도과하였다고 한 사례(대결 2022.12.20. 2020모627).

판례색인

대결 2022.12.20. 2020모627	469
대판 2022.12.15. 2022도8824	316
대판 2022.12.15. 2022도10564	231
대판 2022.12.1. 2019도5925	217
대판 2022.11.30. 2022도6462	5
대결 2022.11.22. 2022모1799	140
대판 2022.11.17. 2022도8662	197
대판 2022.11.17. 2022도8257	206
대판 2022.11.10. 2022도7940	251
대결 2022.10.27. 2022모1004	430
대판 2022.10.27. 2022도9877	179
대판 2022.10.27. 2022도9510	325
대판 2022.10.27. 2022도8806	225
대판 2022.9.29. 2020도13547	217
대판 2022.9.29. 2020도11185	292
대판 2022.9.7. 2022도6993	225
대판 2022.8.31. 2020도1007	179
대판 2022.8.19. 2021도3451	291
대판 2022.8.19. 2020도1153	214
대판 2022.7.28. 2021도10579	420
대판 2022.7.28. 2020도12279	464
대판 2022.7.14. 2020도13957	105
대결 2022.7.14. 2019모2584	161
대판 2022.6.30. 2021도244	44
대결 2022.6.30. 2020모735	149
대결 2022.6.16. 2022모509	435
대판 2022.6.16. 2022도364	104
대판 2022.6.16. 2022도2236	281
대결 2022.5.31. 2016모587	154
대판 2022.5.29. 2021도17131 등 전원합의체	428
대결 2022.5.26. 2022모439	388
대판 2022.5.26. 2021도2488	84
대판 2022.5.13. 2017도3884	461
대판 2022.5.12. 2021도1407	284
대판 2022.4.28. 2021도17103	296
대판 2022.4.28. 2021도16719	423
대판 2022.4.28. 2018도3914	327
대판 2022.4.14. 2021도14616 등	103, 104
대판 2022.3.31. 2018도19472	291
대판 2022.3.17. 2016도17054	321, 332
대판 2022.2.17. 2019도4938	296
대결 2022.2.11. 2021모3175	51
대판 2022.1.27. 2021도11170	153, 159
대결 2022.1.14. 2021모1586	152
대판 2022.1.14. 2017도18693	216
대판 2022.1.13. 2021도13108	231, 419
대판 2022.1.13. 2016도9596	153
대판 2021.12.30. 2019도16259	52
대판 2021.11.18. 2016도348 전원합의체	152
대판 2021.10.14. 2016도14772	199
대판 2021.7.29. 2020도14654	150
대판 2021.6.30. 2019도7217	231
대판 2021.6.30. 2018도14261	34
대판 2021.6.10. 2020도15891	196
대판 2021.5.27. 2018도13458	169
대판 2021.5.6. 2021도1282	404
대결 2021.3.12. 2019모3554	444
대판 2021.3.11. 2019오1	451
대판 2021.3.11. 2018오2	453
대판 2021.2.25. 2020도3694	6
대판 2021.1.28. 2018도4708	287
대판 2021.1.28. 2017도18536	366, 430
대판 2021.1.14. 2020모3694	55
대판 2020.12.24. 2020도10814	225
대판 2020.12.24. 2020도10778	417
대판 2020.12.10. 2020도2623	261
대판 2020.12.10. 2020도11471	287
대판 2020.11.26. 2020도10729	160
대판 2020.10.22. 2020도4140	405, 406
대판 2020.8.20. 2020도7154	287
대판 2020.8.20. 2020도6965	290, 291
대판 2020.7.9. 2019도17322	287
대결 2020.6.26. 2019모3197	443
대판 2020.6.25. 2019도17995	395
대판 2020.6.11. 2016도9367	343
대판 2020.6.11. 2016도3048	114
대판 2020.5.14. 2020도398	97
대판 2020.5.14. 2020도2433	290
대판 2020.5.14. 2020도1355	383
대판 2020.4.29. 2017도13409	210, 379
대결 2020.4.16. 2019모3526	158, 159
대판 2020.3.26. 2020도355	458
대결 2020.3.17. 2015모2357	102
대결 2020.2.21. 2015모2204	371
대판 2020.2.13. 2019도14341	144
대판 2020.1.9. 2019도15700	458

대판 2019.12.27. 2015도10570	370	대판 2018.2.8. 2017도14222	293
대판 2019.12.24. 2019도10086	205	대판 2018.2.8. 2017도13263	146, 148, 150
대판 2019.12.13. 2019도10678	89	대판 2017.12.5. 2017도13458	144
대결 2019.11.29. 2017모3458	462	대판 2017.12.5. 2017도12671	334
대판 2019.11.28. 2013도6825	196	대판 2017.12.5. 2013도7649	381
대판 2019.11.21. 2018도13945	331	대판 2017.11.29. 2017도9747	149
대판 2019.11.14. 2019도13290	325	대판 2017.11.29. 2014도16080	170, 171
대판 2019.11.14. 2019도11552	317, 336	대결 2017.11.28. 2017모1990	467
대판 2019.10.17. 2019도11609	408	대판 2017.11.14. 2017도13465	189
대판 2019.10.17. 2019도11540	405	대판 2017.11.9. 2017도14769	369, 438
대판 2019.9.26. 2019도8531	39	대결 2017.11.7. 2017모2162	53
대판 2019.8.29. 2018도2738	309	대결 2017.9.29. 2017모236	164
대판 2019.8.29. 2018도14303 전원합의체	420	대결 2017.9.22. 2017모1680	53
대판 2019.7.11. 2018도20504	156, 295	대판 2017.9.21. 2017도4019	449
대판 2019.7.10. 2019도4221	418	대판 2017.9.21. 2017도11687	374
대결 2019.7.5. 2018모906	371	대판 2017.9.21. 2017도10866	109
대판 2019.6.20. 2018도20698	447, 450	대판 2017.9.21. 2015도12400	158
대판 2019.6.20. 2018도19051	252	대판 2017.9.12. 2017도10309	172
대판 2019.6.13. 2019도4608	228	대판 2017.8.24. 2017도5977 전원합의체	374
대판 2019.4.25. 2018도20928	381	대판 2017.8.23. 2016도5423	372
대판 2019.3.21. 2017도16593-1 전원합의체	425	대판 2017.8.23. 2015도11679	224
대결 2019.3.21. 2015모2229 전원합의체	438	대판 2017.7.18. 2015도12981	319
대판 2019.3.14. 2018도2841	159	대판 2017.7.18. 2014도8719	143
대판 2019.2.28. 2018도13382	450	대판 2017.7.11. 2016도14820	216
대판 2018.12.28. 2014도17182	192	대판 2017.6.15. 2017도3448	205
대판 2018.12.27. 2016다266736	44	대판 2017.6.8. 2016도16121	32
대판 2018.12.13. 2016도19417	81	대판 2017.4.28. 2016도21342	236
대판 2018.11.29. 2018도13377	53	대결 2017.3.30. 2016모2874	387
대판 2018.11.15. 2018도11378	286	대판 2017.3.22. 2016도18031	419
대판 2018.11.11. 2015도10651 전원합의체	412	대판 2017.3.22. 2016도17465	4
대판 2018.10.25. 2018도9810	237	대판 2017.3.15. 2016도19843	178
대판 2018.10.25. 2018도7709	290	대판 2017.3.15. 2016도19659	204
대판 2018.10.25. 2018도13367	405	대판 2017.3.9. 2013도16162	128, 191
대판 2018.9.13. 2018도7658	230	대판 2017.2.15. 2013도14777	283
대판 2018.7.12. 2018도6219	167	대판 2017.1.25. 2016도15526	224
대판 2018.7.12. 2018도5909	229	대판 2017.1.12. 2016도15470	283
대결 2018.6.22. 2018모1698	431	대판 2016.12.29. 2016도11138	231
대판 2018.5.17. 2017도14749 전원합의체	83	대판 2016.12.15. 2015도3682	203
대판 2018.5.11. 2018도4075	364	대판 2016.11.25. 2016도9470	88
대결 2018.5.2. 2015모3243	437	대판 2016.11.25. 2016도15018	289
대판 2018.4.24. 2017도10956	87	대판 2016.11.10. 2016도7622	40
대판 2018.4.19. 2017도14322 전원합의체	283	대결 2016.11.10. 2015모1475	439
대결 2018.3.29. 2018모642	413	대판 2016.10.27. 2014도16271	204
대판 2018.3.29. 2018도327	257	대판 2016.10.13. 2016도8137	174
대판 2018.3.29. 2016도18553	398	대판 2016.10.13. 2016도5814	111
대판 2018.3.15. 2017도20247	363	대판 2016.9.28. 2016도7273	214
대판 2018.2.28. 2015도15782	448	대판 2016.9.28. 2014도10748	379

대결 2016.6.16. 2016초기318 전원합의체	17	대판 2015.2.12. 2012도4842	218
대결 2016.6.14. 2015모1032	124	대판 2015.1.22. 2014도10978	158, 160, 177, 320, 340
대판 2016.5.26. 2015도17674	204	대판 2015. 9.10. 2014도12275	230
대판 2016.5.12. 2013도15616	178	대판 2014.12.24. 2014도13797	42
대판 2016.4.29. 2016도2696	204	대판 2014.12.11. 2014도7976	78
대판 2016.4.29. 2016도2210	251, 415	대판 2014.11.13. 2014도8377	279, 280
대판 2016.3.24. 2016도1131	449	대판 2014.11.13. 2013도1228	50, 167
대결 2016.3.16. 2015모2898	276	대판 2014.10.27. 2014도2121	178
대결 2016.3.11. 2014모2521	467	대판 2014.10.27. 2013다217962	468
대판 2016.3.10. 2013도11233	173	대결 2014.10.16. 2014모1557	54, 387
대판 2016.2.18. 2015도17115	331	대판 2014.10.15. 2014도9315	229
대판 2016.2.18. 2015도16586	315	대판 2014.10.15. 2013도5650	93
대판 2016.1.14. 2013도8118	223	대판 2014.10.15. 2011도3509	298
대판 2015.12.24. 2015도13946	34	대판 2014.8.28. 2014도4496	39, 413
대판 2015.12.23. 2015도9951	42	대판 2014.8.26. 2011도6035	112, 322, 329, 340
대판 2015.12.10. 2015도11696	220, 415	대판 2014.8.20. 2014도3390	408
대판 2015.11.26. 2015도8243	250, 388	대판 2014.7.10. 2012도5041	103
대판 2015.11.17. 2013도7987	86	대판 2014.6.12. 2014도3163	289
대판 2015.11.12. 2015도12372	226	대결 2014.5.30. 2014모739	447
대판 2015.10.29. 2014도5939	32	대판 2014.5.29. 2013도3517	40
대판 2015.10.29. 2013도14716	438	대판 2014.5.29. 2013도2285	145
대판 2015.10.29. 2012도2938	447	대판 2014.5.16. 2014도3037	54
대판 2015.10.15. 2015도1803	12	대판 2014.5.16. 2012도12867	371
대결 2015.10.15. 2013모1970	432	대판 2014.4.30. 2012도725	336
대판 2015.9.15. 2015도11362	404, 408	대판 2014.4.24. 2014도1414	274
대판 2015.9.10. 2015도7821	393	대판 2014.4.24. 2013도9498	238
대판 2015.9.10. 2015도3926	93	대판 2014.4.24. 2013도9162	217
대판 2015.9.10. 2012도14755	193	대판 2014.4.24. 2012도14253	375
대판 2015.8.27. 2015도3467	150	대판 2014.3.27. 2014도342	398
대판 2015.8.20. 2013도11650 전원합의체	288	대판 2014.2.27. 2013도12155	254
대판 2015.7.23. 2015도3260 전원합의체	421, 423	대판 2014.2.27. 2011도13999	77
대판 2015.7.16. 2015도2625 전원합의체	334	대판 2014.2.21. 2013도12652	332
대판 2015.7.16. 2015도2625	334	대판 2014.2.13 2013도9605	57
대결 2015.7.16. 2013모2347 전원합의체	193	대판 2014.1.16. 2013도7101	156, 297
대결 2015.7.16. 2011모1839 전원합의체	146, 147	대판 2014.1.16. 2013도5441	31
대판 2015.7.9. 2014도16051	298	대판 2014.1.16. 2013도11649	383
대판 2015.6.25. 2014도17252 전원합의체	250	대판 2013.12.12. 2013도6608	407
대판 2015.6.24. 2015도5916	217	대판 2013.12.12. 2012도7198	407
대판 2015.5.28. 2015도1362	213	대판 2013.10.11. 2013도9616	463
대판 2015.5.28. 2014도18006	266	대판 2013.9.26. 2013도7718	145
대판 2015.5.21. 2011도1932 전원합의체	375, 434, 443	대판 2013.9.26. 2012도568	89
대판 2015.5.14. 2014도2946	446	대판 2013.9.12. 2011도12918	26, 298
대판 2015.5.14. 2012도11431	372, 373	대판 2013.8.23. 2011도4763	113
대판 2015.4.23. 2015도2275	308	대판 2013.8.14. 2012도13665	195
대판 2015.4.23. 2013도3790	102, 106, 319, 324	대판 2013.7.26. 2013도6182, 2013전도123	215
대판 2015.4.9. 2015도1466	412, 413	대판 2013.7.26. 2013도2511	156, 220, 255, 298, 342
대판 2015.2.12. 2014도16822	54, 251	대판 2013.7.12. 2013도5165	231

대결 2013.7.11. 2013아12	40	대판 2012.4.26. 2012도986	420
대결 2013.7.1. 2013모160	127	대판 2012.4.26. 2012도1225	276
대판 2013.6.27. 2013도4114	413	대결 2012.4.20. 2012모459	431
대판 2013.6.27. 2013도2714	53	대판 2012.4.13. 2011도8529	436
대판 2013.6.27. 2011도7931	435	대판 2012.4.13. 2011도3469	224
대판 2013.6.13. 2012도16001	146, 309, 331	대판 2012.3.29. 2011도15137	218
대판 2013.5.16. 2011도2631 전원합의체	370	대판 2012.3.29. 2011도10508	299
대판 2013.5.9. 2013도1886	40	대판 2012.2.23. 2011도7282	215
대판 2013.4.25. 2013도1658	16	대판 2012.2.23. 2011도17264	89
대결 2013.4.18. 2011초기689 전원합의체	468	대판 2012.2.23. 2010도9524	81
대결 2013.4.18. 2010모363	439	대결 2012.2.16. 2009모1044 전원합의체	43, 418
대판 2013.4.11. 2013도1435	331	대판 2012.2.9. 2011도7193	115
대판 2013.4.11. 2013도1079	422	대판 2011.12.22. 2011도9721	282
대판 2013.4.11. 2011도10626	435	대판 2011.12.22. 2011도12927	12, 116
대판 2013.3.28. 2013도3	349	대판 2011.12.9. 2010도2816	263
대판 2013.3.28. 2013도1473	76, 412	대판 2011.11.24. 2011도11994	263
대판 2013.3.28. 2012도13607	301	대판 2011.11.10. 2011도8125	31
대판 2013.3.28. 2012도12843	251, 457	대판 2011.11.10. 2010도8294	311
대판 2013.3.28. 2010도3359	46, 316	대판 2011.10.27. 2009도1603	446
대판 2013.3.14. 2012도13611	301	대판 2011.10.13. 2009도13846	255
대판 2013.3.14. 2011도8325	314	대판 2011.9.29. 2011도8015	359
대판 2013.3.14. 2011도7259	414	대판 2011.9.8. 2011도7106	276
대판 2013.3.14. 2010도2094	96, 109, 301, 303	대판 2011.9.8. 2011도6325	40, 246
대판 2013.2.28. 2011도14986	402	대판 2011.8.25. 2011도6507	4, 285
대판 2013.1.31. 2012도13896	276	대판 2011.8.25. 2009도9112	92
대결 2013.1.24. 2012모1393	243	대판 2011.7.14. 2011도3809	321
대판 2012.12.27. 2011도15869	51	대판 2011.6.30. 2011도1651	225
대판 2012.12.13. 2012도11162	32, 80	대판 2011.6.30. 2009도6717	302
대판 2012.11.15. 2011도15258	165, 166	대판 2011.6.24. 2011도4451	82, 84
대판 2012.10.25. 2011도5459	334, 336, 356	대판 2011.6.23. 2008도7562 전원합의체	370
대판 2012.10.25. 2009도13197	262	대판 2011.5.26. 2011도3682	115
대판 2012.10.11. 2012도8544	23	대판 2011.5.26. 2011도1902	294
대판 2012.9.27. 2010도17052	51, 58, 202	대결 2011.5.26. 2009모1190	146, 147
대판 2012.9.13. 2012도6612	380	대판 2011.5.26. 2009도2453	282
대판 2012.9.13. 2010도6203	78	대판 2011.5.13. 2011도1094	54, 250
대판 2012.9.13. 2010다24879	131	대결 2011.5.13. 2010모1741	412
대판 2012.8.30. 2012도6027	43	대판 2011.4.28. 2011도2279	246
대판 2012.8.30. 2011도14257, 2011전도233	397	대판 2011.4.28. 2010도14487	282
대판 2012.7.26. 2012도2937	59, 265, 309, 321	대판 2011.4.28. 2009도2109	165, 166
대판 2012.7.26. 2011도8462	217	대판 2011.4.28. 2009도12249	223
대판 2012.7.12. 2010도9349	199	대판 2011.4.28. 2009도10412	196
대판 2012.6.28. 2012도4701	367	대판 2011.4.14. 2010도13583	25
대판 2012.6.28. 2012도2087	237	대판 2011.3.24. 2010도18103	39
대판 2012.6.28. 2011도16166	415	대판 2011.3.10. 2010도17353	39
대판 2012.6.14. 2012도534	195	대판 2011.2.24. 2010오1	454
대판 2012.5.24. 2011도7757	319	대판 2011.2.24. 2010도7404	256
대판 2012.5.17. 2009도6788 전원합의체	145	대판 2011.2.10. 2008도4558	413

대판 2011.1.27. 2008도7375	209
대판 2011.1.20. 2008재도11 전원합의체	442
대판 2011.1.13. 2010도5994	230
대판 2010.12.23. 2010도11272	359, 363
대판 2010.12.16. 2010도5986 전원합의체	391
대판 2010.12.16. 2010도5986	375
대판 2010.12.9. 2008도1092	415, 420
대판 2010.11.25. 2010도9013	408
대판 2010.11.11. 2010도7955	408
대판 2010.10.28. 2008도11999	112
대판 2010.10.14. 2010도9016	178
대판 2010.10.14. 2010도5610	285
대판 2010.9.30. 2008도4762	87
대판 2010.7.22. 2009도14376	173
대판 2010.7.22. 2009도1151	282
대판 2010.7.15. 2007도5776	251
대판 2010.6.24. 2010도5040	317
대판 2010.6.24. 2009도9593	222
대판 2010.6.24. 2008도11226	115
대판 2010.6.10. 2010도4629	39
대판 2010.5.27. 2010도3377	413
대판 2010.5.27. 2007도5776	351, 458
대판 2010.4.29. 2010도750	254
대판 2010.4.20. 2010도759	426
대판 2010.3.25. 2009도14065	280, 416
대판 2010.2.25. 2009도14263	223, 380
대판 2010.1.28. 2009오1	92, 452
대판 2010.1.28. 2009도13411	423
대판 2010.1.28. 2009도10092	172
대판 2010.1.14. 2009도9344	59, 264, 320
대판 2009.12.24. 2009도11401	172, 301
대판 2009.12.24. 2009도10754	401, 403
대판 2009.12.10. 2009도9939	373
대판 2009.11.19. 2009도6058 전원합의체	35, 83
대판 2009.10.29. 2009도6614	93
대결 2009.10.23. 2009모1032	276
대판 2009.10.22. 2009도7436 전원합의체	208
대판 2009.10.15. 2009도1889	318
대판 2009.9.24. 2009도6779	90
대판 2009.9.10. 2009도6061	378
대판 2009.8.20. 2008도9634	201, 373
대판 2009.8.20. 2008도8213	33, 194, 311
대판 2009.8.20. 2007도7042	427
대판 2009.7.23. 2009도3282	93
대결 2009.7.16. 2005모472 전원합의체	30, 439, 440, 441
대판 2009.6.25. 2009도2807	397
대판 2009.6.23. 2009도1322	101, 318
대판 2009.6.11. 2008도12111	106
대판 2009.5.28. 2009도875	215
대판 2009.5.28. 2009도579	39
대판 2009.5.14. 2008도10914	170, 297
대판 2009.4.23. 2009도526	299, 300
대판 2009.4.23. 2008도11921	427
대판 2009.4.9. 2008도5634	379, 426
대판 2009.4.9. 2008도11718	420
대판 2009.4.9. 2008도10572	409
대판 2009.3.12. 2008도8486	289, 293
대판 2009.3.12. 2008도763	156, 158, 160
대판 2009.3.12. 2008도11437	299
대판 2009.2.26. 2009도39	381
대판 2009.2.26. 2008도11813	202
대판 2009.2.26. 2007도4784	224
대판 2009.1.30. 2008도7462	220
대판 2008.12.24. 2008도9414	341
대판 2008.12.11. 2008도8922	396, 425
대판 2008.12.11. 2008도7112	286
대판 2008.12.11. 2008도4101	216
대판 2008.12.11. 2008도3656	223
대판 2008.11.27. 2008도7270	382
대판 2008.11.27. 2007도4977	82, 92
대판 2008.11.20. 2008도5596 전원합의체	395
대판 2008.11.13. 2008도8007	309
대판 2008.11.13. 2006도4885	374
대판 2008.11.13. 2006도2556	309, 338
대판 2008.10.23. 2008도7471	299
대판 2008.10.23. 2008도7362	76
대판 2008.9.25. 2008도6985	335
대판 2008.9.25. 2008도4740	395, 396
대결 2008.9.12. 2008모793	46
대판 2008.9.11. 2008도2409	227
대결 2008.7.11. 2008모605	457
대판 2008.7.10. 2008도2245	172
대판 2008.7.10. 2007도7760	314, 353
대판 2008.7.10. 2007도10755	340
대판 2008.6.26. 2008도3300	260
대판 2008.6.12. 2006도8568	13
대판 2008.5.29. 2008도2343	361
대판 2008.5.29. 2007도1755	423
대판 2008.5.15. 2008도1097	172
대결 2008.4.24. 2008모77	445
대판 2008.3.27. 2007도11400	303
대판 2008.3.13. 2007도10804	76, 341
대결 2008.3.10. 2007모795	387

대판 2008.2.29. 2007도10414	223
대판 2008.2.28. 2007도10004	330
대판 2008.2.14. 2007도10937	359
대판 2008.2.14. 2005도4202	211
대판 2008.1.31. 2007도8117	415
대판 2008.1.17. 2007도5201	106
대판 2007.12.27. 2007도5313	200
대판 2007.12.13. 2007도7257	145, 146, 150, 334, 342
대판 2007.11.30. 2005다40907	101
대판 2007.11.29. 2007도7961	111
대판 2007.11.15. 2007도3061 전원합의체	294, 299, 300
대판 2007.10.11. 2007도4962	86
대판 2007.7.26. 2007도4404	380
대판 2007.7.26. 2007도3906	51, 209, 338, 350
대판 2007.7.26. 2007도3219	334
대판 2007.7.13. 2004도3995	350
대판 2007.7.12. 2007도3496	438
대판 2007.7.12. 2006도2339	75
대결 2007.7.10. 2007모460	3
대판 2007.6.29. 2007도3164	76
대판 2007.6.29. 2007도3035	414
대판 2007.6.28. 2005도7473	400
대판 2007.6.1. 2005도7523	396
대판 2007.5.31. 2007도1903	76
대결 2007.5.25. 2007모82	433
대판 2007.5.11. 2007도748	208
대판 2007.4.13. 2007도425	90
대판 2007.4.13. 2007도1249	113
대판 2007.2.23. 2005도10233	381
대결 2007.1.31. 2006모657	45
대결 2007.1.31. 2006모656	43, 129
대판 2007.1.25. 2006도7342	315
대판 2007.1.12. 2006도5696	423
대판 2006.12.22. 2006도7479	330
대판 2006.12.22. 2004도7232	207
대결 2006.12.18. 2006모646	108
대판 2006.12.18. 2006모646	122
대판 2006.12.8. 2006도6356	214
대결 2006.12.5. 2006초기335 전원합의체	13
대판 2006.11.23. 2004도7900	307
대판 2006.11.9. 2006도4888	404
대판 2006.11.9. 2004도8404	303
대결 2006.10.13. 2005모552	392, 457
대판 2006.10.12. 2006도4981	178
대판 2006.9.22. 2006도5010	4
대판 2006.9.8. 2006도148	110
대판 2006.7.6. 2005도6810	96, 97, 121, 303
대판 2006.6.9. 2006도2017	377
대판 2006.5.26. 2005도8607	405
대판 2006.5.26. 2005도6271	318
대판 2006.5.25. 2006도1146	396
대판 2006.5.25. 2004도3619	329
대판 2006.5.11. 2005도798	5
대결 2006.5.11. 2004모16	437
대판 2006.5.11. 2004도5972	58, 205
대판 2006.4.27. 2006도514	223
대판 2006.4.14. 2005도9743	206
대판 2006.4.14. 2005도9561	203, 329, 335, 336
대판 2006.4.7. 2005도9858 전원합의체	285
대결 2006.3.30. 2005모564	417
대판 2006.3.16. 2005도9729 전원합의체	392, 412
대판 2006.1.26. 2004도517	408
대판 2006.1.13. 2003도6548	323
대판 2006.1.12. 2005도7601	260, 343
대판 2005.12.23. 2005도2945	340
대판 2005.12.8. 2003도7655	288
대판 2005.10.28. 2005도5822	407
대판 2005.10.28. 2005도1247	75
대판 2005.9.30. 2005도2654	330
대판 2005.8.19. 2005도2617	355
대판 2005.7.8. 2005도279	233
대판 2005.6.10. 2005도1849	314
대판 2005.5.26. 2005도130	416
대판 2005.4.28. 2004도4428	310
대판 2005.4.14. 2003도1080	436
대판 2005.3.11. 2004오2	452, 453
대판 2005.3.11. 2004도8313	272
대결 2005.1.20. 2003모429	37, 57
대결 2005.1.17. 2004모351	457
대판 2004.12.16. 2002도537 전원합의체	314
대판 2004.12.10. 2004도3515	397
대판 2004.11.26. 2004도4693	373
대판 2004.11.12. 2004도5257	165, 166
대판 2004.11.11. 2004도6784	404
대판 2004.10.28. 2004도5014	85
대판 2004.9.24. 2004도2154	446
대판 2004.9.23. 2004도3203	232
대판 2004.9.16. 2001도3206	382
대판 2004.9.13. 2004도3161	262, 326
대판 2004.8.20. 2003도4732	401
대판 2004.7.22. 2003도8153	234
대판 2004.7.15. 2003도7185 전원합의체	333
대판 2004.7.9. 2004도2116	271

대판 2004.6.24. 2004도2003	94	대판 2001.10.9. 2001도3106	85, 327
대판 2004.5.28. 2004도1497	283	대판 2001.9.28. 2001도4291	113
대판 2004.4.27. 2004도482	199	대판 2001.9.28. 2001도4091	313, 362
대판 2004.4.9. 2004도340	409	대판 2001.9.18. 2001도3448	403
대판 2004.3.25. 2003도8136	90	대판 2001.9.7. 2001도3026	198
대결 2004.3.23. 2003모126	142	대판 2001.9.4. 2001도3081	84, 85
대결 2004.2.13. 2003모464	435	대판 2001.9.4. 2000도1743	286, 328
대판 2004.1.16. 2003도5693	120, 132, 334	대판 2001.6.15. 2001도1809	88
대결 2004.1.13. 2003모451	394	대판 2001.6.12. 2001도114	249
대판 2003.11.14. 2003도2735	56	대결 2001.5.29. 2000모22 전원합의체	139
대판 2003.10.10. 2003도3282	50, 364	대판 2001.5.29. 2000도2933	324
대판 2003.10.9. 2002도4372	312	대판 2001.4.24. 2001도872	404
대판 2003.6.27. 2003도1331	77	대판 2001.3.27. 2001도116	232
대판 2003.5.30. 2003도705	157	대결 2001.3.21. 2001모2	21, 23
대판 2003.5.13. 2001도3212	403	대판 2001.3.15. 98두15597 전원합의체	409
대판 2003.4.8. 2003도382	204	대판 2001.3.9. 2001도192	33
대결 2002.12.3. 2002모265	414	대판 2000.12.27. 99도5679	335
대판 2002.11.26. 2002도3539	215	대판 2000.12.22. 2000도4694	418
대판 2002.11.22. 2001도849	378, 380	대결 2000.11.28. 2000모66	418
대판 2002.11.13. 2002도4893	23	대판 2000.11.24. 2000도4398	42
대판 2002.10.22. 2000도5461	338	대결 2000.11.10. 2000모134	125, 126
대판 2002.10.8. 2002도123	178	대판 2000.11.10. 2000도3483	422
대결 2002.9.27. 2002모184	457	대판 2000.11.10. 2000도2524	281
대판 2002.9.24. 2002도2520	54	대판 2000.10.27. 2000도3874	378
대판 2002.8.23. 2002도46	94	대판 2000.9.26. 2000도2365	361, 362
대판 2002.8.23. 2001도6876	227	대판 2000.7.4. 99도4341	114
대결 2002.7.23. 2002모180	387	대판 2000.6.27. 99도128	282
대판 2002.7.12. 2002도2134	364	대판 2000.6.23. 2000도1660	421
대판 2002.7.12. 2002도2029	382	대판 2000.6.15. 99도1108 전원합의체	195
대판 2002.7.12. 2001도6777	89	대판 2000.3.10. 99도5312	368
대판 2002.6.25. 2002도45	273	대판 2000.3.10. 99도2744	382
대판 2002.6.20. 2002도807 전원합의체	399	대판 2000.3.10. 2000도159	337
대판 2002.6.14. 2000도4595	84	대판 2000.2.25. 99도1252	282
대판 2002.6.11. 2000도5701	110, 306	대판 1999.12.24. 99도3784	83
대결 2002.5.17. 2001모53	139	대판 1999.12.7. 98도3329	99, 100
대판 2002.5.16. 2002도51 전원합의체	212	대결 1999.12.1. 99모161	157
대판 2002.5.10. 2001도300	113	대판 1999.11.26. 99도3929, 99감도97	236
대결 2002.5.6. 2000모112	44	대판 1999.11.26. 99도3929	235
대판 2002.4.12. 2002도944	19	대판 1999.11.26. 99도3776	406
대판 2002.4.12. 2002도690	210	대판 1999.11.26. 99도2651	227
대판 2002.3.29. 2002도587	232	대판 1999.11.26. 99도2461	228
대판 2002.3.12. 2001도2064	282, 283	대판 1999.11.9. 99도3674	228, 230
대판 2002.1.8. 2001도1897	360, 363	대판 1999.11.9. 99도2530	228
대판 2001.12.14. 2001도4283	90	대판 1999.10.22. 99도3534	20
대판 2001.11.27. 2001도4392	282	대판 1999.10.8. 99도3063	320
대판 2001.11.9. 2001도4792	230	대결 1999.9.7. 99초355	141
대판 2001.10.26. 2000도2968	62	대판 1999.9.3. 99도2317	99, 100, 342

대판 1999.9.3. 98도968	167, 172	대판 1997.2.14. 96도3059	38
대판 1999.8.20. 99도2029	349	대결 1997.1.16. 95모38	436
대판 1999.7.23. 99도1911	229	대결 1997.1.13. 96모51	438
대결 1999.5.18. 99모40	394	대결 1997.1.9. 96모34	156
대판 1999.4.23. 99도915	40, 329	대판 1996.12.10. 96도2507	353
대판 1999.4.23. 99도576	85	대판 1996.11.12. 96도2477	162
대판 1999.4.15. 96도1922 전원합의체	88, 91, 92	대판 1996.10.25. 96도1088	215
대판 1999.4.13. 99도237	102, 313	대판 1996.10.25. 95도1473	288
대판 1999.4.13. 99도155	18, 20	대판 1996.10.17. 94도2865 전원합의체	359
대판 1999.4.13. 98도4560	94	대판 1996.10.15. 96도1669	341
대판 1999.3.23. 99도338	362	대판 1996.10.11. 96도1698	235
대판 1999.3.9. 98도4621	218	대판 1996.9.24. 96도2151	59
대판 1999.2.26. 98도2742	318	대판 1996.9.6. 95도2945	356
대판 1999.1.29. 98도3584	304	대결 1996.8.16. 94모51 전원합의체	163, 164
대판 1999.1.15. 98도2550	402	대결 1996.8.12. 96모46	124
대판 1998.12.22. 98도2890	362	대판 1996.6.14. 96도477	445, 446
대결 1998.12.14. 98모127	190	대결 1996.6.3. 96모18	128
대판 1998.9.25. 98도2111	403	대결 1996.5.15. 95모94	123
대판 1998.9.22. 98도1234	414	대판 1996.4.12. 96도158	378, 379
대판 1998.5.8. 97다54482	171	대판 1996.2.13. 95도1794	363
대판 1998.4.28. 96다48831	128	대판 1996.2.13. 94도2658	200
대결 1998.4.16. 97모25	162	대판 1995.12.12. 95도1893	368
대판 1998.4.10. 97도3234	286, 306	대판 1995.12.5. 94도1520	234, 410
대판 1998.3.27. 98도253	386	대판 1995.9.29. 95도852	281
대판 1998.3.26. 97도1716	406	대결 1995.8.17. 95모49	57
대판 1998.3.13. 98도159	323, 339	대판 1995.7.25. 95도391	94
대판 1998.2.27. 97도3421	271	대판 1995.6.30. 94도993	362
대판 1997.12.12. 97도2463	16	대판 1995.6.30. 94도1017	94
대결 1997.11.27. 97모88	136	대판 1995.6.13. 95도826	21, 254
대판 1997.9.30. 97도1230	303, 339	대판 1995.6.13. 95도523	321
대결 1997.9.29. 97모66	155	대판 1995.5.9. 95도696	86
대결 1997.8.27. 97모21	133	대판 1995.5.9. 95도535	259
대판 1997.8.27. 97모21	134	대판 1995.4.14. 95도110	364
대판 1997.8.22. 97도1240	79	대결 1995.4.3. 95모10	20, 21
대판 1997.8.22. 97도1211	390	대판 1995.3.3. 94다37097	164
대판 1997.8.22. 95도984	204	대판 1995.2.28. 94도2880	42
대판 1997.7.25. 97도1351	333	대판 1995.2.24. 94도252	74
대판 1997.7.11. 97도1180	369	대판 1995.2.17. 94도3297	16
대판 1997.6.27. 97도508	200	대판 1995.1.12. 94도2687	52
대판 1997.6.27. 95도1964	306	대결 1995.1.9. 94모77	22
대결 1997.6.16. 97모1	123	대판 1994.12.22. 94도2511	426
대판 1997.5.23. 96도1185	229	대판 1994.12.9. 94도1888	226
대결 1997.4.22. 97모30	192	대판 1994.11.11. 94도1159	350
대결 1997.4.18. 97모26	137	대결 1994.10.28. 94모25	36, 50
대판 1997.4.11. 97도470	360, 362	대판 1994.10.25. 94도1467	39
대판 1997.4.11. 96도2865	319	대판 1994.10.14. 94오1	454
대판 1997.3.28. 96도2417	302	대판 1994.10.14. 94도2130	94

대판 1994.9.30. 94도1146	362	대판 1990.10.16. 90도1813	208
대판 1994.8.12. 94도1591	390	대판 1990.9.28. 90도1483	312
대판 1994.8.9. 94도1228	311	대판 1990.9.25. 90도1534	407
대판 1994.7.29. 93도1091	390	대판 1990.8.24. 90도1285	130
대판 1994.5.13. 94도458	93	대결 1990.7.16. 90모34	192
대판 1994.4.26. 93도1689	86, 87	대판 1990.6.22. 90도764	274
대판 1994.3.22. 93도2080 전원합의체	222	대판 1990.6.22. 90도741	362
대판 1994.3.11. 93도958	97	대판 1990.6.8. 90도646	24, 199, 220, 245, 246, 254
대판 1994.3.8. 94도142	24	대결 1990.5.23. 90초56	14
대결 1993.12.3. 92모49	39, 41	대결 1990.4.18. 90모22	135
대판 1993.10.12. 93도1898	227	대판 1990.4.10. 90도16	407, 408
대결 1993.8.6. 93모55	432	대판 1990.2.27. 90도145	365
대판 1993.5.25. 93도836	383	대결 1990.2.13. 89모37	129, 130
대판 1993.4.27. 92도3156	227, 228	대판 1990.1.25. 89도478	396
대결 1993.3.4. 92모21	389, 390, 401	대판 1989.10.10. 89누2271	189
대판 1993.1.19. 92도2554	27, 28, 29	대판 1989.10.10. 88도1691	228
대판 1992.12.8. 92도2020	401	대판 1989.4.11. 86도1629	398
대판 1992.9.22. 91도3317	5	대판 1989.3.14. 88도1399	171, 324
대판 1992.8.18. 92도1244	77	대판 1989.2.14. 85도1435	210
대판 1992.8.14. 92도1211	334	대판 1988.11.8. 88도1628	349
대판 1992.7.28. 92도917	343, 358	대판 1988.11.8. 86도1646	181, 344
대판 1992.6.23. 92도682	33, 101, 302	대판 1988.4.27. 88도251	204
대판 1992.5.8. 91도2825	369	대판 1988.3.22. 88도67	201
대판 1992.4.24. 91도1438	221	대판 1988.3.8. 87도2692	323
대결 1992.3.13. 92모1	57	대판 1988.3.8. 85도2518	88, 92
대판 1992.3.13. 91도2281	329	대결 1988.1.29. 86모58	189
대판 1992.3.10. 91도3272	59	대판 1987.12.22. 87도84	214
대판 1992.3.10. 91도1	305	대판 1987.10.13. 87도1240	422
대판 1992.2.28. 91도2337	181	대판 1987.9.22. 87도1707	84
대판 1992.1.21. 91도1402	399	대결 1987.7.31. 87초40	428
대결 1991.12.30. 91모76	140	대판 1987.6.9. 87도857	84
대판 1991.12.24. 91도1796	391, 422	대판 1987.5.12. 87도792	228
대판 1991.11.26. 91도1937	398	대결 1987.3.28. 87모17	232
대결 1991.11.5. 91모68	189	대판 1987.2.24. 86도2660	421
대판 1991.10.25. 91도2085	273	대판 1987.2.10. 85도897	222
대판 1991.9.24. 91도1314	113	대결 1987.2.3. 86모57	23
대판 1991.6.28. 91도865	248, 351	대판 1987.1.20. 86도2396	222
대판 1991.5.10. 91도579	262	대판 1986.11.25. 83도1718	285
대결 1991.5.6. 91모21	387	대결 1986.9.24. 86모48	23
대결 1991.4.11. 91모25	140	대판 1986.9.23. 86도1487	201
대결 1991.3.28. 91모24	130	대결 1986.7.12. 86모24	393
대판 1991.3.12. 90도2820	398	대판 1986.7.8. 86도621	234
대판 1990.12.26. 90도2362	260	대판 1986.6.24. 86도403	4
대판 1990.12.11. 90도2337	127	대판 1986.2.25. 85도2664	378
대판 1990.12.7. 90도2010	363	대판 1986.2.25. 85도2656	363
대판 1990.10.30. 90도1939	360	대판 1986.2.5. 85도2788	329
대판 1990.10.26. 90도1229	352	대판 1985.12.10. 85도2182	305

대판 1985.11.12. 85도1940	91	대판 1984.1.24. 83도2945	332
대판 1985.11.12. 85도1838	362	대판 1983.12.13. 83도2613	334
대판 1985.10.8. 85도1721	422	대결 1983.11.24. 83모50	388
대판 1985.9.24. 85도1489	94	대판 1983.11.8. 83도2500	222
대판 1985.9.24. 84도2972 전원합의체	407, 443	대판 1983.10.25. 83도2366	378
대판 1985.9.10. 85도1273	85	대판 1983.10.11. 83도2117	39
대결 1985.7.29. 85모16	97	대판 1983.10.11. 83도1942	368
대결 1985.7.23. 85모19	22	대판 1983.9.27. 83도516	90
대결 1985.7.23. 85모12	124, 392	대판 1983.9.13. 83도712	98, 99, 305
대판 1985.7.23. 85도1213	82	대판 1983.9.13. 83도1774	393
대판 1985.7.23. 85도1092	233	대결 1983.8.18. 83모42	140
대판 1985.6.25. 85도848	362	대판 1983.7.26. 83도1431	90
대판 1985.6.25. 85도691	260	대판 1983.7.26. 83도1399	88
대결 1985.6.1. 85모10	436	대판 1983.7.26. 82도385	319
대판 1985.5.28. 85도21	372, 379	대결 1983.7.16. 83소2	445
대판 1985.5.14. 80도2973	329	대판 1983.7.12. 82도3216	254
대판 1985.4.9. 85도225	333	대판 1983.6.14. 82도293	205
대판 1985.3.12. 84도3042	369	대결 1983.5.12. 83모12	433
대판 1985.2.26. 82도2413	304, 305	대판 1983.5.10. 83도686	361
대판 1985.2.8. 84도2682	88	대판 1983.4.26. 82도2829, 82감도612	410
대판 1984.11.27. 84도2252	306	대결 1983.4.21. 83모19	139
대판 1984.11.27. 84도2106	390	대결 1983.3.24. 83모5	434
대판 1984.10.23. 84도1704	82	대판 1983.3.22. 83도47	233
대판 1984.10.10. 84도1552	351	대판 1983.3.8. 82도2873	349, 350
대판 1984.9.25. 84도619	262	대판 1983.2.22. 82도3107	359, 361
대판 1984.9.25. 84도312	227	대판 1983.2.8. 82도2940	364
대판 1984.9.25. 84도1646	194	대판 1982.12.28. 82도2642	421
대판 1984.9.11. 84도1379	409	대결 1982.11.15. 82모11	18, 21
대결 1984.7.27. 84모48	442	대판 1982.10.12. 82도1865	319
대판 1984.7.24. 84도1129	456	대판 1982.9.28. 82도1798	368
대결 1984.7.16. 84모38	162	대판 1982.9.14. 82도1716, 82감도348	229
대판 1984.7.10. 84도846	312	대판 1982.9.14. 82도1504	58, 59, 333
대판 1984.6.26. 84도709	81	대판 1982.9.14. 82도1000	260
대판 1984.6.26. 84도666	222	대판 1982.7.27. 82도1217	464
대결 1984.5.30. 84모32	438	대판 1982.6.8. 82도884	229
대판 1984.5.29. 84도378	305	대결 1982.6.8. 81모43	59
대판 1984.5.15. 84도508	181, 311	대판 1982.3.23. 81도3073	221
대판 1984.5.9. 83도2782	305	대판 1982.3.23. 81도1450	34
대결 1984.4.13. 84모14	441	대판 1982.3.9. 82도63	353
대결 1984.3.29. 84모15	180	대판 1981.11.24. 81도2591	334
대판 1984.3.13. 83도1735	401	대판 1981.11.24. 81도2422	271
대판 1984.2.28. 84도34	229	대판 1981.11.10. 81도1171	89
대판 1984.2.28. 83도3334	227	대결 1981.10.5. 81초60	428
대판 1984.2.28. 83도3145	333	대판 1981.9.8. 81도1945	405
대결 1984.2.20. 84모2	440	대판 1981.7.28. 81도1489	227
대판 1984.2.14. 83도3146	99	대결 1981.5.14. 81모8	365
대결 1984.2.6. 84모3	432	대판 1981.3.10. 81도68	315

대판 1981.1.13. 80도2210	90	대판 1972.6.13. 72도922	333
대판 1980.12.9. 80도384 전원합의체	396, 400	대판 1972.5.31. 72도1090	227
대판 1980.12.9. 80도2236	229	대판 1972.5.31. 70도1859	227
대판 1980.8.19. 79도1345	11	대판 1972.1.31. 71도2060	350, 356
대판 1980.8.12. 80도1289	335	대판 1971.11.23. 71도1106	88
대판 1980.7.8. 80도1227	228	대판 1971.7.6. 71도974	20
대판 1980.6.24. 80도905	369	대판 1971.4.30. 71도510	368
대판 1980.5.13. 80도765	405	대판 1971.3.9. 70도2536	367, 368
대판 1980.4.22. 80도333	272	대판 1971.2.9. 71도28	427
대결 1980.4.4. 80모11	393	대판 1970.11.24. 70도2109	286
대판 1980.3.11. 80도217	229	대판 1969.5.13. 69도364	329
대결 1980.2.5. 80모3	163	대판 1969.4.29. 69도376	89
대판 1979.11.30. 79도952	365	대판 1969.3.31. 69도179	334
대판 1979.11.27. 76도3962	320	대판 1969.3.31. 68도1870	400
대판 1979.10.16. 79도1384	368	대판 1969.2.18. 68도1601	228
대판 1979.9.25. 79도1852	334	대판 1968.12.6. 67도657	313
대결 1979.9.11. 79초54	428	대판 1968.9.19. 68도995 전원합의체	227
대판 1979.6.12. 79도792	180	대판 1968.2.27. 68도64	37
대판 1979.3.27. 78도1031	260	대판 1967.5.16. 67도437	259
대판 1979.2.27. 78도3204	18	대판 1967.4.25. 67도322	315, 321
대판 1978.11.14. 78도2318	215	대판 1967.3.21. 66도1751	59
대판 1978.5.23. 78도575	333	대판 1966.12.8. 66도1319 전원합의체	407
대판 1978.2.28. 77도3522	227	대판 1966.11.22. 66도1288	124
대판 1977.9.13. 77도2233	227	대판 1966.7.26. 66도634 전원합의체	357
대판 1977.5.10. 74도3293	256	대판 1966.7.12. 66도617	334
대판 1977.3.22. 77도67	405	대판 1966.5.17. 66도316	344
대판 1976.12.28. 76도3203	201	대판 1966.5.17. 66도276	181
대결 1976.11.10. 76모69	52	대판 1966.3.24. 65도114 전원합의체	206
대판 1976.10.12. 76도2960	333	대판 1966.3.3. 65도1229 전원합의체	410
대판 1976.10.12. 74도1785	406	대결 1966.1.28. 65모21	162
대판 1976.9.28. 76도2118	319	대판 1965.12.10. 65도826 전원합의체	407
대판 1976.5.26. 76도1126	207	대판 1965.10.26. 65도599	228
대판 1976.4.13. 76도500	319	대판 1965.1.26. 64도681	227
대판 1975.11.11. 75도1010	257	대판 1964.12.29. 64도664	222
대판 1975.9.23. 75도2321	215	대판 1964.4.28. 64도135	344
대판 1975.6.24. 70도2660	207, 414	대판 1963.10.10. 63도224	407
대판 1975.6.10. 75도204	91	대판 1963.7.25. 63도185	260, 343
대결 1974.10.16. 74모68	21	대판 1962.1.11. 60도883	88
대판 1974.1.15. 73도2967	264	대판 1961.10.5. 4293형상403	397
대판 1974.1.15. 73도2522	254	대판 1961.8.16. 4294형상171	361
대판 1973.7.24. 73도1256	228	대판 1959.6.26. 4292형상36	221
대판 1973.5.1. 73도289	285	대결 1957.10.4. 4290형비상1	400
대판 1973.3.13. 72도2976	214	대결 1957.3.29. 4290형상58	93
대판 1972.11.28. 72도2104	180	대판 1957.3.8. 4290형상23	263

헌재결 2021.12.23. 2018헌바524	103, 104	헌재결 2008.11.27. 2008헌마399 등	188
헌재결 2018.12.27. 2015헌바77	429	헌재결 2008.9.25. 2007헌마1126	38
헌재결 2018.8.30. 2016헌마263	175	헌재결 2003.3.27. 2000헌마474	47, 132
헌재결 2018.4.26. 2015헌바370	168	헌재결 2001.6.28. 99헌가14	125
헌재결 2012.12.27. 2011헌마351	161	헌재결 1997.11.27. 94헌마60	26
헌재결 2011.5.26. 2009헌마341	129	헌재결 1997.3.27. 96헌가11	31
헌재결 2010.12.28. 2009헌가30	174	헌재결 1996.2.16. 96헌가2	6, 213
헌재결 2009.11.10. 2009헌마594	188	헌재결 1991.7.8. 91헌마42	3
헌재결 2009.9.24. 2008헌가25	370	헌재결 1989.12.22. 89헌마145	188

홍형철 변호사

서울대학교 졸업
제54회 사법시험 합격
제44기 사법연수원 수료
법무법인 율지 구성원변호사
에듀윌 법원직·경찰·검찰직시험 형사소송법
합격의 법학원 변호사·경찰간부·법무사·법원승진시험 형사법

[제4판]
실전정리 형사소송법

2020년 8월 10일 초 판 제1쇄발행
2023년 3월 10일 제4판 제1쇄인쇄
2023년 3월 20일 제4판 제1쇄발행

저 자 홍형철
발행인 이종은
발행처 새흐름
　　　　서울특별시 마포구 독막로 295 삼부골든타워 212호
　　　　전 화   (02) 713-3069 FAX (02) 713-0403
　　　　등 록   2014. 1. 21. 제2014-000041호(윤)
　　　　홈페이지 www.sehr.co.kr

저자와
협의하여
인지첩부를
생략함

파본은 바꿔드립니다.　　　　　　　　　　　본서의 무단복제행위를 금합니다.

정 가 27,000원　　　　　　　　　　　　　ISBN 979-11-6293-376-3